KB274565

도서출판 아침
Christian Home Books

365 Moments to Cherish
by Robert Strand

일러두기

1. 이 책은 개인이 가정이나 직장이나 군대나 병원이나 치료 시설 들에서 홀로 영성 생활을 할 수 있도록 꾸며져 있습니다. 이 책을 교회의 작은 공동체 모임에서, 직장 신우회에서, 또는 가정에서 온 식구가 한 상에 둘러 앉아 매일 기도회를 갖는 가운데 자료로 사용하시면 좋습니다.

2. 이 책에서는 오늘의 젊은이들과 청소년, 그리고 장차 한국 교회를 이끌어갈 우리 어린이들이 조금이라도 성경을 가까이 대하고 쉽게 이해할 수 있도록, 그들의 언어에 가장 가깝게 번역된 '성경전서 표준새번역' 을 주로 사용하였습니다. 또 때로는 좀 더 확실한 의미 전달을 위하여 사역을 하기도 했습니다. 아무쪼록 독자 여러분의 연령층이나 독특한 형편에 따라 개역 성경이나 그 밖의 다른 번역본에 더 익숙하신 경우, 이 책과 나란히 놓고 비교해 가면서 매일 기도를 드리시면 한층 더 유익할 것입니다.

이 책을

_____________ 님께 드립니다.

이 책의 안내를 따라
날마다 영성 생활을 계속해 가시면,
도우시는 하나님께서 밤낮으로
함께 하시며 길을 이끄실 것입니다.

영혼의 친구______________ 드림

이 책의 원작은 미국 로버트 스트랜드 목사님이 쓴 365 Moments to Cherish : Uplifting Stories to Bless the Heart, Strengthen the Home, and Deepen the Faith입니다. 본디 12권의 시리즈로 되어 있던 것을 이번에 일년 묵상용으로 다시 한데 묶어서 낸 것이지요. 거기에는 어머니·아버지·형제자매·친구·십대·연인·할아버지·할머니·목사·스승·천사 등에 대한 매혹적인 이야기들로 가득 차 있습니다. 어버이날·스승의 날·졸업·크리스마스 등 우리에게 특별한 날들에 관하여 세상에서 가장 유명한 이야기들이 아름답게 수놓아져 있기도 하지요.

또한 고요하고 따뜻한 시선으로 삶의 모든 것을 끌어안는 아름다운 이야기들이 깊은 절제의 미학 속에서 형상화되어 그 향기를 풍겨내고 있습니다. 인생의 본질을 꿰뚫는 한 편 한 편의 이야기에 매료될 즈음 그 페이지를 살짝 접어 두었다가, 찬 바람 이는 날이면 푸르른 하늘을 베개 삼아 다시금 펼쳐 읽고 싶은 그런 책입니다. 문득 마음의 심연 속에서 이름모를 분노와 상처가 느껴질 때, 존재의 깊고 어두운 늪 속에서 자신의 정체성이 송두리째 흔들림을 느낄 때, 이 책은 현대 사회의 사막 한가운데를 지나 여러분의 폐부를 찌르며 다가갈 것입니다. 허무하고 경박하며 세속적인 주장만이 난무하는 우리들의 대화 속에 이 책의 내용들이 투영될 때, 삶의 어두움이 벗겨지고 거룩한 비전과 희망이 제시될 것입니다.

이 책은 이미 미국에서도 75만 부가 팔릴 정도로 많은 그리스도인들에게 영향을 끼쳤습니다. 우리 한국의 그리스도인들에게도 꼭 권하고 싶은 책이어서, 부족하나마 우리 한국 문화와 상황에 맞게 다시 엮어 본 것입니다. 부디 이 책을 하나님 안에서 만난 영혼의 친구끼리 선물로 주고받으시는 가운데 소중히 살려 쓰시어, 가슴 뭉클한 이야기 365편을 중심으로 그리스도교 영성 생활의 장을 새롭게 펼쳐 가십시오. 저마다 마음을 추스르고, 가정을 튼실하게 하며, 신앙을 깊이있게 하는 데 이 책이 귀한 도구로 쓰여졌으면 합니다. 그리고 이 바쁘고 짜증스럽고 우울하고 무미 건조한 현대 사회에 날마다 한 모금씩 생명수를 떠 마실 수 있도록 가까이 두고 아껴 주십시오. 외로운 이들에게는 벗이 되어 주고, 괴로운 이들에게는 힘이 되어 줄 것입니다. 슬퍼하는 이들에게는 위로가 되어 주고, 상처 입은 이들에게는 치유가 되어 줄 것입니다. 그리고 절망하는 이들에게는 희망이 되어 주는 놀라운 기적이 반드시 있을 것입니다.

이 소중한 자료를 평생 동안 성실히 모아 오시고 이번에 이렇게 한국어로 번역될 수 있도록 도와 주신 스트랜드 목사님과 교정을 도와 준 이두걸 님과 좋은 책 만들기에 심혈을 기울이신 열린마당의 백성기 대표님께 감사드립니다. 확신컨대, 이 책의 내용들은 부모와 자녀, 형제와 자매, 남편과 아내, 스승과 제자, 동료와 동료, 선배와 후배, 목사와 교우, 친구와 친구, 연인과 연인, 그밖에도 이 책을 주고받는 모든 영혼의 친구들(soul friends)들에게 평생 기억에 남을 가슴 따뜻한 이야기들이 될 것입니다. 아무쪼록 맺혔던 것들이 풀리고, 곪았던 것들이 터지며, 상처 입었던 것들이 아물어들고, 희미하던 것들이 밝아지며, 잃어버렸던 것들이 되찾아지기를 바랍니다. 하나님께서 소곤소곤 속삭이시는 영혼의 울림을 귀담아 들으십시오. 이 책이 뜻밖에 발견한 사막의 오아시스가 되어, 현대를 살아 가는 여러분의 버거운 어깨 언저리에서 하늘 기쁨이 샘솟아나기를 빕니다.

1999년 주현절에

옮긴이

앞마당

우리의 삶은 그 자체가 하나의 이야기이지요. 또한 우리는 모두 다 자기만의 이야기를 가지고 있습니다. 삶이란 계속 교정해 나가야 하는 과정이랍니다. 그러기에 우리는 우리 자신의 이야기를 다시 고쳐 쓸 수 있는 것입니다. 우리 주위와 우리 자신에게 일어나는 일들은 대부분 우리가 나날을 어떻게 보내는가, 어떤 식으로 삶을 영위해 나가는가에 대한 응답입니다. 우리에겐 선택권이 있습니다. 좀더 나은 것을 고를 권리가 있는 것이지요.

좋은 인생담은 계시의 빛 가운데로 나아가게 하는 비상구 같은 역할을 합니다. 그것은 끊임없이 가르침을 베푸는 은사 한 분을 알고 있는 것과 같습니다. 좋은 경험담은 우리에게 새로운 삶의 길을 열어 주며, 좀더 깊은 삶의 의미를 탐구하도록 고무하고, 혼자서는 결코 생각해낼 수 없는 새로운 가능성을 제시해 주기도 합니다. 그리고 새롭고도 놀라운 일을 시도하게 해주는 방아쇠 역할을 합니다.

"생생한 말〔를〕을 자르면 피가 나온다."라는 말이 있습니다. 그건 말에는 뜻이 있으며, 생생한 말은 서로 맥락을 이루고 연결되어 있어 살아 있는 말이 된다는 뜻이지요. 따라서 나는 이제부터 365일을 보내는 동안 여러분에게 매일같이 좋은 이야기를 하나씩 들려 드리려고 합니다. 바라건대, 어떤 이야기들은 여러분의 깊숙한 내면의 심금을 울려 그 이야기에서 받은 영감을 몇 번이고 되새기고 싶어질 것이며, 또 어떤 이야기들은 다른 사람들과 함께 나누고 싶어질 것입니다. 어떤 이야기들은 여러분이 몇 가지 삶의 영역에 대하여 다시 생각하게 될 것입니다. 그러나 어떤 이야기들은 여러분의 하루를 미소로 밝힐 수 있을 것입니다. 앞으로 365일은 새로운 하루 습관을 형성하려는 시도일 수도 있습니다. 각 페이지 아래에 굵은 글씨로 씌어진 성경 구절을 날마다 읽어 나가면 독자는 일 년 만에 성경을 어느 정도 공부할 수 있습니다.

이야기가 왜 그리 중요할까요? 한 인간이자 목사로 섬기는 삶을 사는 동안, 진리를 비추어 주는 이야기들은 나 자신의 개인적인 매일 묵상에서 중요한 부분이 되어 왔습니다. 몇 년 전, 나는 마가복음 4장 34절을 아주 흥미롭게 읽었습니다. 거기에는 "비유가 아니면 말씀하시지 않으셨다."고 쓰여 있었습니다. 그 구절에 나는 충격을 받았습니다……. 여기 역사상 가장 위대한 전달자가 있습니다. 예수님은 사람들에게 언제나 비유로 깨우쳐 주셨습니다. 이야기 · 설화 · 신화 · 전설 · 설교 · 교훈담 · 민담 등 그 모든 것이 진리를 전달하고자 이용되었습니다. 그리스도께서 이와 같이 쉬운 방법으로 진리를 가르치셨다면, 우리도 이를 따르는 것이 좋을 것입니다.

토머스 구드리는 이렇게 말했습니다. "진리는 상상력을 일깨워 사용했을 때 마음 속에 더 깊이 각인됩니다. 이야기는 그 속의 진리가 망각으로 가라앉지 않고 마음 속에 떠있게 해주는 부레와 같고, 가르침이 마음 속에 박히도록 해주는 못과 같으며, 진리의 화살 끝에 달린 깃털처럼 마음의 정곡을 찌르며, 가르침을 낚는 바늘과도 같습니다."

앞으로 읽을 365가지 이야기는 진리가 여러분 마음 속에 단단히 각인되어 행동으로 옮겨지도록 선정한 것입니다! 날마다 이 책을 읽는 습관을 들여 보십시요. 언제 읽는가는 중요하지 않습니다. 읽기만 하십시오! 하나님의 말씀과 인간사의 재미난 이야기들로 여러분의 삶의 질을 좀 더 향상시키도록 하십시오. 하나님께서 복내려 주시길 기도합니다. 아울러 이웃들과 함께 365가지 이야기를 다 읽은 일 년 후에는 여러분이 좀더 성숙해져 있길 바랍니다. 하나님의 말씀으로 힘을 얻기를 빕니다. 자, 이제……즐거운 시간을 맛보십시오!

지은이

1월

JANUARY

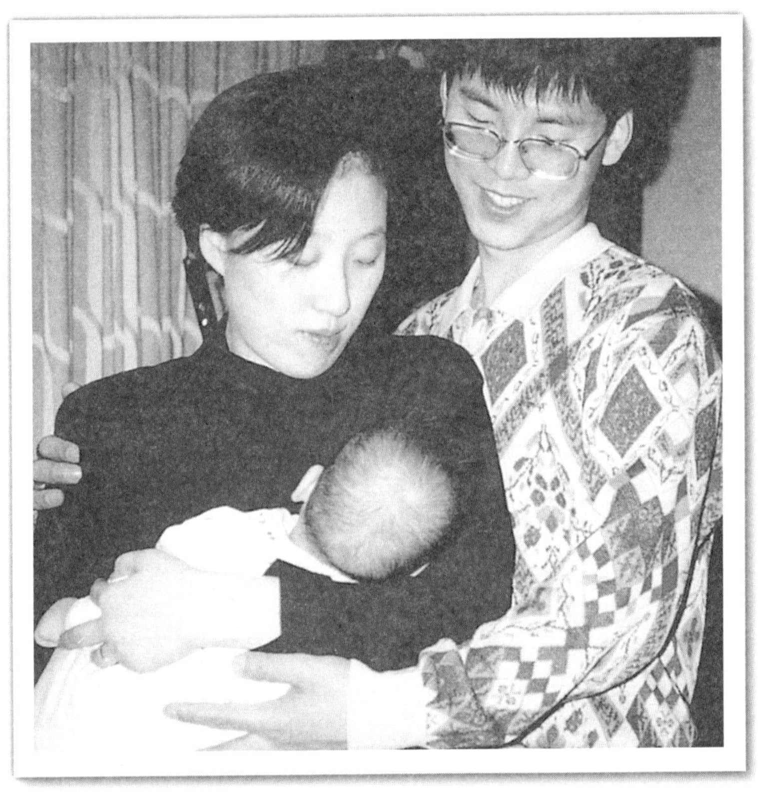

1929년 새해 첫날, 조지아 공대와 캘리포니아 대학은 로즈 볼에서 미식 축구 경기를 펼치고 있었습니다. 그런데 이 경기에서 캘리포니아 대학 소속의 로이 리젤스 선수는 헛잡았던 공을 다시 잡고는 무슨 영문인지 공을 잡은 채 자기 진영 쪽으로 달리기 시작했습니다. 그때 무언가 상황이 잘못 돌아가고 있다고 눈치챈 그의 동료 선수 베니 롬은 리젤스가 터치 다운을 범하려는 순간까지 6야드나 따라가 그를 붙잡았죠. 그 뒤 캘리포니아 대학 팀이 다음 번 다운에서 펀트를 시도했을 때, 조지아 공대 팀이 공을 가로막아 세이프티를 기록해서 이제 한 점만 더 내줘도 지게 될 판이었습니다.

이 예사롭지 않은 전반전 경기를 보고, 모든 관중들은 코치인 닙스 프라이스가 후반전에는 로이 리젤스 선수를 벤치로 불러들일 거라고 생각했을 것입니다.

전반전이 끝나자 선수들은 운동장에서 철수하고 탈의실로 들어갔습니다. 리젤스만 빼고 모두 벤치나 바닥에 허탈하게 앉아 있었습니다. 리젤스는 어깨에 담요를 두르고는 구석에 앉아서 얼굴을 두 손에 묻은 채 어린아이처럼 울고 있었죠.

미식 축구를 해보신 분이라면 코치가 보통 중간 휴식 시간 동안 팀에게 상당히 말을 많이 한다는 걸 아실 겁니다. 하지만 이 날 프라이스 코치는 아무 말이 없었습니다. 틀림없이 로이 리젤스에게 어떤 조치를 취할 것인데도 말이죠.

드디어 그가 입을 열었습니다. 바로 후반전 시작 3분 전이었죠. 프라이스 코치는 팀에게 간단히 말했습니다. "모두들 전반전 멤버 그대로 후반전을 뛴다."

리젤스만 빼고 모든 선수들은 일어서서 나가기 시작했습니다. 그러나 그는 꼼짝도 하지 않았습니다. 코치는 뒤돌아보곤 그를 큰 소리로 불렀습니다. 여전히 리젤스는 움직이지 않았죠. 그러자 코치는 그가 앉아 있는 곳으로 가서 말했습니다. "로이, 못 들었나? 전반전 멤버 그대로 후반전을 뛴다."

그러자 로이 리젤스는 고개를 들었습니다. 그의 얼굴은 눈물에 젖어 있었죠. "코치님, 전 죽어도 후반전을 뛸 수 없어요. 전 코치님을 망쳤어요. 전 캘리포니아 대학도 망쳤어요. 저 자신도 망쳤어요. 또 다시 나가서 관중들을 대할 순 없어요."

그러자 코치는 손을 뻗어 리젤스의 어깨에 대고 말했습니다. "로이, 일어나서 나가자. 경기는 이제 겨우 절반만 지났을 뿐이라구!" 그리하여 로이 리젤스는 경기에 나갔습니다. 아마도 조지아 공대 팀은 그 날 후반전에서의 로이처럼 용기 백배한 선수는 보지 못했다고 말할 수 있을 것입니다!

나의 친구들이여, 인생은 아직 끝나지 않았습니다! 새해는 새로운 기회와 새로운 시작과 다시 해볼 수 있는 또 다른 행운을 가져다 줍니다! 다시 한번 일어섭시다! 하나님은 또 다른 기회를 주시는 분입니다!

이기는 사람은 이것들을 상속받을 것이고, 나는 그의 하나님이 되고,
그는 내 자녀가 될 것이다. (요한계시록 21:7)

창세기 1-2장; 시편 1편; 잠언 1장; 마태복음 1-2장제2차 세계대전중 폴란드의 크라코바에서 있었던 일입니다. 마을에 있던 대성당 지하실은 부상당한 이들을 돌보기 위한 병원으로 전용되고 있었습니다. 다쳐서 엉망이 된 수백 명의 군인들이 희미한 불빛 속에서 추위와 굶주림에 떨며 누워 있었죠. 그들은 거기 그렇게 누워 고통으로 괴로워하는 자신들의 운명을 비탄하는 저주를 끊임없이 흘리고 있었습니다.

그 곳에는 부상자를 돌볼 의사가 단 한 사람밖에 없었습니다. 그러나 그는 최선을 다하고 있었습니다. 그는 가능한 한 빨리 움직이며 도울 수 있는 환자를 차례로 치료하고 있었죠. 이윽고 밤의 그림자가 길게 드리울 즈음, 의사는 일을 끝마칠 참이었습니다. 그 때, 한 구석에서 추위를 견디기 위하여 누더기를 온 몸에 칭칭 감고 누워 있는 병사를 발견했습니다.

의사가 다가가면서 보니, 희미한 불빛 속에서도 그 병사는 이미 이 세상 사람이 아니었습니다. 그러나 의사가 등잔을 좀더 가까이 대고 보니 그 사람의 두 손바닥이 좀 이상했습니다. 의사는 그 죽은 병사를 관찰해 보려고 간호사에게 촛불을 가져오라고 했습니다. 그의 두 손바닥에는 상처가 있었죠.

윗층의 성당에서는 값비싼 성상들과 성구들을 안전한 곳에 옮겨 보관하고 있었습니다. 그런데 의사 앞에 성상 속의 예수님 모습이 누더기로 몸을 감싼 채 누워 있는 것이었습니다.

그는 무의식 가운데 소리쳤습니다. "예수님이 오셨다!"

잔잔한 호수에 조약돌이 파문을 일으키듯, 이 메시지는 부상자들의 입에서 입으로 전해졌습니다. "글쎄 예수님이 오셨대! 뭐라고? 예수님이 오셨다고?"

온갖 고함과 신음 소리로 소란하던 장내는 일순간 숙연해졌습니다. 환자들의 저주도 멈추었습니다. 이토록 무서운 전쟁의 참화 속에 '예수님이 오신' 것입니다.

"예수님이 오셨다!" 얼마나 경이로운 치유의 말씀입니까? 예수님께서 우리와 고통을 함께 나누려고 여기 오셨습니다. 뭔가를 바꾸려고 예수님께서 오신 것이죠.

예수님이 함께 하신다는 사실은 우리에게 한없는 평안을 제공해 주지요. 성경에 따르면 예수님은 언제나 우리와 함께 하십니다. 그러나 우리가 그것을 알지 못하는 것이 문제이지요. 엠마오로 향해 가던 사도들은 비탄에 빠져 예수님께서 함께 하심을 보지 못했습니다. 그리하여 그들은 그분이 같이 걷고 같이 대화하셨던 것을 알지 못했던 것이죠. 여러분이 상처입었을 때 그분이 거기 계십니다! 여러분이 기쁠 때 그분이 거기 계십니다! 여러분이 도움을 필요로 할 때 그분이 거기 계십니다! 예수님이 언제나 우리와 함께 하십니다!

그런데 여기에 이것이나마 기록한 목적은, 여러분으로 하여금,
예수가 그리스도요 하나님의 아들이심을 믿게 하고, 또 그렇게 믿어서
그의 이름으로 생명을 얻게 하려는 것이다. (요한복음 20:31)

창세기 3-4장 ; 시편 2편 ; 잠언 2장 ; 마태복음 3-4장

한 어린 소년의 가족 주치의가 여동생의 목숨을 구하려면 소년의 피를 수혈해 주어야 한다고 말했습니다. 그 소년의 여섯 살 난 여동생은 2년 전 소년이 앓았던 것과 똑같은 병을 앓고 있었습니다. 다행히도 소년은 기적적으로 살아났지만, 동생은 지금 죽어 가고 있었죠. 동생이 살 수 있는 유일한 길은 같은 병을 극복한 사람의 피를 수혈받는 것이었습니다. 두 아이는 희귀한 혈액형을 같이 타고났으므로, 소년은 이상적인 혈액 제공자였습니다.

"자니, 마리에게 수혈해 주겠니?" 하고 의사가 물었습니다.

소년은 망설였습니다. 아이는 아래 입술이 떨리기 시작했으나 곧 웃으면서 말했습니다. "좋아요, 의사 선생님. 내 피를 마리에게 줄께요."

곧 두 아이는 수술실로 실려 갔습니다. 마리는 창백하고 야위었지만, 자니는 아주 튼튼하여 건강하게 보였죠. 둘 다 말이 없었지만, 동생과 눈이 마주치자 자니는 싱긋 웃어 보였습니다.

혈액이 마리의 정맥으로 빨려 들어감에 따라 그 지친 몸 속으로 새 생명이 피어나는 것이 눈에 보이는 듯했습니다. 자니의 작고 용감한 목소리가 침묵을 깬 것은 이 시련이 끝나 갈 무렵이었습니다. "저어, 의사 선생님. 전 이제 언제 죽나요?"

그제서야 의사는 왜 소년이 그토록 망설이며 떨었는지 알게 되었습니다. 아홉 살 난 소년 자니는 동생에게 피를 주면 자신은 죽는 줄 알았던 것입니다! 그리고 그 짧은 순간에 그 거룩한 결심을 한 것이죠.

의사는 소년의 아름다운 희생 정신에 감격하여 목이 메였습니다.

그는 잠시 진정한 뒤 대답했습니다. "자니, 넌 죽지 않아. 하지만 네 희생으로 동생은 이제 살 수 있게 되었단다."

참으로 감동적인 이야기입니다. 그리고 이 이야기는 하나님 말씀의 좀더 큰 진리를 증거해 줍니다. 성경 말씀에 '피 흘림 없이는 죄 사함도 없다'고 했습니다.

잠시 생각해 봅시다. 예수 그리스도는 기꺼이 십자가로 가셨으며, 거기서 자신의 생명을 버리는 것을 마다하지 않으셨습니다. 그것은 그분을 믿는 이마다 멸망하지 않고 영생을 얻을 것이기 때문이었습니다. 예수님께서는 우리 모두를 위하여 지고의 희생을 하셨으며, 그 때문에 그분과 그분의 희생을 믿게 하셨습니다. 얼마나 멋진 선물인가요!

> 이분은 오셔서 물과 피를 거치신 분인데, 곧 예수 그리스도이십니다.
> 그분은 물만이 아니라, 물과 피를 거쳐서 오셨습니다.
> 성령은 증언하시는 분입니다. 성령은 곧 진리입니다. (요한1서 5:6)

창세기 5-6장 ; 시편 3편 ; 잠언 3장 ; 마태복음 5장

아내와 나는 코리 텐 붐의 개인적인 경험을 들을 수 있는 즐거운 특전을 받아, 위스콘신 주의 밀워키를 여행한 적이 있습니다. 그 당시 우리는 매디슨에 있는 한 교회에서 목회를 하고 있었죠. 이른 봄날, 우리가 도착했을 때는 주차장이 거의 다 차 있었습니다. 우리는 얼추 삼분의 이 가량을 관중석 뒤에 서서 보아야 했습니다.

코리는 전쟁 포로 수용소에 갇혀 있던 동안에 만났던 잔인한 간수 한 사람에 대한 인상적이고도 유명한 이야기를 들려 주었습니다.

그녀의 목소리는 너무 작아서 말을 놓치지 않고 들으려면 온통 신경을 그녀의 목소리에 집중해야 했습니다. 게다가 그녀는 관중들에게 그다지 주의를 주지 않고 있었습니다. 그 때 우리는 알아차렸죠……. 코리는 이야기하면서 수를 놓고 있었습니다.

그녀는 바늘을 자수판 앞뒤로 움직이면서 우리 인생에 대한 하나님의 계획을 설명했습니다. 코리는 산전수전 다 겪은 자신의 인생 이야기를 했습니다. 그녀는 전쟁 포로 수용소에서의 경험과 그녀의 훌륭했던 자매를 잃은 아픈 경험을 이야기했지요. 이토록 온갖 풍상을 다 겪은 여인의 이야기를 듣는 것은 가슴저린 일이었습니다. 그녀의 말을 놓치지 않으려고 주의깊게 듣고 있던 우리 모두에게 그 이야기는 많은 감명을 주었지요.

이야기가 다 끝나 갈 즈음, 코리는 수놓던 천의 뒷면을 보여 주었습니다. 그것은 색실들이 뒤범벅된 것일 뿐이었으나, 그녀는 우리 인생도 때때로 뒤죽박죽 헝클어진 듯이 보인다는 사실을 보여 주려는 것이었죠. 곧 우리는 무슨 일이 일어나고 있는지, 하나님께서 왜 우리 삶을 어떤 상황 속으로 이끄시는지 가늠할 수 없다는 것입니다.

그리고 그녀는 천을 뒤집어서 아름답게 수놓인 왕관을 보여 주었죠. 바로 이것이 하나님께서 보시는 것이며, 우리의 삶 속에서 완성하시려는 것이라고 코리는 말했습니다. 그리고 그녀는 다음의 시를 낭송하며 끝을 맺었습니다.

> 내 인생은 하나님과 내가 짜는 직물일 따름이네.
> 나는 색깔을 고르지 않고, 그분은 쉼 없이 일하시네.
> 때때로 그분은 슬픔을 짜고, 나는 어리석은 자만에 빠져
> 그분은 내려다보시고 나는 그 아래에 있음을 잊어버리네.
> 베틀이 조용해지기 전에, 북이 멈추기 전에,
> 하나님은 직물을 펼쳐 이유를 설명하시리.
> 계획한 그림을 짜 넣는 데는, 금실과 은실도 필요하지만,
> 노련한 직공의 손에는 검은 실도 필요하다는 것을.

우리는 하나님을 사랑하는 사람들, 곧 하나님의 뜻대로 부르심을 받은 사람들에게는, 모든 일이 서로 협력해서 선을 이룬다는 것을 압니다. (로마서 8:28)

창세기 7-8장 ; 시편 4편 ; 잠언 4장 ; 마태복음 6장

1월 5일 —— 아버지의 용서

어느 추운 겨울날 저녁, 한 남자가 심장 마비를 일으켜 병원에 입원하게 되었습니다. 응급실에서 간단한 조치를 받고 병실로 옮겨지자, 그는 딸에게 전화를 해달라고 간호사에게 부탁했습니다. "이보시오, 난 혼자 살고 있소. 그리고 그 애는 내 유일한 가족이오."

간호사는 딸에게 전화를 했습니다. 그러자 딸은 몹시 놀라며 전화기에 대고 거의 울부짖으며 말했습니다. "아버지를 제발 살려 주세요! 전 아버지와 1년 전쯤에 심한 말다툼을 했거든요. 정말 용서를 빌고 싶었는데 그 뒤로 몇 달이나 아버지를 뵙지 못했어요. 제가 아버지에게 마지막으로 했던 말은 '아버지를 증오해요' 라는 말이었어요."

잠시 동안 침묵이 흘렀습니다. 그리고는 딸의 울음 소리가 들려 왔습니다. 그녀는 울면서 말했습니다. "지금 갈께요. 30분이면 도착할 거예요."

얼마 뒤, 환자의 심장 박동이 멈추어 간다는 경보가 울렸습니다. 전화를 걸었던 간호사는 기도했습니다. "오, 하나님. 이분 딸이 오고 있어요. 이렇게 끝내지는 마세요."

결국 환자를 살리려는 의료진들의 노력은 수포로 돌아갔습니다. 아드레날린을 주사하고 심장이 움직이도록 전기 충격을 주었지만 소용이 없었습니다. 환자는 죽고 말았지요.

간호사는 병실 밖에서 의사와 환자의 딸이 이야기하는 것을 들었습니다. 딸의 애처로운 얼굴에는 슬픔으로 인한 고통이 나타나 있었습니다. 간호사는 다가가서 그 젊은 여인을 한쪽 옆으로 데려가 말했습니다. "상심이 크시겠어요."

딸은 울먹이며 대답했습니다. "전 아버지를 한 번도 미워한 적이 없어요. 이제 아버지를 뵈러 가야겠어요."

간호사는 속으로 생각했습니다: '왜 자신을 더 괴롭히려 하지요?' 하지만 차마 말로는 못하고 그 젊은 여인을 병실로 데려갔습니다. 딸은 침대로 다가가 시트에 얼굴을 묻고 이제는 움직이지 않는 아버지에게 흐느끼며 마지막 인사를 했습니다.

간호사는 그 슬픈 이별을 보지 않으려고 시선을 돌리다가 침대 옆에 종이 쪽지가 있는 것을 발견하고는, 그것을 슬픔에 빠져 있는 딸에게 건네 주었습니다. 거긴 이렇게 쓰여 있었죠. "내 가장 사랑하는 도나, 널 용서한단다. 너도 나를 용서하렴. 네가 날 사랑하는 것처럼 나도 너를 사랑한단다. 아빠로부터."

누구나 저지를 수 있는 잘못이 초래한 비극입니다. 좀더 일찍 용서했더라면 얼마나 좋았을까요? 여러분도 혹시 이러한 잘못을 저지르고 있는 건 아닌가요? 그렇다면 더 이상 기다리지 마세요!

너희가 서서 기도할 때에, 어떤 사람과 서로 등진 일이 있으면, 용서하여라.
그래야 하늘에 계신 너희 아버지께서도 너희의 잘못을 용서해 주실 것이다. (마가복음 11:25)

창세기 9-10장 ; 시편 5편 ; 잠언 5장 ; 마태복음 7-8장

등단한 지 20년이 넘도록 로버트 프로스트는 자신의 문학과 관련해서는 실패자였습니다. 친구들과 이웃들, 그리고 출판업자들도 그를 실패자로 보았죠. 그는 인정받고자, 또 작품을 출판하고자 외롭게 절망적으로 싸웠지만, 그에게는 결코 기회가 주어지지 않는 것 같았습니다. 프로스트는 종종 이렇게 말하곤 했습니다. 그 때만 해도 자신을 시인이라고 생각하는 사람은 자신 말고는 아무도 없었다고. 이제 세상은 프로스트를 기리고 있으며, 그는 가장 위대한 미국 시인 가운데 한 사람으로 우뚝 서 있습니다. 그의 시집은 지금까지 스물두 나랏말로 번역되었고, 미국판 시집은 백만 부 이상이나 팔렸죠.

프로스트는 문학인이라면 누구나 선망하는 퓰리처 상을 네 번이나 받았고, 어떤 문학인보다도 호평을 받았습니다. 사람들은 그가 작품을 계속 발표하기를 기대했죠.

로버트 프로스트가 출판사에서 첫시집을 출판할 수 있었을 때는 이미 39살이었습니다. 20여 년이라는 그 긴 세월 동안, 그의 글은 계속 퇴짜를 맞았지만 그는 글쓰기를 멈추지 않고 작품을 계속 써냈죠. 끝내 그의 인내는 보답을 받았습니다. 그의 작품은 출판되었고 시인으로 인정받았습니다. 오늘의 우리는 로버트 프로스트의 작품 덕분에 세상이 좀더 지혜로워졌고 좀더 풍요로워졌다고 말할 수 있을 겁니다.

저명한 정신과 의사인 조지 크레인 박사는 최근 위대한 사람이 갖추어야 할 몇 가지 자질을 목록으로 만든 바 있습니다. 그가 주목한 자질들 가운데 몇 가지는 재능이나 책임감 등 우리가 예상할 수 있는 것들입니다. 그러나 의외로 그는 육체적인 인내 또한 필요하다고 말합니다. 그는 많은 사람들이 인생의 후반부까지 필생의 목표를 이루기 위해서는 무엇보다도 끈기가 필요하다고 이야기하면서, 윈스턴 처칠을 그 대표적인 예로 제시하지요.

인생의 육체적인 영역에 적용되는 것은 영혼의 영역에도 마찬가지로 적용됩니다. 우리가 하나님께서 원하시는 존재가 되고자 하는 궁극의 목표에 이르려면 영혼의 인내가 반드시 필요합니다. 성경에서는 이 자질을 '인내'라고 하기도 하지만, '오래 참음'이라고도 하지요. 사도 바울은 오래 참음이야말로 성령의 열매라고 말했습니다.

인생이라는 기나긴 여정에서 우리를 절망에 빠지게 하는 것들은 결국 대단한 것이 아닙니다. 우리가 우리 삶의 목표에 도달하려 한다면, 먼저 인내라는 덕목을 갖춰야 하지요. 그것은 충분히 그럴 만한 가치가 있으며, 결국 여러분은 그 순간에 인내심을 발휘한 것을 기뻐하게 될 것입니다.

너희는 내 이름 때문에 모든 사람에게서 미움을 받을 것이다.
그러나 끝까지 견디는 사람은 구원을 받을 것이다. (마가복음 13:13).

창세기 11-12장 ; 시편 6편 ; 잠언 6장 ; 마태복음 9장

1월 7일 ── 계속 가라!

어느 추운 1월 아침, 위스콘신 주 북부의 슈피리어호 남쪽 연안의 작은 마을에서 있었던 일입니다. 해마다 호수 위에서 열리는 개 썰매 경기가 토요일에 시작되었습니다. 1마일 거리의 코스는 빙판 위에 작은 전나무들을 박아 마련되었죠. 호수 옆에 있는 언덕은 경사가 급해서, 그 위에 서면 코스 전체를 다 볼 수 있었습니다.

그것은 청소년들의 경기였는데, 참가팀들은 여러 마리의 개가 끄는 큰 썰매와 덩치 큰 청년들로 이루어진 팀에서부터, 개 한 마리를 매단 자그마한 썰매를 가진 여섯 살 가량의 어린이까지 다양했습니다.

출발 신호가 울리자마자 모두들 앞서 달려나갔지만, 그 꼬마는 눈에 띄게 뒤쳐졌습니다. 다른 팀과 너무 멀리 떨어져 있어서 마치 혼자 달리고 있는 것 같았죠.

코스를 반 가량 지날 때까지는 모두들 잘 달렸습니다. 그러나 그 즈음 2위를 달리던 팀이 선두팀을 따라잡기 시작했고, 경기가 과열되는 바람에 선두팀에게 지나치게 바짝 달라붙어 결국 개들이 서로 싸우기 시작했죠.

이윽고 각 팀들이 도착하면서 다른 팀 개들도 싸움에 휘말렸습니다. 아무도 그 상황을 통제하지 못했고, 곧 경기는 개들의 싸움으로 난장판이 되었습니다. 개들이 서로 물어뜯고 짖어대며 나뒹구느라, 썰매와 선수들과 개들이 뒤범벅이 되어 아수라장이 되었습니다.

선수들은 그 난장판 가운데서 개들을 쳐내고 때리기도 하면서, 이들을 떼 놓으려고 무진 애를 썼습니다. 소년들은 알래스카인 특유의 쉰 목소리로 소리를 질러대고 호각을 불며, 있는 힘껏 싸움을 말렸죠. 정말 난장판이었습니다.

구경꾼들이 있는 자리에서 얼핏 보면, 그 모습은 선수들과 썰매, 개들의 거대한 소용돌이였습니다. 그 때 아주 작은 개가 끄는 작은 썰매를 탄 그 꼬마가 이들에게 다가가는 것이 보였습니다. 꼬마는 간단하게 개를 몰아서 이 난장판을 돌아 지나갔습니다. 아무도 못한 일을 그 소년 혼자서 해내었지요. 아이는 군중들의 환호 가운데 결승선을 지나 일등을 했으며, 유일한 완주자가 되었습니다!

그는 결승선에서의 인터뷰에서 어떻게 해냈냐는 질문을 받았습니다. 그러자 소년의 대답은 의외로 간단했죠. "전 계속 달렸을 뿐이구요, 또 내 개가 싸우지 않게 했어요. 그게 다예요!"

너희는 내 이름 때문에 모든 사람에게 미움을 받을 것이다.
그러나 끝까지 견디는 사람은 구원을 받을 것이다. (마태복음 10:22)

창세기 13-14장 ; 시편 7편 ; 잠언 7장 ; 마태복음 10장

　전설에 따르면, 옛날 아일랜드에 한 왕이 있었는데, 그에게는 왕위를 물려 줄 계승자가 없었습니다. 그 왕은 고민 끝에 결국 전령을 보내 그 나라 방방곡곡에 (榜)을 붙이게 했습니다. 그 방에는 자질있는 모든 젊은이는 왕위 계승 후보로서 왕과 면담할 수 있다고 알리고 있었습니다. 단, 모든 지원자는 하나님과 이웃을 내 몸처럼 사랑하는 덕목을 지녀야 했지요.

　이 전설의 주인공인 한 젊은이가 이 방을 보고 스스로 하나님과 이웃을 사랑한다고 생각했습니다. 그러나 한 가지 사실이 마음에 걸렸습니다. 그건 워낙 가난해서 왕 앞에 입고 나갈 만한 옷이 없었다는 것이죠. 그래서 그는 여기저기서 빌리고 허드렛일도 하면서 적당한 옷을 갖출 만한 돈을 구했지요.

　적당히 입을 옷이 갖추어지자, 그는 드디어 길을 떠났습니다. 그렇게 여정이 끝나가던 어느 날, 그는 길가에서 거지 한 사람과 마주치게 되었습니다. 그 거지는 다 떨어진 누더기를 걸친 채 그에게 애원했지요. "선생님, 전 너무나 배가 고프고 추워요. 제발, 제발 절 도와 주세요, 네?"

　그는 거지의 처지가 하도 불쌍해서, 자신의 새 옷과 거지의 넝마를 맞바꾸어 버리고 남겨 두었던 음식까지도 주어 버렸습니다.

　그는 잠깐 망설이다가 거지의 누더기를 걸친 채로, 집으로 돌아갈 때 먹을 음식도 없이 궁궐로 향해 갔습니다. 그가 도착했을 때, 왕의 시종들은 커다란 거실에서 그를 맞이했고, 잠시 뒤 마침내 왕이 거하고 있는 방으로 안내되었습니다.

　그는 머리를 조아려 경의를 표했습니다. 그리고 나서 고개를 들자, 그는 놀라 숨이 넘어갈 뻔했지요. "아니, 다, 당신은……! 당신은 길 옆에 있던 그 거지가 아닙니까?"

　"그렇다네." 하고 왕은 미소를 띄고 대답했습니다. "내가 그 거지라네."

　젊은이는 겨우 진정하고 간신히 몇 마디 더듬거릴 수 있었습니다. "그, 그렇지만 당신은 거지인데……. 당신은 진짜로 왕이시군요! 어찌 된 일입니까?"

　"내가 거지로 변장했던 건 자네를 포함한 젊은이들이 진실로 하나님과 인간을 사랑하는지를 가려내야 했기 때문이네." 왕이 대답했습니다. "우리가 지금처럼 만났더라면 자네가 다른 사람을 진정으로 사랑하는지를 결코 알 수 없었을 것이네. 그래서 나는 그런 책략을 썼던 거야. 나는 자네가 진정으로 하나님과 이웃을 사랑한다는 것을 알게 되었네. 자네가 나의 후계자가 되어서 다음 왕이 되어 주게나. 이 왕국은 이제 자네 것일세!"

이제 나는 너희에게 새 계명을 준다. 서로 사랑하여라. 내가 너희를 사랑한 것 같이,
너희도 서로 사랑하여라. 너희가 서로 사랑하면, 모든 사람이 그것으로써 너희가
나의 제자인 줄을 알게 될 것이다. (요한복음 13:34-35)

창세기 15-16장 ; 시편 8편 ; 잠언 8장 ; 마태복음 11장

여러분은 이제까지 살아 오면서 정말로 즐거웠던 때를 기억하십니까? 나는 기억하고 있습니다. 최근 한 연구에 따르면, 어른들이 하루 평균 10번을 웃는 반면에 아이들은 150번을 웃는다고 합니다. 어찌된 일인가요? 그것은 바로 우리가 웃음 결핍증에 걸렸다는 것입니다. 특히 교회에서요. 우리는 우리 자신에게, 또한 남과 더불어 웃을 필요가 있습니다.

미국의 소설가 존 업다이크는 자신의 부모님을 이렇게 묘사했습니다: "늘 웃음이 많으시고, 만물에 묻어 있는 하나님의 지문을 음미하시는 분들이셨지요." 웃음은 하나님이 주신 큰 선물이지요. 그러나 우리들 대부분은 고민거리를 해결하려고 머리를 싸매고는 좀처럼 웃으려고 하지 않습니다!

할머니와 열 살짜리 조숙한 손녀가 저녁 시간을 같이 보내고 있었는데, 손녀가 갑자기 할머니를 쳐다보고 물었습니다. "할머니, 몇 살이세요?"

할머니는 약간 놀랐지만, 손녀의 총명하고 귀여운 마음을 알고 있었기에 크게 당황하지는 않았습니다. "글쎄다, 아가야. 너도 내 나이가 되면 다른 사람에게 나이를 가르쳐 주진 않을 거야."

"아이, 가르쳐 줘요, 할머니. 전 믿어도 된단 말이에요!"

"싫다, 얘야. 난 아무한테도 나이를 가르쳐 주지 않을 테야."

할머니는 저녁 준비를 하느라고 무척이나 바빴는데, 문득 그 귀여운 손녀가 거의 20분 동안이나 보이지 않는다는 걸 알았습니다. 아주 긴 시간이었지요. 그래서 할머니는 하던 일을 멈추고 손녀를 찾아보니 2층 할머니 방에 있었습니다. 아이는 침대 위 할머니의 지갑 안에 들어 있던 것을 쏟아 놓고 그 가운데 앉아서 할머니의 운전 면허증을 들고 있었습니다.

두 사람의 눈이 마주치자 그 아이는 외쳤습니다. "할머니는 일흔여섯 살이시네요!"

"아, 그래, 그렇단다. 어떻게 알았니?"

"할머니 면허증에 있는 생일을 보고 올해에다 할머니가 태어나신 해를 뺐어요. 그러니까 할머니는 일흔여섯 살이에요!"

"맞았다, 아가야. 네 할머니는 일흔여섯 살이란다."

소녀는 계속 운전 면허증을 들여다보더니 이렇게 덧붙였습니다. "성별란에는 할머니도 '여'라고 되어 있어요!"*¹

순진 무구했던 어린 날에서 지금에 이르는 어느 시점에서부턴가 인생은 너무나 엄격해졌습니다. 유머와 즐거움에 대한 그 좋던 감각이 성년의 제단에서 희생된 것이 언제인가요? 그리스도인이 되면 엄숙한 얼굴이 된다고 누가 그러던가요? 즐겁게 생활하는 것은 선택입니다! 웃는 것도 선택입니다! 우리 모두 이 웃음과 즐거움을 선택합시다!

> 무화과나무에 과일이 없고 포도나무에 열매가 없을지라도, 올리브나무에서 딸 것이 없고
> 밭에서 거두어들일 것이 없을지라도, 우리에 양이 없고 외양간에 소가 없을지라도,
> 나는 주 안에서 즐거워하련다. 나를 구원하신 하나님 안에서 기뻐하련다. (하박국 3:17-18)

창세기 17-18장 ; 시편 9편 ; 잠언 9장 ; 마태복음 12장

거부였던 영국인 바론 피츠제럴드는 자식이라곤 아들 하나밖에 없었습니다. 그래서 이 아이는 그에게 금지옥엽이었고, 애정의 중심이었습니다. 그 작은 가족의 사랑을 한 몸에 받았죠.

그렇게 아이는 자랐지만 엄마는 아이가 열 살이 좀 넘었을 때 그만 세상을 떠나고 말았습니다. 피츠제럴드는 아내를 잃은 상심이 무척이나 컸지만, 그래서 더욱 자신의 아들에게 정성을 쏟아 부었습니다. 그러나 애석하게도 아이도 계속 앓다가 스무 살도 되기 전에 죽고 말았습니다. 얼마 뒤 피츠제럴드의 재산은 크게 불어났죠. 그래서 결국 그는 거장들의 예술 작품을 수집하는 데 많은 돈을 썼습니다.

세월이 더 흘러 피츠제럴드 자신도 병으로 죽었습니다. 죽기 전에 그는 유언에 재산을 어떻게 처분할 것인가를 분명하게 밝혀 두었습니다. 피츠제럴드는 자신의 모든 소장품을 경매에 부치라고 지시했지요. 이 수백만 파운드에 달하는 소장품들은 양적으로나 질적으로나 모두 대단한 것들이었으므로, 예상대로 사려는 사람들이 구름처럼 모여들었습니다. 그 가운데는 박물관장도 있었고 개인 수집가들도 있었습니다.

예술품들은 경매가 시작되기 전에 관람할 수 있도록 전시되었습니다. 그런데 그 중에 별로 눈에 띠지 않는 그림 한 점이 있었습니다. 그것은 지방의 무명 화가가 그린 보잘것없는 그림이었지요. 공교롭게도 그건 피츠제럴드 외아들의 초상화였습니다.

경매를 시작할 시간이 되자, 변호사는 먼저, 맨 처음 '내 사랑하는 아들'이라는 제목의 그림을 경매하라고 한 피츠제럴드의 유언장을 읽었습니다.

아무도 그 보잘것없는 그림에 입찰하려고 하지 않았습니다……. 그러나 드디어 입찰자가 나타났습니다. 그 유일한 희망자는 바로 그 아들을 이해하고 사랑하고 돌보았던 늙은 하인이었는데, 이런 감상적인 이유 때문에 유일한 입찰자가 되었지요. 그래서 결국 1파운드도 안 되는 값에 그 그림을 샀습니다.

그러나 갑자기 경매인은 입찰을 중단하고 변호사에게 유언장을 한번 더 읽어 달라고 했습니다. 예사롭지 않은 분위기에 군중들은 모두 조용해졌구요. 드디어 변호사가 유언장을 읽어 나갔습니다. "'누구든지 내 아들의 그림을 사는 이가 모든 소장품을 가질 것.' 경매는 끝났습니다!"

누구든지 그 아들을 얻는 이는 모든 것을 얻습니다! 누구든지 하나님의 독생자 예수 그리스도를 얻는 이는 모든 것을 얻습니다! 이것은 참으로 간결한 명제이지만 참으로 중요합니다. 여러분이 하나님의 아들을 여러분 삶의 일부로 받아들이지 않는다면, 여러분은 진정 아무 것도 가지지 못할 것입니다! 여러분이 그 아들을 가진다면 하나님이 준비하신 모든 것을 가질 것입니다! 땅에서도 하늘에서도! 누구든지 그 아들을 얻는 이는 모든 것을 얻습니다!

> 그 증언은 하나님께서 우리에게 영원한 생명을 주셨다는 것과, 그 생명이 그 아들
> 안에 있다는 것입니다. 그 아들을 모신 사람은 생명을 가진 사람이고, 하나님의 아들을
> 모시지 않은 사람은 생명을 가지지 못한 사람입니다. (요한1서 5:11-12)

창세기 19-20장 ; 시편 10편 ; 잠언 10장 ; 마태복음 13장

1월 11일 —— 천사에 대하여

누구나 천사에 대하여 알고 있습니다. 아마도, 적어도 어느 정도까지는요. 그리고 그 어느 때보다도 많은 사람들이 천사에 대하여 이야기하고 있는 것 같습니다. 요즘은 천사 모양의 악세사리를 파는 가게도 있고, 연하장·시·노래·책 같은 곳에도 선한 천사의 모습이 그려져 있습니다. 게다가 우리는 사랑하는 사람을 '천사'로 부르기도 하지요.

빌리 그레이엄이 쓴 책에 천사에 관한 이야기가 있습니다: "성경에서 천사들은 사탄과 악마들보다 더 중요한 위치를 차지하고 있습니다."[2] 성경은 천사들의 드라마틱한 모습들로 꽉 차 있습니다. 아브라함·야곱·모세·여호수아·기드온·다윗·엘리야·사가랴·요셉·마리아·베드로 등과 그밖에 다른 사람들도 천사를 보았습니다. 성경에서 천사는 여러 가지 일을 하는 모습으로 나옵니다. 사다리를 오르고, 사람과 씨름을 하고, 사자를 길들이며, 아주 무거운 물건을 들어올리기도 하며, 탄생을 알리고, 지도자를 모으고, 전쟁에 병사로 참가하고, 기적적인 구원을 베풀며, 인간을 위로하기도 합니다.

두 명의 천사는 이름이 있습니다……. 미가엘과 가브리엘입니다. 미가엘은 성경의 세 곳에서 '대천사', 또는 '천사장'으로 나오고, 가브리엘은 천국을 관장하는 일을 합니다.

그러면 천사란 무엇인가요? 성경에 따르면, 그들은 고귀하고 위엄을 갖춘, 인간보다 지능이 높은 존재입니다. 그들은 하나님을 드러내는 인간적인 존재로서, 하나님께서는 전능하신 반면 천사들이 전능하지는 않습니다. 그들의 모습은 거의 알려져 있지 않습니다. 그러나 인간의 모습을 할 수도 있으며, 때로 인간으로 오인되기도 하지요. '천사'는 간단히 말해서 '사자(使者)'입니다. 성경에서 수호자이자 사자인 천사들은 하나님의 명을 받아 무수한 방법으로 인간을 돕는 메신저입니다.

그러나 주의해야 할 몇 가지 사실이 있습니다. 그것은 우선 천사는 숭배의 대상이 아니라는 거죠. 성경은 오로지 하나님만을 섬겨야 한다는 것을 명백히 하고 있습니다. 다음으로 우리는 천사에게 기도하지도 않습니다. 우리는 위급할 때 하나님께 기도하지 결코 천사에게 기도하지는 않으니까요. 그러나 우리는 천사를 이해할 수 있도록 우리의 눈과 귀를 열어 놓을 필요가 있습니다. 그리고 하나님께 도움을 청해 보세요. 우리가 천사들에 관하여 건강한 균형 감각을 개발할 수 있도록.

나는 천사가 있다는 걸 믿습니다!

만물이 그분 안에서 창조되었습니다. 하늘에 있는 것들과 땅에 있는 것들,
보이는 것들과 보이지 않는 것들, 왕권이나 주권이나 권력이나 권세나 할 것 없이,
모든 것이 그분으로 말미암아 창조되었고, 그분을 위하여 창조되었습니다. (골로새서 1:16)

창세기 21-22장 ; 시편 11편 ; 잠언 11장 ; 마태복음 14장

1월 12일 —— 홀마크 이야기

1915년 1월 12일, 켄사스 시티에 있는 홀 브라더스 사의 연하장 보관 창고에 불이 났습니다. 화재 때문에 모든 것이 일순간 폐허로 변해 버린 것을 본 많은 사람들은 그 회사 젊은 사장의 불운에 대하여 한마디씩 했을 겁니다. 전날 밤, 그 건물 전체를 휩쓴 화재는 곧 선적될 수천 상자의 발렌타인데이 카드를 한줌의 재로 만들어 버렸습니다. 23세의 조이스 홀과 그의 형 롤리는 카드를 판 돈으로 빚을 갚을 계획이었죠. 그런데 이제 모든 게 화염 속에 날아가 버려서, 그 형제는 17,000달러의 부채를 갚을 수 없게 되었습니다.

사태가 사태이니 만큼, 이 재난으로 특히 조이스 홀은 상심이 컸습니다. 그는 수년간의 고생과 가난을 이겨내고, 이제 막 성공적인 사업가로 자리 잡으려는 참이었거든요. 네브라스카 주의 노퍽 토박이인 그가 아홉 살이었을 때, 순회 전도사였던 아버지는 그와 두 형에게 병든 어머니를 부양할 짐만 지운 채 세상을 떠나 버렸습니다. 그래서 어린 조이스 홀은 집집마다 돌아다니며 향수 행상을 했고, 그 뒤에 연하장을 판매하는 사업을 시작하게 되었지요. 그러다가 좀 더 나은 기회를 찾던 중, 켄사스 시티에 카드를 납품하게 되었고, 그 지역 잡화점 주인들을 상대로 카드 도매업을 시작했습니다. 곧 그는 수입 크리스마스 카드와 발렌타인데이 카드 판매도 겸하게 되었으며, 일 년도 채 지나지 않아 형 롤리와 동업을 하게 되었습니다. 그렇게 화재가 자신의 모든 재산을 휩쓸어 가기 전까지 가까운 주와 시로 점차 판매 지역을 넓혀 갔구요.

'그만두고 싶다면 지금이 바로 그 시기이다. 그러나 포기하고 싶지 않다면 빨리 결단해야 한다.' 조이스 홀은 재난이 있은 후에 혼자 이렇게 되뇌었습니다. 그 후에 결국 재기를 시도한 그 젊은 사업가는 돈을 더 빌려서 그 지역의 조판 회사를 구입하여 롤리와 함께 직접 디자인한 연하장을 인쇄해 빠르고 값싸게 재고량을 채워 나갔지요. 그들이 만들어낸 첫번째 고유 디자인 카드 두 가지는 1915년 크리스마스에 맞추어 준비되었습니다. 이렇게 수작업으로 인쇄한 조그만 크리스마스 카드는 중서부 지역의 잡화점에 팔려 휴일 쇼핑객들을 성공적으로 끌어모았으며, 결국 폐허가 된 홀의 회사에 절박하게 필요했던 현금을 매꿔 주었습니다.

조이스 홀이 세상을 떠난 1982년, 그의 이름을 딴 홀마크 합자 회사는 하루에 팔백만 장이나 되는 연하장을 생산해 내고 있었습니다. 그 중에는 평소에 사용할 수 있는 카드도 있었지요. 그 카드에는 '당신과 같은 친구가 되고 싶습니다' 라는 에드거 게스트의 우정의 테마가 실려 있고, 그 테마는 요즘도 여전히 카드에 쓰이고 있습니다.

우정은 인내와 밀접하게 관련되어 있습니다. 이것은 우정의 '홀마크'(보증서라는 뜻이 있음; 역자주)가 여러 해 지난 지금도 널리 퍼져 있다는 사실을 보면 알 수 있지 않을까요?

손이 게으른 사람은 가난하게 되고, 손이 부지런한 사람은 부유하게 된다. (잠언 10:4)

✍

창세기 23-24장 ; 시편 12편 ; 잠언 12장 ; 마태복음 15장

캘리포니아의 오션사이드에서 있었던 일입니다. 알터 선생님이 가르치는 5학년 학급에서는 누가 항암 치료를 받고 있는지 알 수 없었습니다! 거의 모든 아이들이 까까머리였으니까요. 병을 앓고 있는 아이가 자신이 외톨이라고 느끼게 되지 않도록, 급우들 가운데 13명이 같이 머리를 밀어 버린 것입니다.

레이크 초등학교의 열한 살짜리 소년인 스콧 시벨리우스는 "우리 모두가 머리를 민다면, 사람들은 아마도 누가 암을 앓고 있고 누가 머리를 밀었는지 모를 거야." 라고 말했습니다.

기록부에는 아이언 오고만이 아픈 아이였습니다.

의사들은 림프종이라고 불리는 병을 앓고 있는 이 아이의 소장에서 악성 종양을 떼어 내었고, 약물 요법으로 치료를 시작했습니다. 그러자 아이언은 머리카락이 한 웅큼씩 빠져 버리기 전에 머리를 완전히 밀어 버리려고 마음먹었지요. 그런데 놀랍게도 친구들이 이에 동참하려 했습니다.

"아이언이 진짜로 걱정하는 것은 자기만 눈에 띄는 것이 아니라, 놀림당하는 거예요. 그래서 우리는 단지 아이언의 기분이 좀 더 나아지고 외톨이가 됐다고 느끼지 않게 하려는 거예요."라고 열 살짜리 카일 한슬릭이 말했습니다.

카일은 이 생각을 다른 친구들에게 얘기했고, 아이들 부모 가운데 한 사람이 명단을 받기 시작했죠. 그래서 지난주에 그들은 모두 함께 이발소로 향했습니다.

이 사실을 안 짐 알터 선생님도 아이들과 함께 머리를 밀었습니다.

"너희들은 세상 모든 사람들에게 아이들도 무언가 할 수 있다는 것을 보여 준 거야. 사람들은 아이들이 점점 나빠져만 가고 있다지만 너희들은 오히려 그 반대구나." 라고 알터 선생님은 말했습니다.[3]

동정심있는 친구가 된다는 것은, 친구의 마음을 헤아려 그 친구의 괴로움과 슬픈 상처까지도 같이 나누는 것이라고 흔히들 말합니다. 그러나 그것은 이런 감정을 훨씬 뛰어넘는 것이지요. 그것은 바로 다른 이의 고통을 줄여 주고 그 고통의 원인마저도 지워 주고자 하는 마음을 가지는 것이기 때문에, 친구에 대하여 동정심을 가질 수 있는 겁니다. 얼마나 멋진 친구들인가요? 아이언에게는 이런 친구가 13명이나 있습니다! 자신의 머리카락을 기꺼이 희생할 만큼 충분한 애정과 인간미와 가슴을 가진 친구들이요. 주여, 제가 상처 입었을 때도 그런 사람들을 좀더 허락해 주십시오.

성경 말씀에 친구를 사귀기 위해서는 먼저 친구가 되어야 한다고 합니다. 멋진 인생을 사는 중요한 열쇠 가운데 하나는 친구가 되고 친구를 갖는 것입니다. 젊을 때가 바로 평생을 함께 할 우정을 만들기 시작할 때지요. 여러분 친구 가운데 혹시 누군가가 자신의 삶 속에서 동정어린 이해를 조금이나마 필요로 하고 있지는 않나요?

친구를 많이 둔 사람은 해를 입기도 하지만, 형제보다 더 가까운 친구도 있다. (잠언 18:24)

〰️

창세기 25-26장 ; 시편 13편 ; 잠언 13장 ; 마태복음 16-17장

'기도하는 손'이라는 유명한 그림은 헝가리 금 세공인의 아들인 알베르히트 뒤러의 작품입니다. 그는 1471년 독일에서 태어나 1528년에 죽었습니다. 대부분의 천재들 경우가 그러하듯, 이 예술가에 대한 이야기도 사실과 허구가 엮어져 오늘 우리가 알고 있는 전설이 되었지요.

그와 방을 함께 썼던 친구를 비롯하여 그를 알았던 사람들은 그를 알베르트라 불렀습니다. 알베르트가 미술 공부를 할 때의 이야기입니다. 알베르트는 친구 한 명과 같은 집에 살았습니다. 하지만 두 사람은 미술 공부를 하면서 부업으로 돈을 약간씩 벌었는데, 그걸로는 방세와 식비, 옷값 등 생계를 꾸려 가기가 힘들었습니다. 그래서 알베르트는 한 가지 제안을 했지요. 친구가 공부를 마칠 때까지는 자신이 일을 해서 두 사람에게 필요한 돈을 벌고, 친구가 공부를 마쳤을 때에는 친구가 일을 해서 뒤러가 공부를 마칠 수 있도록 지원해 주는 것이 어떠냐는 것이었습니다. 그 친구는 그 제안에 기꺼이 찬성했으나, 자기가 먼저 일하고 뒤러는 공부를 계속하라고 고집하였습니다.

계획은 실행되었고 머지않아 뒤러는 숙련된 화가이자 조각가가 되었지요. 그래서 알베르트는 어느 날 집으로 돌아 와서 이제 자신이 친구가 미술 공부를 할 수 있게 생계를 책임질 차례가 되었다고 선언했습니다. 그러나 힘든 노동 덕분에 친구의 손은 너무나 많이 상해서 더 이상 붓을 잡고 좋은 솜씨로 그림을 그릴 수가 없었습니다. 예술가로서 그의 길은 끝난 것이지요.

알베르트는 친구가 겪고 있는 절망에 몹시 슬퍼했습니다. 그러던 어느 날, 알베르트가 집으로 돌아왔을 때 친구의 기도 소리를 듣게 되었고 경건한 기도를 올리고 있는 그의 손을 보게 되었습니다. 그 순간 알베르트는 친구의 '기도하는 손'을 그리고 싶은 영감을 받았지요. 친구의 잃어버린 감각은 비록 되찾을 수 없겠지만, 그림 속에서 그리고 그림을 통해서 친구가 자기를 위하여 행한 자기 희생적인 노동에 대한 존경과 사랑을 표현할 수 있을 것이라고 느꼈습니다. 또한 다른 모든 사람들이 이런 그림을 통해서 누군가의 희생과 나눔을 입은 사람들에게 감사하는 마음을 가질 수 있으리라는 생각도 했구요.

이 이야기는 이제 전설이 되었습니다. 물론 나는 이 이야기가 사실인지 아닌지 증명할 수 없습니다. 하지만 그 얼마나 아름다운 이야기인지요! 자기 희생은 사랑의 표시이며, 이 바쁜 세상에서는 그다지 자주 볼 수 있는 일이 아닙니다. 그러나 이와 같이 희생적인 사랑을 행할 때 우리는 예수 그리스도의 한 지체임을 증명할 수 있습니다. 겸허한 나눔과 기도는 바로 천국의 문을 여는 열쇠이지요.

너희가 서로 사랑하면, 모든 사람이 그것으로써
너희가 나의 제자인 줄을 알게 될 것이다. (요한복음 13:35)

창세기 27장 ; 시편 14편 ; 잠언 14장 ; 마태복음 18장

1767년 1월 15일 세일럼에서

사랑하는 동생에게,

너의 따뜻한 편지를 오늘에야 받아 보았다.
네가 잘 있다 하니 얼마나 기쁜지 모르겠구나.

네 소식을 듣지 못해 나는 정말 불안했단다.
내 평생 이 겨울처럼 지루했던 적은 없었지.
나는 날마다 너를 볼 수 있을 날을 헤아리고 있단다.
여기서 또 한 번의 겨울을 보내야 한다고 생각했다면,
결코 지금처럼 편안하지는 못했을 거야.

정말이지 동생아,
남편이 가까이 있건만,
모든 친구들에게서 이토록 멀리
떨어져 있다는 생각을 하면 견딜 수가 없구나.

비록 널 볼 수 없다 해도,
네가 10마일 안에만 살고 있다면 얼마나 좋을까?

우리 아이들은 서로 그렇게 자연스러울 수가 없단다.
마치 서로 더 자주 만날 수 있었던 곳에서
살았던 것 같구나……

(이 편지는 마리 스미스 크레인치가 동생인 아비게일 아담스에게 쓴 편지입니다.)

사람들이 너를 비꼬아서 '그 어머니에 그 딸'이라는 속담을 말할 것이다.
네가 바로……네 어머니의 딸이며, 네가 바로……네 언니들의 동생이다. (에스겔 16:44-45)

창세기 28-29장 ; 시편 15편 ; 잠언 15장 ; 마태복음 19-20장

지식을 구하러 저명한 소크라테스를 찾아갔던 자부심 강하고 오만한 어떤 젊은이에 대한 옛 이야기가 있습니다. 그는 포부도 당당하게 그 위대한 철학자를 찾아가서 말했죠. "오, 위대한 소크라테스님, 저는 지식을 구하러 당신께 왔습니다."

소크라테스는 첫눈에 그가 거만한 멍청이라는 것을 알아보고는, 청년을 뒤따르게 하여 아테네 거리를 지나 지중해 바닷가로 갔습니다. 그들은 함께 물 속으로 걸어 들어갔지요. 가슴팍에까지 물이 찼을 때, 소크라테스는 젊은이를 돌아보고 물었습니다. "자네는 무엇을 원하는가?"

"지식입니다, 지혜로우신 소크라테스님!" 젊은이는 미소를 띠며 말했지요.

소크라테스는 힘센 손을 그 거만한 젊은이의 어깨에 얹고는 아래로 눌러 그대로 있었습니다. 30초 후에 소크라테스는 그를 놓아 주었습니다. 그리고는 다시 물었지요. "자네는 무엇을 원하는가?"

"지혜입니다, 위대하시고 지혜로우신 소크라테스님!" 이번에는 굳은 얼굴로 빠르게 지껄였습니다.

소크라테스는 다시 그를 눌렀습니다. 이번에는 좀 더 길었습니다. 그리고는 다시 놓아 주었지요. 젊은이는 숨을 헐떡이고 있었습니다. "무엇을 원하는가, 젊은이?" 소크라테스는 거듭 다시 물었습니다.

거칠게 요동하는 숨결 사이로 그 젊은이는 씨근거리며 말했지요. "지식입니다, 지혜롭고 위대한……"

소크라테스는 그를 다시 찍어 눌렀습니다. 이번에는 50을 센 뒤 그를 놓아 주었지요. "무엇을 원하나?"

"공기요!" 그는 비명을 지르며 말했습니다. "공기가 필요합니다!"

"자네가 공기를 원하듯 지식을 원할 때 비로소 지식을 얻게 될 것이네." 하고 미소 띤 소크라테스가 말했습니다.

우리는 이른바 '정보화 시대,' 곧 정보와 지식을 상품처럼 사고파는 시대에 살고 있습니다. 이와 같은 정보의 세계로 들어가는 것은 부와 명성과 지위를 얻는 티켓을 얻는 것일 수도 있습니다. 그러나 지식은 쉽게 우리에게 오지 않습니다. 그것은 배움의 과정이며, 지성을 접목시킨 학식을 필요로 합니다. 그것은 정신을 갈고 닦는 것이며, 정보를 모으는 것이며, 깨어 있게 되는 것이며, 지각을 예리하게 하는 것이며, 기억을 연마하는 것이며, 어떻게 적용시킬 것인가를 이해하는 것이지요. 지식은 현대인의 필수품입니다! 지식은 신나는 미래로의 티켓입니다! 따라서 ……핵심은 바로 여러분이 얼마나 간절히 지식을 원하고 또한 필요로 하는가일 것입니다. 그 지식이 다음번 호흡만큼 중요해질 때, 그것은 비로소 여러분 것이 될 것입니다. 아니, 최소한 시작은 될 테지요!

여러분 가운데 누구든지 지혜가 부족하거든, 아낌없이 주시고
나무라지 않으시는 하나님께 구하십시오. 그러면 받을 것입니다. (야고보서 1:5)

❧

창세기 30장 ; 시편 16편 ; 잠언 16장 ; 마태복음 21장

1월 17일 —— 승리보다 더 큰 것

애석하게도 그들은 단지 '쓰러진 이들'로 기억됩니다. 올림픽 역사에서 가장 비통한 순간으로 기록된 이야기 가운데 그들의 이야기가 있습니다.

1988년 캘거리 동계 올림픽에서 있었던 일입니다. 금메달 후보였던 댄 얀센은 누이가 백혈병으로 죽었다는 소식을 듣고 나서 한 시간 뒤 500미터 경주를 하러 빙판으로 나왔습니다. 그가 첫 바퀴를 돌았을 때, 그 비통한 소식의 무게가 그를 얼음판 위로 쓰러뜨릴 것 같았지요. 아니나 다를까, 그는 그만 경주 도중 넘어지고 말았습니다. 나흘 뒤, 얀센은 다시 1000미터에 도전했습니다. 그리고 또다시 넘어졌습니다. 이번에는 경기를 시작하자마자였지요.

"내 모든 성취가 아무 것도 아니라는 것과 내가 올림픽에서 넘어진 이로만 기억될 것이라는 사실을 몹시 받아들이기 어려웠어요." 라고 그는 말했습니다. 그가 다시 또 그런 일을 겪지는 않을 것이라는 믿음을 갖기 위해서는 꽤 오랜 시간이 필요했습니다.

그 뒤 그는 성장하여 결혼도 했습니다. 그리고 재기했지요. 또 다른 금메달을 위하여.

1988년에 고향인 위스콘신 주의 웨스트 알리스에서 열린 세계 단거리 선수권 대회에서 우승을 거둔 이래, 그는 지금까지도 변함없이 미국 최고의 단거리 스케이트 선수입니다. 그뒤 1991년에서 1992년 사이에, 얀센은 500미터 부문에서 장족의 발전을 거듭하여 올림픽 금메달리스트인 독일의 우베–옌스 메이의 세계 기록을 깨뜨렸습니다. 그러나 캘거리에서의 경험은 그의 삶에 대한 시각을 완전히 바꾸어 놓았습니다. 얀센은 냉정하게 말했습니다. "누이를 잃는 것은 금메달을 따는 것보다 훨씬 중대한 일이었어요. 금메달을 따는 것은 이제 더 이상 내 인생에서 가장 중요한 일이 될 수 없습니다!"*4

1994년 노르웨이 올림픽은 이제 역사가 되었습니다. 댄 얀센이 500미터 경기에서 다시 넘어졌을 때, 그것은 이전에 보았던 장면과 너무나 흡사했습니다. 그리고 1000미터 단거리 경기에서도 또 다시 같은 일이 일어났지요. 이제 남은 경기는 1500미터밖에 없었습니다. 그러나 이것은 그의 주종목이 아니었지요. 그는 500미터 경기에서 세계 기록을 가지고 있다는 것을 기억하세요! 그러나 우리는 그 극적인 장면이 연출되는 TV화면에 시선들을 집중하고 있었습니다. 이윽고 출발을 알리는 총소리가 울리자, 댄은 그가 약속한 바대로 최선을 다했지요. 그래서 결국 그의 마지막 경주를 승리로 이끌어 냈습니다. 그것은 경이의 순간이었지요.

댄이 금메달을 목에 두르고 시상대에 올라섰을 때, 우리는 그의 마음을 읽을 수 있었습니다. 미국 국가가 연주될 때, 그는 눈물을 흘렸습니다. 그리고 그는 하늘을 향해 경례를 올렸지요. 이 경주는 바로 그의 누이를 위한 것이었습니다. 이 이야기는 우리가 우리의 인생에서 우선권을 어디에 두어야 하는지에 대해 상기시켜 주고 있습니다. "금메달을 따는 것은 이제 더 이상 내 인생의 가장 중요한 일이 될 수 없습니다!"

> *경기장에서 달음질하는 사람들이 모두가 달리지만, 상을 받는 사람은*
> *하나뿐이라는 것을 여러분은 알지 못합니까? 이와 같이 여러분도*
> *상을 받을 수 있도록 달리십시오. (고린도전서 9:24)*

창세기 31장 ; 시편 17편 ; 잠언 17장 ; 마태복음 22장

한 남자가 서너 달 전 해고당했던 직장으로 다시 복직하였습니다. 그리고는 전보다 일을 훨씬 더 잘 하였지요. 이런 그 남자의 모습을 본 사장이 물었습니다. "뭐가 자네를 이렇게 만든 거지?" 그 남자는 다음과 같은 이야기를 했습니다.

제가 대학을 다닐 때, 전 동아리 가입 위원회의 위원이었습니다. 그런데 동아리 회원 자격을 얻으려면 한 가지 시험을 거쳐야만 했지요. 아주 어두운 밤에, 우리는 신입 회원들을 시골길 한 가운데에 서게 합니다. 그리고는 제가 차를 최대한의 속력으로 몰아 그들을 향해 돌진하지요. 하지만 피하라는 신호가 내려지기 전에는 피할 수가 없습니다. 그날도 저는 시속 백 마일로 그들을 향해 돌진했습니다. 헤드라이트에 비친 그들은 온갖 공포에 질려 있었지요. 잠시 뒤 신호가 내려지고 모두들 길 밖으로 뛰쳐나갔습니다. 하지만 한 사람이 그만 미쳐 피하지 못하여 차에 치여 죽고 말았지요.

그 일로 저는 학교를 떠났습니다. 그 뒤 저는 결혼을 해서 두 아이를 두었습니다. 하지만 그 때의 일로 내 차에 친 사람의 얼굴이 나의 뇌리를 떠나질 않았습니다. 결국 저는 절망 속에서 괴팍하게 변하여 술주정뱅이가 되고 말았지요. 그래서 제 아내는 집안을 꾸려 나가기 위하여 모진 고생을 다 하였습니다.

어느 날 아침 보통 때와 마찬가지로 집에서 술을 마시고 있는데 초인종이 울렸습니다. 그래서 문을 열고 보니 거기에는 이상하게도 낯이 익은 것 같은 한 여인이 서 있었지요. 그 여인은 자신이 내가 수년 전 대학 다닐 때 내 차에 치여 죽은 그 사람의 어머니라고 말했습니다. 그 여인은 한때 저를 향한 증오심과 복수심으로 매일 밤 잠을 뒤척였다고 했지요. 그런데 어느 날 그 여인이 예수님을 마음속에 영접하고 난 다음 저를 용서하고 사랑하게 되었다고 말했습니다. 그리고는 이렇게 말했지요. "이제 당신을 용서하겠습니다. 당신도 나를 용서해 주세요." 그 여인의 두 눈을 깊이 들여다보면서 저의 이런 지긋지긋한 삶을 청산하고 새로운 삶을 살아도 된다는 허락의 마음을 읽을 수 있었습니다. 그 용서가 저의 삶을 완전히 뒤바꿔 놓았습니다.

죄의식 속에 산다는 것은 고통스러운 일입니다. 종종 저는 '간음 가운데 붙잡힌 여자가 예수님 앞에 아무렇게나 던져졌을 때, 어떤 심정이었을까?' 하고 생각해 보곤 하지요. 아마도 여자를 주목하던 예수님의 방식은 그 여자의 삶에 하나의 커다란 전환점이었을 겁니다. 아무리 심각한 일로 죄의식을 느끼든간에 그 일에 대하여 용서를 받을 수 있는 길은 늘 열려 있습니다.

예수께서 몸을 일으켜, 여자에게 말씀하셨다. "여자여, 사람들은 어디에 있느냐?
너를 정죄한 사람이 하나도 없느냐?" 여자가 대답하였다. "주님, 한 사람도 없습니다."
예수께서 말씀하셨다. "나도 너를 정죄하지 않는다.
가서, 이제부터 다시는 죄를 짓지 말아라." (요한복음 8:10-11)

창세기 32-33장 ; 시편 18편 ; 잠언 18장 ; 마태복음 23장

로자 팍스는 알라바마 주 몽고메리에 있는 백화점에서 재봉일을 하는 아주 평범한 여인일 뿐이었습니다. 1955년 12월 1일, 그녀는 역사를 만들었습니다! 그녀는 일을 마치고 집으로 가는 버스를 탔지요. 그러나 버스의 '흑인 전용' 좌석은 빈 자리가 없었습니다. 그래서 로자는 중간 부분에 딱 하나 남아 있는 자리에 가서 앉았습니다. 중간 부분은 앉으려는 백인이 없을 때 흑인도 앉을 수 있었거든요. 버스는 계속 갔습니다. 그렇게 세 정거장을 지났을 무렵, 몇 사람의 백인이 탔습니다. 빈 자리를 채우고, 그들 가운데 한 사람이 자리에 앉지 못했지요. 그러자 운전기사는 로자와 다른 세 사람의 흑인에게 백인이 '마땅히' 앉을 수 있도록 중간 부분 자리를 내줘야만 한다고 말했습니다.

로자의 말을 들어봅시다. "기사가 처음 말했을 때는 우리들 가운데 아무도 움직이지 않았어요. 하지만 그는 다시 말했지요. 내가 그 말을 위협이라고 여겼던 것은 그의 말이 이랬기 때문이에요. '당신들 모두 몸조심하는 게 좋을 거요. 어서 자리를 비워 주시지.' 이 때 다른 세 사람이 일어섰지요. 기사는 날 보고도 일어서라고 요구했어요. 나는 '싫어요!' 라고 했지요. 그러자 그는 '일어서지 않으면 경찰을 부르겠소!'라고 했어요. 나는 '어디 한번 해보라'고, '날 잡아가 보라'고 했지요. 그 뒤로 그는 더 이상 나와 말하지 않았어요."

결국 로자는 체포되어 그날 밤을 몽고메리 교도소에서 보냈지요. 그러자 몽고메리에 있는 40명의 목사가 그 시의 버스 회사에 대하여 반대 운동을 하기로 서명했습니다. 이들 40명 가운데서 젊은 신참 목사 마틴 루터 킹 2세가 반대 운동을 이끌도록 선출되었습니다. 나중에 그는 역사상 가장 감동적인 연설을 하게 되지요. "내겐 꿈이 하나 있습니다……"로 시작되는 그 감동적인 연설은 주 의회와 워싱턴에까지 울려 퍼져 인종 차별 철폐 운동의 선구가 되었습니다. 결국 이 때문에 그는 저격당해 순교하게 되지요.

그 뒤 로자는 14달러의 벌금형을 선고받았습니다. 그러나 로자는 이 선고에 불복하여 다시 대법원에 상고하였고, 대법원은 이 판결을 뒤엎었지요. 이는 인종 차별법과 이를 정당화하는 모든 법률적 근거들을 쓰러뜨린 치명적인 일격이었습니다.

로자, 당신의 삶이 말하고 있습니다! 여기 두려워 않고 저항하여 가치있는 일을 해낸 여인이 있습니다. 그녀는 아주 특별한 방법으로 기폭제가 되었습니다. 전세계 모든 하나님의 백성에게 좀더 나은 삶을 살게 해주었습니다.

> 이런 때에 왕후께서 입을 다물고 계시면, 유다 사람들은 다른 곳에서라도 도움을 얻어서, 마침내는 구원을 받고 살아날 것이지만, 왕후와 왕후의 집안은 멸망할 것입니다. 왕후께서 이처럼 왕후의 자리에 오르신 것이 바로 이런 일 때문인지를 누가 압니까? (에스더 4:14)

창세기 34-35장 ; 시편 18편 16-36절 ; 잠언 19장 ; 마태복음 24장

1월 20일 —— 시험

그의 이름은 존 블랭카드로, 제2차 세계 대전 가운데 플로리다에서 신병 훈련을 맡고 있던 해군 대위였습니다. 어느날 저녁 그는 무심코 우체국 도서관에 들러 책 한 권을 읽었는데, 그 책의 여백에 씌어 있는 어떤 여자의 글이 그의 호기심을 자극했습니다. 책의 표지를 보았더니, 이전 책 주인의 이름이 있었습니다. 바로 미스 홀리스 메이넬이었지요.

블랭카드는 수소문 끝에 그녀가 뉴욕에 살고 있다는 것을 알아냈습니다. 그러나 이윽고 그는 전함을 타고 출항해야 했지요. 그럼에도 불구하고, 13개월 동안 두 사람은 편지를 주고받으며 서로의 마음을 열기 시작했습니다. 그는 그녀의 사진을 청했으나, 그가 자신을 진실로 사랑한다면 외모는 문제되지 않을 것이라며 그녀는 거절했지요.

드디어 그들이 만나기로 한 날이 왔습니다. 뉴욕 시의 그랜드 센트럴 역에서요. 그녀는 "옷깃에 붉은 장미를 달고 나올 것"이라고 언질을 주었습니다.

무슨 일이 일어났는지 젊은이의 말을 들어봅시다:

한 아가씨가 나를 향해 오고 있었어요. 아름답고 화사했으며, 금발 머리에 꽃 같은 푸른 눈을 가졌는데, 옅은 초록빛의 옷을 입고 있었지요. 마치 봄이 살아 오는 것 같았어요. 나는 그녀가 장미를 달지 않았다는 것도 모르고 그녀를 향해 걸어갔습니다……. 다음 순간 나는 홀리스 메이넬을 보고 말았지요! 그녀는 그 아가씨 뒤에 서있던 반백의 여인이었습니다. 그러나 그녀는 갈색 외투의 구겨진 깃에 붉은 장미를 달고 있었어요. 그러나 나는 나를 사로잡은 영혼의 여인을 너무나 간절히 고대하고 있었기 때문에 그녀에게 다가갔지요. 거기 서있는 그녀의 얼굴은 친절하고 지각있어 보였으며, 회색빛 두 눈은 반짝이고 있었지요. 나는 망설이지 않았습니다. 나는 그 때 나를 알리는 표시로, 낡고 푸른 가죽 표지의 작은 책을 손에 쥐고 있었어요.

나는 마음 속에서 솟아나오는 실망감을 억누르면서, 어깨를 펴고 경례를 붙이고는 그 책을 그녀에게 들어 보였습니다. "제가 존 블랭카드 대위입니다. 당신은 미스 메이넬이 틀림없지요? 뵙게 되어 정말 반갑습니다. 오늘 제가 저녁을 대접해도 되겠습니까?"

그러자 갑자기 그 여인의 얼굴에 웃음이 번졌습니다. "이보세요, 저는 무슨 영문인지 통 모르겠군요. 방금 지나간 초록 옷의 그 젊은 아가씨가 나에게 이 장미를 달고 있어 달라고 청하면서, 만일 젊은이가 저녁을 함께 하길 청한다면 그 때 자기가 길 건너 커다란 레스토랑에서 기다리고 있다고 전해 달라고 하더군요. 그녀는 이걸 일종의 시험이라고 했어요."

의심할 나위 없이 존 블랭카드 대위는 시험에 합격했습니다! 여러분도 이렇게 할 수 있을까요?

그러나 성령의 열매는 사랑과 기쁨과 평화와 인내와 친절과 선함과
신실과 온유와 절제입니다. (갈라디아서 5:22-23)

❧

창세기 36-37장 ; 시편 18편 37-50절 ; 잠언 20장 ; 마태복음 25장

캐나다의 브랜든 대학 농구 선수인 트레이시 맥클레오드는 '장애자'라는 말을 싫어합니다. 자기 자신에게나 동료 선수들에게 농담을 할 때라면 몰라도, 그게 아니라면 이 단어가 그녀에게는 어울리지 않습니다. 오른쪽 종아리의 절반을 절단한 진짜 장애를 가진 채로, 단 석 달만에 농구 코트에 복귀한 사람이 누가 있겠습니까? 어느 누가 21세의 맥클레오드가 레지나 대학 팀과의 경기에서 했던 것처럼, 20분의 경기 시간 동안 20점을 올리고 열 개의 리바운드를 잡을 수 있겠습니까?

지난 시즌에 맥클레오드는 건강한 두 다리로 185cm의 센터로서, 평균 11.2 득점에 6.2 리바운드의 성적을 올렸습니다. 그러나 그 뒤 농구 골대 밑에서 발을 헛디뎌 병원 신세를 지게 되었죠. 1993년 1월, 맥클레오드는 위니페그 팀과의 홈경기에서 레이업을 시도하다가 그만 오른쪽 발을 헛디뎠는데, 정강이뼈와 종아리뼈 모두가 부러졌습니다. 이 때 그 소리가 어찌나 컸던지 선수 몇 명은 귀를 막고 돌아설 정도였으니까요.

다리뼈는 정합되었습니다. 그러나 24시간내에 수술을 요하는 문제점들이 드러났지요. 이후 5개월 동안 무려 아홉 번의 수술을 받았습니다. 그러나 그 수술들은 성공하지 못했고, 결국 평생 동안 교정 수술을 받으며 다리를 절어야 하거나 아니면 절단해야 할 선택에 직면하게 되었습니다. 1993년 6월, 그녀의 다리는 무릎 아래 20cm 가량 되는 곳에서 절단되었습니다. 2주 반 후에, 그녀는 의족을 단 채로 퇴원했구요. 맥클레오드의 의사들은 이전과 같은 경기 능력을 기대하는 것은 영원히 불가능하다고 말했습니다.

"나는 의사가 하는 말을 웃음으로 받아 넘겼어요." 라고 맥클레오드는 말합니다. "나는 누구라도 내게 제한을 가하는 것을 허락할 수 없었어요. 나는 단지 정상 생활로 돌아가기를 원했고, 농구는 거기서 중요한 부분을 차지하고 있었어요. 내가 다시 경기를 시작할 수 있을지는 몰랐지만, 노력은 해야 했습니다."

그녀의 스텝은 느려졌고 점프력도 예전 같지 않았지만 페인트에서 두드러진 활약을 보여 주며, 팀에서 가장 슛을 잘하는 선수로 다시 코트에 복귀했습니다. "그녀는 놀라워요!" 라고 동료 선수 안드레아 브라운이 말합니다. "경기장에 있는 그녀를 보면 우리는 기운을 얻어요. 늘 당연하다고 치부해 버리는 일이 얼마나 그릇된 생각일 수 있는가를 되새기게 되거든요. 그리고 인간이 얼마나 강해질 수 있느냐도요." 상대편 선수들은 그녀를 동정하기보다 두려워합니다. 라이벌인 위니페그 팀의 코치 톰 켄달은 이렇게 말합니다. "우리는 트레이시를 예전과 같이 거칠게 대하지요. 그렇게 하지 않으면 그녀는 점수를 더 많이 낼 테니까요."

"상대방이 공격을 늦추면 그만한 대가를 치러야 할걸요!" 라고 맥클레오드는 말합니다. "먼저 치는 사람이 이기지요. 보통, 그게 바로 접니다."*5

예수께서 그에게 말씀하셨다. "'할 수 있으면'이 무슨 말이냐?
믿는 사람은 모든 것을 할 수 있다." (마가복음 9:23)

~~~

창세기 38-39장 ; 시편 19편 ; 잠언 21장 ; 마태복음 26장
~~~

1월 22일 —— 나만 살고자 했다

여러 해 전 시카고의 유명한 목사 간솔루스 박사의 스물다섯 살 된 조카가 자신은 더 이상 인생의 목적을 찾을 수 없다고 그에게 고민을 호소했습니다. 그래서 삼촌은 조카에게 다른 사람들을 위하여 자기 자신을 헌신할 필요가 있다고 말했지요. 그러면 삶의 목적을 찾을 수 있을 것이라고요.

삼촌의 사무실을 나왔을 때, 그 청년은 화재가 난 낡은 이러쿼스 극장 이층 창문에 몇 사람이 갇혀 있는 것을 보았습니다. 그래서 재빨리 사다리 하나를 구해서 그 옆 건물로 올라가, 같은 높이 쯤에서 극장 창문에 그것을 걸쳤습니다. 그리고는 몇 명을 구해냈지요. 그러나 건물의 버팀목이 떨어져 덮치는 바람에, 청년은 그만 바닥에 떨어지고 말았습니다. 간솔루스 박사는 소식을 듣고 조카가 죽기 직전에 도착했습니다. 청년은 점차 흐릿해지는 눈으로 삼촌을 똑바로 바라보며 힘겹게 속삭였어요. "이제는 내가 왜 태어났는지 알겠어요."

몇 년 뒤 간솔루스 박사는 유럽에 있는 한 호텔에서 다른 여행객과 이야기를 나누고 있었습니다. 그 여행객은 시카고 얘기가 나오자 몹시 흥분하여 알아들을 수 없는 말로 횡설수설하는 것이었습니다. 그래서 그의 동료가 그를 데리고 나갔지요. 나중에 설명을 들어보니, 그 사람은 이러쿼스 극장이 불탔던 그 비극의 날에 거기 있었다고 했습니다. 그는 비명과 두려움으로 미쳐 날뛰며 공포에 휩싸인 많은 사람들을 남겨둔 채 기를 쓰고 기어서 혼자 빠져 나올 수 있었습니다. 그 뒤로는 시카고 이야기가 조금만 나와도 그는 떨면서 중얼거린다는 겁니다. "나만 살려고 했어, 나만 빠져나왔다구!"*[6]

여기서 말하는 화재는 1903년에 그 극장에서 에디 포이가 공연할 때 있었던 사건입니다. 그때 극장은 만원이었는데, 불길은 건물 안과 건물 전체를 감싸고 있어서, 마치 극장이 완전히 폭발할 것 같았습니다. 극장 안은 곧 공포의 도가니에 휩싸였고, 사람들은 문쪽으로 가려고 좁은 통로에서 뒤범벅이 되어 필사적으로 싸웠지요. 그곳은 뜨거운 가스와 연기가 가득 찬 죽음의 방으로 변했습니다. 이 화재로 총 590명이 사망했습니다. 정말 끔찍한 사고였지요.

이 화재 때문에 공공 건물은 비상구를 명시하고, 문에는 항상 밖으로 문이 열리도록 비상 막대를 부착하게 되었지요. 또한 이 때부터 각 건물마다 방화 물질을 비치하도록 권장되었습니다.

이와 비슷한 예가 있습니다. 곧 성경 말씀에 이 세상은 언젠가 불의 심판을 받게 될 것이라고 하고 있습니다. 그러나 진정 안전한 곳은 예수 그리스도 안에 있습니다. 우리는 그리스도인으로서 안전한 구원의 장소를 찾았지만, 얼마나 많은 우리의 친구들이 예수님께 인도되기 위하여 우리의 도움을 필요로 하고 있습니까? 결국 삶은 영원을 보는 눈을 가지고 살아야 하는 것입니다.

누구든지 제 목숨을 구하고자 하는 사람은 잃을 것이요,
누구든지 나를 위하여 제 목숨을 잃는 사람은 찾을 것이다. (마태복음 16:25)

〰

창세기 40-41장 ; 시편 20편 ; 잠언 22장 ; 마태복음 27장

마조리 웨스트는 날 때부터 장님은 아니었으나, 점차로 시력을 잃어 장님이 되었습니다. '망막염 색소 침착증'이 망막에 침투해 결국 야맹증에 걸렸고, 점차 사물의 원근과 주변부를 감지하지 못하게 되었지요. 그래서 결국 마흔여섯의 나이에, 그녀는 법적으로 맹인 선고를 받았습니다.

마조리는 이렇게 말했습니다: "주님과 나는 종종 의사의 진단이 틀렸다는 것을 보여 주었어요. 내가 쉰 살이 되면 시력을 잃어 더 이상 아이들을 가르칠 수 없을 것이라고 했지만, 나는 여전히 여기서 잘해 나가고 있거든요." 7년이 지나도 마조리의 시력이 완전히 없어지진 않았습니다. 비록 음료수 빨대 구멍으로 보는 것 같기는 해도……. 그녀는 아직도 20명이 넘는 천방지축의 1학년 아이들과 무리 없이 잘 지내고 있습니다. 혼자서 다 해내느냐고요? 꼭 그렇지는 않습니다. 그녀가 가르치는 콜로라도 주 글레넌 하이츠 초등학교의 1학년 교실에 가보면, 그녀의 맹인 안내견인 러쉬가 그녀 책상 아래에 앉아 있는 것을 볼 수 있을 것입니다.

또한 전임 보조 교사인 카렌 테일러도 볼 수 있을 것입니다. 그녀는 1987년 이래로 쭉 이 학급의 질서를 유지하기 위하여 아이들을 지켜보면서 눈을 빌려 주고 있거든요. 무엇보다도 거기에는 마조리가 맹인이라는 사실을 보여 주는 명확한 특징이 있습니다. 그건 아이들이 대답할 때 자기 이름을 알리는 방법입니다.

물론 힘든 과정이 있었습니다. 1987년 당시, 학교 당국에 마조리가 자신이 점차 시력을 잃어 간다는 사실을 밝혔을 때, 그녀는 어떤 희생을 치르더라도 직장을 지킬 준비를 했습니다. 그녀는 확신을 가지고 제퍼슨 카운티 지역에 기여하고자 하는 자신의 입장을 호소했거든요. 그녀는 학교 당국이 그녀를 필요로 한다고 인정한다면, 계속 가르치게 해달라고 요구했어요. 또한 그녀가 직무를 잘 수행해낸다면, 장애를 가지고도 업무를 볼 수 있도록 허용하는 그 지역의 법률이 있기도 했습니다. 이 사실도 그녀에게는 도움이 되었습니다.

이제 그녀는 다정하고, 장애를 극복한 신념 있는 전문직 종사자로 여겨지지요. 배우기를 멈추지 않는 교사로서 '뛰어나다'는 말도 덧붙일 수 있을 것입니다.

그녀는 자신의 인생을 다음과 같이 결론짓고 있어요: "인생은 나 자신을 잃어 가는 과정입니다. 눈뿐 아니라 이혼·운전 포기, 아버지의 죽음이 오히려 아이들의 요구·두려움·느낌, 그리고 아이들의 모든 문제에 대하여 더욱 민감하게 만들었어요." 그녀에게는 결국 자신이 지닌 신체상의 장애가 오히려 큰 재산이 되었습니다.

그러나 주께서는 "내 은혜가 네게 족하다. 내 능력은 약한 데에서 완전하게 된다" 하고 말씀하셨습니다. 그러므로 그리스도의 능력이 내게 머무르게 하려고, 나는 더욱더 기쁜 마음으로 내 약점들을 자랑하려고 합니다. 그러므로 나는 그리스도를 위하여 병약함과 모욕과 궁핍과 박해와 곤란을 겪는 것을 기뻐합니다. 그것은 내가 약할 그 때에, 오히려 내가 강하기 때문입니다. (고린도후서 12:9-10)

창세기 42장 ; 시편 21편 ; 잠언 23장 ; 마태복음 28장

이 이야기는 미국의 일리노이주 락포드에서 시작됩니다. 1970년대 초 돈 리옹이라는 목사가 어떤 농장을 사서, 그곳에다 교회와 기독교 방송국을 세우고자 자신의 교회를 그곳으로 인솔해 왔습니다. 그들은 방송국 본부로 쓸 작은 집을 지었지요. 리옹 목사는 이 사업을 시작하기 위해서는 특별한 사람이 필요하다는 것을 알았습니다. 그러던 어느 날 목사가 이 일로 기도를 올릴 때 마음 속에 '타이어트소트'라는 이름이 문득 떠올랐습니다. 이상한 이름이었죠. 그리고는 곧 잊어버렸습니다.

어느 날 락포드의 교회들이 주최하는 특별 목사 회의가 있었습니다. 리옹 목사가 몇 명의 손님과 인사를 나누고 있을 때, 어떤 젊은이가 다가왔습니다. 목사는 그의 이름표를 보았죠. '론 타이어트소트!' 그는 아이오아 주 수 시티에서 라디오와 TV 매체 활동에 경력이 있는 목사였습니다. 그는 리옹 목사의 제안으로, 곧 방송국의 매니저 직을 받아들여 가족과 함께 옮겨 왔습니다.

그의 아내 밀리는 장부 기록과 손님 접대를 했고 때로는 프로그램을 짜기도 했습니다. 그런데 1975년 겨울에 시련이 닥쳐 왔지요. 그들의 온갖 노력과 청취자 층의 확대에도 불구하고, 방송국은 난관에 봉착했습니다. 방송을 계속하기 위해서는 3,000달러 이상의 돈이 꼭 필요했어요. 그것도 당장! 300달러면 몰라도 3,000달러라니! 밀리는 앉아서 첫눈이 내리는 창밖을 보며 기도했습니다. "하나님, 저희는 하나님께서 방송국이 계속되기를 바라신다고 진실로 믿었습니다. 우리가 주님의 뜻을 잘못 읽었었나요? 어떻게 해야 할지 가르쳐 주십시오."

그 때 정문이 열리고 한 중년의 사나이가 봉인된 봉투를 가지고 걸어 들어왔습니다. 그 순간 밀리는 깜짝 놀랐지요. 그녀는 자동차 소리도, 현관으로 들어오는 발자국 소리도 전혀 듣지 못했거든요. 눈이 소리를 덮어 버린 것일까요? "이것을 론에게 주시오. 방송국을 위해 써 주시오." 밀리가 영수증을 써 주기도 전에 그 사람은 가버렸습니다. 이상한 일이었지요.

그녀는 봉투를 들고 론에게 갔습니다. 그것을 받아 든 론은 봉투를 열어 보고는 숨이 막혔습니다. "밀리, 이것 좀 봐요!" 그 안에는 현금이 3,000달러도 넘게 들어 있었습니다! 론은 그 사람을 불러 감사의 인사를 하든지 아니면 얼굴이라도 봐야겠다는 생각에, 의자에서 벌떡 일어나 정문 쪽으로 달려나가 문을 활짝 열었습니다.

그러나 길에는 차도 없었고 바퀴 자국도 없었습니다. 오는 사람도 가는 사람도 없었습니다. 론은 아직 눈을 치우지 않아 첫눈이 그대로 쌓여 있는 현관을 보았습니다. 아무런 바퀴 자국도 없었습니다. 그 하얀 융단 위에는 아무런 발자국도 없었습니다!

지금까지도 방송국은 순조롭게 운영되고 있습니다. 그러나 론과 밀리는 두번 다시 그 낯선 이를 보지 못했지요. 하지만 아직도 그 때 일은 영원히 사라지지 않을 기억으로 남아 있습니다!

나의 하나님께서 그리스도 예수 안에 있는 영광 가운데서, 그분의 풍성하심을 따라
여러분에게 필요한 것을 모두 채워 주실 것입니다. (빌립보서 4:19)

창세기 43-44장 ; 시편 22편 1-21절 ; 잠언 24장 ; 마가복음 1장난생 처음으로 헬륨이 가득한 풍선을 날렸던 기억이 나십니까? 그 경험을 한 때가 어머니 손을 잡고 처음 시장에 간 날이거나 축제였을지도 모르고, 길거리였거나 퍼레이드였을 수도 있겠죠. 그땐 풍선을 붙잡고 얼마나 좋아했던지, 손목에 묶어 놓고 다니기도 했지요. 신났었습니다! 풍선을 갖고 있으면 참 재미있었지요. 그러나 풍선은 늘 하늘로 달아나려 하고, 때론 풍선이 손에서 빠져나가 하늘로 올라갑니다. 위로…… 위로……. 끝내는 보이지 않을 때까지, 바람에 날려 갈 때까지. 아마도 여러분은 자신의 손에서 빠져나가 하늘 위로 사라져 버린 풍선을 못내 아쉬워하며 울었을지도 모릅니다. 이렇게 우리에게 여러 가지 추억으로 남아 있는 이 풍선이 진짜로 얼마나 높이 올라갈 수 있는지 생각해 본 적이 있습니까?

텍사스 주 팔레스타인에 있는 '전국 풍선 과학 연구소'가 이에 관해 대답해 줍니다. 그 작은 고무 풍선은 최고 약 5.4km까지 올라갑니다. 이 풍선은 점차 위로 올라감에 따라 팽창하지요. 결국 지상 5.4km 상공에 이르면, 풍선 안의 헬륨은 처음 부피의 80퍼센트 가량 팽창합니다. 이것은 고무가 팽창할 수 있는 최대 한계이며, 그 이상 올라가면 풍선은 '빵' 하고 터져 버리지요.

풍선을 더 높이 날리고 싶으면 어떻게 하면 될까요? 35.6km까지 올라갈 수 있도록 특별 제작한 실험용 풍선이 있습니다. 이 풍선에는 특수관이 달려 있기 때문에, 고도가 높아져 풍선 속의 공기가 팽창할 때 생기는 압력을 분산하게 합니다.

그렇다면 평범한 보통 풍선과 믿을 수 없을 만큼 높이 올라가는 실험용 풍선의 차이는 무엇일까요? 그것은 바로 우리가 어렸을 적에 좋아했던 풍선들은 팽창에 한계가 있지만, 실험용 풍선은 팽창에 견디도록 만들어졌다는 사실이지요.

인생에서도 꼭 마찬가지입니다. 조금만 압력을 가해도 터져 버리는 사람이 있는 반면에, 새로운 단계로 나아가기 위하여 자기 자신을 준비해 가는 사람들도 있습니다. 그리고 그 적응력과 계획 때문에 삶의 고도가 주는 압력을 견딜 수 있는 거지요. 인생은 준비하는 사람들에게 환상적인 가능성을 제시해 줍니다. 아무도 실패를 계획하지는 않지요. 생명보험 업계의 통계에 따르면, 현재 십대 후반에 있는 100명의 사람들이 65세가 되었을 때를 다음과 같이 예상한다고 합니다:

1명: 남에게 의지하지 않아도 될 만큼 충분한 재산을 가지고 인생을 즐기고 있을 것이다.

4명: 먹고 사는 데 부족하지 않을 만큼의 돈을 갖고 있을 것이다.

5명: 생활비를 벌기 위하여 그 때까지도 일하고 있을 것이다.

36명: 죽었을 것이다.

54명: 가족이나 친구, 정부에 의지해 여생을 보내고 있을 것이다.

내가 하는 일은 단 한 가지입니다. 곧 뒤에 있는 것을 잊어 버리고, 앞에 있는 것만을 바라보고, 그리스도 예수 안에서 하나님께서 위로부터 부르신 그 부르심의 상을 받으려고, 목표를 향하여 달려가고 있습니다. (빌립보서 3:13-14)

창세기 45-46장 ; 시편 22편 22-31절 ; 잠언 25장 ; 마가복음 2장

1945년 초였습니다. 미군이 오키나와로 깊숙이 진군해 갔을 때, 여지껏 보아 왔던 마을과는 다른 마을과 마주쳤습니다. 그곳 시마부쿠에서 그들은 군대를 방문한 두 노인으로부터 '그리스도인 형제'로 환영받았지요.

당시 특파원이었던 클라란스 홀은 그 작은 마을을 다음과 같이 묘사하고 있습니다: "우리는 오키나와의 마을들이 언덕 아래에 천편일률적으로 위치한 것을 보고 실망하곤 했지요. 그러나 다른 마을과는 달리, 이 마을은 거름더미 속의 다이아몬드처럼 빛났어요. 가는 곳마다 우리는 미소와 정중한 인사로 환대받았지요. 노인들은 자랑스럽게 먼지 한 점 없는 자기 집과 비옥하고 깨끗한 계단식 정원·창고·곳간, 그리고 설탕 공장을 보여 주었습니다."

홀은 왜 이 마을이 다른 마을들과 그토록 다른가를 조사해 보고는 믿을 수 없는 이야기를 듣게 되었습니다. 약 30년 전, 한 미국 선교사가 일본으로 오면서 시마부쿠에 잠시 머물러, 짧은 시간 동안 두 사람을 개종시킨 뒤 이들에게 일본어로 번역된 성경 한 권을 남기고 떠났습니다. 이 개종자들은 성경을 읽고 그에 따라 살아 가라는 가르침만으로 그들의 신앙을 이웃과 나누기 시작했지요. 오래지 않아 마을 전체가 그리스도를 받아들이고, 이후 30년 동안 완벽하게 성경에 따라 살아 왔던 것입니다.

그들은 십계명을 법전으로 삼았고, 산상 설교를 생활의 지침으로 삼았습니다. 그리고 학교에서는 성경을 가르쳤고, 법정에서는 하나님 말씀에 따라 판결을 내렸지요.

홀은 그들이 가장 순수한 그리스도교적 민주 사회를 창조해냈다는 것을 알게 되었습니다. 이 마을에는 감옥도 술집도 없고, 주정뱅이도 이혼도 없었습니다. 단지 높은 수준의 행복을 누리고 있을 뿐이었죠!

그 특파원은 이 이야기로 몹시 감동해서, 그 뒤에 지프를 타고 이 마을을 좀더 자세히 조사했습니다. 그는 소박하나마 마음 깊은 곳에서 우러나온 영적인 대접을 받고는 더 많은 감명을 받고 돌아왔습니다.

전쟁이 끝난 뒤, 홀은 그 작은 마을이 어떻게 되었는지 알고 싶었지요. 그렇게 세월은 흘러 15년 뒤, 그가 다시 이 마을로 돌아 왔을 때에는 현대 문명이 오키나와를 삼켜 버렸지만, 시마부쿠의 영적인 힘은 여전했습니다.

여러 해 전 그 마을을 떠날 때 그의 지프 운전사는 이렇게 말했습니다: "이것은 오로지 예수님처럼 살고자 했던 두 노인과 성경으로부터 비롯된 것이지요." 그리고는 차체에 난 총알 자국을 흘낏 보고 이렇게 말했습니다: "그러나 어쩌면 우리는 세상을 끝장내려고 무기를 사용하고 있는지도 모르겠군요."

너희는 온 천하에 다니며 만민에게 복음을 전파하라. (마가복음 16:15)

෴

창세기 47-48장 ; 시편 23편 ; 잠언 26장 ; 마가복음 3장

1937년 일본은 중국에 전면 공격을 개시했습니다. 1938년에 딕과 마가렛 힐스는 중국 내륙 선교회에서 선교사로 활동하고 있었지요. 1941년 1월이 되자 일본은 그들이 있던 쉔큐우를 향해 진격해 왔습니다. 시가지는 곧 전쟁터가 될 관이었지요. 그들에게는 각각 생후 2개월과 막 돌이 지난 어린아이 두 명이 있었습니다. 설상가상으로 이런 와중에 딕은 맹장염에 걸렸는데, 가장 가까운 의사는 185km 밖에 있었지요. 어찌해야 하나……

기적처럼 하나님은 그들을 안전하게 지켜 주셨습니다. 일본은 이 시를 침공하지 않았던 것입니다. 딕은 가족을 두 개의 인력거에 태우고 상하이로 향했지요. 황하에 이르자, 중국 국민군이 그들을 세웠습니다. 부부는 사령관에게 전선을 넘어갈 수 있게 허가해 달라고 부탁했으나, 미친 사람 취급만 받았습니다. 그러나 결국 사령관은 전선을 넘어갈 수 있는 허가증을 하나 써주었지요. 그렇게 온갖 우여곡절 끝에 그들이 군 사령부를 나설 때, 그들이 알고 있던 어떤 교인의 아들이 그들을 알아 보았습니다. 그는 아편 밀수꾼이었는데, 딕의 가족에게 잠잘 곳을 주었고, 강을 건널 배와 안내인도 제공해 주었지요. 하나님께서 보낸 첫번째 천사는 밀수꾼의 모습으로 다가온 것입니다.

최전선 사이의 '무인 지대'에 이르자 세 명의 일본군 장교가 다가왔습니다. 가운데 있던 사람은 육군 소장이었지요. 그는 완벽한 영어로 딕에게 말했습니다. "도대체 어디서 왔습니까?"

딕은 놀랐습니다. 하지만 재빨리 그는 자신이 아파서 병원에 가야하고, 잠시 쉴 곳과 음식이 필요하다는 말을 했습니다. 그리고는 물었지요. "소장님께 한 가지 여쭤 봐도 되겠습니까? 어디서 그렇게 완벽한 영어를 배우셨습니까?"

조금도 주저함 없이 장교는 1936년도에 워싱턴 대학에 다녔다고 대답했습니다. 그러자 딕은 "소장님, 당신께 동창생 한 명을 소개해 드리게 되어서 대단히 영광입니다. 제 아내도 1936년에 워싱턴 대학에 다녔답니다." 그 장군의 눈빛이 순간 빛났지요. 그는 마가렛에게 따뜻하게 인사하고, 그들의 청을 모두 들어 주겠다고 약속했습니다. "아침이 되면 일본군 전선을 통과할 수 있는 허가증을 드리겠습니다. 이곳의 작은 교회로 가면 우유가 있을 겁니다. 전에 있던 선교사가 소를 길렀었거든요.*[7]

이렇게 하나님께서는 세 명의 천사를 보내 주셨습니다. 틀림없이 그들은 그 환란 가운데 하나님의 일꾼인 그 가족을 인도하라는 사명을 맡았다는 것을 몰랐을 것입니다.

주의 천사가 주님을 경외하는 사람을 둘러 진을 치고, 그들을 건져 주신다. (시편 **34:7**)

❧

창세기 **49-50**장 ; 시편 **24**편 ; 잠언 **27**장 ; 마가복음 **4**장

우리는 살아 남은 사람들입니다! 우리가 겪어 왔던 변화들을 곰곰이 생각해 봅니다. 우리가 태어났을 때는 텔레비전·페니실린·소아마비예방접종·냉동식품·복사기·플라스틱·콘택트렌즈·프리즈비(장난감 플라스틱 원반)·피임약·레이더·신용카드·핵분열·레이저광선·볼펜·팬티스타킹·식기세척기·빨래건조기·전기담요·에어컨·다림질이 필요 없는 옷감·컴퓨터 따위가 없었습니다. 달에 가본 사람도 없었지요.

우리는 한 번 결혼하면 계속 같이 살았습니다! 구태의연하게도요.

우리는 가정 주부, 동성 연애자의 인권, 컴퓨터 데이트, 맞벌이 부부, 놀이방, 집단 요법, 양로원이 없었던 때를 살았습니다. 우리에게는 FM라디오·CD·컴퓨터·무선전화기·인공심장·워드프로세서·요구르트도 없었고, 귀걸이를 한 사내가 있다는 얘기 또한 들어 본 적이 없었지요.

1940년만 해도 '일제' 상표가 붙은 건 거들떠보지도 않았습니다.

여기저기에 5센트짜리부터 비싸야 10센트짜리 물건을 파는 싸구려 잡화점이 있어서, 진짜로 5센트 내지 10센트만 주면 물건을 살 수 있었습니다. 스넬그로브 가게나 파 가게에서는 5센트나 10센트짜리 동전 하나만 있으면 아이스크림을 사먹을 수 있었습니다. 5센트로 전차를 탈 수도 있었고, 음료수를 살 수도 있었으며, 편지 한 장에 엽서 두 장을 부칠 수도 있었습니다. 600달러면 시보레 구폐형 신형 자동차를 살 수 있었지만, 어디 엄두라도 낼 수 있었던가요? 안타깝게도 기름값이 1리터에 3센트나 했으니까요!

우리 때에는 남녀가 다르다고만 알았지, 성 전환은 없었습니다. 우리는 타고난 대로 살아야 했지요. 그리고 우리는 아이를 가지자면 남편이 있어야만 한다고 생각했던 마지막 얼간이 세대였습니다.

우리가 매우 혼란스럽고 또 세대차가 이만큼 크다는 것이 두말할 필요도 없지만, 그러나 우리는 살아 남았습니다!!!!

이보다 더한 축복이 어디 있겠습니까?

주께서 나에게 한 뼘 길이밖에 안 되는 날을 주셨으니,
내 일생이 주님 앞에서는 없는 것이나 같습니다……살아 있는 사람일지라도
한낱 입김에 지나지 않습니다. (시편 39편 5절)

✿

출애굽기 1-2장 ; 시편 25편 ; 잠언 28장 ; 마가복음 5장

1월 29일 ── 성공이란 무엇인가?

　　1923년 시카고의 한 호텔에, 세계에서 가장 성공한 재산가들이 한 자리에 모였습니다. 참석한 사람들 가운데는 세계 최대의 독립 철강 회사 총수, 최대의 공익 회사 총수, 가장 성공한 물품 투기업자, 뉴욕 증권 거래소의 총재, 국제 결제 은행의 총재, 그리고 세계 최대의 독점 기업 총수 등이 있었습니다.

　　이 실업계의 거물들은 한 자리에 모여 당시 미 재무성(당시는 금 본위제였음을 기억하십시오)보다 더 많은 돈을 좌지우지했습니다. 여러 해 동안 대중 매체들은 이 부자들의 성공담을 보도했지요. 그들은 모든 사람이 본받을 표준으로 제시되었습니다. 특히 미국의 젊은이들에게요. 그들은 실업계에서 성공의 정점에 있었습니다.

　　25년 뒤, 이들이 어떻게 되었는지 한 번 살펴봅시다.

　　찰스 슈밥은 세계 최대의 독립 철강 회사의 총수였습니다. 그러나 25년 후, 그는 빌린 돈으로 살아 가다가, 죽을 때는 동전 한 푼도 없었습니다. 덧붙이자면, 그는 미국 역사상 처음으로 연봉 백만 달러를 받았던 사람이지요.

　　아더 커튼은 가장 크게 성공한 물품 투기업자였습니다. 그러나 그 역시 외국에서 극도의 가난 속에 죽음을 맞이했지요.

　　리처드 휘트니는 뉴욕 증권 거래소의 총재였는데, 싱싱 교도소에서 복역중이라고 합니다.

　　알버트 폴은 총재 고문단의 일원이었는데, 다행히 감옥에서는 석방되어 집에서 사망했습니다.

　　레온 프레이저는 국제 결제 은행의 총재였는데, 자살로 생을 마감했지요.

　　이바 크루저는 당시 가장 큰 독점 기업의 총수였는데, 역시 비참한 생을 자살로 끝마쳤습니다.

　　이들 모두가 한때는 성공의 표본이었습니다. 그들은 돈버는 데에는 누구보다도 뛰어났고, 또한 많은 돈을 벌었습니다. 틀림없이 그들은 오랫동안 저축하고 연구하고 일했을 것입니다. 그러나 결론적으로는, 진정 아무도 제대로 사는 법을 배우지는 못했던 겁니다. 삶은 부나 물질을 획득하는 것 이상의 것인데도요.

　　예수님은 이전이나 지금이나 여전히 삶에 대한 올바른 전망입니다.

너희는 조심하여, 온갖 탐욕을 멀리하여라. 재산이 차고
넘치더라도, 사람의 생명은 거기에 달려 있지 않다. (누가복음 12:15)

～～

출애굽기 3-4장 ; 시편 26편 ; 잠언 29장 ; 마가복음 6장

로저스 가족은 결속력이 강한 독실한 크리스찬 가족이었습니다. 아버지는 자녀들의 영적 상태에 대하여 특별히 관심이 많아 아이들이 구원을 확신하고 있는지 알아 보려고 자주 퀴즈를 내곤 했지요. 때때로 아이들이 예수 그리스도와 어떤 관계를 맺고 있는지에 대하여 아이들 입으로 직접 이야기하도록 하곤 했습니다.

하루는 영생에 대하여 어떻게 생각하는지 여섯 살 박이 지미가 말할 차례가 되었지요. 지미는 나름대로 자신의 관점에서 설명했습니다. "제 생각에는 천국에서 이런 일이 일어날 것 같아요. 하루는 우리 모두 천국에 갔어요. 큰 천사가 커다란 책에서 천국에 있게 될 사람들의 이름을 부를 차례가 되었지요. 천사는 로저스 가족에게 와서 '아빠 로저스?'하고 불러요. 그러면 아빠는 '여기요!' 하겠지요. 그 다음에 천사는 '엄마 로저스?' 해요, 그럼 엄마는 '여기요!' 하지요. 이제 천사는 내려와서 '수지 로저스?' 또 '마비스 로저스' 해요, 그러면 둘 다 '여기요!'하고 대답해요."

아이는 잠시 멈춰 숨을 깊이 한 번 들이마시고는 계속했습니다. "그리고 마지막으로 그 큰 천사는 제 이름을 불러요. '지미 로저스?' 전 작아서 천사가 빼먹을지도 모르니까, 천사한테 내가 있다는 것을 확실히 알리려고 깡충 뛰어서 진짜 큰 소리로 대답해요. '여기요!'"

이로부터 며칠 지나지 않아 교통 사고가 있었습니다. 지미가 스쿨 버스를 타러 가는 길에, 어떤 차가 어린 지미를 치었던 겁니다. 아이는 구급차에 실려 급히 병원으로 갔고, 가족 모두가 달려왔습니다. 그러나 아이는 위독한 상태였어요.

그 작은 가족은 다같이 이제 움직이지도 않고 의식도 없고 회복의 기미도 없는 어린 지미를 둘러싸고 있었습니다. 의사들은 이미 가능한 모든 노력을 다 해본 상태였지요. 그러나 애석하게도 지미는 아침이 되기 전에 하늘 나라로 떠날 것 같았습니다.

가족들은 기도하며 기다렸습니다. 밤이 깊었을 때 아이가 약간 움직이는 듯했습니다. 모두 가까이 다가갔지요. 아이의 입술이 조금씩 움찔하는 것이 보였습니다. 아이가 생을 마치기 전에 한 말은 단 한마디였습니다. 하지만 그 말은 뒤에 남아 슬퍼하는 가족들에게 얼마나 큰 위로와 희망을 주었던지요. 어린 소년의 목소리는 분명했습니다. 모두가 알아들을 수 있을 만큼 충분히 크고 분명했지요. "여기요!" 그리고는 이 세상을 뒤로 하고, 커다란 천사가 명부에 적힌 이름을 부르고 있는 새로운 세상으로 갔습니다.

말해 보게나, 친구여. 자네 이름도 거기 적혀 있는지.

*이기는 사람은 이와 같이 흰 옷을 입을 것인데, 나는 그의 이름을 생명책에서
지워 버리지 않을 것이며, 내 아버지 앞에서, 그리고 아버지의 천사들 앞에서
그의 이름을 시인할 것이다.* (요한계시록 3:5)

출애굽기 5-6장 ; 시편 27편 ; 잠언 30장 ; 마가복음 7장

몸집이 작고 나이 많은 청소부 아줌마가 있었습니다. 검소하고 단정했지만 수입이 적어서 '빈민촌'에 살아야만 했지요. 그녀는 화려한 '상류' 교회의 교인이 되려고 했습니다. 하지만 그 교회의 목사는 주택가에 사는 부유한 교인들 옆에 빛바랜 구식 옷을 입은 누추한 여자가 앉는 것이 내키지 않았지요.

그녀는 일 년이 넘도록 그 교회의 교인이 되고자 했습니다. 그녀는 끈질기게 노력했지요. 그리하여 그녀는 교회 등록 문제를 논의하기 위한 약속을 정하려고 전화했습니다. 이번이 벌써 일곱 번째였지요. 목사는 이번에도 약속을 미루려고 했습니다. "어떻게 하셔야 할지를 말씀드리죠." 목사는 가장 경건한 목소리로 말했습니다. "부인께선 오늘 밤 집으로 돌아가 이 문제에 대하여 하나님과 대화를 나눠 보세요. 진심으로 기도하세요. 그런 뒤 하나님께서 부인이 이 교회에 등록하는 것에 대하여 뭐라고 하셨는지 말해 주시죠."

여러 주가 흐르고 또 몇 달이 지났습니다. 그 동안 목사는 그녀를 한번도 만나지 않았습니다. 그녀는 더 이상 약속을 하려고도 하지 않았지요. 그러자 목사는 다소 양심의 가책을 느꼈습니다. 그러던 어느 날, 시내에 약속이 있어서 나갔다가 그 약속 장소에서 그녀를 보았습니다. 유니폼을 입고 그 빌딩의 현관 바닥을 닦고 있었지요. 그는 그녀를 알아 보고는, 적어도 이전에 제안했던 문제에 대하여 물어보기라도 해야겠다는 생각에, 가던 길을 멈췄습니다.

"페티본 부인, 저희 교회 교인이 되는 문제에 대하여 하나님과 이야기를 좀 나눠 보셨나요?" "어쩌나, 제가 잊어 버리고 있었군요!" 하고 그녀가 대답했습니다. "그래요, 목사님이 제안하신 대로 하나님과 이야기했어요." "아…… 하나님께선 뭐라고 하시던가요?" "글쎄요, 목사님……." 그녀는 말없이 두 갈래의 숱 없는 머리를 노동으로 무뎌진 손으로 쓸어 넘기고는, 엉덩이에 손을 얹고 말했습니다. "하나님께서는 낙담하지 말라고 하시면서 계속 교인이 되려고 애써 보라 하셨지요. 그리고 하나님 당신조차도 20년이 넘도록 목사님의 교회로 들어가려고 노력했지만 성공하시지 못했답니다……."

정직한 일격입니다! 와우! 여러분의 교회는 어떤가요? 혹시 하나님이 밖에서 들여다보고만 계신 건 아닌가요? 또 더욱 중요하다고 할 수 있는 여러분 자신과 여러분의 삶은 어떤가요? 하나님이 집 안에 계신가요, 아니면 아직도 밖에 계시면서 안으로 들어오시려고 애쓰고 계신가요?

당장의 일에 급급한 인생살이에 우리는 너무나 쉽게 진실로 중요한 것을 잊어 버리곤 합니다. 우리는 '종교적인 업무'로, '교회 일'로 너무 바쁩니다. 하지만 그 바쁜 일들 가운데 주님은 어디에 계신가요? 밖인가 안인가요? 너무나 많은 사람들이 하나님을 주일용으로만 섬기고 있습니다. 물론 하나님의 집으로 가는 것은 좋은 일이지요……. 그러나 하나님을 집으로 모시게 되면 너무 가까워지니까 많은 사람들이 꺼려 합니다. 그분이 함께 하시면 우리의 생활 방식이 속박당할 것이기 때문이라나요, 참!

> 보아라, 내가 문밖에 서서, 문을 두드리고 있다. 누구든지 내 음성을 듣고 문을 열면,
> 나는 그에게로 들어가서 그와 함께 먹고, 그는 나와 함께 먹을 것이다. (요한계시록 3:20)

출애굽기 7-8장 ; 시편 28편 ; 잠언 31장 ; 마가복음 8장

2월
FEBRUARY

아무리 작은 순간이라도,
그것은 가장 오래 간직했던 신의 선물을
싣고 오는 수레이다.
그것은 절대로
향기 없이
느낌도 없이
살짝 가버릴 수는 없다.

게하르트 프로스트

2월 1일 —— 마음가짐에 달렸다

우리 어머니에게 사치와 낭비란 없었습니다. 단 하나 예외가 있다면, 그것은 프릴 장식의 잠옷이었지요. 하지만 한 번도 입지 않으셨습니다. "난 저 잠옷을 내가 병원에 가게 될 때 입으려고 간직하고 있는 거란다. 하지만 아직 난 건강해."

여러 해가 지난 후, 어머니는 알 수 없는 병을 앓게 되셨습니다. 69번째 생신을 바로 앞에 둔 어느 겨울날, 그래서 어머니는 잠옷을 싸 들고 병원에 검사를 받기 위하여 입원하셨지요.

최종 검사를 마친 뒤, 의사는 어머니가 사실 날이 몇 주밖에 남지 않았다고 나에게 말해 주었습니다. 나는 이 사실을 어머니에게 말씀드려야 할지 어떨지 몰라 며칠을 두고 고민했지요. 무언가 희망을 드릴 순 없을까? 나는 말씀드리지 않기로 했습니다……. 아직은 아니었지요. 대신 어머니의 생신날에 내가 찾을 수 있는 한 가장 비싸고 아름다운 잠옷과 가운을 사드리기로 했습니다. 어머니는 적어도 당신이 병원에서 가장 아름답고 고상하다고 느끼실지도 모르니까요.

선물을 풀자, 어머니는 아무 말씀이 없었습니다. 마침내 어머니는 선물 꾸러미를 가리키며 말씀하셨지요. "그걸 다시 무르는 게 어떻겠니? 난 정말 내키지 않는구나." 그리고는 어머닌 신문을 집어들고, 한 유명 디자이너의 여름 지갑을 가리키시는 것이었습니다. "난 이게 정말 갖고 싶구나." 왜 평생을 검소하게 살아 오신 어머니가 한 겨울에 비싼 여름 지갑을 사달라고 하셨을까요?

나는 깨달았습니다……. 어머니는 바로 자신이 얼마나 살 수 있는지를 묻고 계신 것이었지요. 어쩌면 어머니가 그 여름 지갑을 쓸 수 있을 만큼 오래 사실 수 있다고 생각하신다면, 정말 그리 될지도 모릅니다. 어머니의 병실로 그 지갑을 사 가지고 갔을 때, 어머니는 그 지갑을 품에 꼭 안고는 얼굴 가득 어린아이 같은 웃음을 머금으셨습니다.

그 뒤 여러 해가 지나고 그 특별한 지갑은 이미 많이 낡았습니다. 다음 주에는 어머니의 83회 생신을 축하하게 됩니다! 내가 드린 선물? 세상에서 가장 값진 그 지갑은 앞으로도 잘 쓰실 것입니다!*[8]

그렇습니다……. 결국 마음가짐에 달린 것이지요! 비록 그것이 죽고 사는 유일한 이유는 아닐지라도 말이에요. 마음가짐은 우리의 삶과 죽음에 영향을 미친답니다. 내가 어떤 환자 옆에 서 있었을 때, 환자의 담당 의사가 내게 말했습니다. "목사님, 의지할 곳이 있다는 것은 환자들에게 참으로 많은 도움이 됩니다. 기도하는 사람은 기도하지 않는 사람보다 회복도 빠르고 더 오래 삽니다." 물론 과학적이지는 않지요. 그러나 그 의사의 개인적인 관찰은 중요한 사실 한 가지를 말해 주고 있습니다. 마음먹기에 달린 것이라고요!

> *마지막으로, 형제자매 여러분, 무엇이든지 참된 것과, 무엇이든지 경건한 것과,*
> *무엇이든지 옳은 것과, 무엇이든지 순결한 것과, 무엇이든지 사랑스러운 것과,*
> *무엇이든지 명예로운 것과, 또 덕이 되고 칭찬할 만한 것을, 이 모든 것을*
> *여러분은 골똘히 생각하십시오. (빌립보서 4:8)*

출애굽기 9-10장 ; 시편 29편 ; 잠언 1장 ; 마가복음 9장

2월 2일 —— 사명을 띠고 온 천사

이 사건은 1956년, 동 아프리카에서 마우 마우 족이 폭동을 일으켰을 때 있었던 일입니다. 선교사 모리스 플로츠의 아들인 필 플로츠가 전해 준 이야기이지요.

유랑 부족인 마우 마우 족이 로리 마을로 와서 마을을 포위하고 여자들과 어린이들을 포함해서 300명이나 되는 주민들을 학살했습니다. 그런데 그 곳에서 3마일이 못 미치는 곳에 선교사 자녀들을 교육하는 리프트 벨리 사립 학교가 있었습니다. 그들은 로리에서의 학살이 끝나자마자, 이 학교도 완전히 파괴하려고 창·횃불·곤봉, 그리고 활과 화살을 들고 쳐들어 왔습니다.

선생님과 함께 이 변방의 학교에 갇힌 어린 학생들의 공포가 어떠했는지는 족히 짐작할 수 있을 것입니다. 로리 마을의 소식은 이미 들은 뒤였지요. 그러나 그 많은 숫자의 어린 아이들과 여자들을 한꺼번에 데리고 피신할 수 있는 장소는 없었습니다. 때문에 유일한 길은 기도뿐이었지요.

어둠 속에서 밝은 횃불이 나타났습니다. 곧 이 약탈자들은 학교를 완전히 둘러쌌습니다. 계속해서 마우 마우 족의 욕설과 고함 소리가 들려 왔습니다. 그리고 공격하기 시작했지요. 그러나 놀랍게도 창을 던질 수 있을 만큼 가까이 다가왔을 때 돌연 공격을 멈추었습니다! 그리고는 도망치기 시작했지요.

이미 당국에 구원을 요청했었고 군대가 파견되었지만, 군대는 마우 마우 족이 도망치고 난 후에나 도착했습니다. 군대는 흩어져서 수색했고 도망자 전원을 잡아들였지요. 나중에 판사가 그들을 심리할 때 그 우두머리가 증인석에 세워졌습니다. 판사가 물었지요.

"문제의 그날 밤, 로리 마을의 주민들을 살해했습니까?" "예."

"리프트 벨리의 선교 학교도 똑같이 하려고 했습니까?" "예."

"그렇다면, 왜 당신의 임무를 완수하지 않았습니까? 왜 그 학교를 공격하지 않았지요?" 생각해 보십시오. 이 사람은 성경을 읽어본 적도 없고 천사에 대하여 들어본 적도 없는 어둠 속에서 나타난 이교도인 것입니다.

마우 마우 족의 우두머리는 이렇게 말했습니다: "우리는 모든 사람들과 학교를 파괴하려고 공격을 시작하려던 참이었습니다……. 그런데 우리가 좀 더 가까이 가자, 너무나 갑자기 우리와 학교 사이에 하얀 옷을 입고 손에는 번쩍이는 칼을 든 거대한 남자가 나타났습니다. 그래서 우리는 겁에 질렸고 숨을 곳을 찾아 도망쳤던 것입니다."

그가 천사들에게 명하셔서 네가 가는 길마다 너를 지키게 하실 것이니, 너의 발이 돌부리에 부딪히지 않게 천사들이 두 손으로 너를 붙들어 줄 것이다. (시편 91:11-12)

출애굽기 11-12장 ; 시편 30편 ; 잠언 2장 ; 마가복음 10장

한 시골 목사가 어느 주일 아침, 핵심만 간단간단 짚어 가며 회중에게 박력있는 설교를 하고 있었습니다.

그가 말하길, "이제 우리 교회가 걸어다니도록 만듭시다!"

존스 집사 왈, "아멘, 걸어다니도록!"

그러자 목사 왈, "교회가 달리도록 만듭시다!"

존스 집사 왈, "아멘, 목사님, 달리도록!"

"교회가 날아다니도록 만듭시다!" 하고 목사가 외쳤습니다.

"아멘, 형제여, 날아다니도록!" 하고 존스 집사가 외쳤습니다.

"자, 교회가 날아다니도록 만들려면 많은 돈이 들 것입니다, 형제여!" 하고 목사가 외쳤습니다.

"그렇다면 걷도록 합시다!" 하고 존스 집사가 말했습니다. "걷도록 합시다!"

목사들은 재미있는 사람일 수도 있습니다. 저 역시 그렇고 제가 아는 목사 가운데 재미있는 목사가 많이 있습니다. 대부분이 유머 감각을 일깨우는 것이 도움이 된다고 합니다. 우리는 어색한 상황에 사로잡힐 때가 많지요. 바로 웃음이 도움이 되는 때는 그런 때입니다.

날마다 오후 3시 8분에 지나가는 기차를 보기 위하여 철도역으로 달려 가는 작은 마을의 목사가 있었습니다. 교회 신도들은 그가 기분 전환을 하는 방법이 마치 어린애 같다고 생각했지요. 그래서 교회에서는 목사에게 그만두라고 요구했습니다. "싫습니다, 신사 양반들!" 그는 단호하게 거절했습니다. "나는 여러분에게 설교를 하고, 여러분의 주일 학교에서 가르치고, 여러분의 장례 예식을 집례하고, 여러분의 젊은이들을 결혼시키고, 여러분에게 사랑을 베풀고, 여러분이 즐거워하는 모든 행사를 주관하지요. 여러분이 행하는 모든 의식에 참가해서 기도를 합니다. 나는 날마다 기차를 보는 일을 포기하지 못합니다. 난 이 일을 사랑해요! 그 기차는 내가 계획하거나 밀고 당기지 않아도 이 마을을 온전히 스쳐 지나가는 유일한 존재란 말입니다!"

또 한 젊은 풋내기 목사가 있었는데, 누군가 그를 전형적인 목사의 '모델'이라고 말하면서 아첨을 떨었지요. 그러나 그의 자존심은 사전에서 모델의 정의를 찾아보고는 형편없이 구겨졌습니다. 그것은 바로 '진품의 작은 모조품'이었지요. 그는 다음 번에는 좀더 주의를 기울였습니다. '따뜻한' 목사라는 말을 듣고는 포켓 사전을 찾아보았습니다. "따뜻하다는 것은……. 그다지 뜨겁지 않은……."

다음에 여러분이 속해 있는 교회의 목사를 만나면 그를 위하여 기도하지 않겠습니까? 아니, 지금 하지 않겠습니까? 여러분이 몸담고 있는 교회의 목사만큼 인생의 섬세한 단면을 꿰뚫어볼 수 있는 사람도 없지요. 그에게는 여러분이 교회에 참석하는 것도 필요하지만, 여러분의 격려도 필요합니다.

그분이, 어떤 사람은 사도로, 어떤 사람은 예언자로, 어떤 사람은
복음 전도자로, 또 어떤 사람은 목회자와 교사로 삼으셨습니다. (에베소서 4:11)

출애굽기 13-14장 ; 시편 31편 ; 잠언 3장 ; 마가복음 11장

　지금은 고인이 된 목사이자 유머 작가였던 그래디 너트는, 어느 일요일 밤에 한 부부의 집에 식사 초대를 받아 갔던 얘기를 했습니다. 그 집의 주부는 완벽한 접대를 하려고 신경을 아주 많이 썼답니다. 그녀는 며칠 전부터 아이들에게 어떤 포크를 써야 하며, 그걸 언제 사용해야 하며, 내프킨은 어떻게 잡아야 하는지 등의 중요한 사항들을 연습시켰습니다.

　드디어 그날이 왔고 식사는 준비되었습니다. 그리고 정확히 정해진 시간에 모두 식당으로 초대되었지요. 식탁에는 하얀 실크 레이스 식탁보와 최고의 도자기·은식기·중앙장식물·촛불 등 모든 것이 반듯하게 차려져 있었습니다. 모두들 그 아름답고 정갈한 식탁에 앉았고, 그 집 가장이 감사 기도를 했습니다. 그런데 기도가 끝나자, 아홉 살 난 어린 딸이 얼음이 들어 있는 찻잔을 집으려다 그만 그 찻잔을 넘어뜨리고 말았습니다!

　남동생은 쏟아진 차가 흘러내리는 것을 피하려고 펄쩍 뛰었고, 그 바람에 그 아이의 찻잔도 넘어지고 말았습니다! 모두들 엄마의 눈치를 살폈고, 엄마의 실망한 모습을 보고는 어색한 침묵이 흘렀습니다. 그토록 그 식탁을 차리느라 애를 썼는데, 하얀 레이스 식탁보에 그만 큰 얼룩이 번지고 있었던 거지요.

　모두들 아무 말도 못하고 있을 때, 그 아버지가 찻잔을 톡 쳐서 넘어뜨렸습니다. 그리고 웃기 시작했지요. 목사도 눈치를 채고 찻잔을 넘어뜨리고 따라 웃었습니다. 목사의 아내도 찻잔을 넘어뜨리고 같이 웃었습니다. 그리고는 모두들 엄마를 쳐다보았지요. 마침내 엄마도 포기하고 찻잔을 들어 식탁 가운데로 던져 버렸습니다. 식탁에 둘러 앉은 모든 사람들이 웃음보를 터뜨렸습니다.

　아버지는 바로 옆에 앉아 있는 아홉 살 난 딸을 내려다보고 윙크했습니다. 그러자 어리둥절해 있던 딸도 웃으면서 아빠를 올려다보고 윙크했습니다. 그러나 그 순간 아이의 뺨에는 눈물방울이 반짝이며 굴러 내리고 있었지요. 아이는 계속 아빠를 올려다보았습니다. 자신을 삶의 가장 당혹스러운 순간으로부터 재치 있게 구해 주신 자애로운 아버지를 거의 경외에 가까운 눈길로 쳐다보는 것이었습니다.

　덧붙이자면…… 위기에서 구해 줄 수 있는 건 오직 사랑뿐입니다! 사랑은 다른 사람을 당황하게 하지 않지요. 배우자에게든 자식에게든 친구들에게든, 그 사람을 당황하게 하는 것은 더불어 살아 가는 사람의 행동이 아닙니다! 다른 사람을 당황하게 하는 것은 아주 혼돈스런 신호를 보내는 것입니다. 사랑한다면 어떻게 당황하게 하겠습니까?

사랑하는 여러분, 하나님께서 이렇게까지 우리를 사랑하셨으니,
우리도 서로 사랑해야 합니다. (요한1서 4:11)

출애굽기 15-16장 ; 시편 32편 ; 잠언 4장 ; 마가복음 12장

2월 5일── 내가 그 사람이 되겠어!

달력을 보면 2월은 참으로 독특한 달입니다. 일년 중 날짜 수가 변하는 유일한 달이지요. 2월 중에는 4년에 한 번씩 하루가 더 있는데, 그것이 바로 2월 29일입니다. 또한 2월에는 위인들의 생일도 많습니다. 아브라함 링컨, 성 발렌타인, 조지 워싱턴, 그리고 또 한 명의 훌륭한 사람이 있습니다. 그는 바로 2월 5일에 태어난 드와이트 라이만 무디입니다.

무디는 매사추세츠 주 노스필드의 작은 마을에서 자랐습니다. 그의 마을은 뉴햄프셔와 버몬트의 주 경계로부터 남쪽으로 6마일 떨어진 코네티컷 강둑에 있습니다. 무디는 고등학교도 마치지 못하고, 17살 때 더 큰 세상에서 길을 열어 보고자 보스턴으로 향했습니다.

그는 신발 판매업으로 성공했지만, 영혼의 승리자로서 훨씬 더 성공했지요. 성경을 잘 알지 못한다고 교회의 전도사가 되는 것을 거절당하자, 다른 교회의 의자 하나를 빌려 거리에서 지나가는 사람들을 직접 전도했습니다. 무디는 사람들이 예수 그리스도를 믿게 되는 것을 보고 힘들어도 피곤한 줄을 몰랐습니다. 그는 간단하고 직접적으로 다가갔지요. 그것은, "예수를 믿습니까?" 하고 묻는 것입니다.

만일 확신에 찬 대답이 빨리 나오지 않으면 무디는 재빨리 되묻습니다. "왜 믿지 않습니까?"

이렇게 해서 무디의 이름은 널리 알려졌지요. 하루는 시카고의 거리에서 무디의 질문을 받은 어떤 사람이 날카롭게 응수했습니다. "댁의 일에나 신경쓰시오."

"아니오! 이게 내 일입니다!"

그러자 그 사람은 따뜻한 눈으로 쳐다보았습니다. "그러니까 당신이 바로 무디군요?"

아마 무디의 인생의 전환점은 젊은 시절에 있었던 듯합니다. 이름이 알려져 있지 않은 한 친구가 무디에게 말했습니다. "나는 온전히 하나님께 헌신한 사람을 아직 보지 못했어."

무디는 잠깐 동안 생각하다가 이렇게 외쳤다고 전해집니다. "하나님의 은총으로, 내가 그 사람이 되겠어!"

그의 선지자적 삶과 비전 때문에, 무디의 가르침을 받은 25,000명이 넘는 무디의 제자들이 아직까지도 미국 전역과 세계 각국에서 쉬지 않고 섬기는 일을 하고 있습니다.

무디성경학교의 강당 게시판에는 6,000명 가량의 선교사 동창 명단이 올려져 있습니다. 이들 가운데 20명이 예수 그리스도에 대한 믿음으로 순교했지요……

지혜있는 사람은 하늘의 밝은 별처럼 빛날 것이요,
많은 사람을 옳은 길로 인도한 사람은 별처럼 영원히 빛날 것이다. (다니엘 12:3)

출애굽기 **17-18장**; 시편 **33편**; 잠언 **5장**; 마가복음 **13장**

2월 6일 —— 또 하나의 요나

성경에는 '큰 물고기'가 요나를 삼킨 이야기가 있습니다. 이것이 과연 사실일까요, 아니면 단지 옛날 물고기 이야기일 뿐일까요? 여기 고래에게 먹혔다가 살아난 사람의 이야기가 있습니다:

1891년 2월, 포경선의 선원이었던 제임스 바틀리라는 젊은 영국 사람이 있었습니다. 그가 탄 배의 이름은 '동방의 별'이었지요. 배는 거대한 바다 짐승을 잡으려고 남대서양의 포클랜드 제도를 떠나 바다로 나아갔습니다. 어느 날 해안에서 3마일 가량 떨어진 지점에서 고래잡이들은 향유고래를 보았습니다. 나중에 확인된 바로는 무려 길이가 25미터에 몸무게는 80톤이나 되는 거였지요! 작살꾼과 선원들이 두 척의 보트에 나눠 타고 고래를 잡으러 갔습니다. 바틀리도 그 팀에 끼여 있었지요. 가까이 다가가자, 한 작살수가 2.5미터 길이의 작살을 고래에게 발사했습니다. 그렇게 작살에 맞는 순간, 고래는 온몸을 뒤틀며 거대한 꼬리를 세차게 흔들었습니다. 그런데 그 꼬리가 보트 한 척을 강타하여, 보트는 공중으로 떴다가 전복되고 말았습니다. 그러나 선원들은 곧 상처입은 고래를 굴복시켜 죽일 수 있었습니다.

보트를 바로 했을 때, 바틀리와 다른 선원 한 명이 실종된 것을 알고 익사자로 기록했습니다. 선원들은 죽은 고래를 배와 나란히 붙여 놓고 한밤중까지 고래 기름을 제거했지요. 다음날 아침, 선원들은 기중기를 써서 고래의 위장을 갑판 위로 들어 올렸습니다.

이 사건을 조사한 〈쥬르날 데 데바〉지의 과학부 기자인 파빌레의 말에 따르면, 고래의 배 안에 움직이는 물체가 있어서 고래의 배를 가르자, 그 안에 정신을 잃은 바틀리가 있었다고 합니다. 그는 갑판으로 옮겨져 바닷물로 씻기워졌습니다. 그는 마치 미친 사람처럼 행동해서, 2주 동안 선장실에 감금하기도 했지요.

드디어 4주가 지나자, 바틀리는 완전히 회복하여 고래 뱃속에서의 경험을 이야기했습니다. 그 뒤로 바틀리의 얼굴과 목과 손에는 고래의 위액에 따라 탈색된 자국이 남았습니다![9]

이것은 실제로 일어난 진짜 고래 이야기입니다. 바틀리의 경험은 어떠했을까요? 그가 이 시대에 그런 경험을 했더라면, 아마도 엄청난 돈을 벌면서 순회 강연을 다녔을 겁니다. 많은 관중을 끌어 모으고, 큰 교회의 인기인이 되고, 그 경험담으로 책도 썼겠지요. 그보다도 여기에서 우리가 얻을 수 있는 어떤 교훈이 없을까요? 아마도 그것은, 간단히 말해서, 성경은 이야기 책 이상의 것이라는 겁니다. 성경 속의 이야기가 바로 한 인간의 경험으로 확인되었지요. 그러나 많은 신자들은 하나님의 말씀을 사실 그대로 믿지 않습니다. 성경에서는 믿음이 없으면 하나님을 기쁘시게 할 수 없다고 이야기하고 있는데도요.

주께서는 큰 물고기 한 마리를 마련하여 두셨다가, 요나를 삼키게 하셨다.
요나는 사흘 밤낮을 그 물고기 뱃속에서 지냈다. (요나서 1:17)

出애굽기 19-20장 ; 시편 34편 ; 잠언 6장 ; 마가복음 14장

코리 텐 붐의 이야기입니다:

어느 날 강제 수용소에서, 나는 이제 곧 석방될 것이라는 이야기를 듣고 기분이 몹시 들떠 있었지요. 나는 강제 수용소의 문 앞에 서서 이렇게 생각했습니다. '이 문이 열리는 순간, 나는 자유다!' 나는 이 강제 수용소에서 많은 여인들에게 복음을 전할 수 있었지요. 수많은 여인들이 예수님을 부르며 죽어 갔습니다. 주님께서는 그들에게 길을 보여 주기 위하여 내 동생 베시와 나를 쓰셨지요.

그리고 여기 문 앞에 서 있습니다. 내 동생은 2주쯤 전에 죽었습니다. 내가 기다리며 서 있는 동안, 누군가가 다가와 말했습니다. "코리, 꼭 드릴 말씀이 있어요. 오늘 보어 부인과 괴데 부인이 둘 다 돌아가셨어요."

그 때 나는 이 잔인한 강제 수용소를 마지막으로 바라보았습니다. 그리고 말했습니다. "저를 여기에 데려와 주셔서 감사합니다, 주님! 비록 영원한 생명을 얻은 단 두 명의 이 여인들을 위해서일지라도요. 주님께서는 그 목적을 위하여 베시와 저를 쓰셨습니다. 주여, 단지 이 두 여인을 위한 것일지라도, 우리가 겪은 모든 고난이 가치가 있었습니다. 베시의 죽음까지도요."

우리가 다른 사람의 영혼을 구원하는 일에 쓰임받는 자가 된다면, 목숨이라도 바칠 만한 가치가 있습니다. 우리가 누구이든지 간에, 여러분과 저는 쓰임 받을 수 있습니다.*10 따라서 다시 한번, 우리는 다음과 같은 질문에 맞닥뜨리게 됩니다: 우리는 왜 여기에 있는가? 여러분이 그리스도인이라면 여러분 삶에 대한 계획은 아주 간단하고 명료합니다. 우리는 바로 나눔의 사명을 받았지요. 성경에는 이렇게 쓰여 있습니다: "너는 세상의 소금이요……세상의 빛이다……가서, 모든 민족을 제자로 삼아라"(마태복음 5:13-14, 28:19).

사람들이 어떻게 그리스도인이 되었나요? 성경은 여러분에게 마음으로 믿고 입으로 고백하라고 도전합니다. 요한복음 3장 16절에 예수님이 약속하신 말씀이 나옵니다. 그 약속의 말씀은, 하나님께서 이 세상을 너무도 사랑하시어, 여러분과 이 세상의 죄 사함을 위하여 희생할 외아들을 보내셨다는 것입니다.

하나님께서는 참 인간의 모습으로 이 세상에 태어나셨던 주 예수 그리스도를 증거하는 증인들이 끊이지 않도록 계획하셨습니다. 하나님께서는 우리들 저마다 다른 사람들을 도전시켜, 하나님을 위하여 살면서 세상을 변화시키는 일을 하게 하십니다. 아마도 여러분의 사명은 믿지 않는 자매에게 이 복음의 메시지를 전하면서, 자매를 위하여 살고, 자매를 위하여 희생하고, 자매를 사랑하여 천국으로 인도하는 것인지도 모릅니다.

우리는 왜 여기 있을까요? 그것은 바로 하나님 가족의 한 사람이 되기 위하여 그리고 다른 사람도 하나님 가족의 한 사람이 될 수 있다는 기쁜 소식을 나누기 위해서입니다. 이것은 영원히 지속되는 관계입니다.

*예수께서 다시 그들에게 말씀하시기를, "너희에게 평화가 있기를 빈다.
아버지께서 나를 보내신 것과 같이, 나도 너희를 보낸다" 하셨다. (요한복음 20:21)*

출애굽기 21-22장 ; 시편 35편 1-16절 ; 잠언 7장 ; 마가복음 15장

블랑쉬와 앤은 둘 다 독신 여성으로 한 팀을 이루어서 중서부 위쪽 지역의 여러 교회들을 돌아다니며 섬기는 일을 했습니다. 블랑쉬는 가수이자 설교자였고, 앤은 "금요일"이라는 애칭이 붙은 소녀로서 피아노 연주자이자 반주자였습니다. 그들은 도로변 빌딩 속의 교회, 투쟁하는 교회, 큰 교회 등 자신들을 초대하는 곳이면 어디든 갔습니다. 그리고 훌륭하게 공연했으며, 그들의 봉사를 받는 사람들에게 좋은 덕이 되었습니다. 어떤 때는 모임이 연장되어 여러 날을 더 있다가 돌아오기도 했습니다. 무려 2주 정도나 늦어질 때도 있었지요. 그들은 검소했고 취미도 소박했습니다. 그리고 그들에게 답례로 돌아오는 모든 것에 너무나 감사했습니다. 인생은 멋진 것이었고 봉사 활동은 즐거웠지요. 그들은 쓸모가 있는 사람들이었고, 또한 자신들의 봉사 활동에 만족했습니다.

그러나 모든 것이 갑자기 정지해 버렸지요. 앤이 그만 뇌졸중을 일으킨 겁니다! 점차 시간이 지나고 재활 치료를 받아서, 이제는 지팡이를 짚고 밖으로 나갈 수는 있었지만, 왼손과 왼팔은 더 이상 어찌할 수 없었습니다. 다시는 피아노를 칠 수도, 자신을 돌볼 수도, 봉사 활동을 할 수도 없었지요.

이 사실은 블랑쉬를 깊은 궁지로 몰아 넣었지요. 그녀는 절망했습니다. 생계는 어떻게 하고, 또 봉사 활동은 어떻게 할 것인가? 앤은 또 어떻게 할까? 그저 대답 없는 물음들이었습니다.

그러던 어느 날 밤 블랑쉬는 침대에 누워 있었습니다. 읽고, 생각하고, 기도하고, 그리고 하나님께서 그녀와 그녀의 동업자를 어떻게 할 것인지를 물으면서요. 그러던 차에, 그녀는 작고 밝게 빛나는 하얀 점이 점차 침실 천정 구석에서 나타나는 것을 보았습니다. 그녀는 사로잡힌 듯 그 쪽으로 끌려갔지요. 곧 그 형체를 알아볼 수 있었습니다……. 그것은 바로 빛으로 번쩍이는 긴 순백색의 옷을 입고 있었지요. 그 형체는 점점 다가와 그녀 침대 발치에서 멈추었습니다. 그녀는 두려웠습니다. 그것은 너무나 온화하게 사랑을 발산하면서, 잠깐 동안 그저 그녀를 바라보기만 했습니다. 그녀는 그 시간이 얼마 동안이었는지 모릅니다. 그리고 그 형체는 사라졌습니다.

후에 그녀는 그 때를 돌이켜보았습니다. 얼마나 행복했던가! 그녀에게는 아무런 의문도 남지 않았지요. 하나님의 손수 나타나심을 보고 모든 의문에 대해 응답을 찾았기 때문입니다. 블랑쉬는 왜 그런 일이 일어났는지, 그녀와 앤의 인생 행로가 왜 바뀌었는지 결코 묻지 않는다고 합니다.

작사가는 간단하게 한 줄로 그 당시의 체험을 표현했습니다. "하나님의 고귀한 얼굴은 한 번만 봐도 모든 슬픔이 지워지네……."

> 그 때에 우리의 입은 웃음으로 가득 찼고, 우리의 혀는 찬양의 함성으로 가득 찼다.
> 그 때에 다른 민족도 말하였다. "주께서 그들의 편이 되셔서 큰 일을 하셨다."
> 주께서 우리 편이 되시어 큰 일을 하셨을 때에, 우리는 얼마나 기뻤던가! (시편 126:2-3)

출애굽기 23-24장 ; 시편 35편 17-28절 ; 잠언 8장 ; 마가복음 16장이 이야기는 2월의 어느 추운 날 아침의 비극으로부터 시작됩니다. 나는 밀포드 지역으로 가는 스쿨 버스 뒤를 따라가며 운전하고 있었지요. 그런데 그 버스는 한 호텔에서 방향을 틀어 멈추었습니다. 거기는 지정된 정류소가 아니었는데두요. 그렇게 멈춘 버스에서 한 소년이 휘청거리면서 나오더니, 비틀거리며 떨다가 갑자기 보도 연석의 눈 둔덕에 푹 하고 쓰러졌습니다. 그의 창백하고 야윈 얼굴은 눈 속에서도 유난히 하얗게 보였습니다. "그 애는 죽었어요!" 버스에서 급하게 내린 운전 기사가 떨리는 목소리로 간신히 말했습니다. 이해할 수 없었습니다. 그 순간 스쿨 버스 안에 있는 아이들의 파랗게 질린 얼굴이 보였지요. "의사를 불러요! 어서! 호텔에 가서 전화해야겠어요!" "소용없어요, 이미 숨을 멈췄단 말입니다." 운전사는 꼼짝도 않는 아이의 심장 어귀에서 손을 떼며 말했습니다. "그 아인 내게 몸이 안 좋다는 말은 전혀 하지 않았어요. 단지 내 어깨를 두드리고는 정말 조용한 목소리로 말했어요. '죄송하지만, 호텔에서 내려야겠어요.' 그게 전부입니다." 학교 전체에 이 소식이 퍼졌습니다. "선생님이 아이 부모님께 알리러 가주셨으면 고맙겠습니다." 교장 선생님이 내게 나지막이 부탁했지요. "그 집에는 전화가 없어요. 내가 선생님의 수업을 맡고 있겠습니다." "왜 제가 가야 합니까?" 하고 나는 물었습니다. "교장 선생님이 가시는 것이 더 낫지 않겠습니까?" "나는 그 학생을 몰라요. 그리고 작년 2학년 생활 기록부에 보면, 그 아이가 제일 좋아하는 선생님이 당신이라고 되어 있더군요." 결국, 나는 포장되지 않은 길을 운전해서 에반스의 집으로 갔지요. 그 아이가 가장 좋아하던 선생님! 그 아이는 내게 2년 동안 거의 말을 걸어오지 않았습니다. 그 농장의 부엌은 깨끗하고 따뜻했습니다. 나는 다소 무심하게 그 소식을 전했지요. 에반스 부인은 의자에 손을 짚고 말했습니다. "그 아인 아픈 내색을 조금도 하지 않았어요!" 의붓아버지가 씩씩거리며 말했습니다. "내가 여기 온 이후로, 그 앤 무슨 일이든 아무 말도 하려 하지 않았단 말이요!"

나는 학교 서류에 사망 기록을 써야 했습니다. "클리프 에반스, 의붓아버지와 다섯 명의 형제자매들에게 결코 합법적인 가족으로 받아들여지지 못했음." 자료도 거의 없고, 단지 D학점의 성적표가 전부였지요. 클리프 에반스는 조용하게 학교에 와서, 저녁 때쯤 수업을 마치고 집으로 돌아갔습니다. 그것이 다였습니다. 속해 있던 서클도, 친한 친구도, 아르바이트하는 곳도 없었습니다. 그는 아무 것도 아니었습니다. 아무 것도 아닌, 단지 있으나마나한 존재였습니다.

어떻게 한 소년을 있으나마나한 존재로 만들 수 있을까요? 학교 기록이 몇 가지를 보여 줍니다. "클리프는 말이 없고, 협동심이 없고, 지진아임." 이것은 3학년 담임의 기록입니다. 그러나 3학년 때의 IQ는 106이었고, 이 수치는 중학교 1학년이 될 때까지 100으로 떨어지지 않았지요. 수줍음을 타는 어린이도 쾌활한 법입니다. 단지 그 쾌활함에 익숙해지는 데에는 시간이 꽤 걸리지만요. 그는 죽기 전에 몇 번이나 선택되었을까요? "클리프 에반스, 너 같은 애는 별로 중요하지도 않아!" 라는 말을 몇 번이나 들었을까요? "넌 도무지 쓸모없는 녀석이구나, 에반스." 이 말이 나의 뇌리를 스쳤습니다. 결국, 자신이 아무 가치도 없다고 느끼자, 에반스는 눈 위에 쓰러져 저 세상으로 가버리고 만 것입니다.

그 때에 임금이 그들에게 말할 것이다. "내가 진정으로 너희에게 말한다. 너희가 여기 내 형제자매 가운데, 지극히 보잘것없는 사람 하나에게 한 것이 곧 내게 한 것이다." (마태복음 **25:40**)

∽

출애굽기 25-26장 ; 시편 36편 ; 잠언 9장 ; 누가복음 1장

미국 건국 초창기에, 미네소타 주와 위스콘신 주의 경계 가까이에 있는 미시시피 강둑에 한 지친 떠돌이 여인이 나타났습니다. 때는 이른 겨울이었고, 이 거대한 강의 표면은 얼음으로 덮혀 있었지요. 다리도 보이지 않았고, 이 고장이 초행인 그 여자는 어찌할 바를 몰라 당황해 하고 있었습니다. 과연 건널 수 있을까? 얼음은 얼마나 두꺼울까? 과연 내 무게를 지탱할 수 있을까? 그렇다고 다시 뒤로 돌아 갈 수도 없었습니다.

밤 그림자가 이제 막 그녀를 덮으려는 순간이었습니다. 그러나 그녀에게는 강 건너의 목적지로 가는 것이 더없이 중요했지요. 그녀는 정말 어찌해야 할지 몰랐습니다. 그러나 고민 끝에, 마침내 강을 안전하게 건널 방법을 생각해냈지요. 그것은 바로 두 손과 무릎으로 엎드려서 몸무게를 분산시키며 건너가는 것이었습니다.

너무나 두려워 좀 더 망설이다가, 광활한 미시시피 강을 기어서 건너는 길고도 조심스러운 여행을 시작했습니다. 그 동안 아무 탈 없이 건너편에 도착하기를 바라며, 속으로 끊임없이 기도했지요.

강을 반쯤 건넜을 때, 점차 큰 노래 소리와 여러 마리의 말이 내는 천둥 같은 소리가 들려 왔습니다. 이윽고, 한 남자와 여러 마리의 말이 산더미 같은 석탄 바리를 끌고 뿌연 먼지를 피우며 강 건너편에서 나타났지요. 마차꾼은 강변에 도착하자, 속도를 늦추지도 않고 곧바로 무리를 끌고 얼음 위로 내달리더니, 심장이 터져라 노래를 부르며 건너가는 것이었습니다!

두 손과 무릎으로 기어 가고 있는 자신이 갑자기 바보스럽게 느껴진 그 여자는, 일어서서 아무 두려움 없이 언 강을 가로 질러 남은 길을 걸어갔습니다. 점차 줄어드는 소리와 함께, 그 마차꾼과 말들은 벌써 저 멀리 사라지고 보이지 않았습니다!

너무나 많은 사람들이 하나님의 약속을 매우 신중하게 살피며 조심조심 기어서 살아 가고 있습니다! 또 한편으로는 하나님의 약속이 우리의 필요를 충족시켜 주지 못하지는 않나 의구심을 가지기도 하구요. 그리고 살짝 믿음 속으로 발을 내딛습니다. 그러나 하나님의 약속들은 쉽게 깨어지지 않고, 여러분이 그 위에 서있어도 결코 내려앉지 않습니다.

우리는 약속 위에 서야 합니다. 노래 가사에도 나오듯이, 우리는 모든 것을 가질 것이며, 그 위에 굳건히 설 것입니다! 하나님의 약속은 반석입니다! 약속의 반석은 여러분의 무게로 부서지지 않습니다. 왜냐하면 우리와 새끼 손가락을 걸고 엄지로 도장까지 찍으며 약속해 오시는 분은 바로 하나님이시기 때문이지요. 하나님은 하나님이십니다! 하나님께서 말씀하신 것을 믿으십시오! 그분은 바로 여러분이 승리자가 될 수 있다고 약속하십니다!

이것은, 그분이 친히 우리에게 주신 약속인데, 곧 영원한 생명입니다. (요한1서 2:25)

~~~

출애굽기 27-28장 ; 시편 37편 1-22절 ; 잠언 10장 ; 누가복음 2장
~~~

지난 수십 년간, 예언은 많은 관심을 끌어 왔습니다.

징후는 그에 연관된 주제 가운데 하나이지요. 다음은 〈링컨의 얼굴〉이라는 책에서, 링컨이 죽기 전에 워드 라몬에게 얘기해 준 재미있는 예입니다:

열흘 전 쯤, 나는 매우 늦게 일을 마쳤네. 잠자리에 든 지 얼마 되지 않아 선잠에 빠져 곧 꿈을 꾸기 시작했지. 내 주변에는 죽음처럼 고요한 정적이 감돌았네. 그 때 나직한 흐느낌이 들려 왔지. 그건 흡사 많은 사람들이 울고 있는 것 같았어.

나는 아래층을 둘러 보았다네. 그러나 흐느끼는 사람들은 보이지 않았어. 이 방 저 방을 가 봤는데, 여전히 흐느끼는 소리가 들려 왔지. 도디어 이스트 룸에 이르러 안으로 들어갔다네. 거기서 나는 엄청 놀랐어.

내 앞에 관이 놓여 있었고, 그 위에 수의를 입은 시신이 누워 있었어. 주변에는 근위병처럼 행동하는 군인들이 배치되어 있었고, 한 무리의 사람들이 있었지. 어떤 사람들은 얼굴을 덮은 시신을 애통하게 바라보고 있었고, 또 어떤 사람들은 슬프게 울고 있었다네.

"백악관에 누가 죽었습니까?" 하고 한 군인에게 물어 보았지. 그러자 "대통령이 돌아가셨습니다. 암살당하셨습니다!" 하고 대답했다네.

그러자 군중들은 비탄의 울음을 크게 터뜨리기 시작했고, 그 소리에 나는 잠을 깼어. 그날 밤은 더 이상 잘 수가 없었지. 그리고 그것이 단지 꿈이었는데도 불구하고, 그 뒤로도 이상하게 계속 신경이 쓰였다네.

링컨의 죽음에 대한 꿈은 징조나 예언이었을까요? 우리들은 모두 다 미래를 볼 수 있는 특권을 가지고 싶어합니다.

여러분이 그런 꿈을 꾸었다면 어떻게 하겠습니까? 무시해 버리겠습니까? 웃겠습니까? 아니면 그에 이끌려 행동하겠습니까? 아니면 그냥 잊어버리겠습니까?

하나님은 우리 인간에게 앞을 내다볼 수 있는 기회를 항상 주시지는 않습니다. 우리는 죽음을 맞이할 준비를 하고 앞으로 있을 심판을 대비하는 데 만전을 기하면서 하루하루 살도록 권고 받았습니다. 여러분의 죽음은 어떤 것일까요? 만일 여러분이 천국을 영원한 집으로 삼고 싶다면 반드시 사전에 예약해야 합니다.

사람이 한 번 죽는 것은 정한 일이요, 그 뒤에는 심판이 있습니다. 이와 같이,
그리스도께서도 많은 사람의 죄를 짊어지시려고, 한 번 자기의 몸을
제물로 바치셨습니다. (히브리서 9:27-28)

출애굽기 29장 ; 시편 37편 23-40절 ; 잠언 11장 ; 누가복음 3장

아브라함 링컨은 1809년 2월 12일, 켄터키 주의 작은 오두막에서 태어나 벽난로의 불빛에 의지해 초등교육을 마쳤습니다. 그 뒤 그는 농장의 일꾼으로서 가장 고된 일을 했고, 통나무를 쪼개어 울타리의 가로대를 만드는 일도 했지요. 그 후에 1834년에는 일리노이 주의회의원으로 당선되었으며, 유능한 변호사가 되었고, 또한 1846년에는 하원의원에 당선되었습니다.

비록 연방 상원의원이 되려는 노력은 실패했지만, 1860년에 대통령에 당선되었고, 1864년 재선에 성공했지요. 결국 1865년 4월 14일, 링컨은 암살자의 총에 맞아 그 다음날 사망했습니다.

많은 사람들이 링컨을 19세기의 가장 위대한 인물이라고 생각합니다. 그는 가장 낮은 곳에서 시작하여 가장 높은 직책까지 올라갔으며, 미국을 멸망의 위기에서 끌어냈지요.

여기 그 사람을 있게 한 신조를 몇 가지 인용하겠습니다.

좋은 이야기를 들으면 그것을 기억한다. 그러나 결코 만들어내지는 않는다. 단지 그대로 옮길 뿐!

사람들에게 진리를 알게 하고 나라를 안전하게 하자.

어제보다 좀더 나아지지 않는 자는 별로 중요하게 생각하지 않는다.

우리의 자유와 독립을 지켜 주는 보루는 무엇으로 세워졌는가? 마지못해 하는 전쟁도, 해안을 굳건히 지키는 것도 아니다. 우리를 지켜 주는 것은 땅 위의 어디서든 자유를 숭상하는 기상이다.

정의가 힘을 만든다는 믿음을 갖자. 그리고 그 믿음 속에서 우리가 생각하는 의무를 용감하게 수행하자.

링컨에 관해서는 한 가지 매우 중요한 사실이 있습니다. 우리는 그의 인생에만 흥미를 가지는 건 아닙니다. 오늘에 이르기까지 그가 인생을 어떻게 살았는가, 절망은 어떻게 이겨냈는가, 그리고 난관을 어떻게 극복했는가에 대하여 강한 호기심이 여전히 제기되고 있습니다.

우리는 링컨의 삶과 그것이 미국의 역사를 형성하는 데 미친 영향의 비밀을 찾고자 합니다. 그 해답으로서 그의 신조를 살펴 보면, 다음과 같은 말을 발견하게 되지요. "나는 하나님을 믿는다. 가장 강력한 통치자이시며, 위대하고 선하시고 자비로우신 창조주! 참새가 내려앉는 것도, 우리의 머리카락이 몇 가닥인가도 살피고 계신다. 나는 하나님의 영원한 진리와 정의가 존재함을 믿는다!"

아브라함 링컨은 그가 쓴 그대로 인생을 살았습니다.*[11]

그렇다. 의인의 길은 주께서 인정하시지만, 악인의 길은 망할 것이다. (시편 1:6)

출애굽기 30-31장 ; 시편 38편 ; 잠언 12장 ; 누가복음 4장

남북 전쟁 당시에 북군에 소속된 젊은 군인이 있었습니다. 그의 형과 아버지는 격렬한 전투 가운데 목숨을 잃었고, 그는 막내아들이었습니다.

그는 가족 가운데 단 한 명 남은 남자로서 군 복무를 면제해 달라고 링컨 대통령에게 청하기 위하여 워싱턴으로 가고자 했지요. 모친과 누이는 농장 일에 그의 도움이 필요했습니다.

사정을 탄원하고자 군대로부터 허가를 받고는 백악관을 향해 길을 떠났습니다. 젊은이는 백악관의 문에 이르러 대통령을 뵙기를 청했지요.

근무중이었던 근위병은 이렇게 말했습니다. "대통령은 만날 수 없소. 전시라는 것을 모르오? 대통령은 매우 바쁜 분이오. 이제 가시오, 젊은이! 돌아가서 반란군과 싸우시오!"

풀이 죽고 낙담한 젊은이는 그 자리를 떠났습니다. 그는 가다가 공원 벤치에 힘없이 앉아 있었지요. 그러자 어떤 꼬마가 그에게 다가와서 말했습니다. "군인 아저씨, 슬퍼 보여요. 무슨 안 좋은 일이라도 있었어요?"

군인은 어린 소년을 보고는 그의 아버지와 형이 전쟁터에서 어떻게 죽었는지를 이야기했습니다. 또 가족 가운데 유일하게 남은 남자이기 때문에 봄철 파종을 하려면 무슨 일이 있어도 농장으로 돌아가야 한다는 것을 설명했지요. 그 어린 소년은 그의 모든 이야기를 주의깊게 들었습니다.

그리고 그 아이는 그 군인의 손을 잡고 백악관 뒤로 돌아갔습니다. 그들은 부엌 문으로 들어가서 백악관에서 근무를 서고 있는 근위병을 지나고 모든 장군들과 정부 고관들을 지나갔습니다. 관리들은 너나없이 이 꼬마가 친구의 손을 잡고 백악관의 방들을 지나갈 때 차렷 자세를 했지요. 젊은 군인은 뭐가 뭔지 도무지 이해할 수가 없었습니다.

마침내 대통령 집무실에 이르렀는데 꼬마는 노크조차 하지 않았습니다. 아이는 곧장 문을 열고 안으로 걸어들어갔습니다. 거기에는 링컨 대통령이 장관들과 함께 책상 위의 군사 작전 지도를 훑어보고 있었지요.

대통령은 고개를 들어 아이를 보고 물었습니다. "무슨 일이니, 토드?"

토드가 말했습니다. "아빠, 이 군인 아저씨가 아빠께 드릴 말씀이 있대요." 군인은 그의 사정을 탄원했고 군역을 면제 받았습니다.

우리도 마찬가지로 그 아들을 통해서 아버지에게 갑니다. 예수님은 우리 입장에 선 중보자로 이렇게 말하십니다. "아빠, 여기 어떤 사람이 아빠에게 드릴 말씀이 있대요!"

그러므로 너희는 이렇게 기도하여라 :
"하늘에 계신 우리 아버지, 이름을 거룩하게 하시옵소서." (마태복음 6:9)

출애굽기 32-33장 ; 시편 39편 ; 잠언 13장 ; 누가복음 5장

2월 14일 — 최초의 발렌타인

발렌타인 데이 이야기는 기원 후 3세기의 로마 황제와 검소한 그리스도교 순교자로부터 시작됩니다. 황제는 클라우디우스 2세였고, 그 그리스도인의 이름은 발렌티누스였습니다. 클라우디우스는 로마인들에게 12신을 섬기도록 명령했고, 그리스도인과 관계하거나 그들의 하나님을 섬기면 죽음에 이르는 형벌을 내렸지요. 그러나 발렌티누스는 그리스도의 이상에 헌신했고, 죽음의 위협도 믿음을 실천하는 데 방해가 되지 못했습니다. 그래서 그는 결국 체포되었습니다.

발렌티누스가 죽기 전 몇 주 동안 아주 주목할 만한 일이 일어났습니다. 그것은 한 간수가 발렌티누스에게, 자신의 딸 줄리아에게 가르침을 베풀어 줄 수 없겠느냐고 청했던 것입니다. 줄리아는 태어날 때부터 장님이었지만 영리하고 아름다운 소녀였지요. 발렌티누스는 그녀에게 로마 역사에 관한 이야기들을 읽어 주었고, 자연의 세계를 묘사해 주었으며, 수학도 가르쳤고, 하나님에 대해서도 말해 주었습니다. 그리하여 소녀는 처음으로 그의 눈을 통해서 세상을 볼 수 있었으며, 그의 지혜를 믿었고, 또 그의 조용한 힘에 특별한 위안을 찾을 수 있었지요.

"발렌티누스님, 하나님께서는 우리의 기도를 들으시나요?" 하루는 줄리아가 물었습니다.

그는 대답했습니다. "그래, 그분은 모두 다 들으시지."

"내가 날마다 아침 저녁으로 무엇을 기도하는지 아시나요? 저는 제 눈으로 볼 수 있게 해달라고 기도해요. 저는 발렌티누스님이 말해 주신 모든 것들이 정말 보고 싶어요!"

"하나님께서는 우리가 그분을 믿기만 한다면 우리에게 가장 좋은 것을 주신단다."

"오! 발렌타인님, 저는 믿어요." 줄리아는 흥분에 휩싸인 채 말했습니다. "정말이에요." 그러고는 무릎을 꿇고 그의 손을 잡았습니다.

그들은 조용히 앉았습니다. 소녀는 무릎을 꿇고 발렌티누스는 앉아서 저마다 기도했습니다. 갑자기 감방에 눈부신 빛이 나타났습니다. 줄리아는 기쁨으로 반짝이며 외쳤지요.

"발렌티누스님, 보여요! 보여요!"

그가 죽는 날 밤, 발렌티누스는 줄리아에게 마지막 편지를 썼습니다. 그는 줄리아에게 배우기를 계속하고 하나님 가까이 머물라고 용기를 북돋았지요. 그리고 이렇게 서명했습니다. "너의 발렌타인으로부터!"

그의 사형 소식은 그 다음 날 발표되었습니다. 그리고 그 날이 바로 270년 2월 14일이었지요. 그는 현재 로마의 프라세데스 교회에 묻혔습니다. 전설에 따르면, 줄리아는 그의 무덤 가까운 곳에 손수 분홍색 꽃이 핀 아몬드 나무를 심었다고 합니다. 지금도 아몬드 나무는 변함 없는 사랑과 우정의 상징으로 남아 있습니다. 또한 그의 죽음을 기려 2월 14일 성 발렌타인 데이가 되면 애정과 사랑과 헌신의 메시지가 교환됩니다.*[12]

그러므로 믿음 · 소망 · 사랑, 이 세 가지는 항상 있을 것인데,
그 가운데서 으뜸은 사랑입니다. (고린도전서 13:13)

❧

출애굽기 34-35장 ; 시편 40편 ; 잠언 14장 ; 누가복음 6장

그 날은 한바탕 눈보라가 휘몰아치고 지나간 후 화창하게 개인 날이었습니다. 전화가 울렸습니다. 나는 전화를 받아 들었지요. 그러나 수화기에서는 나쁜 소식이 들려왔습니다. 바로 아버지가 뇌졸증을 일으켜서 병원에 계신다는 것이었습니다. 그것은 6년 전 엄마의 소식을 들었을 때의 그 두려운 상황이 재현되는 것 같았지요.

아빠는 혼수 상태로 빠지셨고 다시는 의식을 회복하지 못하셨습니다. 마치 사랑하는 엄마 타스를 만나러 가시는 듯 얼굴에 작은 미소를 띠우신 채……아빠는 1983년 2월 15일에 돌아가셨지요. 쉰여덟 번째 생신을 한 달 남겨 두고서.

이번에는 장의사가 관 메는 사람을 고용하라고 권유하지 않았습니다. 엄마를 우리들이 운구해 갔던 것처럼 이번에도 딸인 우리가 장지까지 운구해 가도록 했지요.

우리가 할 수 있을까요? 우리는 나이도 더 먹었고 아빠는 엄마보다 더 무거운데……. 우리는 지난번과 같은 방법으로 이 의심을 해결했습니다. 우리는 서로 이렇게 이야기했지요. "여자는 하고자 하는 그 어떤 일도 해낼 수 있다."

아빠가 지으셨고 우리가 자랐던 집에 모여 아빠에게 바칠 헌사에 관해 이야기했습니다. 우리는 모두 여섯 자매였지요. 간호사인 베티, 법원 기자 도나, 치과 의사 립, 사립 고등학교의 과학 부장 리타, 의사인 쟈네트와 나. 모두 스스로를 돌볼 수 있는 독립적인 여성들입니다.

"아빠는 어떻게 해내셨을까?" 나는 즐겁게 소리쳤지요. "어떻게 아빠는 우리 여섯 딸들을 이렇게 키우셨을까?"

"아빠는 활이셨고 우리는 화살이었지." 누군가 말했습니다. "그리고 과녁을 높이 잡으셨지."

아빠의 신조가 생각났습니다. "네가 만일 음악가가 된다면 손가락이 부러질 지도 모르지. 네가 만일 운동 선수가 된다면 종지뼈가 부러질지도 모르지. 하지만……." 여기서 아빠는 항상 극적으로 멈추셨습니다. "**하지만** 네가 만일 교육을 받는다면 너의 머리 속에 든 것은 네가 살아 있는 한 네 것이지."

그리고 또 이렇게 말씀하시기도 했지요. "문이 열리지 않거든 창문으로 들어가거라. 창문도 닫혔다면 지하실로 들어가면 되지. 근데 그것도 잠겼다면 지붕으로 올라가서 굴뚝으로 들어갈 수 있겠는지 살펴 보아라. 노력하기만 한다면 길은 항상 있을 거야."

우리는 주로 아빠가 온갖 정성으로 가족에게 헌신하셨던 것에 대하여 이야기했지요. 아빠는 종종 말씀하셨습니다. "내 가족을 사랑하는 것이 틀린 것이라면, 나는 옳은 사람이 되고 싶지 않단다."

아빠는 옳으셨습니다. 아빠만의 현명하심으로.

장례예식 날 우리는 깃발로 감싼 관을 들어올렸습니다. 아빠가 이 세상에 계시는 동안은 땅에 내려놓지 않기로 결심했기에 우리 운구꾼 딸들은 아빠의 사랑하는 아내 타스 옆의 무덤까지 흔들림 없이 메고 갔습니다.

나에게 능력을 주시는 분 안에서, 나는 모든 것을 할 수 있습니다. (빌립보서 4:13)

출애굽기 36-38장 ; 시편 41편 ; 잠언 15장 ; 누가복음 7장

남북 전쟁이 일어나기 전의 어떤 봄날에 한 젊은이가 일자리를 찾아 워디 테일러의 번창한 오하이오 농장을 찾아왔습니다. 농장 주인은 청년의 이름이 짐이라는 것 외에는 별로 아는 바가 없었지요. 그래도 여름 동안의 일자리를 주었습니다.

짐은 그 해 여름을 스토브와 벽난로에 쓰일 나무를 베고, 우유를 짜고, 건초를 쌓고, 수확을 거들고 그밖에 테일러가 시키는 일은 무엇이든지 하면서 지냈습니다. 식사는 부엌에서 하고 잠은 건초 시렁에서 잤지요.

여름이 끝나기도 전에 짐은 테일러의 딸과 사랑에 빠졌습니다. 그 아버지는 짐이 돈도 없고 이름도 없고 직장도 없고 기술도 없으며 장래성도 없었기 때문에 딸이 그와 결혼하면 정말 가난해질 것이라고 말하며 그의 청혼을 쌀쌀맞게 거절했지요. 농장 주인은 단호하게 말했습니다. "안돼!"

짐은 그 뜻을 받아들였습니다. 얼마 되지 않는 그의 물건들을 오래된 여행 가방에 넣고 슬프게 그의 길을 떠났으며 농장 주인과 그의 딸은 두 번 다시 그의 소식을 듣지 못했지요.

그로부터 35년이라는 세월이 흘렀습니다. 농부 테일러는 큰 헛간을 새로 만들려고 옛날 헛간을 헐었습니다. 일꾼들이 오래된 건초 시렁 위의 서까래를 떼냈을 때 그는 들보들 가운데 하나에서 짐이 자신의 이름을 새겨 놓은 것을 발견했지요. 그 이름은 제임스 가필드였습니다. 그는 당시 미 합중국의 대통령이었지요!

워디 테일러는 딸이 만날 수 있었던 가장 좋은 결혼 상대를 놓친 것입니다. 결국 테일러의 딸은 아버지의 축복 속에서 아버지가 인정한 사람과 결혼했습니다. 그러나 문제는 이제 30년간 상심의 세월을 보내고 보니 그 남편은 좋은 사람이 아니었던 것입니다.

여러분은 '굉장한 기회'가 왔는데 놓쳐 버린 적이 없습니까? 문제는 당시의 판단과 선택을 후회할 만큼 여러분이 오래 산다는 데 있습니다.

예수 그리스도는 어떤 사람도 만들 수 없는 엄청난 기회를 주십니다. 그분을 주인으로, 나의 구세주로 받아들일 수 있는 기회를요! 그렇게 하기로 결심하면 그분과 그 어떤 사람도 가질 수 없는 가장 친밀하고 이상적인 관계를 가질 수 있습니다.

여러분은 어떻습니까? 여러분의 믿음은 이 단계까지 왔습니까? 가족들과 친구들, 친척들 그리고 이웃들은 어떻습니까? 농부 테일러는 자신의 성급했던 판단을 후회하며 살았습니다. 여러분은 지금까지의 인생 행로에서 후회를 남기지 않았나요?

우리가 이렇게도 귀중한 구원을 소홀히 하고서, 어떻게 그 보응을 피할 수 있겠습니까?
이 구원은, 주님께서 처음에 말씀하신 것이요, 그것을 들은 사람들이
우리에게 확증하여 준 것입니다. (히브리서 2:3)

❧

출애굽기 39-40장 ; 시편 42편 ; 잠언 16장 ; 누가복음 8장

　로날드 레이건 전 미국 대통령은 결단의 필요성을 10대 초에 배웠습니다. 상냥한 친척 아주머니 한 분이 그에게 신발을 한 켤레 맞추어 주려고 제화점으로 데려갔지요. 제화공이 물었습니다. "발끝을 둥글게 만들어 줄까? 아니면 네모나게 만들어 줄까?"

　어린 로날드는 마음을 정할 수가 없었지요. 그래서 제화공이 말했습니다. "하루나 이틀 뒤에 다시 와서 어떤 걸 원하는지 말해 주렴!"

　며칠이 지나 구두장이는 길에서 로날드를 만나 마음을 정했는지 물었습니다. "아직 결정하지 못했어요." 하고 어린 레이건은 대답했습니다.

　"잘 알았다." 제화공이 말했습니다. "내일 구두를 만들어 놓을 테니 찾아 가거라."

　다음 날 로날드가 신발을 찾아 와 보니 한 짝은 발끝이 둥글었고 한 짝은 네모났습니다. 레이건은 말합니다. "그 신발을 보고 나는 큰 교훈을 얻었지요. 그것은 바로 스스로 결정하지 않으면 다른 누군가가 여러분 대신 결정한다는 것입니다."

　결정…… 결정! 인생은 크고 작은 것, 그리고 모든 일들의 양자 간 결정으로 이루어집니다. 그리고 십대일 때 인생의 가장 중요한 몇 가지 결정을 반드시 내려야 하지요. 학교를 마치면 바로 직장을 가질 것인가 아니면 대학이나 직업 학교로 갈 것인가? 누구랑 같이 인생을 살 것인가? 어떤 인생을 살 것인가? 마약에 빠질 것인가? 선택…… 결정……. 이것들은 아마도 여러분의 평생을 계속 따라다닐 것입니다.

　가이아나 공화국의 에스키보 강 상류 60마일 지점에 바티카라는 마을이 있습니다. 이 마을은 좀더 상류에서 일하고 있는 광부들과 광맥을 찾는 사람들에게 물자를 공급해 주는 마을이지요. 수천 명의 사람들이 살고 있는 이 마을의 중앙에는 콘크리트 바닥 위에 세운 거대한 기념탑이 있습니다. 아주 인상적인 탑이지요. 앞뒤를 둘러보아도 아무 것도 새겨져 있지 않습니다. 주민들에게 물어 보아도 아무도 그 기념탑이 어떻게 세워졌는지 모릅니다. 마을의 연장자에게 물어도 기억하지 못합니다. 이상한 일입니다. 아무 것도 기념하지 않는 기념탑이지요. 아무 뜻도 없고 기념할 것도 없는 기념탑이랍니다. 그처럼 쓸모없는 것이 또 있을까요? 이와 같이 여러분의 인생도 아무 것도 기념하지 않는 기념탑이 될 것인가요? 올바른 결정은 여러분이 얼마나 쓸모 있는 삶을 살 것인지, 그리고 여러분이 인생을 얼마나 의미있게 살 것인지를 결정하는 데에 아주 중요한 역할을 합니다. 나는 내 인생이 어떤 의미를 가지기를 바랍니다. 여러분은 어떻습니까?

주님을 섬기고 싶지 않거든, 조상들이 강 저쪽의 메소포타미아에서 섬기던 신들이든지, 아니면 여러분이 살고 있는 땅 아모리 사람들의 신들이든지, 여러분이 어떤 신들을 섬길 것인지를 오늘 선택하시오. 나와 나의 집안은 주를 섬길 것이오. (여호수아 24:15)

레위기 1-3장 ; 시편 43편 ; 잠언 17장 ; 누가복음 9장

유명한 영국 건축가 크리스토퍼 렌 경은 교회에 세울 거대한 돔을 설계했습니다. 그러나 그 돔은 워낙 독특해서 그의 동료들로부터 비난의 대상이 되었지요. 이 돔을 건축하고 있을 때 그들이 하도 소란을 피워서 책임자는 두 개의 거대한 기둥으로 받쳐 천장이 붕괴하지 않게 해달라고 요구했습니다. 렌은 그 구조의 단단함과 그의 혁신적인 신 건축 기술을 계속 주장하면서 격하게 반대했습니다. 더우기 그렇게 하면 건축미와 교회의 신성한 분위기를 손상시키게 될 것이었습니다. 그러나 반대 세력은 조직력이 뛰어났고 막강했지요. 그래서 두 기둥은 렌의 반대에도 불구하고 설계에 추가되었습니다.

문제의 돔이 건축된 지 50년이 흘렀습니다. 교회의 내부 장식은 물론 돔도 다시 칠할 때가 되었습니다. 칠장이들이 비계를 세워 칠을 하려고 했을 때 놀라운 사실을 발견했습니다. 그 두 기둥은 천장에 닿지 않고 있었습니다! 기둥은 천장에서 2피트나 짧게 되어 있었지요!

크리스토프 렌 경은 자신의 일에 그만한 자부심을 가졌었고 그래서 그 못마땅한 기둥들이 홀로 서있게 만들었던 것입니다. 그가 아직 살아 있었을 때 책임자들이 조사하러 와서는 바닥에서 두 기둥을 올려다 보고 그것들이 지붕에까지 닿아 있다고 단정해 버렸던 것입니다. 그들은 그제서야 안전하다고 느꼈지요. 그 기둥들이 아무 것도 받치지 않고 홀로 서 있는데도 말입니다! 렌은 무덤에 갈 때까지 그 비밀을 잘 간직했습니다. 렌은 그들의 쓸데없는 짓에 틀림없이 마지막 웃음을 지었을 것입니다. 작은 이야기이지만 훌륭합니다!

사람들은 자신의 작은 세계를 지탱하기 위해, 그리고 무엇인가가 머리 위로 떨어지는 것을 막기 위해 많은 기둥들을 세우곤 하지요. 흔히 그 기둥은 단단해 보이고 시간의 압력을 견딜 수 있는 것처럼 보입니다. 그러나 건축가 렌의 엉터리 기둥들처럼 흔히들 쓸모없는 것이랍니다.

어떤 사람은 종교의 기둥을 세우기도 합니다. 또한 그것은 아름다운 구조를 가졌고 충분히 강해 보입니다. 그러나 종교란 예수님의 인격이 없으면 전혀 의미가 없는 것이랍니다. 종교의 기둥은 그리스도가 없다면 홀로 선 것일 뿐이며, 영원의 시간 속에서 아무 것도 지탱하지 못하는 것입니다.

어떤 사람은 지성·돈·쾌락·철학 등의 기둥들을 세워 왔습니다. 그러나 인생의 궁극적인 위험을 충분히 포용할 수 있는 집이 있습니다. 그것은 바로 하나님께서 지으신 집이지요. 렌이 자신의 건축물에 확신을 가졌었듯이 우리도 하나님께서 손수 지으신 집에 확신을 가질 수 있습니다.

보아라, 내가 골라낸 귀한 모퉁잇돌 하나를 시온에 둔다.
그를 믿는 사람은 누구나 부끄러움을 당하지 않을 것이다. (베드로전서 2:6)

〰〰

레위기 4-5장 ; 시편 44편 1-8절 ; 잠언 18장 ; 누가복음 10장

모든 사람들이 〈디어 애비〉나 〈여자를 위한 십계명〉, 또는 〈남자를 위한 십계명〉과 같은 류의 책을 한 권씩은 가지고 있을 것입니다. 자, 우리는 인생의 동반자로서 같은 터전 위에 있기에 십계명을 남녀 모두를 위하여 이렇게 바꿔 보면 어떨까요?

1. 배우자를 어머니나 아버지나 아들이나 딸보다 앞에 두십시오. 당신의 배우자는 평생을 함께 할 동반자이기 때문입니다.
2. 과식·담배·마약·술 등으로 당신의 육체를 남용하지 마십시오. 그렇게 하지 않으면 당신은 당신의 사랑하는 사람들과 함께 인생을 길고 건강하게 살아갈 수 없습니다.
3. 사업·취미·오락 때문에 당신의 자녀들에게 낯선 이가 되지 않도록 하십시오. 부모가 가족에게 줄 수 있는 가장 값진 선물은 바로 시간입니다.
4. 청결함이 미덕이라는 사실을 잊지 않도록 하십시오.
5. 당신의 배우자를 구걸하게 하지 마십시오. 배우자와 모든 물건과 소유물을 기꺼이 나누도록 하십시오.
6. "사랑해요!"라는 말을 항상 염두에 두십시오. 당신의 사랑이 변함없다 해도 당신의 배우자는 누구보다도 그 말을 듣고 싶어합니다. 자주 그렇게 말하십시오.
7. 배우자의 찬성이 수백 명의 타인이 보내는 찬사보다 항상 더 값지다는 사실을 기억하십시오. 따라서 배우자에게 충실하고 정직하십시오. 그리고 다른 모든 이들에게도요.
8. 집을 언제나 잘 수리하고 결혼 생활을 활기차게 영위하십시오. 그러면 노년의 즐거움도 함께 따르지요.
9. 넓은 아량으로 용서하십시오. 그리고 자주 용서하십시오. 용서받을 필요가 없는 사람이 누가 있겠습니까?
10. 평생 주 하나님을 공경하십시오. 그리하면 당신의 자녀와 손자, 손녀들도 자라나서 당신을 축복할 것입니다.*[13]

자…… 단지 재미있는 읽을거리로서만이 아니라 행동을 위한 지침으로 받아들이세요! 말은 이해할 수 있는 언어로 바꿔지지 않으면 쓸모가 없습니다.

열한번째 항을 덧붙이자면, 배우자에게 이 계율들을 강요하지 마십시오. 이를 지켜 나가는 것은 자발적인 사랑의 행동이니까요.

그러므로 여러분도 이런 사람들과 또 그들과 더불어 일하고,
함께 수고하는 각 사람에게 순종하십시오. (고린도전서 16:16)

〜〜〜

레위기 6-7장 ; 시편 44편 9-26절 ; 잠언 19장 ; 누가복음 11장

2월 20일——백만 명 가운데 한 명

혹시 1962년 2월 20일을 기억하십니까? 아마 기억 못하실 것입니다. 우리 함께 기억을 더듬어 봅시다. 그 날은 바로 미국의 우주 비행사가 우주 캡슐로 들어가 천 마일이 넘는 공중으로 발사된 날입니다. 이 캡슐은 우주 궤도로 들어가 4시간 동안 지구를 세 바퀴나 돌았습니다. 그리고는 우주복에 싸인 외롭고 용감한 승객을 안전하게 태우고, 우주선을 쏘아 올린 과학자 팀들이 미리 지정해 놓은 대서양의 한 지점에 정확하게 착륙했지요.

그와 같은 과학자들의 업적을 보고 온 세계 수백만 사람들이 매혹되었습니다. 그런 여행을 계획하는 것이 어떻게 가능할까요? 이미 인간이 달을 걸어다니고, 다시 사용할 수 있는 우주 왕복선을 수차례나 쏘아 올린 오늘에 와서 그것은 호랑이 담배 먹던 시절의 이야기가 되었습니다. 우주선의 정확한 궤도를 예상하고 계획하는 것이 어떻게 가능할까요?

그 업적의 공로는 여러분 대부분이 아마 한 번은 들어 보았을 사람한테 돌려져야 합니다. 이 사람은 세 가지 불운을 안고 태어났지요. 존 케플러는 1571년 미숙아로 태어났습니다. 당시 의사는 그가 하도 약하고 미숙했기 때문에 그의 생존 확률이 백만 분의 일도 안 된다고 했습니다! 그러나 아무튼 그는 살았지요!

그가 네 살 때 천연두에 걸려서 그 뒤 후유증으로 절름발이가 되었고 시력도 매우 약해졌습니다. 시간이 좀더 지나서는 그의 부모가 그를 미쳤다고 단정하고 그를 정신 병원으로 보내 버리기도 했지요.

그는 인생이 그에게 지워 준 불행을 이겨내고 의미있는 무언가가 되고자 결심했습니다. 바로 천문 학자가 되고 싶어했던 거지요. 이 사람이 바로 운동의 제3 법칙을 발견한 사람입니다. 그리고 천체를 자세히 조사할 수 있는 오늘의 천체 망원경을 있게 한 볼록 렌즈의 원리도 발견했지요. 단지 그것이 전부가 아닙니다. 그는 미적분학의 근거가 되는 기본 원리도 발견했지요!

존 케플러와 그의 이러한 발견이 없었다면 인류의 우주 계획은 항상 땅에서 맴돌았을 것입니다! 아니 아마 우주 계획이란 말 자체가 아예 없었을 것입니다. 그리고 무엇보다도 케플러는, 겸손하게도, 하나님이 자신의 생명과 지식과 발견의 원천이라는 것을 늘 인식하고 있었습니다.

그대는 그리스도 예수의 훌륭한 군인답게, 고난을 함께 달게 받으십시오. (디모데후서 2:3)

〜✿〜

레위기 8-9장 ; 시편 45편 ; 잠언 20장 ; 누가복음 12장

2월 21일 —— 나의 가장 친한 친구

2차 대전 가운데 군목 활동을 했던 고(故) 스타이저 박사는 교우들 가운데 전쟁터에서 갓 돌아온 한 젊은 해군 장교에게 이렇게 물었습니다. "전쟁 가운데 가장 기억에 남는 일은 어떤 것이었습니까?" 여기 그의 대답이 있습니다:

우리는 북대서양의 잠수 지역을 항해하고 있었는데 가까운 해저에 적의 잠수정이 있다는 것을 알게 되었습니다. 물론 우리는 그 위험한 상황에 긴장하고 있었지요. 이른 아침, 내가 관측할 시간은 아니었지만 그 운명의 날에 나는 동트기 훨씬 전에 일어났습니다. 꼭 함교로 나가 봐야 겠다는 느낌이 들어서였지요. 나 역시 두려움을 느끼고 있었으니까요. 우리 배는 유럽으로 가는 만 명의 병사들을 태운 수송선이었습니다. 나는 미군과 그들의 안전에 대하여 막중한 책임감을 느끼고 있었지요.

선장과 함께 함교로 올라간 지 30분쯤 지나자 태양은 동쪽 수평선에서 이제 막 불그스레 올라오기 시작했습니다. 우리는 황홀하게 바라보았습니다. 아름다웠지요. 그렇게 그 광경을 창을 통해 바라보고 있을 때 우리는 동시에 그것을 포착했습니다! 어뢰가 하얀 꼬리를 그리며 우리 배를 똑바로 겨냥해 다가오고 있는 겁니다! 엄청난 일이었습니다! 우리의 육중한 배를 돌려 어뢰를 따돌릴 만한 시간이 없었습니다. 선창 안에서 자고 있는 만 명의 병사들을 생각하면서 선장은 이렇게 소리쳤습니다. "실제 상황이다!"

내 심장은 순간 멎어 버렸지요. 물론 선장은 전 승무원들에게 전투 배치를 명령했습니다. 그러나 전혀 쓸데없는 짓으로 보였습니다.

그 때 갑자기 아무도 생각조차 하지 못한 일이 벌어졌습니다. 좌현으로부터 구축함이 물살을 가로지르며 달려 오고 있었습니다. 이 작은 배의 선장도 우리가 함교에서 본 어뢰를 보았던 것입니다. 나치 잠수정에서 쏜 어뢰가 우리 배의 한가운데를 똑바로 겨냥하여 다가가고 있는 것도요…….

그 선장은 엔진실에 명령했습니다. "전 엔진을 우로!" 그는 구축함을 어뢰의 경로에 똑바로 맞추었지요. 그 배는 그대로 충돌하여 그 젊은 선장을 포함한 승무원들과 함께 가라앉았습니다. 그는 그 명령이 자신과 승무원들의 목숨을 잃게 할 것이라는 것을 알았습니다. 그러나 단 일초도 망설이지 않았지요. 그는 만 명이 넘는 타인을 위하여 기꺼이 목숨을 바쳤던 겁니다.

그 선장이 누구냐고요? 그는 나의 가장 친한 친구였습니다!

사람이 친구를 위하여 목숨을 버리면 이보다 더 큰 사랑은 없다. (요한복음 15:15)

~~~

레위기 10-11장 ; 시편 46편 ; 잠언 21장 ; 누가복음 13장
~~~

미국의 초대 대통령 조지 워싱턴은 태어날 때부터 모든 이에게 훌륭한 인품을 내보였습니다. 아름다운 이 나라에는 많은 위인, 영웅, 뛰어난 시민, 그리고 찬양받을 만한 사람들이 많이 있습니다. 그러나 우리가 역사 속에서 뒤돌아보면 아브라함 링컨이 필적한다면 모를까, 위대한 미국인이란 어떤 사람인지를 보여 주는 살아 있는 예로서 다른 사람은 아직 없다는 것을 알 수 있습니다.

그의 어린 시절 벚나무 사건은 지도력과 인생의 본질을 보여 줍니다. 그는 잘못을 고백했고 그 후 특별하게 성장해 갔습니다. 역사의 발자취를 돌이켜보면, 아직 형성되고 있는 중이며 계속 그 정체성을 찾고 있는 새로운 나라에서 열정적인 삶을 살았던 한 남자를 볼 수 있습니다. 이 사람의 인생은 아직도 우리에게 깊이 각인되어 있구요. 그래서 미국의 수도는 그를 기념하여 이름지어졌습니다.

여기 자신에게 주어진 삶을 사랑한 남자가 있습니다. 약관 20세에 버논 산을 상속받아 이후의 인생 20년 동안을 사회의 혼란 속에서 재력을 즐기며 유복한 삶을 좇으며 보냈습니다.

40회 생일에 그는 버논 산의 광활한 잔디밭에 앉아 미래에 대하여 숙고하고 꿈꾸고 기도했다고 전해집니다. 그가 하나님께 자신을 바치고 새 나라를 위하여 헌신하기로 결심한 때는 바로 이 순간이라고 합니다. 그는 버지니아 주의 다섯 군데 군사 지역 가운데 한 곳에서 부관이라는 말직에서부터 공직 생활을 시작했습니다.

그는 나라에 봉사하라는 부름을 받고 안락한 가정을 떠났습니다. 그 다음에는 포지 계곡의 매서운 겨울추위 속에서 군사들에게 모범을 보이면서 그들과 고난을 함께 하고 있는 그가 보입니다. 가장 감동적인 장면 가운데 하나는 그가 고요한 숲 속에서 눈 위에 무릎을 꿇고 하나님께 자신의 괴로움과 지친 병사들을 도와 달라고 탄원하는 장면입니다.

승리는 그에게로 돌아갔고, 그는 미국의 초대 대통령으로서 한 번 더 부름을 받았습니다. 그리고 미국을 자신의 제국으로 만들 수도 있었지만, 두 번의 임기를 마치고 아무 보수도 보답도 없이 떠났습니다.

감사하게도, 조지 워싱턴, 그는 온 국민에게 드높은 모범을 보여 준 사람입니다! 우리 나라에도 바로 이런 지도자가 필요합니다.

*너 사람아, 무엇이 착한 일인지를 주께서 이미 말씀하셨다. 주께서 너에게 요구하시는
것이 무엇인지도 이미 말씀하셨다. 오로지 공의를 실천하며 인자를 사랑하여 겸손히
네 하나님과 함께 행하는 것이 아니냐! (미가서 6:8)
워싱턴이 가장 좋아하던 성구로서, 13개 주를 위한 기도가 들어 있는
1783년 6월 8일 자 한 편지에서 인용한 것입니다.*

❧

레위기 12-13장 ; 시편 47편 ; 잠언 22장 ; 누가복음 14장

1953년의 어느 오후, 기자들과 관리들, 성직자들, 그리고 환영 위원회가 1952년의 '노벨 평화상' 수상자를 기다리며 시카고 철도역에 모여 있었습니다. 시카고 시 전체도 기대와 흥분 속에서 그를 맞이하는 것은 두말할나위가 없었습니다. 드디어 기차가 도착하여 그 사람이 기차에서 내렸습니다. 193cm가 넘는 장대한 키에 똑바른 자세, 까치집같이 부스스한 머리, 커다란 콧수염, 그리고 카키색 면제품의 소박한 정장에 타이를 맨 기골이 장대한 남자였지요. 그의 트레이드 마크 가운데 단 한 가지 빠진 것이 있었다면 자귀풀로 만든 차양 모자였습니다.

카메라가 터지고 시 관료들이 손을 내밀며 다가갔습니다. 그들은 시의 열쇠를 선물하고 그를 만나서 얼마나 영광인지를 치하했습니다. 그것은 형식적인 행사였지요.

그는 정중하게 감사를 표했습니다. 그런데 관료들의 머리 너머로 주의를 끄는 뭔가를 보고 걸음을 멈추었습니다. 그는 관료들을 바라보았고 잠깐의 양해를 구했지요. 그리고는 기다리던 군중들 사이를 빠른 걸음으로 조금도 주저함이 없이 지나가더니, 꽤 크고 무거워 보이는 옷 가방을 힘겹게 들고 가는 나이든 흑인 여자에게 다가갔습니다. 그 순간에 아무도 그 여인을 도와 주려 하지 않았지요. 군중들은 이제 막 기차에서 내린 그 남자에게 온통 시선을 집중하고 있었던 것입니다. 그 여인은 기차 여행을 마친 뒤 집으로 가는 길이 틀림없었습니다.

그는 그 여인에게 목례를 하고 그 두 개의 옷가방을 큰 손으로 들어올려 수하물 야적장으로 운반했습니다. 거기서 버스 운전사가 가방을 들어 버스의 선반 위로 올렸지요. 버스에 타는 것을 도와 주고, 자리잡는 것을 도와 주고, 그녀에게 안전한 여행이 되기를 기원해 주고, 그에 덧붙여 다른 누군가에게 자기를 대신하여 그녀를 도와 주기를 부탁했습니다. 그러면서도 그는 미소를 잃지 않았지요.

그 동안 그의 뒤를 따라와 이 광경을 목격한 군중들은 아무도 도와 주려 하지 않았던 것에 대하여 다소 죄책감을 느꼈을 것입니다. 그는 군중들 쪽으로 돌아서서 말했습니다. "기다리게 해 드려서 죄송합니다."

그리고 환영식은 계속되었습니다. 그렇지만 아주 숙연한 분위기에서 치러졌지요. 그 장소에는 어떤 영적인 기운이 장내에 감돌았습니다. 그건 느낄 수는 있지만 글로 표현하기란 쉽지 않지요. 이 일이 준 교훈은 명백했습니다.

그 노벨상 수상자는 다름 아닌 세계적으로 유명한 선교 의사 알베르트 슈바이처였습니다. 아프리카인 가운데서도 가장 가난한 이들을 도우며 평생을 보냈던 사람입니다. 환영 위원 가운데 한 사람이었던 어떤 관리는 〈시카고 타임즈〉 지의 기자 한 사람을 돌아보고 이렇게 말했다고 합니다. "나는 처음으로 걸어다니는 설교를 보았어요."

내가 진정으로 너희에게 말한다. 이 작은 사람 가운데 하나에게, 내 제자라고 해서 냉수 한 그릇이라도 주는 사람은, 절대로 자기가 받을 상을 잃지 않을 것이다. (마태복음 10:42)

レ위기 14장 ; 시편 48편 ; 잠언 23장 ; 누가복음 15장

2월 24일—— 그 어떤 것도 나를 굴복시키지 못한다

그 사건은 독일 뮌헨 올림픽에서의 10,000미터 육상 경기가 진행되던 가운데 일어났습니다. 이 경기에는 핀란드에서 온 라세 비렌이라는 이름의 한 남자 선수가 참가했지요. 사람들은 그가 이 경기에 참가했는지조차 몰랐습니다. 그는 세계 랭킹 15위권에도 들어 있지 않은 그야말로 무명 선수에 지나지 않았기 때문이지요. 그러나 그는 올림픽을 위하여 훈련해 왔고 이 격렬한 경기에 자신을 바쳤습니다.

육상 경기장에는 85,000명이 넘는 관중들이 운집했습니다. 이윽고 출발 신호를 알리는 총성이 울리자, 75명의 선수들이 25바퀴의 경주로를 돌기 위하여 출발했습니다. 라세 비렌은 평생 가장 멋진 경기를 위하여 경주를 시작했습니다. 그것은 그에게 있어서 생애 가장 큰 기회였지요! 그러나 두 바퀴 반 정도 돌았을 때, 우승 후보자가 다른 선수에게 치어서 팔다리를 휘저으며 경주로 밖으로 나가떨어졌습니다. 이 선수는 의식을 잃고 쓰러졌지요. 그런데 이 선수가 쓰러질 때 그의 머리가 비렌의 뒤꿈치를 건드려, 그만 비렌도 경주로 위에 쓰러졌습니다. 10년을 넘게 훈련해 왔는데, 일생 일대의 경기에서 이런 사고를 만났다면 여러분은 어떻게 하겠습니까?

그러나 비렌은 다시 벌떡 일어나 남은 경주를 위하여 자신있게 뛰기 시작했습니다. 이윽고 관중들은 하나의 드라마가 눈앞에서 펼쳐지고 있다는 것을 알아차리고 곧 기립하여 소리 높여 응원하기 시작했지요. 그들은 눈앞에 벌어지는 광경을 믿을 수가 없었습니다. 비렌은 계속 달렸지요. 그는 꼴찌를 제치고 달리고 달려서 선두를 따라 잡고 다시 선두를 제쳐서 10,000미터 경주 부문 올림픽 신기록을 세우면서 결승선을 첫번째로 통과했습니다.

후에 라세 비렌은 신문사와의 인터뷰에서, 내가 레인 위에서 쓰러졌는데도 만일 이 경기에서 승리할 수 있다면 아무 것도 자기를 굴복시킬 수 없을 것이라는 것을 알게 되었다고 말했습니다!

나는 그가 경기 도중에 쓰러진 충격으로 승리할 수 있었다고 믿습니다. 그것은 일종의 충격 요법이었지요! 경주가 주는 심리적 압박감과 넘어졌다는 불운이 다른 방법으로는 끌어낼 수 없는 잠재된 에너지를 사용하게 만들었습니다. 좌절이나 실패가 여러분이나 여러분의 내면에 어떤 작용을 하고 있습니까? 여러분은 그대로 주저앉아 버리겠습니까, 아니면 다시 한번 노력해 보겠습니까?

나는 용기있는 자세를 보여 준 어떤 자그마한 체구의 할머니에 대한 이야기를 알고 있습니다. 그녀 역시 마음이 약한 사람이었지요. 그리고 시력을 잃은 한쪽 눈을 제거해야만 했답니다. 그 제거된 눈 대신 가짜 눈을 끼우려고 할 때 그녀는 의사에게 말했습니다. "젊은 양반, 내 새 눈을 고를 때는 꼭 반짝거리게 만든 것으로 골라 줘요, 난 그게 좋아요, 의사 선생님은 어떻수?"

주님을 기다리는 사람들아, 힘을 내어라. 용기를 내어라. (시편 **31 : 24**)

〰〰

레위기 **15-16장** ; 시편 **49편** ; 잠언 **24장** ; 누가복음 **16-17장**

2월 25일 — 천사를 보고 싶다면

여러분은 천사를 본 적이 있습니까?

필라델피아의 신경과 전문의 미첼 박사는 자신이 천사를 보았다고 생각합니다. 몹시 피곤한 어느 날, 그는 일찍 일을 마치고 잠자리에 들었습니다. 그런데 끊임없이 문을 두드리는 소리에 잠이 깨었습니다. 문 밖에는 낡은 옷을 입은 몹시 흥분한 작은 소녀가 서 있었지요. 그 아이는 엄마가 몹시 아파서 그가 꼭 도와 줘야 한다고 말했습니다. 그 날 밤은 지독히 추웠고 눈도 내렸건만 그는 옷을 입고 소녀를 따라 나섰습니다.

소녀의 엄마는 폐렴으로 거의 죽을 지경이었지요. 다행히도 겨우 그녀를 치료하고 나서 미첼 박사는 앓고 있는 그 여인에게 딸의 인내와 용기를 칭찬했습니다. 그러나 그 여자가 "내 딸은 한 달 전에 죽었어요. 그 아이의 신발과 외투가 저기 저 옷장 안에 있어요."라는 것입니다.

그래서 미첼 박사는 옷장으로 가서 문을 열어 보았지요. 바로 거기에는 그의 집 문 앞에 서 있던 그 소녀가 입고 있던 바로 그 외투가 걸려 있었습니다. 그 코트는 따뜻하고 말라 있었기 때문에 눈 내리는 겨울 밤 바람을 맞았던 것이라고는 생각할 수 없었습니다!

여러분은 천사를 본 적이 있습니까?

어느 날 밤, 시리아의 왕은 야음을 틈타 수레와 말로 무장한 군대를 보내어 도시를 포위하고 모든 출로를 차단했습니다.

예언자와 그의 하인이 다음 날 아침 일찍 일어나 바깥을 살펴보자 군대와 말들과 수레들이 사방에 깔려 있는 것이었습니다! 하인은 완전히 겁에 질려 물었습니다. "이제 우리는 어떻게 해야 하지요?"

예언자 엘리사는 짤막하게 대답했습니다. "두려워하지 마라. 우리 군사가 저들보다 강하다!" 그리고 기도했습니다. "주여, 이 사람의 눈을 뜨게 하시어 보여 주옵소서." 주께서 그 젊은이의 눈을 뜨게 하시자 온 산을 뒤덮은 불말과 불수레가 그들을 포위한 군대를 포위하고 있었습니다!

여러분은 천사를 본 적이 있습니까?

어쩌면 우리가 눈을 뜨기만 하면 보일지도 모르지요!

그렇게 말한 다음에 엘리사는 기도를 드렸다.
"주님, 간구하오니, 저 시종의 눈을 열어 주셔서, 볼 수 있도록 해주십시오."
그러자 주님께서는 그 시종의 눈을 열어 주셨다.
그가 바라보니, 온 언덕에는 불말과 불수레가 가득하여,
엘리사를 두루 에워싸고 있었다. (열왕기하 6:17)

레위기 17-18장; 시편 50편; 잠언 25장; 누가복음 18장

아프리카에서 30년 동안 의사로 일했던 헬렌 로사비어는 자기 주변의 모든 아프리카 후진국들이 직면하고 있는 문제점들에 대하여 고심하고 있었습니다. 그것은 바로 인접한 나라들의 폭도들이 헬렌이 살던 지역에서 반란을 일으키기 시작하자 점차 갈등이 야기되기 시작했던 거지요. 어떤 반란군이 마약에 취한 상태에서 로사비어가 머물고 있던 마을을 공격했습니다. 그들은 병원을 점령했고 헬렌을 사로잡아 볼모로 삼았습니다.

결혼도 하지 않고 일생을 아프리카 사람들에게 바쳤던 헬렌은 그 때 50세였습니다. 반란군들은 헬렌을 계속해서 겁탈했지요. 그 무서운 사건의 가장 어두운 순간 한가운데서 헬렌은 울부짖었습니다. "하나님, 왜 이런 일이 저에게 일어나게 하시는 겁니까?" 그러자 응답은 빨리 돌아왔습니다. "고맙다, 헬렌아. 너는 여러 해 전에 너의 몸을 나에게 주었단다. 듣거라, 헬렌아, 저들은 너를 강간하는 것이 아니라 나를 강간하는 것이다." 그 순간에 그녀는 하나님의 평강을 느꼈습니다. 하지만 이후에도 그 무서운 기억들과 계속 싸워야만 했지요.

그후 몇 달 뒤 헬렌은 풀려났고 미국으로 돌아와 한 대학의 의과 대학생들에게 강연을 하게 되었습니다. 소개가 끝나자 그녀는 연단으로 올라갔는데, 왼쪽 앞줄에 두 소녀가 앉아 있는 것을 보았습니다. 둘 다 의대생이 되기에는 너무 어렸습니다. 그 가운데 한 명이 헬렌을 의미 심장하게 바라보았지요. 그 눈길은 그녀를 다소 불편하게 했습니다. 헬렌이 연설을 시작하자 하나님께서는 그녀에게 아프리카에서 있었던 일을 이야기하라고 요구하셨습니다. 헬렌은 그 이야기가 연설과는 아무 상관이 없었기 때문에 거부했지요. 그러나 그녀는 강간당했을 때의 일을 이야기해야만 한다는 느낌을 한 번 더 받았습니다. 그녀는 그 이야기가 연설의 일부인 양 그 사건을 이야기하기 시작했지요. 연설은 계속되어서 결국 끝이 났습니다.

강연이 끝나고 연단의 뒤쪽으로 걸어 들어갈 때 그 두 소녀가 왼쪽에 앉아 있는 것을 한 번 더 보았습니다. 한 소녀가 헬렌에게 다가와 말했습니다. "의사 선생님, 귀찮게 해드려서 죄송해요. 하지만 저기 있는 내 동생이 5주 전에 강간당했는데 그 뒤로 한마디 말도 않고 소리조차 내지 않고 있어요. 제 동생은 열다섯 살이에요. 선생님께서 몇 분 동안만이라도 제 동생과 얘기를 나누어 주실 수 없을까요?"

헬렌은 위를 한 번 올려다 보고는 그 소녀에게 걸어갔습니다. 그녀가 반쯤 걸어갔을 때 그 소녀는 일어서서 헬렌에게 달려왔지요. 서로 가까워지자 그들은 으스러져라 부둥켜 안고 마루바닥에 울면서 쓰러졌습니다.

한 시간 정도를 운 다음 그 소녀는 쉬지 않고 두 시간을 이야기했습니다. 그녀는 자신의 상처를 함께 나눌 수 있는 사람을 이제야 비로소 찾았던 거지요.

완전한 사랑은 두려움을 내쫓습니다. (요한1서 4:18)

❧

레위기 19-20장 ; 시편 51편 ; 잠언 26-27장 ; 누가복음 19장

<h2 style="text-align:center; border:1px solid black; padding:0.3em;">2월 27일──더 큰 은총</h2>

런던 중심가의 크고 번창한 한 교회는 그 산하에 세 개의 선교회를 가지고 있었습니다. 새해 첫번째 일요일에 선교회의 모든 회원들이 연합 성만찬 예식을 위하여 도심의 모교회로 모였지요. 런던의 뒷골목에 위치한 그들 세 선교회에서는 강도·절도범·주정뱅이 등 주목할 만한 개심자들이 있었습니다. 모두들 성만찬 가로대에서 어깨를 나란히 하고 이 특별 예식에 참여하고 있었습니다.

이 특별한 행사에서 목사는 이전에 강도였던 사람이 대법원 판사 옆에서 무릎을 꿇고 있는 것이 보였습니다. 판사는 그 강도를 7년 동안 감옥살이를 시킨 바로 그 판사였지요. 강도는 석방된 뒤 개종하게 되었고 뛰어난 교회 일꾼이 되었습니다. 아무튼 그들은 거기 무릎 꿇고 앉아서 판사와 전직 죄인 모두 서로를 알아보지 못하고 있는 것 같았습니다.

예배가 끝나고 목사는 그 판사와 함께 집으로 걸어가고 있었습니다. 판사가 말했지요. "목사님은 오늘 아침 성만찬 가로대에서 제 옆에 있던 이가 누군지 알아보셨습니까?"

목사가 대답했습니다. "예, 그러나 판사님이 알아보셨을 줄은 몰랐습니다." 두 사람은 말없이 몇 분을 더 같이 걸었습니다.

그 때 판사가 말했습니다. "참으로 기적 같은 은총입니다."

목사는 끄덕였습니다. "예, 참으로 신비로운 은총이지요!"

그러자 판사가 말하기를, "그런데 누구를 말씀하시는지요?"

이에 목사가 말하기를, "누구기는요, 그 개종한 죄인 말씀이지요."

이윽고 판사는 나지막히 말했지요. "그 사람이 아닙니다. 저는 저 자신을 생각한 것입니다."

그러자 목사는 놀라서 몸을 돌려 물었습니다. "판사님 자신을 생각하셨다고요? 이해가 안 되는데요?"

"그래요." 하고 판사가 대답했습니다. "그 강도는 감옥을 나왔을 때 힘들이지 않고 개심했을 것입니다. 그는 전과 기록 말고는 아무 것도 가진 것이 없으니까요. 그가 예수님을 구원자로 보았을 때 거기에 그를 위한 구원과 희망이 있다는 것을 알았을 겁니다. 그리고 그는 그런 도움이 자기에게 얼마나 필요한지 알고 있었지요. 그러나 저를 보세요. 저는 어릴 때부터 신사로 살도록 교육받아 왔으며, 저의 말이 증서였고, 저에게 탄원하는 이에게 교회로 가서 성만찬을 받도록 권했지요. 저는 옥스포드를 마치고 학위를 취득해서 법원의 부름을 받았지요. 그리고 마침내 판사가 되었어요. 목사님, 하나님의 은총이 아니면 그 무엇이 저로 하여금 제가 그 강도와 같은 죄인임을 인정하게 할 수 있었겠습니까? 저는 더 큰 은총을 받았습니다."

여러분은 믿음으로 말미암아 은혜로 구원을 받았습니다. 이것은, 여러분에게서
난 것이 아니요, 하나님의 선물입니다. 구원이 행위에서 난 것이 아님은,
아무도 그것을 자랑할 수 없게 하려고 하시는 것입니다. (에베소서 2:8-9)

❦

레위기 21-22장 ; 시편 52편 ; 잠언 28-29장 ; 누가복음 20장

2월 28일 —— 나는 피곤하다

여러분에 대해서는 잘 모릅니다. 하지만 나로 말한다면, 나는 너무 피곤합니다! 여러 해 동안 나는 중년·노년, 또는 그저 지루하게 나이를 먹어 간다는 사실이나, 철분·비타민 부족, 공기 오염·사카린·비만·식사·겨드랑이냄새·비듬·치석·요통·희끗희끗해지는 머리, 그리고 도대체 이 삶이 살 만한 가치가 있기나 한지 의심하게 만드는 열두 가지도 넘는 온갖 문제들에 다 그 모든 탓을 돌려 왔습니다.

그러나 나는 이제 이 모든 것을 나에게 감염시킨 것이 무엇인지를 발견했지요. 나는 과로 때문에 피곤한 겁니다! 일을 하는 사람들은 극소수이기에 내가 과로할 수밖에 없지요!

미국의 인구는 약 250,000,000명 가량 되는데 114,000,000명이 직업이 없다는 사실을 생각해 보십시오. 그러면 일할 사람은 136,000,000명이 남지요. 그러나 학교에 95,000,000명이 있으니까 이제 일할 사람은 41,000,000명이 남게 됩니다. 이 사람들 가운데 22,000,000명이 정부에 고용되었으니 19,000,000명 정도밖에 안 남지요. 여기서 4,000,000명이 미 합중국 병력으로 사용되니 이제 일할 사람은 15,000,000명밖에 남지 않았습니다. 이 가운데 주·시·군의 정부에서 일하는 14,800,000명을 제외하면 일할 사람으로는 200,000명밖에 남지 않습니다!

우리 나라에는 병원에 있는 사람들이 언제나 188,000에 달한다는 것을 생각한다면, 이제 어떤 일이든 할 수 있는 사람은 고작해야 12,000명밖에 남지 않았지요!

이 가운데서도 11,998명 정도가 대부분의 시간을 감옥에서 보내고 있습니다. 그 총량을 빼면 일할 사람이 단 **두 명**밖에 남지 않습니다! 아마도 그게 **나**와 **여러분**이 아닐까요?

그리고 여러분은 이 글을 앉아서 읽고 있습니다! 그래서 이제 나 밖에 없군요. 결론적으로 내가 피곤한 것은 당연합니다.

엉터리나마 숫자를 가지고 노는 것은 재미있지 않은가요? 그러나 우리가 밑줄을 그어야 할 곳은, 노동은 인생과 생활에서 아주 중요한 자리를 차지한다는 사실입니다. 우리는 하늘은 스스로 돕는 자를 돕는다는 말을 들어 왔고 그것이 진리라는 것도 알고 있습니다. 우리는 생업과 근면과 창조성과 인내, 그리고 기업 정신으로 이렇게 풍족한 세상을 만들어 왔습니다. 하지만 우리는 뒤이을 두세 세대들에게도 이러한 원리들을 올바로 물려 줘야 할 의무를 제대로 수행하고 있나요?

무슨 일을 하든지, 사람에게 하듯이 하지 말고,
주님께 하듯이 진심으로 하십시오. (골로새서 3:23)

레위기 23-24장 ; 시편 53편 ; 잠언 30-31장 ; 누가복음 21장

2월 29일 —— 쪼개진 날에 듣는 쪼개진 이야기

2월 29일은 4년마다 돌아옵니다. 왜 그럴까요? 나머지 해가 때 맞춰 순행하도록 달력에 맞추어 놓은 것입니다. 이 날에 보너스로 태어나는 모든 아기들은 겨우 4년에 한 번씩만 이 보너스 날에 생일 축하의 기회를 가집니다. 따라서 우리도 다소 우스운 보너스 이야기를 들어 봅시다.

한 남자가 교회에 참석하기 시작하여 정식 등록교인이 되고자 지원했습니다. 그래서 그 교회 새 신자부 담당자들은 그를 시험해 보기 위하여 질문을 하나 했지요. "당신은 성경의 어느 부분을 가장 좋아합니까?"

그러자 그는 이렇게 대답했습니다. "저는 신약을 제일 좋아합니다, 선생님!"

이에 질문자가 되물었습니다. "무슨 책이라고 했습니까?"

그가 대답했지요. "예수님의 비유요."

질문자가 계속했습니다. "하나 이야기해 보겠습니까?"

그래서 그는 이야기를 시작했습니다. "옛날 한 남자가 예루살렘에서 내려와 여리고에 이르렀습니다. 그리고 도둑의 무리에 들어가게 되었고 가시나무가 자라나 그를 에워 쌌지요. 그리고 그는 계속 가서 시바 여왕을 만났고 그 여왕은 그 사람에게 칭호를 내리고 천 달란트의 금과 은을 주었고 갈아 입을 옷 백 벌을 주었습니다. 그리고 수레를 타고 미친 듯이 달렸습니다. 나무 밑을 지나갈 때 머리카락이 나뭇가지에 걸려 수레는 가버리고 그는 결국 거기에 매달려 있었지요. 그 사람은 그렇게 여러 낮과 여러 밤을 보냈습니다. 그러나 큰 까마귀가 먹을 음식과 마실 물을 물어다 주었지요. 어느 날 밤, 그렇게 매달린 채 잠들어 있을 때 그의 아내 데릴라가 와서 그의 머리카락을 자르니 그는 단단한 땅 위에 떨어졌습니다. 그리고 갑자기 비가 오기 시작했습니다. 그 비가 40일 낮과 40일 밤을 내려 그는 동굴 속에 몸을 숨겼지요. 그는 계속해서 길을 떠났고 한 남자를 만났는데 그 사람이 말하기를 '이리 와서 저녁을 같이 먹읍시다.' 라고 했지요. 그러나 그는 '나는 그럴 수 없어요, 나는 결혼한 아내가 있답니다.'라고 대답했습니다. 그러자 그 남자가 계속해서 그를 따라다니면서 자신에게 오라고 강요했습니다. 그가 계속 가서 예루살렘에 도착하니 이사벨 여왕이 높은 곳의 창문 안에 앉아 있었습니다. 그녀가 그를 보고 웃었지요. 그러자 그가 말했습니다. '그녀를 던져 버려라.' 그들은 그녀를 70번씩 7번을 던졌고 그 남은 조각으로 열두 광주리를 채웠지요. 이제 누구의 아내가 심판의 날에 있게 될 것인가요?"

이야기는 끝났습니다! 이 사람은 엄격하고 체계적인 성경 공부 단체에 들어갈 필요가 있는 것 같군요. 슬픈 일입니다……. 사실 많은 사람들이 성경을 잘 모르고 더듬거립니다. 가히 위험하다 할 만하지요. 성경을 가르칠 때 실수를 저지르지 않을 가장 좋은 방책은 하나님 말씀에 대한 완벽한 지식입니다. 여러분이 다니는 교회가 성경을 잘 가르치지 못한다 하더라도 계속해서 해답을 찾아 나가십시오. 하나님은 언제라도 해답을 가지고 계시니까요.

그대는 진리의 말씀을 올바르게 가르치는 부끄러울 것 없는
일꾼으로, 하나님께 인정을 받는 사람이 되기를 힘쓰십시오. (디모데후서 2:15)

3월
MARCH

내가 널 얼마나 의지하는지
너는 모를 거야
네가 거기 없을 때
내 인생의 빛깔은 사라져 버린단다…

버지니아 울프

3·1절 하면, 우리는 독립을 외치며 온 나라를 뒤덮었던 태극기의 물결을 떠올리게 됩니다. 여기서 국기를 중요하게 여기는 이유는 국기가 그려 있는 그 천 자체가 중요한 것이 아니라 국기가 상징하는 의미가 중요하기 때문이라는 것은 누구나 다 알 것입니다. 대한민국의 국기 태극기는, 어제의 용사들에게는 격전지의 영광을 상징할 것이요, 선량한 백성들에게는 보장된 자유를 의미하기도 하지요.

회의주의자들과 냉소주의자들에게 국기는 반대의 권리를 의미하지만, 대부분의 시민들에게 국기는 자유 민주 사회의 힘을 상징합니다. 또한 이것만이 아니지요. 기업가들에게는 자유로운 기업 활동을 의미하고, 발명가들에게는 자신들의 발명품을 함부로 빼앗는 자본가들로부터의 보호를 뜻합니다.

'한국적 삶의 방식'이라는 게 실제로 존재한다면 그건 국기가 상징하는 의미가 되고, 그 의미는 모든 사람에게 보편적으로 와닿는 것이라야 합니다. 하지만 실제로 우리 나라에는 그러한 것이 많지 않습니다. 한국인들의 삶·사고·일·종교의 방식은 천차만별입니다. 항상 이들간에 모순이 없을 수는 없지요. 우리가 한국적이라고 말하는 것은 바로 그런 다양한 것들을 하나의 국기 아래에서 통합해 놓은 것입니다. 우리 나라 사람들이 가지는 유일한 공통점은 바로 그 다양성이라는 겁니다.

국기나 그 국기가 상징하는 국토·제도·이상 그 자체로는 성스러울 게 없습니다. 우리 나라만이 '하나님의 보호' 아래 있는 것도 아닙니다. 타민족들도 그렇지요. 애국심은 종교가 아닙니다. 또한 대부분의 사람들이 생각하는 것과는 달리 애국심은 협소한 국수주의도 아닙니다. 자신의 민족을 사랑한다고 타민족을 미워할 수는 없는 일 아닌가요? 진정한 애국심은 매일같이 건설적인 방법으로 국기에 영광을 더해 가는 일을 말하는 것입니다.

어떻게 그렇게 할 수 있을까요? 대답은 의외로 간단합니다. 그것은 바로 이 국기가 상징하는 위대하고 광범위한 원칙들을 존중하고 수호하는 것이지요. 곧 법을 준수하고, 애국자들이 명분을 되찾고, 사람들이 공정하게 대우받으며, 자유롭게 하나님을 섬기며, 정부가 제 구실을 다할 때, 바로 이때가 국기의 원리들이 지켜지게 되는 것입니다. 하지만 이 일이 언제나 쉽지만은 않았지요. 그래서 우리는 언제나 국기를 중요시해야 하는 것입니다.

우리 나라의 온 역사 속에서, 국기가 어느 한 정당의 깃발이었거나 한 지배자의 깃발이었던 적은 없었습니다. 3·1운동에서 마찬가지였습니다. 언제나 국민과 국가를 상징하는 깃발로서 자리 매김을 해왔지요. 마치 십자가가 그리스도교의 상징이듯이 그렇게 변함없이 말입니다. 이제 우리가 할 일은 이 깃발 아래 성취된 우리의 자유를 오늘 우리가 지켜나가는 것입니다.

그 때에 예수께서 그들에게 말씀하셨다. "그러면 황제의 것은 황제에게 돌려주고, 하나님의 것은 하나님께 돌려드려라." (마태복음 22:21)

~∞~

레위기 **25**장 ; 시편 **54**편 ; 잠언 **1**장 ; 누가복음 **22**장

8017호 기차가 이탈리아의 살레르노의 구불구불한 철로를 지나왔습니다. 기차 승객들은 몇 시간 후에 마주칠 재난에 대해서는 아무도 예상하지 못했지요. 1944년 3월 2일의 비 내리는 저녁에, 기차는 그 무엇과도 충돌하지 않았고, 선로를 이탈하지도 않았으며, 화재가 난 것도 아니었고, 손상된 곳도 없었습니다. 그런데 철도 재난 사상 가장 많은 사람이 죽었습니다. 무슨 일이 있었던 것일까요?

이 기차의 소리없는 살인자는 기관차에 사용된 저질 석탄이었습니다. 오전 1시가 지났을 때, 600명의 승객을 태운 그 육중한 기차는 '갈레리아 델르 아미'라고 불리는 터널 속으로 무겁게 움직여 들어갔지요. 무엇이 잘못되고 있는지 진짜 아무도 몰랐습니다.

두 대의 기관차가 끄는 기차가 터널의 중간 지점에 다다랐을 때 구동 바퀴들이 확실히 처지기 시작했습니다. 철로 위에 모래를 뿌렸지만 소용이 없었습니다. 바퀴들은 견인력을 잃었고 기차는 멈추었지요. 나중에 조사 과정에서 두 명의 기관사가 모두 조종실에서 죽어 있는 것을 보고 모든 상황을 추측할 수 있었습니다. 일산화탄소가 500여 명의 목숨을 앗아간 것입니다.

당국은 사건을 조사할 때 한 가지 얄궂은 사실을 발견했습니다. 주 기관차는 브레이크가 걸려 있지 않은 상태에서 조종기가 후진으로 맞추어져 있었고, 부 기관차도 브레이크가 걸려 있지 않은 상태에서 조종기가 전속력 앞으로 내달리게 맞추어져 있었던 것입니다! 기차가 정지했을 때 두 기관사의 사태 수습에 대한 판단이 엇갈렸다는 것이 명백했지요. 그것은 치명적인 실수였습니다. 만일 전진이든 후진이든 한 방향으로 확실히 했다면 승객들은 모두 살았을 것입니다! 그러나 거기서 그들은 서로 팽팽하게 맞섰고 터널은 죽음의 독가스로 채워졌던 것입니다.

우리 인생살이에도 막강한 힘들이 있습니다! 우리에게도 서로 방향을 다투는 두 명의 기관사가 있습니다. 바로 육욕이라는 기관사가 한쪽 방향으로 밀고, 양심이라는 기관사가 반대쪽 방향으로 당기고 있습니다. 바로 주지주의가 우리의 정신을 세속의 구렁텅이로 당기는가 하면, 영혼은 우리를 하나님께로 당기고 있습니다.

우리가 절망에 빠졌을 때 우리가 정작 우리 자신에게 대항해 왔다는 것을 얼마나 자주 느끼게 됩니까? 많은 경우에 우리는 어느 방향으로 움직여야 할지 판단하지 못한 채 멈추게 되지요. 그러나 우리를 올바른 방향으로 움직이게 하는 참 자유는 우리 인생에 그리스도가 초대되었을 때 찾아옵니다. 일부로서가 아니라 바로 전체로서요.

점점 긴장이 더해 가는 이 세상에서, 그리스도께서 개개인을 제어하실 수 있다는 사실을 안다면 우리는 안심할 수 있을 것입니다. 주님께서는 우리 내면에서 이글거리는 욕정과 갈등의 불을 끄는 것을 도와 주시지요. 우리 삶의 조종기를 주님께 넘겨 드리면, 주님의 평화의 말씀들이 항상 우리 편에 서 있게 될 것입니다.

> *그러나 우리는 이 모든 일에서 우리를 사랑하여 주신 그분을 힘입어서,*
> *이기고도 남습니다.* (로마서 8:37)

레위기 26장 ; 시편 55편 ; 잠언 2장 ; 누가복음 23장한 20년쯤 전에, 로스엔젤레스 시민들은 어떤 시민이 두 개의 도심 공원에 있는 새를 먹이느라고 자신은 굶주리고 있다는 사실에 충격과 슬픔을 금치 못했습니다. 신문 기자들은 그 이상한 이야기를 듣고 전국적으로 이 일을 보도했지요. 야위고 병약한 80세의 은퇴 노인 레이몬드 로페즈는 이렇게 설명했습니다. "나는 나 자신에게는 더 이상 관심이 없습니다. 나는 고통받고 굶주리는 모든 존재들에게 마음이 쏠리지요."

로페즈가 받는 사회 보장금과 적은 양의 연금 대부분은 매주 화요일마다 예쁜 깃털을 가진 친구에게 줄 이천 파운드의 먹이를 배달하는 사람에게 전달됩니다. 그 돈은 주당 150달러에 달했지요. 당시 로페즈의 친구들은 여행을 하면서 쉬거나 좀 즐기면서 지내라고 조언을 하곤 했습니다. 그러나 이런 제안에 그는 단지 이렇게 응수할 뿐이었지요. "내 새를 굶게 하느니 차라리 내가 굶겠어."

우리 대부분은 새를 사랑하는 그 사람의 머리를 의심할 것입니다. 그러나 그 나이 많은 캘리포니아인은 좀 더 보배로운 인생의 가르침을 배운 거지요. 나는 그 사람이 받는 것보다 주는 것이 더 복받는 일이라는 것을 발견했다고 믿습니다.

이 세상은 두 종류의 사람으로 나뉘어져 있는 것 같습니다. 주는 사람과 받는 사람으로요. 그 사람들을 불멸주의자와 물질주의자로 부를 수도 있습니다. 예수님은 인생의 이 두 가지 철학적 주제에 대하여 많은 말씀을 하셨고, 예수님 자신은 주는 사람 쪽에 확고하게 자리매김하셨지요.

빼앗는 이나 받는 이는 약하고 무용한 것으로부터라도 모든 것을 가져야 한다고 믿는 사람들입니다. 이런 사람은 좀더 강한 이가 나타나 모든 것을 앗아갈 때까지는 아주 잘 살아가지요. 어떤 사람은 이런 견해에 이름 붙이기를 '적자 생존의 법칙'이라고도 합니다. 그것은 인생의 다원 법칙이지요.

주는 사람은 어떤가요? 불멸주의자는 하나님 앞에서의 궁극적인 책임을 믿습니다. 그리고 그는 빼앗는 이가 아니라 도와 주고, 베풀고, 사랑하고, 영원히 긍정적인 영향을 주는 이로 이 땅에 태어났다는 것을 알고 있습니다. 세상의 대부분이 주는 이를 비웃곤 합니다. 그러나 이 사람만이 진정 인내하는 사람입니다. 이 사람은 변덕스러운 세상이 건드릴 수 없는 곳에 보화를 간직하고 있는 사람이지요.

삶의 이유와 목적을 찾는 건 중요한 일입니다. 그건 우리가 누구인가 하는 것보다 더 큰 문제입니다. 새를 사랑하는 사람 로페즈 씨의 예를 우리가 살아야 할 인생에 대한 권유로 생각해 보십시오. 여러분은 받는 쪽인가요, 아니면 주는 쪽인가요?

너희는 먼저 하나님의 나라와 그의 의를 구하여라.
그리하면 이 모든 것을 너희에게 더하여 주실 것이다. (마태복음 6:33)

레위기 27장 ; 시편 56편 ; 잠언 3장 ; 누가복음 24장

나의 어머니께서는 하인츠 목사와 그의 아내 베니 하인츠 부인, 그리고 그들의 동기인 또 다른 목사 부부에 대한 이야기를 해주셨습니다. 하인츠 목사 부부는 지금은 고인이 되었습니다. 이 사건이 일어날 당시 하인츠 가족은 노스 다코타 주에 있는 한 교회에서 목회 활동을 하고 있었지요.

어느 날 하인츠 목사 부부와 또 한 부부는 춘계 합동 모임에 참석하기 위하여 멀리 떨어진 디킨슨 마을로 길을 떠났습니다. 내 기억이 정확하다면, 하인츠 목사는 연설자 가운데 한 사람이었지요. 이 행사는 일일 행사였습니다. 오전 예배, 점심 식사, 오후 예배, 목회자 회의, 저녁 식사, 그리고 최종적으로 저녁 연합 예배로 이루어졌습니다. 그들은 밤 10시 30분 무렵 교회를 떠났습니다. 노스 다코타 주의 봄 날씨는 예측하기가 매우 힘들지요. 그들은 북쪽으로 방향을 돌려 윌리스톤을 향해 85번 고속 도로를 탔습니다. 그러자 하늘에서는 진눈깨비가 내리기 시작했지요.

그들은 첫번째 마을을 향해 내려가기 시작했고 진눈깨비는 계속 더 지독하게 내렸습니다. 진눈깨비는 고속 도로 위에 쌓이기 시작했고 운전은 더욱 위험해졌지요. 그들은 스노우 타이어도 체인도 가지고 있지 않았습니다. 그러자 하인츠 부인이 기도하기 시작했습니다. "주님, 저희를 도와 주십시오. 이 차를 도와 주십시오. 저희를 안전하게 지켜 주십시오."

그들이 계곡 아래쪽에서 올라가기 시작할 때쯤 차는 힘을 잃었고 얼마 지나지 않아 완전히 멈춰 버렸습니다. 아무리 애를 써도 차는 손쓸 여지도 없이 헛돌기만 할뿐 전혀 앞으로 나아가지 않았지요. 그저 차 안에서 웅크리고 밤을 지새울 준비를 할 도리밖에 없었습니다. 그 즈음에, 여섯 명의 건장한 청년들을 태운 차 한 대가 그들 뒤를 달려 올라왔지요. 그들은 오도 가도 못하는 이 차 뒤에서 멈춘 뒤 도와 주겠다고 했습니다. 하인츠 목사는, "밀어 주면 도움이 되겠지만 정작 문제가 되는 것은 뒤쪽에 전혀 견인력이 없으니 거기에 좀더 하중을 주면 도움이 되겠습니다."라고 말했지요.

목사는 차의 시동을 걸었고 이 청년 다섯 명이 가파른 길의 위쪽으로 밀기 시작했습니다. 차가 움직이기 시작하자 모두가 트렁크 위로 뛰어 올랐습니다. 두 사람은 측면에 매달렸고 나머지 세 사람은 뒤쪽 범퍼 위에 쪼그리고 앉았습니다. 그들은 아주 쉽게 그렇게 해냈지요.

언덕의 정상에 이르러, 하인츠 목사는 이 친절하고도 무거운 낯선 이들에게 감사를 표하기 위하여 차를 멈추었습니다. 그가 차에서 내려 그 사람들에게 말을 하려고 후면으로 갔을 때…… 그들은 모두 가버렸습니다! 흔적도 없이 사라진 것이지요! 그들이 타고 온 차의 흔적조차도 남기지 않고요!

> 여러분이 나아가서 이른 곳은 시온 산, 곧 살아 계신 하나님의 도시인 하늘의
> 예루살렘입니다. 여러분은 축하 행사에 모인 수많은 천사들과 하늘에 등록된
> 장자들의 집회와 만민의 심판자이신 하나님께 나아왔습니다. (히브리서 12:22-23)

민수기 1-2장 ; 시편 57편 ; 잠언 4장 ; 요한복음 1장

3월 5일──내가 정말 알아야 할 모든 것

어떻게 살아야 할지, 무엇을 해야 할지, 어떤 사람이 되어야 할지에 대하여 **내가 정말 알아야 할 모든 것**은 유치원에서 다 배웠습니다. 지혜는 대학원이라는 높은 산꼭대기에 있는 것이 아니었습니다. 그것은 주일 학교의 모래 사장에 있었습니다. 다음은 내가 배운 것들입니다.

모든 것을 나누어 가질 것.
정정당당하게 놀 것.
사람을 때리지 말 것.
썼던 물건은 제자리에 다시 갖다 놓을 것.
자기가 어질러 놓은 건 자기가 치울 것.
남의 물건에 손대지 말 것.
누군가에게 상처를 입혔으면 미안하다고 할 것.
먹기 전에 손을 씻을 것.
힘차게 뛰어놀 것.
몸에 좋은 따뜻한 쿠키와 차가운 우유를 많이 먹을 것.
밖으로 나가면 차를 조심하고, 손을 잡고 다니고, 서로 꼭 붙어 있을 것.
균형 잡힌 삶을 살도록 적당히 배우고, 적당히 생각하고, 날마다 적당히 생활할 것, 그리고 색칠하고, 노래하고, 놀 것.
날마다 오후 낮잠을 잘 것.
호기심을 갖고 주의깊게 관찰할 것. 스티로폼 컵에 있는 작은 씨앗을 기억할 것. 뿌리는 내려가고 줄기는 올라가고, 아무도 어떻게, 왜 그런지 모르지만 우리 모두 그것과 같습니다.
금붕어와 햄스터와 흰쥐와, 그 스티로폼 컵 속의 작은 씨앗마저…모두 죽습니다. 우리도 그렇습니다.
그 다음엔 〈딕과 제인〉이라는 책을 기억해 보십시오. 제일 먼저 배운 말이 무엇이었나요? 그건 무엇보다도 중요한 바로 이 말……**"여기 봐라!"**

여러분이 알아야 할 모든 것은 여기 어디쯤에 있습니다. 황금률·사랑, 그리고 기초 위생·생태학·정치학·평등, 그리고 건전한 생활……. 온 세계가 날마다 오후 세 시면 쿠키와 우유를 먹고 담요를 덮고 낮잠을 잔다면 얼마나 세상이 더 좋아지겠는지 상상해 보십시오. 아니면 모든 정부가 물건을 있던 자리에 되가져다 놓고, 자기네들이 어질러 놓은 잡동사니를 직접 치우는 것을 기본 정책으로 삼는다면 어떨까요?

나이를 얼마나 먹었든 상관없이 이것은 여전히 진실입니다. 세상 바깥으로 나가면 손을 잡고 서로 붙어 있는 것이 최선입니다.*[14]

주를 경외하는 것이 지식의 근본이다. (잠언 1:7)

❧

민수기 3장 ; 시편 58편 ; 잠언 5장 ; 요한복음 2장

이 이야기는 로버트 스미스가 중증 심장 발작으로부터 회복하기 위한 치료의 일환으로 오후 산책을 하고 있을 때 시작됩니다. 전화가 울렸고 그의 아내 돌로레스가 받았지요. 전화는 뉴욕의 리더스 다이제스트 경품 협회에서 온 것이었습니다. 그들은 스미스 가족에게 로버트가 150만 달러의 상금을 받게 되었다는 사실을 알려 주었습니다. 세상에, 상상이 갑니다. 돌로레스는 완전히 황홀경에 빠졌습니다. 바로 꿈이 현실이 된 것이지요!

그러나 그 때 그녀는 남편이 심장 발작에서 회복해 가고 있는 중이며 또 의사가 어떤 일이건 흥분은 금물이라고 말한 사실을 상기했습니다. 돌로레스는 남편이 그 많은 돈을 땄다는 사실을 알면 또 한 번 심장 발작을 일으켜 죽을지도 모른다는 생각이 들었지요. 그래서 그녀는 목사님에게 전화해서 조언을 청해야겠다고 마음먹었습니다. 그 목사는 어려운 소식을 교우들에게 전했던 경험이 많았기 때문이었습니다.

돌로레스는 다이얼을 돌렸습니다. "안녕하세요, 볼드윈 목사님……, 저는 돌로레스 스미스입니다."

목사가 응답했습니다. "안녕하세요, 돌로레스. 어떻게 지내세요? 그리고 밥은 어때요?"

"저는 잘 지내고 있어요, 밥도 마찬가지고요. 그이는 잘 회복하고 있어요. 그런데 문제가 하나 있어서 조언을 좀 해주셨으면 하는데요."

"좋습니다, 도울 수 있다면 저도 반갑지요." 하고 목사가 대답했습니다.

"글쎄 목사님, 방금 리더스 다이제스트 경품 협회에서 전화가 왔는데 밥이 150만 달러를 땄다지 뭡니까?"

"굉장하군요!" 하고 목사가 말했습니다. "그런데 뭐가 문제죠?"

"음, 저는 밥이 이 소식을 들으면 너무 흥분해서 또 심장 발작을 일으켜 죽을까봐 겁이 나요. 도와 주시겠어요?"

"좋습니다, 돌로레스. 할 수 있을 것 같습니다. 기다리세요. 제가 지금 바로 그리로 가겠습니다."

그래서 약 한 시간 후, 이제 산책에서 돌아온 밥과 돌로레스와 목사가 함께 서재에 있었습니다. 목사는 밥에게 몸을 숙여 이렇게 말했습니다. "밥, 제게 한 가지 문제가 있는데 도와 주시겠어요?" "물론입니다, 목사님, 제가 도울 수 있다면 저도 반갑지요." 하고 밥이 말했습니다.

목사는 심호흡을 한 번 하고 말을 이었습니다. "이것은 그리스도인으로서의 책임이라는 관점에서 본 가상적인 상황입니다. 어떤 사람이, 예를 들어 당신이라고 칩시다, 150만 달러의 상금을 받게 되었다는 소식을 들었다면 어떻게 할 것 같습니까?" "그건 간단하지요," 밥이 대답했습니다. "저 같으면 우선 교회에 75만 달러를 헌금하겠습니다."

그래서 그만 볼드윈 목사가 심장 마비를 일으켜 죽고 말았습니다!

*남에게 주어라. 그러면 하나님께서 너희에게 주실 것이니, 되를 누르고 흔들어서,
넘치도록 후하게 되어, 너희 품에 안겨 주실 것이다. 너희가 되질하여 주는
그 되로 너희에게 도로 되어서 주실 것이다. (누가복음 6:38)*

민수기 **4**장 ; 시편 **59**편 ; 잠언 **6**장 ; 요한복음 **3**장

열여덟 살의 케이 브라운은 이제 막 세상에 발을 내디딜 순간이었습니다! 부푼 가슴의 이 자랑스러운 학생은 군인으로서의 삶을 지망하고 있었지요. 그래서 지난 3월, 휴스턴에 있는 신병 모집소에 입대 신청을 했고 에이즈 검사를 받으라는 지시를 받았습니다. 1주일 뒤 그녀는 인체 면역 결핍 바이러스에 대하여 양성 반응이 나왔다는 사실을 알았지요. 그녀 앞에 놓인 세상이 갑자기 어두워졌습니다. 앞날이 불투명해진 것입니다. 그녀는, "나는 정말, 정말 화가 나요!"라고 말했습니다. "내 평생 몸담으려던 직업이 내게서 달아나 버렸어요."

의사는 그녀가 바이러스에 감염된 것이 최근이라고 말했지만, 지난 몇 년 동안 그녀가 성관계를 가졌던 모든 사람에 대하여 말할 것을 권했습니다. 긴 명단이었지요. "내가 같이 잤던 남자들의 이름을 나열하는 것은 쉬웠어요. 하지만 스물네 명까지 세었을 때 나는 정말, 빌어먹을!"

예전의 한 파트너가 말했지요. "하지만 너는 그런 애로는 안 보였어."

브라운이 쏘아 부쳤습니다. "그런 애라니? 면역 결핍증은 내가 더럽다거나 저질이라는 뜻이 아니야. 그건 내가 실수했다는 걸 의미할 뿐이라구!"

브라운은 자신만을 탓했습니다. "내가 이런 일이 일어나도록 내버려뒀다는 사실이 나를 화나게 만들었어요. 내 스스로 했던 선택이 앞으로 내가 할 선택들을 앗아가 버렸지요."*15

아니, 그녀의 선택들뿐만 아니라 그녀의 인생도 빼앗길 것입니다. 에이즈가 정상적으로 진행된다면 말입니다. 운이 좋거나 건강을 아주 잘 돌본다 해도 그녀에게는 앞으로 살 날이 2, 3년 밖에 남지 않았습니다.

에이즈를 일으키는 바이러스는 인체 면역 결핍 바이러스, 또는 HIV로 알려져 있습니다. 우리는 이 바이러스가 B형 간염과 같은 다른 바이러스보다는 감염률이 낮다는 것을 잘 알고 있습니다. 그러나 한 번 감염되면 치료약도 없이 죽음에 이르게 된다는 것도 잘 알고 있습니다. 1997년 6월에서 9월 사이에 13세에서 19세 미성년자 912명이 새로 감염되었습니다. 주의해야 할 것은 이 수치가 빙산의 일각에 불과하다는 것이지요. 이 자료는 HIV 감염 말기 상태의 환자들만을 기록하고 있습니다. CDC의 조사에 따르면 현재 200만 내지 300만의 미국인이 이 바이러스에 감염되었다고 합니다. 또한 CDC는 에이즈 관련 사망자의 30퍼센트는 감염자 기록에도 없다고 보고하고 있습니다. 너무나 두려운 사실이 아닐 수 없지요!

그러나 우리는 선택권이 있습니다! 에이즈를 일으키는 여러 가지 행위들 가운데 하나가 바로 난잡한 성생활이지요. 탐닉이 아니라 절제를 선택합시다. 하나님의 오랜 뜻도 결혼할 때까지 우리의 욕망을 잠재우는 것입니다. 동정(童貞)을 선택하십시오! 도덕의 고귀함을 택하십시오! 그리하면 나중에 여러분은 큰 기쁨을 얻을 수 있을 것입니다.

> 하나님의 뜻은, 여러분이 성결하게 되는 것입니다. 여러분은 음행을 멀리해야 합니다.
> 각 사람은 자기 아내를 거룩함과 존중함으로 대할 줄 알아야 합니다. 하나님을 알지
> 못하는 이방 사람과 같이, 색욕에 빠져서는 안 됩니다. (데살로니가전서 4:3-5)

민수기 5-6장 ; 시편 60편 ; 잠언 7장 ; 요한복음 4장

버니스 크란과 리타 살바달레나는 워싱턴 주의 에베레트에 위치한 임신 대책 센터에서 자원 봉사자로 일하고 있습니다. 그들은 다음과 같은 '자유'를 이용하여 십대들이 성적 유혹에 '아니오!'라고 말할 수 있도록 가르치지요. 이 자유들은 스티브 포터와 낸시 로치가 '십대를 위한 보조 교과'에서 따온 내용입니다.

1. 임신과 성병으로부터의 **자유**.
2. 피임 문제로부터의 **자유**.
3. 조혼의 압력으로부터의 **자유**.
4. 낙태로부터의 **자유**.
5. 아기를 입양 기관에 맡기는 고통으로부터의 **자유**.
6. 성적 유린으로부터의 **자유**.
7. 성 관계에 대한 죄의식·의심·실망·걱정·후회로부터의 **자유**.
8. 스스로 몸을 통제할 **자유**.
9. 데이트 상대와 인격적 관계를 형성해 갈 **자유**.
10. 인생과 미래를 누리고자 하는 대로 계획할 **자유**.
11. 자신을 존중할 **자유**.
12. 이기적이지 않을 자유. 곧 사랑하는 사람을 성적 쾌락을 위하여 희생시키지 않을 **자유**.
13. 당신의 과거를 배우자가 알게 되는 것을 걱정하지 않고, 결혼을 기대하며, 바람직한 아버지나 어머니가 되기를 바라는 사람에게 선택될 **자유**.
14. 많은 친구들과 이성들과 함께 십대를 즐겁게 보낼 **자유**.
15. 헤어졌을 때의 극심한 고통으로부터의 **자유**.
16. 일생을 오로지 한 사람과의 결혼이라는 강한 신뢰를 형성할 **자유**. 그런 부부는 두 사람 모두 결혼 전에 성적 유혹에 저항하는 것을 훈련해 왔으므로 결혼 생활에서의 성적인 성실함을 서로 믿을 수 있습니다.
17. 이 다음에 성인이 되었을 때 부끄러움 없이 고등학교와 대학교 시절의 행복하고 즐거웠던 데이트 경험을 추억할 수 있는 **자유**.*[16]

참으로 모든 것을 말해 주고 있습니다. 절제하기로 결심하십시오. 여러분이 원한다면 하나님께서는 은총과 힘을 내리실 것입니다! 바로 절제가 해답입니다!

그대는 젊음의 정욕을 피하고, 깨끗한 마음으로, 주님을 찾는 사람들과 함께 의와 믿음과 사랑과 평화를 좇으십시오. (디모데후서 2:22)

◦◦◦

민수기 7장 ; 시편 61편 ; 잠언 8장 ; 요한복음 5장

각각 104세와 106세인 사라 델라니와 엘리자베스 델라니는 세인의 주목을 끌었습니다. 그것은, 〈우리들의 이야기: 델라니 자매의 첫 백년〉이라는 놀라운 베스트셀러가 그들을 아메리카의 할머니로 격상시켰기 때문입니다. 매력적이고, 솔직하며, 기지가 넘치고, 또 지혜로운 이들 자매는 미국인의 영혼 속에 자리하고 있는 그 무엇인가를 건드렸습니다. 그리고 이 책은 〈뉴욕 타임즈〉의 베스트셀러 목록에 28주간이나 올랐지요. "〈뉴욕 타임즈〉의 베스트셀러 목록에 28주간이나 오르니 100살이 넘은 새까만 늙은 흑인들에게 그다지 나쁘지만은 않군!" 베시는 농담을 좋아합니다.

이처럼 세인들의 많은 주목을 받게 되자 질문으로 가득한 독자들의 편지가 쇄도하고 있습니다. 사람들은 온갖 종류의 주제에 대하여 조언을 구하고 있습니다. 그러나 이 편지를 처리하는 것도 문제였습니다. 그래서 어느 날 그 자매는 자신들의 인생 이야기가 아니라 장수의 비결에 대하여 또 한 권의 책을 내야겠다는 생각이 들었지요. 그래서 에이미 힐 하트와 함께 1994년에 또 한 권의 책 〈델라니 자매의 매일 지혜서〉를 발표했습니다.

장수의 비결은 무엇일까요? 새디의 말에 따르면 이렇습니다. "당신이 100살까지 살고 싶다면, 음, 다음과 같이 시작해 보세요. 금연·금주하고 껌 씹지 말 것. 그리고 항상 접시를 깨끗이 비울 것. 우리는 동이 틀 때 일어나서 제일 먼저 운동을 합니다. 하나님께서는 당신에게 단 하나의 몸을 주셨으므로 자신의 몸을 잘 대하는 게 좋을 거예요. 운동하십시오. 만일 운동하지 않으면 당신이 우리 나이가 되었을 때 아마 땅 속에 묻혀 당신의 후손들이 당신 무덤에 꽃을 꽂고 있을 거예요." 베시는 이렇게 썼습니다. "나는 노년에 이르러 몇 가지 일들에 대하여 좀더 현명해졌지요. 기회를 포착하는 것 같은 일 말입니다. 나는 이제 어떤 새로운 일에 도전하기를 두려워하는 사람들이 있다는 사실을 알고 있어요. 그리고 실제로 그것은 그들에겐 큰 문제이지요. 그러나 나는 어떤 일에 대해서도 두려워하지 않았습니다. 나는 정말 언제나 겁이 없었습니다! 물론 이 사실이 내가 항상 올바른 판단을 했다는 것을 뜻하지는 않지만요."

그리고 두 사람 모두 이렇게 말합니다. "지난 35년 동안 만사가 조용했습니다. 시끄러울 게 없었지요. 우리는 정원에서 일하고, 교회에 나가고, 친구들과 이웃들을 방문하며 즐거운 인생을 살았습니다. 우리는 일요일만 빼고 날마다 아침이면 운동을 했지요. 식사도 조심스럽게 하면서 우리 스스로를 잘 보살펴 왔습니다. 우리는 채소와 과일만으로 식사를 하며 거기에 비타민제를 보충해서 먹고 있습니다."

"이제는 온 세계가 우리에게 편지를 보내오고 있는 것 같습니다. 많은 사람들, 특히 젊은이들은 바르게 사는 법을 모르는 것 같습니다. 우리는 모세만큼 늙었어요. 그래서 인생길을 지나오면서 몇 가지를 배운 것 같고 그것을 젊은이들에게 물려 줄 수 있었으면 해요. 그래도 우리가 배운 것이 당신에게 쓸모 있다는 사실을 알게 되기를 바랍니다."*17

"네 부모를 공경하여라" 한 계명은 약속이 딸려 있는 첫째 계명입니다.
"네가 잘 되고, 땅에서 오래 살 것이다" 한 약속입니다. (에베소서 6:2-3)

민수기 8-9장 ; 시편 62편 ; 잠언 9장 ; 요한복음 6장

새디: 우리가 하나님을 믿지 않았던 때는 한번도 없었습니다. 여러분에게는 이 세상에서 볼 수는 없으나 그래도 믿고 있는 많은 존재들이 있습니다. 아마도 믿음이라는 것이 그런 것 같아요. 여러분이 손에 잡을 수 없다고 해서 그것이 거기에 없다는 것을 뜻하지는 않지요. 믿음을 가진 사람은 인생에 대하여 준비가 된 사람이며 인생과 더불어 무언가를 할 수 있습니다.

하나님의 말씀은 우리 집의 중심이었습니다. 우리는 안내자가 필요할 때 성경 안으로 찾아가지요. 왜냐하면 하나님의 지혜가 바로 성경 속에 살아 숨쉬고 있기 때문입니다. 아무튼 인류는 성경을 그다지 바꾸지 않았으니까요.

베시: 긴 여행을 하고난 후든지, 그냥 이웃을 만나고 온 후든지 간에, 집에 오자마자 우리가 처음 하는 말은 "다녀왔습니다. 하나님, 감사합니다!"입니다. 우리는 하나님을 존경하기 위해, 그리고 우리를 보살펴 주심을 감사드리기 위해 그렇게 하지요.

나는 하나님께서 우리가 단지 불완전한 인간에 불과하다는 사실을 이해하신다고 생각합니다. 그분은 내게 입을 주셨고 기질을 주셨지요. 따라서 나는 실수를 할 수밖에 없어요. 하지만 내가 나날이 더 많이 노력하고 있다는 것은 장담할 수 있어요. 그런데 때때로 그분의 길을 계속 따라가기 위하여 지옥불을 연상시키는 구식 설교를 생각하기도 합니다. 나는 성공회 교인이고 우리 교회의 사려깊은 설교를 높이 평가합니다. 그러나 불과 유황처럼 나를 바로 세워 주는 것도 없어요. 불은 불로써 맞서라. 나는 항상 이렇게 말합니다!

새디: 나는 뉴욕이라는 땅 위에서 일어나는 사소한 일을 이해할 수 없어요. 사람들은 샌드위치를 먹고 포장지를 그냥 길 위에 버리곤 하지요. 물론 여러분은 그것이 별로 성낼 일이 아니라고 생각하실 겁니다. 하지만 그건 사소한 일이 아닙니다. 바로 그 사람의 인격을 그대로 보여 주는 것이지요. 그것은 그 사람이 타인을 전혀 고려하지 않는다는 사실을 뜻합니다. 정말 예의 없는 행동입니다!

우리는 이런 예의없는 행동을 싫어합니다. 물론 여기서의 '예의'는 저녁 식탁에서 포크와 스푼을 바르게 사용하는 것을 뜻하는 건 아니에요. 단지 내가 말하고 있는 것은 타인에 대하여 간단한 배려를 하는 것일 뿐이지요. 이 말은 쉬운 일로 들립니다. 그래요, 이건 쉬운 일이에요. 그러나 너무나 많은 사람들이 해보려고조차 하지 않지요.

베시: 노년에 이르면 인생을 뒤돌아보게 되는 것이 자연스러운 일입니다. 그리고 나 역시 대부분의 사람들과 마찬가지로 후회되는 일이 몇 가지 있습니다. 100년을 살아 오면서 내가 주로 후회하는 것은 할 수 있었는데도 제대로 대우하지 못했던 사람이 있다는 사실입니다.

엄마는 내게 이렇게 말씀하시곤 했어요. "베시, 언젠가는 너의 나쁜 행동을 일일이 해명해야 할 날이 올거야!" 이 말씀을 생각하면 나는 사실 심히 걱정이 되지요. 만일 그 모든 것을 다시 해야 할 때가 온다면, 나는 때때로 얼버무리게 될 때도 있을 겁니다.

너를 낳아 준 아버지에게 순종하고, 늙은 어머니를 업신여기지 말아라. (잠언 **23:22**)

෴

민수기 10-11장 ; 시편 63편 ; 잠언 10장 ; 요한복음 7장

두 형제가 늙으신 할아버지로부터 막대한 유산을 물려받기를 학수고대하고 있었습니다. 두 사람 모두 할아버지의 총애를 받아 유리한 위치를 얻고자 많은 시간을 바쳐서 할아버지의 모든 변덕에 시중을 들어 주었지요.

하루는, 만사가 귀찮아진 그 노인이 손자들에게 질문을 하나 던졌습니다. "예의바르고 사려 깊은 사람은 그렇게 타고나는 것일까, 아니면 가르쳐서 그렇게 되는 것일까?" 공교롭게도 두 형제는 서로 정반대의 생각을 갖고 있었지요. 그들는 논쟁과 토론을 시작했습니다. 서로 요란하고 집요한 주장이 오고가며 여러 날이 지났습니다. 마침내 할아버지는 "너희들의 주장을 뒷받침할 증거를 가져 오너라. 오늘부터 일년 후에 이 문제에 대한 너희들의 관점을 뒷받침할 확실한 증거를 가져오는 사람에게 더 많은 유산을 물려 주겠다."라고 말했지요.

그로부터 일년 뒤 두 형제는 돌아왔습니다. 두 사람 다 증거를 가져왔다고 주장했습니다. 형은 큰 소리로 명령했습니다. "나의 사랑하는 할아버지께 커피 한 잔을 가져오도록!" 그 늙은 신사는 작은 앞치마를 두른 고양이 한 마리가 은쟁반 위에 김이 모락모락 나는 커피 한 잔과 크림, 설탕을 차려서 부엌에서 걸어 들어오는 것을 보고 입이 딱 벌어졌습니다. 그 고양이는 예사 고양이가 아니었지요. 형은 그 고양이가 뒷다리로는 걷고 앞발로는 쟁반을 들도록 훈련시켰던 겁니다. 이 고양이는 쟁반을 커피 탁자 위에 놓고 나서 고개숙여 절을 하고는 완전한 차렷 자세로 대기하는 것이었습니다.

할아버지께서는, "내 평생 이런 건 처음이구나!"라고 말했지요. 그 말의 속뜻은 명백했습니다. 할아버지는 계속해서, "네가 고양이를 그와 같이 훈련시킬 수 있다면 사람도 정중하게 행동하도록 훈련시킬 수 있을 거야."라고 말했습니다. 이제 바야흐로 큰손자에게 막대한 유산을 약속할 찰나였습니다.

"잠깐만요, 할아버지!" 동생이 항의했습니다. "할아버지, 제게는 증거를 제시할 기회를 주시지 않았잖아요."

동생은 형이 훈련시킨 이 뛰어난 고양이를 알고 있었습니다. 이 훈련된 고양이 한 마리 때문에 자기 유산을 빼앗길까봐 여러 달을 고민했지요. 아, 어찌한담! 그러나 이 날 그는 준비가 되어 있었습니다. 그는 옷 주머니에서 작은 상자 하나를 꺼내고는 이렇게 말했습니다. "이 상자 안에, 타고난 본능은 바꿀 수 없다는 증거가 있습니다." 그는 상자를 마루 위에 놓고는 상자 위를 두드렸지요. 그리고 뚜껑을 열었습니다. 그러자 작은 생쥐가 튀어나와 고양이 앞을 지나 마루를 가로질러 재빨리 내달았습니다! 순간, 고양이는 훈련받은 사항들을 모두 잊어 버리고 작은 앞치마를 두른 채 황급히 쫓아갔습니다.

위기의 순간에 타고난 본능이 드러났습니다. 그 고양이는 훈련된 집사가 아니었지요. 고양이는 여전히 고양이였습니다. 결국 그 고양이에게 필요한 것은 새로운 천성이었습니다!

예수께서 대답하셨다. "내가 진정으로 진정으로 너에게 말한다.
누구든지 다시 나지 않으면, 하나님 나라를 볼 수 없다." (요한복음 3:3)

민수기 12-13장 ; 시편 64편 ; 잠언 11장 ; 요한복음 8장

3월 12일 —— 귀향

남북 전쟁 당시 북군이었던 퇴역 장교 한 사람이, 그 지독하고 슬펐던 전쟁의 세월이 끝난 뒤 어떻게 집으로 돌아갔는지를 이야기했습니다. 그 당시 미시시피 출신의 젊은 군인들과 함께 그는 집으로 출발했지요. 그들은 말도 없었고, 옷도 거의 없었으며, 신발도 없었고, 발에는 피가 나고 있었고, 동상에 걸린 채 굵은 삼베로 만든 배낭을 메고 갔습니다. 처참한 남부의 땅을 지나 그들은 무거운 발을 이끌며 터벅터벅 길을 걸어갔지요. 마침내 고향이 몇 마일 남지 않은 곳에 다달았을 때는 발이 끊어질 듯 아팠고 모두들 지치고 피곤했습니다.

수척한 병사들은 그 날은 거기서 자고 나머지 길은 아침에 떠나기를 바랬지요. 그러나 빌이 말했습니다. "여긴 내 고향이야! 몇 마일만 더 가면 집에서 아침을 먹을 수 있을 거야!"

다른 사람들이 말하기를, "우리는 너무 지쳤어, 자고 가자!"라고 애원했습니다.

그러나 빌이 말했습니다. "싫어, 나는 집으로 가서 아침을 먹을거야!"

그는 무리를 떠나서 아픈 발을 끌며 밤새 걸었습니다. 그리고 먼동이 텄을 때는 집으로 가는 마지막 언덕에 서있었지요. 그는 굴뚝에서 나는 연기를 보았습니다. 그것은 바로 그의 어머니가 아침을 짓고 있는 것이었지요.

그는 피곤함도 잊었습니다. 피가 흐르는 아픈 발의 통증도 잊었습니다. 그는 걸음을 재촉하여 달리기 시작했습니다. 드디어 언덕 아래에 내려와 집으로 향한 시골길에 닿았지요. 울타리에 앉아 있던 남동생 짐은 시골길을 터벅터벅 힘겹게 걸어오고 있는 그를 보았습니다. 짐은 집 안에 있는 사람들에게 소리쳤지요.

"저쪽에 빌리 형이 와요! 저쪽에 빌리 형이 와요!"

아빠, 엄마와 함께 모든 가족들이 나왔지요! 하인들을 비롯하여 모두들 달려왔습니다. 백인들도 흑인들도 긴 시골길을 힘차게 달려갔지요. 그들은 그 누더기 병사를 얼싸안으며 집으로 데려갔습니다. 그리고는 그의 누더기를 벗겼습니다. 가족들은 빌을 목욕시킨 뒤 새 옷을 입혀 주었지요. 그리고 모두 함께 이야기하고 웃고 하나님께 감사하며 빌리의 귀향을 축하했습니다!

귀향은 인간사의 여정과 인간 관계에서 특별한 자리를 차지합니다. 여러분이 한동안 집에서 떠나 있은 적이 있었다면 귀향의 정에 비길 것은 아무 것도 없다는 것을 잘 아실 것입니다. 천국에로의 귀향을 생각해본 적이 있습니까? 가까운 미래에 모든 시대의 성도들이 천국의 집으로 가기 위하여 모이는 장대한 귀향 행렬이 있을 겁니다. 거기에 일원이 되려면 우리 저마다가 늘 준비해야 합니다. 예기치 못한 사건이 그렇게 올 것이라고 약속되어 있습니다. 그것은 감작스러운 노크 소리와도 같습니다. 그것은 언제라도 올 수 있습니다! 여러분은 준비되었습니까? 그리고 살펴보고 있습니까?

> *속된 것은 무엇이나 그 도시에 들어가지 못하고, 가증한 일과 거짓을 행하는 자도*
> *절대로 거기에 들어가지 못합니다. 다만 어린 양의 생명책에 기록되어 있는 사람들만이*
> *들어갈 수 있습니다. (요한계시록 21:27)*

민수기 14장 ; 시편 65편 ; 잠언 12장 ; 요한복음 9장

다양한 피부색의 인종이 많이 살고 있는 샌프란시스코에는 피부색만큼이나 다양한 인물들이 예로부터 많이 있어 왔지요. 19세기에 '미지의 귀인'이라고 불리웠던 기막히게 잘 생긴 남자가 있었습니다. 그는 흑옥 같은 머리털에 키가 크고 반듯한 자세를 한 수려하고 건장한 남자였습니다. 그리고 대부분의 남자들이 콧수염이나 턱수염을 기르고 있던 시절에 그는 깨끗하게 면도를 하고 다녔지요. 그의 옷에는 티끌 한점 없었습니다. 그는 언제나 솔질이 되어 있는 깨끗한 실크 모자를 썼고 구두는 항상 윤이 났습니다. 그는 초연하고 신비로웠으며 누구하고도 말을 하지 않았습니다. 그의 이름·출신·직업은 물론 어디서 사는지조차도 제대로 아는 사람이 아무도 없었지요. 단지 소문으로는 그가 망명한 귀족이나 전직 외교관이라고 했지만, 진실을 아는 사람은 없었습니다. 그는 언제나 오후가 되면 시내 중심가에 나타났다가 사라져 버리곤 했는데, 하루는 그가 보이지 않았습니다.

며칠이 지난 후, 그의 사체가 해변의 한 조그만 다락방에서 발견되었지요. 그는 가난하게 살았고 베개와 메트리스 속을 채우며 생계를 이어 나갔다는 사실이 드러났습니다. 그 방에는 가구가 거의 없었지만 완벽하게 정갈했습니다.

그의 옷가지들에는 여전히 티끌 한점 없었습니다. 그의 구두들은 군대식으로 정렬되어 있었지요. 화장대에는 흑옥빛의 가발이 놓여 있었습니다. 조잡한 침대에는 죽음으로 굳어진 그 잘 생긴 얼굴의 사체가 누워 있었지요. 그의 머리카락과 수염은 눈처럼 새하얗습니다. 그의 비밀이 무엇이었건 그것은 그와 함께 죽어 버렸고 그는 '미지의 귀인'으로 남았습니다. 아무도 그 사체를 인수해 가려 하지 않았으므로 그는 결국 시외의 빈민 묘지에 묻혔지요.

그는 왜 그가 아닌 다른 사람이 되고자 했을까요? 그는 사람들이 베개 속을 채우며 먹고 사는 자신을 받아들이지 않을까봐 두려웠던 것일까요? 아니면 숨기고 싶은 과거에 깊고 어둡고 추악한 비밀이 있었을까요? 아니면 단지 다른 사람들에게 인정받기를 열망했던 것일까요?

우리 모두는 남들에게 인정받고 존경받기를 바라지요. 그러나 우리는 우리 자신을 어느 누구보다도 잘 알고 있습니다. 우리들 가운데 얼마나 많은 사람들이 거짓 삶을 살아 오고 있나요? 우리들 가운데 얼마나 많은 사람들이 차라리 혼자서만 간직하고 싶은 비밀이 있나요? 예수 그리스도께서는 우리를 온전히 우리 자신으로 받아들이셨습니다! 처음으로 우리는 의심이나 두려움, 또는 거짓이나 벽을 느끼지 않고 다른 사람을 볼 수 있게 되었지요. 단지 그리스도 앞에서만 우리는 서로 사랑할 수 있으며 깨끗한 양심에서 비롯되는 삶의 고귀한 즐거움을 경험할 수 있습니다!

너희는 주님이 하나님이심을 알아라. 그가 우리를 지으셨으니,
우리는 그의 것이요, 그의 백성이요, 그가 기르시는 양이다. (시편 100:3)

〜⌒〜

민수기 15-16장 ; 시편 66편 ; 잠언 13장 ; 요한복음 10장

내 젊음이 가버린 것을 내 어찌 아는가?

그래, 내 젊은 날의 패기는 이미 사라져 버렸다.

하지만 그래도 싱긋 웃을 수는 있지.

내 젊음의 첫발을 상기할 때면.

노년은 황금기라 하더라.

하지만 때로 나는 언제 잠자리에 들었는지 모를 때가 있다.

내 귀는 서랍에, 내 이는 컵 안에,

내 눈은 탁자 위에, 내가 깨어날 때까지.

졸음이 눈을 가릴 때, 나는 스스로 말하지,

"선반 위에 놓아 둘 건 다 놓아 두었나?"

그리고 문을 닫으며 행복하게 말한다,

내 친구들은 여전해, 앞으로도 그러리라.

젊은 날의 내 슬리퍼는 붉은 색이었다,

나는 뒤꿈치가 머리 위를 지나도록 한번에 찰 수 있었다.

더 나이를 먹었을 때, 내 슬리퍼는 푸른 색이었다,

하지만 여전히 밤새워 춤출 수 있었다.

이제 나는 늙었고 슬리퍼는 검은 색이다.

가게로 걸어갔다 휠떡이며 돌아온다.

내 젊음이 가버린 것을 아는 이유는,

내 젊은 날의 패기가 이미 사라져 버렸기 때문이지!

하지만, 싱긋이 웃으며

내 젊음이 있던 멋진 곳을 생각할 때면

정말로 아쉬운 건 아니다.

삶의 경쟁에서 물러나왔기에

온전한 반복에 나 자신도 바쁘다.

나는 날마다 아침 새날을 맞이하여 정신의 먼지를 털어내고

신문을 집어든다. 그리고 '부음'을 읽는다.

내 이름이 빠졌다면

내가 죽지 않았음을 알게 된다.

그리고는 맛좋은 아침을 먹고 잠자리로 돌아간다! *[18]

주께 찬양을 드립니다. 주께서는 오늘 이 집에 자손을 주셔서, 대가 끊어지지 않게 하셨습니다. 그의 이름이 이스라엘에서 늘 기리어지기를 바랍니다. (룻기 4:14-15)

민수기 **17-18**장 ; 시편 **67**편 ; 잠언 **14**장 ; 요한복음 **11**장

3월 15일 ── 늙은 대나무

그가 지닌 용기 때문에 사람들을 그를 '늙은 대나무'라고 불렀습니다! 그의 어머니는 1767년 3월 15일에 이 별난 반항아를 낳았을 때 그를 앤드류라고 이름지었습니다. 그는 학교에는 관심이 없었지요. 그는 거칠고 성질이 급했으며 열세 살에 군대에 자원 입대했습니다.

군인이 되고 나서 얼마 뒤 있은 전쟁에서 그만 그는 적군에게 포로로 잡혔습니다. 포로로 잡혀 있을 때 적군 장교의 장화를 닦는 것을 거부했다가 칼에 맞았습니다. 이것은 고통을 향한 앤드류의 첫걸음이었지요. 그는 그 때의 상흔을 평생 지니고 다녔습니다. 그러나 그의 기질은 결코 변하지 않았습니다. 앤드류는 타고난 싸움꾼이었지요. 그는 논쟁을 해결하기 위하여 언제나 결투를 택했고, 그 때문에 몸에 고통스럽게 박혀 있는 두 개의 총알을 거의 평생 동안 지니고 살아야 했습니다.

전쟁터에서의 종횡 무진한 활약 덕분에 그의 이름은 용기를 상징하는 일상적인 단어가 되었습니다. 정치계에서 그를 부르자 '늙은 대나무'는 그 제의를 받아들였지요. 그는 그 후 상원의원에 당선되었고 결국 대통령 후보로까지 지명되었습니다. 그가 또 다른 종류의 고통을 경험한 것은 그 때였지요. 그는 근소한 차이로 퀸시 아담스에게 지고 말았습니다.

4년 뒤 앤드류는 다시 출마하여 당선되었습니다! 그러나 대통령 취임 선서가 있기 두달 전에 사랑하는 아내 레이첼을 잃었습니다. 비통한 심정에도 불구하고 이 대통령 당선자는 계속 자신의 일을 추진해 나갔고, 또 당시 폐에 종기가 나 격심한 열과 싸우면서도 결국 미국 제7대 대통령으로 추대되었지요. 훗날 그의 몸 속에 박혀 있던 총알 가운데 한 개는 마취도 없이 수술로 제거되었습니다.

나는 고통이 앤드류 잭슨을 위대하게 만들었다고 생각합니다! 고통은 오만한 콧대를 꺾을 수 있습니다. 고통은 딱딱한 것을 부드럽게 만들 수 있습니다. 고통은 굳은 것을 녹일 수도 있답니다. 그리고 용기있는 이만이 자신의 슬픔을 알 수 있습니다. 이 교훈은 정치가 · 대통령 · 공직자 · 목사뿐만이 아니라 탕자들에게도 적용됩니다. 지속되는 고통을 자신의 의지에 따라 무시할 수도 있지요! 그리고 자신의 상처가 자신을 비탄의 희생물로 만드는 것을 막을 수도 있습니다.

고통 받는 이가 굴복하고 깨우치게 되는 것은 바로 이 점에서입니다. 여기서 인격의 성숙과 영혼의 자기 연민이 개발되는 것이지요. 오늘 훌륭하게 된 굳센 의지의 사람들은 하나같이 그 고통의 의미를 알고 있습니다.

주께서는 "내 은혜가 네게 족하다. 내 능력은 약한 데서 완전하게 된다" 하고 말씀하셨습니다. 그러므로 그리스도의 능력이 내게 머무르게 하려고, 나는 더욱더 기쁜 마음으로 내 약점들을 자랑하려고 합니다. (고린도후서 12:9)

～～～

민수기 19-20장 ; 시편 68편 1-18절 ; 잠언 15장 ; 요한복음 12장

3월 16일 ── 친구도 사귀고 돈도 버는 법

우리는 데일 카네기를 '늦게 핀 꽃'이라 불렀습니다. 그는 통신 교육 관련 판매원으로서 다소 일찍 성공한 편이었습니다. 그리고 단역 배우 노릇도 하면서 팩커드 자동차 회사의 뛰어난 영업 사원이 되었지요. 그러다가 그는 인생의 전환점에 서게 되었습니다. 지금까지 살아 온 자신의 삶이 모두 다 무의미하고 막막하게만 느껴졌던 겁니다. 자신의 인생에는 자기를 위한 뭔가가 더 있을 것이라는 생각이 들었습니다. 그래서 카네기는 자신을 평가하기 시작했고 어떤 인생을 지향하는지를 숙고해 보기 시작했지요. 그는 자신의 교사 자격증을 살리고 싶었습니다. 그러나 무엇을 가르쳐야 할지 몰랐지요. 앞으로 무엇을 어떻게 한담!

그는 자신을 평가해 본 결과 자신이 배운 것 가운데서 가장 중요하고 가치있는 것은 대중 연설이라는 결론에 도달했습니다. 그는 YMCA와 뉴욕에 있는 그 단체들의 학교에 지방 실업가들을 위한 대중 연설 관련 강좌를 개설할 것을 제의했습니다. YMCA의 간사들은 그 제의를 별로 탐탁치 않게 생각하여 자기네 시설을 사용하고 그들의 고정 고객에게 접촉하는 것은 허락했지만, 그가 요구한 하루 저녁 2달러씩의 급여는 거절했습니다. 대신 이 강좌에서 나오는 총수익의 일정 비율을 그에게 넘길 것에는 합의했지요. 그러나 3년이 채 지나지 않아 카네기의 강좌는 무척 인기를 끌어 하루 저녁에 30달러 이상을 받게 되었습니다. 그렇게 소문은 퍼지고 사람들은 이 강의를 듣고자 열망하게 되어 그에게 미국의 여러 도시들을 비롯하여 유럽에서까지 강연해 달라는 제의가 쇄도했습니다.

이 강좌의 결과물로서 〈친구와 유력 인사를 얻는 방법〉, 〈대중 연설과 유능한 사업가〉 등 몇 권의 책들이 최초의 베스트 셀러로서 큰 성공을 거두었지요. 그리하여 데일 카네기 협회가 설립되었고, 이 협회는 세계 각국에 근거지를 두고 지금도 세미나를 개최하고 있습니다.

바몬의 이야기 속에는 그가 어떻게 성공하게 되었는가에 대한 이야기가 있습니다. 너무나 많은 사람들이 그의 강연을 들으려고 몰려들어 천막 밖에는 거대한 줄이 형성되었지요. 사태를 손쉽게 하고 소요 시간을 단축시키기 위하여 그는 천막 출입구 안쪽에 '밖으로 나가는 길'이라고 쓴 커다란 표지판을 붙였습니다. 그리하면 속기 쉬운 사람들은 '밖으로 나가는 곳'에서의 '밖으로'가 손님을 끌기 위한 또 하나의 유인책이라고 생각하여 강연을 듣는답시고 줄을 지어 밖으로 나갈 것이기 때문이었지요.

나도 여러분이 여러분의 천막 밖에서 새로운 모험을 찾았으면 합니다.

그 때에 보좌에 앉으신 분이 말씀하셨습니다.
"보아라, 내가 모든 것을 새롭게 한다."
또 말씀하셨습니다. "기록하여라. 이 말은 신실하고 참되다." (요한계시록 21:5)

민수기 21-22장 ; 시편 68편 19-35절 ; 잠언 16장 ; 요한복음 13장

어떤 여대생이 박사 학위 논문을 위한 연구 과제의 일환으로 남서부 지역에 있는 나바호 인디언 집단을 관찰하기 위하여 그들과 1년을 함께 생활했습니다. 그녀는 연구 활동을 하면서 한 가족과 함께 살았는데, 그들의 오두막에서 자고, 그들의 음식을 먹고, 그들과 같이 일하면서 나바호 족 인디언의 20세기 생활을 전반적으로 함께 나누었지요.

그 가족의 늙은 할머니는 영어를 전혀 하지 못했지만 두 사람 사이에는 아주 친밀한 유대가 형성되었습니다. 언어의 차이에도 불구하고 사랑과 이해라는 공동의 언어를 서로 나누었던 거지요. 몇 달이 지나자 그 학생은 나바호 족의 말 몇 마디를 배웠고 그 할머니도 약간의 영어를 습득하게 되었습니다.

그 학생이 다시 학교로 돌아가야 할 때가 되자 부족은 송별회를 열어 주었습니다. 그 아가씨는 마을 사람들 모두와 서로 정이 많이 들었기 때문에 송별회는 슬픔으로 가득 찼지요.

드디어 그녀가 픽업 트럭에 올라타 떠나려고 할 때, 그 늙은 할머니는 따로 이별을 고하기 위하여 눈물을 흘리면서 그녀에게 다가갔습니다. 할머니는 오랜 세월에 이미 마디마디가 굵어 버린 거친 손을 아가씨의 양 볼에 대고 그녀의 눈을 똑바로 바라보았습니다. 그리고는 더듬거리며 온전치 못한 영어로 말했지요. "나는 너와 함께 있을 때의 내가 제일 좋아!"

이런 것이 우리가 좋은 친구들과 함께 있을 때 느끼는 그런 감정이 아닌가요? 함께 시간을 보낼 때 친구들은 우리를 값있게 보지요. 친구들은 우리가 삶의 상처와 근심과 실망을 관조(觀照)할 수 있게 도와 줍니다. 그리고 친구들은 서로를 존중할 수 있도록 도와 주고 서로 기운을 돋우어 주지요. 결국 친구들은 서로에게 많은 가치를 둡니다.

시인 에드윈 마크햄은 자신의 시 가운데 어느 시를 가장 높이 평가하느냐는 질문을 받았을 때 이렇게 반문했습니다. "당신은 자식들 가운데서 어느 하나를 선택을 할 수 있겠습니까?" 그러나 굳이 하나를 꼽으라면 '당하고 당하니!'라는 제목의 4행시가 가장 좋다고 말했습니다. 왜냐하면 사랑은 영원하기 때문이죠.

그는 원을 그려 나를 선 밖으로 몰아냈습니다.
이단자 · 반역자, 그 밖에 여러 다른 말로 비웃으며.
그러나 사랑과 나는 이길 수 있는 기지를 발휘했습니다.
우리는 원을 그려 그를 감싸 버렸습니다!

가장 좋은 친구인 예수님의 형상을 닮아 간다는 것은 인디언 할머니의 말처럼 "너와 함께 있을 때의 내가 가장 좋아!"라는 마음이 다른 사람의 마음 속에서 생겨나도록 하는 것입니다.

그래서 "아브라함이 하나님을 믿으니, 하나님께서 이것을 아브라함의
의로움으로 여기셨다" 한 성경 말씀이 이루어졌고, 또 사람들이
그를 하나님의 벗이라고 불렀습니다. (야고보서 2:23)

민수기 23-24장 ; 시편 69편 1-15절 ; 잠언 17장 ; 요한복음 14-15장

3월 18일 —— 재키의 천사

재키는 윤기있는 검은 머리에 반짝이는 갈색 눈을 가진 열일곱 살 아름다운 소녀입니다. 기쁨으로 빛나는 이 소녀는 다른 아름다운 소녀들 속에서도 돋보이지요.

3년 전, 재키는 고통스러운 비극에 직면했습니다. 의사들이 그녀의 광대뼈에서 종양을 발견했던 거지요……. 종양은 일반적으로 팔이나 다리처럼 긴 뼈에서만 발견됩니다. 그러나 그녀의 종양은 그 매력적인 얼굴의 양 볼 전체에 죽음의 촉수를 뻗어 갔습니다. 외과 의사들은 그녀의 목숨을 구할 수 있는 유일한 방법을 제시했습니다. 그것은 코 부분에서 윗입술까지를 절개해야 하는 것이었죠. 또한 그녀 얼굴의 왼쪽 부분에 있는 이도 전부 뽑아야 했을 뿐더러 광대뼈·코뼈·턱뼈까지 제거해야 했습니다. 열네 살 소녀의 아름다운 얼굴에 이 대수술이 얼마나 잔인할 것인지는 두말할 필요가 없었지요.

수술이 있기 며칠 전에 그녀는 병원 침대에 누워 수술을 받아 설사 살 수 있다 하더라도 그처럼 엄청난 상처를 입고 평생을 살아 간다는 것이 무슨 의미가 있을까를 생각해 보았습니다. 그리고 두려움에 떨었지요. 그러나 그녀는 필사적으로 살고 싶었습니다. 그녀 앞에 펼쳐진 모든 것을 경험하기를 원했지요. 그 날 밤 그녀는 두려움 속에서 외롭게 베개 위를 뒤척이다가 기도하기 시작했습니다. 질식할 것 같은 두려움 속에서 하나님께 도와 달라고 기도했지요.

새벽 두시 경, 재키는 갑자기 잠에서 깼습니다. 누가 그녀를 깨웠는지 알 수 없었지요. 그저 잠이 깼고 뭔가 심상치 않다는 것을 느낄 수 있을 뿐이었습니다. 그녀는 침대 발치에서 반짝이는 빛을 보았습니다. 그것은 은빛 형상의 천사였지요. 그 존재는 매우 강력했고 그야말로 완전한 사랑의 체현이었습니다. 조용한 빛이 여름날의 열기처럼 재키를 채웠습니다. 그녀는 그 존재가 자신을 안고서 믿을 수 없을 만큼 경이로운 느낌으로 몸 전체를 만지고 있다고 느꼈지요.

햇빛 가득한 목소리가 말했습니다. "재키야, 두려워하지 말아라. 모두 잘될 거야!" 그리고 천사는 사라졌습니다. 다음 날, 그녀는 수술 전의 엑스레이 촬영을 위하여 촬영실로 옮겨졌습니다. 그러나 종양과 그 죽음의 촉수가 모두 사라진 것을 보고 의사들은 기가 막히도록 놀랐습니다!

그것은 3년 전의 일입니다. 이제 촉촉한 아침 이슬을 머금고 활짝 핀 아름다운 나팔 수선화 같은 공주님은 여기에 있습니다. 물론 그녀의 사랑스러운 얼굴에는 아무런 상처도 없구요. 그리고 그녀는 자신의 인생을 어루만지셨던 하나님의 기적 같은 감촉을 늘 기억하고 있답니다.*19

*천사가 그들에게 말하였다. "두려워하지 말아라.
나는 온 백성에게 큰 기쁨이 될 소식을 너희에게 전해 준다." (누가복음 2:10)*

～

민수기 25-26장 ; 시편 69편 16-36절 ; 잠언 18장 ; 요한복음 16-17장

지금 현재 열한 살인 켈리 로즈웰은 리틀 리그 소속의 소프트볼 선수입니다. 그 아이는 그랜드 메사 메이저 걸스 올스타 팀에서 유격수와 투수를 맡고 있습니다. 그 아이는 소프트볼을 사랑합니다. 그래서 운동장으로 돌아가 운동할 수 있는 봄이 되기를 기다려야 한다는 것이 그 아이에게는 무척이나 힘든 일입니다.

물론 그에게서 소프트볼만이 전부는 아닙니다. 켈리는 학교에서 우등생이었고, 어떤 과목에서든 'A' 이하를 받는 일은 용납할 수가 없었지요.

켈리는 물론 아직 어립니다. 그래서 보통 사람들은 이 어린이가 '영웅'이라는 호칭을 들을 만하다고는 생각하지 않지요. 그러나 내가 평가하기로는 충분히 그럴 만합니다. 그 아이가 보통 아이라고는 여겨지지 않을 테니까요.

켈리 로즈웰, 11세, 백혈병이 있음.

1988년에 그렇게 진단받은 이래로 그 아이는 이 병과 생사를 건 싸움을 해오고 있습니다. 수 주 동안 콜로라도 주의 덴버 소아과 병원에서 생명을 건 치열한 투병 생활을 했지요. 그 아이는 매주 그랜드 정크션과 덴버 사이를 오가는 왕복 800km 이상의 길을 왔다갔다 해야 합니다. 그러다 6주에 한 번으로 줄어 들었습니다. 4시간을 차를 타고난 뒤, 주사·수혈·알약……. 그러나 이 모든 과정을 켈리는 불평없이 무난히 견뎌내고 있습니다. 일반적으로 약물 요법은 구토와 메스꺼움을 수반합니다. 그러나 켈리의 아버지 스티브 씨의 말에 따르면, 아이는 큰 문제 없이 잘 해오고 있으며 싫증도 내지 않고 있다고 합니다.

어머니 조안나는 이렇게 말합니다. "엄마로서 하염없이 울고만 있을 수도 있었지만 켈리는 그러지 못하게 했어요. 하나님께서는 우리들에게 켈리를 주셨고, 우리는 켈리와 함께하는 시간들이 특별하다는 사실을 깨닫게 되었어요. 하나님께서는 우리들에게 자녀를 선물로 주시고 아이들은 하나님께 속해 있습니다. 우리는 단지 아이들과 정해진 시간 동안만 같이 지낼 수 있습니다."

로즈웰 가정은 독실한 크리스천 가정입니다. 기도는 이 싸움에서 크나큰 도움이 되고 있습니다. 또한 교회와 교우들은 힘과 격려의 원천이었습니다.

백혈병도 사랑하는 소프트볼로부터 켈리를 떼놓을 수 없었습니다. 1988년 여름에도 켈리는 활력이 떨어지지 않았습니다. 켈리는 포수와 타자로서 팀을 2위로 이끈 진정한 스타였습니다! 어느 면을 보아도 승리자였지요.*20

그리고……켈리는 마침내 암을 극복했습니다! 어떻게 아느냐고요? 그 아이가 호된 시련을 겪던 시기에 나는 그 아이의 목사였습니다. 어느 면을 보더라도 켈리는 진정한 승리자입니다.

그러므로 나는 그리스도를 위하여 병약함과 모욕과 궁핍과 박해와 곤란을 겪는 것을 기뻐합니다. 그것은 내가 약할 그 때에, 오히려 내가 강하기 때문입니다. (고린도후서 12:10)

민수기 27-28장 ; 시편 70편 ; 잠언 19장 ; 요한복음 18장

3월 20일 —— B.C.의 뜻

이 작은 이야기를 싣고 있는 책들은 물론 많이 있습니다. 그러나 이 이야기의 발단에 대해서는 옛날 언젠가부터 사라져 버렸더라구요. 자, 우리 한번 재미있게 읽어 볼까요?

내 친구는 다소 구식인 숙녀입니다. 그러나 아주 우아하고 미묘한 감성을 지녔지요. 특히 단어를 선택할 때는 더욱 그렇답니다. 그녀는 남편과 함께 할 1주일간의 캠핑 여행을 계획하고 있었습니다. 그래서 캠프장에 예약 편지를 썼지요. 그녀는 화장실 시설에 대하여 어떤 식으로 물어야 할지 아주 고심했습니다. 왜냐하면 편지에다 '화장실'이라는 말을 쓰고 싶지 않았던 거지요. 그래서 심사 숙고 끝에 그녀는 'Bathroom Commode'라는 고어(古語)를 생각해냈습니다. 그러나 그것을 적어 넣었을 때, 자기가 너무 지나쳤다는 생각이 들어 편지를 전부 다시 썼고 Bathroom Commode는 B.C.라고 고쳐 썼습니다. "그 캠프장에는 자체 B.C. 시설이 있습니까?"라구요.

이 편지를 받아 든 캠프장의 주인은 그녀가 무엇을 말하고 있는지 이해할 수가 없었습니다. 'B.C.'라는 말이 그를 곤혹스럽게 했지요. 숙고 끝에 주인은 그 지역의 침례 교회(Baptist Church)를 묻고 있는 것이 틀림없다고 결론을 내리고 다음과 같이 답장을 썼습니다.

친애하는 부인께: 부인의 편지에 답장을 늦게 해드려 대단히 죄송합니다. 하지만 B.C.가 캠프장에서 북으로 6마일 떨어진 곳에 하나 있다는 사실을 알려 드리게 되어 매우 기쁩니다. 그곳은 한 번에 250명이 앉을 수 있습니다. 부인이 정기적으로 가는 습관이 있으시다면 그것이 아주 먼 거리라는 것을 인정합니다. 하지만 아주 많은 사람들이 거기서 점심을 같이 하며 하루를 아주 유쾌하게 보낸다는 사실을 아시면 틀림없이 기뻐하실 겁니다. 저와 아내가 마지막으로 간 것은 6개월 전이었는데, 하도 많은 사람들로 붐벼서 계속 서 있어야 했답니다. 그러나 바로 오늘, 좌석을 더 많이 만들기 위하여 기금을 모집할 계획으로 저녁 식사가 있을 것입니다. 그 행사는 B.C.의 지하실에서 개최됩니다. 단지 제가 좀더 정기적으로 참석할 수 없는 것이 애석한 노릇이지요. 그러나 마음이 없기 때문만은 아닙니다. 우리가 좀더 나이가 들면 더 힘들어지겠지요. 특히 추운 날에는요.

부인께서 저희 캠프장으로 오시기로 결정하셨다면 부인이 처음 가실 때 동행해 드리고, 자리를 함께 앉아, 다른 모든 사람들에게 부인을 소개해 드리겠습니다. 이곳은 아주 친밀한 공동체라는 사실을 기억해 주십시오.

캠프장 주인

오! 이것 참……부부가 함께 재미있게 웃을 수 있다면 무엇을 더 바라겠습니까? 웃음을 함께 자주 나누십시오!

즐거운 마음은 병을 낫게 하지만, 근심하는 마음은 뼈를 마르게 한다. (잠언 17:22)

ᠵᠠ

민수기 29-30장 ; 시편 71편 1-16절 ; 잠언 20장 ; 요한복음 19장

이 이야기는 풀러 신학교 교수인 밥 터틀이 한 이야기입니다. 그리고 연합 감리교 목사인 레브 로이벤의 아들에게 실제로 있었던 일이라고 합니다.

중학교에 올라간 첫날이었습니다. 그 사건은 조회 시간에 일어났지요. 그 시간에는 모든 생활지도 교사를 소개하는 순서가 들어 있었습니다.

첫번째로 소개된 선생님은 스미스 선생님이었습니다. 학생들은 스미스 선생님이 학점이 후하고 엄하지 않다는 걸 알고 있었기 때문에 환호하기 시작했지요. "와! 스미스 선생님! 환영합니다, 스미스 선생님!"

다음으로 소개된 선생님은 브라운 선생님이었습니다. 그는 학생들이 아주 좋아하는 젊고 인기있는 선생님이었습니다. 이번에는 3학년 학생들도 함께 우리와 같은 박수를 쳤지요. "와, 브라운 선생님! 브라운 선생님 만세!"

그 다음 선생님이 소개될 차례가 되자 상관도 없는 2학년 학생들까지 그 소란에 동참했습니다. 학교에서 학점이 가장 인색하고 동정심도 없고 아주 엄한 선생님인 존슨 씨가 소개되었습니다. 녀석들은 소리지르기 시작했지요.

"우──, 존슨 선생님, 피──, 존슨 선생님." 존슨 선생님의 얼굴에 고통이 역력했습니다. 갑자기 빌리가 객석 한 가운데서 일어나 외쳤습니다. "조용히 해, 존슨 선생님은 우리 아버지시란 말이야!" 그 말을 듣자 소란은 잠잠해졌지요.

"조심하자, 존슨 선생님의 아들이 여기 있대."

그 날 오후 학교가 파하자 빌리는 집으로 휠레벌떡 달려갔습니다. 아버지가 그를 보고 말했습니다. "애야, 무슨 일이니?"

"아빠, 드릴 말씀이 있어요. 저는 오늘 학교에서 거짓말을 했어요."

그리하여 빌리는 자초지종을 이야기했습니다. 이야기를 마쳤을 때 아버지는 아들을 안으며 온화한 목소리로 말했습니다.

"괜찮다, 아들아. 너는 거짓말을 한 것이 아니란다. 너는 그 공동체를 하나로 만든 거야. 존슨 선생님이 네 아버지는 아니지만 이제 네 형제란다."

형제애! 여러분은 근래에 이 말에 대하여 깊이 생각해 본 적이 있습니까? 우리는 모두 인간이기 때문에 공동의 유대감을 가지고 있습니다……. 그러나 그 너머엔? 우리는 과연 친구나 이웃・자매・형제에게 도움을 줘야 할 때 의지가 되어 주고 지켜 줄 만큼 마음을 쓰고 있는지요?

계속하여 서로 사랑하십시오. 나그네 대접하기를 게을리하지 마십시오.
어떤 이들은 나그네를 대접하다가,
자기도 모르는 사이에 천사들을 대접하였습니다. (히브리서 13:1-2)

민수기 31-32장 ; 시편 71편 17-24절 ; 잠언 21장 ; 요한복음 20-21장

어떤 신학교 학장이 이런 이야기를 했습니다:

우리 교단에서는 목사 후보생들의 목사 임직식이 거행될 때, 그 특별한 안수 예식에서 행하도록 저마다 할당된 것들이 하나씩 있습니다. 그 예식은 엄숙하고 위엄이 있으며 감동적이고 뜻깊은 의식이지요. 예배와 안수 예식이 끝나면 후보생들은 일어서서 제단 쪽 계단으로 올라가, 돌아서서, 축복 기도를 해야 했습니다. 이것은 새로 안수받은 목사로서 최초의 공식적인 활동이 되는 것이지요.

드디어 그 시간이 다가왔습니다. 그래서 한 후보생이 엄숙하게 일어서서 계단으로 걸어 올라갔지요. 그러나 첫발을 내디딜 때 그만 성의(聖衣)의 안쪽 단을 밟고 말았습니다. 이 가련한 후보생은 내내 예복의 안쪽을 밟으며 계속 계단을 올라갔습니다……. 그렇게 예복 안쪽에서 걸음을 옮길 때마다 그는 예복에 눌려 '오리걸음'을 걸을 수밖에 없어서 점점 더 키가 작아졌지요.

마침내 계단 꼭대기에 이르자 하얀 천막을 두른 난장이처럼 되어 돌아섰습니다. 그러나 그가 예복 안쪽을 밟고 있었기 때문에 예복은 그와 함께 돌려지지 않았습니다. 그가 돌아서자 예복의 왼팔은 가슴 중앙에, 오른팔은 어깨 중간에 위치해 있었습니다. 그가 움직일 수 있는 거라곤 가슴 가운데 있는 왼쪽 손목뿐이었지요. 왜냐하면 예복에 죄인 팔이 몸에 단단히 압착되어 있었기 때문입니다. 그는 손목을 흔들면서 엄숙하게 축복을 내렸습니다. 한마디도 빠뜨리지 않고요.

그러나 축복이 끝나자 그는 예복을 밟고 있는 오리걸음으로는 더 이상 한 발짝도 움직일 수 없었습니다. 그는 어찌할 바를 몰랐지요. 이때 두 명의 건장한 행사 안내원이 앞으로 나가 그의 겨드랑이를 잡고 번쩍 들어올리더니 마치 한 점의 가구인 양 아래로 운반해 갔습니다.*21

내가 거기 있었어야 했는데! 여러분은 어떻습니까?

목사들은 정말 대단합니다……. 전혀 예기치 못한 이 우스꽝스러운 상황이 폭소를 자아내게 합니다!

여러분은 예수님께서 음향 기기를 통해 산상 수훈을 내리셨다면 어떤 일이 벌어질까를 생각해 본 적이 있습니까? 고장난 테이프에 녹음을 하셨다면? 엉터리 오르간에다 오르간 연주자마저 늦었다면? 작동하지 않는 컴퓨터를 사용하셨다면? 요즘 같은 과학 기술 시대에도 교회가 계속 행진하고 있다는 사실, 그리고 우리도 거기에 동참하고 있다는 사실은 참으로 놀랍습니다. 오, 이거 원!

> 느헤미야는 그들에게 말하였다. "돌아들 가시오.
> 살진 짐승들을 잡아 푸짐하게 차려서, 먹고 마시도록 하시오.
> 아무 것도 차라리 못한 사람들에게는, 먹을 몫을 보내 주시오.
> 오늘은 우리 주의 거룩한 날이오.
> 주 앞에서 기뻐하면 힘이 생기는 법이니, 슬퍼하지들 마시오." (느헤미야 8:10)

민수기 33-34장 ; 시편 72편 ; 잠언 22장 ; 사도행전 1장

국제 키와니스 클럽의 전 회장인 밥 웨버가 이 이야기를 들려 주었지요. 그는 한 작은 마을의 키와니스 클럽에 특별 초청 강사로 간 적이 있었습니다. 그래서 농부인 클럽 회원 한 사람과 그날 밤을 함께 보내고 있었지요. 그와 농부가 집 앞 현관에서 쉬려고 하는데 한 소년이 석간 신문을 배달하다가 그 집 앞의 다음과 같은 광고판을 보았습니다: '강아지 팝니다!' 그는 자전거에서 내려 이렇게 물었지요. "강아지 얼마예요, 아저씨?"

"한 마리당 25달러란다, 얘야."

밥 웨버는 그 소년이 실망하는 것을 보았습니다. "그러면 아저씨, 그 강아지들을 볼 수 만이라도 없을까요?"

농부가 휘파람을 불자 이윽고 어미개가 달려나왔습니다. 그 뒤로 여지껏 본 적이 없는 귀여운 강아지들이 꼬리를 흔들며 행복하게 컹컹거리며 따라나와 집 여기저기를 돌아다니는 것이었습니다. 그런데 맨 마지막에 한 마리의 강아지가 뒷다리를 질질 끌면서 나왔지요. "저 강아지는 왜 저래요, 아저씨?"하고 소년이 물었습니다.

"글쎄, 얘야, 저 강아지는 다리를 제대로 쓰지 못한단다. X-레이로 찍어 봤는데 고관절이 없어서 그 다리는 영영 제대로 쓰지 못한다는구나."

소년은 자전거에서 내려 수금 가방으로 손을 뻗어 25센트짜리 두 개를 꺼내고는 "제발 아저씨, 저는 저 개를 사고 싶어요. 25달러가 될 때까지 매주 50센트를 지불하겠어요. 정말입니다, 아저씨!" 하며 애원했지요

그 농부가 대답했습니다. "이해를 못하는 것 같군. 저 강아지는 달리지도 뛰어오르지도 못한단 말이야. 저 강아지는 영영 다리 병신일 거야. 도대체 왜 저 쓸모 없는 강아지를 원하는 거지? 내 기꺼이 주겠지만 저 강아지는 쓸모가 없어."

그 소년은 잠깐 서 있더니 아래로 숙여 바지가랑이를 걷어 올렸습니다. 그러자 부목을 댄 다리가 드러났지요. 그 소년은 이렇게 대답했습니다. "아저씨, 저 강아지는 평생 자기를 이해하고 도와 줄 사람이 필요해요."

자, 우리 모두 그렇지 않은가요? 나는 이 세상에서 자기를 보살펴 주고 사랑해 줄 친구나 다른 누군가를 필요로 하지 않는 사람은 한 사람도 알지 못합니다! 여러분도 그렇습니까? 우리는 모두 건전한 우정과, 친구와 함께 하는 시간 위에 우리 인생을 건설해야 할 필요가 있습니다.

이 세상에서 가장 위대한 친구는 모든 사람의 친구가 되는 사람입니다. 그분은 친구와 인간 관계의 모범을 보여 주십니다. '죄인들의 친구'이신 그분의 이름은 바로 예수 그리스도입니다.

친구를 많이 둔 사람은 해를 입기도 하지만, 형제보다 더 가까운 친구도 있다. (잠언 18:24)

민수기 35-36장 ; 시편 73편 1-14절 ; 잠언 23장 ; 사도행전 2장

3월 24일 ─── 공격해!

아마 이것은 실제로 있었던 일로 추정됩니다. 하지만 이 이야기가 어디서 비롯되었는지는 모르지요. 이 이야기는 작은 마을 신문에 났던 것으로 알려져 있습니다.

어떤 도둑이 다음 목표물을 물색하며 근처 집들을 살피고 있었습니다. 특히 집 보는 사람을 두지 않고 휴가를 떠나는 집을 찾고 있었지요. 주위를 어슬렁거리다가 어떤 가족이 밴에 옷가방과 물건들을 싣고 있는 것을 보았습니다. 그는 한 블록 떨어진 곳에 주차해 놓고 짐을 다 실을 때까지 지켜보았지요. 밴이 마침내 아이들과 짐꾸러미를 싣고 주차장을 나섰습니다.

도둑은 잠시 그 자리를 떠났다가 밤이 되자 다시 돌아와서는 그 집 정문에 다가가 벨을 눌렀습니다. 물론 아무 대답이 없었지만 단지 확인을 해보는 것이었습니다. 도둑은 능숙한 솜씨로 자물쇠를 따고 안으로 들어갔습니다. 그는 어둠을 향해 외쳤습니다. "집에 아무도 없어요?"

그런데 갑자기 대답 소리가 들려왔습니다. "내가 보고 예수님이 보십니다!" 그 대답을 듣고는 순간 간담이 얼어 붙었지요.

겁에 질린 도둑은 다시 외쳤습니다. "거기 누구세요?"

다시 또 그 목소리가 들려왔지요. "내가 보고 예수님이 보십니다!"

여기까지 와서 그냥 도망칠 수는 없다고 결심한 도둑은 손전등을 켰습니다. 그러자 천만 다행으로 그 문구를 다시 또 암송하고 있는 새장 속의 새가 보였습니다. "내가 보고 예수님이 보십니다!" 도둑은 큰소리로 웃어 제꼈습니다. "내가 보고 예수님이 보십니다?"

강도는 안도의 숨을 내쉬고는 마음을 진정시키며 호흡을 가다듬었습니다. 그리고는 손을 뻗어 불을 켰지요. 그 때 그것을 보았습니다! 앵무새 새장 아래에 거대한 도베르만종 개가 입을 벌리고 그르릉거리고 있었지요.

그 때 앵무새가 이렇게 말했습니다. "공격해, 예수님. 공격해!"

이 이야기는 도둑이 병원 응급실에서 직접 한 이야기입니다. 병원에서 그는 수많은 상처를 봉합하기 위하여 여러 바늘을 꿰매야 했지요.

우리는 웃음과 동시에 권선징악적인 은유를 끌어낼 수 있습니다. "모든 사람을 올바로 대접하라!" 조금은 우스운 말이지요. 그러나 여기에도 또한 진리가 있습니다. 언제라도 우리는 누군가에게 관찰되고 있습니다. 그렇습니다, 우리는 언제나 관찰당하고 있습니다. 그러나 하나님은 훨씬 가까이서 관찰하고 계시지요. 어두움도 하나님의 전지 전능하심을 가릴 수는 없습니다. 한번 곰곰이 생각해 보십시오. 우리는 관찰되고 있을 뿐만 아니라 언젠가 이 삶을 어떻게 살아왔는가에 대하여 설명하라는 요청도 받을 것입니다.

> 내가 주의 영을 피해서 어디로 가며, 주의 얼굴을 피해서 어디로 도망치겠습니까?
> 내가 하늘로 올라가더라도 주께서는 거기에 계시고, 스올에다 자리를
> 펴더라도 주님은 거기에도 계십니다. (시편 139:7-8)

～○～

신명기 1장 ; 시편 73편 15-28절 ; 잠언 24장 ; 사도행전 3장

어떤 교회가 아주 크게 성장하여 시설을 늘려야 할 형편이었습니다. 그 사실은 믿음이 아주 깊어진 것을 뜻했지요. 그 가운데 많은 계획과 기도가 있었고 함께 작업한 끝에 교회를 새로 짓기로 결정했습니다. 새 교회는 확장된 목회 활동에 걸맞는 규모가 될 것이었지요. 그들이 함께 모여 수백만 달러가 소요될 사업 기금을 모으기 시작했을 때, 그것은 아주 흥분되는 순간이었습니다.

목사와 교회 당국자들은 신도들에게 조건없는 헌금을 통해 이 어려움을 함께 나누기를 호소하면서 사업을 진행시켰습니다.

예배가 끝나자 한 여인이 개인적으로 목사를 찾아와 자신의 헌금이 얼마만큼이어야 적당한 것인지를 물으며 50달러를 건네 주었습니다. 목사는 지체없이 대답했지요. "그 돈이 교우님의 모든 걸 나타낸다면요." 일이분 정도 그녀는 곰곰이 생각하더니 돈을 다시 돌려달라고 했습니다. 그리고는 그녀는 다시 돈을 가지고 떠났지요.

한 이틀 후에 그녀는 돌아와 목사님과 다시 면담을 요청했지요. 이번에는 목사에게 5,000달러의 수표를 건네 주면서 다시 똑같은 질문을 했습니다. "제 헌금이 적당합니까?"

목사는 지난번과 똑같은 대답을 했습니다. "그 돈이 부인의 모든 걸 나타낸다면요." 지난번처럼 이 진리는 그녀의 마음 깊은 곳으로 파고드는 것 같았지요. 그녀는 몇 분간을 곰곰이 생각하더니 다시 그 수표를 돌려받고 떠났습니다. 이제 그 목사는 걱정이 되기 시작했지요. 자신이 너무 무례하지 않았는지, 그녀의 기분을 상하게 하지는 않았는지, 또 그녀가 다시는 돌아오지 않는건 아닌지 걱정이 되었습니다.

2주 정도 지난 후, 또 한번의 약속을 청하는 전화가 목사의 사무실로 걸려 왔습니다. 바로 그 여인이었습니다.

지난번처럼 그녀는 수표를 손에 쥐고 얼굴 가득 웃음을 띄우고 나타났지요. 이번에는 50,000달러짜리 수표였습니다. 그녀는 수표를 목사의 손에 놓으며 말했습니다. "기도하는 마음으로 간절하게 생각해 본 결과 이것이 나를 나타내는 것이라는 결론에 도달했어요. 그리고 저는 우리의 새로운 사업을 위하여 이것을 교회에 기부하게 되어 정말 행복하답니다."

많은 사람들에게 돈과 헌금은 미묘한 문제입니다. 왜냐구요? 우리는 그리스도인으로서 살아가는 데 죄의식을 가지고 있지 않습니까? 그리스도인의 생활 방식에서 베푸는 것과 살아 가는 것은 함께 하는 것들이지요. 성경은 마지못해 하기보다는 기꺼이 바치며 조건없이 헌금하라고 말하고 있습니다. 그러면 하나만 더 묻겠습니다. 여러분의 이번 주일 헌금이 여러분을 진정으로 나타낼 수 있을까요?

매주 첫날에, 여러분은 저마다 수입에 따라 얼마씩을 따로 저축해 두십시오. (고린도전서 16:2)

신명기 2-3장 ; 시편 74편 1-11절 ; 잠언 25장 ; 사도행전 4장

† 나는 내가 혼자 자랐다면 유머 감각이 풍부해질 수 없었을 것이라고 생각해요. 내가 세 살을 넘기고 동생 에드워드가 태어났을 때 우리는 둘 다 활달한 아이가 되었지요. 우리는 평생 동안 그랬듯이 서로를 즐겁게 해주었어요. 동생이 말을 배우기 시작했을 때부터, 아니 아마 그 이전부터 우리 둘 사이에는 유쾌한 감정이 오고 갔던 것 같아요. ——유도라 웰티

† 모든 아이들은 동생이 태어났을 때 자신들은 '별로 중요하지 않다'고 느끼곤 합니다. 그들은 자기들이 '쓸모 없는' 아이라고 생각하게 되고 결국 '제조업자에게 반품될 물건'이라고 생각하지요. 당신이 갓태어난 여동생의 얼굴을 가까이서 본 적이 있다면 그 아이는 '삶은 포도'처럼 보였을 것이고 이렇게 생각했을 겁니다. "이 아이가 나보다 더 나은 애란 말인가?" ——스테파니 브러쉬

† 내가 16살이 되도록 키스를 받아 보지 못했다는 사실은 다른 아이들의 경우보다 더 견디기 힘들었습니다. 왜냐하면 12살 여동생 로모나는 이미 받아 보았기 때문이지요. 그녀는 10살 때부터 남자 친구가 있었어요. 언제나 15명의 듬직한 남자애들이 그녀 주위를 맴돌았지요. 만일 그 가운데 한 명쯤 내게 눈길이라도 한번 줬다면 나는 그나마 이런 소외감을 느끼지 않았을 것입니다. 그들은 나를 마치 로모나의 늙은 하녀 아줌마처럼 대했습니다. 그 가운데 네디는 나보다 고작 16개월 늦게 태어난 남동생입니다. 우리를 알아 보는 사람이 없는 곳으로 갈 때면 나는 사람들이 우리를 연인 사이라고 생각해 주기를 바라는 마음에 네디 옆으로 조금씩 다가가곤 했지요. 그러나 요즘은 네디와 내가 서로를 방문할 때면 네디는 건너편에 앉곤 합니다. 왜냐하면 같이 다녔던 것이 화근이 되어 그후 내내 조심하는 거지요. ——제사민 웨스트

† 아무리 당신이 저항했어도 그들을 떨쳐 버릴 수 없었습니다. 그들은 당신의 책임이었고 그들로부터 당신을 풀어 줄 사람은 아무도 없었지요. 사람들은 평생 당신을 언니라고 불렀습니다. 왜냐하면 그것이 당신이라는 존재, 아니면 당신이 되어야 할 존재였기 때문이지요. 곧, 큰 언니, 도와 주는 언니, 모든 사람이 기대는 존재, 숙제에서부터 손톱 밑의 가시까지 모든 것을 도와 달라고 그들이 다가가는 존재가 되어 버린 겁니다. ——윌레스 스테그너

† 셀레스틴과 호텐스는 한 지붕 아래 살게 되면서부터 아주 우애롭게 지내고 있었습니다. 그들은 본질적으로 한 가족이나 다름없었지요. 이 두 동서는 집에서 함께 아이들을 돌보며 서로간에 강한 유대를 쌓았습니다. 두 사람은 자신의 생각을 큰 소리로 이야기할 수 있을 만큼 가까워졌지요. 그들은 화목한 자매의 감동적인 모습을 보여 주고 있습니다. 보통 그들 사이에서 한 사람이 행복하면 한 사람은 슬프곤 합니다. 그러나 아마도 이러한 두 사람의 상반되는 성격 때문에 그들 사이에서 따뜻한 우정이 꽃피었을 것입니다. 그들은 자기에게 부족한 점을 상대방에게서 찾았던 거지요. ——아너 드 발작

나오미가 며느리 룻에게 일렀다.
"얘야, 그가 데리고 있는 젊은 여자들과 함께 다니는 것이 좋겠구나.
젊은 남자 일꾼들에게 시달림을 받다가 다른 밭으로 가지 않아도 되니 말이다." (룻기 2:22)

신명기 4장 ; 시편 74편 12-23절 ; 잠언 26장 ; 사도행전 5장

신문 칼럼니스트이자 목사인 조지 크레인은 남편을 지독히 미워하는 어떤 부인이 자신의 사무실을 찾아왔던 이야기를 했습니다. "나는 남편과 헤어지는 것만으로는 성이 차지 않아요. 좀더 많은 것을 원해요. 그가 내게 상처입혔던 만큼 남편에게도 상처를 주고 싶어요!"

크레인 박사는 교묘한 작전을 제시했습니다! "집으로 돌아가 마치 당신이 남편을 진정으로 사랑하는 것처럼 행동하세요. 또 그의 괜찮은 점이 있거들랑 빠짐없이 칭찬하세요. 그리고 그가 당신한테 얼마나 중요한 사람인가를 한번 말해 보세요. 평소처럼 하지 마시고 그에게 상냥하게 대하고, 배려해 주고, 관대하세요. 그렇게 그가 당신에게 변함없는 사랑을 느끼고 당신이 없으면 자기가 못 살 것이라고 확신하게 만든 후, 폭탄을 떨어뜨리는 겁니다. 그에게 이혼하겠다고 말하는 거에요. 그 말은 그를 정말로 상처입힐 것입니다."

그 순간 복수심에 불타는 눈빛을 하고 그녀는 웃으며 소리쳤습니다. "멋져요! 정말 좋은 생각이에요! 그이는 아마 깜짝 놀랄 거예요!"

그리고 그녀는 목사가 시킨 대로 남편에게 온 정성을 쏟았습니다. '그런 척' 행동했던 거지요. 두 달 동안 그녀는 사랑과 친절을 보여 주었고, 그의 말을 들어 주고, 남편의 힘이 되어 주고, 희노 애락을 함께 나누었지요.

크레인 박사는 그녀가 다시 찾아오지 않자 전화했습니다. "부인께선 이혼할 준비가 되셨나요?"

"이혼이라구요?" 그녀가 소리쳤습니다. "절대로 안해요! 이제야 제가 진심으로 그이를 사랑한다는 걸 알게 되었거든요"*22

행동으로 감정을 변화시키는 것이 정말 가능할까요? 이 이야기를 들으면 그런 것 같습니다. 그러나 한걸음 더 나아가 그것은 인생의 개념이기도 합니다. 그것은 '그런 척' 법칙입니다. 이 원리는 금세기초, 윌 제임스 박사에 따라 발견되었고 또 권장되었습니다. 그것은 단순하게 여러분이 '그런 척' 행동하면 그 일에 열중하게 되고 곧 감정이 행동을 따라온다는 것을 뜻하지요.

이 정의를 사랑에 대하여 적용시켜 봅시다. 사랑은 우리가 예수 그리스도와 맺는 관계에 따라 유발되어 다른 사람에게 향하는 행동입니다. 마음 속에 아무런 대가를 바라지 않고 베풀어지는 행동이지요.*23

사랑이 삶이라는 상황에 적용될 때 그것은 곧 우리 가정을 부드럽게 운영하도록 해주는 요소가 됩니다. 사랑은 어떤 종류의 인간 관계에서든 언제나 윤활유 역할을 하지요. 또 사랑이 있으면 가정이 좀더 즐겁게 살 만한 장소가 되곤 합니다. 물론 항상 사랑의 느낌을 가지고 생활하지는 않지요. 그러나 여러분이 사랑스런 행동을 하면 사랑의 느낌이나 감정으로 변화할 수 있습니다! 사랑의 행동이 여러분의 인생길을 끌고 가게 하십시오!

말로나 혀로만 사랑하지 말고, 행함과 진실함으로 사랑합시다. (요한1서 3:18)

~~~

신명기 5-6장 ; 시편 75편 ; 잠언 27장 ; 사도행전 6장
~~~

제2차 세계 대전 중 독일의 카젤 시 상공에 쏘아올려진 폭탄에 대한 이야기입니다. 여기 엘머 벤디너가 해준 이야기를 소개하겠습니다.

우리의 B-17기(톤텔라요)가 나치의 대공 사격으로 격렬한 불꽃 세례를 받고 있었습니다. 전과는 달리 이번 공격으로 우리 비행기의 연료 탱크에 구멍이 났지요. 나중에 20mm 유탄 하나가 연료 탱크를 뚫고 들어왔지만 폭발하지 않고 있는 것이 발견되었습니다. 이 사실을 안 아군 조종사인 본 포크스는 그런 일이 간단히 일어날 수 있는 일은 아니라고 했습니다.

공습이 있던 다음 날 아침, 본은 편대장에게 그 파편을 믿을 수 없는 기적의 기념물로 청하려고 내려갔습니다. 그런데 편대장은 본에게 한 개가 아니라 열한 개의 유탄이 연료 탱크에서 발견되었다고 말했습니다. 단 한 개만으로도 우리를 하늘로 날려 버리기에 충분한 곳에서 자그마치 열한 개의 유탄이 발견된 것이지요. 그 일은 마치 유대인들 앞에서 바다가 갈라진 기적과도 마찬가지였습니다. 지금으로부터 35년이 지났건만, 나는 그 끔찍한 사건을 생각만 해도 고개를 내젓습니다. 특히 그 나머지 이야기를 본에게서 들었을 때는 더욱더요.

그는 병기공들이 신관을 제거하기 위하여 그 유탄들을 가져갔다고 들었습니다. 병기공들은 첩보 기관에서 그것들을 가져갔다고 했지요. 그들은 당시에는 이유를 말할 수 없었습니다. 그러나 본은 결국 해답을 찾아냈습니다.

병기공들이 열한 개의 유탄들을 열어 보았을 때 분명히 아무 폭발 물질이 없었습니다. 유탄들은 전혀 해가 없이 깨끗했습니다. 비어 있었냐고요? 모두 그렇지는 않았습니다!

그 가운데 하나에 조심스럽게 말린 종이 조각이 들어 있었습니다. 거기에는 체코어로 갈겨 쓴 글귀가 있었지요. 마침내 글을 해독하여 그 내용을 본 우리는 경탄을 금치 못했습니다. 번역된 그 글귀는 이랬지요!

'이것이 지금 우리가 당신을 위하여 할 수 있는 전부입니다.'*[24]

이 같은 이야기는 우리를 망연하게 만듭니다! 믿을 수 없습니다! 조그만 행동이 다른 사람의 생명을 구할 만큼 큰 일을 낳을 수 있습니다. 나는 그 이름 모를 체코 군수 공장 노동자가 밝혀졌는지 궁금합니다. 이 용감한 행동을 한 사람들이 더 있을까요? 작은 친절로 이 이름 모를 사람들은 얼마나 멋진 공헌을 했습니까? 영원하고 뜻 깊은 우정을 세우는 데 꼭 배워야 할 또 하나의 교훈입니다. 여러분이 거기에 아무 것도 넣지 않았다면, 절대로 무언가 보답을 기대하지 마십시오.

모든 성도가 여러분에게 문안합니다.
특히 가이사의 집 사람들이 여러분에게 문안합니다. (빌립보서 4:22)

신명기 7-8장 ; 시편 76편 ; 잠언 28장 ; 사도행전 7장

어떤 사람은 '천부적인' 사랑꾼으로 태어납니다. 그들은 주변 사람들에게 사랑을 느끼게 할 수 있는 방법을 알고 있습니다. 특히 그리스도의 사랑을요. 그 원리는 가족뿐만 아니라 교회나 그 밖에 사람들이 만나는 곳이면 어디에서든 적용됩니다.

사랑꾼은 많이 웃지요. 인정이 많고 또한 다른 사람들을 그렇게 만드는 무언가가 그들에게서 흘러나옵니다. 그것은 따뜻하고 부드럽고 친절하며 사람의 마음을 끌어당깁니다.

사랑꾼은 여러분을 정말 특별한 사람으로 대합니다. 사랑꾼의 온정과 환대는 곧 순수한 우정으로 바뀌지요. 그들은 여러분을 멋진 사람이라고 생각하고 서슴없이 그렇게 말한답니다.

사랑꾼의 얼굴은 여러분이 볼 때마다 빛나고 있습니다. 그들과 함께 포옹하고, 악수하고, 대화를 하다보면 그들이 여러분을 마음 속 깊이 받아들이고 있다는 느낌을 받지요. 그들은 대화하는 자리나 모임, 또는 집으로 여러분을 지체없이 초대합니다. 본능적으로 그들의 마음 속에 여러분이 중요한 자리를 차지하고 있다는 걸 알 수 있습니다.

사랑꾼은 주님을 알고 주님 안에서 사는 것을 아주 돋보이게 만든답니다. 예수님께 다가가는 것이 그들에게 다가가는 것과 비슷하다면 그것은 경이로운 일이라고 할 수밖에 없지요.

사랑꾼은 바로 하나님을 알고 있습니다. 그들은 사랑의 근원이신 하나님께 자주 그리고 정기적으로 다가갑니다. 넘쳐나는 그들의 삶은 성령의 열매가 사랑이라는 걸 보여 주지요.

사랑꾼은 마음에서 우러난 찬사를 보내는 관대한 사람들입니다. 여러분이 가진 힘을 재빨리 알아차리고, 또한 여러분의 약함에는 부드러운 사람들입니다.

사랑꾼도 물론 결점을 가지고 있습니다. 가끔은 그들의 약한 모습이 그 누구보다도 우리를 더 아프게 합니다.

사랑꾼은 때로 우리의 커가는 기대의 희생양이 되기도 합니다. 사람들이 그들을 가까운 친구로 대하고 싶어하지요. 물론 진실한 우정에 대하여 그토록 많은 사람들의 요구를 들어 줄 수 있는 사람은 없습니다. 우리는 사랑꾼에게 지나칠 정도로 많은 것을 기대하곤 하지요.

사랑꾼도 사랑을 받아야 합니다. 결혼 · 생일 · 기념일뿐만 아니라 장례 예식마저도 중요한 그 무엇을 말해 줍니다.

사랑꾼에게는 축복과 위로를 해주는 많은 사람이 있습니다. 그들은 그럴 만합니다. 그들은 오랫동안 많은 사람들을 축복해 왔으므로 작으나마 감사와 존경으로 보답하는 것이 마땅하지요.

사랑꾼은 자신이 알고 있는 모든 이에게 믿을 수 없을 만큼 선량합니다. 그러니 신약에서 가장 자주 반복되는 계율이 '서로 사랑하라!'인 것은 당연하답니다.

사랑꾼은 만들어지는 것도 아니고 타고나는 것도 아닙니다. 사랑꾼이 되는 것은 바로 평생을 바쳐 이웃을 사랑하려는 결심과 마음가짐, 그리고 실천의 문제이지요.*[25]

이것이 여러분이 처음부터 들은 소식인데,
곧 우리가 서로 사랑해야 한다는 것입니다. (요한1서 3:11)

신명기 9-10장 ; 시편 77편 ; 잠언 29장 ; 사도행전 8장

"옷 입기 놀이 안 할래, 체리? 난 엄마 할래. 텔레비전 모델인 엄마. 난 돈도 많고 유명해."

"그럼 나는 의사 할께, 아기 의사. 그리고 병원도 있고 간호사도 많아. 아기도 많이 있어."

"좋아. 너는 하얀 색으로만 된 옷을 입어. 지난번엔 내가 그걸 입었으니까. 그 신발은 의사 신발이 아니야. 그건 너무 높아. 넘어질꺼야. 이걸 신어 봐. 이게 훨씬 좋아. 이건 하얀 색이거든."

"그럼 수잔 언니, 언니는 수영장이랑 하인들이 있는 저택에서 사는 거야. 나는 벽돌집에 살고. 나는 지붕이 없는 차를 타고 언니한테 갈께."

"아니야, 너는 비행기를 타고 와야 해, 돈이 많으니까. 그러니까 너는 비행기 타고 나한테 오는 거야. 우린 서로 만나야 돼, 우린 오랫동안 못 만났으니까. 그래서 우린 불행해, 서로 너무 보고 싶어서. 자매는 같이 있고 진짜 자주 얘기해야 돼. 또 네가 사람들을 껴안는 걸 보면 언제나 재미있어."

"내가 커다란 제트기를 타고 날아가면 우리는 공항에서 만나는 거야. 그리고 꼭 껴안아. 자매들은 언제나 안으니까. 특히나 공항 같은 곳에서는 말이야. 내가 언니를 안고 언니가 나를 안을 때 기분이 좋아."

"하지만 엄마가 안는 게 더 좋아. 자매끼리 안는 건 그 다음이야."

"언니, 그건 공평치 못해. 우리는 아이들이고 자매야. 그리고 우리는 어른 놀이를 하고 있어. 공평하지 못해. 우리도 언젠가는 엄마가 될꺼지만 지금은 아냐."

"하지만 엄마는 어른이야. 너는 어리고 나도 어려. 그렇다고 네가 날 안는 걸 안 좋아한다는 뜻은 아냐, 진짜로."

"그럼 나도 언니가 안는 게 싫어, 바보."

"이 바보야, 나는 네가 안는 것을 좋아하고 진짜진짜 사랑해. 이것 봐, 이제 내가 진짜 너를 꼭 껴안는다."

"나는 모델이랑 의사랑 옷입기 놀이 하는 게 싫어졌어."

"그럼 이제 뭐 할까? 우리 엄마 놀이 하자."

"싫어, 언니가 항상 엄마하잖아."

"그럼 시장보기 놀이 할까?"

"싫어, 언니는 항상 나더러 수레를 밀거나 봉지 같은 거만 들게 하잖아. 언니는 돈만 내고."

"좋아, 그럼 이제 다과회를 열자."

젊은 남자는 형제를 대하듯이 권면하십시오.
나이 많은 여자는 어머니를 대하듯이 권면하고,
젊은 여자는 자매를 대하듯이,
아주 순결한 마음으로 권면하십시오. (디모데전서 5:1-2)

신명기 11-12장 ; 시편 78편 1-20절 ; 잠언 30장 ; 사도행전 9장

그 곳은 교실이 하나밖에 없는 산 속의 학교였습니다. 그 학교에서는 난폭한 아이들을 감시하고 산만한 아이들을 주의시키기 위하여 무서운 훈육이 가해지곤 했지요. 사실 정해진 체벌 규정이란 것도 없었습니다.

어느 날인가 학생의 도시락이 없어져 휴식 시간을 망치고 있었습니다. 주기적으로 도시락 하나가 없어지는 것 같았습니다. 심각한 문제였지요. 무언가 과감한 조치가 필요했습니다.

그렇게 점심 시간이 끝나자 교사는 셸리 제인의 도시락이 없어진 일로 학생들을 소집했습니다. 그리고 무서운 위협과 추궁이 끝나자 한 구석에서 조금씩 흐느끼는 소리가 들려 왔지요. 그는 바로 몸집이 다른 아이보다 유난히 작은 빌리였습니다. 그 아이는 제대로 먹지도 못해 야윌 대로 야윈 작은 몸집의 소년이었지요. 그 아이의 가족은 산 속 마을에서도 가장 가난했습니다.

"네가 셸리 제인의 도시락을 가져갔니?"

"예, 선생님." 빌리가 눈물을 흘리며 웅얼거렸습니다. "너무 배가 고팠어요."

"이유가 무엇이건 너는 도둑질을 했어. 도둑질했을 때의 벌을 알겠지? 너는 벌을 받아야 해." 교사가 딱 잘라 말했습니다.

교사는 벽에 걸려있던 가죽 채찍을 내리고는 어린 빌리에게 교실 앞으로 나와 셔츠를 벗으라고 명령했습니다. 아이의 셔츠에는 그나마 있어야 할 단추도 없이 핀으로 여며져 있었지요. 아이가 옷을 벗자 아이의 야윈 몰골이 그대로 드러났습니다. 마치 아이의 갈비뼈를 하나하나 셀 수 있을 정도였지요. 그렇게 교사가 이제 막 그 어린 소년의 몸뚱이 위로 팔을 힘껏 치켜 올렸을 때였습니다.

"잠깐만요, 선생님!" 하는 목쉰 외침이 교실 뒤쪽에서 들려 왔습니다. 짐이었습니다. 그 아이는 복도로 걸어나오면서 셔츠를 벗었지요. 그리고 나서 그는 앞으로 나와 교사의 눈을 똑바로 쳐다보고 말했습니다. "제가 대신 벌을 받겠습니다."

교사는 멈칫했습니다. 그러나 반드시 정의를 보여 줘야 한다고 생각하여 그의 제의에 동의하고 그 가죽 띠를 짐에게 내리쳤지요. 그 힘세고 덩치 큰 소년도 움찔거리며 눈물을 흘렸습니다. 눈물겨운 장면이었지요. 그 이후로 빌리는 짐이 벌을 대신해 준 그 날을 절대로 잊지 않았습니다.

원리는 간단합니다. 예수 그리스도께서는 적시에 나타나시어 우리를 대신하셨습니다. 그분은 우리의 죄 때문에 돌아가셨지요. 그분은 죄없는 분이셨지만 우리가 받아야 할 벌을 대신 받으셨습니다.

> 그들은 '해골'이라고 하는 곳에 이르러서,
> 거기에서 예수를 십자가에 못박고, 그 죄수들도 그렇게 하였는데,
> 하나는 그의 오른쪽에, 하나는 그의 왼쪽에 달았다. (누가복음 23:33)

신명기 13-14장 ; 시편 78편 21-33절 ; 잠언 31장 ; 사도행전 10장

4월

APRIL

천만 달러나 걸린 출판 정보 센터 컨테스트에 응모했는데 바로 여러분이 1등에 뽑혔다는 통지를 받았다고 상상해 보십시오. 어떤 이는 '그런 컨테스트는 당첨될 확률이 거의 없으니까 아예 포기하는 게 정신 건강에 좋을 것이다'라고 말하겠지만 나는 사람들이 대부분은 어마어마한 상금을 탈 욕심으로 앞다퉈 콘테스트에 응모할 거라고 장담합니다. 아니면 적어도 당첨되는 꿈이라도 꾸지 않을까요?

자, 이제 오늘의 이야기를 시작해 봅시다. 미조리 주 스프링필드에 있는 〈뉴스 리더〉 신문사의 래리 휘태커 광고부장은 어느 날 아침 사무실에서 **천만 달러**짜리 수표를 받아 들고 멍해 있었습니다. 옆면에 '상금 수여 차량'이라는 글씨가 붙은 공식 상금 전달용 밴을 타고 온 공식 수표 증여인들이 출판 정보 센터 컨테스트 1등 상을 래리에게 전달한 것이지요. 여기에다 카메라맨들을 대동한 기자들까지도 이 사건을 취재하러 나타났습니다. 이 얼마나 행복한 일인가요! **천만 달러**라니! 래리 휘태커의 머리 속은 이 수표를 어디에다 쓸 건가에 대한 상상으로 가득 찼습니다.

이 사건 때문에 신문사 안과 신문사 밖 보도에서는 북새통이 일어나고, 래리 주위에 사람들이 우르르 몰려와 그의 행운을 축하해 주었습니다. 그 때, 느닷없이 래리의 아내 카렌이 환하게 웃으며 커다란 꽃다발을 들고 래리 앞에 나타나서 그의 목을 껴안고는 이렇게 속삭였지요.

"만우절이에요!"

이 모든 일은 〈뉴스 리더〉의 사장 프리츠 야코비와 많은 동료들 그리고 그의 아내가 함께 꾸민 만우절 장난이었습니다. "평소 자네의 짓궂은 장난에 번번이 넘어가곤 했지만 오늘 드디어 복수를 했네. 자네도 전혀 눈치 못 챘지?"하고 사장이 놀렸지요.

이 일이 있은 후, 휘태커는 사장과 골프를 치면서 이렇게 말했습니다. "이제서야 저와 같은 공감대를 가지신 것 같군요." "이번 일의 복수 또한 재미있겠죠?"*26

부부 생활을 하다보면 가끔은 재미있는 일도 있어야 하지 않을까요? 가끔씩이라도 웃을 수 있는 여유가 없다면 인생이 얼마나 삭막해지겠습니까? 웃는다고 문제될 건 없지 않은가요? 아니, 그보다도 부부는 함께 웃는 법을 꼭 배워야 합니다.

웃는 방법에는 여러 가지가 있습니다. 낄낄거리는 것, 킥킥거리는 것, 와——아 하고 웃는 것, 깔깔대는 것, 실없이 웃는 것, 갑자기 터질 듯이 웃어대는 것, 쓴웃음을 짓는 것, 높은 목소리로 웃어대는 것, 데굴데굴 구르며 웃는 것, 호탕하게 웃는 것, 유쾌하게 웃는 것, 환희에 차 웃는 것, 배꼽빠지게 웃는 것, 옆구리가 결리도록 웃는 것 등 우리가 웃는 방식은 무척이나 다양하지요. 하지만 요즈음에는 사람들이 웃는 데 너무나 인색한 것 같습니다. 많이 웃을수록 사람들은 혈압이 낮아지고, 심장 박동이 낮아지며, 아픔을 덜 느끼고, 면역 체계가 강화되고, 스트레스 유발 호르몬이 감소되는데도요. 그런데 더 심각한 문제가 있습니다. 그것은 바로 우리가 웃을 일을 찾아야 한다는 거지요.

하늘 보좌에 앉으신 분이 웃으신다. (시편 2:4)

신명기 **15-16**장 ; 시편 **78**편 **34-53**절 ; 잠언 **1**장 ; 사도행전 **11-12**장

1982년 봄에 일리노이 주 스프링필드의 어떤 마을에서 나는 아침 기도 모임의 설교를 하게 되었습니다. 설교를 하기 전에 이웃 교회 목사님이 자신이 최근에 멕시코를 다녀오신 이야기를 해주셨지요.

그 목사님은 여러 사람들과 선교하러 멕시코에 갔습니다. 그런데 돌아오는 길에 차가 그만 고장나 멈추어 버렸습니다. 잭으로 차를 받친 뒤 차밑으로 들어가 무슨 문제가 있는지 점검을 하고 있었습니다. 그런데 갑자기 잭이 넘어지면서 차밑에 목사님이 깔려 버렸지요. 목사님과 함께 갔던 동료들이 재빨리 범퍼를 잡고 차를 들어올리려 했지만 그것은 무리였습니다.

그러자 목사님은 다급하게 예수님의 이름을 외치기 시작했지요. "주여, 주여!" 그렇게 몇 분도 채 안 되어 어떤 젊은이가 미소를 지으며 뛰어왔습니다. 그는 마르고 몸집이 작았지요. 그 젊은이는 차를 잡고 들어올리기 시작했습니다. 다시 목사님의 동료들이 합세했고, 마침내 그 차는 깃털처럼 가볍게 들려졌습니다.

목사님은 차에서 빠져나올 수 있었습니다. 그런데 이상했습니다. 분명히 갈비뼈가 부러진 것 같았는데 멀쩡하게 가슴이 펴지는 것이었습니다. 그 젊은이는 차를 내려놓더니 왔던 길로 다시 뛰어가 지평선 너머로 사라져 버렸습니다. 그는 누구이며 어디서 왔을까요? 아무도 모를 일이었습니다.[27]

성경에 나오는 사람들이나 초자연적인 존재 가운데서 가장 끊임없이 하늘과 관계를 맺고 있는 존재로서 묘사되는 것은 바로 천사입니다. 성경에서 천사에 관한 이야기를 찾아 보면, '하늘에서' 하나님의 천사가 광야의 하갈을 부르러 왔다는 이야기가 있습니다. 야곱도 벧엘에서 천사들을 보았을 때, 하나님의 천사들이 하늘까지 닿은 사다리를 타고 오르락내리락하는 것을 보았지요. 다른 구절에서는 천사들이 '하늘의 사자' 또는 '하늘의 군사'라는 이름으로 불립니다.

천사들이 양치기들에게 노래로 예수님의 탄생을 알린 뒤 하늘로 올라갔다고 성경은 말씀하십니다. 예수님의 무덤에서 돌을 굴려낸 이도 바로 '하늘에서 온 천사'였고, 우리 주님께서 자주 말씀하시는 것도 '하늘의 천사'였습니다. 천사는 성경에서 가장 흥미로운 연구 주제 가운데 하나이지요.

> 그 때에 느부갓네살 왕이 놀라서 급히 일어나, 모사들에게 물었다.
> "우리가 묶어서 화덕 불 속에 던진 사람은, 셋이 아니더냐?"
> 그들이 왕에게 대답하였다. "그러합니다. 임금님."
> 왕이 말을 이었다. "보아라. 내가 보기에는 네 사람이다.
> 모두 결박이 풀린 채로 화덕 안에서 걷고 있고, 그들에게 아무런 상처도 없다!
> 더욱이 넷째 사람의 모습은 신의 아들과 같다!" (다니엘서 3:24-25)

신명기 17-19장 ; 시편 78편 54-72절 ; 잠언 2장 ; 사도행전 13장

4월 3일 —— 당신이 미처 몰랐던 것들

알베르트 아인슈타인 박사는 4살이 되어서야 겨우 말을 할 수 있었고, 일곱 살이 된 다음 비로소 글을 읽을 수 있었습니다. 그의 선생님은 그가 정신적으로 성장이 느리고, 비사교적이기에, 어리석은 꿈 속에서 영원히 헤맬 것이라고 이야기한 적이 있습니다. 그리고 그는 취리히 종합기술전문학교에서 쫓겨나기도 했습니다 / 피터 제이 다니엘의 4학년 때 담임 선생님이었던 필립스 부인은 그에게 이렇게 말했습니다. "피터, 넌 행실이 아주 안 좋아. 정말 나쁜 애로구나. 이러다가 넌 아무 것도 될 수 없어!" 사실 피터는 26살이 되어서야 겨우 읽고 쓸 줄 알게 되었습니다. 그런데 그런 그에게 커다란 변화가 찾아왔지요. 그의 친구가 함께 머물면서 그에게 나폴레온 힐이 쓴 〈생각하라 그리고 부자가 되어라〉라는 책을 읽어 주었던 겁니다. 오늘날 피터는 자신이 싸움질을 일삼던 거리에서 제일 많은 상점을 소유하게 되었고 자서전도 펴냈습니다. 그 자서전의 제목은 바로 〈필립스 선생님, 당신이 틀리셨어요!〉이지요 / 베토벤의 바이올린 연주 솜씨는 아주 형편없었습니다. 왜냐하면 베토벤은 바이올린 실력을 높이려고 애쓰기보다는 자신이 손수 작곡한 곡들을 연주하는 걸 더 좋아했기 때문이지요. 그의 선생님은 베토벤에게 이렇게 말했습니다. "너는 작곡가가 되기는 어렵겠구나." / 루이 파스퇴르는 그저 평범한 대학생이었습니다. 그는 자신의 전공인 화학 시험에서 22명가운데 겨우 15등을 했습니다 / 많은 스포츠 관계자들과 역사가들은 베이브 루스를 온 시대를 통틀어 가장 훌륭한 운동 선수라고 평가합니다. 그는 한 시즌에서 가장 많은 홈런을 친 것으로 유명합니다. 하지만 그가 한 시즌당 가장 많은 삼진 아웃의 기록도 가지고 있다는 사실은 그리 알려져 있지 않지요 / 유명한 조각가 로댕의 아버지는 그를 천치 취급했습니다. 왜냐하면 그는 두 번을 낙방하고 세 번만에 가까스로 예술학교 입학 시험에 붙었기 때문이지요. 그 학교의 어떤 선생님은 그를 그 학교가 생긴 이래로 가장 형편없는 학생이라고 말했습니다. 게다가 삼촌까지도 그를 얼간이라고 했다지요 / 1933년 프레드 에스테어는 MGM의 테스트 감독에게 카메라 테스트를 받았습니다. 그 때 감독은 에스테어에 대한 의견을 메모지에 다음과 같이 적어놨지요. "연기가 전혀 안 됨. 약간은 천박하기까지 함. 춤도 전혀 못 춤." 그 뒤 그 메모지를 입수한 에스테어는 그걸 액자에 넣어 비버리 힐즈에 있는 자신의 저택 벽난로 위에 걸어 두었습니다 / 〈전쟁과 평화〉를 쓴 레오 톨스토이는 대학에서 낙제했습니다. 대학 교수들은 그 이유를 다음과 같이 말했습니다. "그는 배울 능력도 없고 배우고자 하는 의지도 없습니다."

그저 놀랄 만한 일이라고나 할까요? 여기 거명된 유명 인사들의 숨겨진 이야기처럼 사람의 장래는 어느 누구도 예측할 수 없는 것입니다. 선생인 우리는 어떤 사람들에게 불미스러운 꼬리표를 붙인다거나, 자신의 선입견이라는 틀 속에 억지로 집어넣어 그의 장래를 마치 다 알고 있다는 듯이 결론을 내린다든가, 충분히 고려하지도 않고 서둘러 생각나는 대로 그에 대한 의견을 멋대로 쓴다든가 하는 실수를 하지 않도록 해야 합니다. 이 모든 일들이 장차 미래의 큰 인물이 될 지도 모르는 아이들에게 너무나 쉽게 저질러질 수가 있습니다.

"사람은 할 수 없으나……하나님은 무슨 일이나 다 하실 수 있다." (마가복음 10:27)

✺

신명기 20-21장 ; 시편 79편 ; 잠언 3장 ; 사도행전 14장

왕년의 용감하고 위대한 야구 선수 헨리 아론이 브리워스 팀에 속해서 1975년 시즌 개막 경기를 하러 밀워키의 스타디움에 돌아왔을 때, 맨처음 그를 맞이한 선수들 가운데에는 그 당시 야구 선수 가운데서 가장 나이가 어린 유격수가 있었습니다. "안녕하세요 아론 씨, 저는 로빈 윤트입니다!" 하고 인사를 건네는 그 선수는 19살로 메이저 리그 최연소자이었고 이제 두 번째 시즌을 앞두고 있었지요. 윤트와 아론은 의심할 여지없이 내년 여름 쿠퍼스타운에서 다시 만날 것입니다. 브리워스 팀에서 20년을 뛰고, 38살의 나이로 은퇴를 선언한 윤트는 이때 야구 명예의 전당 입당자로서 추천받을 것으로 생각됩니다. 그러나 윤트는 특유의 간결한 말투로 그러한 예상에 대하여 겸손하게 말했지요. "제가 그런 과분한 대우를 받을 수 있는 자격이 있다고는 생각하지 않습니다. 전 단지 제 인생에서 야구를 한다는 것이 즐거웠을 뿐인데요, 뭐."

윤트의 11,008번의 타석수보다 많은 타석수를 기록한 선수들은 피터 로즈, 아론, 칼 야스트르젠스키 그리고 티 코브 등 단지 네 명의 선수들뿐입니다. 그는 1982년에는 유격수로, 1989년에는 중견수로 MVP를 수상했습니다. 3,142번이라는 타점은 야구 역사상 타점 부문 13위로 기록되어 있습니다. 언젠가 보스턴의 레드 삭스 팀 투수 로저 클레멘스에게 가장 상대하기 힘든 타자의 이름을 세 명만 대라고 말했더니 "첫번째로 꼽을 수 있는 선수는 로빈 윤트이고, 네 번째도 윤트고, 일곱 번째로 꼽을 수 있는 선수 또한 로빈 윤트입니다!"라고 했다나요?

윤트의 은퇴 기자 회견장에서 브리워스의 구단주는 눈물을 글썽이며 말했습니다. "사람들은 야구 선수가 오직 한 팀에서만, 20년간 아무 말썽없이 선수 생활을 한다는 것이 얼마나 보기 드문 일인지를 이해하지 못할 겁니다. 그것도 매 시합마다 우리의 기대를 저버리지 않으면서 말입니다." 크리스마스 전에, 윤트는 우연히도 나중에 시카고 화이트 삭스 팀 마이너 리그 선수가 될 마이클 조단과 함께 골프를 치게 되었습니다. 윤트는 시합에서 이긴 뒤 말했지요. "마이클은 하루 종일 골프를 칠 수 있는 은퇴 생활이 얼마나 멋진 일이냐고 말했습니다. 그러나 이런 생활은 금방 싫증나지요. 나는 1, 2주도 안 되어 벅스(밀워키 지방을 연고지로 한 NBA농구 팀)에 가서, 내가 선수로 기용될 수 있는지에 대한 테스트를 신청할지도 모릅니다."*28

명예의 전당에 입당하는 것이 쉽지 않다는 것을 생각해 본다면, 윤트는 천부적인 재능을 타고난 운동 선수임에는 틀림없습니다. 하지만 이러한 천부적 자질 이면에는 우리가 배워야 할 인생의 교훈이 있습니다. 자신이 선택한 삶에 최선을 다하는 것, 꾸준히 이십 년 넘게 일해 온 성실함, 다른 사람들에게 영향을 주었던 유대 관계, 팀과의 협력, 그리고 마침내는 이러한 것들로 자신의 공동체에서 다른 사람들이 해내지 못하는 자신만의 것을 만들어 내는 것 등 이러한 교훈들은 우리의 인생에 중요한 것은 어떻게 출발하느냐 또는 어떤 선택을 하느냐가 아니라 어떻게 마무리하느냐라는 것이라고 가르칩니다. 인생은 100미터 달리기가 아닙니다. 바로 마라톤이지요.

> *이기는 사람은 이것들을 상속받을 것이고, 나는 그의 하나님이 되고,*
> *그는 내 자녀가 될 것이다.* (계 21:7)

창세기 1-2장 ; 시편 1편 ; 잠언 1장 ; 마태복음 1-2장

독일의 유명한 작곡가 멘델스존의 할아버지 모제스 멘델스존은 곱사등이였습니다.

어느 날 그는 함부르크에서 이름이 푸름트예라는 아름다운 딸을 데리고 살고 있던 한 상인을 방문했지요. 모제스는 첫눈에 그녀를 사랑하게 되었지만, 자신의 흉한 모습 때문에 그녀에게 감히 접근하지 못했습니다.

그 집을 떠나기로 한 날, 모제스는 용기를 내어 마지막으로 말 한 마디라도 해보려고 그녀의 방으로 올라갔지요. 아름다움 그 자체였던 그녀에게 감히 말을 못 걸고 우물쭈물하다가 마침내 모제스는 수줍게 말했습니다. "당신은 결혼이란 하늘에서 맺어 준 것이라고 믿나요?"

"예, 전 그렇게 믿어요. 당신은요?" 푸름트예가 시선을 바닥에 떨구며 말했습니다.

"저도 마찬가집니다. 아시다시피, 하늘에서는 사내아이가 태어날 때마다, 하나님께서 그 아이와 어느 여자아이가 결혼하게 될 것인지 말씀해 주신답니다. 저 또한 나의 신부가 될 여자를 지정받았지요. 그런데 하나님께서는 제 신부는 곱사등이의 여자가 될 것이라고 말씀하셨습니다. 그래서 나는 그 자리에서 큰 소리로 말했지요. '주님, 제가 대신 곱사등이가 되게 해주십시오. 그리고 나의 신부는 아름다운 여자가 되게 해주십시오.'"

그러자 그녀는 모제스의 눈을 쳐다보며 깊은 감상에 빠진 듯이 보였습니다. 그녀는 손을 뻗어 모제스의 손을 잡았고, 훗날 그의 헌신적인 아내가 되었지요.*[29]

사도 바울이 쓴 편지에는 사랑 이야기에 관한 이런 아름다운 구절이 있습니다.

"사랑은 모든 것을 덮어 주며, 모든 것을 믿으며, 모든 것을 바라며, 모든 것을 견딥니다."

베넷 세프라는 사람이 버스에 얽힌 사랑 이야기를 했습니다.

덜컹거리는 남부 지방의 도로를 달리는 버스 안에서 한 노인이 꽃다발을 손에 들고 앉아 있었습니다. 건너편에 앉아 있던 한 어린 소녀가 자꾸 그 할아버지의 꽃다발에 눈길을 주었지요. 그러자 그 할아버지는 내리기 직전에 꽃다발을 턱하니 소녀의 무릎 위에 던져 주고는 이렇게 말했답니다. "꽃을 좋아하는구나. 우리 집사람도 네가 그 꽃을 가지게 되면 좋아할거야. 너에게 주었다고 말하마." 그 꽃을 받아든 어린 소녀는 할아버지가 버스에서 내려 자그마한 공동 묘지의 입구로 걸어가는 것을 보았습니다.

사랑이란 아주 특별한 선물입니다. 보상을 바라며 주는 그런 것이 아니지요. 명심하십시오. 사랑이란 말뿐이 아니라 행동으로 하는 것이랍니다.

우리는, 하나님께서 우리에게 주시는 사랑을 알고, 믿었습니다. 하나님은 사랑이십니다. 사랑 안에 있는 사람은 하나님 안에 있고, 하나님도 그 사람 안에 있습니다. (요한1서 4:16)

신명기 24-25장 ; 시편 81편 ; 잠언 5장 ; 야고보서 3-5장

유대인들은 예수님의 어머니 마리아를 엘리의 딸이라고 생각했고, 초기 그리스도교 저술가들은 요아킴과 안나의 딸이라고 생각했습니다. 마리아는 결혼을 해서 제사장 샤가라의 아내 엘리사벳과 친척이 되었지요.

대부분의 성서학자들은 살로메는 예수님이 가장 사랑하는 제자 요한의 어머니 이름이라는 데 동의합니다. 또한 좀더 많은 추론과 꽤나 근거있는 이유를 들어 그녀가 마리아의 자매라고 말하지요. 복음서의 해설 부분에서 그녀에 관해 아주 짤막한 언급이 있습니다. 분명한 것은 그녀 역시 자신의 두 아들들처럼 예수를 따르는 데 아주 헌신적이어서, 십자가에 예수님이 못 박히실 때 함께 있었고, 예수님이 무덤에 장사될 때 도와 주었다는 것이지요.

우리는 마리아와 살로메 이 두 자매의 관계를 생각해 볼 수 있을 것입니다. 마리아가 자신이 성령으로 잉태했다고 말했을 때 살로메는 어떻게 했을까요?

아마도, 예수님이 잉태되셨을 때부터 시작해서 베들레헴에서의 탄생과 골고다에서 돌아가실 때까지 깊은 염려 속에 살아야 했던 마리아만큼 자신의 아들을 위하여 오랫동안 심한 고통 속에서 괴로워한 어머니는 역사상 없을 것입니다. 마리아의 사려깊음과 모성애는 우리가 깊이 생각해 보아야 할 것입니다. 성경은 이러한 그녀의 모습을 "이 모든 말을 그녀의 가슴에 새겨놓더라."라는 구절로 우리에게 말해 주고 있습니다.

물론 살로메의 경우는 그보다는 행복했을 겁니다. 마리아보다는 외향적이며 더 수다스러웠겠지요. 그들에게 함께 웃을 수 있는 기회가 있었을까요? 그들은 무엇을 이야기했을까요?

성경적인 인물, 특히 마리아와 같이 경외의 대상이 되는 인물의 인간적인 모습을 상상한다는 것이 쉽지는 않을 것입니다. 누가 마리아의 생계를 책임졌을까요? 아마도 그녀의 친자매 살로메가 마리아와 함께 있으면서 이야기도 들어 주고, 위로해 주고, 함께 기도하고, 용기도 북돋아 주었을 것입니다.

심지어 십자가 위에서 예수님은 "어머니, 이 사람을 아들로 삼으십시오. 요한, 내 어머니를 자네 어머니로 모셔 주게나."라고 말하며 마리아를 요한에게 부탁했을 때도 살로메가 거기에 함께 있었다고 성경은 말하고 있습니다.

여섯 달만에 천사 가브리엘이,
하나님께로부터 갈릴리 지방의 나사렛 동네로 보내심을 받아서,
다윗의 가문에 속한 요셉이라는 사람과 약혼한 처녀에게로 갔다.
그 처녀의 이름은 마리아였다. (누가복음 1:26-27)
거기에서는 많은 여자들이 멀찍이 지켜보고 있었는데,
그들은 예수를 섬기려고 갈릴리에서 따라온 사람들이었다.
그들 가운데는, 막달라 출신의 마리아와, 야고보와 요셉의 어머니 마리아와,
세베대의 아들들의 어머니가 있었다. (마태복음 27:55-56)

신명기 26-27장 ; 시편 82편 ; 잠언 6장 ; 사도행전 15장

한 젊은 부부가 있었습니다. (편의상 이들을 폴과 메리라 합시다.) 이들은 대부분의 젊은 부부들이 그렇듯이, 고생을 마다 않고 집 살 돈을 마련하기 위하여 가리는 일없이 닥치는 대로 일했지요. 목표를 이루기 위하여 둘 다 열심히 일을 했습니다. 그렇게 몇 년간의 결혼 생활이 지나고, 그들은 별로 크지 않은 주택 단지의 가장자리 부근에 자그마한 집을 살 수 있는 돈을 마련할 수 있었지요. 하지만 문제가 하나 있었습니다. 그것은 바로 뒷마당 쪽으로 철도가 지나가는 것이었지요. 물론 이 문제 때문에 그 땅이 그들이 살 수 있을 만큼 싸지긴 했지만 말입니다. 망설임 끝에 그들은 그 집을 사서 뒷마당에 울타리를 쳤습니다.

그들이 그 집으로 이사하고 나자 그들에게도 아이들이 태어났지요. 첫아이는 아들이었고 두 살 터울로 둘째는 딸이었습니다. 이 아이들에게 모래 상자, 그네, 조그만 나무집 등이 있는 뒷마당은 재미있는 놀이터였습니다. 하지만 아이들은 항상 주의를 받아야 했지요. "뒷마당에서만 놀아라. 철둑길로는 올라가지 말고."

어느 화창한 봄날 아침, 메리는 아침 식사 뒤 부엌 싱크대에서 설거지를 하고 있었습니다. 폴은 일을 하러 나가고 두 아이들은 뒷마당에서 놀고 있었지요. 정원에는 꽃들이 활짝 피어 있었고, 정성스럽게 가꿔 논 야채들이 줄을 지어 심어져 있었습니다. 그리고 자그마한 클로버들이 빈터에 빼곡히 덮여 있었습니다. 미네소타에서 오랜 기간 춥고 고생스런 겨울을 보내고 맞이하는 화창한 봄 날씨에 메리는 너무나도 행복했습니다.

그 때 밖을 내다보던 메리는, 문득 뒷마당 울타리의 문이 조금 열려 있음을 보았지요. 어찌된 영문인지 몰랐습니다. 문이 열리다니? 마당을 샅샅이 훑어보던 메리는 아이들이 보이지 않음을 알았습니다. 그리고는 철길 위에 앉아 천진난만하게 돌멩이 장난을 하고 있는 네 살박이 제이슨을 발견하고 말았지요. 게다가 두 살박이 멜리사는 아장아장 걸어 자기 오빠가 놀고 있는 철둑 위로 막 오르려 하고 있었습니다. 순간, 메리는 심장이 거의 멈출 것 같았지요. 그런데 이 순간에 기적을 울리며 기차가 막 모퉁이를 돌아오는 것이었습니다!

"제이슨! 멜리사!" 아이들의 이름을 외치며 집밖으로 뛰쳐나간 메리는 자기가 아이들에게 다가가기 전에 달려오는 기차가 아이들을 덮칠 것을 알고는 예수님의 이름을 부르짖기 시작했습니다. "오, 주여! 맙소사! 주여!" 예수님 이름을 부르짖으며 달려가는 메리는 순백의 거룩하고 인상적인 모습으로 하늘에서 온 듯한 형상이 철길 위에 있는 제이슨을 안고 또 철둑 밑으로 내려가 멜리사를 붙잡아 안고는 기차가 지나갈 때까지 그렇게 서 있는 것을 보았습니다. 그 형상은 누구였을까요? 어찌됐건 그 형상이 기차가 지나갈 때까지 아이들을 양팔에 안고서 철둑 옆에 서 있었던 것입니다. 메리가 도착했을 때는 두 아이만이 거기에 서 있었습니다.

> 너희는 이 작은 사람들 가운데서 하나라도 업신여기지 않도록 조심하여라.
> 내가 너희에게 말한다. 하늘에서 그들의 천사들이 하늘에 계신 내 아버지의
> 얼굴을 늘 보고 있다. (마태복음 18:10)

신명기 **28**장 ; 시편 **83**편 ; 잠언 **7**장 ; 갈라디아서 **1-2**장

4월 8일 —— 도둑의 초상

엘머 퀼렌은 젊은 헝가리 화가 아르파드 세베시의 작업실을 막 떠나려 하던 참이었습니다. 화가 난 그는 "저 그림은 형편없는 초상화야. 돈을 지불할 수가 없어!"하고 마지막 말을 던졌습니다. 화가는 절망에 빠졌지요. 그리고는 이 초상화를 그리기 위하여 수주일을 고생했는데 거래가 깨져 500펜고를 잃게 되었다는 생각이 번뜩 들었습니다. 자신의 초상화를 그려 달라고 하고는 그 백만장자는 단지 세 번밖에 포즈를 취해 주지 않았기 때문에, 실제로는 거의 화가 자신만의 기억에 의존해서 초상화를 그릴 수밖에 없었습니다. 하지만 그림이 형편없다고 생각되지는 않았지요. 그 백만장자가 작업실을 떠나기 전, 화가는 그를 불러 세워놓고는 "잠시만요, 그렇다면 저 그림이 당신과 닮지 않아서 저 그림을 사지 않겠다는 내용의 편지를 저에게 주시겠습니까?" 하고 말했습니다. 그저 그 자리를 떠나고 싶었던 퀼런은 그러마고 응답했습니다.

그로부터 몇 달 뒤, 헝가리 예술 협회는 부다페스트에 있는 한 화랑에서 미술 전시회를 열었습니다. 그 직후 퀼렌은 전화를 받았고, 30분 뒤 그 전시회가 열리는 화랑에 모습을 나타나서는 세베시의 그림이 걸려있는 화랑 구석으로 갔습니다. 거기에는 자신이 사지 않았던 자신의 초상화가 걸려있었지요. 그 그림의 제목을 힐끗 본 백만장자는 얼굴이 홍당무가 되어, 화랑 지배인 사무실로 부리나케 달려갔습니다. 그리고는 지배인에게 그 그림을 곧바로 떼낼 것을 요구했지요. 하지만 지배인은 전시중인 그림들은 모두 앞으로 육 개월간 그 화랑에 전속되기로 계약이 되어 있다고 조용히 설명했습니다. 화가 머리끝까지 오른 그는 외쳤습니다. "저 그림은 부다페스트에서 나를 동물원의 원숭이로 만들 거요. 나를 중상 모략하는 저 그림을 내건 이 화랑을 당장 고소하겠소."

그러자 지배인은 책상으로 가서 퀼렌이 세베시의 요구에 응해 쓴 편지를 서랍에서 꺼내 보여주며 말했습니다. "잠깐만요, 저 그림은 선생님과 닮지 않았다고 동의했기 때문에 선생님에게는 저 그림에 대한 법적인 권리가 없습니다". 자포 자기하여 그 그림을 사기로 한 퀼렌은 그림의 가격이 원래 자기가 사기로 했던 가격의 열 배로 올랐다는 사실을 발견했지요. 하지만 어쩔 수 없지 않은가, 자신의 명예가 걸린 문제인데! 그는 그 자리에서 5,000펜고짜리 수표를 써야만 했습니다. 화가는 단순히 그 그림을 원 주문자에게 팔았을 뿐 아니라, 원래 받고자 했던 가격의 열 배나 받고 팔았고, 그 그림에 '도둑의 초상'이라는 제목을 붙여 백만장자를 골탕먹이기까지 했습니다.

복수는 일종의 농간 같은 것입니다. 단 한 번의 모욕을 보상받으려면 얼마나 복수를 해야 적당할까요? 어떻게 하면 아닌 것이 맞는 것이 될까요? 복수를 한다고 결코 만족할 수는 없을 것입니다. 주님께서는 그런 일들을 주님께 맡기라고 말씀하셨지요. 진정한 용서만이 복수에 복수의 꼬리가 물리는 잘못들을 중단시킬 수 있는 것입니다.

> *사랑하는 여러분, 여러분은 스스로 원수를 갚지 말고,*
> *그 일은 하나님의 진노하심에 맡기십시오. 성경에도 기록되기를 "'원수 갚는 것은 내가 할 일이니,*
> *내가 갚겠다'고 주님께서 말씀하신다." 하였습니다 (로마서 12:19)*

신명기 **29-30**장 ; 시편 **84**편 ; 잠언 **8**장 ; 갈라디아서 **3-4**장

폴 브랜드 박사가 쓴 〈걱정스럽지만 신비하게 만들어진 존재〉라는 책에는 다음과 같은 글이 실려 있습니다:

런던의 한 병원에서 인턴으로 밤 근무를 하던 나는 81살의 트위그 부인을 방문하여 그녀를 치료하였습니다. 이 원기 왕성하고 용감한 부인은 인후암과 싸우고 있었지요. 목소리가 신경에 좀 거슬리기는 했지만 재치있는 말투에 지금 무척이나 행복해 보였습니다. 우리들은 부인의 후두와 주위의 악성 세포들을 제거하였지요.

어느 날, 새벽 2시까지 아주 좋은 회복세를 보였던 부인이 그 날 아침 내가 급히 호출을 받아 달려갔을 때 침대에 앉은 채로 앞으로 꼬꾸라져 입에서 피를 쏟아 내고 있지 않겠습니까! 나는 즉각 이런 증상은 동맥 손상에서 오는 것으로 판단하고 내 손가락을 부인의 입 속으로 집어넣어 동맥을 찾아 헤맨 끝에 동맥을 눌러 출혈을 멈추었습니다. 그렇게 응급 조치를 끝낸 후에 간호사들이 부인의 얼굴에서 피를 닦아내는 동안 다행히도 부인의 호흡은 점차 정상을 회복해 갔지요. 안정을 되찾아가면서 부인의 얼굴에선 공포가 서서히 사라졌고 10분 정도가 지나자 호흡을 정상적으로 회복했습니다. 부인의 머리를 뒤로 젖히고는 내 손가락 대신에 기구를 사용해서 동맥을 누르려고 시도했지만 그럴 때마다 피가 다시 뿜어 나왔고 부인은 번번이 겁에 질렸습니다. 턱이 떨리고, 동공이 확대되었으며, 내 팔을 억세게 부여잡았습니다.

우리는 저마다 위치를 잡았는데, 나는 오른팔을 부인의 머리 뒤로 둘러서 부인의 머리를 받쳤습니다. 부인의 긴장된 푸른 눈동자에서 나는 이 자세를 며칠이고 유지해서라도 꼭 살아야겠다는 굳은 의지를 엿볼 수 있었지요. 죽음에 대한 공포도 느낄 수 있었는데, 부인 또한 우리가 이 힘든 자세를 풀어 버린다면 다시 출혈이 시작되어 죽을 것이라는 것을 알고 있었던 것입니다. 두 시간을 그렇게 앉아 있었습니다. 이십대의 인턴 의사인 나와 81살의 부인은 서로 그렇게 끌어안고 있을 수밖에는 다른 방도가 없었던 것이지요.

외과 의사가 드디어 도착했고, 트위그 부인과 나는 이런 부자연스럽고 힘든 포옹 상태에서 마침내는 들것에 실려 함께 수술방으로 들어갔습니다. 수술방 스탭진이 수술할 자세를 갖추자 나는 내 손가락을 부인의 입에서 빼냈습니다. 그 순간 핏덩어리가 걸려 나왔지요. 하지만 부인의 손은 여전히 내 어깨를 쥐고 있었고, 눈은 여전히 내 얼굴에 고정돼 있었습니다. 거의 두 시간 동안 우리는 한 사람처럼 엉켜 있었던 거지요.[30]

이렇게 고통이 엄습해 오고 공포가 몰아치며 긴급한 일들이 벌어지면, 우리는 다른 사람의 존재가 정말로 중요하다는 사실을 알게 됩니다.

내가 이러한 절망 속에서 허덕일 때야말로, 친구가 필요하다. (욥기 6:14)

신명기 31 : 32 ; 시편 85편 ; 잠언 9장 ; 갈라디아서 5-6장

역경과 곤란 가운데서도 기쁜 마음으로 열심히 생활할 수 있으며, 삶을 언제나 힘차게 밀어붙이는 사람들, 바로 이런 사람들이 우리가 친구로서 믿고 의지할 만한 사람들이 아닐까요?

오늘의 이야기는 전 뉴저지 주지사 찰스 에디슨의 아버지에 관한 이야기입니다. 그는 지칠 줄 모르는 불굴의 정신을 가진 사나이, 바로 발명왕 토머스 에디슨이지요.

1914년 12월 9일 밤, 서부 오렌지 주에 있던 위대한 에디슨 기업체들은 화재 때문에 완전히 잿더미로 변하고 말았습니다. 그 날 밤 토머스 에디슨은 200만 달러를 잃었으며, 그의 일생을 두고 건설한 업적들이 화염 속으로 사라졌지요. 그 당시 화재에도 끄덕없다고 여겨졌던 콘크리트 건물만 믿고, 에디슨은 단지 238,000달러짜리 보험에만 가입하고 있었습니다. 하지만 찰스는 이렇게 이야기했지요.

"당신의 나이 67세……. 다시 시작하기에는 너무 늙으신 아버지를 생각하니 가슴이 아팠습니다. 하지만 애타하는 나를 보시던 아버지는 도리어 이렇게 말씀하셨죠. '찰스, 어머니 어디 계시니? 어머니를 모시고 오너라. 살면서 이런 일들을 언제 또 보겠니?'"

다음 날 아침, 에디슨은 자신의 꿈과 희망이 이제는 한낱 숯덩어리로 변해 버린 그 폐허를 이리저리 걸어다니며 말했습니다. "이 재난 속에는 위대하고 가치있는 것들이 있단다. 바로 우리의 실수들도 모두 함께 타버린 거지. 난 우리에게 또다시 새로운 출발을 하게 해주신 하나님께 감사드린단다."

그 화재가 있은 지 3주일 뒤, 에디슨의 회사는 다시 첫번째 축음기를 배달했습니다.

자, 이것이 누구에게나 닥칠 수 있는 재앙과 역경을 극복해 내는 법을 알고 있었던 사람의 이야기입니다. 67년, 평생을 살면서 돈을 잃는다는 것은 그에게 그리 중요한 의미가 되지 못했습니다. 그에게는 다시 일어설 수 있다는 자신감이 있었고 그것이 그 어떤 것보다도 중요한 것임을 알고 있었기 때문이지요.

우리가 살다 보면 나의 삶의 터전이 무너지고, 생활 속에 구축해 두었던 모든 관계들이 흐트러지고, 친구들도 떠나가 버리는 경우가 생기곤 합니다. 하지만 그러한 일들을 새롭게 다시 추스릴 수 있는 기회는 언제든지 오는 것입니다. 용기를 냅시다! 오늘부터라도 다시 시작할 수 있습니다.

단지 문제는 이 기회가 언제 오는가 하는 것이지요. 친구들을 다시 한번 만들어 봅시다. 하나님 말씀을 의지하는 이에게는 언제나 희망과 도움이 있는 법입니다.

내가 이렇게 말한 것은, 너희로 하여금 내 안에서 평화를 얻게 하려는 것이다.
너희는 세상에서 시련을 당할 것이다. 그러나 용기를 내어라.
내가 세상을 이겼다. (요한복음 16:33)

신명기 33-34장 ; 시편 86편 ; 잠언 10장 ; 사도행전 16장

항공기 산업의 초창기 시절, 모든 것은 새로웠고 조잡했으며 비행 기술은 걸음마 수준이었습니다. 지금과 같은 정교하고 기술적인 항공 기술들은 그 당시에는 전혀 생소한 것들이었지요. 이러한 배경을 염두에 두고 이야기를 들어 보시기 바랍니다.

한 용감한 조종사가 뼈대는 나무이고, 그 뼈대를 감싸는 몸체는 천이었던 참으로 부서지기 쉬운 조잡한 비행기를 타고 세상의 여러 곳을 비행하고 있었습니다. 이륙 뒤 약 두 시간 정도 비행하고 있는데 이상한 소리가 비행기 안에서 났지요.

이상한 소리가 나는 곳을 찾아서 주의를 둘러보던 조종사는 그만 화들짝 놀라고 말았습니다. 그것은 다름 아닌 쥐가 비행기 안의 무엇인가를 갉아먹는 소리였기 때문이었지요. 비행기가 땅에 착륙해 있는 동안 쥐가 비행기 안으로 들어왔을 것이라 생각되었습니다. 비행기 안의 쥐는 쉽사리 중요한 케이블이나, 조종선, 심지어는 중요한 목재 버팀목 따위를 갉아먹을 수 있기 때문에 아주 위험했습니다.

어떻게 해야 하나? 다음 착륙지까지는 두 시간이나 더 남았는데, 무척 걱정스러운 일이 아닐 수 없었습니다. 계속 비행을 하면서 해결책을 고민하던 조종사에게 한 가지 묘책이 떠올랐습니다. 그것은 바로 쥐가 설치류라는 것이지요. 설치류는 보통 지상이나 땅 속에서 살기 때문에 높은 고도에서는 살 수가 없습니다.

그래서 조종사는 비행기를 고도 20,000피트 이상으로 끌어올렸습니다. 그러자 곧 그 소리가 사라졌지요. 바로 그 고도의 대기에서는 쥐가 살아남을 수가 없었던 것입니다! 두 시간 뒤, 조종사는 안전하게 다음 착륙지에 도달해서 죽은 쥐를 찾아냈습니다.

쥐와 같이 우리의 우정을 갉아먹는 파괴자들이 있습니다. 걱정·두려움·부정직, 뒤에서 들려오는 온갖 험담·분노·거짓말 등 이 외에도 아주 많은 파괴자들이 있습니다.

어떻게 하면 우리 안에 있는 이런 쥐같은 존재를 없애 버릴 수 있을까요? 그 방법은 의외로 간단합니다. 이 파괴자들은 하나님 나라에서는 숨을 쉴 수가 없어 죽어 버립니다. 그러니 말씀과 기도와 헌신으로 주님께 나아갈 때 그러한 것들은 사라질 것입니다. 이러한 방법으로 우리는 아름다운 친구들을 사귈 수 있으며, 나 또한 그런 아름다운 친구가 되어 줄 수도 있습니다.

우리의 우정을 갉아먹는 파괴자들은 높으신 하나님 앞에 서면 사라져 버립니다.

형제자매 여러분,
우리는 여러분의 일로 언제나 하나님께 감사를 드릴 수밖에 없습니다.
그렇게 하는 것이 당연한 일이니, 그것은, 여러분의 믿음이 크게 자라고,
여러분 모두가 저마다 서로에게 베푸는 사랑이
더욱 풍성해 가고 있기 때문입니다. (데살로니가후서 1:3)

여호수아 1-3장 ; 시편 87편 ; 잠언 11장 ; 빌립보서 1-2장한 고아 소년이 할머니와 함께 살고 있었습니다.

어느 날, 그 소년의 오두막에 불이 났고 할머니는 이층에서 자고 있던 손자를 구하려다가 그만 죽고 말았지요. 불타는 오두막 주위에 사람들이 몰려나와서 소년의 살려 달라는 비명 소리를 듣고 발을 동동 굴렀지만 워낙 집 앞쪽의 불길이 거센지라 어느 누구도 손을 쓸 수가 없었습니다.

그 때였습니다. 한 낯선 사람이 사람들 사이에서 뛰쳐나와서는 오두막 뒤쪽으로 달려갔습니다. 오두막 뒤쪽에 쇠파이프가 이층까지 연결된 것을 보고는 쇠파이프를 타고 이층으로 올라갔습니다. 조금 지나자 그는 아이를 팔에 안고 나타나 아이를 자신의 목에 매달리게 하고는 쇠파이프를 타고 내려왔지요.

몇 주 뒤에 그 아이를 누가 돌볼 것인가를 주제로 공청회가 마을 회관에서 열렸습니다. 그 아이를 원하는 사람들은 누구나 한마디씩 할 수 있었지요.

"우리 집은 큰 농장을 하기 때문에 일손이 필요합니다." 첫번째 사람이 말했습니다.

두 번째 사람은 자기 부부가 아이를 얼마나 잘 돌봐 줄 수 있는가를 말했지요. "나는 선생입니다. 우리 집에는 커다란 서재가 있어요, 이 아이가 좋은 교육을 받을 수 있을 겁니다."

여러 사람들이 이야기를 했고 마지막으로 그 마을에서 가장 부자인 사람이 말했습니다. "나는 부잡니다. 여러분이 앞에서 말씀하신 모든 것을 난 이 아이에게 줄 수 있습니다. 게다가 난 돈도 줄 수 있고 여행도 시켜 줄 수 있습니다. 내가 이 아이를 데려가겠습니다."

판사가 "더 할 말이 있으신 분 없으십니까?"라고 물었지요.

그 때 아무도 모르게 청문회장으로 들어왔던 한 사람이 뒷좌석에서 일어났습니다. 그리고는 앞쪽으로 걸어나왔습니다. 고통스러운 얼굴을 하고 있던 이 사람은 곧장 그 소년의 앞으로 걸어나와서는 양 호주머니에 넣었던 두 손을 꺼내 보였습니다. 곧이어 탄성이 여기저기서 터져 나왔지요. 바로 그의 두 손에는 심한 화상 자국이 있었던 것입니다.

그때 갑자기 그 소년이 그 상처를 알아챘다는 듯이 소리를 질렀습니다. 그렇습니다. 그 사람은 뜨거운 쇠파이프를 마다 않고 자신을 구해 준 바로 그 장본인이었던 거지요. 소년은 기뻐서 펄쩍 뛰며 자기 생명의 은인인 그 사람에게 매달려서는 놓지를 않았습니다.

이제 농부도 떠났고, 선생도, 부자도 떠났습니다. 오직 소년과 그 낯선 사람만이 판사 앞에 서 있었지요. 그 상처가 있는 낯선 이는 아이를 얻기 위하여 단 한 마디의 말도 할 필요가 없었습니다.

황소와 염소의 피가 죄를 없애 줄 수는 없습니다. (히브리서 10:4)

여호수아 **4-5장** ; 시편 **88편** ; 잠언 **12장** ; 빌립보서 **3-4장**

어느 스코틀랜드 노인이 몹시 위독한 상태에 빠졌습니다. 그래서 그 노인을 위하여 가족들이 목사님을 모셔왔지요. 이윽고 노인이 누워 있는 침실에 들어와 의자에 앉으려던 목사님은 침대 반대편에 바짝 붙어 있는 다른 의자를 주의깊게 쳐다봤습니다.

"안녕하십니까, 도날드 씨! 아마 오늘 제가 첫 손님이 아닌가 봅니다!" 목사님이 인사를 건넸습니다.

그 말을 들은 노인은 무슨 말인지 몰라 어리둥절해하다가 목사님이 고갯짓으로 가리키는 빈 의자를 보고는 이내 무슨 말인지 깨달았습니다. "아, 이 의자요! 목사님, 이 의자 얘기 한번 들어 보시겠습니까? 몇 년 전까지만 해도 저에게 기도한다는 것은 무척이나 어려운 일이었습니다. 그래서 저는 목사님에게 가서 상담을 했지요. 그러자 목사님께서는 기도할 때 꼭 무릎을 꿇거나 경건한 장소를 찾을 필요는 없다고 하시더군요. 다만 내 앞에 의자를 하나 갖다놓고 그 의자와 마주 앉은 다음, 마치 내 맞은편 의자에 예수님께서 앉아 계시다는 생각으로 기도하라고 하셨습니다. 친구에게 이야기하듯이요. 그 뒤로 전 쭉 이렇게 기도해 왔답니다."

그 뒤 얼마 지나지 않아 목사님은 딸의 요청으로 그 노인의 집에 다시 가게 되었습니다. 그 노인이 죽었기 때문이지요. 아버지가 그렇게 쉽게 돌아가시리라 생각지 않았기 때문에 딸은 꽤나 큰 충격을 받았습니다.

"아버지가 너무나 편히 잠드신 것 같았기 때문에 잠시 밖에 나가 한두 시간 정도 눈을 붙이고 다시 와 보니 돌아가셨더라구요. 그런데 아버지의 손이 침대 밖으로 나와서 빈 의자에 올려져 있었어요. 참, 이상하지 않아요?" "아니, 전혀요!" 목사님이 말했습니다. "전 이해합니다."

우리 모두에게 기도와 예수님의 존재는 그 노인의 경우만큼이나 실제적이고 가깝지요. 예수님은 우리가 기도할 때 언제나 우리 곁에 가까이 오셔서 우리의 기도를 들어 주신다는 것을 마음으로부터 진정 깨달아야 합니다. 하지만 종종 우리는 마치 예수님이 우리가 가장 그를 필요로 하는 순간에 우리를 전혀 돌봐 줄 수 없는 그런 먼 곳에 계신 것처럼 여기곤 하지요. 우리는 어느 때이건간에 죽음과 마주하게 됩니다. 그러나 그러한 순간에도 우리는 우리의 삶을 멈출 순 없지요.

손을 뻗어 예수님과 손을 맞잡고 영원한 나라에 들어가는 것, 이것이야말로 얼마나 편안한 일인가요!

여러분은 내일 일을 알지 못합니다. 여러분의 생명이 무엇입니까?
여러분은 잠깐 나타났다가 사라져 버리는 안개에 지나지 않습니다. (야고보서 4:14)

여호수아 6-7장 ; 시편 89장 1-18절 ; 잠언 13장 ; 사도행전 17장

예수님께서 땅 위의 역사를 마치시고 천국에 돌아오셨을 때 일어났을 것 같은 이야기 하나가 있습니다. 천국에서도 예수님은 잔인한 십자가 형벌과 치욕적인 죽음의 상처를 몸에 지니고 계셨습니다. 이때 천사 가브리엘이 예수님께 다가와 물었습니다. "주님, 아래 세상에 계실 때 사람들을 위하여 고통당하셨지요?" "그랬지." "그러면 모든 사람들이 주님이 그들을 사랑한다는 사실과 그들을 위하여 행하신 일들을 알고 감사할까요?" 가브리엘이 물었습니다.

"아니, 아직은 아냐. 단지 지금은 팔레스타인에 살고 있는 몇몇 사람만이 알고 있지." 이 말에 조금은 당황한 가브리엘이 다시 물었습니다. "그렇다면, 주님께서 사람들을 사랑하신다는 것을 알리시기 위하여 어떻게 하셨는데요?"

"베드로와 야고보 · 요한, 그리고 다른 제자들과 그들의 몇몇 친구에게 부탁했다네. 그 사람들이 다른 사람들에게 나에 관한 소식을 전하고, 그 소식을 받은 사람들이 또 다른 사람들에게 전하고……이렇게 차례차례로 내 소식은 전해져서 마침내 이 세상의 모든 이들이 나의 생애와 그들을 위하여 내가 행한 일들을 알게 될 걸세." 예수님께서 말씀하셨습니다.

이 말씀에 가브리엘은 난감해졌고 다소 회의적이 되었습니다. 왜냐하면, 예수님께서 말씀하신 그 오합지졸들이 이제까지 해왔던 일들을 잘 알고 있기 때문이었지요. "그래요, 하지만 베드로나 야고보, 요한과 다른 사람들이 지쳐 포기하면 어쩌지요? 다음에 뒤이어 오는 세대들이 예수님의 사역을 잊어 버린다면요? 만일에 이십세기의 사람들이 주님에 관해서 후세 사람들에게 말해 주기를 거부한다면요? 그러다가 그 계획이 깨져 버리기라도 한다면요?"

예수님께서 말씀하셨습니다. "난 다른 계획은 만들지 않았다네. 난 그들을 통해 내 계획을 계속 수행할 것이고, 다른 사람들도 따라올 것이네."

주님의 계획이 시작된 이후로 이제 거의 이십 세기가 다 지나갔습니다. 하지만 예수님께서는 다른 대안을 가지고 계시지는 않습니다. 여전히 같은 계획을 고수하고 계시지요. 예수님에 관한 소식 곧 복음이라고 불리는 이 소식은 여전히 입에서 입으로 전달되고 있습니다.

초대 교회와 사도 시대의 사람들은 맨 처음에 예수님과 그의 복음을 접한 이들로서 그의 말씀을 세상에 전파하는 데 자신들을 온전히 바쳤지요. 그 당시에는 발달된 전달 체계가 없던 탓으로 그저 만나는 사람들에게 예수님에 관해 말로써만 전파했던 것입니다.

예수님은 그들을 믿으셨고 그들 또한 예수님의 기대를 저버리지 않았지요. 이제 우리의 차례입니다. 우리는 과연 잘해낼 수 있을까요? 여러분은 믿을 만한 사람인가요?

그러나 성령이 너희에게 내리시면,
너희는 권능을 받고, 예루살렘과 온 유대와 사마리아에서,
그리고 마침내 땅끝에까지, 나의 증인이 될 것이다. (사도행전 1:8)

여호수아 **8-9**장 ; 시편 **89**편 **29-37**절 ; 잠언 **14**장 ; 데살로니가전서 **1-3**장

그 무엇보다도 불행만큼 자매들을 한마음이 되게 하는 것은 없다라는 말이 있습니다. 이 말에 꼭 들어맞는 자매들이 있었습니다. 1912년 4월 14, 15일 밤 침몰하는 타이타닉 호에서 살아났던 행운의 세 자매 에델 · 엘리스 · 마벨이 바로 그들이지요. 그 당시 이 세 자매들은 어렸었지만, 그 날 밤의 악몽 같은 기억은 지워지질 않았습니다.

승무원들과 선원들이 미친 듯이 구명 보트로 기어올라 자리를 잡을 때, 마크 포춘 부인은 남편과 함께 갑판 위에 서 있었고 근처에 아들 찰스가 있었습니다. 마크는 아내에게 자신과 찰스는 다른 배나 구명 보트를 타고 빠져나갈 수 있을 거라고 안심시켰습니다. 그러나 다른 구조선은 늦게 올지도 모른다는 소식이 이미 있었던 터라 이 사실을 알고 있던 남자들은 아내들에게 먼저 보트에 오르라고 재촉했지요. 하지만 많은 부인들이 거절했습니다.

마크의 가족들이 기울어 가는 갑판 위에서 얘기를 하고 있었을 때 딸들 가운데 하나가 찰스에게 아버지를 잘 부탁한다고 외쳤습니다. 마침내 그 가족의 여자들은 삐걱거리는 구명 보트에 올라 칠흑 같은 어둠 속으로 밀려가더니, 북대서양의 거친 파도 속에서 네 시간 동안이나 떠다녔지요. 새벽녘이 되자 구조선 카르파티아가 시야에 보이기 시작했고 신호탄이 쏘아졌습니다.

이윽고 구조되어 카르파티아 선에 올라 탄 소녀들과 어머니는 생존자들 가운데 남편과 아들이 없음을 알고 처절한 슬픔에 빠졌지요.

그 뒤 소녀들이 어떻게 되었는지에 대해서는 거의 아는 사람이 없을 뿐더러 설사 있다고 해도 의견들이 모두 제각각입니다. 비극은 서로 사랑하는 사람들을 가깝게 묶어 주는 일을 하지요. 특히 자매들간에는요. 그 누구보다도 자신의 감정과 두려움 · 즐거움을 서로에게 잘 전달할 수 있습니다.

여러분은 자매들과 함께 계곡에 들어가 본 적이 있습니까? 거기서, 혼자 걷지 않고 누군가와 함께 걷는다는 사실 때문에 인해 더욱 힘을 얻었던 경험이 있습니까? 오직 자매가 아니면 치료해 줄 수 없는 상처가 있기 때문에 함께 있다는 것만으로도 삶이 풍성해졌을 것입니다. 이것은 다른 방법으로 가질 수 있는 경험보다 더욱 풍성한 것이지요.

나중에 여러분의 자매에게 화가 날 때가 있더라도 (그 반대의 경우에도) 그 자매가 한때 실연을 당해서 여러분이 흘리던 눈물을 닦아 주었고, 부모님이 돌아가셨을 때에도 여러분의 위안이 되어 주었다는 것을 기억하면 모든 게 잘 해결될 것입니다. 어려웠던 순간들을 기억한다는 것은 모든 일을 좋게 만들 수 있다는 가능성을 내포하고 있습니다. 힘든 시간을 함께 보내고 나면 서로에게 감사하는 마음이 생깁니다.[31]

> 어머님이 가시는 곳에 나도 가고, 어머님이 머무르시는 곳에 나도 머무르겠습니다.
> 어머님의 겨레가 내 겨레이고, 어머님의 하나님이 내 하나님입니다. 어머님이
> 숨을 거두시는 곳에서 나도 죽고 그곳에 나도 묻히겠습니다. (룻기 1:16-17)

여호수아 10-11장 ; 시편 89편 38-52절 ; 잠언 15장 ; 데살로니가전서 4-5장

두려움이 시시각각으로 목을 죄어 오는 가운데 원주민 무트와는 죽어 가는 아들을 품에 안고 뜨거운 먼지 속을 2마일이나 달려 아프리카의 바라그와나스 병원으로 갔습니다. 하지만 본능적으로 너무 늦었다는 것을 예감하고 있었지요. 병원에 도착은 했으나 애석하게도, 차가워진 아기의 시체를 안고 집으로 되돌아갈 수밖에 없었습니다. 소화기 장애로 죽은 아이를 품에 안고 돌아오는 동안 그는 내내 흐느껴 울었지요.

무트와는 투박한 관 하나를 만들어 죽은 아기의 장례 예식을 치를 준비를 했습니다. 반투 족에게 있어, 장례는 자신의 지위에 알맞게 치르는 것이 중요했습니다. 이름없는 무덤에 묻힌다거나 거지들의 무덤에 묻히는 것은 아프리카의 어느 곳에 사는 반투족에게든 대단히 불명예스러운 일이었지요. 하지만 반투 족들은 자신이 공인받은 교회에 속해 있지 않거나 목사님에 따라 집전된 장례 예식이 아닌 경우에는 교회 공동 묘지를 쓰지 못했습니다. 한 유명한 작가는, 자신에게 알맞은 장례를 치르고 싶다는 이유로 많은 원주민이 그리스도인이 된다고 말하기도 합니다.

깊은 슬픔에 잠긴 죽은 아기의 부모는 그들의 그리스도교 목사에게 갔습니다. 그 아내는 교회를 여러 해 다녔지만, 그는 결코 믿음을 가지지 않았습니다. 그들이 장례 예식을 부탁하자 그 목사님은 한마디 이유도 없이 거절했습니다. 나중에 무트와는 신랄하게 글을 썼지요.

"이상한 일이었습니다. 목사는 수년 동안 반투 족의 관습과 법을 터득했기 때문에 내 아이의 장례를 거절한다는 것이 내게 무엇을 의미하는지 잘 알고 있었을 텐데 그런 식으로 딱 잘라 거절을 하다니 말입니다. 그는 내 가족의 대부분이 그리스도인이었지만 단지 내가 그리스도인이 아니라는 이유로 아이의 장례 예식을 거절한 것입니다."

이 슬픈 경험을 토대로 무트와는 〈아프리카는 보았다〉라는 자신의 책에서 "왜 그리스도교가 아프리카에서는 실패할 수밖에 없는가"라는 제목으로 그리스도교를 비방하는 글을 썼습니다.[32]

인생을 사는 데 영적인 지도가 필요한 대부분의 사람들은 그리스도와 종교라는 허울 속에서 경직되고 형식에 치우친 지도자들이 사랑과 연민을 외면한 채 오직 율법적이고 난해하고 딱딱하고 도식적인 행위만을 요구할 때 종종 상처를 받곤 하지요. "하나님은 점잖은 옷을 입고 완고한 판단이나 내리라고 우리를 부르신 것은 아니다."라고 제시 무디는 말합니다. 우리는 예수님의 구원 사업을 하고 있는 것이지, 아주 고압적인 정직성 조사 사업을 벌이는 것이 아닙니다. 우리는 죄인들에게 공포의 대상이 되어서는 안 됩니다. 바로 피난처가 되어야 하는 것이지요.

우리는 예수님께서 거룩한 분노 속에서 엄중히 꾸짖으셨던 회칠한 무덤이 될 수 있는 위험성을 언제나 지니고 있습니다. 사도 바울은 말합니다. "성령의 열매는 온유입니다."

> *성령의 열매는 사랑과 기쁨과 평화와 인내와 친절과 선함과 신실과 온유와 절제입니다.*
> *이런 것들을 금할 법은 없습니다……우리가 성령으로 삶을 얻었으니, 성령이 인도해*
> *주심을 따라 살아 갑시다.* (갈라디아서 5:22-25)

여호수아 12-14장 ; 시편 90편 ; 잠언 16장 ; 데살로니가후서 1-3장

4월 17일 —— 지진 가운데 질문을 던지다

산 안드레아스 단층이 내려앉았던 1906년 봄의 그 아침에 샌프란시스코는 지진으로 땅이 꺼지고 무서운 공포가 사람들을 엄습했습니다. 지진 때문에 화재가 난 도시를 빠져나가려고 수천, 수만의 공포에 질린 사람들이 아우성을 칠 때, 헝클어진 머리카락에 날카로운 눈매와 매부리코를 한 어떤 남자가 그 날 그 도시로 들어가는 단 한 대뿐인 기차를 타고 그 도시에 도착했지요.

그의 이름은 바로 유명한 심리학자인 윌리암 제임스였습니다. 그는 당시 64세의 고령에다 심한 심장병으로 고생을 하고 있었지요. 한 손에 노트를 들고 불타오르는 화염과 무너지는 건물들 그리고 파편 조각더미들 사이를 열두 시간 동안 누비며 그는 도망가는 시민들에게 질문을 던졌습니다. "처음 지진이 일어났을 때 기분이 어땠습니까?" "무엇이 맨 먼저 머리 속에 떠오르던가요?" "지금 당신의 심장이 얼마나 빨리 뛰고 있나요?"

이것이 바로 그의 열정을 반영하는 것이었으며, 그를 당대 최고의 심리학자가 되게 했던 추진력이었습니다. 이와 같이 진실에 대한 갈망 때문에 그는 탐험과 실험을 추구하였으며 이러한 일들은 그를 변화시키고 성장하게 만들었지요. 그는 삶과 생명의 비밀에 대한 모든 것과 수많은 사람들 개개의 인간성들에 관해서 만족할 줄 모르는 지적 호기심을 가지고 끊임없이 연구를 거듭했습니다.

그런데 참으로 안타깝게도, 윌리암 제임스와 같은 과학자들과 어떤 종교가들 사이에는 극명한 차이점들이 있습니다. 과학자들은 공개적으로 자신들이 모든 진리를 알고 있는 것이 아니라고 인정하며 열성적으로 진리를 탐구하지요. 하지만 그와는 반대로 너무나 많은 종교가들이 점잔을 빼며 그들은 모든 인생의 문제에 대한 해답을 가지고 있노라고 선언합니다. 하지만 종교가들의 이러한 태도 때문에 지각있는 많은 사람들은 종교를 거만한 무지라고 여기며 종교에는 흥미를 끌 만한 것이 거의 없다고 생각하게 됩니다. 아무리 평범한 사람일지라도, 생명이라는 문제에는 대답이 불가능한 일들이 많이 있다는 것을 알고 있습니다. 그래서 사도 바울이 이렇게 말하지 않았던가요? "희미한 거울을 들여다보는 것과 같습니다."

생명과 그리스도교라는 영역에는 현재 우리가 대답하기 쉽지 않은 문제들이 산적해 있습니다. 우리가 미지의 새 영역을 탐구하면 할수록 더욱더 많은 미지의 영역들이 나오는 것이지요. '남보다 앞서고자 하라'는 성경 말씀은 바로 이런 이유에서일 것입니다. 이것은 성령님이 주신 선물을 어떻게 사용하는가에 관한 얘기이지만 그 밖의 다른 일에도 마찬가지입니다.

하나님의 말씀을 탐구하고 생명의 해답을 찾기 위하여 그 말씀을 집중적으로 읽으십시오. 또한 날카로운 관찰력을 기르십시오. 그리고 자꾸 질문을 던지며, 해답을 찾아 나가십시오. 성경에는 무궁한 진리가 있습니다!

그대는 진리의 말씀을 올바르게 가르치는 부끄러울 것 없는 일꾼으로,
하나님께 인정을 받는 사람이 되기를 힘쓰십시오. (디모데후서 2:15)

여호수아 15-16장 ; 시편 91편 ; 잠언 17장 ; 사도행전 18장 어떤 영문학 선생님이 수업을 시작하면서 시를 한 편 읽어 주고는, 이 시의 작자와 내용을 물어보았습니다.

"내 아이들의 소리에 귀 기울여 보면 / 그대 들리는 것이 있나니 / 75년 4월 18일 한밤 중 / 폴 리버리가 말을 타고 달려가는 소리 / 그 멋진 해와 멋진 날을 기억하는 이들 모두 / 이생을 떠나고"

여기까지 시를 읽자 한 학생이 손을 들어 대답했습니다. "선생님, 그것은 롱펠로우의 시 '폴 리버리, 말을 타고'의 첫 부분입니다." 그러자 선생님은 마지막 네 구절을 읽어 주었지요. 그러나 이 구절들은 첫번째 구절들과는 사뭇 달랐습니다.

"어둠과 위험과 빈곤의 시간 속에서 / 사람들은 깨어나 들으리라 / 서둘러 달리는 그 말의 말발굽 소리를 / 폴 리버리가 전하는 한밤의 소식을"

이번에는 선생님이 폴 리버리의 말 이름이 무엇이냐고 물었습니다. 대답을 못한 학생들에게 숙제로 그의 시 13편 모두를 읽고, 폴 리버리의 충직한 말의 이름을 찾아오라는 문제가 주어졌지요. 그러나 시에서 그 말이 수없이 언급됐음에도 불구하고 말의 이름은 언급되지 않았습니다.

그렇다면, 이 숙제를 통해 학생들에게 선생님이 주려 했던 가르침은 무엇일까요? 비록 폴 리버리가 명성과 영광을 얻은 건 사실이지만, 그 이면에는, 여러 마리의 이름 없는 말들이 있어서 그가 말을 타고 가는 명장면을 연출하는 데 커다란 공헌을 했다는 것입니다. 이제 나는 알았습니다. 이 시에서는 실제 리버리가 받아야 할 영예보다 더 큰 영예가 반영되고 있습니다. 그것이 역사가들의 생각이기도 합니다. 하지만 그건 별개의 문제라는 것도 알고 있습니다.

달라스 카우보이 팀의 에밋 스미스가 미식 축구 역사상 또 다른 기록을 수립하여 명성을 얻을 동안, 그의 앞에서 그의 환상적인 질주를 위하여 상대 팀 선수들을 막고서 그에게 길을 터 주었던 다른 동료 선수들의 이름을 기억하고 있는 사람은 거의 없습니다.

인생에서 성공을 거두는 사람들은 홀로 그것을 이루는 것이 아닙니다. 우리는 우리도 모르는 사이에 친구·부모님·선생님 등 누군가의 도움을 받곤 하지요. 바로 그들이 영예를 누려야할 사람들입니다. 그러므로 그들과 함께 영예를 누리는 법을 배우도록 합시다.

사랑하는 형제요 주 안에서 진실한 일꾼인 두기고가,
내가 지내는 형편과 내가 하고 있는 일과 그 밖의 모든 것을 여러분에게 알릴 것입니다.
우리의 사정을 알리고, 또 여러분의 마음을 위로하게 하려고,
나는 그를 여러분에게 보냅니다. (에베소서 6:21-22)

여호수아 **17-18장** ; 시편 **92편** ; 잠언 **18장** ; 고린도전서 **1-2장**

어릴 적 우리는 서로 많이도 다투었지요. 하지만 십대가 되자 우리는 점차 싸우거나 말다툼을 별로 하지 않았으며, 그 뒤 자라면서 싸운 기억은 거의 없습니다. 사람들이 우리 자매는 흡사 복제 인간 같다고 말하곤 했지요. 우리는 똑같이 요리와 뜨개질, 노래부르는 것을 좋아했으며, 나는 내 동생의 붉은 머리칼과 녹색 눈동자를, 내 동생은 나의 금발과 파란 눈동자를 서로 부러워했습니다.

동생은 늘 내가 머리가 좋다고 말했습니다. 하지만 동생은 자기 아이들이 다 자라자 대학교에 다녔고 노련한 사서가 되었지요. 동생은 자신의 아이들뿐만 아니라 자신이 입양한 아이들을 사랑하고 양육하는 데도 재주가 있었습니다. 그리고 동생은 아이들이 자라 독립할 나이가 되자 자신의 자리를 과감히 포기하는 용기도 가지고 있었지요. 나는 동생의 이러한 점을 높이 평가합니다. 우리는 서로 저마다 달성한 목표들을 아무런 시기나 질투심 없이 축하해 주고 우리의 인생을 더욱 발전시켜 나갔지요. 어느 한쪽이 상처라도 입었을 경우에는 그것이 내 상처인양 위로해 주었습니다.

하지만 이렇게 좋았던 자매애도 동생이 여러 가지 병으로 말미암아 일찍 저 세상으로 가면서 짧게 끝나고 말았습니다. 동생에게는 암이 있었습니다. 비록 수술로 완치는 됐지만 단지 12년밖에 더 살지 못했지요. 더군다나 동생은 당뇨 증세까지 있어서 심하게 고통을 받았습니다. 이러한 장기간의 병치레는 마침내 신부전증을 일으켰고 그래서 동생은 거의 실명을 하고 말았지요. 결국 45살이라는 젊은 나이로 동생은 세상을 떠났지만 내 가슴속에는 동생과 내가 단단하게 맺은 자매애가 남아 있어 지금도 지속되고 있습니다.

이제 나의 자매애는 자손들에게도 이어졌습니다. 동생의 자녀들이 성취한 일들이 무척 기쁘며, 동생의 손자 손녀들이 하나 둘씩 생겨나는 걸 지켜보는 재미도 즐기고 있습니다. 많은 명절들을 내 아이들과 동생의 아이들이 함께 지냈습니다. 다른 가족과 별다를 게 없지만 이 가족애를 계속해서 더욱 돈독하게 해주는 것이 하나 있습니다. 그것은 내 동생의 아이들이 나를 어머니처럼 여긴다는 것입니다. 그 아이들도 나도 이 사실을 알고 있습니다. 하지만 이 온화하고 무의식 중에 싹튼 감정을 누구 하나 입밖에 내는 이가 없지요.

이제 동생이 죽고 십 년이라는 시간이 흘렀건만, 난 여전히 동생 샤론이 좋아했던 패티 멜트를 먹을 때마다 목이 메어 옵니다. 그렇게 하지 않으려고 몇 번이나 노력했지만 모든 게 허사였지요. 요리법을 적은 카드를 넘기다가 때때로 동생이 손수 메모해 놓은 카드를 발견하고는 가슴이 마구 뛰곤 합니다. 나는 가끔 내 삶에서 아주 중요한 일이 발생했을 때에(아니 그 보다 더 못한 사소한 일이라도), 언뜻언뜻 샤론에게 전화해야겠다는 바보 같은 생각을 하곤 하지요.

그래요, 동생은 나의 빈 마음을 채워 주는 세상에 둘도 없이 마음이 착착 잘 맞는 친구였습니다. 나는 외롭지 않습니다. 왜냐하면 그녀는 여전히 내 마음 속에 살아 있기 때문입니다.

내 아버지의 집에는 있을 곳이 많다. 그렇지 않다면, 내가 이미 너희에게 일러 주었을 것이다. 나는 너희가 있을 곳을 마련하러 간다. (요한복음 14:2)

여호수아 19-20장 ; 시편 93편 ; 잠언 19장 ; 고린도전서 3-4장

1884년 한 젊은이와 그의 부모가 유럽을 여행하고 있었습니다. 그러나 그 젊은이는 여행 도중에 그만 죽고 말았습니다. 그래서 그의 부모들은 깊은 슬픔 속에서 아들의 시체를 가지고 미국으로 돌아왔지요.

아들의 장례가 끝나자 그의 부모들은 자식을 기리기 위하여 할 수 있는 게 뭐가 있을까를 상의했습니다. 그들은 비석이나 화려한 무덤, 동상 따위는 조성하지 않기로 했습니다. 대신 젊은이들에게 도움을 주는, 그런 실질적인 추모가 될 수 있기를 바랬지요.

여러 가지 가능성을 생각하다가 교육 분야에 관련된 일을 하기로 결정을 하고 그들은 그 당시 하버드 대학의 총장 찰스 엘리엇을 만났습니다.

그들은 갑자기 죽은 아들에 관해 이야기하면서, 그 아들을 기리기 위하여 기념 사업을 조성하고 싶다고 말했습니다. 이것으로 자신의 아들과 같은 젊은이들이 계속해서 공부하는 데 도움을 주고 싶다고 말이지요.

귀족같이 거드름을 피우던 총장은 그것이 장학 기금 설립을 말하는 것이냐고 물었습니다.

"아뇨, 우리는 뭔가 그것보다도 더 실질적인 것을 생각하고 있는데요."라고 부인이 말했습니다.

그러자 총장은 말을 가로막고 나서더니 짐짓 봐주는 듯한 태도로 말했습니다. "아무래도 설명을 드려야할 것 같은데요, 여러분께서 제안하고 계신 사업은 엄청난 돈이 듭니다."

잠시 동안의 침묵이 흐른 뒤 부인이 의자에서 천천히 일어나면서 물었습니다. "총장님, 이 대학 전체의 가격이 얼마나 되지요?"

한 700만 달러 정도 될 것이라고 총장이 우물거렸습니다.

마음을 단단히 먹은 듯한 부인이 말했습니다. "그래요? 우리는 그것보다 더 많은 것들을 할 수 있어요. 저 여보, 내게 좋은 생각이 있어요." 이 말을 남겨 놓고는 그 부부는 그곳을 떠났습니다.

다음 해 하버드대 총장은 얌전하기만 했던 그 부부가 자기 아들을 기리는 사업으로 2,600만 달러를 투자했다는 소식을 들었습니다.

그 기념 사업으로 캘리포니아에 '리랜드 스탠포드 주니어 대학교'가 설립되었지요.

우리 인생에서 만나는 사람들을 잘못 판단하거나 미리 판단한다는 것은 자칫 막대한 손해를 불러올 수도 있습니다.

너는 그의 준수한 겉모습과 큰 키만을 보아서는 안 된다. 그는 내가 세운 사람이 아니다.
나는 사람이 판단하는 것처럼 그렇게 판단하지는 않는다. 사람은 겉모습만을 따라
판단하지만, 나 주는 중심을 본다. (사무엘상 16:7)

여호수아 21-22장 ; 시편 94편 1-11절 ; 잠언 20장 ; 고린도전서 5-6장

모든 사람들이 짐 브래디의 이야기를 너무도 잘 알고 있습니다. 어떻게 해서 그렇게 덩치 크고 솔직하며 재치가 넘치는 '곰'이란 별명을 가진 그가, 백악관 공보관이 된 지 겨우 2개월 만에 레이건 대통령을 쏘려던 총알에 머리를 맞고 뇌수술 뒤 의식을 회복하기 위하여 얼마나 애를 썼는지, 그리고 그에 따라 생긴 상처의 고통을 얼마나 잘 견디어냈는지를 말입니다.

하지만 브래디를 자신같이 사랑했기에 부단하고 한결같은 헌신을 브래디에게 바쳤던 밥 델그런이라는 사람을 알고 있는 이들은 그리 많지 않습니다.

몇 개월 전, 밥 델그런이 그의 나이 52세로 잠자는 중에 사망했습니다. 그의 죽음은 조간 신문의 기사거리도 되지 못했지요. 그렇지만, 그 총격 사건 뒤 수개월 동안 델그런은 브래디의 뇌수술이 있을 때마다 브래디의 아내 사라와 함께 수술실 밖에서 밤을 지샜으며, 그 사건이 있은 직후 브래디의 아이를 자기 집에 데려다 돌봐 준 것도 델그런과 그의 아내 수지였습니다.

브래디의 침대 옆에서 브래디의 완쾌를 위하여 브래디의 친구들과 유쾌한 "행복의 시간"을 마련한 것도 델그런이었지요.

브래디가 회복하여 휠체어를 타고 반쯤은 정상적인 생활이 가능해졌을 때 필요한 것을 미리 준비한 것도 델그런이었고, 브래디가 여행 다닐 때 주로 타고 다녔던 특별한 장치가 된 밴에 브래디가 오르내릴 때 도와준 사람도 역시 델그런이었지요.

델그런은 브래디의 건강에 대하여 쉴새없이 물어 오는 사라를 잘 도와 주었으며, 의사들과 법률가들, 브래디를 이용하려는 사람들, 이번 기회에 어떻게 잘 해보려는 사람들을 처리하는 브래디의 친구들이 브래디의 건강에 관해 계속 소식을 들을 수 있도록 셀 수없이 많은 시간을 보냈습니다. 델그런은 브래디 가족들의 재정 지원을 위하여 기금을 조성하는 데도 도움을 주었지요.

그 총격 사건이 있은 뒤 4년 반 이상의 기간 동안, 델그런은 자기가 사랑하는 친구를 위하여 자신의 모든 시간을 바쳤습니다. 하지만 무엇을 바라고 한 일은 아니었지요. 그는 결코 불평을 하지 않았으며, 필요한 것을 공급하는 데도 주저하지 않았습니다.

오랫동안 브래디의 수술을 맡았던 아서 코브린 박사는 "우리 모두는 델그런과 같은 친구가 필요하다!"고 말했습니다.*33

사람들은 흔히들 "중요한 것은 마음이다!"라고 합니다. 정말 그럴까요? 단순히 마음만 가지고 있는 것 자체는 그다지 중요하지 않습니다. 우정이란 행동으로 표현될 때 더 가치를 발휘하는 것이지요. 우정을 맺고 그것을 지속시키기 위해서는 말 그 이상의 것이 필요합니다.

*자녀 여러분, 우리는 말로나 혀로만 사랑하지 말고,
행함과 진실함으로 사랑합시다.* (요한1서 3:18)

〰

여호수아 **23-24**장 ; 시편 **94**편 **12-23**절 ; 잠언 **21**장 ; 고린도전서 **7-8**장

조지에게는 늘 과장해서 이야기하는 버릇이 있는 친구가 있었습니다. 어느 날 이 친구의 허풍을 고쳐 주리라고 마음을 먹은 조지는 전혀 뜻밖에도 이 친구에게 자기가 제이 르노를 안다고 말했습니다.

"그래? 그럼, 증명해 봐!" 그들은 몇 분 동안 차를 타고 가서는 말리브 해변이 내려다보이는 거대한 집 앞에 내렸습니다. 그야말로 경치가 장관이었지요.

노크를 하자 제이가 대문까지 나와서 말했습니다. "들어와 조지, 네 친구도 같이 데리고 말야."

집으로 들어가면서 친구가 어색해 하며 말했습니다. "너 정말 제이 르노를 아는구나."

하지만 이 정도 가지고는 친구의 나쁜 버릇을 고치기에는 부족할 것 같았습니다. 그래서 조지는 무심코 흘리듯이 말했지요. "그래. 그런데 실은 제이와 나는 대통령과 서로 잘 아는 사이야."

그 말을 들은 친구는 갑자기 머리를 뒤로 젖히더니 이렇게 외쳤습니다. "나 원, 이거야! 좋아, 비행기 값은 내가 내겠어. 워싱턴으로 가자고. 가서 정말 그런가 봐야겠어."

그들이 백악관에 도착하자마자 클린턴 대통령이 나와서 그들에게 인사했습니다. "안녕 조지, 들어오게 나의 오랜 친구, 친구도 함께 들어오게."

얼마 뒤 매우 쑥스러운 듯이 주위를 둘러보며 친구는 말했습니다. "그래, 정말이네, 너 정말 대통령을 아는구나."

하지만 조지는 그 친구가 아직도 자신의 못된 버릇을 다 못 버렸음을 감지했습니다. 또 다시 조지는 우연을 가장하여 친구에게 말했지요. "그래. 하지만 역시 교황의 집무실이 대통령의 집무실보다 더 멋있다는 거 너 아니?"

이 말에 눈이 휘둥그레진 친구가 소리쳤습니다. "뭐라고, 교황도 알아? 난 네가 교황을 만나기는커녕 교황 집무실에조차 못 들어간다는 데 만 달러 걸겠어!"

며칠 뒤, 그들은 로마를 방문했습니다. 바티칸으로 통하는 한 문을 두드리자 추기경 한 명이 나와서 조지에게 손을 내밀어 악수하며 말했습니다. "친구분께서는 들어오실 수 없습니다. 조지만 들어오세요. 다시 뵙다니 정말 반가워요, 조지." 한 시간쯤 지나자 조지와 어깨동무를 한 교황이 발코니로 나와 군중들에게 손을 흔들어 인사하고는 연설을 했습니다.

얼마 뒤, 밖으로 나온 조지는 친구를 찾았지요. 그러나 광장에서 그 충격에 어쩔 줄 모르고 땅바닥에 주저앉아 있는 친구를 발견한 조지는 그에게 달려가 부축해서 그를 일으켜 세워 주었습니다. 그리고는 그에게 너무나 많은 충격을 준 것에 대하여 사과했습니다. 하지만 친구는 고개를 가로저으며 중얼거렸지요.

"내가 충격을 받은 것은 네가 교황을 알고 있다는 것이 아니야. 내가 충격을 받은 것은 사람들이 계속해서 조지와 함께 있는 녀석이 누구냐고 서로에게 물어보는 말이었어!"

> 왕 앞에서 스스로 높은 체하지 말며, 높은 사람의 자리에 끼어 들지 말아라.
> 너의 눈 앞에 있는 높은 관리들 앞에서 '저리로 내려가라'는 말을 듣는 것보다,
> '이리로 올라오라'는 말을 듣는 것이 더 낫기 때문이다. (잠언 25:6-7)

사사기 1-2장 ; 시편 95편 ; 잠언 22장 ; 고린도전서 9-10장

내가 그 화장실에 들어섰을 때, 한 사내가 자기가 하는 일과는 맞지 않는 깔끔한 옷차림으로 일을 하고 있었습니다. 그는 휘파람을 불며 일을 하고 있었지요. 이 사내는 축축하고 역겨운 냄새가 나는 꽁초를 줍기 위하여 조그만 가위로 소변기에서 담배꽁초를 집어내고 있었습니다.

"일이 쉽지 않으시죠?" 내가 말했습니다.

"예 그렇죠, 하지만 누군가는 해야 되는 일이죠. 사람들이 화장실에 들어와서 더러운 것을 보면, 우리가 청소에 신경을 쓰지 않는다고 생각하거나 우리가 더럽다고 생각을 하죠. 그래서 아주 깨끗하게 청소하는 겁니다."

"사람들이 자주 꽁초를 변기에 버리나요?" 멋지게 차려입은 이 남자가 화장실 칸막이 안을 살펴보는 동안 내가 물었습니다.

"자주요? 날마다 아침 소변기 하나에서도 여러 개를 줍죠."

"왜 사람들이 소변기에다가 꽁초를 버리죠?" 내가 물었습니다.

"게을러서 그래요, 게을러서. 그렇지 않다면 그런 일은 아예 신경을 쓰지 않은 사람들이거나! 아마도 그런 사람들은 좋은 환경에서 자란 사람들이 아닐 겁니다. 성장이 미숙한 사람들이거나, 어쩌면 아주 지저분한 이유로 그런 일을 했을 겁니다. 아니면 남이 일일이 뒤치닥거리를 해주는 사람이거나!" 그 사내는 낮은 목소리지만 단호하게 말했습니다.

"여기서 오랫동안 일하셨어요?" 화장실을 떠나면서 내가 물었습니다.

"전 여기서 일하는 사람이 아닙니다. 길 건너편에 내 사무실이 있어요. 하지만 매일같이 여기에 옵니다." 그의 이 말에 난 화들짝 놀라 다시 물었습니다.

"뭐라고요, 여기서 일을 안 하신다고요? 그런데 왜 화장실 청소를 하시는 거지요?"

"내가 나가고 난 다음 이 화장실에 볼일 보러 들어오는 사람들 때문이죠. 난 그 사람들이 이 화장실은 깨끗한 화장실이며, 누군가가 깨끗이 청소해 놨음을 알아 주길 바래요."

"하지만 그들 역시 담배꽁초를 변기에 던질 텐데요."

"상관없습니다. 중요한 것은 이 화장실이 한두 시간쯤은 깨끗해져 있다는 사실이죠. 만일에 내 뒤에 오는 사람이 이 화장실이 깨끗하다는 것을 알아 준다면, 그 사람은 이 화장실을 좀더 깨끗하게 쓰고 나가겠죠."

나는 손을 씻은 뒤 화장지를 한 장 빼내서 세면대의 물기를 닦은 다음 거울에 튄 물기도 닦았습니다. 그리고는 그 휴지를 쓰레기통에 던져 넣고는 주위에 떨어진 젖은 휴지도 함께 넣었습니다.

밖으로 나왔을 때, 나는 넥타이를 멘 그 사내가 휘파람을 불며 건물 밖으로 나가서 길 건너의 자기 사무실로 어슬렁어슬렁 돌아가는 것을 보았습니다.*³⁴

내가 사람의 방언과 천사의 방언으로 말을 할지라도, 내게 사랑이 없으면,
울리는 징이나 요란한 꽹과리가 될 뿐입니다. (고린도전서 13:1)

사사기 3-4장 ; 시편 96편 ; 잠언 23장 ; 고린도전서 11-12장

우리 영혼의 적은 전쟁을 일으키는 데 능숙합니다. 우리는 삶 속에서 주요한 전쟁에는 대비돼 있지만, 느끼지 못할 정도로 천천히 끊임없이 잠식해 오는 전쟁에서는 그만 패배자가 되고 말지요. 여기 이러한 전투를 잘 말해 주고 있는 무명 시인의 시가 있습니다.

만일에 패배라는 것이 온다면 / 그럴듯한 이름과 명분을 지닌 / 거대하고 용감한 마창(馬槍) 시합에서나 있을 것이라고 / 난 생각했어 / 그리고 패배가 왔어.

하루하루 사소한 아귀다툼 / 가치 없는 일이라 여겼지 / 그래서 그런 일들에서 등을 돌려 버렸지 / 세월이 흐르고 흐른 어느 날 / 내가 그저 덮어 놓았던 셀 수 없는 자잘한 아귀다툼들이 / 갑자기 솟아올라 나를 덮어 버렸지.

아직도 그 목사님의 이름이 생각나지 않는데 아무튼 텍사스에서 오신 한 목사님이 어떤 목회자 회의에서 연설을 하기로 되어 있었습니다. 그런데 목사님이 그만 그 날 아침 자명종이 울리지 않아서 늦게 일어나고 말았습니다. 더구나 늦었다는 생각에 서둘러 면도하다가 살점을 베어 피를 많이 흘렸지요. 셔츠는 잘 다려지지 않았고. 겨우 차로 달려가 타려고 보니 바퀴에 바람이 빠져있는 것이 아니겠습니까?

정말로 넌더리가 나고 모든 것이 귀찮아졌지만, 타이어를 갈아 끼우고 다시 방에 돌아가 손을 씻고 돌아와서는 마침내 끽끽대는 타이어와 제어되지 않는 속력에 애를 먹으며, 겨우 차를 몰아 회의장으로 향했습니다. 그렇게 시내를 지나면서, 정지 신호를 무시하며 달렸지요. 하지만 운명의 장난처럼 경찰들이 바로 그 교차로에서 단속을 하고 있는 것이 아니겠습니까! 순간 그의 뒤에서 사이렌 소리와 함께 경찰차의 불빛이 붉게 번쩍이는 것을 보았지요.

정말, 당혹스런 순간이었습니다. 그 목사님은 차를 세우고 뛰어내려서는 뒤에서 쫓아오던 순찰 대원에게 달려가서 큰소리로 말했습니다. "좋아요, 어서 딱지를 떼보쇼. 제기랄, 오늘은 아무 것도 제대로 되는 것이 없네!" 순찰 대원이 순찰차 밖으로 나와 목사님 쪽으로 걸어와서 조용히 말했습니다. "선생님, 제가 그리스도인이 되기 전에는 저도 하루하루를 선생님처럼 생각했답니다."

두말할 필요도 없이 이 조용한 나무람은 효과가 있었습니다. 그 목사님은 사과를 하고 용서를 구했지요. 그리고는 가던 길을 계속 갔습니다……. 이 시간 잘못된 삶의 태도를 바로 잡기 위한 힘과 훈련을 위하여 기도합시다.

그뿐만 아니라, 우리는 환난 가운데서도 자랑을 합니다.
우리가, 환난은 인내를 낳고, 인내는 품격을 낳고,
품격은 희망을 낳는 줄을 알고 있기 때문입니다. (로마서 5:3-4)

사사기 5-6장 ; 시편 97편 ; 잠언 24장 ; 고린도전서 13-14장

뉴욕에 사는 한 여선생님은 자신이 있는 고교 졸업반 학생들에게 한 사람 한 사람이 한 중요한 일을 말해 줌으로써 그들을 칭찬하기로 마음먹었습니다. 캘리포니아 주 델마 출신인 헬리스 브리지스가 개발해낸 어떤 과정을 이용해서, 선생님은 한 번에 한 명씩 교실 앞으로 그들을 불러냈지요. 먼저 선생님은 학생들에게 그들이 선생님과 학급에게 얼마나 중요한 존재인가를 말해 주고, 그 다음 그들 저마다에게 '나는 중요한 존재다!'라는 황금빛 글씨가 인쇄된 파란 리본을 선물했습니다.

얼마 뒤에, 선생님은 '중요성를 인정해 주는 것'이 하나의 공동체에 어떤 영향을 미칠 수 있는가를 알아 보기 위하여, 온 학급이 참여하는 프로젝트를 실행하기로 결정했지요. 학생들 각각에게 세 개 이상의 리본을 나눠 주고는 밖으로 나가서 '칭찬하기'를 해보라고 지시했습니다. 학생들은 그 결과를 끝까지 추적해서 1주일 안에 교실에서 다시 그에 대한 발표를 하도록 지시를 받았지요.

한 학생이 학교 근처에 있는 한 회사의 어떤 하위직 간부에게 갔습니다. 거기서 자기의 진로 계획을 세우는데 그 간부가 도움을 준 것에 대하여 찬사를 하며 푸른 리본 하나를 그 간부에게 주었습니다. 그리고는 여분으로 2개를 더 주며 "저희는 지금 '칭찬하기'라는 학급 프로젝트를 진행하고 있습니다. 우리처럼 밖으로 나가서 칭찬할 만한 사람을 만나거든 그 사람에게 이 리본을 하나 주시고 나머지 여분의 리본도 주어서 그 사람이 이 '칭찬하기' 행사를 지속시킬 수 있게 해주십시오. 그리고나서 저에게 다시 그 결과를 알려 주십시오."라고 부탁했습니다.

얼마 뒤 그 간부는 자기에게 화를 잘 내는 사장에게 가서 자기는 사장의 독창성에 깊은 찬사를 보낸다고 말하고는 마지막 1개의 리본을 가지고 제3의 사람에게 칭찬을 해주라고 부탁했습니다.

사장은 칭찬을 받고는 크게 놀랐습니다. 그래서 그 날 밤, 자신의 열네 살난 아들에게 말했지요. "오늘 정말로 믿을 수 없는 일이 일어났다. 내 부하 간부들 가운데 한 명이 나한테 와서 나의 독창성에 대하여 칭찬을 하고는 푸른 리본을 하나 주었단다. 나는 이 리본을 누구에게 줄까 생각하다가 너를 생각했다. 너는 상상이 안 가겠지만 말이다! 난 지금 너를 칭찬하고 싶구나. 내 생활이 몹시도 바쁘기 때문에 집에서 너에게 많은 신경을 써줄 수가 없었단다. 때로는 너에게 성적이 안 좋다고 고함도 치고, 방을 엉망으로 해둔다고 소리도 지르고……. 하지만 오늘밤, 난 네가 나에게 아주 중요한 일을 했다고 말해 주고 싶다. 너는 나의 인생에서 제일 중요한 존재란다. 너는 멋진 녀석이야. 사랑한다, 얘야!"

깜짝 놀란 아들은 끝내 울음을 터뜨리고는 그칠 줄 몰랐습니다. 아들의 몸이 떨려 왔지요. 눈물이 흐르는 얼굴을 들어 아들은 말했습니다. "내일 전 자살하려고 했어요. 아빠가 날 사랑하지 않는다고 생각했기 때문이죠. 하지만 이젠 그럴 필요가 없어졌어요!"[35]

> 너의 손에 선을 행할 힘이 있거든,
> 도움을 청하는 사람에게 주저하지 말고 선을 행하여라. (잠언 3:27)

사사기 7-8장 ; 시편 98편 ; 잠언 25장 ; 고린도전서 15장

외과 의사인 리차드 셀저는 그 자신이 의사 생활을 하면서 겪었던 경험에 바탕을 두고 사람들의 관심에 대한 매우 흥미로운 이야기를 책으로 여러 권 써냈습니다. 그 가운데서 내가 가장 좋아하는 이야기 가운데 하나가 이것입니다:

나는 어떤 젊은 여자가 누워 있는 침대 옆에 서 있습니다. 이제 막 수술을 끝냈기 때문에, 그녀의 입술은 마비된 상태로 뒤틀려 있었고 심지어는 우스꽝스럽기까지 했지요. 그녀의 입술 근육에 붙어 있는 안면 신경의 작은 가지 하나가 수술로 절단되었기 때문입니다. 그녀는 이런 상태로 계속 지내야만 할 것입니다. 한 외과 의사가 아주 조심스럽게 그녀의 안면 피부의 만곡 부분을 수술했습니다. 그는 정말 최선을 다했지요. 그렇지만 나는 그녀 뺨의 종양을 제거하기 위하여 다시 그 작은 신경을 추가로 제거해야만 했습니다. 그녀의 젊은 남편은 나의 맞은편 침대 곁에 있었습니다. 난 몰랐는데 밤새 같이 있었던 모양입니다. '나 때문에 뒤틀린 입술을 가진 저 환자와 그 남편은 어떻게 저토록 서로를 열심히 쳐다보며 부드럽고 열정적으로 서로를 만져주고 있는 것일까?' 나는 속으로 생각했습니다. "저는 계속 이런 상태로 지내야 하나요?" 그녀가 물었습니다. "네, 입술 근육 신경이 제거돼서 그래요." 내 말에 그녀는 고개를 끄덕였고 더 이상 말을 하지 않았지요. 이때 젊은 남편이 웃으며 말했습니다. "입술이 귀여워져서 좋네요!"

그 순간 나는 이 남편의 됨됨이를 알아보았습니다. 그를 이해하게 되었으며, 그만 나의 시선을 떨구었지요. 사람이란 원래 신을 만나면 겸허해지게 마련이 아닌가요! 그 남편은 내가 있다는 것에 개의치 않고, 허리를 굽혀 비뚤어진 그녀의 입술에 입을 맞췄습니다. 나는 가까이 있었기 때문에 정확히 볼 수가 있었습니다. 그는 여전히 입맞춤을 할 수 있다는 걸 보여 주기 위하여 자신의 입술과 그녀의 입술에 맞춰 그녀처럼 비뚤어지게 입을 맞춘 것이었습니다.[36]

참된 사랑이란 사려깊은 행위입니다. 다른 사람을 편안하게 만들어 그의 영혼을 고양시켜 주는 것이지요. 내일에 대한 두려움을 떨쳐 버리도록 도와 주는 것입니다. 또한 타인의 영혼에 지른 빗장을 푸는 열쇠 같은 것이기도 하지요.

이 이야기에서 우리는 근심되는 부분을 감춰 주기 위하여 모든 노력을 기울이는 특별한 사랑 이야기를 보았습니다. 더 나아가 사랑하는 사람의 고통을 나눠 가지기 위하여 행동까지도 맞춰 가는 위대한 희생을 우리는 보았습니다. 결혼 생활의 불행한 일 가운데 하나는 장애아가 태어나는 가정의 80%가 아이 때문이 아니라 그 때문에 생겨나는 고통과 문제점과 아픔을 극복하지 못하기 때문에 결국은 이혼을 하고 말더라는 사실입니다. 하지만 그런 사실을 과감히 수용하는 삶은 어떤가요? 위에서 보았던 남편의 입맞춤 같은 그런 사랑의 수용 말입니다.

여러분을 위해서라면, 기쁜 마음으로 비용을 쓰겠고, 내 몸까지도 희생하겠습니다. 내가 여러분을 더 많이 사랑하면 할수록, 여러분이 나를 덜 사랑하시겠습니까? (고린도후서 12:15)

❧

사사기 9장 ; 시편 99편 ; 잠언 26장 ; 고린도전서 16장

이런 이야기가 있습니다. 남편과 사별한 지 얼마 되지 않은 부인이 있었지요. 그녀에게 식구들이 앵무새를 사서 말동무를 삼아 보는 게 어떻겠냐고 권했습니다. "앵무새라면 너에게 얘기도 해주고 외로움을 달래 줄 수도 있을거야."

그래서 자기 동네의 애완 동물 가게에 갔습니다. 가게 주인은 500개의 단어를 말할 줄 아는 앵무새 한 마리를 열심히 권했지요. 그래서 그 부인은 망설임없이 그 앵무새를 사 갔지요

그러나 다음 날, 그녀는 애완 동물 가게로 다시 와서는 앵무새가 말을 한마디도 하지 않는다고 화를 냈습니다. "새장 속에 거울이 있나요?" 가게 점원이 물었습니다. 그리고는 "앵무새는 거울 속에 있는 자신의 모습을 좋아하지요. 그것을 다른 놈으로 착각해서 말을 하는 거예요."라고 말했습니다.

다음 날, 여자는 더욱 화가 나서 가게로 또 달려 왔습니다. 그리고 앵무새가 여전히 말을 않는다고 말했지요. "사다리가 없으시죠? 앵무새는 사다리를 오르락내리락하면서 즐거워서 말하게 되는 거예요." 그래서 그녀는 사다리를 사서 새장에 넣어 주었습니다. 그러나 그것도 효과가 없었지요.

그 다음 날, 다시 가게에 온 그녀는 새가 여전히 한마디도 하지 않는다고 했습니다. "앵무새에게 그네 한번 줘 보세요. 앵무새가 저절로 이야기를 한답니다." 그녀는 그것도 샀습니다.

이틀 뒤, 그녀가 가게에 나타나서는 앵무새가 죽었다고 분통을 터뜨렸습니다. "정말 안됐습니다, 부인!" 슬픈 얼굴을 한 점원이 말했습니다. "그런데요, 정말로 새가 죽기 전에 아무 말도 하지 않았나요?"

"했어요, 당신네 가게에서 새 모이는 팔지 않더냐고 한마디 하더군요."

정말 웃기는 사람들 아닌가요? 우리는 외모를 치장하기 위하여 쉽사리 거울을 사곤 합니다. 또한 더 높은 곳을 오르기 위하여 사다리를 사고 최고의 즐거움을 맛보기 위하여 그네를 사지요. 하지만 우리의 영과 혼을 고양시키고 또한 그렇게 유지하기 위해서는 무얼 사고 있습니까? 사람이 빵만으로는 살 수 없는 법인데도 말입니다. 스스로가 고상한 지위를 누리고 있다고 생각하는 사람들이여, 그대들이 책임져야 할 영혼과 심령을 위하여 무엇을 먹이고 있습니까? '영원히 존속될 인간의 영과 혼 그리고 인격과 생명은 우리의 노력으로 만들어지는 것'이라는 말의 의미를 생각해 본 일이 있습니까?

> 이것은 주 너희 하나님이 너희에게 가르치라고 나에게 명하신
> 명령과 규례와 법도이다. 너희는 건너가서 차지할 땅에서 이것을 지켜라.
> 너희가 주 너희의 하나님을 경외하며,
> 내가 너희에게 명한 모든 주의 규례와 법도를 잘 지키면,
> 너희와 너희 자손이 오래오래 잘 살 것이다. (신명기 6:2-3)

사사기 10-11장 ; 시편 100편 ; 잠언 27장 ; 고린도후서 1-2장

4월 28일 ── 다이아몬드 밭

이 유명한 이야기 '다이아몬드의 밭'은 러셀 콘웰 목사님이 5,000번도 더 했던 이야기입니다. 이 이야기로 얻은 수익금은 템플 대학의 설립 기금으로 보태어졌지요.

이것은 아프리카에서 부자라고 손꼽혔던 한 부농에 관한 이야기입니다.

하피드는 토양이 비옥한 커다란 농장을 가지고 있었고 많은 낙타와 염소, 대추야자와 무화과 과수원을 가지고 있었습니다. 어느 날, 어떤 떠돌이 성자가 그의 농장에 와서는 다이아몬드를 발견해서 채굴하면 지금보다 많은 재산을 모을 수 있다고 말했지요.

귀가 솔깃해진 하피드는 그 다이아몬드가 무엇이고 그것을 어디서 발견할 수 있는지 물어 보았습니다. 그 성자는 확실히는 모르겠지만 소문에 들자하니 그 다이아몬드는 V자 모양의 산들 사이에 형성된 계곡에서 흘러나오는 강의 흰 모래 속에서 발견된다고 말했습니다.

재산을 더욱 늘리기를 바랐던 하피드는 농장과 가축들, 과수원을 모두 팔았습니다. 그리고 가족들을 어떤 사람에게 맡기고는 행운을 찾아 길을 떠났지요. 하피드는 아프리카의 모든 지역을 샅샅이 찾아 다녔습니다. 그러나 끝내 다이아몬드를 찾지 못하고 모든 가산을 탕진한 다음, 절망에 빠진 채 산에서 뛰어내려 그만 자살하고 말았지요.

한편 하피드의 농장을 샀던 농부가 있었습니다. 그는 어느 날 낙타에 물을 먹이고 있다가 강물 속에서 번쩍거리는 예쁜 돌 하나를 발견하게 되었지요. 그래서 그 돌을 가져다가 집안 선반 위에 올려 놓았습니다. 이 돌은 해가 돌 위에 비칠 때마다 온 방안에 무지개빛을 뿜어냈습니다.

그 옛날 하피드 앞에 나타났던 그 떠돌이 성자가 다시 그 농장에 나타났습니다. 그리고는 그 돌에서 뿜어내는 무지개빛을 보고는 깜짝 놀랐습니다. 하피드가 돌아왔는가 잠시 생각해 보았지만, 그는 더 이상 이 농장의 주인이 아니므로 그럴 리가 없었습니다. 선반에서 그 돌덩이를 집어든 성자는 그만 흥분하고 말았지요. 그것은 다이아몬드였던 것입니다. 흥분한 성자는 그 농부에게 외쳤습니다. "어디서 이 돌을 발견했지요?" 어리둥절해진 농부는 이 돌을 강 아래쪽에서 주웠다고 말했습니다.

"그곳으로 안내해 주세요." 그 성자가 재촉했습니다.

그들은 강으로 갔습니다. 그런데 이 강이 V자 모양의 산들 사이의 계곡에서 흘러나오는 것이 아니겠습니까! 그곳에서 그들은 크고 작은 다이아몬드를 발견했지요.

하피드가 다이아몬드를 찾아 떠나기 위하여 팔았던 이 땅이 바로 수만 평의 다이아몬드 밭이었던 것입니다. 이곳이 남아프리카 공화국에서 가장 다이아몬드를 많이 생산해 내는 곳 바로 킴벌리라는 곳입니다.*[37]

*그들 속에 뿌리가 없어서 오래 가지 못하며,
그 말씀 때문에 환난이나 박해가 일어나면 곧 걸려 넘어진다.* (마가복음 4:19)

～～

사사기 12-14장 ; 시편 101편 ; 잠언 28장 ; 고린도후서 3-5장

맥스 주크는 뉴욕 주에 살았습니다. 그는 그리스도인이 아니었으며 어떠한 그리스도교적 훈련에 대해서도 신뢰하지 않았지요. 그는 타락한 삶을 살았습니다. 그가 결혼한 여자도 그와 같은 생각을 하고 있었으며, 그와 똑같이 성격상에 문제가 많았습니다. 아무리 좋게 보려고 해봐도 이들은 질이 안 좋은 사람들이었지요. 그들은 사생활에서도 가정 생활에서도 모두 엉망이었습니다.

그들은 1,026명의 자손을 두었습니다. 그런데 이 자손들 가운데 300명은 어렸을 적에 죽었고, 100명은 평균 13년의 형량을 선고받고 옥살이를 했으며, 190명의 여자들은 창녀가 되었습니다. 그리고 100명 이상이 술고래들이었지요. 이 가족들의 이러한 삶 때문에 마침내는 주정부와 연방 정부가 수백만 달러를 쓰게 되었습니다. 일부는 생활 보호 대상자 명단에 줄줄이 올라와 있는 사람들을 위하여 쓰여졌고, 또 일부는 감옥에 있는 사람들을 먹여 살리느라 쓰여졌습니다. 게다가 그들 자신들의 부도덕한 삶을 위하여 허비한 돈도 상당했지요. 그 어느 누구도 사회에 긍정적인 영향을 끼치지 못했습니다.

이와는 반대되는 가족이 있었습니다. 조나단 에드워즈는 맥스 주크와 거의 같은 시기에 같은 주에 살고 있었습니다. 그는 그리스도교적 훈련을 신뢰했으며, 그 당시 잘 알려진 목사였지요. 그와 결혼한 여자는 헌신적인 그리스도인이었으며, 남편과 같은 생각을 가지고 가족들을 부양했습니다.

그들은 729명의 자손을 두었습니다. 그들은 모두 학교를 다녔습니다. 이들 가운데 300명은 목사가 되었고, 65명은 교수가 되었으며, 13명은 대학 총장이 되었습니다. 그리고 60명은 사회적으로 크나큰 영향력을 끼친 책을 저술했지요. 또한 3명이 하원 의원이 되었고, 이들 가운데 한 명은 미국의 부통령이 되었습니다.

문제가 많은 성격의 여자와 결혼했던 에드워즈의 손자 아론 비를 제외하고는 주나 연방 정부의 예산을 한푼도 낭비하지 않았습니다. 에드워즈의 가족은 미국이라는 나라에 아주 좋은 영향력을 끼친 가족이었습니다.

두 가족의 가장 큰 차이는 무엇일까요? 바로 그리스도교적인 헌신과 양육의 삶이 있느냐 없느냐 하는 것이지요! 그리고 한 가지만 더 말하자면, 바로 에드워즈의 가족들 대부분이 어려서부터 예수를 믿었다는 사실입니다!

마땅히 걸어야 할 그 길을 아이에게 가르쳐라.
그러면 늙어서도 그 길을 떠나지 않는다. (잠언 22:6)

～∽

사사기 15-16장 ; 시편 102편 1-17절 ; 잠언 29장 ; 고린도후서 6-7장

어느 가족이 남부의 자그마한 마을에서 동북부의 대도시로 이사를 가게 되었습니다. 그 가운데 어린 꼬마는 자기 친구들이 다 모여 있는 그 마을을 떠나기가 정말 싫었지요. 게다가 대도시에서 사는 것이 정말 자기에게 맞지 않을 거라 생각했습니다. 다만 한 가지 꼬마에게 위안이 되는 일이 있다면, 자신의 애완 동물을 데리고 가도 된다고 허락을 받은 것이었습니다.

새 집에 이사를 한 후, 꼬마는 애완 동물을 데리고 동네를 둘러보러 산책을 나갔습니다. 그 동네의 학교 운동장을 슬슬 돌아다니는데 꼬마 앞에 동네 깡패들이 나타났습니다. 깡패 우두머리인 듯한 한 아이가 말했지요. "이 동네에 새로 이사왔구나! 이 동네에 오래 살고 싶다면 우리 갱단에 들어와야 해. 아마 내 밑으로 들어오는 게 신상에 좋을걸!"

꼬마가 말했습니다. "내가 전에 살던 곳에선 너희들 같은 패거리 따위는 없었어. 난 너희와 어울리는 것이 옳은 일이 아니라고 생각해!"

"너 분명 잘못 선택하는 거야!"라고 그 불량배는 말했지요.

그러다가 그 불량배는 꼬마가 데리고 나온 애완 동물을 발견하고는 웃음을 터뜨리고 말았습니다. "저 못생긴 개 좀 봐. 정말 못생겼네! 저 단추 구멍만한 눈하며, 누런 털하며, 짧다란 꼬리에 기나긴 코, 숏다리! 야, 이 개 무슨 종자냐? 그래, 아무래도 좋아, 내 계획을 말해 주겠어. 내일 저녁까지 우리 패거리에 들어오지 않으면, 내 킬러로 저 못생긴 개새끼를 물어 죽이게 만들겠어. 내일 밤에 이곳으로 나와. 아니면 각오해!"

꼬마가 그 말을 되받아쳤습니다. "그래 내일 보지, 하지만 네 패거리에는 들어갈 일이 없을 거야."

다음날 저녁, 꼬마는 애완견을 데리고 학교 운동장으로 갔습니다. 아니나 다를까 그 불량배들도 거기에 이미 와 있었지요. 그들 가운데 하나가 킬러라는 이름의 독일산 세파트를 사슬에 묶어서 데리고 나왔습니다. 그 개는 어깨까지의 높이가 약 3피트나 되었지요. 침을 질질 흘리며 무섭고 커다란 이빨을 드러낸 킬러는 꼬마의 애완 동물을 잡아 먹겠다는 듯이 노려보았습니다. 불량배 우두머리가 킬러를 풀어 주며 외쳤습니다. "물어!"

킬러는 꼬마의 강아지 주위를 두 번 정도 돌더니 그 강아지에게로 덤벼들었습니다. 그러나 그 순간 꼬마의 애완견이 그 불량배가 이제까지 보아 왔던 그 어떤 입보다 더 큰 입을 벌려 킬러를 단번에 물어 죽이고 말았지요. 불량배들은 눈이 휘둥그레졌습니다. 마침내 그 우두머리가 물었지요. "이 노란 단추구멍 같은 눈에, 짧은 꼬리, 긴 코, 그리고 땅딸막한 다리의 개가 도대체 무슨 종자지?"

"으응, 이놈 꼬리를 자르고 노란 색 페인트를 칠하기 전엔 악어였어!" 꼬마가 대답했습니다.

그렇습니다! 겉으로 보이는 것이 전부가 아닙니다. 늘 깨어 있으십시오!

정신을 차리고, 깨어 있으십시오. 여러분의 원수인 악마가, 우는 사자 같이,
삼킬 자를 찾아 두루 다닙니다. (베드로전서 5:8)

～

사사기 17장 ; 시편 102편 18-28절 ; 잠언 30-31장 ; 고린도후서 8-9장

5월

MAY

헤아릴 수 없이 많은 나날,
어머니는 어느 누구도 해내지 못할 일을 하신다.
어머니는 아이의 눈물을 닦아 주시고,
희망을 속삭여 주시고,
두려움을 어루만져 주신다.
어머니는 다음 세대의 주인공인 우리에게 가르침과
보살핌과 사랑을 주시고,
우리를 길러 주신다.
그리고 어머니는 우리가 최선을 다하고,
또한 최고가 되라고 힘을 주신다.

제임스 돕슨과 게리 보이어

5월 1일 —— 노동절

영국 대사관의 전 노동부 사무관인 아치 고든은 세 명의 건설 노동자가 바퀴가 하나 달린 수레로 벽돌을 옮기는 것을 지켜보고 있는 두 과학자에 대하여 이야기합니다.

두 명의 노동자가 수레를 밀고 있는데, 한 사람은 수레를 당기고 있었지요. 그 순간 과학자들은 우연히 건설 산업의 혁명적인 변화를 갖고 올 발견을 했다고 생각하며 회의를 열었습니다. 그러나 어떤 과학자도 왜 두 사람이 수레를 미는 데 한 사람은 수레를 당기는지 알 수 없었습니다. 전문가의 조언도 구해 봤지만 알 수 없었지요. 어떤 사람이 그 노동자에게 직접 물어보자고 제안했습니다.

질문을 받고 당황한 노동자에게는 그의 대답이 과학적으로 매우 중요하게 될 수도 있기 때문에 천천히 생각할 시간이 주어졌습니다.

"글쎄요, 내가 수레를 밀지 않고 끄는 이유는 간단해요. 바람이 너무 불어서 앞이 보이지 않았거든요."

국가에서는 매년 5월 1일을 노동절로 정해 '노동'에 대하여 경의를 표하고 있습니다. 대부분의 노동자들은 이 날 나들이를 가거나 스포츠를 즐기거나, 아니면 낚시를 가는 등 다른 휴일과 다름없이 보내고 있습니다. 우리는 이 날이 어떻게 기념일로 정해졌는지 깊이 생각하지 않습니다. 잠시 동안 이 의미에 대하여 생각해 봅시다.

노스 화이트헤드는 이렇게 적고 있습니다: "노동자는 추상적이거나 경제적인 개념의 사람이 아니라 희망과 두려움을 느끼는 사람이다. 종사하는 분야가 서로 다르다는 이유로 노동자들 사이에 인위적인 벽을 머리 속에 만들어서는 안된다."

정부는 아동 노동 문제를 관리 감독해 왔고 노동 착취를 불법으로 규정했으며 저임금 노동을 근절하기 위하여 많은 노력을 기울여 왔습니다. 우리는 실업과 다른 여러 가지 문제들이 있긴 하지만 몇 년 전보다 좀 더 나은 처지에 있습니다. 그러나 우리는 다음과 같은 인생의 깊은 질문에 만족할 만한 대답을 하지 못해 왔습니다. 내가 왜 여기에 있을까? 나의 인생과 일은 과연 쓸모있는 것인가? 하나님이 원하시는 삶이 무엇인지 어떻게 알 수 있을까?

지금까지 살아 온 날보다 앞으로 살아 갈 날이 더 많은 젊은이들만 이런 질문을 하는 것은 아닙니다. 현재 일하는 모든 종류의 동기들 곧 돈·성공·명성·권력, 사회적 지위 등은 다 헛된 것입니다. 단지 우리에게 일의 의미가 있다면, 하나님께서 우리를 쓰시고자 하는 목적에 순종하고 있다는 표현이라는 것뿐이지요.

> *그리고 우리가 여러분에게 명령한 대로, 조용하게 살기를 힘쓰고,*
> *자기 일에 전념하고, 자기 손으로 일을 하십시오.*
> *그래서 여러분은 바깥 사람들을 대하여, 품위가 있게 살아 가야 하고,*
> *또 아무에게도 신세를 지는 일이 없게 해야 할 것입니다. (데살로니가전서 4:11-12)*

사사기 18-19장 ; 시편 103편 ; 잠언 1장 ; 고린도후서 10-11장

몇 년 전, 뉴잉글랜드 지방을 강타한 폭풍우 속에서 배 한 척이 난파를 당했습니다. 그래서 많은 사람들이 해변에 모여서 구조 작업을 도와 주었지요. 이윽고 구명 보트가 사나운 파도 속을 뚫고 들어가 생존자들을 싣고 돌아오기 시작했습니다.

폭풍우 소리가 요란한 가운데 구조 대원 한 사람이 난파선 선장에게 큰소리로 물었습니다. "모두 구조됐습니까?"

"아직 한 사람이 남았소."라고 선장이 말했습니다. "끝에 한 사람이 남아 있었는데 미처 구할 수가 없었소. 그 사람은 바다에 빠져 버렸고 막 배는 가라앉으려던 참이었소. 우리가 마지막으로 그를 봤을 때, 그 사람은 배의 부서진 조각 같은 것을 잡고 있었소."

그러자 존 홀덴이 말했지요. "그럼, 다시 가서 그를 찾아야죠!"

그 때, 존 홀덴의 옆에 서 있던 그의 어머니가 말했습니다. "존, 4년 전에 너의 아버지가 탔던 배가 가라앉아 결국 아버지가 익사하신 일을 기억 못하겠니? 그리고 네 형 윌도 며칠 전에 바다에 나가서 돌아오질 않았잖니? 존, 나에게는 너밖에 없단다. 제발, 그 조난당한 사람을 구하러 다시 바다에 나가지는 말아다오."

하지만 존은 단호하게 말했습니다. "나가야 합니다, 어머니! 저기 바다 속에 한 사람이 구조를 기다리고 있어요."

존과 선장은 자그마한 노를 젓는 배를 타고 나갔습니다. 하지만 바다 사정이 좋지 않았지요. 폭풍우가 여전히 사나웠습니다. 바다로 나가는 자식을 보고 있던 어머니는 낙심된 마음에 그만 한구석으로 돌아서서 눈물을 흘리고 말았습니다. 이제 마지막 남은 자식마저도 잃어버릴 것 같았기 때문이지요.

계속되는 비바람 속에서도 사람들은 그들을 걱정하며 서너 시간 동안이나 거기서 자리를 뜨지 않았습니다. 그러나 말 없이 모여 있던 사람들은 뭔가 일이 잘 안 되고 있음을 직감적으로 알았지요. 계속 울고 있는 어머니를 다른 사람들이 위로해 주고 있었습니다. 어떤 사람들은 뭔가 꿈 같은 일이 생기기를 기대하고 있는 듯했지요. 마침내 한 사람이 바다를 향해 손가락으로 가리켰습니다. 바로 조그마한 구명 보트가 해변으로 돌아오고 있었지요. "찾았나요?"

파도에 흔들리는 배 위에서 존이 큰 소리로 외쳤습니다. "예, 그 사람을 발견했어요. 그리고 우리 어머니에게 말해 주세요, 그 사람이 윌 형이라고요!"

그렇습니다, 그 날 어머닌 잃었던 아들을 다시 찾은 것입니다. 이 얼마나 극적인 상봉인가요? 만일에 존이 그 날 다시 바다로 나가지 않았다면 어찌 됐을까요? 존처럼, 예수님이 길잃은 양들을 여전히 찾고 계시다는 사실이 기쁘지 않은가요? 존의 어머니처럼, 죽을 수밖에 없는 이들을 구하시기 위하여 하나님께서 이 땅에 독생자를 보내셨다는 사실이 정말 기쁘지 않습니까?

나는 문이다. 누구든지 이 문으로 들어오면 구원을 받고,
들어오고 나가면서 꼴을 얻을 것이다. (요한복음 10:9)

사사기 20-21장 ; 시편 104편 1-17절 ; 잠언 2장 ; 고린도후서 12-13장

몇 년 전, 알렉산더 울코트가 어떤 어머니의 이야기를 해주었습니다. 그 일은 뉴욕 시에 있는 한 병원에서 일어난 이야기였지요. 슬픔에 찬 어떤 어머니가 아무런 말도 없이 그저 눈물만 흘리며 병원 대기실 의자에 앉아 있었습니다. 바로 그녀의 외동딸이 그만 병으로 세상을 떠났기 때문이지요. 수간호사가 자기에게 무슨 말을 하는데도 아랑곳하지 않고 그저 멍하니 앞만 바라보고 있었습니다. 하지만 이런 상황에서는 그녀에게 위로의 말을 해주는 것이 수간호사의 의무이기에 계속해서 그녀를 위로해 주었습니다.

"노리스 부인, 저기 남루한 차림의 작은 사내애 보이시죠? 죽은 따님의 병실 옆 복도에서 있는 아이요." "모르겠는데요." 그녀는 아이가 누군지 몰랐습니다. "저 아이 말인데요, 엄마는 젊은 프랑스 여잡니다. 1주일 전쯤에 그녀의 초라한 단칸방에서 이곳으로 앰블런스에 실려 왔죠. 그 여자가 아들이랑 단둘이서 이 나라에 온 지는 겨우 석 달밖에 안됐어요. 전에 있던 나라에서 가족을 모두 잃었다나봐요. 그리고 이곳에는 아는 사람이란 전혀 없고요. 날마다 저 아이는 이곳에 와서 하루 종일 자기 엄마가 깨어나기만을 기다렸어요. 하지만 이젠 집마저 잃어버렸답니다."

노리스 부인은 진지하게 듣고 있었습니다. 간호사가 계속 이야기를 했습니다. "15분 전에 그 애 엄마가 죽었답니다. 마치 끝도 없는 바다 한가운데로 떨어지는 조약돌처럼 말이에요. 이제 저 일곱 살난 아이에게 엄마가 죽었다고 말해 주어야 해요. 저 아인 이제 의지할 데 없는 고아예요."

수간호사가 말을 잠시 멈추었습니다. 그리고는 슬픔에 찬 얼굴로 노리스 부인을 돌아보았지요. "노리스 부인, 차마……." 간호사가 머뭇거리며 말을 이었습니다. "차마 전 할 수가 없어서 말씀드리는데, 나가셔서 저 대신 저 아이에게 이야기를 해주시겠어요?"

그 다음에 일어난 일은 수간호사의 일생에서 결코 잊혀질 수 없는 일이 되었습니다. 노리스 부인이 일어나 눈물을 닦은 다음, 나가서 그 아이의 어깨에 팔을 두르고는 자신의 집으로 데리고 간 것입니다. 그렇게, 절망의 어둠 속에 서 있던 두 사람이 서로에게 빛이 되어 주었던 거지요.

절망과 슬픔이 가득 찬 요즘 세상은 미래에 대한 불안감을 더해 줍니다. 이러한 때에 성경은 우리에게 강하게 촉구하고 있습니다. "너희는 세상의 빛이니 나아가 이 세상을 비추고, 세상 사람들에게 생명의 말씀을 전하여라." 여러분도 빛이 되어 어두운 세상을 살아 가는 사람들에게 빛을 비춰 줄 수 있답니다.

이와 같이, 너희 빛을 사람에게 비추어서, 그들이 너희의 착한 행실을 보고
하늘에 계신 너희 아버지께 영광을 돌리게 하여라. (마태복음 5:16)

롯기 1-2장 ; 시편 104편 18-35절 ; 잠언 3장 ; 사도행전 19장스코틀랜드의 글래스 고에 살던 한 십대 소녀가 신앙심깊은 부모님이 주는 압박감과 집에서의 생활에 싫증을 느꼈지요. "난 부모님의 하나님이 싫어요, 난 하나님을 믿지 않겠어요, 그리고 집을 나가겠어요!"

결국 소녀는 다른 세상 여자들처럼 살고 싶어서 집을 나갔습니다. 하지만 직업을 구할 수 없었던 그 소녀는 결국 거리로 나가 창녀가 되고 말았지요. 세월이 흐를수록 그런 비참한 생활에 더욱더 빠져들게 되었습니다.

집 나간 뒤로 그 소녀와 어머니는 전혀 소식을 주고받지 않았습니다. 그러다가 딸의 행방을 전해들은 어머니는 딸을 찾기 위하여 딸이 있는 도시의 변두리 지역을 찾아갔지요. 모든 구제 단체들을 돌면서 어머니는 말했습니다. "이 사진 한 장만 받아 놔 주시겠어요?" 그 사진은 회색 머리에 미소를 짓고 있는 소녀의 어머니 사진이었습니다. 그 사진의 밑에는 손으로 이렇게 쓰여 있었습니다. '여전히 널 사랑한단다……돌아오너라.'

그 뒤로 몇 달이 지나도록 아무런 일도 일어나지 않았습니다. 그러던 어느 날, 길거리에서 방황하던 소녀가 한 구제 단체에 식사를 얻어 먹기 위하여 왔습니다. 그녀는 그저 멍하니 예배를 드리면서 게시판을 이리저리 훑어보고 있었지요. 그러다가 거기서 자기 어머니와 너무도 닮은 사진 한 장을 발견했습니다. 혹시? 그녀는 예배가 끝날 때까지 기다릴 수가 없었습니다. 그 게시판으로 가서 그 사진을 들여다보았지요. 바로 자신의 어머니였습니다. 그리고 '여전히 널 사랑한단다……돌아오너라.'라는 어머니의 말을 읽었지요. 너무나도 믿을 수 없는 사실에 소녀는 그만 흐느끼고 말았습니다.

시간은 비록 밤이었지만, 그 사진 밑에 써 있는 말에 용기를 얻은 소녀는 집을 향해 걷기 시작했습니다. 결국 밤새 걸은 뒤 이른 아침이 되어서야 소녀는 집에 도착하였지요. 그러나 소녀는 집에 들어가기가 두려워 문 밖에서 머뭇거렸습니다. 이제는 어찌 해야 할지 몰랐습니다. 하지만 용기를 낸 소녀는 대문을 두드렸지요. 그런데 대문이 저절로 열리는 것이 아니겠습니까! 도둑이 들었을지도 모른다는 생각에 어머니를 걱정하며 소녀는 안으로 뛰어들어가 곧장 어머니의 침실로 들어갔습니다. 하지만 어머니는 여전히 주무시고 계셨습니다! 어머니를 흔들어 깨우며 소녀는 말했지요. "엄마, 저예요, 제가 돌아왔어요!"

이 말에 잠에서 깨어난 어머니는 자신의 눈을 의심했습니다. 내 딸이 돌아오다니! 눈물을 훔친 어머니와 딸은 서로를 부둥켜안았습니다. "문이 열렸길래 도둑이 들어온 줄 알았어요." 딸이 말했습니다. 하지만 어머니는 조용히 말했지요. "네가 집을 나간 날부터 지금까지 한 번도 대문을 잠그질 않았단다!"

사랑은 여기에 있으니, 곧 우리가 하나님을 사랑한 것이 아니라,
하나님께서 우리를 사랑하셔서, 당신의 아들을 보내 주시고,
우리의 죄를 속하여 주시려고, 속죄 제물이 되게 해주신 것입니다. (요한1서 4:10)

롯기 3-4장 ; 시편 105편 1-15절 ; 잠언 4장 ; 사도행전 20장

크리스마스 연휴가 지난 뒤, 선생님이 어린 제자들에게 휴일을 어떻게 보냈는지에 대하여 글을 써 오라고 했습니다. 그러자 한 아이는 은퇴한 사람들을 위한 라이프 케어 공동체에 살고 있는 할머니·할아버지에 대한 이야기를 써 왔습니다.

"우리는 크리스마스를 항상 할머니·할아버지와 함께 보내고 있어요. 그분들은 여기서 크고 붉은 집에 살았었지만, 할아버지가 점점 느려지셔서 플로리다로 옮겨 가셨거든요. 그분들은 느려진 사람들이 모여 사는 곳에서 살고 계세요. 거기 사람들은 모두들 깡통 같은 오두막에서 살고 있습니다. 또 커다란 바퀴가 달린 세발 자전거를 타고 다니구요. 또 찌그러진 집이라고 부르는 커다란 건물에 가곤 하는데, 지금은 완전히 수리를 마쳤어요. 그분들은 거기서 게임도 하고 운동도 하지만, 그다지 잘 하지는 못합니다. 거기에는 수영장이 있는데, 사람들은 모자를 쓴 채 물 속에 서 있기만 할 뿐이에요. 내 생각에 그들은 수영을 할 줄 모르는 것 같습니다.

할머니는 쿠키도 만들고 작은 물건들도 만드셨는데, 이제는 어떻게 만드는지 다 잊어버리신 것 같아요. 그곳에서는 아무도 요리를 하지 않거든요. 그냥 모두들 패스트 푸드 식당으로 가곤 하지요.

그곳 공원에는 어떤 남자가 앉아 있는 인형의 집이 있어요. 그 사람은 하루 종일 그곳에만 있기 때문에, 공원에 갈 때마다 그를 보게 됩니다. 거기 사람들은 이름을 쓴 뱃지를 달고 다니는데, 아마 자기들이 누군지 모르는 것 같아요.

우리 할머니, 할아버지는 평생 동안 열심히 일하셨고, 자신들이 느려질 때를 준비해 왔습니다. 나는 그분들이 돌아왔으면 좋겠지만, 인형의 집의 그 남자가 보내 주지 않을 것 같아요."*38

어쩌면 우리는 너무 오래 사는 것이 아닌지 모르겠습니다. 이런 일은 우리 모두에게 일어날 수 있습니다. 그리고 어린이들의 눈을 통해 이런 단편적인 모습이나 삶의 다른 부분을 들여다보는 것은 매우 흥미로운 일이지요. 세상이 얼마나 새롭고 유쾌하게 보이는지 말이에요. 그리고 또한 다음 사실을 한번 주목해 보세요. 교사들은 어린이들 바로 곁에서 친밀하게 삶의 단면을 보고 들을 수 있는 흔치 않은 기회를 가집니다. 어린이들의 이런 가능성을 북돋워내는 데 참여하는 것이 얼마나 재미있는 일일까요? 모든 세상사를 바라보는 어린이들의 눈은 참으로 순진하고 경이롭습니다. 우리는 바로 어린이들이 이런 천진난만한 모습을 어떻게 하면 잃어버리지 않도록 할 수 있는지 생각해 봐야 할 것입니다. 나아가 이들의 천성을 개발하도록 북돋아 주어야 하구요. 다만 방향을 제시해 줄 뿐 방해하지는 말아야 합니다. 북돋아 주되, 기를 죽여서는 안 되지요. 묻되 압도해서도 안 됩니다. 아마 가르치는 일은 세상에서 가장 고귀한 직업일 겁니다. 교사란 영원한 생명들을 감화시키기 때문이지요.

이 작은 사람들 가운데 하나를 죄짓게 하는 것보다, 차라리 자기 목에 연자맷돌을 매달고 바다에 빠지는 것이 나을 것이다. 너희는 스스로 조심하여라. (누가복음 17:2-3)

❧

사무엘상 1-2장 ; 시편 105편 16-45절 ; 잠언 5장 ; 에베소서 1-2장

그 비극은 이탈리아와 국경을 맞대고 있는 남부 프랑스 지역의 한 작은 마을 모단에서 시작되었습니다. 1917년 12월 12일, 전선에 처음 배치된 1,200명의 프랑스 군인들이 크리스마스 휴가를 보내기 위하여 고향으로 가는 그 열차에 승차하고 있었습니다. 때 마침 그 지역의 축제 기간이라 여기 저기서 즐거운 소리들이 들리고, 열차가 터져 나갈 듯이 올라탄 병사들은 기차를 어서 출발시키라고 소리쳤지요.

하지만 기관사는 열차를 출발시키지도 않고 기관차에 오르지도 않고 승강장에 서서 출발시키지 못하겠다고 고개만 가로젓고 있었습니다. 기차에 너무나 많은 사람들이 탔기 때문이었습니다. 목적지까지 가는 도중에는 많은 산과 급커브, 가파른 오르막들이 그들을 기다리고 있는데, 이러한 인원으로 기차를 몰고 간다는 것은 자살 행위나 다름없었지요.

몇몇 사람이 가서 그 역에서 가장 직위가 높은 사람과 사령관을 데려왔습니다. "이게 무슨 짓인가? 기차를 못 움직이겠다니?" 그 고관들이 소리쳤지요. "잘 듣게, 자네. 곧바로 기관차로 올라가서 이 병사들을 고향으로 데려가게. 만일에 이 명령을 거부한다면 자넨 총살이야, 알겠나?"

풀이 죽은 기관사는 걱정이 됐지만 단지 어깨를 으쓱해 보이고는 명령을 따랐습니다. 과적된 기차가 브레이크에 무리를 줄 것이란 걸 알았지만 말입니다.

기관사는 조심스럽게 천천히 기차를 몰아 철도 위를 달렸습니다. 속력을 낮춰 달리며 브레이크로 계속해서 속도를 조절했지요. 그러나 삼십 마일도 채 못 가서 브레이크에서 연기가 나기 시작했습니다. '다음 내리막길에서 브레이크가 작동되기 어려울 것 같아!'라고 기관사가 생각하는데, 기차가 갑자기 속력을 내기 시작하더니 아주 미친 듯이 달리기 시작했지요. 깜짝 놀란 기관사는 증기 공급을 중단시키고 브레이크를 밟았습니다. 하지만 브레이크가 밟히지 않았습니다.

엎친 데 덮친 격으로, 기차 밑에서 연기가 솟아오르더니 화염이 치솟는 것이 보였습니다. 기차 안은 한순간에 아수라장이 됐습니다. 군인들은 무언가 일이 잘못 되어 가고 있음을 느끼자 어떤 이들은 기도를 하기 시작했고, 어떤 이들은 창문을 깨고 뛰어내려 그만 죽고 말았습니다. 몇 분이 지나지 않아 그 기차의 속도는 시속 팔십 마일을 넘어섰지요. 이제는 모두 끝장난 것입니다. 미친 듯이 달려가는 기차는 날카로운 기적 소리를 내며 한 마을 역을 지나쳤습니다. 기관사는 알고 있었지요. 그 역을 지나면, 내리막길로 내려서고 거기에는 급커브가 그들을 기다리고 있다는 것을, 그리고 그곳에서 그들은 죽게 될 것임을.

마침내 기차는 모퉁이에 부딪치고 엔진은 바위에 부딪쳤습니다. 결국 기차는 계곡 아래로 굴러 떨어지고 말았습니다. 떨어진 객실들은 마치 성냥개비를 제멋대로 쌓아놓은 듯이 부서졌지요. 기관사를 비롯하여 543명의 군인들이 사망했고 243명이 부상당했습니다. 경고를 무시한 결과가 이런 끔찍한 사고를 낳은 것입니다.

그러나 네가 악인을 깨우쳐 주었는데도,
그 악인이 그의 악한 행실과 그릇된 길을 버리고 돌아서지 않았다면,
그는 자신의 악행 때문에 죽을 것이다. 그러나 너는 네 목숨을 보존할 것이다. (에스겔 3:29)

사무엘상 3-5장 ; 시편 106편 1-15절 ; 잠언 6장 ; 에베소서 3-4장

1820년에 태어난 프란시스 제인 크로스비는 세계에서 가장 위대하고 많은 찬송가를 쓴 페니 아줌마로 더 잘 알려져 있습니다. 이번 주일에 예배를 드렸다면 아마도 여러분은 그녀가 작사한 찬송가를 불렀을지도 모릅니다. 뉴욕 주와 코네티컷 주 사이에 있는 지역에서 자란 페니는 아기 때 앓은 감기가 눈에 염증을 일으켜 결국 장님이 되었지요. 하지만 페니의 어머니는 페니를 정상아들같이 기르기를 원했기 때문에 장님이었음에도 불구하고 다른 아이들과 어울려 나무에도 오르게 하고 함께 놀게 하기도 했습니다.

어린 시절부터 페니는 시를 짓기 시작해 시적인 천재성을 보여 주었습니다. 여기 그녀가 초창기에 썼던 작품 가운데 하나를 실어 보았습니다.

> 아, 내 못 보기는 하지만 내 영혼이 얼마나 행복한가 / 이 세상에 살도록 정해진 난, 행복하여라 / 다른 사람이 누리지 못한 많은 행복을 누리고 있으니 / 난 눈이 어둡다고 한숨을, 눈물을 흘릴 수가 없다네, 또 그러지도 않으려네.

이 얼마나 삶에 대한 아름다운 모습인가요!

1834년 페니의 어머니는 뉴욕 맹인 협회에서 맹인들을 위하여 교육을 시킨다는 것을 알게 되어 그 이듬해, 열다섯 번째 생일을 몇 주일 앞둔 페니를 그 학교에 입학시켰습니다. 그 뒤 오 년이 채 안되어, 페니의 시가 새터데이 이브닝 포스트 지에 발표되었지요.

1843년, 한 무리의 학생들이 워싱턴에 초대받아 갔을 때, 페니는 미국 상하 양원 합동 위원회에서 연설을 했습니다. 1844년, 페니는 자신의 처녀작 시집 〈맹인 소녀와 다른 시들〉을 출판했지요.

1851년 우연히도 창작곡만을 연주하는 조지 로트와 대화를 하다가 페니는 자기가 정말 하고 싶었던 일을 하게 되었습니다. 그들의 대화 속에서 페니가 조지에게 왜 음반을 발표하지 않냐고 묻자 조지는 자기 곡에 가사가 없기 때문이라고 말했지요. 그래서 페니는 "내 사랑 키티여, 부디 안녕히!"라는 가사를 만들어 주었습니다. 그 뒤 페니는 오십여 개의 가사를 조지의 노래에 붙여 주었지요.

1858년 협회를 떠난 페니는 같은 협회 출신인 알렉산더 반 알스티네와 결혼했습니다. 그는 유명한 음악가였으며, 40년간의 결혼 생활 속에서 페니가 작사한 여러 개의 찬송가에 곡을 붙여 주었습니다. 이 40년간의 세월 속에서 페니는 5,000개의 찬송가를 작사하였습니다. 페니는 1915년에 세상을 떠났습니다. 하지만 그녀의 이름과 그녀가 이룬 성과는 결코 잊혀지지 않을 것입니다. 페니는 자신의 신체적인 약점을 이용해 남에게 의지하려 하지 않았으며, 도리어 다른 이들에게 용기를 주는 삶을 살았던 것입니다.

> *의인들아, 너희는 주님을 생각하며 기뻐하여라. 정직한 사람들아, 찬양은,*
> *너희가 마땅히 해야 할 일이다.* (시편 33:1)

～⌒～

사무엘상 6-7장 ; 시편 106편 16-33절 ; 잠언 7장 ; 에베소서 5-6장

집안 일을 하다보면 '엄마들'도 녹이 슬고 고장이 날 수 있습니다. 어떻게 하면 엄마들에게 기름칠을 할 수 있을까요? 엄마에게도 세탁기나 자동차처럼 품질 보증서라든가 서비스 점검이 있다면 좋을 텐데요.

생각해 보십시오……. 이런 보증서가 있으면 5년에 한 번씩이라도 엄마도 완전히 점검을 받고 고장이 있으면 수리도 받을 수 있지 않을까요?

만일에 그런 보증서가 있다면 아마도 이렇지 않을까요?

연료: 엄마들은 커피·피자·햄버거 그리고 먹다 남은 차가운 음식 부스러기 등을 무모하리만치 많이 먹곤 합니다. 그러니 생각해 보십시오. 이따금 아빠가 우아한 식당에서 멋진 식사를 사주시면 그 얼마나 기쁘겠습니까?

동력 전달 체계: 엄마와 자동차의 동력 전달 체계는 아마 가장 밀접한 상호 관계가 있을 것입니다. 엄마라는 차는 곤히 자던 아이가 갑자기 한 번 울기라도 하면 금방 급출발에다 최고 속도까지 내버리게 되지요. 자동차가 최대한의 효과를 보기 위해서는 정기적으로 브레이크를 밟아주어야 합니다.

엄마라는 자동차와 동력 체계에 기름칠을 하기 위해서는 1,000마일에 한 번씩 한가하게 욕조에 몸을 담그거나 낮잠을 자도록 하는 것은 어떨까요? 아니면 5,000마일에 한 번씩 아기 보는 사람을 붙여 준다든가 하는 건 어떤가요? 그리고 50,000마일에 한 번은 2주일 동안 아이 보는 사람이 집에서 같이 지내면서 아이를 보도록 하는 것도 정말 괜찮은 일일 겁니다.

충전: 엄마의 배터리는 정기적으로 충전하거나 필요에 따라 수시로 충전을 해서 최고의 효과를 낼 수 있도록 해야 합니다.

특히 겨울철 아침 같은 때는 더욱 그렇지요. 아마도 장미나 사탕, 메모나 카드, 그리고 뜻밖의 선물 같은 것이 그런 충전 역할을 해줄 것입니다.

외관: 엄마도 자동차와 마찬가지로 정기적으로 외관에 기름칠을 하고 정비를 해야 최대한으로 잘 작동합니다. 엄마의 옷은 계절이 바뀔 때마다 한 번씩 바꿔 줘야 하지요. 그리고 규칙적으로 운동을 하는 것도 좋습니다. 또한 머리 모양이나 화장에도 신경을 써 줘야 하지요. 외관이 느슨해지면 식이 요법·조깅·에어로빅·헬스 클럽 같은 것도 괜찮은 처치법입니다.

튠업: 정기적인 시행이 필요합니다. 솔직한 마음으로 칭찬해 주는 건 가장 저렴하면서도 가장 훌륭한 방법이지요.

이런 조항들을 준수하다 보면, 어떤 엄마라도 소중한 가족들을 언제나 사랑으로 돌봐줄 수 있을 것입니다.*[39]

주님을 기다리는 사람들아, 힘을 내어라. 용기를 내어라. (시편 31:24)

❧

사무엘상 8-9장 ; 시편 106편 34-48절 ; 잠언 8장 ; 로마서 1장

어느 날 한 남자가 팔이 부러졌습니다.

그래서 사람들이 왜 팔이 부러졌냐고 물으면 우물쭈물하다가 그저 차창 밖으로 팔을 내밀고 가다가 길거리 간판에 부딪쳤다고 얼버무렸지요.

하지만 그것은 그냥 남들 들으라고 하는 소리였고, 사실 몇몇 친구들이 추궁하자 다음과 같이 털어놓았습니다.

그 일은 그의 아내가 하루 종일 안뜰에 있었던 화분들을 옮겨 놓으면서 시작되었습니다. 왜냐하면 그 날 폭풍우가 불어올 것 같았기 때문이었습니다.

그런데 뱀 한 마리가 그 화분들 가운데 하나에 숨어 있다가 그 화분을 안으로 들여 놓자 스스로 나와서는 마루 위를 기어갔습니다.

그리고 아내가 그만 그것을 본 것이지요.

"그 때, 난 욕조 안에 있었지. 아내의 비명 소리를 듣고 난 아내가 살해당하는 줄 알았다네. 그래서 완전히 젖은 채로, 비눗물을 뚝뚝 떨어뜨리며 수건으로 몸을 제대로 가리지도 못한 채 거실로 달려갔지.

아내는 의자 위에 올라가 뱀이 소파 밑에 있다고 소리치면서 비명을 질렀어. 난 바닥에 손을 짚고 무릎을 꿇고는 뱀을 찾았다네.

그 때 내 뒤에 서 있던 개가 나에게 차가운 코를 갖다 댔지. 난 그것이 뱀이라고 생각하고는 그만 기절하고 말았던 거야.

그래서 내 아내는 내가 심장 마비에 걸린 줄 알고 119에 전화해서 앰뷸런스가 도착하고, 비척거리는 나는 들것에 실려 나갔지.

그런데 그 와중에 소파 밑에 있던 뱀이 기어나와 들것을 옮기던 사람을 놀라게 했고, 그 사람이 놀라서 들것의 한쪽을 떨어뜨린 바람에 내 팔이 부러진 거라네."

정말 재미있는 일이 아닌가요? 이야기를 혼자만 알고 넘기지 말고, 웃음이라는 윤활유가 필요한 어머니께 한번 해드려 봅시다. 웃음은 장수의 비결도 되니, 이 이야기를 어머니께 해드려 어머니를 한바탕 웃게 해드리는 것이 어떨까요?

즐거운 마음은 병을 낫게 하지만, 근심하는 마음은 뼈를 마르게 한다. (잠언 17:22)

~~~

사무엘상 10-11장 ; 시편 107편 1-22절 ; 잠언 9장 ; 로마서 2-3장
~~~

존 테드는 버몬트의 루트리지에서 태어났습니다. 양친이 그가 아주 어릴 때 돌아가셨기 때문에 아이들이 여러 명 있는 집으로 들어가게 되었지요. 어떤 친절하고 사랑이 넘치는 아주머니가 여섯 살 난 존을 입양하기 위하여 시저라는 하인 한 명과 말 한 마리를 보내 왔습니다. 그들은 그 아주머니에게 가면서 다음과 같은 이야기를 나눴습니다.

존: 그 아주머니가 거기 계세요?

시저: 예, 아주머니는 거기서 도련님을 기다리고 계십니다.

존: 아주머니와 살면 좋을까요?

시저: 도련님은 정말 좋은 분을 만나신 겁니다.

존: 아주머니가 날 사랑할까요?

시저: 아주머니의 마음은 무척 넓답니다.

존: 내 방을 가질 수 있을까요? 또 아주머니가 강아지를 갖게 해줄까요?

시저: 아주머니는 모든 것을 가지고 계신답니다. 깜짝 놀랄 선물을 준비하고 계실 겁니다.

존: 우리가 거기 도착하면 아주머니는 이미 잠자리에 들어 있지 않을까요?

시저: 아뇨. 이 숲을 벗어나면 아주머니가 창가에 촛불을 켜놓고 기다리시는 걸 보실 겁니다.

정말이었습니다. 그들이 집에 가까이 다가갔을 때 존은 창가에 켜놓은 촛불을 보았지요. 그 아주머니는 문가에 서서 그들을 기다리고 있었습니다. 존이 수줍게 현관문으로 다가가자 아주머니는 현관의 계단을 내려와서 존에게 입을 맞추었습니다. 그리고는 "우리 집에 온 걸 환영한다!"라고 말했습니다. 그 아주머니의 집에서 자란 존은 훗날 훌륭한 목사님이 되었지요. 그 아주머니는 그에게 제2의 가정을 제공해 준 어머니였습니다. 세월이 많이 흐른 뒤, 아주머니는 존에게 편지를 써서 건강 쇠약으로 자신에게 죽음이 임박했음을 알렸습니다. 아주머니는 자신이 존에게 어떤 존재였는가 궁금해했지요. 존은 다음과 같은 답장을 썼습니다.

사랑하는 아주머니,

제가 저의 친부모가 돌아가신 집을 떠날 때는 제가 어디로 갈 것이며, 누가 절 돌봐 줄 것인지, 아니면 이대로 죽을지 살지 등에 대하여 전혀 몰랐습니다. 말을 타고 가는 길은 멀었지만 그 때 하인이 저에게 용기를 주었지요. 마침내 당신의 품과 새 가정에 도착을 했고, 저의 기대에 어긋나지 않게 저를 잘 돌봐 주셨습니다. 이제는 아주머니가 가셔야 할 차례가 되었군요. 아주머니를 누군가 기다리고 있다는 것을 알려 드려야 되겠습니다. 아주머니를 맞을 불이 켜져 있고 방도 준비되어 있답니다. 모두들 문을 열고 아주머니를 기다리고 있습니다. 전, 보았답니다! 하나님께서 아주머니를 맞이하시기 위하여 문 앞에 나와 오랫동안 기다리시는 모습을요.

자식들도 모두 일어나서, 어머니 업적을 찬양하고
남편도 아내를 칭찬하여 이르기를······아내가 손수 거둔 결실은 아내에게 돌려라.
아내가 이룬 공로가 성문 어귀 광장에서 인정받게 하여라. (잠언 31:28, 31)

사무엘상 12-13장 ; 시편 107편 23-43절 ; 잠언 10장 ; 로마서 4-5장

산다는 게 언제나 쉬운 것은 아닙니다!

사실, 대부분의 사람들에게서 삶은 멋지게 즐길 수 있는 것이 아니라 언제나 어려움과 시련에 맞서 싸워야 하는 전쟁터이지요. 세상에서 위대했던 대부분의 사람들 역시 역경과 자신들에게 불리한 조건들을 짊어지고 살았습니다. 하지만 이들은 이 장애물들을 멋지게 극복해 내었지요.

그렇다면, 이 문제에 대해 한번 생각해 봅시다. 정말로 그들은 위대한 인물이었기에 장애물들을 잘 극복해 내었을까요, 아니면 그들이 장애물들을 잘 극복해냈기 때문에 위대하게 된 것일까요? 다음을 한번 같이 보도록 하겠습니다.

불구라는 역경은 지금의 월터 스콧 경이 있게 했습니다.

투옥되어 자유를 박탈당하고, 활동의 자유를 빼앗기는 역경은 존 부니안을 있게 했습니다.

포지 계곡의 눈 속에 묻혀 수적으로 너무나 우세한 적들과 맞서 싸우는 역경은 조지 워싱턴을 있게 했습니다.

비천한 가난에서 자라나 정치적인 패배의 쓴잔을 무수히 마시며 사랑하는 사람마저 잃어버린 역경은 아브라함 링컨을 있게 했습니다. 어렵게 자라나서 종교적인 편견에 시달렸던 역경은 디스라엘리를 있게 했습니다.

어릴 적 소아마비로 평생을 다른 사람에게 의지하며 살아야 했던 역경은 프랭클린 D. 루즈벨트를 있게 했습니다.

흑인 차별이라는 역경은 부커 티 워싱턴·헤리엇 튜만·마리안 앤더슨·조지 워싱턴 카버·마틴 루터 킹 2세 그리고 넬슨 만델라를 태어나게 했지요.

또한 18남매의 맏이로 태어나서 가난에 시달렸지만 그 역경을 자신의 음악적인 재능으로 이겨낸 사람이 엔리코 카루소였습니다.

나치 집단 수용소에서 살아난 부모에게 태어나서, 네 살 때부터 하반신 마비를 겪었던 역경은 이 시대 최고의 콘서트 바이올린 연주자 아이작 펄만을 있게 했습니다.

또한 배우는 속도가 무척 느려서 지체아라는 꼬리표를 달고 다니다가 끝내 학교에서 쫓겨난 역경은 알베르트 아인슈타인을 있게 했습니다.

귀머거리였지만 천재적인 작곡가가 된 베토벤도 있습니다.

마지막으로 섬에 유배되는 역경을 딛고 비전을 가졌던 이는 바로 사랑의 사도 요한이었구요.

나에게 능력을 주시는 분 안에서, 나는 모든 것을 할 수 있습니다. (빌립보서 4:13)

〰

사무엘상 14장 ; 시편 108편 ; 잠언 11장 ; 로마서 6-7장조라는 사람이 있었습니다. 그는 100만 달러를 유산으로 물려 받기로 돼 있었습니다. 하지만 조건이 하나 있었지요. 그것은 그가 칠레나 브라질에서 그 돈을 받아야 한다는 것이었습니다. 그래서 그는 브라질로 갔습니다. 하지만 불행하게도, 그가 유산으로 받을 뻔한 칠레의 토지에서 우라늄 · 황금 · 은 등이 발견되었습니다.

브라질에 도착했을 때, 조는 커피 농장과 땅콩 농장 가운데서 선택을 해야만 했고, 그는 땅콩을 선택했습니다. 하지만 이번에도 운이 없었지요. 땅콩의 시세가 엄청 떨어진 것입니다. 커피는 파운드당 1.50달러나 가격이 솟았는데 말입니다. 조는 모든 유산을 날려 버렸습니다.

미국으로 돌아갈 비행기 표를 사기 위하여 조는 자기의 황금 시계를 팔았고, 그 돈으로 뉴욕과 보스턴 어느 쪽 비행기표도 살 수 있어서, 조는 보스턴을 선택했습니다. 뉴욕 행 비행기가 활주로를 달리는 것을 보았는데, 그 비행기는 최첨단 기술로 만들어진 신기종으로 747 수퍼 제트기였습니다. 보스턴 행 비행기는 1928년 식 포드 트리-모터였는데, 심하게 요동을 치며 날았습니다. 비행기 안은 아이들의 울음 소리와 염소와 양들의 울음 소리로 가득했으며, 이륙하는 데만 해도 하루 온 종일 걸리는 것 같았지요.

그렇게 안데스 산맥 위를 비행하는 도중, 그만 엔진 하나가 고장이 났습니다. 조는 조종사에게 가서 말했지요. "다 내가 있기 때문이에요. 이 비행기가 무사히 날아가려면 내가 지금 내려야 합니다. 낙하산을 주세요." "이 비행기에서 탈출하려면 두 개의 낙하산을 메야 합니다."라는 조종사의 말에 조는 두 개의 낙하산을 메고 비행기를 탈출했습니다. 공중에서 조는 두 개의 낙하산 가운데 어느 것을 필 것인가를 결정해야 했습니다. 결국 왼쪽 낙하산을 선택했지만, 낡아서 작동하지 않았지요. 그래서 이번엔 오른쪽 것을 당겨 낙하산을 펼쳐 냈습니다. 하지만 이번엔 이 낙하산의 줄이 '툭'하고 끊어지는 것이 아닙니까!

그래서 그는 절망감에 휩싸여 "프란시스코 성자님, 저 좀 살려 주세요!"하고 외쳤습니다. 그 소리에 응답이라도 한듯, 하늘에서 손 하나가 쑥 나와서 그의 손목을 잡아 주었지요. 그렇게 공중에 대롱대롱 매달려 있는데 조에게 한 음성이 들려 왔습니다. 그 부드럽지만 호기심어린 목소리는 말했지요. "성 프란시스 사비에를 말하는가, 아니면 아시시의 성 프란시스를 말하는가?"

선택! 또 선택의 연속입니다. 어떤 이가 말했습니다. "정말이지 그놈의 선택만 없으면 편하게 살 수 있을 텐데!" 하지만 여러분, 삶이란 그러한 선택의 연속인 것입니다. 선택! 어쩌면 그것이 우리 모두에게 주어진 멋진 권리가 아니겠습니까?

주님을 섬기고 싶지 않거든, 조상들이 강 저쪽의 메소포타미아에서 섬기던 신들이든지, 아니면 여러분이 살고 있는 땅 아모리 사람들의 신들이든지, 여러분이 어떤 신들을 섬길 것인지를 오늘 선택하시오. 나와 나의 집안은 주를 섬길 것이오. (여호수아 24:15)

사무엘상 15-16장 ; 시편 109편 1-13절 ; 잠언 12장 ; 로마서 8장수요일 아침 여섯시, 샌 베르나르도 산맥에 있는 캘리포니아 주 러닝 스프링에 사는 제임스 로손은 일하러 가기 위하여 집을 나섰습니다.

또 한 시간 뒤, 서른여섯 살의 아내 패시는 다섯 살박이 딸 수잔과 두 살박이 아들 제럴드를 차에 태우고 그 산맥 아래 리버사이드 초등학교로 출근했지요. 그녀는 여기서 5학년을 가르치고 있었습니다. 아이들은 가다가 보모에게 맡겨질 것입니다.

하지만 불행하게도 그들은 거기에 도착하지 못했습니다.

패시가 보모에게도, 근무지에 나타나지 않았다는 소식이 들려 왔습니다.

그 뒤 여덟 시간 반만에, 제임스는 산기슭 밑 차가운 냇물 속에 처박힌, 부서진 차 안에서 죽어 있는 아내와 딸을 발견했지요. 그의 아들은 차가운 물 속에서 겨우 살아 있었습니다.

아내가 외치는 소리를 들은 것 같아 벼랑을 허둥지둥 내려간 제임스는 자신의 생각이 틀렸음을 알았습니다. 그녀는 죽어 있었던 거지요. 하지만 그녀가 물 속에 잠긴 차 안에서 아들의 머리를 물 위로 내민 채 죽어 있는 게 아니겠습니까?

사고가 났을 때 다섯 살난 딸아이는 그 자리에서 죽었고, 밖으로 빠져 나오려던 그녀는 부서진 차 안에 갇혀서 나오질 못했습니다. 사고에도 불구하고 그녀의 옆에 앉아 있던 어린 아들은 살아 남았는데, 오직 그녀가 할 수 있었던 일은 차 안에 물이 스며들지 않은 틈새로 아들의 머리를 받쳐들고 있는 일이었지요.

여덟 시간 반 동안, 헌신적인 사랑으로 그 고통스런 자세를 취하면서 물 속에 있던 그녀는, 결국 체온 저하로 죽고 말았습니다.

그녀는 죽어가는 순간에도 여전히 아들을 붙잡고 있었기 때문에 아들은 물 속에서 숨을 쉴 수가 있었지요. 그래서 아들은 살아났지만 어머니는 그 대신 죽음을 당해야 했습니다. 그래요, 바로 이런 것이 헌신적인 모성애의 표본이 아닐까요?

우리는 또다른 가슴아픈 헌신적인 사랑의 이야기를 알고 있습니다. 그것은 바로 하나님이 사랑하는 독생자 아들 예수를 이 험악한 세상에 보내시어, 십자가에 매달려 고통받고 돌아가시게 하심으로써 우리를 죽음에서 해방시켜 주신 것이지요. 그저 놀라운 사랑이 아니겠습니까!

하지만 어린 아들 제럴드가 그 어머니의 희생적인 사랑을 모르고 있듯이, 우리도 영원한 삶을 우리에게 허락하신 예수님의 그 사랑을 모르고 있는 것은 아닐까요?

하나님이 아들을 세상에 보내신 것은, 세상을 심판하시려는 것이 아니라,
아들로 세상을 구원하시려는 것이다. (요한복음 3:17)

사무엘상 17장 ; 시편 109편 14-31절 ; 잠언 13장 ; 로마서 9-10장

“언제 오니?”
“일요일에요, 왜요?”
“왜냐면 뭔 일 좀 같이 했으면 해서. 예를 들어, 침대 정리 같은 거 말야.”
“참 내, 엄마!”
내 마음 속에 울리는 소리가 있네.
지난 주 어머니에게 갔을 때에도, 등이 아프시다 해서 갈 때마다
이부자리를 정리해 드리곤 했지.
전에는 늘 어머니가 하신 일이건만,
어떻게 정리해야 하는지 알기에, 이제는 내가 정리해 드린다네.
그리고는 그 정리한 침대 위로 어머니를 안아다 뉘어 드렸지.

내 딸이 좋아하는 요리를 해주려고 요리책을 뒤지다,
일전에 어머니께 만들어 드린 음식의 요리법이 나왔지.
어머니의 새 부엌에서,
난 그 요리법들이 어머니 생각을 나게 하는 것 같아
서랍에다 내동댕이쳐 버렸지.
어머니의 방식대로 최대한 어머니의 맛을 흉내내기 위하여
이젠 기억도 거의 안 나는 어머니가 했던 순서 그대로.

지금 나와 내 딸과 내 어머닌 닮은 점이 없다네.
(우리의 푸른 눈동자도 자세히 보면 다 달라.)
하지만 난 두 사람을 이어주는 끈.
많은 사람이 나를 보고 어머니의 흔적을 발견하지.
전에 살던 우리 집엔 어느 누구도 없고,
우리 세 모녀 각기 살지만, 여전히 우린 서로에게 소중한 존재.
아무리 작은 것에도 변함없이.

난 지금 내 어머니의 어머니,
그리고 내가 더 이상 내 딸을 돌봐 줄 수 없는 나이가 되면,
나도 그때부턴 내 딸의 딸.

수잔 S. 제이콥슨

*옛날이 지금보다 더 좋은 까닭이 무엇이냐고 묻지 말아라.
이런 질문은 지혜롭지 못하다. (전도서 7:10)*

사무엘상 18-19장 ; 시편 110편 ; 잠언 14장 ; 로마서 11-12장

'난 이제 늙었어,' '저 혼자밖에 없잖아요,' 아니면 '재주가 한 가지밖에는 없어서……,' 이러한 변명으로 누구나 자신의 게으름이나 미처 행동이 따라가지 못해 놓친 일들을 변명하고 싶어합니다. 그게 인간의 성향이니까요.

2년 전에 〈월 스트리트 저널〉에는 핸리 립시그에 대하여 다음과 같이 흥미로운 기사가 실렸습니다. 헨리는 여든여섯이라는 고령에도 불구하고 법률 회사를 차렸습니다. 60년이 넘도록 뉴욕 시에 있는 법률 회사에서 의뢰인들을 관리하는 일을 도왔던 그가 이제는 자신의 법률 회사를 차린 거지요.

첫사건 의뢰가 들어왔습니다. 그런데 이 의뢰는 흔히 접하는 그런 의뢰들과는 많이 달랐지요. 이 사건은 한 여인이 뉴욕 시를 상대로 소송을 건 사건이었습니다. 그 여인의 남편은 71세로, 술에 취한 경찰이 몬 순찰차에 치여 생계의 위협을 받았지요. 이 일로 소송을 건 여인은 자신의 남편이 사고로 잃어버린 미래의 잠정적인 수입을 보장해 줄 것을 뉴욕 시에 주장했습니다. 뉴욕 시는 71살이나 되는 고령의 노인에게 무슨 미래의 잠정적인 수입이 있을 수 있냐고 맞받아쳤지요. 그리고는 뉴욕 시는 그 소송에서 반드시 이길 것이라고 확신했습니다. 하지만 뉴욕 시는 그 소송이 정력적인 88세의 변호사가 맡고 있다는 것을 깨닫고는, 그 여인과 125만 달러에 합의를 보았습니다! 이와 같이 우리가 어떠한 선택을 하느냐에 따라, 우리가 갖게 되는 태도도 달라집니다.

선택에 대한 이야기를 더 해봅시다. 이 이야기는 로마가 세상을 지배하던 시절의 이야기입니다.

로마의 어떤 장군은 간첩 활동을 하다가 붙잡혀 가지고 법정에서 유죄 판결을 받은 간첩들을 처벌할 때, 두 가지 처벌 가운데 하나를 선택하도록 했습니다. 하나는 처형대이고, 다른 하나는 검은 문이었지요. 어느 날, 법정에서 유죄 판결을 받은 한 간첩에게 그 장군은 선택권을 주었습니다. 간첩은 처형대를 선택했고 곧이어 끌려나가 사형에 처해졌습니다. 집행이 끝나고 다시 집무실로 돌아오자 부관이 장군에게 물었지요. "검은 문 뒤쪽에는 무엇이 있습니까?" "자유가 있네." 장군의 대답이었습니다. "거의 모든 이들이 미지의 것을 선택하기를 두려워하지. 그것이 죽음에 관한 일이라면 더욱 그러하다네."

우리 자신의 의견에 바탕을 두고 선택을 해봅시다. "전 단지……"라는 변명조는 버리고, 자유롭게 직접적으로 개입하여, 남과 다른 사람이 되도록 합시다. 변명은 하나님을 기쁘시게 해드릴 수 없습니다.

> 그러나 주께서 나에게 말씀하셨다. "너는 아직 너무나 어리다고 하지 말아라.
> 내가 너를 누구에게 보내든지 너는 그에게로 가고, 내가 너에게 무슨 명을 내리든지
> 너는 그대로 말하여라. 너는 그런 사람들을 두려워하지 말아라.
> 내가 늘 너와 함께 있으면서, 보호해 주겠다. 나 주의 말이다." (예레미야 1:7-8)

사무엘상 20-21장 ; 시편 111편 ; 잠언 15장 ; 로마서 13-14장

우리가 살아 가는 동안 다른 이들에게 어떠한 영향력을 얼마만큼 끼치는지 그것을 다 아는 사람이 있을까요? 남들을 위하여 열심히 노력했는데, 단지 시간 낭비였던 것 같아 풀이 죽은 여러분을 위하여 이 이야기를 하고 싶습니다.

2차 대전이 한창이던 시절, 어떤 여인이 전혀 이름을 기억할 수 없는 한 병사로부터 편지 한 통을 받았습니다. 그의 이름은 머레이였고, 바로 전장에서 그녀에게 보낸 편지였지요.

그 편지 속에서 말하기를, 그는 한때 그녀의 주일 학교 학생이었다고 했습니다. 그 주일 학교 시간에 그녀가 들려 주었던 예수님의 이야기는 사내아이들에게는 영웅 이야기로 와 닿았기 때문에, 그 뒤로 머레이의 인생관을 완전히 바꿔 놓았다고 했습니다.

살아 가면서 한 번도 일기 쓰기를 거르지 않았던 그 여인은, 일기장을 꺼내 머레이가 언급한 날짜의 일기를 읽어 보았지요. 일기에는 그 날이 주일 학교에서 매우 낙담한 채 돌아왔던 날이었고, 주일 학교에서 가르치는 것을 포기할까 하는 생각도 들었던 날이었다고 써 있었습니다.

그 날 일기의 첫머리에는 이렇게 써 있었습니다. "정말 끔찍한 시간이었다. 아이들은 끊임없이 떠들어대고, 난 이런 상황에 대해서 전혀 준비가 안 돼 있었다. 두 반을 한꺼번에 가르쳐야 했기 때문에, 아이들을 다 조용히 시킨다는 것은 불가능했다. 그 어느 아이 하나 내 가르침에 귀를 기울이지 않았다. 하지만 공부가 끝날 무렵, 다른 반의 딱 한 아이가 내 말에 귀를 기울이는 것 같았다. 그 아이는 점차 조용해지더니 차분해졌다. 하지만 그 아이는 아마도 장난치는 것에 싫증나서 그랬을 것이다."*[39]

그 여인이 이름도 모르는 한 소년의 전 인생에 깊은 영향력을 심었듯이, 우리 주위 사람에게 우리의 삶이나 신앙·대화 등이 어떠한 영향력을 심어줄지 아무도 모릅니다.

어머니들이 어린 생명들에게 심어 주는 사랑과 보살핌의 씨앗들이 갖는 위대함을 한 번 생각해 보십시오! 성경은 우리에게 '잘할 수 있을까?' 하고 걱정하지 말라고 했습니다. 때가 되면 거두게 될거니까요. 아이들에게 투자하는 시간은 결코 낭비가 아닙니다. 포기하지 마십시오! 그리고 낙심하지 마십시오! 오늘 여러분은 누군가의 일생에 영원히 남을 결정적인 영향을 주고 있을지도 모르니까요.

*적절한 대답은 사람을 기쁘게 하니,
알맞은 말이 제때에 나오면 참 즐겁다.* (잠언 15:23)

◦◦◦

사무엘상 **22-23장** ; 시편 **112편** ; 잠언 **15장** ; 로마서 **15장**

한 목사님이 새로 아빠가 될 남자에게서 전화를 받았습니다. 목사님에게는 흔히 있는 일이었지요. 하지만 이 남자에게는 너무나 특별한 일이었습니다. 그 남자는 아내가 마취에서 깨어나 예쁜 사내아이를 낳았다는 말을 듣게 될 때, 목사님이 함께 계시기를 바랐습니다. 그런데 한 가지 충격적인 사실이 있었습니다. 그것은 바로 아기에게 귀가 없었다는 거지요!

목사님이 병원에 도착했을 때, 바짝 긴장한 그 남자와 의사와 함께 병실로 들어갔습니다. 그곳에는 힘겨운 산고 뒤 마취에서 깨어나 누워 있는 산모가 있었지요. 의사는 그 아이의 귓구멍과 귀 안에 청각 기관들이 다 갖춰져 있으므로, 듣는 데는 아무 이상이 없다고 말했습니다. 다만 외부의 귓바퀴가 없을 뿐임으로 성장에는 아무런 문제가 없고, 성인이 된 뒤 적당한 기증자만 찾아서 수술을 받으면 된다고 했습니다.

그렇게 세월은 흘러, 어느덧 아이가 자라서 학교에 들어가게 되었습니다. 하지만 이 작은 아이에게 학교 생활은 너무나 힘들었지요. 수도 없이 많은 날을 울면서 학교에서 돌아오곤 했습니다. "애들이 내가 병신이래요." 그 아이를 놓고 많은 애들이 수군거리고 조롱하고 흘겨보며 별명을 부르곤 했습니다. 또한 이후에 중학교와 고등학교에서 겪었던 일들은 그 아이에게 더욱 쓰라린 것이었지요. 하지만 이제 의젓한 젊은이가 된 아이는 그러한 환경에 적응하게 되었으며, 그 비난들에 잘 대처하였습니다. 그는 공부도 잘해 장학생으로 대학에 들어가 지리학을 공부했지요.

어느 봄날, 그의 아버지가 다른 지방의 대학교에서 공부하고 있던 그에게 전화를 했습니다. 바로 그에게 귀를 기증해 줄 사람을 찾았다는 것이지요. 그 수술은 그 해 여름에 있으니 수술을 받기 위하여 집으로 올 계획을 세우라는 것이었습니다.

드디어 그 젊은이는 수술을 받았고, 다행히도 수술은 성공적이었습니다. 가을에 학교로 돌아간 그 젊은이는 너무나도 행복했습니다. 이제 그가 받은 아름다운 귀로써 그의 앞날은 전혀 새로운 날들이 된 것이지요. 그 후 우등생으로 졸업한 그 젊은이는 미드 웨스트에서 직업을 갖게 되었습니다. 부모들은 이런 그가 무척 자랑스러웠지요.

그러던 어느 날, 아버지가 전화를 해서 어머니가 심장 마비로 쓰러졌으니 빨리 돌아오라고 연락을 했습니다. 그래서 그 즉시 비행기로 고향에 돌아왔지만, 어머니는 이미 세상에 계시지 않았습니다. 다음 날 장례 예식장에서, 아버지는 아들을 데리고 어머니의 관으로 가서 어머니의 머리카락을 넘겨 아들에게 보여 주었습니다. 그런데 이게 웬일인가요! 누워 계신 어머니의 귀가 없는 것이 아니겠습니까? 그렇습니다. 어머니가 자신의 귀를 아들에게 주었던 것입니다.

우리 한번 하나님의 사랑을 생각해 봅시다. 그 어머니가 아들에게 준 것보다 더 소중한 것을 주신 그 사랑을 말입니다.

바로 우리에게 그분은 자신의 아들을 주신 것입니다!

하나님이 세상을 이처럼 사랑하셔서 독생자를 주셨으니,
누구든지 그를 믿으면 멸망하지 않고 영생을 얻을 것이다. (요한복음 3:16)

〰

사무엘상 24-25장 ; 시편 113편 ; 잠언 17장 ; 로마서 16장두 사람이 거짓 선지자들을 믿었던 탓에, 이 세상에 비극이 쏟아져 들어오게 되었습니다. 러시아의 황제와 황후가 어떤 한 기적에 미혹되었고, 그 결과 황제의 제국은 멸망하고 말았지요.

오랜 세월, 황위를 이을 아들을 학수고대하던 황제 니콜라스 2세와 그의 독일인 아내 페데로브나는 드디어 아기를 갖게 되었습니다. 하지만 그로부터 6주 후, 의사로부터 태어난 황자가 혈우병에 걸려 치료가 불가능하며 언제 어느 때 죽을지도 모른다는 사실에 대해 듣게 되자, 그들의 미래에 대한 기대는 잔인하게 무너져 내렸습니다. 황자의 짧은 생애 속에는 언제나 죽음의 공포가 따라다녔습니다. 이 비극으로 황실은 세상에서 가장 극악한 사내들에게 휩쓸리게 되었지요.

어린 황태자는 여러 번 죽을 고비를 맞이하곤 했습니다. 고통에 몸부림치는 아들을 보고 있던 황제 부부는 의사들에게 할 수 있는 처방을 다 써보라고 간청했지만, 이 불치병에는 그 어느 의사들도 속수 무책이었지요. 그렇게 슬픔에 찬 나날을 보내던 황제 부부는 훗날 '러시아의 미치광이 수도사'라고 알려진 그레고리 라스푸틴이라는 의문투성이의 신비주의자를 알게 되어 그에게 의지하고 있었습니다. 라스푸틴이 그 아들을 위하여 기도할 때면 우연히도 아이의 병세가 호전되곤 했습니다. 오늘에도 의사들은 역사적으로 기록된 이런 치료에 대하여 설명을 못하고 있습니다. 아이를 위하여 기도해 주면서, 라스푸틴은 황제 부부에게 이 아이는 그 부부가 자기의 말을 따르는 한 죽지 않을 거라 말했습니다.

마침내 라스푸틴의 권력은 정부의 모든 관리를 임명하고 해임하는 데까지 이르렀습니다. 그는 정부 관리들을 그들의 능력보다는 자신의 명령을 얼마만큼 잘 따르는가에 따라 임명하고 해임했지요. 결과적으로, 나라 전체가 이 사악한 자의 어리석은 말 한마디에 좌지우지되었습니다. 이런 상황에 더하여, 이제까지의 러시아 내부 모순에 대한 불만의 목소리가 일어나 혁명의 씨앗이 움텄고, 아무도 모르는 사이에 자라나기 시작해서, 황실 살해, 내전, 공산 세력의 등장으로 끝이 났습니다. 그런 시련을 겪는 동안, 정부의 핵심 관리였던 알렉산더 게렌스키는 라스푸틴이 없었다면 레닌의 출현도 막을 수 있었을 것이라고 말하곤 했지요.

예수님께서는 우리를 이끌고 있는 사람들의 됨됨이를 자신의 삶에서 맺는 열매로써 점검해 볼 수 있다고 말씀하십니다. 한 지도자를 따르는 데 있어 그가 행하는 기적에 정신을 팔기보다는 그 사람 자신에 관해서 참으로 많은 것을 생각해 보아야 하지요. 예수님은 이 세상에서 사시면서 세상이 보여 주었던 그 어떤 삶의 모습과는 전혀 다른 삶의 모습을 보여 주셨습니다. 우리 모두는 지금 무엇을 하고 있는가라는 문제보다는 어떤 인격을 가지고 있는가로 판단받아야 할 것입니다.

그러므로 너희는 그 열매로 그 사람들을 알아야 한다. (마태복음 7:20)

❦

사무엘상 26-27장 ; 시편 114편 ; 잠언 18장 ; 사도행전 21장

행크는 이제 막 조경 일을 시작한 신참이었습니다. 그는 아직은 미숙한 부분들이 많았지만, 그런 모습을 내보이고 싶지가 않았지요. 그래서 될 수 있으면 말을 줄여서 경험이 많은 사람들에게서 풍기는 전문가적이고 냉정한 인상을 주려고 애를 썼습니다. 그가 처음 맡은 일은 한 농부의 농장에 있는 나무 그루터기들을 다이너마이트로 폭파하는 것이었지요. 농부가 지켜보고 있었으므로, 행크는 도화선을 상당히 길게 늘이고는 다이너마이트를 설치했습니다. 여기까지는 좋았습니다. 하지만 이제 이런 일에 이골난 것처럼 숙련된 업자들의 흉내를 내며 작업을 하던 행크에게 문제가 생겼습니다. 그것은 바로 얼마만큼 화약을 설치해야할지 모른다는 것이었지요. 하지만 여기서 물러설 수 없었던 행크는 어림잡아 적당하다고 생각되는 양을 그루터기 밑동에 설치했습니다. 모든 준비를 마치고, 행크는 설치한 다이너마이트 양이 정말로 적절한 양이어서 일이 무사히 끝나고 또한 화약 양이 너무 많아 그루터기가 하늘 높이 치솟지 않기를 나지막한 목소리로 기도했습니다.

이제 폭발 스위치를 눌러야 할 순간이 왔습니다. 행크는 자신있다는 표정으로 농부를 한 번 쳐다보고는 스위치를 눌렀지요. 하지만 그 순간 그의 바람을 비웃기라도 하듯이, 엄청난 폭음과 함께 그루터기는 하늘높이 치솟아 포물선을 그리며 정확히 행크의 트럭 지붕 위로 떨어졌습니다. 이 끔찍한 광경을 바라보던 농부는 행크에게 돌아서서 말했습니다. "이봐 젊은이, 그리 나쁘지 않구먼 그래, 조금만 더 연습하면 트럭 짐 싣는 곳에 정확하게 착륙시킬 수 있겠어."

우리 인생에서 경험은 참으로 대단히 중요합니다. 옛말에도 있지 않은가요? 백번 듣는 것보다 한번 보는 게 더 낫다〔百聞不如一見〕! 하지만 우리가 살면서 모든 것을 다 보고 또 겪어볼 수는 없습니다. 때로는 그저 바로 행동에 옮기는 것이 최선의 경우가 될 때도 있습니다.

한 젊은이가 시골 슈퍼마켓에서 채소를 포장해서 주차장으로 운반하느라 몹시도 바쁘게 움직이고 있었습니다. 그러다가 문득 주차장에서 한 여인이 카트에 잔뜩 식료품을 싣고, 그것도 모자라는지 두 팔에도 커다란 식료품 봉지를 안고 옮기느라 애를 먹고 있는 모습이 눈에 띄었지요. 젊은이는 가게 안으로 들어가려다 말고, 그녀를 도와 주러 발길을 돌렸습니다.

겨우 차에 도착한 그녀는, 열쇠를 찾으러 안고 있던 봉지를 차 지붕위에 올려 놓았습니다. 그리고는 차 문을 열고서 수레에 있던 식료품들을 차 안으로 옮겼습니다. 준비가 끝나자, 그녀는 차에 올라타고서 시동을 걸었습니다. 하지만 젊은이는 그녀가 차 지붕 위에 올려 놓았던 식료품 봉지가 그대로 거기 놓여 있는 걸 보았습니다. 차가 주차장을 빠져나가려고 방향을 돌리자, 식료품 봉지가 그만 차 지붕에서 굴러 떨어지고 말았지요. 하지만 천만 다행이었습니다! 바닥에 떨어지기 직전에, 그녀의 차로 뛰어왔던 젊은이가 그 짐을 받아 주었기 때문입니다.

언제나 내 안에 머물러 있어라. 그러면 나도 너희 안에 머물러 있겠다.
가지가 포도나무에 붙어 있지 않으면, 스스로 열매를 맺을 수 없는 것과 같이,
너희도 내 안에 머물러 있지 않으면, 열매를 맺을 수 없다. (요한복음 15:4)

사무엘상 28-29장 ; 시편 115편 ; 잠언 19장 ; 사도행전 22장

몇 년 전에, 열여섯 살의 어떤 젊은이가 자기가 가진 모든 것을 보따리에 싸가지고 돈을 벌러 집을 떠났습니다.

길을 따라 내려가고 있을 때, 젊은이는 우연히 이웃에 사는 늙은 선장을 만났지요. 그는 운하에서 배를 모는 사람이었습니다. "어이, 윌리엄 어딜 가나?" 선장이 물었습니다. "아직 어디로 갈지 잘 모르겠어요. 그래도 아버지가 너무 가난해서 더 이상 집에만 못 있겠어요. 그래서 어디 가서든 살 길을 찾아 보려구요." "잘 생각했어, 정직하게 살게나. 곧 자네 형편도 펴질 거야." 선장이 이제 막 길을 떠나는 윌리엄에게 격려의 말을 했습니다. 그러나 윌리엄은 자신이 할 수 있는 일이라고는 아버지를 도와서 했던 비누와 양초 만드는 일밖에는 없다고 했습니다. "그런 가? 자, 우리 우선 기도하세나. 기도를 마치고 자네에게 해줄 이야기가 있네. 일단 내 이야기를 듣고 나서 길을 떠나게."

이 말을 하고서 선장은 윌리엄과 함께 운하의 배를 끌 때 나귀들이 걸어가는 길 위에 무릎을 꿇었습니다. 기도가 끝나고, 선장은 윌리엄에게 말했습니다. "이제 조만간 뉴욕에서는 비누 제조업을 선도할 사람이 나타날 걸세. 그게 자네일 수도 있다는 걸 명심하게. 그러나 부디 착하게 살게. 그리고 무엇보다도 자네의 온 삶을 예수님께 맡기게. 또 십일조는 하나님 것이니 반드시 드리고, 중량을 속이지 말고 정직하게 비누를 만들게. 확신하건대, 자네 앞길은 밝다네. 자넨 부자가 될 거야."

뉴욕에 도착한 윌리엄은 일자리 구하기가 어려웠습니다. 이렇게 힘들고 또 외롭고 쓸쓸한 가운데, 그는 어머니가 자기에게 해주었던 말씀과 떠나오던 날 선장이 자기에게 해주었던 말이 기억났습니다. '먼저 그의 나라와 그의 의를 구하라'는 말에 이끌려 우선 교회의 지체가 되었지요. 그리고 그는 십일조를 드리겠다던 약속을 기억하고는, 자신의 첫수입을 쪼개어 하나님께 십일조를 드렸습니다. 첫십일조는 10센트에서 시작했습니다.

윌리엄은 그 뒤 비누 제조 공장에서 정식 직장을 얻었고, 곧이어 그 직장에서 동업자로 승격했으며, 몇 년 뒤 사장이 되었습니다. 그는 비누 제조업을 하면서 선장과의 약속을 지켜 정직한 중량으로 제대로 된 비누를 만들었습니다. 회사 경리에게는 주님 앞으로 계좌를 개설해 사원들 수입에서 십일조를 떼어 그 계좌에 예치토록 지시했습니다.

윌리엄은 성장을 거듭했고 사업도 날로 번창했지요. 가족들도 축복을 누렸고 비누도 잘 팔렸습니다. 윌리엄은 자신의 사업을 하나님 사업에 바친 거지요. 이 비누 제조업자가 바로 오늘 가정용품의 대명사인 콜게이트 사의 윌리엄 콜게이트랍니다.

> 그대는 이 세상의 부자들에게 명령하여,
> 교만하지도 말고, 덧없는 재물에 소망을 두지도 말고,
> 오직 우리에게 모든 것을 풍성히 주셔서 즐기게 하시는
> 하나님께 소망을 두라고 하십시오. (디모데전서 6:17)

사무엘상 30-31장 ; 시편 116편 ; 잠언 20장 ; 사도행전 23장

아무리 출신 성분을 자세히 살펴 봐도 빅토르가 뭔가 특별한 학생이었으리라고 생각되는 구석은 없었습니다. 도리어 그는 일반 학생들보다 약간 떨어지는 학생이었으며, 게다가 문제아였지요. 그의 나이 열다섯 살이 되었을 때, 고등학생이던 그에게 선생님은 "빅토르 세리비리아르코프는 열등생이야!"라고 말했으며, 게다가 학교를 그만두고 나가서 장사나 배우는 것이 더 나을 것이라고까지 했습니다.

그 말을 받아들인 빅토르는 학교를 그만두었으며, 장사를 배우기 시작했습니다. 그 뒤 17년간을 이 직업, 저 직업 떠돌았습니다. 목적도 없이 떠도는 그의 삶은 마치 자신은 열등생이라는 사실을 증명이라도 하는 듯했지요. 하지만 그의 나이 서른두 살이 되던 해, 그의 인생을 완전히 바꾸는 아주 놀라운 일이 벌어졌습니다. 그 해, 그는 어디서, 무슨 동기로, 누구에게인지는 몰라도, 아이큐 테스트를 받았지요.

그 결과, 사람들은 그가 아이큐 161인 천재임을 알았습니다. 보통 사람들은 아이큐가 90에서 110 사이인데, 정말 놀라운 일이 아닐 수 없었습니다.

그 날 이후로, 빅토르의 모든 것이 바뀌었습니다. 그가 정말 천재다운 행동을 시작한 거지요. 오늘 사람들 사이에서 그는 저명 인사가 되어 있습니다. 방랑자의 삶을 버리고 아주 성공적인 비즈니스맨이 되었으며, 책도 여러 권 저술했고, 여러 가지 새로운 것들을 발명하여 특허도 받았습니다. 이제 그는 아이큐가 140 이상인 사람들만 들어갈 수 있는 국제멘사협회 의장이기도 하지요.

자기 자신이 누구인가를 깨닫는 순간, 빅토르는 한 순간에 다른 사람으로 바뀐 것입니다.

빅토르의 예에서 보듯이, 우리 자신이 자기 스스로를 바라보는 시각에 따라 자신이 결정된다는 것을 아십니까? 하지만 우리는 흔히 특별한 사람이 우리를 어떻게 평가하느냐에 따라 우리 자신을 바라보는 시각이 달라지곤 하지요. 그들이 하는 말을 듣고 그대로 행동하기 시작합니다. 우리는 자신이 실패자라고 믿으면 실패자처럼 행동하고, 저능아라고 생각되면 저능아처럼 행동합니다.

오늘 가만히 자신에 관해서 생각해 봅시다. 나는 나 자신에 대하여 잘 알고 있습니까?

성경은 말씀하십니다. 바로 여러분은 하나님의 가장 놀라운 기적 그 자체라고요! 여러분은 세상의 소금이요 어둔 세상을 밝히는 빛이며, 여러분에게는 산을 옮길 수 있을 만한 비밀이 감추어져 있다고 말하고 있습니다. 이 세상의 그 어떤 것보다도 소중한 것이 있다면, 바로 여러분 자신인 것입니다. 여러분은 부자이며, 정복자이며, 왕의 왕이신 분의 자녀입니다.

그러므로 왕의 자녀다운 행동이 그대에게 어울립니다!

> *주께서 내 속 내장을 창조하시고, 내 모태에서 나를 짜 맞추셨습니다.*
> *내가 이렇게 태어났다는 것이 오묘하고 주께서 하신 일이 놀라워,*
> *이 모든 일로, 내가 주님께 감사를 드립니다.* (시편 139:13-14)

사무엘하 1-2장 ; 시편 117편 ; 잠언 21장 ; 사도행전 24장대제독 칼 되니츠, 그는 히틀러가 직접 자신의 후계자로 지명했던 사람이고, 2차 대전에서 나치 독일의 무조건적 항복을 주재했던 인물로서, 1980년 89세의 나이로 함부르크에서 사망했습니다. 독일이 통일되기 전, 서독 국방성 대변인은 연합국 해군에 맞서 독일의 잠수함 유보트를 지휘하던 되니츠에 대한 장례 예식이 군장의 예도 없이 치뤄졌다고 발표했습니다. 국방성이 전 나치당원들의 시위가 있을까 두려워, 그의 장례 예식에 단 한 명이라도 군복을 착용하고 참석하는 것을 금지시켰기 때문입니다.

1945년 3월 30일, 뛰어난 잠수함 전략가였던 되니츠를 히틀러는 자신의 계승자로 손수 지명했습니다. 총통의 계승자였던 되니츠는, 독일 서부 전선에서 독일을 항복시키기 위한 연합군 측의 공격이 효과 없이 끝난 직후에, 독일의 항복을 주도합니다. 하지만 그는 그 와중에서도 동부 전선에서 러시아와 전투를 계속해서 벌여 나갔지요. 그리고 히틀러는 그를 총통으로 지명하고는, 바로 그 날 자살을 합니다. 사실 되니츠는 히틀러의 계승자가 되기 며칠 전부터, 너무나 흥분하여 자제력을 잃어 버린 히틀러를 대신해서 최고 통수권을 수행하고 있었지요.

호리호리한 체격에 과묵한 성격을 가졌던 되니츠는, 1945년 5월 22일 영국군에게 체포되어, 1947년에 누렌베르크 재판에서 전쟁 범죄 때문에 유죄 판결을 받고, 10년간 감옥살이를 했습니다. 하지만 그는 누렌베르크 재판에서, 전쟁 범죄로 유죄 판결을 받은 사람들 가운데 가장 적은 형을 받았지요.

형기를 마치고, 1956년 10월 1일 베를린의 스판다우 감옥에서 풀려난 그는 1959년 〈제독의 비망록〉이라는 책을 써내어, 자신은 많은 나치 군인들이 그랬듯이 그저 명령을 따랐을 뿐이라고 하면서, 누렌베르크 재판 판결에 반박을 가했지요. 또한 이 글에서 자신은 전쟁이 끝날 무렵에 히틀러가 저지른 만행을 알게 된 뒤 충격을 받았다고 말했습니다.

이러한 이야기가 오늘 우리에게 말해 주는 것은 무엇일까요? 무엇보다도 생명을 대상으로 벌이는 모든 행동은 그 행동을 벌인 이들 저마다의 책임이라는 것입니다. 여러분이 세계를 이끄는 지도자이든, 훈장을 받은 전쟁 영웅이든, 아니면 평범한 일개 시민이든, 이 책임은 어느 누구에게도 예외가 없지요.

우리 모두 언젠가는 죽음 앞에 서야만 됩니다. 그리고 그 다음엔 심판이 기다리고 있습니다. 그렇다면 어떻게 이 죽음을 대비할 수 있을까요? 확실한 것은, 죽은 뒤에는 더 이상의 대비를 못한다는 것입니다. 영원한 삶에 대한 준비는 지금 당장 시작해도 이르다고 할 수 없습니다.

> 사람이 한 번 죽는 것은 정한 일이요, 그 뒤에는 심판이 있습니다.
> 이와 같이, 그리스도께서도 많은 사람의 죄를 짊어 지시려고,
> 한 번 자기의 몸을 제물로 바치셨고, 두 번째로는 죄와는 상관 없이,
> 자기를 기다리고 있는 사람들에게 나타나셔서 구원하실 것입니다. (히브리서 9:27-28)

사무엘하 3-4장 ; 시편 118편 1-14절 ; 잠언 22장 ; 사도행전 25-26장

그는 1890년 오하이오 주 컬럼버스에서 팔남매 가운데 셋째로 태어났습니다. 그리고 그만 열한 살의 나이에 학교를 그만두고, 가족의 생계를 위하여 주 60시간 노동에 주당 3달러 50센트를 받으며 일을 해야만 했지요.

또한 열다섯 살에는 자동차에 흥미를 느껴서 주당 4달러 50센트를 받고 정비 공장에서 일했습니다. 그러다가 공부를 더 해야겠다는 생각이 들자, 가정 통신 교육을 통해 자동차에 대해서 공부하기 시작했지요. 매일 밤, 정비소에서 오랜 하루 일과를 마치고 나면, 남폿불을 켜고 부엌에서 공부를 했습니다.

이러한 공부를 통해 어느 정도의 준비를 갖춘 그는 컬럼버스에 있는 플라이어 밀러 자동차 회사에서 일하기로 결심을 하고는, 어느 날 그 회사로 찾아갔습니다. 마침 리 플라이어가 자동차 엔진을 살펴보고 있었지요. 그래서 그 곁에서 그의 일이 끝나기만을 기다리며 서 있었습니다. 이윽고 그를 알아본 리가 물었습니다. "무슨 일인가?"

그가 말했습니다. "내일 아침부터 이곳에 일하러 오고 싶은데요." "아, 그래! 누가 너를 고용했지?"

"아직은 아무도요, 하지만 내일, 아니 지금부터라도 당장에 일을 할 수 있습니다. 만일 일을 못한다면, 저를 내쫓으셔도 좋습니다."

다음 날 아침 일찍, 그는 그 자동차 회사로 출근했습니다. 아직 플라이어가 출근하기 전이었지요. 바닥에 쇠부스러기가 쌓여 있었고, 먼지와 기름이 뒤범벅되어 지저분하게 되어 있는 것을 본 그는, 빗자루를 가지고 정비소를 말끔히 청소하였습니다.

이렇게 근면한 그의 태도는 그의 미래를 열어 가는 중요한 열쇠가 되었지요. 그렇게 그는 더욱 성장하여 미국의 유명한 카 레이서요 자동차 전문가가 되었으며, 제1차 세계대전 때는 유명한 하늘의 용사가 되었습니다. 훗날 이스턴 에어라인의 창설자가 된 그가 바로 에디 리켄베이커입니다.

'시작'이라는 단어에는 '처음 내딛는 발걸음 또는 처음하는 행동' '선도하는 행동' '처음하다'라는 뜻이 깃들어 있습니다. 시작이란 인간의 노력이라는 지평선 위로 외롭게 사라지는 하나의 마음 자세이지요. 하지만 우리는 너무나 쉽게 노력은 하지 않은 채 그저 열매만을 따먹으려 하곤 합니다.

요즘의 그리스도인들 삶에도 이런 경향이 너무나 짙지요. 우리 그리스도인들도 모든 것이 저절로 이루어져, 그저 우리가 하는 일이란 그 저절로 이루어진 열매를 따먹고 즐기는 정도이기를 내심 바라고 있습니다. 그러나 이러한 경향들을 벗어 버리고 처음부터 자신의 힘으로 시작해보는 그런 과감한 도전이야말로 참으로 달콤한 열매를 맛보는 지름길입니다.

> 우리가 여러분과 함께 있을 때에 '일하기 싫어하는 사람은 먹지도 말라'고
> 거듭 명하였습니다. 그런데 우리가 들으니, 여러분 가운데는 무절제하게 살면서,
> 일은 하지 않고, 일만 만드는 사람이 더러 있다고 합니다. (데살로니가후서 3:10-11)

사무엘하 5-6장 ; 시편 118편 15-29절 ; 잠언 23장 ; 사도행전 27장

아주 어렸을 때, 그의 별명은 스파키였습니다.

연재 만화에 나오는 말 이름인 스파크플러그를 따서 아이들이 붙여 준 별명이었지요. 그 후 스파키는 그 별명으로부터 벗어나질 못했습니다.

학교 생활은 스파키에게 정말 괴로웠습니다. 또한 중학교 2학년 때는 전과목이 낙제였지요. 더군다나 물리는 빵점을 받아서, 그 학교가 생긴 이래 최악의 물리 성적을 기록했습니다.

이것만이 아니었지요. 라틴어와 영어·수학에서도 낙제를 했습니다. 그렇다고 운동을 잘 하는 것도 아니었지요. 가까스로 학교 골프 팀에 들어갔지만, 그 해 중요한 시합에서 지고 말았습니다. 게다가 패자 부활전이 있었지만, 그 시합마저 지고 말았지요.

유년 시절에, 스파키는 그리 사교적이지 못했습니다. 다른 아이들이 그를 싫어해서가 아니라, 아이들이 그에 대하여 무관심했기 때문이지요. 교실 밖에서 다른 아이가 인사라도 걸어 오면 스파키는 깜짝깜짝 놀라곤 했습니다. 여자아이에게 데이트 신청했다가 거절당하는 것이 싫어서 그 흔한 데이트 한 번 한 적이 없었습니다.

한마디로 스파키는 패배자였지요. 자신뿐만 아니라 친구들도 다 그렇게 인정하였습니다. 그래서 그는 현실을 인정하고 그것에 만족하며 살았습니다.

하지만 한 가지 스파키에게도 잘하는 것이 있었습니다. 그것은 그림그리는 일이었지요. 스파키는 자신의 작품이 자랑스러웠습니다. 물론 어느 누구도 그의 그림을 거들떠보지는 않았습니다. 고등학교 3학년 때, 그는 몇 장의 만화를 교지 편집장에게 제출했습니다. 그러나 거절당하고 말았지요.

결국, 스파키는 직업적인 만화가가 되기로 결심을 하고, 졸업 뒤 월트 디즈니에 편지를 써서 자신이 디즈니의 만화를 그릴 수 있는 자질을 가지고 있으니 채용해 달라고 했습니다. 그 뒤, 스파키는 디즈니 사로부터 그의 작품에 대한 샘플 몇 점을 보내 달라는 편지를 받았습니다. 작품을 보내 준 스파키는 답장을 기다렸으나, 내심 그 작품들이 떨어졌을 거라고 생각했습니다. 정말 그랬습니다.

그래서 그 뒤에는 어찌 됐을까요? 스파키는 어린 패배자, 만년 꼴찌였던 자신의 어린 시절을 만화로 그리기 시작했습니다. 그리고 지금은 전 세계적으로 유명한 만화가 되었지요. 중학교 2학년 때 낙제했던 소년, 교지 편집장과 디즈니 사로부터 작품을 거절당했던 젊은 만화가가, 바로 오늘 우리가 '스파키'로 알고 있는 찰스 먼로 슐츠입니다. '피너츠'라는 연재 만화와 날지 못하는 연을 가진 아이를 그린 만화 **찰리 브라운**을 그린 장본인이 바로 이 사람입니다.

너희는 내 이름 때문에 모든 사람에게 미움을 받을 것이다.
그러나 끝까지 견디는 사람은 구원을 얻을 것이다. (마태복음 10:22)

사무엘하 **7-9장**; 시편 **119편 1-16절**; 잠언 **24장**; 사도행전 **28장**

아주 먼 옛날에, 한 젊은이가 성자가 되기로 결심을 하고는 자신의 재산을 모두 팔아 가난한 사람들에게 나누어 주고, 집과 가족을 떠나 하나님을 찾아 사막으로 떠났습니다. 모래 사막을 지나 동굴을 발견한 그는 생각했지요. "이제 여기서 나는 오직 하나님 한 분만을 대하고 살 테야. 그리고 그 어느 것도 하나님과 나 사이를 방해할 수 없을 거야." 그리고는 밤낮으로 기도했습니다. 어느 날, 시험이 닥쳤습니다. 속세에서 누리던 행복한 생활이 갑자기 떠오르더니, 이 모든 것을 소유하고 싶다는 욕망이 불같이 일어났지요. 그러나 이 모든 시험에도 불구하고, 그는 오직 하나님 한 분만을 소유하겠다는 결심으로 이 욕망들과 싸워 나갔습니다. 그러기를 수개월, 어느 순간엔가 시험이 사라졌지요. 이집트의 안토니오 성자는 이제 마음 속에 하나님 한 분만을 갖게 되었으며 평화도 누리게 되었습니다.

그러던 어느 날, 하나님의 음성이 들려왔습니다. "며칠 동안, 네가 사는 동굴을 떠나, 멀리 떨어져 있는 한 마을로 가서, 그 마을의 구두장이를 만나라. 그리고 그와 잠시 동안 그 집에 머물러라." 그 거룩한 은둔자는 하나님의 명령에 어리둥절했지만, 다음 날 아침 길을 떠나 해가 지고 밤이 될 무렵, 그 마을에 도착했습니다. 마을에서 하나님이 말씀하신 집을 찾아가 문을 두드리자, 얼굴에 웃음을 띤 한 남자가 나왔습니다.

"당신이 구두장이입니까?" "예, 그렇습니다. 그나저나 우선 우리 집으로 들어오세요. 뭘 좀 드시고 쉬셔야겠군요." 구두장이는 아내를 불러 성자를 위하여 먹을 것과 잠자리를 준비해 주었습니다. 사흘간 그 집에 머물면서, 성자는 그들 부부의 삶에 관해 많은 것을 물어 보았지요. 하지만 사막에서의 삶과 성자의 신상에 관해 묻는 그들의 물음에는 그리 많은 것을 말해 주지 않았습니다. 그렇게 하면서 그들은 친구가 되었지요. 나흘째 되던 날, 성자는 잘 있으라는 인사를 남기고, 그 집을 떠나 동굴로 돌아왔습니다. 하지만 이상했습니다. '왜 하나님께서 그들에게 나를 보내셨을까?'

"그래, 그 구두장이는 어땠니?" 어두운 동굴에 돌아와 자리에 앉은 성자에게 하나님께서 물어 보았습니다. "그 구두장이는 평범한 사람이었습니다. 자기 아내가 아이를 가질 거라 했습니다." 계속해서 그 성자는 그들 부부에 대하여 다음과 같은 말을 했습니다. "그들은 서로 무척 사랑합니다. 그리고 그 구두장이는 작은 가게를 가지고 있으며 무척이나 열심히 일하고 있습니다. 또 검소한 집에 살면서, 자기들보다 못한 이들에게 먹을 것과 돈을 나누어 주기도 합니다. 그들은 하나님을 무척 신실하게 믿으며, 적어도 하루에 한 번은 하나님께 기도를 드립니다. 더군다나 그는 친구도 많고, 농담도 좋아합니다." 성자의 말을 주의깊게 듣고 있던 하나님께서 말씀하셨습니다. "안토니오, 너는 위대한 성자다. 그리고 그 구두장이 부부 또한 성자들이란다."

사무엘하 10-11장 ; 시편 119편 17-32절 ; 잠언 25장 ; 골로새서 1-2장

사고란 전혀 예기치 않은 장소에서, 언제나, 어느 누구에게나, 일어날 수 있습니다. 사고는 우연히 발생하는 것이지요. 전혀 예고도 없이 뜻밖으로 말입니다. 그래서 말 그대로 사고인 것입니다. 사람이면 누구에게나 사고가 일어날 수 있지만, 사고에 얽힌 얘기를 하다보면 어쩔 수 없이 웃음이 터져나오기도 합니다. 자동차 사고를 당했던 사람들이 보험 회사로부터 사고 발생 내용을 보고서에 정확히 적어 달라는 요청을 받았습니다. 다음의 내용들은 실제 보고 내용이며, 1977년 7월 20일자 〈토론토 선〉에 게재된 내용들입니다.

"집으로 차를 몰고 들어가다 잘못해서 나무와 충돌했습니다. 생각해 보니, 우리 집에는 그런 나무가 없습니다."

"가만히 있던 트럭이 반대 방향에서 달려와 부딪쳤습니다."

"그 친구가 도로 한가운데 떡 하니 버티고 있는 겁니다. 그래서 그를 피하려고 몇 번이나 애썼지만, 그만 그를 치고 말았지요."

"40년간 한번도 사고를 낸 적이 없었는데, 운전하다 잠시 조는 사이에 그만 사고를 내고 말았습니다."

"저는 정확하게 주차했는데, 후진하다가 다른 차를 들이받았습니다."

"눈에 안 보이는 차가 갑자기 하늘에서 뚝 떨어지더니, 제 차를 들이받고 사라져 버렸습니다."

"경찰한테 난 아무 데도 다친 데가 없다고 말했지요. 근데 모자를 벗어보니까 머리가 깨져 있었습니다."

"그 행인이 도로 위에서 어디로 가야할지 몰라 당황하고 있었어요. 그 순간 그를 치고 말았습니다."

"이 사고의 간접적인 원인은 조그만 차에 타고 있던 입 큰 꼬마였습니다."

"공중 전화 박스가 내 차로 빠르게 날아와 피할 겨를도 없이 앞 유리를 강타했죠."

자, 이런 보고서 내용을 보면서 우리가 생각하게 되는 것은, 아마도 어떻게 사고에 대비할 것인가 하는 물음일 것입니다. 사람들 가운데는 유난히 사고를 잘 당하는 사람이 있을 수도 있습니다. 게다가 사고를 당하면 다치는 데서 끝나는 것이 아니라, 평생을 불구로 살게 되거나 목숨마저 쉽게 빼앗길 수 있답니다.

우리들 대부분은 사고를 당하지 않도록 최대한으로 노력하곤 하지요. 갑작스럽게 사고를 당하는 경우라 하더라도, 만일 미리 대비가 되어 있다면, 어느 정도 피해를 줄일 수는 있을 것입니다. 이러한 부분은 또한 영적인 삶에서도 마찬가지가 아닐까요? 우리가 어느 때 우리의 창조주를 만날지 아무도 모르니 말입니다. 질그릇같이 깨어지기 쉬운 인생살이에서는 늘 창조주의 부르심에 준비하며 살아 가는 삶의 지혜가 필요합니다.

그러므로 너희도 준비하고 있어라.
너희가 생각하지도 않은 때에 인자가 올 것이기 때문이다. (마태복음 24:44)

〰

사무엘하 12-13장 ; 시편 119편 33-48절 ; 잠언 26장 ; 골로새서 3-4장

천사에 관한 이야기는 사람들의 입에 오르내리면서 여러 가지 모양으로 변형됩니다. 실제로 천사에 관해 알려진 이야기는 모두 나름대로 변형된 형태의 이야기들이지요. 그리고 천사에 관한 이야기를 해달라고 부탁하면, 대부분의 사람들은 자기가 아는 사람 가운데 그런 경험을 한 적이 있는 사람에 대하여 말합니다. 그런 이야기는 자동차 천사 이야기의 '고전'이라 할 수 있습니다. 그런 이야기는 대체로 이런 식이지요:

어떤 소녀와 아버지가 별장으로 쓰는 오두막을 떠나 집으로 돌아가기 위하여 차를 몰아 시골길을 달리고 있었습니다. 그 때 한 젊은 여인이 길 가에 서서 태워 달라는 신호를 보내는 것을 보고, 그 여인을 뒷좌석에 태운 뒤 다시 달렸지요. 그녀는 5마일 정도 내려간 곳에 있는 집에서 살고 있다고 말을 하고는, 아무 말 없이 창 밖만을 내다보았습니다. 그런데 그 여인이 말한 집 앞에 차를 멈추고, 다 왔다고 말하려 뒤를 돌아보니, 그녀가 거기에 없는 게 아니겠습니까!

얼떨떨해진 아버지와 딸이 차에서 내려 그 집을 노크하고는, 그 집사람들에게 자신들이 당한 일을 설명해 주었습니다. 그러자 그 집사람들은 그 부녀가 이야기한 여자와 생김새가 똑같은 딸이 있었다고 말했습니다. 그들의 딸은 몇 년 전에 사라졌는데, 그 부녀가 젊은 여인을 태웠던 바로 그 길에서 차를 얻어 타려 했던 모습이 딸의 마지막 모습이라고 했지요.

이와 비슷한 이야기가 더 있습니다. 에스난데스 목사님은 교회 신자가 아프다는 기별을 받고, 차를 몰아 15마일 정도 떨어진 황야 지대에 사는 그 사람의 집으로 가는 도중이었습니다. 중간에 한 젊은이를 태워 함께 가면서 예수님의 사랑에 대한 대화를 나누었지요.

대화 도중에 목사님은 예수님의 재림이 아주 가까이에 와 있다고 이야기했습니다.

그러자 젊은이는 부드럽지만 힘있는 어조로 말했습니다. "재림은 목사님께서 생각하시는 것보다 더 빠를 것입니다." 이 말에 목사님은 흠칫 놀랐습니다.

그 젊은이는 계속 말했습니다. "목사님께서는 준비를 단단히 하시고 교인들에게도 이 사실을 알리십시오."

운전을 하면서 목사님은 이 젊은이의 이야기를 곰곰이 생각해 보고, 뭔가 특별한 일이 일어나리라는 것을 느꼈지요.

그리고는 그 젊은이를 보려고 고개를 돌렸는데, 그는 이미 거기에 없었습니다. 차를 세우고 내려서 도로의 이쪽저쪽을 둘러보았지만, 그 젊은이는 어디에도 없었습니다.

이런 이야기 속에는 뭔가 우리에게 전달하려는 메시지 같은 것이 있습니다. 말세라고 불리는 이 시대에 사는 우리에게 말입니다.

네가 오른쪽이나 왼쪽으로 치우치려 하면, 너의 뒤에서 '이것이 바른 길이니,
이 길로 가거라' 하는 소리가 너의 귀에 들릴 것이다. (이사야 30:21)

사무엘하 14-15장 ; 시편 119편 49-64절 ; 잠언 27장 ; 히브리서 1-2장

"하나님, 뭐하고 계세요? 지금, 퍼즐 게임 하세요?" 궁금해진 천사가 물었습니다. "아니." 미소를 머금은 하나님께서 대답해 주셨습니다. "가족을 만들고 있는 중이야." 이 말에 흥미가 부쩍 솟은 천사가 질문을 퍼붓기 시작했지요. "가족을요? …… 음, 그렇군요. 부품들이 무척 많네요. 제일 큰 부품은 뭐지요?"

"바로 아버지라는 부품이지." "하지만, 너무 큰 것 같은데요." "물론이지, 그들은 강해야 되기 때문에 크단다. 열심히 일을 해야 하고, 무거운 짐들을 떠맡아야 되지. 그들은 내 모습을 본따 만들었는데, 가족들에게는 든든한 안전판 구실을 한단다. 넓은 어깨는 아이들을 기르고 아내의 슬픔을 받아 주기 위한 것이지. 그의 커다란 발은 단단한 기초를 상징하는데, 뱀을 밟아 죽이고, 아이들의 친구가 되기도 하며, 자녀들에게 좋은 선례의 발자국을 남긴단다."라고 하나님께서 말씀하셨습니다.

"그리고 이 귀여운 부품들은 뭔가요?" 천사가 물었지요. "어머니라고 불리지." 하나님의 대답에 천사가 다시 말했습니다 "귀엽기는 한데, 너무 약하지 않나요?" 그러자 하나님께서 말씀하셨지요. "겉으로 보기에는 그렇단다. 작고 귀엽지만, 대부분은 남자라고 불리는 것보다도 강하단다. 네가 보기에는 아버지가 강하게 보이지? 그것은 모든 사람에게 안정감을 주기 위한 것이야. 어머니는 예쁘게 보일 필요가 있어. 하지만 그녀의 내부에는 사랑이라는 위대한 힘이 있는데, 무척이나 강해서 모든 사람들을 다 수용하지. 못생긴 남자든, 코흘리개 애기든, 길잃은 강아지든, 상관않고 모든 것을 수용한단다."

"이 부품들은 정말 작네요?" 이 질문에도 하나님께서 대답하셨습니다. "아이들이라고 한단다. 아이들을 통해서 한 가족이 온전하게 되지. 부모가 아이를 임신하면, 난 그 아이들에게 영혼을 준단다. 부모와 내가 함께 일해서 새 생명을 세상으로 내보내는 거야. 부모가 된 사람들은 자기 자녀들에게 좋은 부모가 되는 법을 가르쳐 주지."

"여기 있는 퍼즐은 부품 하나가 빠졌네요?" 천사의 말에 하나님께서 설명해 주셨습니다.

"모든 부품을 온전히 갖춘 것만을 가족이라 하지는 않는단다. 몇 개의 부품이 빠진 가족도 가족이란다. 아버지가 없게 되면, 어머니가 양쪽 구실을 다 하게 되지. 그 반대의 경우도 가능하단다. 필요에 따라 그렇게 되는 거지. 더군다나 어떤 가족들은 한 사람으로만 구성돼 있기도 하단다. 하지만 그들도 가족이지. 만일에 그들이 외롭다면, 내가 만들어 보낸 다른 가족 가운데 하나가 그들을 돕는단다. 가족은 바로 사랑으로 결합되지. 나의 사랑과 그들의 사랑으로 말이다."

천사가 약간 우려 섞인 목소리로 말했습니다. "잘 돼야 될 텐데요." "그래야지, 이 세상을 하나로 묶어 주는 게 바로 가정이야!"*40

*그러므로 여러분은 사랑을 받는 자녀답게, 하나님을 본받는 사람이 되십시오.
그리스도께서 우리를 사랑하셔서, 우리를 위하여 하나님 앞에 향기로운 예물과 제물로
자기 몸을 내주신 것같이, 여러분도 사랑 안에서 살아가십시오. (에베소서 5:1-2)*

사무엘하 16-17장 ; 시편 119편 65-80절 ; 잠언 28장 ; 히브리서 3-5장

구 소련의 한 도시에 있던 어떤 '가정교회'가 우여 곡절 끝에 누가복음의 필사본을 하나 얻게 되었습니다. 이 필사본은 이제까지 많은 그리스도인들이 보았던 성경과는 달리, 손으로 쓰여진 것이었습니다. 그 교회의 신자들은 그 필사본을 여러 부분으로 찢어 나누어 가졌지요. 그리고는 저마다 주어진 부분을 암기하고는, 다음 주일에 만나서 다른 사람들과 서로 바꾸어 볼 계획이었습니다.

주일이 되자, 신자들은 KGB 끄나풀의 의심을 사지 않기 위하여, 서로 다른 시간에 은밀히 그 가정 교회로 모여들었습니다. 모두들 무사히 도착했을 때, 밖은 이미 어두워져 있었지요. 이윽고, 그들은 문을 걸어 잠그고, 조용하지만 깊은 감동의 마음으로 찬송가를 부르며 예배를 시작하였습니다.

바로 그 때였습니다! 문이 부서지고 기관총으로 무장한 두 명의 군인들이 들이닥쳐서는 외쳤지요. "모두 벽에 붙어서 일렬로 늘어서! 단, 예수 믿는 것을 포기할 사람은 당장 이 자리를 떠나도 좋다!" 두세 사람이 그 즉시 그 자리를 떠났습니다. 잠시 뒤, 두 명이 그 뒤를 이었지요. "이것이 여러분의 마지막 기회다⋯⋯예수 믿는 걸 포기하든지, 아니면 그 대가를 치르든지, 어서 결정해라!" 마침내, 한 사람이 더 떠났습니다. 그리고 잠시 후, 두 사람이 얼굴을 가리고, 수치심에 말은 없었지만 몹시 괴로워하며 바깥으로 사라졌지요. 더 이상 움직이는 사람들은 없었습니다. 아이들이 곁에서 무서움에 떨고 있음에도 불구하고, 어떤 부모는 눈을 아래로 내려 깔고 자신들의 굳건한 신앙심을 더욱 확고히 하고 있었지요.

그들은 자신들이 총살을 당하든지, 재수가 좋아봐야 시베리아 강제수용소 행이라는 것을 알고 있었습니다.

침묵의 순간이 잠시 더 흐르고, 한 명의 군인이 문을 잠갔습니다. 그리고는 벽에 붙어 서 있는 사람들에게 말했지요. "손을 계속해서 드십시오. 하지만 이번에는 그 상태로 우리 주 예수님을 찬양합시다⋯⋯형제 자매들이여, 우리도 그리스도인입니다." 이번에는 다른 군인이 말을 이었습니다. "몇 주 전에, 이와 같이 우리는 가정교회의 교인들을 체포하러 어느 집에 갔었습니다. 하지만 그 곳에서 우리는 변화되었지요. 다만 우리는 이러한 일들을 통해서 한 가지 배운 것이 있습니다. 그것은 바로 자신의 신앙을 위하여 목숨을 버릴 수 없다면, 그 사람은 믿을 수 없는 사람이라는 거지요."

구 소련의 이런 비밀교회 이야기는 우리의 심금을 울립니다. 여러분은 이런 질문을 자신에게 할 수 있습니까? "난 믿음을 위하여 목숨을 버릴 수 있을까?"

지금의 교회를 있게 한 것은, 바로 이러한 온전한 헌신 때문이었습니다. 그러나 복음을 수호하고 전파하기 위하여 기꺼이 목숨까지도 바쳤던 선각자들이 지금은 없지요. 그렇다면 이제는 우리의 차례가 아닐까요?

네 갈 길을 주님께 맡기고, 주님만 의지하여라. 주께서 몸소 도와 주실 것이다. (시편 37:5)

〰️

사무엘하 18장 ; 시편 119편 81-96절 ; 잠언 29장 ; 히브리서 6-7장

　로버트는 지금은 장거리 운송 회사를 운영하고 있지만, 이 운수 사업을 하기 전에는 스포츠용품을 판매하는 가게를 운영하고 있었습니다. 그러나 동업자도 없는데다가 마을에서 외따로 떨어진 곳에 있는 가게라, 로버트는 외로웠고, 때때로 위험을 느끼기도 하였지요.

　그러던 어느 날, 이 문제를 놓고 목사님과 상의하던 로버트는 목사님과 형제들이 와서 자기 가게와 자기를 위하여 기도해 달라고 요청하면 되겠다는 생각이 들었습니다. 그래서 그들은 로버트의 요청대로 기도를 해주었으며, 거기에다가 나쁜 의도를 가진 사람들이 총을 사지 못하게 해달라고 기도했습니다.

　어느 날 오후, 아주 거칠게 생긴 사람이 로버트의 가게로 들어와서 총을 사려고 하였습니다. 가게 앞 창문 유리를 통해 밖을 내다보니, 이 손님과 동행인 듯한 예닐곱 명의 사내들이 가게 앞에 오토바이를 세워 놓고 그 위에 앉아 있는 것이 보였지요.

　즉각적으로 로버트는 이 손님이 좋은 의도를 가지고 총을 사려고 하는 것이 아니라는 것을 알아 차렸습니다. 그래서 손님에게 총이나 화약을 팔 수 없다고 말했지요. 그러자 화가 머리끝까지 난 그 손님은 자기 오토바이를 타고 친구들에게 따라 오라는 신호를 하고는 그 가게 앞을 떠나면서 창문으로 로버트를 향해 이상한 손가락질을 해댔습니다.

　다음날 아침, 어제의 그 패거리들이 다시 찾아왔습니다. 이번에는 가게에 들어오지 않고 오토바이를 타고 가게 주위를 돌기 시작했습니다. 로버트를 위협하기 위한 것임이 분명했지요. 이 골탕먹이기는 하루 종일 계속되었습니다. 잠시 가게 주위를 떠나는 듯하다가도 이내 돌아와, 다시 가게 둘레를 돌며 시종 창문 안을 쏘아보았습니다.

　가게에 홀로 있던 로버트는 불안한 마음에 기도를 하기 시작했습니다. "주여, 저를 도와 주세요! 천사들을 보내시어, 저와 이 가게를 보호해 주세요!"

　그로부터 몇 시간이 지나고, 가게 둘레를 돌던 그 가죽 잠바의 사내들이 갑자기 떠났습니다. 그리고는 다시는 돌아오지 않았지요.

　그 뒤, 로버트 가게의 단골 손님 하나가 가게에 들렀습니다. 손님은 그 일이 있던 날 일찍 로버트의 가게에 왔었다고 말했습니다. 하지만 가게 안에는 들어오지 않았는데, 왜냐하면 그 때 가게 안에는 손님이 너무 붐볐고, 그 손님들 때문에 로버트가 자기를 상대할 수 없으리라고 생각했기 때문이라고 했습니다.

　어? 손님이라니, 그 날은 손님이 한 명도 없었는데!

*다니엘이 왕에게 아뢰었다. "임금님의 만수 무강을 빕니다. 나의 하나님이 천사를
보내셔서 사자들의 입을 막으셨으므로, 사자들이 나를 해치지 못하였습니다.
그것은, 하나님 앞에서 나에게는 죄가 없다는 사실이 드러났기 때문입니다.
임금님, 저는 임금님께도 죄를 짓지 않았습니다." (다니엘서 6:21-22)*

사무엘하 19-20장 ; 시편 119편 97-112절 ; 잠언 30장 ; 히브리서 8-9장

우리는 유명한 스포츠인들이 시합 도중에 실수를 하는 모습을 종종 볼 수 있습니다. 실수를 저지르는 일에는 명예의 전당에 입당한 사람들도 예외가 아닙니다.

여기에 미국의 유명한 야구 선수들이 있습니다. 모두들 기록 보유자이기도 하지요. 오늘은 여기서 우리가 전혀 몰랐던 그들의 또 다른 기록들을 소개해 보기로 합시다.

베이브 루스 —— 더 이상 언급할 필요없는 경이적인 최고의 홈런왕이지요. 그는 714개의 홈런을 쳤으며 이 기록은 이 분야에서 39년간 깨지지 않았습니다. 하지만 그는 최다 삼진 아웃의 기록도 가지고 있었지요. 그 어떤 선수도 흉내내기 힘든 총 1,330번의 삼진 아웃 기록도 갖고 있었습니다.

티 코브 —— 환상적인 주자이며 타격왕이었던 그는 한 시즌에서 도루왕이 되었는데, 이 기록은 1982년까지 이 분야 최고의 기록이었습니다. 1951년 한 시즌에서, 그는 도루 시도 중 38번이나 아웃당하는 기록을 세웠는데, 이것도 최다 기록이 되었습니다.

사이 영 —— 걸출한 투수였던 그는 511승이라는 현재까지도 깨지지 않는 기록을 가지고 있지만, 313패라는 기록도 가지고 있습니다. 한때 한 시즌에서 13승 21패라는 기록도 냈었지요.

행크 아론 —— 755개의 홈런으로 베이브 루스의 기록을 깬 사람이지요. 하지만 그도 타격 부문에선 최다 더블 플레이 기록을 세웠습니다.

월터 존슨 —— 가장 위대했던 투수 가운데 한 사람이었던 그는, 최근까지도 3,508개의 최다 삼진 아웃 기록을 보유하고 있었습니다. 204개의 데드볼이라는 기록도 아울러서요.

지미 폭스 —— 이 시대가 낳은 가장 훌륭한 오른손 타자로서, 한 시즌에 57개의 홈런을 때렸습니다. 하지만 한 시즌에 연속해서 7개의 삼진 아웃을 당한 기록도 아울러 보유하고 있습니다.

로베르토 클레멘트 —— 유명한 피츠버그 파이어럿 팀의 스타인 그는, 한 올스타 게임에서 4번의 삼진 아웃을 당한 기록을 가지고 있습니다. 이 기록은 아직도 깨지지 않고 있습니다.

샌디 코팩스 —— 다저스 팀에서 투구 센세이션을 일으킨 장본인이지요. 그가 치른 게임 가운데 4번이 퍼펙트 게임이었습니다. 하지만 타격은 완전히 엉망이었지요. 연속 12개의 삼진 아웃을 당한 기록은 여전히 최고의 기록으로 남아 있습니다.

레지에 잭슨 —— 앤젤스 팀의 홈런 제조기. 1983년 5월 13일 트윈스 팀과의 시합에서, 그는 메이저 리그에서 2,000번째 삼진아웃을 당한 선수가 되었습니다. 이런 기록이 그에게 무슨 의미가 있느냐는 질문에, 앤젤스의 이 느림보 외야수는 "그 기록은 네 번의 시즌 내내 제가 공을 하나도 못 쳤다는 뜻이죠!"라고 말했습니다.

그래요, 여러분도 자신감을 가져 보세요! 열심히만 한다면, 여러분의 실수는 어느덧 사람들의 기억에서 사라지고, 오직 여러분의 승리만이 사람들의 기억에 남게 될 것입니다.

우리는 이 보물을 질그릇 속에 담고 있습니다. 그것은, 이 엄청난 능력이 하나님에게서 나오는 것이지, 우리에게서 나오는 것이 아님을 드러내시려고 하는 것입니다. (고린도후서 4:7)

사무엘하 21-22장 ; 시편 119편 113-128절 ; 잠언 31장 ; 히브리서 10장

6월

JUNE

아버지는 날마다 성경 구절을 가르쳐 주셨는데
그 결과 열한 살이 되었을 때,
나는 구약의 4분의 3과 신약 전체를
마음 속에 넣어둘 수 있게 되었다.

존 뮈어

전쟁 가운데 부상병들에게 주어지는 의료 절차가 있습니다. '트라이이지'라고 불리는 이 절차는, 군의관이나 진료 담당자들이 환자의 부상 정도에 따라 색깔있는 꼬리표를 붙여 줌으로써 부상병을 분류하는 절차이지요.

세 가지 색깔의 꼬리표가 있었는데, 첫번째 색깔은 가망이 없는 환자로 곧 목숨을 잃을 것이라는 뜻이었고, 두번째 색깔은 치료를 하든 안 하든 살아날 가망이 있는 환자라는 뜻이었습니다. 세번째는 예측하기가 힘든 환자로, 치료를 해주어야만 회복이 가능하다는 뜻이었습니다. 의료 보급품과 담당자들이 부족한 탓에 이 세번째 환자들만 치료하고 간호해 주었지요.

루라는 한 미군 병사가 있었습니다. 한국전에 참전한 그는, 로켓 포탄에 맞아 한 쪽 다리를 잃고 심한 부상을 입은 상태였지요. 그를 처음으로 살펴본 의사는, 그가 살아날 가망이 없다는 진단을 내리고, 첫번째 색깔의 꼬리표를 붙여 주었습니다. 그래서 그 의사는 루가 죽도록 내버려 두었지요.

그런데 루가 의식을 회복하는 것을 본 어떤 간호사가 루에게 말을 걸었고, 그 대화 속에서 자신들은 같은 오하이오 주의 사람이란 것을 알게 되었습니다. 이 짧은 대화를 나누는 동안, 간호사는 다른 병사들과는 달리 그에게 인간애를 느끼게 되었고, 마침내는 그를 죽게 놔둘 수 없다는 생각이 들었지요. 그래서 그 간호사는 진료 규칙을 어기고, 그의 첫번째 꼬리표를 치료를 해주라는 표시인 세번째 꼬리표로 바꾸어 달아 주었습니다.

곧, 구급차에 몸을 싣고, 이틀이 걸려 루는 가장 가까운 야전 병원으로 후송되었습니다. 그리고 몇 달 동안 그 곳에서 치료를 받아 마침내 부상에서 회복되었습니다. 그리고 비록 한쪽 다리는 없지만, 자신의 생명을 구해 준 그 간호사와 결혼하여 행복한 삶을 누렸습니다.

이 모든 일이 한 간호사의 용감한 행동에서 비롯되었지요. 바로 꼬리표를 바꾸었던 행동 말입니다.

이와 같은 이들이 우리 교회에도 요청되고 있습니다. 세상 영혼들에게 붙어 있는 죽음의 꼬리표를 예수라는 생명의 꼬리표로 바꿔 주는 일 말입니다. 예수님께서 문둥병 환자를 만지셨을 때도 기적이 나타났듯이, 이 세상에 가망이 없는 사람은 아무도 없습니다.

나병 환자 한 사람이 예수께로 와서, 그 앞에 무릎을 꿇고 "선생님께서 하고자 하시면, 나를 깨끗하게 해주실 수 있습니다." 하고 간청하였다. 예수께서 그를 불쌍히 여기시고, 손을 내밀어 그에게 대시고 "그렇게 해주마. 깨끗하게 되어라." 하고 말씀하시니, 나병이 그에게서 떠나고, 그는 깨끗하게 되었다. (마가복음 1:40-42)

~∞~

사무엘하 23-24장 ; 시편 119편 129-144절 ; 잠언 1장 ; 히브리서 11장

테디 스탈라드는 톰슨 선생님의 반 아이였습니다. 테디는 '최악의 학생'으로 평가받았지요. 공부에는 관심이 없고, 쭈글쭈글하고 냄새나는 옷에, 머리는 한 번도 빗은 적이 없고, 무표정한 얼굴에 눈동자마저 초점이 없었습니다. 거기에 매력도 없고 의욕도 없는 데다 친구조차 없는 아이였습니다. 아무도 그런 테디를 좋아하지 않았지요. 톰슨 선생님조차도 모든 반 아이들을 똑같이 사랑한다고는 했지만, 그 말이 완전히 진심은 아니었습니다. 그녀는 테디에 관한 가정 환경 조사서를 이미 본 상태라 알고 싶지 않았던 것도 알고 있었지만 좀더 자세히 알았어야 했지요. 그 기록에 보면 테디는, 착한 아이였지만 가정의 보살핌을 거의 받지 않고 있다는 걸 알 수 있었습니다. 어머니는 돌아가셨고, 아버지는 집안 일에 통 관심이 없었던 것 같았습니다.

크리스마스가 가까워오자, 반 아이들은 선물을 학교로 가져왔습니다. 물론 테디도 선물을 가져왔지요. 선물을 열어 볼 시간이 되자, 선생님은 누런 종이에 스카치 테이프를 붙여 포장한 테디의 선물을 풀어보았습니다. 그 속에는 조잡한 라인석이 박힌 팔지 하나와 싸구려 향수 한 병이 들어 있었지요. 게다가 팔찌에 박힌 라인석도 반쯤은 빠지고 없었습니다.

이윽고 아이들은 낄낄거리기 시작했지요. 그러나 선생님은 그런 것에는 아랑곳하지 않고, 팔찌를 팔목에 끼고 향수를 팔목에 찍어 바른 뒤, 아이들에게 냄새를 맡게 했습니다. 냄새를 맡게 하면서 "얘들아, 이 팔찌 정말 멋있지 않니?"하고 말했습니다. 이런 선생님의 신호에 맞추어, 아이들은 세상에서 제일 좋은 향수의 냄새를 맡으며, 세상에서 제일 좋은 팔찌를 구경이라도 하듯이, 감탄사를 연발해 주었습니다.

그 날 오후, 아이들이 다 돌아가고 난 다음 테디는 천천히 톰슨 선생님에게 다가와 말했습니다. "저, 선생님……선생님한테서 엄마 냄새가 나요……그 팔찌는 엄마 거였는데, 선생님한테 정말 잘 어울리네요." 그 다음날, 이제 톰슨은 예전의 선생님이 아니었습니다. 바로 하나님의 대변자가 되었지요. 특히 테디와 같은 열등한 학생들에게는 더욱 그랬습니다. 그 선생님은 정말로 아이들을 모두 다 사랑하기 시작한 것입니다. 그 일로 테디도 완전히 변화되었습니다.

그 뒤, 오랜 시간이 지난 어느 날, 톰슨 선생님은 테디로부터 편지 한 통을 받았습니다: 사랑하는 톰슨 선생님, 지금 제가 수석으로 대학을 졸업하게 되었습니다. 이 사실을 제일 먼저 선생님께 전해 드리고 싶어서 편지 드렸습니다. 사랑하는 제자 테디 올림.

그로부터 4년 뒤, 또 한 통의 편지를 받았습니다: 사랑하는 톰슨 선생님, 저 시어도어 스탈라드가 의학 박사가 되었답니다. 기쁘시죠? 그리고 선생님께 또 다른 한 가지 사실을 제일 먼저 알려 드리고 싶습니다. 저 다음달 27일에 결혼합니다. 오셔서 제 어머니께서 살아 계셨더라면 앉으셨을 자리에 앉아 주실 수 있으시겠습니까? 그리고 아버지께서 그만 돌아가셨답니다. 이제 선생님은 제게는 단 한 분뿐인 제 가족이세요. 사랑하는 제자 테디 스탈라드 올림.

테디의 결혼 예식장에서, 톰슨 선생님은 바로 테디가 말한 어머니용 좌석에 앉아 테디의 결혼 예식을 지켜보았습니다.

> *그들이 언제나 이런 마음을 품고 나를 두려워하며, 나의 모든 명령을 지켜서,*
> *그들만이 아니라 그 자손도 길이길이 잘 살게 되기를 바란다.* (신명기 5:29)

역대상 1-2장 ; 시편 119편 145-160절 ; 잠언 2장 ; 히브리서 12-13장

6월 3일 —— 아주 사소한 일

바용에 사는 가난한 목수의 아들인 스물한 살의 쟈크 라피테는 출세하고 싶은 욕망에 그에 알맞은 직업을 찾고 있었습니다. 비록 유명 인사의 추천장이나 화려한 학벌은 없었지만, 그에게는 젊음과 내일에의 희망이 있었지요.

파리에 도착한 그는 열심히 일자리를 구하기 시작했습니다. 하지만, 하루이틀이 지나고, 몇 주가 지나도, 일자리를 찾을 수가 없었습니다. 파리에 사는 그 누구도 이 패기에 찬 젊은이를 거들떠보지도 않았던 거지요. 그러나 그는 이런 일에 굴하지 않고 계속해서 일자리를 찾아보았습니다.

어느 날 아침, 쟈크는 유명한 스위스 은행가 페레고의 은행에 입사 지원서를 냈습니다. 그와 몇 마디 대화를 나눈 뒤, 페레고는 일자리가 없다면서 그를 돌려보냈습니다. 그 어느 때보다 크게 낙담한 쟈크는 그 은행을 나와 은행 앞마당을 천천히 걸어갔지요. 그러다가 잠시 멈추어서 바닥에 떨어진 무언가를 주워들고는, 다시 사람들이 붐비는 거리로 걸어나가며 생각했습니다. "그냥 고향으로 돌아가 버릴까?"

그 순간 갑자기 뒤에서 누군가가 어깨를 툭툭 치며 말했습니다. "실례합니다. 저는 저 은행에서 일하는 사람입니다. 페레고 씨가 다시 당신을 뵙자고 하십니다."

다시 은행에 들어간 쟈크는 그 유명한 은행가와 두 번째 만남을 가졌습니다. 페레고 씨가 말했지요. "다시 오시게 해서 미안합니다. 제가 우연히 창 밖을 내다보다 댁이 은행 앞마당에서 무언가를 줍는 걸 봤는데요. 그거 좀 보여 주시겠습니까?"

이 말에 쟈크는 "아, 이거요? 별거 아닙니다." 하며 저고리 안주머니에서 반짝이는 핀 하나를 꺼내 보여 주었습니다.

그러자 그 은행장은 감탄하며 이렇게 말했지요. "이제 사정이 달라졌습니다. 우리 은행은 작은 것에도 주의를 기울이는 사람을 위해서는 늘 일자리가 준비되어 있습니다. 내일부터 출근하셔도 좋습니다."

그 뒤로 그 은행에서 오랫동안 눈부신 업적을 이룩한 쟈크는, 훗날 유럽에서 제일 큰 은행 가운데 하나인 페레고 라피테 은행의 설립자가 되었습니다.

하찮게 보이는 일에 얼마나 많은 미래가 달려 있습니까! 우리가 세상을 살아 갈 때, 작은 일들이 참으로 중요하게 작용할 때가 많습니다. 그것은 하나님께도 마찬가지이지요.

우리 모두 삶 속에 있는 작은 것들에 관심을 갖는 법을 가르쳐 달라고 하나님께 기도드립시다. 이와 같이 작은 것을 소중히 여길 때, 우리들에게 놀라운 미래가 열릴 것입니다.

땅에 아주 작으면서도 가장 지혜로운 것이 넷이 있으니,
……개미와……오소리와……메뚜기와……도마뱀이다. (잠언 **30**:24-28)

역대상 **3-5**장 ; 시편 **119**편 161-176절 ; 잠언 **3**장 ; 디도서

  폭풍우가 몰아치는 날 밤, 필라델피아의 한 작은 호텔에 나이가 지긋하게 들어 보이는 부부가 들어왔습니다. 이미 다른 호텔들이 만원이어서 이 호텔로 왔다고 말하며, 프론트 데스크에서 방이 있는가 물었지요.

  그러나 호텔 직원은 지금 이 도시에는 여러 개의 큰 회의가 열리고 있어 모든 호텔들이 만원이며, 또한 자기네도 예외는 아니라고 설명했습니다. 하지만 그 직원은 이렇게 덧붙였지요. "오늘같이 날씨가 험한 날 손님들을 밖으로 내몰고 싶지는 않군요. 괜찮으시다면 제가 쓰는 방을 비워 드리겠습니다. 주무시고 가시지요."

  그 부부는 직원의 말에 일단 나가려던 길을 멈추었지만, 그 직원의 잘 곳을 뺏는다는 생각에 어찌 대답해야 할지 몰랐습니다. 하지만 계속된 그 직원의 권유에, 그 부부는 그 날 밤을 그 호텔에서 묵었지요.

  다음 날 아침, 그 부부가 체크아웃을 할 때 노신사가 말했습니다. "자네 친절에 감사하네. 앞으로 이 나라 제일의 호텔 사장이 될 자격이 있어. 내 자네를 위하여 언젠가 호텔 하나를 지어 줌세." 이 말에 호텔 프론트 데스크에 있던 사람들은 잔잔한 미소를 띠었고, 이런 가벼운 농담에 기분이 좋아진 그 직원은 손님들의 가방을 현관문 밖에 대기하고 있던 차에까지 날라다 실어 주었습니다.

  그렇게 2년이 지난 뒤, 그 밤의 일을 까맣게 잊고 있던 그 직원에게 한 통의 편지가 날아 왔습니다. 거기에는 그 날 밤의 일과 그 때 베풀어 준 친절에 감사하는 내용이 적혀 있었지요. 그리고 자기를 한 번 방문해 달라는 당부와 함께, 뉴욕 시까지 가는 왕복 비행기표가 들어 있었습니다.

  비행기를 타고 뉴욕으로 간 그 직원은 그 때의 노부부를 만났습니다. 그러자 노신사는 그 직원을 차에 태워, 뉴욕 시 5번가 34번지로 데리고 가서, 새로 지은 아름다운 건물을 가리켰지요. 수많은 테라스와 전망대를 가진 그 건물은 마치 붉은 돌로 지은 성 같았습니다.

  "이 건물은 내가 자네에게 관리를 맡기려고 지은 건물일세." 노신사가 말했습니다.

  "농담이시겠죠." 노신사의 말을 전혀 믿을 수 없었던 그 직원이 웃으며 말했습니다.

  미소를 띤 노신사는 말했습니다. "농담이 아니네."

  "누구시기에 이런 일을 하시죠?" 그 직원이 물었습니다.

  그러자 노신사는 자신의 이름이 윌리암 월도르프 아스토르라고 말했습니다. 그리고 그 호텔이 바로 뉴욕의 월도르프 아스토리아 호텔이었지요. 이렇게 해서 조지 볼트라는 호텔 직원은 이 역사적인 호텔의 첫지배인이 되었답니다.

사랑은 오래 참고, 친절합니다. (고린도전서 13:4)

❧

역대상 6장 ; 시편 120편 ; 잠언 4장 ; 빌레몬서

6월 5일 —— 어떻게 해야 되지?

논쟁에 능했던 전 캘리포니아 검찰 총장 에벨 영거가 오클랜드 주에서 열렸던 법의 날 기념 행사에 주 연사로 초청되었습니다. 그의 연설이 있기 직전, 앨러미더 변호사 협회는 법대 졸업반 학생이 쓴 법에 관한 에세이가 그 협회의 문예 공모전에서 당선됐음을 알리며, 엄청난 액수의 상금을 전달했습니다. 그 전달식 뒤, 상금 수여자가 당선 소감을 발표했습니다. 하지만 이것은 당선 소감이 아니라 미국 법조계에 대한 신랄하고 매서운 공격이었지요. 당선 소감이 발표되면서 실내에는 점점 긴장이 쌓여 갔습니다. 그 동안 법의 이름으로 자행된 부정 행위에 대한 냉혹한 비판의 소리에 거기 모인 수백 명의 청중들은 움츠러들고 있었습니다. 마침내 그 소감 발표가 아주 무거운 침묵 속에 끝이 났습니다.

뒤를 이어 에벨이 주 연사로 소개되었고, 그가 연설을 하기 위해 일어섰습니다. 에벨은 기자들에게 자신이 이미 나눠준 그의 연설 요약문은 잊어버리라고 하며, 법대생의 신랄한 도전에 대한 해명을 하겠다고 했지요. 그러나 그 해명에 앞서, 그는 사람의 몸을 쳐서 악마를 쫓아내는 의식을 하고, 갈대로 자기들의 등을 쳐서 피를 흘리며, 얼굴에 상처를 내고, 수 마일을 무릎으로 기고, 악마로부터 자유로워지기 위하여 스스로가 불구가 되며, 자신을 학대하는 이교도들의 이야기를 했습니다.

그리고는 자신의 요점으로 들어가서 말했습니다. "과거 몇 년 동안, 우리도 그와 같았습니다. 우리는 우리 조국 안에 있는 악마들을 내쫓기 위하여 우리 스스로를 학대해 왔지요. 그러나 이것은 이교도들의 의식과 똑같이 무의미한 것입니다." 이어서 그는 미국내에서 벌어지는 불평등과 문제점들이 많이 있음에 동의했습니다. 하지만 파괴적인 비판만 가지고는 그러한 문제들이 해결될 수 없다고 말했지요. 건설적이며 관심어린 변화가 해결의 열쇠라고 말했습니다. 또한 비판이라는 건, 말하기는 쉽고 언뜻 들으면 좋은 소리처럼 들리겠지만 잘못된 문제들을 고치는 데는 아무런 효과가 없다고 말했지요.

정치계에서 일어나고 있는 일들이 우리의 교회에서도 똑같이 일어나고 있습니다. 교회가 현실의 삶에는 맞지 않는다는 둥, 돈이 너무 많다는 둥, 별별 소리들이 참 많이 들려오고 있습니다. 물론 그 말들은 맞는 말이지요. 하지만 우리가 다니는 교회에 가혹한 비판을 가해 교회가 분열되거나 무너지게 만든다고 해서, 그 문제가 근본적으로 해결되는 것이 아닙니다. 그렇다면 교회와 관련하여 이렇게 질문을 해봅시다. 요즘 같은 세상에 무엇으로 교회를 대신하겠습니까?

우리는 개인적인 차원에서도 똑같은 비판을 하려는 경향이 있습니다. 물론 좁은 방 안에서 위선자를 가려내기란 쉬운 일입니다. 또 교회는 그러한 위선자들로 가득하구요. 하지만 그런 이들을 받아 주어야 할 곳 또한 교회가 아닐까요?

하나님이 아들을 세상에 보내신 것은, 세상을 심판하시려는 것이 아니라,
아들로 세상을 구원하시려는 것이다. (요한복음 3:17)

역대상 **7-8장** ; 시편 121편 ; 잠언 5장 ; 디모데전서 1-3장

6월 6일 —— 아름다운 기억

여러분의 가슴에 소중하게 간직되는 아름다운 기억이 있다면, 그것은 여러분의 일생에서 가장 특별한 선물이 될 것입니다. 현충일은 나에게 바로 이런 아름다운 기억들이 살아 숨쉬는 날이지요.

나에게는 태평양전쟁 당시, 필리핀에서 우리 군과 싸웠던 일본군의 '오오카'라는 사람에 관한 추억이 있습니다. 피비린내 나는 전투가 끝난 뒤 오오카는 집에 편지를 보냈지요. 그 편지 속에 그는 겁도 없이 참호 밖으로 머리를 내밀어 자신의 표적이 되었던 한 미군 병사 이야기를 썼습니다. "나는 그 병사를 겨냥했고, 그를 그 자리에서 쓰러뜨릴 수도 있었지만, 방아쇠를 당기지 않았습니다. 아니 당길 수 없었지요. 그저 표적이 된 그 미군 병사를 걱정하며 지켜만 보았습니다." 그리고는 오오카는 편지에 이렇게 적어 놓았습니다. "전투가 끝나고, 난 한 아이의 아버지로서, 그 미군 병사의 어머니가 살아 돌아온 아들을 맞이하며 기뻐하는 모습을 그려 보니, 미소가 절로 지어졌습니다."

잔인하고 쓰라린 기억이 전쟁에 관한 추억의 전부일 수도 있겠지만, 그러한 쓰디쓴 기억들 사이에서 따사로운 한줄기 빛과 같은 추억들이 바로 이 오오카에 대한 기억 같은 것들일 겁니다. 살육과 무자비함만이 횡행하는 전쟁에서, 이 특별한 일본인 아버지는 자신이 간직한 사랑하는 이들에 대한 기억 속에서 가족들이 서로에게 주었던 편안함과 만족스런 삶의 의미를 발견했고, 그의 그 아름다운 발견이 한 어머니의 아름다운 사랑을 간직해 준 것이지요.

사람들은 흔히들 "요즘 같은 세상에 현충일이 뭐 그리 중요하냐?"고 말합니다. 이 날은 전몰장병들과 전쟁의 상흔들을 되새겨 보기 위하여, 특별히 나라에서 제정한 국경일입니다. 그러나 요즈음은 다른 공휴일이나 다를 바가 없지요. 그 날의 의미를 되새기는 것과는 거리가 멀어졌습니다.

우리는 자신의 안위는 뒤로 하고 기꺼이 온 몸을 바친 사람들의 고마움을 마음 속 깊이 간직해야 합니다. 우리는 나라의 자유를 위하여 기꺼이 위험을 무릅쓰겠다는 그들의 자세를 기억해야 합니다. 우리는 그들이 흘린 피, 그들이 바친 목숨, 그들이 보낸 끔찍한 시간들, 그들이 보여준 용기를 기억해야 합니다. 우리는 그들의 목숨을 건 전투, 분노와 고통, 외로움을 기억해야 합니다. 또한 이것을 생각하며 그들에게 감사해야 합니다. 우리는 그들이 자유라는 숭고한 목적을 위하여 희생되었다는 것을 기억해야 합니다. 우리는 그들이 지켜낸 소중한 자유와 명예를 기억해야 합니다. 현충일은 소중히 간직하여 그 날의 의미를 되새겨야 하는 날입니다. 그리고 오늘을 살아 가는 우리는 그러한 값진 희생의 대가로 성취해 낸 자유를 지켜내야 합니다.

> *"가장 높은 곳에서는 하나님께 영광이요,*
> *땅에서는 주께서 기뻐하시는 사람들에게 평화로다."* (누가복음 2:14)

역대상 9-10장 ; 시편 122편 ; 잠언 6장 ; 디모데전서 4-6장

일전에 뉴욕에 있을 때, 어느 날 친구와 함께 택시를 탄 일이 있었습니다. 차에서 내리면서 그 친구는 운전사에게 이렇게 말했지요. "태워다 주셔서 고맙습니다. 정말 운전 잘 하시네요." 이 말에 어리둥절해진 운전사는 "날 놀리슈?" 하고 말했지요. 그러자 그 친구는 "아니요, 아저씨를 놀리는 것이 아니라, 조금 전에 차가 그렇게 막히는데도 침착하게 운전을 잘 해주셔서 감사드리는 겁니다."라고 대답했습니다.

"무슨 일이야?" 보도를 걸으며 내가 물었습니다. 그러자 그 친구의 대답은 뜻밖의 것이었지요. "난 지금 이 뉴욕이라는 도시에 사랑이라는 것을 되찾아 주는 일을 하고 있는 중일세. 난 그 택시 운전사가 내 말에 기분이 좋아졌다고 생각하네. 앞으로 20명의 승객을 태운다 가정해 볼 때, 그 운전사는 누군가가 자기를 기분좋게 해주었으므로, 그 20명의 승객들을 기분좋게 해 줄 것 아니겠나? 그리고 연쇄적으로 그 승객들은 자신이 만나는 슈퍼마켓 점원이나 회사 직원들, 아니면 최소한 자기 가족들 기분만이라도 좋게 해주려고 할 것이고. 이러다 보면, 오늘 하루 1,000명의 사람들이 기분 좋은 하루를 보내겠지? 어때, 나쁘지 않은 계획 아닌가, 응?"

난 이 말에 질문을 던졌습니다. "하지만 자네 계획은 그들이 자네의 예상에서 빗나가지 말아야 한다는 전제가 있지 않은가?" "그 전제가 한 사람에게만 의존될 때 빗나가기가 쉽지. 그렇게 간단한 일이 아니라는 걸 나도 잘 아네. 그래서 그 택시 운전사 말고도 10명 정도에게 똑 같은 일을 해놓았다네. 최소한도 열 명 가운데 세 명 정도에게는 효과가 있겠지. 그러면 결과적으로 하루 3,000명이 넘는 사람들이 간접적으로 나의 영향을 받는 셈이 되지." "이론상으로는 좋은데, 자네 계획이 실제로 그렇게 될까?" 그러자 그 친구가 자신있게 대답했지요. "그렇게 안 된다고 해도 손해볼 건 없지 않은가? '정말 잘 하시네요!' 하고 칭찬하는데 무슨 시간이 들겠나? 설령 그가 귀기울여 듣지 않더라도 별 문제는 없고. 내일 또 내가 행복하게 해줄 택시 운전사가 있을 테니까."

"자네, 참 괴짜로군!" 나의 이 말에 친구는 진지하게 말했습니다. "그 말을 들으니 자네도 참 많이 냉소적으로 변했다는 생각이 드는군. 우리네 삶이 삭막해진 이유 가운데 하나가, 사람들이 칭찬을 잃어 버렸기 때문이라는 거 아나?"

"하지만, 자네 혼자 이 모든 일을 다 할 수는 없지 않은가?"라고 나는 반박했습니다. "중요한 것은 용기가 꺾이지 않는 거야. 이 도시 사람들이 다시 친절해질 수 있게 만드는 것은 쉬운 일이 아니라는 거 나도 잘 아네. 하지만 이 일에 좀더 많은 사람들을 끌어들일 수만 있다면 아주 좋겠지." 나는 지나가던 무표정한 얼굴의 어떤 여인에게 윙크를 했습니다. 그 모습을 본 친구가 말했지요. "만일에 저 여인이 학교의 선생님이라면, 저 여인의 반 학생들은 멋진 날을 가질 게 아닌가!"*41

그러므로 여러분은 하나님의 택하심을 받은 거룩하고 사랑받는 사람답게,
동정심과 친절과 겸손과 온유와 오래 참음을 옷 입듯이 입으십시오 (골로새서 3:12)

❧

역대상 11-12장 ; 시편 123-124편 ; 잠언 7장 ; 디모데후서 1-2장

<h2>6월 8일──누가 그를 호출했을까?</h2>

에디 머피 간호사는 매사추세츠 주립정신병원에서 근무했었습니다. 그 곳에서 제일 힘든 일은 구급차에 실려오는 새로운 환자들을 받아들이는 일이었지요. "처음 온 환자는 어떤 상태인지 예측하기가 어렵습니다. 예를 들면, 폭력성이 있는지 없는지 하는 것 말이죠."라고 그녀는 말합니다. 구급차는 황량한 지하실에 환자들을 내려놓고 가버립니다. 고작해야 담당 간호사 한 명과 정신 건강 전문가 한 명이 그 환자를 처리하는 게 절차의 전부이지요.

어느 날 저녁, 다른 병동에 지원을 가던 중이었습니다. 그 때 마침 구급차에 환자가 실려오고, 마땅히 나갈 사람이 없자, 에디는 자원하여 그 환자를 맞으러 나갔지요. 그녀는 그 때의 심정을 이렇게 말했습니다. "매우 불안했습니다. 환자를 직접 받아 본 일이 거의 없기 때문이었지요. 게다가 나와 동행한 전문가는 신참이었고, 매우 조급해 했거든요." 하지만 그 두 사람이 적막한 복도를 내려갔을 때, 에디는 그들을 기다리고 있었던 댄을 만났습니다. 댄을 만나자, 에디는 안도의 한숨을 내쉬었습니다. 에디와 종종 함께 일을 했던 댄은 강하고 믿을 만한 전문가였으니까요. 그러한 멋진 우연에 감사할 때, 구급차가 환자 한 명을 데려다 놓고 떠났습니다.

"안녕, 난 에디 머피라고 해요. 이제 제가 당신의 입원 절차를 밟을 겁니다." 웃으며 말을 건네면서, 에디는 그 젊은 환자의 표정이 바뀌는 것을 살펴보았습니다. 이 순간이 가장 위험하지요. 환자들이 자신이 병실에 갇힌다는 것을 깨닫는 순간, 무슨 행동이 나올지 모르기 때문입니다.

예고도 없이 그 환자는 에디에게 달려들더니 에디의 목을 조르려고 하였습니다. 그러자 댄이 즉각적으로 그를 뜯어 말려서는 바스켓 홀더로 그를 제압하였지요. 그 사이 에디는 다른 사람들의 추가 지원을 요청했습니다. 한 시간 후에도 진정되지 않는 가슴을 가다듬으며, 에디는 좀 전의 일어난 일을 이야기했습니다. "함께 계셔서 너무 기뻤어요." 에디가 말했습니다.

"나에게 전화하다니, 행운이었네요. 근데 어떻게 내가 야근을 하고 있었다는 걸 알았어요? 내가 있던 곳은 다섯 건물이나 떨어진 곳이었는데요." 댄이 같이 기뻐하며 말했습니다.

이 말에 에디는 갑자기 얼굴색을 바꾸며 말했습니다. "전화라니요? 전화한 적 없는데요?"

이번에는 댄이 놀라며 말했습니다. "하지만 어떤 여자가 제가 일하는 병동으로 전화해서, 에디 양이 환자를 맞는데 저의 도움이 필요하니 저를 보내 달라고 간호사에게 말했다는데요."

어떤 여자라니? 에디가 근무했던 병동에서는 어느 여자도 전화를 하지 않았다고 했습니다. 그들은 이미 에디에게 보호 요원을 딸려 보내지 않았던가! 게다가 에디는 댄이 그 밤에 근무하고 있는지도 몰랐습니다. 댄의 병동 간호사들도 에디에 관한 것이나 새로운 환자가 들어온다는 사실을 전혀 몰랐지요. 전화 벨이 울렸을 때, 그 간호사들은 비어 있는 병실에서 약을 환자들에게 주기 위하여 분배 작업을 하고 있었습니다. 그럼 누가 에디조차 도착하기도 전에 댄을 호출했단 말인가요?*42

또 천사들을 두고서는, 성경에 이르기를 "하나님께서는 하나님의 천사들을 바람으로 삼으시고, 하나님의 시중꾼들을 불꽃으로 삼으신다" 하였다. (히브리서 1:7)

～

역대상 13-15장 ; 시편 125-126편 ; 잠언 8장 ; 디모데후서 3-4장

폭풍우를 동반한 구름과 강한 돌풍이 오하이오 주 컬럼버스에 갑자기 들이닥쳤습니다. 알핀 초등학교에서는 라디오에서 토네이도를 경고하는 방송이 계속 나오자, 아이들을 집으로 돌려보내기에는 너무나 위험하다고 판단하고, 대신 학교 지하실로 아이들을 모두 피신시켰습니다. 아이들은 두려움에 서로 부둥켜안고 있었지요.

선생인 우리들도 무섭기는 매한가지였습니다. 긴장을 풀기 위하여 교장 선생님이 아이들에게 함께 노래를 하도록 시켰지만, 겁먹은 아이들은 자그마한 목소리로 노래를 부르더니 끝내는 울음을 터트리고 말았습니다. 선생님들도 아이들을 진정시킬 수 없었습니다.

그 때였습니다. 어떠한 위험에서도 변치 않는 신앙을 지닌 한 선생님이 자기 옆에 있던 한 어린아이에게 속삭였습니다. "캐티, 너 뭐 잊어버린 거 있다고 생각되지 않니? 우리를 지키시고 폭풍우보다 강하신 분 말야! 자, 네 자신에게 속삭여 봐! '하나님께서 나와 함께 계신다!' 하고. 그 다음 이 말을 네 옆 사람에게 말해 주거라." 이 말이 아이들 사이에서 차츰 퍼져 나가면서 아이들은 평온을 되찾았습니다.

밖은 여전히 사나운 폭풍우가 몰아치고 있었지만, 이 순간 아이들에게는 그것이 문제가 되지 않는 것처럼 보였습니다. 이 지하실에서는 두려움과 눈물이 이미 사라졌지요. 시간이 얼마 지난 후에, 라디오에서 폭풍우가 완전히 그쳤다는 보도가 나오자, 선생님과 아이들은 교실로 돌아갔습니다. 하지만 이번에는 평소처럼 시끄럽게 떠들거나 장난치는 아이들 하나 없이 조용히 저마다 교실로 돌아갔지요.

그 뒤로 몇 년이 지났건만, 나는 평강을 주던 그 말을 늘 기억하고 있습니다. 스트레스를 받고 곤란한 지경에 빠졌을 때, 나는 그 말에서 평강과 편안함을 찾을 수 있습니다. '주님이 나와 함께 계신다!'*43

폭풍우가 몰아치는 순간의 연속이 바로 우리네 인생이며, 그렇게 다가오는 모든 폭풍우·시험·시련들을 다 피할 수는 없습니다. 하지만 하나님께서는 분명히 말씀을 통해 약속하셨지요. 하나님께서는 우리가 어디에 처하든지 우리와 함께 하시겠다고요. 우리는 이전부터 우리에게 닥쳐왔던 불행이라는 폭풍우로부터 가족들과 사랑하는 이들을 보호하려고, 인간의 힘으로 많은 노력을 해왔습니다. 그러나 그것이 효과를 얼마나 보았습니까?

하나님께서는 우리에게 폭풍우로부터 완전한 자유를 약속하지는 않으셨습니다. 하지만 우리에게 폭풍우가 닥쳐올 때 우리와 함께 하시며 평강을 주시고 인도해 주시고 보호해 주시겠다고 약속하셨지요. 하나님의 이런 약속은 환경이 좋거나 나쁘거나 언제나 한결같으십니다. 또한 하나님께서는 우리에게 구름 없는 맑은 날만을 약속하신 것은 아니지요. 하지만 어떤 날이든지 우리와 함께 하시고, 또 우리에게 힘을 주시겠다고 말씀하셨습니다. 그리고 약속하셨지요!

하나님은 우리에게 비겁한 영을 주신 것이 아니라,
능력과 사랑과 절제의 영을 주셨습니다. (디모데후서 1:7)

꼬

역대상 16-17장 ; 시편 127편 ; 잠언 9장 ; 베드로전서 1-2장

옛날에 동물 왕국에서 새로운 세계로부터 닥치는 문제들에 대처하기 위하여 학교를 세우기로 했습니다.

그 학교에서 가르칠 과목은 달리기 · 기어오르기 · 수영하기 · 날기로 정했습니다. 그리고 학과 관리를 좀 더 쉽게 하기 위하여 모든 동물이 교육을 맡기로 했지요.

오리는 수영 과목에선 선생님보다 더 잘했지만, 날기는 가까스로 낙제를 면했으며, 더욱이 달리기에서는 낙제를 했습니다. 토끼는 달리기에서는 단연 일등이었습니다. 하지만 수영은 계속 재시험을 보는 바람에 신경 쇠약에 걸리고 말았지요. 다람쥐는 기어오르는 데에는 훌륭했지만, 날기 과목에서 선생님이 나무 꼭대기에서 뛰어내리는 게 아니라 땅에서 날아오르기를 가르치자 그만 포기하고 말았습니다. 독수리는 여간해서는 말을 잘 안 듣는 학생이었습니다. 그래서 남들보다 더 강하게 훈련을 받았습니다. 그 덕에 기어오르기에서 어느 학생보다도 뛰어나게 되었습니다. 하지만 여전히 자기 방법을 고집했습니다. 훈련이 끝나 결과를 보니, 수영을 기가 막히게 하고, 기어오르기 · 달리기도 잘하며, 약간 날기까지 하는 한 이상한 뱀장어가 수석 졸업생이 되었지요.

이제 관청에서 교육세를 모든 동물에게 징수하기 시작했습니다. 하지만 그 학교에 아이들을 보내지 않았던 초원에 사는 개들은 납세를 거부하였습니다. 왜냐하면 관청에서는 커리큘럼에 땅굴 파기를 포함시키지 않았기 때문이지요. 그들의 아이들이 정작 배워할 것은 그 학교에 없다고 판단한 초원의 개들은 자기 아이들을 오소리에게 보내 교육을 받게 했으며, 나중에는 아예 두더지와 땅다람쥐를 선생으로 초빙해서 자기 아이들을 위한 훌륭한 사립 학교를 건립했습니다.[44]

뭔가 교훈을 주는 재미있는 우화가 아닙니까!

교육이란 아이들이 가진 독창성에 대한 충분한 고려가 있어야 된다는 이야기입니다. 아이들은 손길 닿는 데로 형성되는 인격체인 것입니다. 그럼에도 불구하고, 획일화의 문제로 우리 시대는 하나님의 소중한 선물들에게 허락된 내일의 가능성들을 더욱 작게 만들고 있습니다.

하나님께서는 사람들에게 저마다 나름의 독창성을 부여하여 그들을 창조하셨습니다. 지문이 그렇고, DNA 인자가 그런 것들의 증거가 아닌가요? 똑같이 생긴 사람은 어디에도 없습니다. 드가의 청동상, 스트라디바리우스의 바이올린, 렘브란트의 그림이 값진 이유가 무엇인가요? 바로 유명한 예술가의 작품이 가진 가치는 그 작품의 작가가 한 명뿐이라는 것과, 그 작품이 주는 독창성과 희귀성에 있지 않은가요?

창조주 하나님의 작품인 우리 인간이 주는 독창성과 희귀성을 한 번 묵상해 봅시다.

> *내가 이렇게 태어났다는 것이 오묘하고 주께서 하신 일이 놀라워,*
> *이 모든 일로, 내가 주님께 감사를 드립니다.*
> *내 영혼은 이 사실을 너무도 잘 압니다. (시편 139:14)*

역대상 18-20장 ; 시편 128편 ; 잠언 10장 ; 베드로전서 3-5장

1990년 12월 아주 추운 저녁, 경찰학교를 이제 막 졸업한 에드윈 크레이그는 덴버 공항을 경찰차로 순찰하고 있었습니다. 그 구역을 한 바퀴 돌고 난 에드윈은, 사람들이 전혀 다니지 않는 긴 도로를 따라 차를 몰고 내려갔지요. 그런데 순찰차 저만치 앞에서, 한 노인이 느릿느릿 걷다가 멈추어 서더니, 끝내 벽에 기대어서는 무너지듯이 쓰러지는 게 보였습니다.

그 노인에게로 달려간 에드윈은 훈련받은 대로 맥박을 재보았습니다. 그러나 맥박이 뛰질 않았습니다. 게다가 호흡마저 멈춘 것이 아닌가요? 정말 안타까운 순간이었습니다. 그가 처음으로 맞는 위급한 순간이었고, 지원 경찰도 하나 없는 상황이었습니다. 그래서 곧바로 무전으로 지원을 요청했습니다. 빈약하긴 했지만, 경찰학교에서 받았던 훈련도 까마득한 옛날 일처럼 느껴졌습니다. 하지만 그 순간 만일에 자신이 아무런 조치를 취하지 않는다면, 이 노인은 지원 팀이 도착하기 전에 죽을 것이라는 생각이 스쳐 지나갔지요. 그러나 그 순간에 그가 할 수 있는 일이라야 뭐가 있었겠습니까? 에드윈은 속삭이듯 기도를 하기 시작했습니다. "예수님, 도와 주세요. 제가 이 상황에서 무엇을 해야 됩니까?"

바로 그 순간, 뒤에서 어떤 여자의 목소리가 들려 왔지요. "저는 응급실 간호사입니다. 인공 호흡을 하세요. 제가 심장 압박을 해볼께요." 이상했습니다. 이 길고 텅 빈 도로에서 누군가가 자기에게로 온다면 발자국 소리가 들렸을텐데, 아무 발자국 소리도 들리지 않았는데 이 간호사라는 여자가 자기 뒤에 있는 것입니다.

하지만 상황이 너무나 급했기 때문에, 뒤를 돌아볼 여유도 없이 그 간호사가 시키는 대로 인공 호흡을 시작했습니다. 그리고 그 간호사는 가슴 압박을 실시했지요. 다행히도 곧이어 긴급 구조 팀이 도착했고, 그들에게 넘겨진 환자는 곧 회생하기 시작했습니다.

이제 임무를 마친 에드윈이 그 간호사에게 고맙다는 말을 하려고 주위를 둘러보았습니다. 하지만 그런 여자는 어디에도 없었습니다. 그 외딴 길은 길었고 빠져나갈 곳도 없었습니다. 그 여자는 에드윈에게 긴급한 도움이 필요할 때 나타나서 그를 도와 주고는 홀연히 사라진 거지요.

'그럼, 천사란 말인가? 천사들도 인공 호흡을 할 줄 아나? 천사도 사람들을 구할 때 인공 호흡을 사용해야 하나?' 지금까지도 에드윈은 천사도 인공 호흡을 알고 있다고 믿고 있습니다. 다른 천사는 몰라도, 적어도 덴버에 나타났던 그 천사는 알고 있겠지요.

에드윈은 아직도 경찰로 근무하고 있습니다. 그리고 그는 믿고 있습니다. 어느 곳에서든, 우리가 필요할 때면, 하나님의 손길이 나타난다는 것을요. 그리고 동료들에게도 그 사실을 믿게 하고 있습니다.

예수께서는 이 책에 기록하지 않은 다른 많은 표적도 제자들 앞에서 행하셨다.
그런데 여기에 이것이나마 기록한 목적은, 여러분으로 하여금, 예수가 그리스도요
하나님의 아들이심을 믿게 하고, 또 그렇게 믿어서 그의 이름으로
생명을 얻게 하려는 것이다. (요한복음 20:30-31)

역대상 21-22장 ; 시편 129편 ; 잠언 11장 ; 베드로후서 1-3장

알프스 산맥의 동쪽 기슭, 한 오스트리아 마을의 위쪽에 있는 조용한 숲 속에 한 노인이 살고 있었습니다. 여러 해 전부터 마을 의회에서는 계곡 위쪽에 있어서 사람들의 발길이 닿지 않는 샘들을 청소하기 위하여 그 노인을 고용했지요. 마을로 흘러와서 여러 가지 혜택을 주는 그 샘들에서 노인이 하는 일은 낙엽들과 잔가지들을 치워내는 일이었습니다.

수년간 노인은 샘물 위에 떠다니는 잔가지와 낙엽들, 죽은 동물들과 더러운 것들을 제거하였으며, 맑은 물이 잘 흐르도록 샘의 좁은 수로들을 깨끗하게 청소했습니다. 그 때 그 마을은 번성했으며, 유명한 관광 휴양지가 되었지요. 방앗간의 물레방아가 밤낮으로 돌아갔으며, 농지에는 끊임없이 물을 댈 수 있었고, 오염되지 않은 물로 마을은 건강했습니다. 마을은 그야말로 우편 엽서에서나 볼 수 있는 그런 아름다운 정경이 되었지요.

그로부터 몇 년이 지난 어느 날, 마을에 예산결산심의회가 열리는 가운데, 한 위원이 '샘지기에게 지급되는 봉급'이라는 이상한 단어를 발견하였습니다. "누가 이 사람을 고용했지요? 이 사람이 누굽니까? 이 사람 돈만 축내는 사람 아닙니까?" 그렇게 말한 그 위원이 잠시 생각을 하더니 다시 말을 이었습니다. "아시다시피, 언덕 위에 있는 이 낯선 사람은 죽었을지도 모르지 않습니까? 이 사람은 더 이상 필요가 없습니다." 이러한 의견에 거기 모인 위원들은 만장 일치로 그 노인을 해고시켰지요.

몇 주일 동안은 아무 일도 일어나지 않았습니다. 하지만 가을이 오자, 샘물에 낙엽이 떨어지기 시작했습니다. 나뭇가지가 떨어지고, 바닥에는 흙이 쌓이고, 냇물의 흐름도 느려지기 시작했습니다. 또한 마을에 흐르는 냇물이 노란 갈색을 띠는 듯하더니, 며칠 지나자 색이 더 짙어졌습니다. 그리고 한 주가 더 지나자, 냇물 양쪽 둑에 물이끼가 쌓이기 시작했습니다. 그리고는 냇물에서 악취가 나기 시작했고, 물레방아가 멈추었습니다. 그러자 관광객들이 떠나고, 아이들이 병이 들었지요. 이에 당황해진 의회는 긴급 회의를 소집해서 원인을 찾았습니다. 그러자 그 노인을 해고한 것이 실수였음을 발견하고, 의회는 다시 그 노인을 고용했지요.

그 뒤, 다행히도 몇 주 만에 샘들이 다시 깨끗해지고, 물레방아가 다시 힘차게 돌아갔으며, 관광객들이 다시 찾아왔습니다. 아이들도 더 이상 아프지 않았구요. 알프스의 그 마을이 다시 생명력을 회복한 것입니다.

그 샘지기 노인의 이름이 궁금할 것입니다. 우리는 많은 역사책 속에서 그 노인의 이름을 발견할 수가 있습니다. 성실·사랑·인격·건전한 교리·기도·예수님·여호수와·인내·견고한 가정 등이 바로 그것이지요.

그렇습니다. 바로 그러한 것들이 우리의 삶 속에서 우리 자신에 따라 실천될 때, 우리는 우리의 삶을 아름답게 보존하고 가꿔갈 수 있는 것입니다. 우리에게는, 우리가 인도하는 사람들도 물론이거니와, 모두 '샘지기'가 필요합니다.

> 그 무엇보다도 너는 네 마음을 지켜라.
> 그 마음이 바로 생명의 근원이기 때문이다. (잠언 4:23)

⌒⌒⌒

역대상 23-25장 ; 시편 130-131편 ; 잠언 12장 ; 요한1서 1-2장

'디어 애비'라는 칼럼이 있습니다. 이 칼럼에서 우리는 현대를 살아 가는 모든 인간 군상을 만날 수 있습니다. 애비는 해결 박사인 듯합니다. 이제부터 읽게 되는 글은 디어 애비의 칼럼에 직접 실린 글은 아니지만, 그 칼럼의 작가인 애비가일 반 뷰런에게 한 독자가 보낸 글입니다.

애비 여사님께, 저번 칼럼에 실린 내용 가운데 사역하시느라 수고하신다며 한 성도가 목사님께 가죽 장갑을 선물했는데, 처음에는 목사님이 실망했지만, 나중에 알고 보니 장갑 손가락 하나하나마다 십 달러짜리 지폐가 있더라는 내용을 읽고, 다음과 같은 이야기가 생각났습니다.

한 부자집 젊은이가 고등학교 졸업을 앞두고 있었습니다. 부자집에서는 부모가 고등학교를 졸업하는 아이들에게 자동차를 사주는 것이 관행인지라, 그 젊은이와 아버지는 차를 사기 위하여 수개월간 차를 보러 다녔지요. 졸업을 며칠 앞둔 어느 날, 그들은 드디어 원하는 차를 찾아냈고, 아들은 그 차를 선물로 받을 생각에 한껏 마음이 부풀어 있었습니다.

하지만 졸업식 하루 전날 차대신 성경을 선물받은 아들은, 실망감에 몹시도 화를 내며 성경을 집어던지고 집을 뛰쳐나가고 말았습니다. 그 뒤로 두 부자는 다시는 만나질 않았지요. 그렇게 세월이 지나고, 젊은이는 아버지의 사망 소식을 듣고 집으로 돌아왔습니다.

어느 날 저녁, 물려받을 아버지의 유산을 정리하던 젊은이는 그 때의 성경을 발견하고는 뽀얗게 쌓인 먼지를 털어내고 성경을 들춰보기 시작했습니다. 그런데 거기에서 한 장의 수표를 발견하게 되었답니다. 발행 날짜가 자기의 졸업식과 일치하는 그 수표는 금액도 아버지가 졸업식날 사주기로 했던 자동차의 금액과 똑같았습니다. 텍사스에서, 베카 핀크가.

여기에 대한 답장을 애비 여사가 보냈습니다.

친애하는 베카씨, 젊은이가 그 성경을 처음부터 끝까지 읽기를 바랍니다. 아마도 그 젊은 친구는 성경에서 많은 것을 배울 것입니다. 성경은 말합니다: "미련한 자식은 아버지의 근심이고, 어머니의 고통이다." (잠언 17:25)*45

더 이상 무슨 말이 필요할까요? 흔히, 젊은 사람들은 자신의 젊음을 너무 낭비하는 경향이 있습니다. 너무 늦기 전에 삶 속에서 우리에게 주는 교훈과 충고들을 받아들여야 하지 않을까요? 경험을 하고 후회할 때는 참으로 많은 시간과 젊음이 허비된 뒤니 말입니다. 욕심이라는 감정은, 아예 일찍부터 억제하지 않으면, 너무도 쉽게 한 사람의 일생을 망쳐 버리는 무서운 감정임을 명심합시다. 죽고 나면, 아무 것도 가져갈 수도, 돌이킬 수도 없다는 것을.

무릇 부당한 이득을 탐하는 자가 가는 길은 다 이러하니,
그가 얻은 재물이 자기의 목숨을 빼앗는다. (잠언 1:19)

역대상 26-27장 ; 시편 132편 ; 잠언 13장 ; 요한1서 3-5장

여러 해 전에, '모르스 부호' 통신사직을 찾는 한 젊은이가 있었습니다. 그는 지방 신문에 난 광고를 보고, 그 회사 주소로 찾아갔습니다. 도착하고 보니, 그 회사는 어디선가 전건(電鍵)이 달각거리는 소리가 끊임없이 들려오는 분주하고 활기가 넘치는 큰 회사였지요.

회사로 들어가자, 전보 통신사 지원자는 모두 자리에 앉아 안쪽 사무실에서 호출할 때까지 기다리라는 알림판이 보였습니다. 열두 명 가량의 지원자가 앉아 호출을 기다리고 있었지요. 이 광경을 보고, 젊은이는 조금 낙담했지만 손해볼 건 없다고 생각하고, 다른 지원자들과 나란히 앉아서 호출을 기다렸습니다.

그렇게 2, 3분쯤 지나자, 이 젊은이는 갑자기 일어나더니 알림판이 걸려 있는 문으로 다가가, 곧바로 안쪽 사무실로 걸어들어갔습니다. 점잔빼고 앉아 있던 열두 명의 다른 지원자들은 서로 쳐다보며 중얼거렸습니다. 한 5분 정도 지났을 때, 그 젊은이가 문을 열고 나타났습니다. 이번에는 사장과 함께였지요.

사장은 열두 명의 다른 지원자들을 보고 말했습니다. "여러분, 모두 지금 가셔도 좋습니다. 관심을 가져 주셔서 감사합니다. 그 일자리는 이 젊은이가 맡게 되었습니다."

이 말에 몇 사람이 다시 또 투덜거렸습니다. 그리고 그 가운데 한 사람이 소리 높여 말했습니다. "사장님, 이해할 수 없습니다. 그는 맨 나중에 들어왔고, 우리들은 면접조차 하지 않았습니다. 그런데 그가 그 일자리를 차지했습니다. 그것이 과연 공정한 처사입니까?"

사장이 말했습니다. "미안합니다. 하지만 여러분이 여기 앉아 계시는 동안, 저는 계속해서 전건으로 모르스 부호의 메시지를 쳐 보내고 있었습니다. 그 내용은 '이 모르스 메시지를 이해하신다면 지금 곧 들어 오십시오. 이 직업은 당신 것입니다!'라는 것이었지요. 하지만 여러분 가운데 아무도 그 메시지를 알아채지 못했습니다. 그런데 이 젊은이가 알아챈 거지요. 이 일자리는 이제 이 사람의 것입니다!"

우리는 성공을 이루거나 탐나는 지위를 얻는 데 너무나 몰두하여, 하나님께서 우리에게 작고 조용하게 말씀하시는 것을 듣지 못합니다. 여러분은 이 세상의 소란에 귀가 가리워, 예수 그리스도에 관한 메시지는 떠내려 보내고 있지 않은가요? 잠깐만 멈춰서 여러분 마음의 소리를 들어 보십시오. 여러분이 하나님의 음성에 귀를 열어 놓기만 하면, 그분의 말씀을 들을 수 있을 것입니다.

> 우리는 그리스도를 전하되, 십자가에 달리신 분으로 전합니다.
> 이것은 유대 사람에게는 거리낌이고, 이방 사람에게는 어리석음이지만,
> 부르심을 받은 사람에게는, 유대 사람에게나 그리스 사람에게나,
> 그리스도는 하나님의 능력이요, 하나님의 지혜입니다. (고린도전서 1:23-24)

역대상 28-29장 ; 시편 133-134편 ; 잠언 14장 ; 요한2, 3서

한때, 그 많은 건물에 젊은 수도사들로 가득 차고, 큰 성당에서는 찬미가 소리가 끊이지 않던 어떤 유명한 수도원에 시련의 시간이 찾아 왔습니다. 이제는 건물들이 거의 텅 비어 버렸고, 몇 명의 늙은 수도사들만이 노령에 지친 다리를 이끌고 수도원의 복도를 돌아다니며, 암담한 마음으로 기도와 찬송을 드리고 있을 뿐이었지요.

그 수도원이 있는 숲 속의 가장자리 부근에는 랍비 한 사람이 오두막을 짓고 살고 있었습니다. 랍비는 때때로 기도하거나 금식하러 그 수도원에 오곤 했지요. 어느 누구도 그에게 말을 거는 사람은 없었지만, 수도사들은 그를 가리켜 '숲 속을 거니는 랍비'라고 이름을 붙여 주었습니다. 그의 기도하는 모습을 바라보던 수도사들은 그의 모습을 통해 많은 격려를 받았지요.

어느 날, 원장이 랍비에게 마음을 터놓고 이야기해 볼 결심을 하고 그를 방문했습니다. 오두막에 이르러 보니, 랍비가 문 앞에 서서 마치 긴 세월을 기다렸다는 듯이 두 팔을 벌려 환영을 했고, 둘은 오랫동안 못 만났던 형제가 만난 것처럼 깊은 포옹을 한 뒤, 안으로 들어갔지요.

안에는 평범한 탁자가 하나 놓여 있었고, 그 위에는 성경이 펼쳐져 있었습니다. 그런데 그 앞에 앉은 랍비가 갑자기 울기 시작했지요. 그러자 수도원장도 참지 못하고 같이 울기 시작했답니다. 한참 만에 울음을 그친 두 사람 사이에 잠시 침묵이 흐른 뒤, 랍비가 드디어 입을 열었습니다. "당신과 당신의 형제들이 지금 암담한 마음으로 수도원 생활을 하고 있다는 것을 알고 있습니다. 그 문제를 제게 상의하러 오셨으니 제가 중요한 것을 한 가지 알려 드리죠. 이것은 한 번 이상 다른 이들에게 말해서는 안 됩니다. 또 어느 누구도 절대로 큰 소리로 이것을 말해선 안 됩니다." 그리고는 원장을 똑바로 쳐다보며 랍비는 말했지요. "여러분 가운데 메시아가 계십니다!" 원장은 그 말을 듣고는 어떤 질문도 없이 뒤도 돌아보지 않고 그 자리를 떠났습니다.

그 다음날 아침, 수도사들을 다 집합시킨 원장은 어제 숲 속을 거니는 랍비에게서 들은 이야기를 그대로 수도사들에게 해주었습니다. 그들은 깜짝 놀랐으며, 어느 누구도 그 이야기에 대해서는 아무 말도 하지 않았습니다. 그 이후로 수도사들이 서로를 대하는 태도가 완전히 달라졌지요. 서로를 아주 존경하는 태도로 대하기 시작한 것입니다. 이러한 모습은 이곳을 방문하는 사람들에게 깊은 인상을 심어 주었고, 사람들이 먼 곳으로부터 찾아와 수도사들의 기도 생활에서 삶에 대한 가르침을 얻고자 했습니다. 또한 젊은 사람들은 이 공동체를 찾아와 일원이 되게 해달라고 부탁했지요.

세월이 흐르고 이제 랍비는 더 이상 그 숲속을 걸어다니지 않았지만, 그의 가르침을 마음 속 깊이 받아들였던 수도사들은 여전히 랍비의 기도하는 모습에 격려를 받고 있었습니다.

그 얼마나 아름답고 즐거운가! 형제자매가 어울려서 함께 사는 일!
머리 위의 보배로운 기름이 수염 곧 아론의 수염을 타고 흘러서 그 옷깃까지
흘러내림 같고, 헐몬의 이슬이 시온 산에 내림과 같구나.
주께서 여기에 복을 약속하셨으니, 그 복은 곧 영생이다. (시편 133:1-3)

열왕기상 1장 ; 시편 135편 ; 잠언 15장 ; 유다서 남북전쟁이 한창이던 시절, 한 퀘이커 교도 가족이 펜실바니아에 살고 있었습니다. 어느 날, 그 집의 아들 조나단이 아버지의 반대에도 불구하고, 집에서 도망쳐 북군에 입대했지요. 오랫동안 아들의 소식이 없는 가운데, 어느 날 아버지는 전투에서 부상당해 아버지의 도움을 몹시도 기다리는 아들의 꿈을 꾸게 되었습니다.

아버지는 아들을 찾기 위하여, 그 즉시로 마차를 몰아, 아들이 있는 부대를 찾아 떠났지요. 물어물어서 아들이 있다는 부대의 사령관을 찾아간 아버지는 아들의 안부에 대하여 물었습니다. 사령관은 그 날 아침의 전투로 많은 군인들이 부상을 당했는데, 어떤 병사들은 치료 가운데 있지만, 어떤 병사들은 참호 속에 그대로 방치되어 있다고 말했지요. 그리고는 그 참호 속에서 아들을 찾아도 좋다는 허락을 했습니다.

어두운 밤이었으므로 등불을 켰고, 아들을 찾아 돌아다니면서 참으로 많은 젊은이들이 부상으로 신음하는 것을 보았습니다. 어떤 이들은 도와 달라고 울부짖고 있었고, 어떤 이들은 너무나 부상이 심해 도움조차 청할 수 없었지요.

워낙 부상병들이 많았으므로 아들을 찾기가 너무 어려웠습니다. 하지만 여기서 포기할 수는 없었습니다. 누워 있는 이들에 걸려 넘어지면서도, 아버지는 거기 있는 사람들을 등불로 하나하나 비춰 가며 찾아보았습니다.

그것도 여의치 않자, 큰소리로 아들의 이름을 외치기 시작했습니다. "조나단 스미스! 아들아, 어디 있느냐?" 그 외침에 응답이라도 하듯이, 여기저기서 도움을 구하는 소리가 터져 나왔습니다. "오, 저분이 우리 아버지시라면……." 하지만 아들의 소리는 들리지 않았습니다.

그렇게 한참을 부르며 돌아다니는데, 아주 희미한 아들의 목소리가 들렸습니다. "아버지, 여기예요, 여기요!" 그 소리가 나는 곳으로 달려가 보니, 정말 아들이었습니다. "아버지, 오실 줄 알았어요."

땅에 무릎을 꿇은 아버지는 우선 아들을 안아 안심시키고 물을 마시게 한 다음, 아들의 상처를 싸매어 주었습니다. 그리고는 아들을 마차에 싣고 돌아와서, 한 간호사에게 아들을 맡겨 치료하도록 하였지요.

이 이야기는 돌아온 탕자를 기쁨으로 맞이한 아버지의 비유(누가복음 15장)를 생각나게 합니다. 또한 세상을 방황하며 지치고 상처 입은 자신의 자녀들을 사랑으로 기다리시는 하늘에 계신 우리의 아버지를 떠올리게도 하지요. 우리는 모두 길 잃은 하나님의 자녀들이니, 하늘의 아버지만이 방황하는 영혼들이 돌아가 쉼을 누릴 수 있는 유일한 안식처이십니다.

여러분의 걱정을 모두 하나님께 맡기십시오.
하나님께서는 여러분을 돌보시고 계십니다. (베드로전서 5:7)

열왕기상 2장 ; 시편 136편 ; 잠언 16장 ; 요한계시록 1장

여름 캠프에 참가중인 한 꼬마가, 집에서 어머니가 우편으로 부쳐 준 커다란 쿠키 상자를 받았습니다. 그래서 그 아이는 쿠키를 조금만 먹고 나머지는 침대 밑에 숨겨 두었는데, 다음날 점심을 먹고 돌아와 보니, 그 상자가 없어진 것입니다.

쿠키 도난 사건에 대하여 그 소년과 상담했던 캠프 상담원이, 그 날 오후 어떤 소년이 나무 뒤에 숨어서 훔친 쿠키를 먹는 것을 목격했습니다.

상담원은 그 소년에게 돌아와 말했지요. "자, 빌리, 나와 함께 그 소년을 바른 길로 인도해 보지 않을래?" 이 말에 어리둥절해진 소년은 말했습니다. "그 아이는 도둑이잖아요. 처벌을 받아야지요." "처벌은 그 아이가 나와 너를 미워하게만 만든단다. 우리 그러지 말고, 내 말대로 하자꾸나. 어머니께 전화해서, 쿠키 한 상자를 더 보내 달라고 부탁드려 보겠니?"

빌리는 상담원이 시키는 대로 어머니께 전화를 드렸고, 우편으로 맛있는 쿠키 한 상자를 또 받았습니다. 상담원이 빌리에게 말했지요. "네 과자를 훔쳤던 그 아이가 호수가로 내려갔단다. 가서 네 과자를 나눠 먹도록 해볼래?" 이 말에 빌리가 항의했습니다. "걔는 도둑이잖아요?" "그래, 그렇지만 내가 하는 대로 따라해 보겠니? 무슨 일이 일어나는지 보자꾸나."

반 시간쯤 지나자, 그 두 아이가 어깨동무를 하고 언덕을 올라오는 것이 보였습니다. 그들은 서로 화해를 한 것입니다. 쿠키를 훔쳤던 아이는 사과의 뜻으로 자신의 잭나이프를 빌리에게 선물로 주려고 했고, 빌리는 쿠키는 별거 아니라며 새 친구의 선물을 거절하고 있었지요.

이 이야기는 용서에 굶주린 현대인들에 관한 이야기입니다. 그 굶주림이 얼마나 강렬한가는 다음의 이야기를 보면 알 수 있습니다.

스페인에서 일어난 일입니다. 어떤 아이가, 어느 날, 아버지와 몹시 싸우고 마드리드로 도망 갔지요.

아버지는 그 불효 막심한 아들을 찾아 다니다가, 마침내 최후의 수단으로 마드리드의 한 신문에 광고를 냈습니다. "사랑하는 내 아들 파코야, 무조건 너를 용서하마. 이 광고를 보는 대로 이 신문사 정문으로 오너라. 네가 올 때까지 날마다 정오에 거기서 너를 기다리마."

다음날 정오, 그 신문사의 정문으로 간 아버지는 수백 명의 파코가 자기를 기다리고 있는 것을 보았습니다.

오늘 용서할 아들이 있습니까? 아니면 용서받아야 할 아버지가 있습니까? 기억하십시오. 하늘에 계신 우리 아버지는 우리를 언제나 용서하신다는 것을.

주님은 은혜로우시고 의로우시다. 우리의 하나님은 긍휼이 많으시다. (시편 116:5)

열왕기상 3-4장 ; 시편 137편 ; 잠언 17장 ; 요한계시록 2장

6월 셋째 주 일요일은 미국에서 아버지의 날로 지켜집니다.

이 날은 단순히 어머니의 날에 대하여 불만을 품은 아버지들이 독자적으로 만든 그런 날은 아닙니다. 좀더 나은 아버지와 자식간의 유대 관계를 만들어 보고자, 일상 생활의 여러 분야에서 명망있는 인사들이 자원하여 조직된 전국아버지의날위원회는, 이 아버지의 날이 공식적인 어머니의 날이 시행되던 해로부터 3년 '전'인 1910년 6월 19일에 처음으로 실시되었다고 말합니다.

이 기념식은 워싱턴 주의 스포캔에 사는 존 브루스 도드 부인의 생각에서 비롯되었습니다. 그녀는 남북전쟁의 참전 용사이셨으며, 여섯째를 낳고 돌아가신 어머니를 대신하여 워싱턴 주 동부에 있던 농장에서 홀로 육남매를 훌륭하게 길러 주신, 자신의 아버지 윌리엄 스마트를 영원히 기리고자 무언가 특별한 일을 하고 싶었습니다. 그리고 이 일은 곧 전국으로 확산되기 시작했지요.

윌리엄 제닝스 브라이언은 이 계획의 첫 동조자가 되었으며, 이후 이 계획에 참여한 제임스 화이트콤 라일리는 "이 위대한 일에 당신과 함께 최선을 다할 것입니다."라고 말했습니다.

1924년에 캘빈 쿨리지 대통령은, 대통령으로서는 처음으로 아버지의 날을 추천하였습니다. 이 날의 근본적인 의도는 교회에서, 국가에서, 가정에서 훌륭한 시민 정신을 확립할 수 있도록 헌신을 다짐하는 데 있습니다. 이 의도는 여전히 모든 아버지들에게 강력히 호소되는 의도라고 하겠습니다.

우리 자녀들에게 아버지의 위상이 어떻게 비춰질까요?

채트필드는 다음과 같이 말하고 있습니다: 만일 그가 부유하고 유명하며, 자녀들이 그에 대하여 경외심을 가질 때, 그는 "아버님!"이라 불립니다. 또한 작업복을 입고 밭을 갈거나 노동을 하는 이는 "아버지!"라 불립니다. 그리고 와이셔츠 차림에 멜빵을 하고 아이들과 소풍도 다니고 야구 구경도 하는 이는 "아빠!"라고 불립니다. 또 아기를 유모차에 태우고 다니는 이는 아이들이 끝을 길게 늘여빼서 "아빠——!"라 불립니다. 하지만 아이들이 친구가 필요할 때 친구가 되어 주며, 아이들이 빗나갈 때 사랑의 눈으로 진실을 깨우치는 지혜로운 아버지가 되어 주어, 이 세상에는 아버지만큼 좋은 사람이 없다고 아이들이 생각하게 된다면, 아이들은 그를 "우리 아빠!"라 부릅니다.

"네 부모를 공경하여라" 한 계명은
약속이 딸려 있는 첫째 계명입니다.
"네가 잘 되고, 땅에서 오래 살 것이다" 한 약속입니다. (에베소서 6:2-3)

열왕기상 5-6장 ; 시편 138편 ; 잠언 18장 ; 요한계시록 3장

6월 19일——안개가 걷히고

역사적으로 유명한 워털루 전쟁은 1815년 6월 18일에 일어났습니다.

현대를 사는 우리의 시각으로 볼 때, 그 전투는 당시 유럽 국가들의 운명을 결정짓는 전쟁이 었지요. 그 당시 프랑스군은 나폴레옹의 지휘 아래, 그리고 영국과 독일 · 네덜란드의 동맹군은 웰링턴 경의 지휘 아래 전투를 하고 있었습니다.

당시의 통신 수단은 오늘과 같이 발달되지 않았습니다. 그래서 영국 군인들은 전투 상황을 수기 신호를 사용하여 통신했는데, 원시적인 이 방법은 신호병들의 잦은 실수로 믿을 만한 것이 못 되었습니다.

어느 날, 수기 신호소 가운데 하나인 런던의 윈체스터 대성당 탑에 신호가 날아들었습니다.

그때는 아직 날이 저물진 않았지만, 늦은 시간이었지요. 사람들은 눈이 빠지도록 소식을 기다리고 있던 중이었습니다.

"월-링-턴-장-군-이-적-들-에-게"

여기까지 신호를 받았는데, 갑자기 런던의 그 유명한 안개가 끼기 시작했습니다. 그 날 밤은 더 이상의 신호를 받을 수 없었습니다.

하지만 수기 신호 내용은 월링턴 장군이 적들에게 패배했다는 소식으로 둔갑해, 온 런던과 인근의 시골에까지 퍼졌습니다. 중요한 전쟁에서 대패했다는 소식에, 그날 밤 영국 전체가 깊은 슬픔에 가득 찼지요.

그 밤이 지나고, 다시 아침이 되었습니다.

어제 다 못 들어온 수기 신호가 다시 들어왔습니다. 근데 전체 메시지 내용은 두 마디가 아니라 네 마디였습니다.

"월-링-턴-장-군-이-적-들-에-게-대-승-을-거-두-었-다!"

몇 분도 채 안 되어, 어제의 슬픔과 패배는 기쁨과 승리로 바뀌었습니다.

예수님께서 무덤에서 부활하시어 우리에게 영생의 선물을 주셨을 때, 우리의 패배는 승리로 바뀌었습니다. 부활의 그 날로부터 주일의 참 의미가 비로소 시작되었고, 우리 그리스도인들에게 주어진 과제는 어떤 상황에서도 굴하지 않고 예수님의 사랑을 전하는 것이 되었습니다.

> 천사가 여자들에게 말하였다. "무서워하지 마십시오.
> 나는, 그대들이 십자가에 못박히신 예수를 찾는 줄 압니다.
> 그분은 여기에 계시지 않습니다. 그분이 말씀하신 대로,
> 그분은 살아나셨습니다." (마태복음 28:5-6)

✷

열왕기상 7장 ; 시편 139편 ; 잠언 19장 ; 요한계시록 4-5장

한 젊은 농부가 기분좋게 마차를 몰아, 캔자스의 한 작은 마을로 들어가서는, 대로변 모퉁이에 마차를 매두고, 1주일치 식료품과 필요한 것들을 사기 위하여 가게로 걸어갔습니다.

그런데 가게에서 폭죽을 가지고 우르르 몰려 나와서 이리저리 던져대는 아이들 때문에 잠시 문 옆에서 서 있는데, 그 아이들 가운데 한 아이가 농부의 말 바로 앞에서 폭죽을 던졌습니다.

이에 놀란 말들은 앞발을 들며 솟구쳤다 싶더니, 말고삐가 매여 있는 말뚝의 가로대를 내리밟아 버렸지요. 그러자 말들의 발길질에 가로대가 그대로 부서지고, 폭죽에 놀란 말들이 이제 거리로 내달리기 시작했습니다.

이 광경을 보고 있던 농부는 한 걸음에 달려와 주저없이 갈기를 휘날리며 달리기 시작한 말들 가운데 한 마리 위로 뛰어올라 가까스로 말고삐를 거머쥐었습니다.

그러나 놀란 말이 농부를 내동댕이쳤고, 그래도 용하게 말에 매달린 농부는 매달린 채로 질질 끌려가는 꼴이 되었습니다.

그래도 그 말에 억세게 매달려 100미터 정도를 끌려가는 동안 말들의 속력이 약간 줄어들게 되자, 이제는 다른 고삐를 쥘 수 있을 것 같았습니다.

하지만 그런 시도는 말이 갑자기 앞다리를 들고 서 버리는 바람에 무산이 되었고, 오히려 바람을 가르며 내려오는 앞발굽에 농부의 얼굴이 그대로 강타당했습니다.

의식을 잃은 농부는 그대로 땅바닥에 떨어져 즉사했지만, 농부의 죽음으로 말들은 진정되었고, 사람들은 길거리 옆으로 그를 옮겨 놓았지요.

그를 바라다보는 사람들은 그대로 초원으로 나가게 하는 것이 상책이었는데, 그가 미친 짓을 했다고 말했습니다.

그런데 바로 그 때였습니다!

멈춘 마차 안에서 한 꼬마 아이가 나와서 아빠를 찾으며 울기 시작한 거지요.

바로 이 아이 때문에 농부는 말들을 초원으로 내보낼 수가 없었던 겁니다.*⁴⁶

이와 마찬가지로, 세상은 갈보리에서 십자가에 달려 죽으신 예수 그리스도의 희생을 어리석다고 말합니다.

하지만 생각해 봅시다.

자기의 목숨을 내놓는 것보다 더 큰 사랑이 이 세상 그 어디에 존재하겠습니까?

예수님은 바로 우리를 위하여 돌아가셨습니다!

*하나님이 세상을 이처럼 사랑하셔서서 독생자를 주셨으니,
누구든지 그를 믿으면 멸망하지 않고 영생을 얻을 것이다. (요한복음 3:16)*

열왕기상 7장 ; 시편 139편 ; 잠언 19장 ; 요한계시록 4-5장

베트남전에서 한쪽 다리와 한쪽 팔을 잃고 돌아온 한 병사가 고향 기차역에 내렸습니다. 회색 머리의 자그마한 여인과 덩치가 큰 남자가 그에게로 종종 걸음을 치며 달려왔지요. 바로 그 병사의 부모님들이셨습니다. 아들을 껴안은 어머니는 눈물을 흘렸습니다. 하지만 아버지는 무뚝뚝하게 "네가 돌아와서 반갑구나!"라는 한마디 말만 했을 뿐이었지요. 돌아오는 길에도 그 부자는 거의 말이 없었습니다.

집에 도착해서, 아들과 어머니는 잠시 부엌에서 대화를 나누었습니다. "어머니, 난 아버지가 내 모습에 실망을 하셨다는 거 알아요. 엄마도 보셨잖아요. 역에서 아버지가 어떠셨는지……남들처럼 목이 메여 하시지도 않으셨다구요. 물론 알아요, 아버지는 절 여전히 사랑하시고 있다는 걸요. 아마도 사랑하시겠죠. 그러나 아버진 절대로 흥분하지 않으시잖아요. 아버지는 너무 냉정하세요. 제가 장군이 되어 오길 바라셨나 보죠?" 아들의 말에 어머니가 말씀하셨습니다. "얘야, 아버지는 너를 너무 사랑하신단다. 그걸 알아야 돼." "알아요. 하지만 지금 아버진 어디 계시죠?" 다시 어머니가 말씀하셨습니다. "아버진 밖에 계시다. 그러지 말고 집안을 한번 돌아다녀 보렴. 나와 아버지가 네가 다니기 편하게 집을 손봤단다."

아들이 부엌을 나가자, 어머니는 뒷문으로 나가 차고로 가 보았습니다. 짐작했던 대로, 차고의 열린 문틈으로 아버지가 무릎을 꿇고 있는 모습이 보였습니다. 덩치 큰 아버지는 의자를 제단 삼아 기도하고 있었지요. "주님, 정말로 감사합니다. 그 때는 딱히 빌 데도 없고 해서, 하나님께서 긍휼을 베푸시어 아들이 무사히 돌아오도록 빌었습니다. 근데 이제 아들이 무사히 돌아왔으니, 참으로 감사드립니다. 아들을 무사히 돌려보내 주심을 다시 한번 감사, 또 감사드립니다. 예수님의 이름으로 기도합니다. 아멘." 기도를 마친 아버지가 서서히 일어서는 모습을 본 어머니는 다시 부엌으로 돌아왔습니다. 마침, 아들이 다시 들어와서는 들뜬 목소리로 말했습니다. "제 방이 아주 멋져졌네요. 어머니, 아버지가 어디 계시죠?" "집안 어딘가에 계시겠지, 뭐 좀 하시느라 안 보이시는 걸 거야." 어머니가 말씀하셨습니다.

예로부터 아버지들은 당신들의 감정을 드러내지 않으시는 것을 좋게만 여기셨습니다. 왜일까요? 우리 사회에서는 아버지는 과묵하시고, 강하시고, 남자다우셔야 한다는 통념이 있기 때문입니다. 이제 아버지들도 자신들이 느끼는 대로 표현하고, 사랑과 염려를 자연스레 나타내 보는 것이 좋지 않을까요?

우리 아버지는 다른 아버지들보다 좀더 좋은 아버지여야 한다고 생각하는 여러분은, 최근에 아버지를 위하여 기도해 본 적이 있습니까? 여러분을 위하여 일하시는 아버지께 감사하다는 말씀을 드려 본 일은요?

부모가 자식을 긍휼히 여기듯이,
주께서는 주님을 두려워하는 사람을 긍휼히 여기신다. (시편 103:13)

열왕기상 9-10장 ; 시편 141편 ; 잠언 21장 ; 요한계시록 8-9장

언제나 신학 강좌 첫 시간을 자신의 젊은 시절 이야기 한 토막으로 시작하는 신학교 교수님이 계셨습니다.

젊은 시절, 그 교수님은 거짓말로 아버지의 가슴을 몹시도 아프게 해드린 적이 있었습니다. 그 문제는 수년간을 서로에게 앙금으로 자리잡게 했고, 그렇게 죄책감과 양심의 가책에 시달리던 아들은 어느날 아버지에게 한 통의 편지를 썼습니다.

편지 속에서 아버지가 혹시나 기억을 못 하실까 봐, 자신이 그 날 잘못한 행동들을 다시 한번 열거하며 아버지의 용서를 구했지요. 며칠 뒤, 아버지의 답장이 왔고, 그 답장에는 이렇게 씌어 있었습니다: "물론 그날 일을 기억한단다. 그리고 너의 모든 것을 용서한단다."

아버지의 그 편지는, 그날 이후로 아들의 어깨에 수년간 메어진 멍에를 벗겨 버렸습니다. 그리고 아들의 삶을 새롭게 바꾸어 놓았지요. 하지만 진정으로 멍에를 벗은 것은 그 뒤 몇 년이 더 지나서였습니다. 편지를 받은 지 얼마 지나지 않아, 그의 부모님은 세상을 뜨셨습니다.

장남으로서 부모님의 유품을 정리하러 부모님이 계셨던 집으로 돌아간 그는, 다락에서 부모님이 평생을 소중히 간직하셨던 보물 상자를 발견했지요. 보물 상자를 살펴보던 그는, 부모님을 눈 앞에서 다시 뵙는 것 같아서 눈에 눈물이 고였습니다. 그 모든 것이 그에게도 소중히 다가왔지요.

그러다가 문득, 상자 안에서 자신이 용서를 구하기 위하여 보낸 편지를 발견했습니다. 그것을 읽기 시작하는 그의 두 볼에는 어느덧 눈물이 흘렀지요. 그 편지를 다 읽고는 뒤집어 봤을 때, 거기 커다랗게 써 있는 글씨가 있었습니다. **"용서했음!"** 더군다나 그 글씨 밑에는 밑줄까지 그어져 있는 것이 아니겠습니까!

정말로 아버지는 부자지간의 불화를 용서하신 거지요. 그 교수님은 자신도 그 편지지 위에다 **"용서받았음!"**이라고 쓴 다음, 그 보물 상자에서 그것을 꺼내어 따로 두기로 했습니다. 이제 상황은 끝났고, 영원히 매듭지어지지 않을 것 같았던 부자지간의 숙제가 풀렸기 때문입니다.

아버지가 아들의 모든 잘못, 특히 아버지 당신을 향했던 원망과 불평을 용서하신다는 것을 아들이 알도록 해주신 것, 이 얼마나 아름다운 선물인가요! 우리가 용서하고 잊어버릴 수 있다는 것은 또한 얼마나 멋진 선물인가요! 이러한 용서로써 하늘에 계신 우리의 아버지는 우리를 대하고 계십니다. 그분께서 우리를 용서하신다는 것은, 우리를 아버지 품에서 분리시키는 우리의 모든 잘못을 아예 잊으시고, 우리가 전에 그런 죄를 지은 적이 없는 것처럼 여기신다는 것입니다. 여러분은 지금 어떤가요? 용서를 받아야 합니까? 아니면 용서를 해야 합니까? 우리 하나님께서 여러분을 위하여 둘 다 도와 주실 것입니다.

> *너희가 남을 용서해 주면, 너희의 하늘 아버지께서도 너희를 용서해 주실 것이다.*
> *그러나 너희가 남을 용서해 주지 않으면, 너희 아버지께서도 너희의 잘못을*
> *용서해 주지 않으실 것이다.* (마태복음 6:14-15)

열왕기상 11장 ; 시편 142편 ; 잠언 22장 ; 요한계시록 10-11장

아놀드 파머가 맹인골퍼대회에 연사로 초청받은 날, 아놀드는 맹인들에게 어떻게 볼이 날아갈 방향을 잡을 수 있냐고 물었습니다. 그러자 한 맹인 골퍼가 설명을 해주었지요. 캐디가 골퍼보다 먼저 자그마한 종을 들고 앞서 나가, 홀 근처에서 종을 흔들면, 골퍼가 그 소리가 들려오는 방향으로 공을 치면 된다는 것입니다. 아놀드가 그런 방법이 효과가 있냐고 질문하자, 그 맹인 골퍼는 아주 효과적이라고 말하면서, 아놀드에게 한 게임 하자고 요청을 했습니다. 시합을 더 재미있게 하기 위하여 10,000달러 내기를 하자고 했습니다. 아놀드는 놀랐습니다. 10,000달러라!

상금에는 흥미 있지만, 상대가 상대인지라 잠시 주저하던 아놀드에게 그 맹인 골퍼는 말했습니다. "뭐가 문제지요? 나와 같은 맹인 골퍼하고 시합하는 게 무서운 모양이군요!"

이 말에 자극받은 아놀드는 내기를 수락하며 말했습니다. "좋아요, 그럼 언제 시합을 시작할까요?"

맹인 골퍼가 말했습니다. "오늘 밤 11시 30분에 합시다!"

이런 경우도 장애라 할 수 있을지 모르지만, 장애라는 것은 우리에게 다가오는 모든 것들에게 해당될 수 있는 겁니다. 여기에는 정신적인 것도 예외가 될 수 없지요.

한 시골 마을의 조그마한 성당에서 미사를 집전하는 신부를 돕던 소년이 포도주 병을 실수로 바닥에 떨어뜨렸습니다. 이에 화가 난 신부님이 아이의 뺨을 때리며 거친 목소리로 말했지요. "꺼져, 다시는 돌아오지 말거라!"

훗날, 이 아이가 자라, 우리가 잘 아는 유고슬라비아의 공산당 지도자 티토가 되었습니다!

어느 대도시의 성당에서 한 주교 신부님의 미사를 돕던 소년이 실수로 포도주 병을 바닥에 떨어뜨렸습니다. 이에 부드러운 윙크를 보내며, 그 신부님은 이렇게 속삭이셨습니다. "오호라, 너는 이 담에 커서 사제가 되겠구나!" 훗날 이 아이가 자라 유명한 풀톤 쉰 대주교가 되었습니다.

한마디 말의 힘이 얼마나 무서운가요? 물론 위의 미사 사건들이 두 아이의 인생 방향을 완전히 결정지었다는 말을 하고자 하는 것은 아닙니다. 인생에는 이보다 더 많은 결정적인 요소들이 있습니다. 하지만 삶이란 어떤 말을 듣느냐에 따라 결정될 수 있다는 것 또한 사실입니다. 말 한마디로 한 사람의 인생에 짐을 지울 수도 있고, 짐을 덜어 줄 수도 있는 것입니다. 또한 남이 우리의 장래에 대하여 내뱉는 말이나 우리가 남에게 내뱉는 말이 종종 앞길의 장애가 되기도 하지요.

그 맹인 골퍼가 자신의 장애를 극복하는 방법이 아놀드 파머와의 내기 시합에서는 커다란 장점으로 다가왔듯이, 우리의 말 한마디가 실의에 빠진 친구에게 좋은 기폭제가 될 것입니다.

누가 압니까? 옆 친구의 미래가 여러분의 그 말 한마디에 따라서 결정될는지!

*도둑은 다만 훔치고 죽이고 파괴하려고 오는 것뿐이다.
나는 양들이 생명을 얻고 더 얻어서 풍성함을 얻게 하려고 왔다. (요한복음 10:10)*

⌒⌒⌒

열왕기상 12-13장 ; 시편 143편 ; 잠언 23장 ; 요한계시록 12-13장

아주 먼 옛날에, 빚을 지기만 하면 사람을 감옥에 보낼 수 있었던 시절, 로마의 한 상인이 야비한 어떤 고리 대금 업자에게 아주 많은 빚을 졌습니다.

나이 많고 못생긴 이 고리 대금 업자는 평소 상인의 아름다운 손녀딸을 흠모해 왔기에, 갚을 능력이 없는 상인에게 만일에 손녀딸을 자기의 아내로 준다면 빚은 없는 것으로 하겠다고 제안했지요. 상인과 손녀딸은 그 제안을 듣고 잔뜩 겁에 질렸습니다. 그래서 교활한 고리 대금 업자는 '신의 섭리'에 따르자고 해놓고 계략을 꾸몄지요.

고리 대금 업자가 주머니를 그들 앞에 내놓았습니다. 이곳에 흰 돌과 검은 돌 하나씩을 넣어서, 소녀가 검은 돌을 꺼내면 소녀는 자기의 아내가 되고 할아버지의 빚은 완전히 사라지는 것으로 하자고 말했습니다. 하지만 소녀가 주머니에 손 넣는 것을 거부한다면, 할아버지를 감옥에 투옥시키고 결과적으로 소녀는 돌봐 주는 사람이 없어 굶어 죽을 것이라고 말했지요.

주저주저하며, 할아버지는 마지못해 승낙을 했습니다.

마침 그들이 이야기하던 곳이 상인의 정원인지라 고리 대금 업자는 땅바닥에 웅크리고 주저앉아 그 정원에 깔려있는 자갈 가운데서 두 개를 주머니에 주워 넣었습니다.

하지만 그런 그의 모습을 날카로운 눈으로 지켜보던 소녀는 고리대금 업자가 검은 돌 두 개만을 주머니에 넣은 것을 보았습니다.

고리 대금 업자가 일어서서 소녀와 할아버지의 운명을 결정할 주머니를 소녀 앞으로 내밀었습니다.

자, 이러한 경우, 여러분은 그 소녀에게 어떤 조언을 해줄 수 있겠습니까?
1) 돌을 집는 것을 거절한다.
2) 주머니를 뒤집어서 그 곳에 검은 돌만 두 개 있는 것을 폭로한다.
3) 그저 모른 체하고 검은 돌을 집어서 감옥으로부터 할아버지를 구하는 희생을 한다.
여러분은 무엇을 권하고 싶은가요?

소녀는 주머니 안에 손을 넣고는 돌 하나를 꺼냈습니다. 하지만 돌의 색깔도 확인하지 않고, 실수인 척 돌을 자갈밭에 떨어뜨렸습니다. 금새 다른 자갈들과 섞여 버려 그 돌이 무슨 색깔이었는지 알아낼 수가 없었습니다.

"에그머니나, 이런 바보같이!"라고 소녀는 말했습니다. "그치만 제가 던진 돌은 신경쓰지 마세요. 대신 주머니의 돌을 보면 제가 집었던 돌이 무슨 색깔인지 알 수 있겠죠, 그렇죠?"

뜨끔해진 상인은 결국 소녀의 말에 동의할 수밖에 없었답니다.

*"보아라, 내가 너희를 내보내는 것이 마치 양을 이리 떼 가운데로 보내는 것과 같다.
그러므로 너희는 뱀과 같이 슬기롭고, 비둘기와 같이 순진하게 되어라.* (마태복음 10:16)

열왕기상 14-15장 ; 시편 144편 ; 잠언 24장 ; 요한계시록 14-15장

제2차 세계대전 가운데, 이탈리아와 지중해 남쪽에서 미군이 독일로 진군하고 있었을 때 일어난 일입니다.

이 전쟁의 일환으로 그 곳으로 가는 사이, 곳곳에서 소규모 접전들이 있었습니다. 물론 그 가운데 패튼이 지휘하고 있던 부대가 들어오기를 원치 않는 고립 지대도 있었지요. 그러나 작은 분대들은 수많은 마을을 재정복하고 진압하기 위하여 파견되었습니다.

이 분대 가운데 하나가 '프랑스의 언덕'이라는 지역 조금 떨어진 곳에서 작은 접전을 벌이게 되었지요. 그러나 적의 총탄에 꼼짝을 못했습니다.

그리고 그 가운데 한 명의 사망자가 생겨났습니다. 그는 부대원들 사이에서 인기있는 사람이었지요. 그에게는 두 명의 절친한 친구들이 있었는데, 이들 세 명은 떨어질 수 없는 가까운 친구였습니다.

그 친구들은 그를 위하여 멋진 무덤을 만들어 주고 싶었습니다. 그러나 애석하게도 그들은 주 부대로부터 상당히 멀리 떨어져 있었기 때문에, 시체를 옮길 방법이 없었지요. 그래서 하사관과 얘기를 나눈 뒤, 가능하면 가까운 마을에 묻어 주기로 결정하였습니다.

그 곳은 로마 가톨릭 묘지였는데, 그 마을 안에서는 유일한 것이었지요. 그러나 문제는 그 죽은 병사가 개신교 신자였다는 것입니다.

두 친구는 이 묘지를 관장하는 신부를 찾아가 친구를 묻을 수 있게 해달라고 허락을 구하였습니다. 그러나 신부는 죽은 병사가 가톨릭이 아니라는 이유로 거절했지요.

실망한 그들의 모습을 본 신부는 잠시 기다리라고 했습니다. 잠시 고심 끝에 신부는 그 친구를 묘지 옆 울타리 밖에 묻을 수는 있다고 설명했지요.

그래서 다행히도 간단한 장례 절차가 진행되었고, 신부의 몇 마디 말이 있은 뒤 그들은 분대로 돌아갔습니다.

나중에, 휴가를 얻은 두 친구가 마을로 가서 친구의 무덤을 방문하였습니다. 그러나 그들은 무덤을 찾을 수가 없어서, 신부에게 가서 자초지종을 물어 보았지요.

그러자 그는 장례 예식이 있던 날 밤, 잠을 이룰 수가 없어서, 밖에 나가 그 죽은 병사의 무덤도 포함할 수 있도록 울타리를 개조했다는 것입니다.

하나님은 예수 그리스도 안에서 그럴 만한 가치가 없는 이까지도 포함하기 위하여 울타리를 옮기십니다. 우리도 이처럼 울타리를 옮길 수 있지 않을까요?

세례자 요한이 와서, 빵도 먹지 않고 포도주도 마시지 않으니, 너희가 말하기를
'그는 귀신이 들렸다' 하고, 인자는 와서, 먹기도 하고 마시기도 하니, 너희가 말하기를
'보아라, 저 사람은 먹보요, 술꾼이요, 세리와 죄인의 친구로구나' 한다. (누가복음 7:33-34)

열왕기상 16-17장 ; 시편 145편 ; 잠언 25장 ; 요한계시록 16-17장

걸프전 때 미군의 사령관으로 명성을 얻었던 노만 슈바르츠코프 장군이, 최근 〈아이엔시〉 잡지와의 인터뷰에서 자신의 리더십 원칙들에 관하여 이야기하였습니다.

1) 분명한 목표를 갖고, 그 목표를 다른 사람들에게 똑똑하게 이야기할 수 있어야 한다.

2) 하루 일정을 분명하게 잡아라. 매일 아침, 그 날 해야 할 일 가운데서 중요한 것 다섯 가지를 종이에 적어, 그 다섯 가지만큼은 분명히 완수하라.

3) 사람들에게 자신의 입장을 분명하게 알려라.

4) 문제가 터졌거든, 그 자리에서 해결하라. 적절하게 처리되지 못한 문제들은 언급하지 말고, 다음 문제를 이야기하라.

5) 당신이 거느리고 있는 사람들이 하고 있는 일은 조직을 위하여 중요한 일임을 명심하라.

6) 목표를 높이 세워라. 당신이 거느리는 사람들은 당신이 기대하는 이상의 일들을 하려고 하지 않는다. 그러므로 많은 기대를 그들에게 걸어라.

7) 당신은 발상을, 실천은 당신의 사람들이!

8) 사람들은 누구나 자신이 성공하기를 원한다. 그러므로 사람들을 감시·감독하지 않으면, 일을 망친다는 생각은 버려라.

9) 거짓말하지 말라. 절대로.

10) 책임을 맡았으면, 바로 명령을 내려라. 어떤 지도자들은 충분한 정보가 없다고 느끼면, 아무 결정도 내리려 하지 않는다. 가장 좋은 방법은 일단 결정을 내리고 결과를 지켜본 다음, 필요하다면 방향을 바꾸어 보는 것이다.

11) 옳은 일을 행하라. 당신은 항상 무엇이 옳은지는 안다. 그러나 정말 하기 힘든 일은 바로 그것을 실천하는 것이다.*47

이 기사를 보고, 나는 이런 생각들이 떠올랐습니다. "이 모든 생각을 어디서 얻었을까?" "그의 인생에 가장 깊이 영향을 끼친 사람은 누구일까?" "어떻게 이런 신념들을 가지게 되었을까?" "언제부터 그의 인생관이 싹트기 시작했을까?"

대부분의 사람들은 인생의 중요한 결정들을 뒤로 미루는 습관이 있습니다. 우리는 우리 인생살이를 시작하기 전에, 먼저 여건이 무르익기만을 기다립니다. 하지만 불변하는 것이 있는데, 우리가 우리의 인생을 시작하기 위하여 마냥 기다릴 때도, 인생은 이미 진행되고 있다는 사실입니다. 여러분 자신만의 인생 철학과 생활 양식을 창조하십시오. 그리고 그것으로 지금 당장 인생을 시작하십시오.

> 이 율법책의 말씀을 늘 읽고 밤낮으로 그것을 공부하여,
> 이 율법책에 씌어진 대로, 모든 것을 성심껏 실천하여라.
> 그리하면 네가 가는 길이 순조로울 것이며, 네가 성공할 것이다. (여호수아 1:8)

열왕기상 18-19장 ; 시편 146편 ; 잠언 26장 ; 요한계시록 18장

여자가 살아 가면서 갖게 되는 많은 유대 관계 가운데, 자매들 사이에서 맺어지는 유대 관계는 그 어떤 유대 관계보다도 독특합니다.

자매애는 멀리 있든 가까이 있든, 때론 돈독해질 때도 있고, 때론 약해질 때도 있지만, 그 관계는 깨어질 확률이 거의 없다는 것이 그 특징이지요.

자매들을 한데 묶는 유대감은 서로에 대한 여러 가지 역할을 수행할 때 더욱 강화됩니다. 자매들은 가족이면서 동시에 친구가 될 수도 있고, 상대방의 이야기에 귀를 기울여 주는 사람이 될 수도 있으며, 마음을 터놓고 우정을 나누는 지기가 될 수도 있습니다.

쇼핑갈 때 함께 가 주는 사람, 그냥 심심할 때 이야기할 수 있는 사람, 듬직한 보호자, 은근한 경쟁자 등 그 외에도 많은 역할을 함께 할 수 있는 사이입니다.

어떤 연구에 따르면, 나이가 들면 들수록 자매가 없는 여자보다 자매간에 강한 유대 관계를 가진 여자들이 우울증에 덜 걸린다는 사실이 밝혀졌습니다.

또한 이 보고서에서는, 많은 여자들이 자신들의 자매가, 위험한 순간에 자신과 함께 있으리라 생각하기 때문에 세상이 안전하다고 느낀다고 말합니다.

누가 뭐라 해도, 자매는 이 변화와 혼돈의 시간 속에서 서로에 대한 보호와 지지라는 멋진 기능을 수행하는 관계라고 볼 수 있습니다.

단지 자신의 자매가 곁에 있다는 사실만으로 커다란 안심을 얻기도 하는 것이지요.

형제애 같은 경우, 형제들은 신체적으로는 같은 요소를 나눴음에도 불구하고, 자매들이 나누고 있는 그런 끈끈한 유대감, 친밀감, 영혼의 교감 따위들은 가지고 있지 않은 듯합니다.

추억을 더듬어 보는 것도 자매들이 형제들보다 낫습니다. 욕조 안에서 함께 목욕했던 일부터 시작해서, 누가 어머니께 더 사랑을 받았는가, 누가 살을 빼려고 더 애썼는가는 물론이고, 그들이 자랄 때 사회적으로 어떤 중요한 사건들이 있었는가에 이르기까지, 자매들의 추억들을 듣고 있노라면, 어릴 때의 모든 일을 하나도 흘림이 없이 다 머리 속에 넣고 다니는 듯합니다.

물론 자매애가 좋은 기억만으로 만들어졌다고는 볼 수 없습니다. 거기에는 슬프고 쓰라린 기억들도 함께 어우러져 있습니다.

그러나 이것들을 여자들 나름의 섬세함으로 다듬어 하나의 특별하고 독특한 아름다운 자매애로 일궈냄을 볼 때, '이래서 자매애가 아름답다고 하는구나!' 하는 생각이 듭니다.

예수께서는 마르다와 그의 자매와 나사로를 사랑하셨다. (요한복음 11:5)

열왕기상 **20**장 ; 시편 **147**편 ; 잠언 **27**장 ; 요한계시록 **19**장

레이첼은 최근에 아주 끔직한 사고를 당했습니다. 쇼핑을 하러 갔다가 주차장에서 권총을 든 괴한에게 납치되었던 것이지요. 거기서 살아 돌아온 이야기를 들어 봅시다.

그 괴한들은 그녀를 차에 태워 눈을 가리고는 아주 멀리 떨어진 숲 속으로 끌고 갔습니다. 거기서 그들은 그녀를 겁탈하고 난 다음, 그녀에게 세 번이나 총을 쏘고는 달아나 버렸습니다. 그 뒤 몇 시간이나 지났을까? 총에 맞은 그녀가 의식을 회복했습니다. 레이첼은 가까스로 일어서서 신발을 찾았지만 찾지 못하고, 맨발로 몇 번이나 넘어지면서 숲 속을 기다시피 빠져나와 이름도 모르는 시골길에 이르렀습니다.

하지만 이런 사람의 왕래가 전혀 없는 길에서 도움을 받으려면 마을까지 수마일을 더 가야만 한다는 것을 잘 알기에, 온몸의 힘을 쥐어짜며 고통스러운 자갈길을 걷기 시작했습니다. 총상을 입은 레이첼은 걷다가 기운이 빠지면 잠시 앉아 휴식을 취하고, 기운이 모아졌다 싶으면 다시 걷기를 반복했지요. 그러나 갑자기 이러다 그냥 죽는 것은 아닌가 하는 두려움이 엄습했습니다.

순간, 레이첼은 기도를 하기 시작했지요. 누군가를 보내어 자기를 도와 달라고 하나님께 간절히 기도했습니다.

그 때였습니다. 피를 많이 흘리고 지쳐 거의 정신이 나간 상태 속에서, 레이첼은 갑자기 자신이 누군가의 부축을 받고 있다는 느낌을 받았습니다. 걷는 것도 자신이 걷는 것이 아니라 그 누군가가 자신을 데리고 가는 것 같았고, 더 이상 넘어지거나 쓰러지지도 않았습니다. 마침내 어떤 마을의 언저리에 있는 한 집 앞에 이르른 레이첼은, 이상하게도 자신이 아주 부드럽게 땅바닥에 내려 놓아지는 느낌이 들었습니다.

그 집에서는 불빛이 새어나왔습니다. 레이첼이 가까스로 세 발자국 정도 걸음을 떼서 현관에 이르러 문을 두드렸습니다. 한 젊은 여자가 문을 열고 나왔는데, 잠시 레이첼을 바라보다가 그 자리에서 그만 기절을 하고 말았지요. 그 모습을 보고 있던 그 여자의 남편이 대신 레이첼을 안으로 들여와 소파에 뉘이고 119에 전화를 걸었습니다. 그리고는 마침 정신이 들고 있던 자기 아내를 도와 주었습니다. 레이첼은 정신을 차리자, 의자에 앉아서 겨우 말했습니다. "죄송해요. 제 모습에 놀라셨지요? 그럴만도 하죠."

그러나 젊은 여자의 대답은 뜻밖이었습니다. "아가씨의 모습에 놀란 것이 아니에요. 아까, 아가씨가 현관에 있었을 때, 눈부신 천사가 당신을 안고 있었어요. 그래서 그 모습에 나도 모르게 기절을 한 거지요." 그 일이 있은 후에, 병원 응급실에서 레이첼을 치료하던 담당 의사가 레이첼에게서 이상한 점을 발견했습니다. 총상과 겁탈에 따라 많은 상처를 입었는데, 거친 시골길을 맨발로 걸은 그녀의 발에는 단 하나의 긁히거나 멍든 상처도 없었다는 사실입니다.

> 그런데 이집트 사람이 우리와 우리 조상들을 학대하였습니다.
> 그래서 우리가 주께 부르짖었더니, 주께서는 우리의 부르짖음을 들으시고,
> 천사를 보내셔서 우리를 이집트에서 이끌어 내셨습니다. (민수기 20:15-16)

෴

열왕기상 21-22장 ; 시편 148편 ; 잠언 28장 ; 요한계시록 20장

　미국에 사는 가족들을 위한 희소식 한 가지. 흔히들 통계상으로 미국인 부부 두 쌍 가운데 한 쌍이 이혼한다고들 합니다. 결론적으로 결혼한 사람들의 절반이 이혼한다는 이야기지요. 하지만 이 통계는 틀린 것입니다. 여론 조사가인 폴스터 루이스 해리스의 말에 따르면, 여덟 쌍의 부부 가운데 한 쌍이 이혼한다는 것입니다.

　미국국립보건통계소가 1981년에 2,400만 명이 그 해에 결혼했고 1,200만 명이 이혼을 했다고 발표하자, 미국인들은 미국의 결혼 생활이 무너졌다고 생각했습니다. 하지만 이 통계에서 잘못 계산된 것이 있었습니다. 기존의 부부들은 계산에서 뺀 거지요.

　"결론적으로 5,400만 명의 부부들이 아주 잘 살고 있습니다. 아주 고마운 일이 아닐 수 없습니다." 해리스에 따르면 해마다 새로운 부부를 포함해서 '단지 2%'의 부부가 이혼을 하고 있다고 합니다. 인구통계청에서도 해리스의 발표가 옳다고 인정했습니다.

　"수많은 연구소들이 1981년에 발표된 통계 자료에서 대중들이 흥미를 가질 만한 자료를 만들었습니다. 여기서 언론들이 자신들의 보도에 이용할 뉴스거리들을 뽑아냈지요. 그 때부터, 신빙성없는 이 자료들은 교회와 학원과 정치판에서 일제히 미국 가정의 불행에 대하여 입을 모아 떠들기 시작한 겁니다. 실제로는 미국 가정이 엄청난 압박에도 불구하고 잘 견뎌내고 있는데 말입니다."라고 해리스는 말합니다.

　해리스는 이 엉터리 통계에 의문을 갖고 3,001명의 사람들로부터 여론 조사를 실시했습니다. 그 연구는 '현대 가정의 생동감 넘치는 그림'을 보여 주었습니다.

　여론 조사에서 나타난 결과는 다음과 같습니다:

85%가 그들의 결혼 생활이 행복하다고 했습니다!
94%가 가족간의 유대 관계에 만족을 했지요!
86%가 위기의 순간에 가족들에게서 받은 도움에 행복해 했습니다!
20%, '단지 20%'만이 자신의 가정 생활이 불행하다고 말했습니다!

　해리스는 두 쌍 중 한 쌍 꼴로 이혼한다는 비율이야말로, 이 시대에 저질러진 상식 밖의 통계 수치 가운데 가장 그럴싸하고 웃지 못할 부분이라고 지적했습니다.*[48] 그러므로……현대 사회의 소중한 가족 문제를 놓고, 그렇게 무책임하게 내뱉는 엉터리 통계에 불안해하지 말고, 여러분의 가정이 혹시라도 그런 어려움에 처해서 깨어지는 일이 없도록 노력해야겠습니다.

여러분은 그리스도를 두려워하는 마음으로 서로 순종하십시오. (에베소서 5:21)

〰〰

역대하 1-2장 ; 시편 149편 ; 잠언 29장 ; 요한계시록 21장난로가에 조용히 앉아 책읽기 좋은 밤에 읽었던 이야기 하나입니다.

열여덟 살의 건장한 청년 리코 리로이 마샬은 메릴랜드 주의 글래나덴에 있는 포레스트빌 고등학교의 만능 농구 선수였습니다.

그는 남 캐롤라이나 주립대학에 체육 특기생으로 들어갈 예정이었지요. 장래가 유망했던 그 청년은 학교에서도 재능이 남달라, 교내 장기 자랑에서 1등을 하기도 했고, 인기를 한 몸에 받는 친구이기도 했습니다.

어느 날, 고교 대항 농구 시합을 마치고 자신의 차로 집에 돌아가던 리코는, 순찰대의 불심 검문을 받게 되었습니다.

옆좌석에 상당한 양의 코카인이 든 비닐 봉지를 가지고 있던 리코는, 경찰들이 자신의 차로 다가오자 너무 겁을 먹은 나머지, 그만 가방 안의 코카인을 모두 삼켜 버렸지요. 그날 밤 리코는 심한 경련을 일으켰고, 병원으로 옮겨졌으나, 다음날 아침 약물 과다 복용으로 사망하고 말았습니다.

이 이야기에 이어지는 이야기를 계속 해봅시다.

리코의 침실에는 농구 스타 렌 바이어스의 커다란 포스터가 붙어 있었습니다. 메릴랜드 주립대학의 농구 스타였던 그는 NBA에서 1급 대우를 약속받았으며, 보스턴 셀틱스 농구 팀에 픽업되었지요.

하지만 그 픽업이 있던 날 밤, 렌은 코카인 과다 복용으로 죽고 말았습니다.

어떤가요? 슬픈 이야기가 아닙니까? 혹시 놀라지는 않으셨는지요?

이 이야기에서 리코와 리코의 영웅 렌의 유사점을 쉽게 찾을 수 있을 것입니다.

아침마다 리코가 눈을 떴을 때, 맨 처음 대했던 인물은 그의 영웅 렌이었습니다. 잠자기 직전에 대했던 인물도……. 렌은 리코의 영웅이자 꿈이었고, 인생의 최종 목표였던 것입니다.

자, 그럼 여러분의 영웅은 누구인가요? 여러분 방에는 지금 누가 있습니까? 아침에 처음으로 만나는 사람은 누구인가요? 누굴 닮고 싶은가요?

신중해야 합니다. 우리 주위의 영웅들은 중요한 존재들입니다.

하지만 더 중요한 것은, 여러분이 자신의 영웅으로 누구를 선택하느냐가 아닐까요?

믿음의 창시자요 완성자이신 예수를 바라봅시다. (히브리서 12:2)

❧

역대하 3-4장 ; 시편 150편 ; 잠언 30-31장 ; 요한계시록 22장

7월

JULY

진정한 위대함의 증표 가운데 하나는
다른 이의 위대함을 끌어내 주는 능력이다.

맥컬레이

어떤 교회에서 생일을 맞은 목사에게 CB 무선기를 선물했습니다. 그리고 두 달쯤 뒤에 목사는 당회에서 보낸 편지 한 통을 받았지요. "존경하는 목사님, 요즘 들어 목사님께서 CB 무선기에 지나치게 정신을 뺏기신 것 같군요. 지난 주일에 '들리십니까, 아버지?' 하고 기도를 시작하시더니, 줄곧 무선 용어만 사용하셨습니다.

목사님께서 위대한 지도자 모세를 계속해서 '시내산의 곰'(무전칠 때 쓰는 암호명)으로 비유하신 것은 도가 지나친 일이었습니다. 더군다나 목사님께서 연옥에 대한 부정적인 견해를 계속해서 말씀하시는 바람에, 뒤에 계속되는 설교를 잘 이해할 수 없었습니다. 마지막으로 저희들은 '열성 신자들이 아버지께 전합니다, 오버!'보다는 '아멘!'이라고 기도를 마치시기를 바랍니다. 당회 올림."

우습지 않은가요? CB 무선기가 생기자 우리의 언어가 얼마나 많이 바뀌었습니까? 우리 모두는 트레일러 트럭에 뒤지지 않도록 자가용 또는 소형 트럭에 CB 무선기를 달아야만 했습니다. 심지어 얼마 동안은 CB 무선기가 컨트리 음악에 영향을 끼치기까지 했지요. 그러나 CB 무선기에 대한 유행도 이제는 한물 지났습니다.

유행은 계속 바뀌기 마련입니다. 여러분이 어느 정도 나이가 든 세대라면, 데이비 크로켓이나 훌라후프 열풍을 잊지 않았을 것입니다. 요즘은 고급 디자이너가 만든 값이 꽤 비싼 청바지가 유행이지요. 요즘 새로 등장한 질병 가운데 전자 오락을 쉬지 않고 너무 오래 해서 손목에 통증이 생기는 '전자 손목병'이 있습니다. 테니스 선수에게 나타나는 팔 통증이나 축구 선수에게 나타나는 무릎 통증과 같은 종류의 병이지요.

유행의 끝은 과연 어디일까요? 언제 또 새로운 최신 유행의 물결이 우리를 휩쓸고 지나갈까요? 다음 유행은 어떤 것이고, 누가 떼돈을 벌게 될까요? 변화 무쌍한 시대에, 변하지 않고 한결 같은 것이 과연 있을까요? 이런 시대에 무엇이 우리 삶을 지탱해 줄까요? 다음 노래는 그러한 것들에 대한 실마리를 제공해 주고 있습니다:

"나는 반석이신 주님 위에 서 있네.
세상 다른 모든 것은 가라앉는 모래라오."

세상엔 절대로 변하지 않는 것이 있습니다. 예수 그리스도의 메시지를 받는 방법은 바뀌었지만, 바로 그 메시지와 그 메시지를 전하시는 분은 어제 · 오늘 그리고 영원히 언제나 같은 모습으로 계십니다. 여러분이 디디고 서야 할 삶의 초석이 있습니다! 이것은 오늘 있다 내일은 사라지고 마는 반짝 유행이 아닙니다. 그 초석은 바로 예수 그리스도이며, 그분께서는 날이면 날마다 오늘처럼 이렇게 초대하고 계십니다: "수고하고 무거운 짐진 자들아 다 내게로 오라 내가 너희를 쉬게 할 것입니다"(마태복음 11:2)

하늘과 땅은 없어질지라도, 내 말은 절대로 없어지지 않을 것이다. (누가복음 21:33)

❧

역대하 5-6장 ; 시편 1편 ; 잠언 1장 ; 마태복음 1-2장

1. 당신의 몸을 있는 그대로 받아들이십시오.

좋든 싫든 그 몸은 여러분의 것입니다.

2. 교훈을 배우십시오.

여러분은 인생이라는 학교에 등록되어 많은 것을 배울 기회를 갖게 됩니다. 여러분은 인생 수업을 좋아할 수도 있고, 무의미하고 재미없는 것으로 생각할 수도 있습니다.

3. 인생에 실수란 없습니다. 다만 배움의 연장일 뿐입니다.

성장은 시행 착오의 과정입니다. 곧 실험인 거지요. 실패로 끝난 실험도 거쳐야 할 중요한 과정입니다.

4. 인생의 수업은 여러분이 깨달을 때까지 계속됩니다.

하나의 교훈은 여러분이 그걸 완전히 익힐 때까지 끊임없이 다양한 형태로 여러분 앞에 제시됩니다. 그런 다음 다른 교훈을 또 배우게 되지요.

5. 배움의 길은 끝이 없습니다.

인생에서 배울 수 없는 순간은 단 한 순간도 없습니다. 여러분이 살아 있는 한, 배울 것은 반드시 있습니다.

6. 현재 있는 곳보다 더 좋은 곳은 없습니다.

더 좋아 보이던 곳에 가더라도, 그곳에서 보면 또 다른 곳이 더 좋아 보일 것입니다.

7. 다른 사람은 여러분의 거울입니다.

다른 사람에게 좋거나 싫은 점이 있다면, 그건 여러분 자신이 그걸 갖고 있기 때문입니다.

8. 어떻게 사느냐는 여러분에게 달려 있습니다.

여러분에게는 필요한 모든 도구와 자원이 갖추어져 있습니다. 단지 그것을 어떻게 사용하느냐는 여러분에게 달려 있습니다. 선택은 바로 여러분의 몫입니다.

9. 대답은 여러분 안에 있습니다.

인생에 대한 질문의 답은 여러분 안에 있습니다. 여러분 스스로 보고 듣고 믿고 올바르게 선택하면 되는 거지요.

10. 이 모든 것을 잊어버리십시오.

11. 여러분의 인생에 도움을 청하십시오.

혼자 살 수 있는 사람은 아무도 없습니다. 모든 사람은 도움을 필요로 합니다. 그러한 도움은 하나님과의 교제가 있을 때 존재합니다. 하나님을 여러분 인생에 초대하십시오!

12. 여러분은 원하면 언제든지 이러한 사실을 기억할 수 있습니다.

그 무엇보다도 너는 네 마음을 지켜라.
그 마음이 바로 생명의 근원이기 때문이다. (잠언 4:23)

❧

역대하 7-8장 ; 시편 2편 ; 잠언 2장 ; 마태복음 3-4장

우리 나라 사람들이 8월 15일을 특별하게 여기듯이, 미국인은 7월 4일을 특별하게 생각합니다. 모든 미국인은 1776년 7월 4일을 미국이라는 한 나라의 역사가 시작된 날로 알고 있습니다. 사람들은 이 날을 기억하고 있으며 여전히 기념하고 있습니다. 독립기념일 하면 우선 떠오르는 사람들이 많지만, 그 가운데 훌륭한 우정을 간직했던 두 사람에 대하여 이야기해 봅시다.

존 퀸시 아담스와 토마스 제퍼슨이 국회에서 독립선언문이 채택된 날로부터 50년 뒤 같은 날에 세상을 떠난 사실을 알고 있나요? 아담스와 제퍼슨 둘 다 우국지사며, 정치가·논쟁가로 살다 1826년 7월 4일에 세상을 떠났습니다. 그 둘은 친구였으나 심한 정치적 견해 차이로 수십 년 동안 우정을 끊고 지냈지요.

제퍼슨과 아담스의 죽음은 그 자체만으로도 신기한 우연의 일치입니다. 제퍼슨이 먼저 죽었는데, 위인전에 보면 제퍼슨이 아담스에게 따라 죽을 것을 요구했다는 것입니다. 몇 시간 뒤, 아담스는 "토마스 제퍼슨은 아직 살아 있다!"라는 마지막 말을 남기고 세상을 떠났습니다. 그 말은 사실일 수도 있습니다.

그들의 업적은 그들의 저서를 통해서도 우리에게 남겨져 있습니다. 난 이 두 사람들과 같은 시대에 살았던 사람들이 그들을 위대하게 만들었다고 생각하지도 않고, 더군다나 그들이 지닌 위대함을 가져가 버렸다고 생각하지도 않습니다. 그러나 두 사람은 중요한 시대에 살았기 때문에, 그들의 우정이 우리에게 혼란스럽게 다가오곤 합니다. 어쨌든, 제퍼슨은 미국의 세 번째 대통령이 되었고, 아담스는 여섯 번째 대통령이 되었지요. 제퍼슨과 아담스는 외교가이며 정치가인 동시에 지식인이었습니다.

역사를 통해 보면 제퍼슨과 아담스는 역설적인 사람들입니다. 그들은 가끔 문제를 일으키기도 했지요. 인간성은 그리 좋지 않았고 서로 이간질하고 싸웠으나, 두 사람의 뛰어난 재능은 새 국가 건설을 위하여 협력하며 쓰였습니다. 이 점이 우리가 기억하는 좋은 점입니다.

제퍼슨은 자신의 묘비명을 직접 만들었는데, 거기에 자신이 대통령이었음을 밝히지 않았습니다. 인생의 황혼기에 제퍼슨은 아마도 단순한 것일수록 더 중요하다는 사실을 깨달았던 것이겠지요.

의견 차이가 좀 있으면 어떻습니까? 다만 중요한 것은 언젠가 죽음을 맞이할 날이 오면, 여러분도 오랜 친구와 함께 웃고 싶어할 것이라는 사실입니다.

나는 공의와 정의를 행하였으니,
억압하는 자들에게 나를 내주지 마십시오. (시편 119:121)

❧

역대하 9-10장 ; 시편 3편 ; 잠언 3장 ; 마태복음 5장

한 육군 장교에게 정신 질환이 있는 아내가 있었습니다. 정신과 의사는 그의 아내를 지방 정신 병원에 입원하도록 진단을 내렸지요. 그러자 그는 엄청난 충격을 받았고 그 사실을 받아들이기 어려웠지만 어떻게 그녀를 도와야 할지 몰랐습니다. 그는 군목을 찾아가 상담을 했는데 군목은 그에게 아내를 무릎 위에 앉히고 자신에 대한 아내의 솔직한 감정을 들어 주어야 한다고 했습니다.

그는 혹시나 아내가 자기 말에 상처를 받을까봐 어렵사리 이 충고를 따르기로 했습니다. 그런데 아내와 얘기를 하는 도중 전화벨이 울렸고, 그는 '전화가 날 살렸구나!'하고 생각했습니다. 아내는 그가 돌아오지 않을 거라고 느껴져서 화가 났지요. 그러나 아내는 그가 하는 말을 엿듣고 화를 내기는커녕, 그에게 잘 보이려고 재빨리 나이트가운으로 갈아입었습니다. 몇 년만에 일어난 일이지요. 그리고 아내는 조용히 그의 무릎에 돌아가 안겼답니다.

그는 부대장에게 뭐라고 말했을까요?

그는 단지 이렇게 말했습니다. "부대장님, 다른 사람이 저 대신 오늘 야간 근무를 맡으면 안 되겠습니까? 저는 지금 아내와 매우 중요한 시간을 보내고 있습니다. 심각한 일이라 지금 나갈 수가 없습니다."

그 장교는 아내가 자신에게 얼마나 소중한 존재인가를 증명하기 시작했습니다. 그 결과 아내의 정신은 안정을 되찾았고……그리고 다시는 병원에 갈 필요가 없게 되었지요.*[49]

친밀함과 배려, 이것이 부부 관계에서 그렇게 위력적인가요? 여기, 여인의 친밀함의 정도, 곧 남성과 성공적인 관계를 맺기 위한 잠재성에 관한 짧은 이야기가 하나 있습니다. 이것은 직접적으로 아버지와 관련이 있습니다. 스트립 바에서 일하는 7,000명의 여성에게 설문을 조사한 결과, 그들 가운데 대부분은 아버지가 없는 가정에서 자랐습니다. 이 연구를 맡은 크리스토퍼 P. 앤더슨은 다음과 같이 말했습니다: "대부분의 이러한 여성들은 아마도 어린 시절에 받지 못한 아버지의 사랑을 다른 남성의 관심 속에서 찾으려 했다는 것을 인정했어요. 또 아버지의 사랑을 받아 보지 못했기 때문에, 뭇 남성들의 사랑도 결코 믿을 수 없다는 사실을 인정했지요."*[50]

"친밀함"이란 가까이서 서로를 잘 알고 보살피며, 서로 다정하고 소중히 여기며, 우정을 느끼는 것입니다. 친밀함은 단순히 생기는 감정이 아니지요. 친밀함은 여성들이 더 많이 가질 수 있는 감정이지만, 남성들 사이의 관계에서도 반드시 필요합니다. 친밀감은 강력한 힘을 지니고 있습니다. 치료제가 될 수도 있고, 사람들을 하나로 묶어 주기도 한답니다. 무엇보다 친밀감은 바로 사랑을 보여 주는 것입니다.

나는 임의 것, 임은 나의 것. (아가 6:3)

역대하 11-13장 ; 시편 4편 ; 잠언 4장 ; 마태복음 1-2장

헨리 에머슨 포스딕은 역사란 나막신을 신고 계단을 올라가는 소리와 비단 슬리퍼를 신고 내려오는 소리로 가득 차 있다고 생각합니다. 정상에 오르기 위해서는 힘든 과정을 거치지만, 일단 정상에 오르고 나면 그 때부터는 다시 뒷걸음질을 하게 된다는 말이지요. 유명한 기수 에디 알카로도 같은 견해를 밝혔습니다. 에디는 일단 실크 잠옷을 입을 정도로 유명해지고부터는, 연습과 말 훈련을 위하여 새벽 5시에 일어나는 일이 고역이라고 고백했지요. 인간적으로 볼 때, 상이란 가장 바라고 가장 열심히 노력하는 이에게 돌아가게 됩니다.

안락은 창조성을 갉아먹습니다. 편안한 생활을 하는 사람은 도전보다 안정을 더 열정적으로 추구하게 되지요. 다니엘 분, 루이스와 클락, 또는 토마스 에디슨 같은 사람들에게는 벨벳 슬리퍼나 실크 잠옷 따위는 중요한 것이 되지 않습니다. 로마 제국이 망한 이유가 국민들이 목욕을 너무 많이 했기 때문이라는 역사학자들도 있습니다.

계단을 오르는 나막신 소리는 아직까지 온 세계에서 들을 수 있습니다. 비참한 일이지만, 미국이나 캐나다는 이제 오를 데까지 올랐다는 생각이 팽배합니다. 열아홉 살 아이가 첫직장을 구하면서 휴가와 퇴직금 문제를 묻는 것은 대수로운 일이 아니지요. 최근에, 어느 교회의 담임 목사가 목회자가 되고자 하는 신학교 졸업생과 면담을 했습니다. 그런데 놀랍게도, 그는 주 5일, 40시간 근무를 보장받고 싶어했다는 것입니다. 게다가 근무 시간 이외에 늦게까지 일하는 경우, 정규 근무 시간에서 일한 만큼 시간을 제해야 할 것이라고 했답니다.

"승리의 자리엔 오래 머무를 수 없습니다."

개인이나 국가나 승리를 위하여 노력하지만, 승리에 다다르는 것은 쉬운 일이 아닙니다. 밑바닥 깊은 곳에서 우리는 하나님께 절규하고 있지만, 과연 정상의 자리에서도 기도해야 할 필요성을 느끼게 될까요? 하나님이 계시다는 사실을 느낄 수 있을 만큼 인생이 평탄한 것이라면, 하나님을 믿고 따르기가 더욱 어려울 것입니다. 이러한 생각의 일부는, 실크 잠옷이나 벨벳 슬리퍼야말로 하나님이 우릴 보고 기뻐하시며 우리가 안락하게 살기를 바라시는 신호라 생각하는 우리의 태도로부터 나오는 거지요.*51

인생이란 타고난 재주나 재능을 가진 사람 또는 잘생긴 사람에게 성공의 비결을 가르쳐 주는 것이 아닙니다. 오히려 끊임없이 노력하고 실천하며 성취하려는 의지를 갖고 쉽게 포기하지 않는 사람을 도와 줍니다. 여기에서 일이 바로 해결책이며, 노력을 통해 삶의 스타일을 바꿀 수 있습니다. 인생은 끊임없는 도전을 통해 목표를 성취할 때 더욱 가치가 있습니다. 인생에 끝이란 없습니다. 인생은 단거리 경주가 아니라, 바로 마라톤이지요. 그러므로 도전을 환영하십시오! 그리고 상을 얻고자 하십시오! 또한 욕망을 높이십시오! 그렇게 해서 마지막으로, 나아가 성취하십시오!

너희는 망한다! 시온이 안전하다고 생각하고 거기에서 사는 자들아,
사마리아의 요새만 믿고서 안심하고 사는 자들아! (아모스 6:1)

역대하 **14-17장**; 시편 **5편**; 잠언 **5장**; 마태복음 **7-8장**

· **제2차 세계대전중**, 웨인이라는 B-24 폭격기 조종사가 이탈리아에 배치되었습니다. 어느 날 중부 유럽을 가로질러 가던 가운데 폭격 지점에 거의 다 왔을 때, 웨인은 강한 손이 자기 어깨에 와 닿는 것을 느끼며 다음과 같은 소리를 들었지요: "일어나라, 일어나서 비행기 뒤 편으로 가라!" 웨인은 바로 일어나서 재빨리 뒤로 갔습니다. 그러자 그 짧은 찰나에 폭격기는 대공포의 공격을 받았지요. 이윽고 웨인이 조종실에 돌아와 보니 포탄이 천장을 뚫고 바로 자신의 조종석에 떨어져 있었습니다.

· **중국에서** 있었던 일입니다. 중국 어느 가정에서 가족 예배를 진행할 수 있을 정도로 예배에 대한 지식이 있는 사람은 오직 일흔 살의 할머니밖에 없었습니다. 할머니만이 성경을 감추어 놓은 곳과 누가 교회의 심부름꾼인지, 누가 믿을 수 있는 사람인지 알고 있었습니다. 그러던 어느 날 갑자기 할머니가 심장 마비로 돌아가셨지요. 가족들은 어찌할 바를 몰랐습니다. 예배를 드릴 수 있는 중요한 정보들에 대하여 할머니로부터 전해들은 것이 하나도 없었던 것입니다. 그래서 그들은 하나님께 기도하기 시작했지요. "하나님, 어머니를 돌려 주십시오!"
그런데 죽은 지 이틀 만에 할머니는 정말로 살아났습니다. 살아난 할머니는 자신을 다시 세상에 돌아오게 한 가족들을 꾸짖었지요. 그래서 가족들은 자신들이 어머니를 다시 살려 달라고 기도할 수밖에 없었던 이유를 얘기했습니다. 그리고 모든 것을 가족들에게 알려 주시고 나면, 이틀 후에 다시 하나님의 품으로 돌아가실 수 있도록 기도하겠다고 할머니께 말했지요. 그렇게 이틀이 지난 뒤, 가족들과 친지들은 하나님께 찬양과 기도를 드렸습니다. "그들이 오고 있어! 천사 둘이 말이야!"하고 말하고는 할머니는 숨을 거두었습니다. 이 사건이 있은 후에 마을 사람들 모두가 하나님을 믿게 되었다고 합니다.

· **여섯 명의 소련 우주 비행사들은** 우주 공간에서 대단히 장엄한 광경을 목격했다고 말했습니다. 그들은 빛나는 천사들을 보았던 것입니다! 〈월드 뉴스〉지의 기사를 보면, 우주 비행사 블라디미르 솔로베프 · 올레그 아트코프 · 레오니드 키짐이 항해 155일째 되던 날, 우주 정거장 "살야트 7호"에 도킹해 있는 동안 처음으로 천사를 보았다고 합니다. "우리는 7개의 사람 모양을 한 거대한 형체를 보았어요. 하지만 그 형체들은 날개가 달렸고 안개 같은 후광이 비치고 있었는데, 우리가 알고 있는 천사의 모습과 똑같았지요." 나머지 세 명의 우주 비행사들은 12일 후에 다시 나타난 천사의 모습을 보았습니다. 여성 비행사 스베트란 사비츠카야는 다음과 같이 말했습니다: "천사들은 영광스러운 비밀을 간직하고 있는 것처럼 미소짓고 있었어요."

예수께서 그에게 또 말씀하셨다. "내가 진정으로
진정으로 너희에게 말한다. 너희는, 하늘이 열리고 하나님의 천사들이
인자 위에 오르락 내리락 하는 것을 보게 될 것이다." (요한복음 1:51)

역대하 18-19장 ; 시편 6편 ; 잠언 6장 ; 마태복음 9장

린다 버티시는 자신의 비밀을 털어놓았습니다. 린다는 훌륭한 교사였는데 그녀는 시간만 충분히 있으면 위대한 그림과 시를 창작하고 싶어했지요. 그러나 스물여덟 살이 되었을 때 그만 악성 뇌종양에 걸렸습니다. 수술을 해도 살아날 확률이 2퍼센트밖에 되지 않았으므로, 6개월 동안 병세를 지켜보기로 했습니다.

린다는 자신에게 뛰어난 예술적 재능이 있음을 알았습니다. 그래서 6개월 동안 있는 힘을 다해서 시를 쓰고 그림을 그렸습니다. 그녀의 시 가운데 한 편을 제외한 모든 시가 출판됐으며, 하나를 제외한 모든 그림이 전시되고 팔렸지요.

6개월째 되던 날 린다는 수술을 받았습니다. 수술받기 전 날, 린다는 자신이 만일 죽는다면 자기 몸의 모든 기관을 필요한 사람에게 기증한다는 유언장을 남겼습니다.

결국 수술은 실패로 끝나고 말았지요. 그래서 린다의 눈은 메릴랜드 주 베데스다에 있는 눈 은행에 보내졌고, 사우스 캐롤라이나에 사는 스물여덟 살의 청년이 린다의 눈을 기증받아 세상의 빛을 찾게 되었습니다. 그 청년은 감사하다는 편지를 눈 은행에 보냈지요. 지금껏 30,000개가 넘는 눈을 기증했지만, 감사 편지를 받은 것은 겨우 두 번째였습니다.

그 청년은 더 나아가서 눈 기증자의 부모님께 감사를 드리고 싶었습니다. 그래서 그는 린다 부모님의 이름을 전해 듣고 그들을 만나기 위하여 스테이튼 섬으로 갔습니다. 그는 연락도 없이 찾아갔지요. 그가 자신을 소개하자 린다 어머니는 그를 따뜻하게 안아 주었답니다. "어서 와요. 다른 계획이 없으면 주말을 우리와 함께 보냈으면 해요."

그 청년은 린다의 집에 머무르며 린다가 플라톤과 헤겔을 읽었다는 걸 알았습니다. 그도 점자 책으로 플라톤과 헤겔을 읽은 적이 있었지요.

다음 날 아침, 린다 어머니는 청년을 바라보며 말했습니다. "저어, 잘 생각은 안 나지만, 젊은이를 어디선가 본 적이 있는 게 틀림없어요." 어머니는 갑자기 뭔가 생각난 듯이 2층으로 올라가 린다가 그린 마지막 그림을 꺼내 들었습니다. 그 그림은 린다가 자신의 이상형의 남자를 그린 것이었지요.

그 그림 속의 남자는 린다의 눈을 기증받은 이 청년과 정말로 똑같은 모습을 하고 있었습니다.

그리고 린다 어머니는 린다가 죽어 가며 쓴 마지막 시를 읽었지요:

"두 마음이 어둠을 건너, 깊이 사랑하게되나, 두 사람은 서로를 바라볼 수가 없네."*52

*오래 전에 주께서는 환상 가운데 나타나시어,
주의 성도들에게 말씀하셨습니다. "내가 한 용사를 도와 주고,
백성 가운데서 선택한 한 사람을 왕의 자리에 앉혔다."* (시편 89:19)

역대하 20-21장 ; 시편 7편 ; 잠언 7장 ; 마태복음 10장

고등학교를 갓 졸업하고 슈퍼마켓에서 일하던 한 청년에 대한 실화입니다. 졸업한 지 몇 주 뒤 어느 날 저녁, 그 청년의 아버지가 그를 불러 놓고 말했습니다. "대학에 대하여 이야기 좀 할까?"

"아버지, 제가 말씀드리지 않았나요? 저는 대학에 가지 않을 거예요."

"왜 대학에 가지 않겠다는 거냐?"

"저는 제가 할 일을 찾았기 때문에 대학에 갈 필요가 없다고 생각해요."

"네가 하고 싶은 일을 찾았다니, 난 무슨 이야긴지 통 모르겠구나."

"저는 트럭을 타고 물건을 배달하는 일이 좋아요. 사장님도 저를 좋아하시고 봉급도 올랐어요. 정말 멋진 직업이에요."

"그래도 얘야, 네겐 배달하는 일보다 좀더 도전적인 일이 많단다."

"잠깐만요, 아버지, 인생은 행복하게 살면 된다고 하셨잖아요?"

"그랬지."

"그렇다면 저는 지금 무척 행복해요. 이 일이 제가 할 일이에요. 대학엔 가지 않을 거예요."

결국, 청년의 아버지는 자신의 짧은 생각 때문에 곤란을 겪게 된 것입니다. 그래서 그는 다른 방법을 써야함을 깨달았지요. 아버지는 아들이 일하는 가게에 찾아가 매니저를 만났습니다.

"존, 당신이 내 아들을 해고시켜야겠습니다." "뭐라고요, 해고를 시키라고요? 이렇게 일 잘하는 청년은 처음인데요. 얼마 전에 봉급도 올려줬다구요. 걔는 트럭에 광을 내고, 게다가……에에, 게다가 손님들한테는 얼마나 친절한 줄 아십니까?" "글쎄, 내 아들이 대학에 안 가겠다는 겁니다. 당신이 해고시키지 않는다면 당신이 내 아들 인생을 망치는 겁니다."

가게 주인은 뭔가를 해야만 했지요. 그래서 고심 끝에 금요일에 봉급을 받으러 온 청년에게 이렇게 말했답니다. "잠깐만, 자네는 해고라네."

"뭐라고 그러셨어요?"

"자네는 해고야!"

"제가 뭘 잘못했나요?"

"자네는 해고라니까!"

"무슨 말씀이세요?"

"다른 말이 필요있나? 자네는 해고야!"

해고라니! 젊은이는 낙심한 채로 집에 돌아왔습니다. 그는 아버지를 만나 이렇게 말했지요. "좋아요. 아버지, 이번 가을 학기에 대학에 가겠어요."

그로부터 30년이 지난 뒤 명문 대학의 총장이 된 그 청년은 아버지에게 다음과 같이 말했습니다: "아버지, 그 때 아버지께서 저를 해고시켜 주셔서 고맙습니다."

아이들아, 아버지의 훈계를 잘 듣고, 어머니의 가르침을 저버리지 말아라. (잠언 1:8)

~

역대하 22-23장 ; 시편 8편 ; 잠언 8장 ; 마태복음 11장

어느 날 한 나무꾼은 손자를 데리고 배를 만드는 사람에게 팔 떡갈나무를 베러 숲에 갔습니다. 나무꾼은 각 나무마다 생긴 대로 다 쓸모가 있다고 손자에게 설명했지요. "곧게 뻗은 나무는 판자로 쓰이고, 적당히 굽은 나무는 늑재로 쓰이고 키가 큰 나무는 돛대로 쓰인단다." 나무꾼은 손자에게 주의깊게 살펴보라고 했습니다. 손자도 경험을 많이 쌓으면, 언젠가는 훌륭한 나무꾼이 될 것이었지요.

숲으로 조금 들어갔을 때, 손자는 베어지지 않은 떡갈나무를 보았습니다. 손자는 자신이 저 나무를 베어도 되는지 할아버지께 여쭈어 보았습니다. 왜냐하면 이 나무는 배 만드는 데 전혀 쓸모가 없었기 때문이지요. 곧은 가지도 없었고 줄기도 짧았으며 비뚤어지고 굽은 방향도 잘못되었습니다. "이 나무를 베어다 장작으로 써요. 적어도 우리에게 쓸모가 있을 게 아니겠어요?" 하고 손자는 말했습니다.

그러나 나무꾼은 지금은 배 만들기에 좋을 나무를 베는 일에만 집중하자고 말했습니다. 아마도 나중에 그 늙은 떡갈나무에게 다시 돌아갈 수 있을 것이라고 생각했기 때문이지요.

몇 시간 뒤 큰 나무를 베던 손자는 힘이 들어 할아버지에게 시원한 그늘에서 잠시 쉬었다 하자고 청했습니다. 그러자 나무꾼은 손자를 그 늙은 떡갈나무 아래로 데리고 갔지요. 거기서 그들은 비뚤어진 큰 가지 아래의 시원한 그늘에서 쉬었습니다.

잠시 휴식을 취한 뒤, 나무꾼은 숲뿐만이 아니라 세상의 모든 것을 주의깊게 살피고 이해해야 한다고 손자에게 설명했습니다. 키가 크고 곧은 나무처럼 그 쓸모가 쉽게 눈에 띄는 것이 있는가 하면, 알맞게 구부러진 가지처럼 쉽게 눈에 띄지는 않지만 가까이서 주의를 기울이면 그 쓸모를 느낄 수 있는 것들도 있습니다. 그리고 늙고 비뚤어진 떡갈나무처럼 처음에는 아무 쓸모가 없는 것처럼 보이는 것들도 있습니다.

"너는 언제나 반드시 모든 것에 주의를 기울이며 살아야 한다. 그래야 하나님께서 이 세상 모든 만물에 부여하신 목적을 이해하고 발견할 수 있단다. 이 늙은 떡갈나무를 보더라도 너는 처음에 장작으로밖에 쓸모가 없을 거라고 생각했지만, 지금은 시원한 그늘에서 나무 줄기에 기대어 쉴 수 있게 해주지 않니? 명심하거라. 세상의 모든 것이 처음 볼 때와는 다르단다. 인내심을 갖고 주의를 기울이며 인식하고 발견하거라."*[53]

이 짤막한 이야기에 얼마나 중요한 인생의 교훈이 들어 있습니까? 그러나 어떤 사람이 이 교훈을 젊은이들에게 또는 자손들에게 가르칠 인내와 시간이 있습니까? 아마도 할아버지·할머니라면 그런 시간과 인내 그리고 인식을 갖추고 있고, 이미 인생의 중요한 발견을 하지 않았겠습니까?

> "좋은 나무가 나쁜 열매를 맺지 않고, 또 나쁜 나무가 좋은 열매를 맺지 않는다.
> 나무는 각각 그 열매를 보면 안다." (누가복음 6:43-44)

～⌒～

역대하 24-25장 ; 시편 9편 ; 잠언 9장 ; 마태복음 12장

내가 아주 어렸을 적에는, 친척들이 여기에서 2,000마일이나 떨어진 노바 스코샤에 살고 있어서 나는 친척들과 거의 교제를 나누지 않고 지냈습니다. 부모님도 노바 스코샤에 사셨었는데, 대공황이 일어나자 일자리를 찾아 그곳을 떠나셨지요.

내가 태어났을 무렵에 2차 대전이 시작되어 있었고, 아무도 공무나 기름을 얻기 위해서가 아니면 멀리 여행할 수 없었습니다. 그러나 어머니는 두 분 이모와 비록 몸은 떨어져 있어도, 정신적으로는 늘 함께 한 거나 다름없었지요. 어머니와 이모들은 매주 많은 편지를 주고받았고, 어머니는 저녁 식사 뒤 편지를 아버지뿐만 아니라 나와 형에게까지 큰 소리로 읽어 주셨습니다. 우리는 그 편지들을 '고향에서 온 편지'라고 불렀지요.

그러나 내게 가장 깊은 인상을 준 것은, 보이지 않는 현재 이모들의 모습이 아니라 옛날의 이모들 모습이었습니다. 이모들은 1900년대 식의 빳빳하게 풀을 먹인 가장자리에 주름이 많은 옷을 입고 공단으로 만든 하늘하늘한 머리 리본을 한 어린이들이거나 흑백사진 속에서 짧은 단발머리에 이상한 옷을 입고 종 모양의 모자를 쓰고 무릎 위 정도 길이의 플래퍼 외투를 입은 옛날 자동차 옆에 서거나, 아니면 바위나 바다 앞에서 무릎까지나 내려오는 줄무늬 수영복을 입고 포즈를 취하는 소녀들이었습니다.

어깨동무를 하고 찍은 사진도 있었지요. 어머니는 앨범에 있는 사진마다 그 옆의 까만색 바탕 위에 흰 펜으로 제목을 붙여 놓으셨습니다. '우리 셋' '수영하는 미인들'……. J이모는 어린애처럼 아주 말랐고, 짙은 눈을 지닌 정열적인 사람이었습니다. 세 자매 가운데 중간인 K이모는 야무지고 활달해 보였으며, 네덜란드식 머리 스타일을 하고 있었지요. 사실주의 화가들처럼 큰 눈에 곱슬머리이며 모델 같은 광대뼈를 가진 어머니는 자칭 미인이었습니다. 세 자매에게 공통점이 있다면 콧날이 높은 것으로, 어머니는 '로마 민족의 코'라고 했습니다. 나는 세 명의 똑같은 코에 흥미를 느끼며 이 사진들을 열중해서 보았습니다. 나는 여자 형제가 없었으므로, 자매들의 우정의 비결이 항상 궁금했지요.*54

자매들 주위에서 시간을 보내 보면, 자매들이야말로 여러 물건을 공유하는 가장 가까운 사이라는 것을 쉽게 알 수 있습니다. 부모들은 딸들에게 서로 친구처럼 지내고, 서로 지켜보고 존중하며, 성격은 달라도 서로가 하나라고 느끼고, 서로의 도움이 필요하면 언제나 돌봐 주는 공동체가 되어야 한다고 했습니다.

항상 자매가 함께 있다는 사실만으로도 커다란 위안이 되지요. 항상 다른 자매에게 얘기해 주고 싶어 견딜 수 없는 마음, 바로 이 마음이 자매들의 우정을 엮어 주는 하나의 역할을 합니다. 누가 감히 자매들 사이의 우정이 가볍다 하겠습니까?

이 여자에게 마리아라고 하는 동생이 있었는데,
마리아는 주의 발 곁에 앉아서 말씀을 듣고 있었다. (누가복음 10:39)

❧

역대하 26-28장 ; 시편 10편 ; 잠언 10장 ; 마태복음 13장

1921년 루이스 라웨스는 싱싱 교도소의 소장이 되었습니다. 그 당시 싱싱 교도소는 다른 어떤 교도소들에 비할 수 없을 만큼 무법 천지였지요. 그러나 교도소장 라웨스가 20년 후 은퇴할 무렵에는, 가장 인간적인 교도소로 변해 있었답니다. 이 교도소의 체계를 연구한 학자들은 이 모든 변화가 라웨스 덕분이라고 합니다. 그러나 라웨스는 이렇게 말했지요: "모두가 죽은 제 아내 캐서린 덕분입니다. 그녀는 지금 교도소 담장 밖에 묻혀 있습니다."

캐서린 라웨스는 루이스가 교도소장이 되었을 때, 아이 셋을 둔 젊은 엄마였습니다. 사람들이 처음에는 캐서린에게 교도소 안에 한 발짝도 들여놓지 말라고 경고했지요. 그러나 그러한 경고가 캐서린을 멈추게 할 수는 없었습니다. 교도소에서 첫번째 농구 시합이 열리던 날, 캐서린은 교도소로 가서 수감자들과 함께 관중석에 앉아 농구 구경을 했습니다.

그녀는 이렇게 생각했습니다. '나와 남편이 이 사람들을 돌보아 주면 그들이 우리를 보살펴 줄거야. 걱정할 필요 없어.' 캐서린은 그들과 친해지고 그들의 전과에도 익숙해지고자 노력했습니다. 캐서린은 한 살인범이 장님이라는 사실을 알고 그를 찾아갔지요. 그 눈먼 죄수의 손을 잡고 "점자를 읽을 줄 아세요?"하고 물었습니다. "점자가 뭔데요?"라고 장님은 물었지요. 캐서린은 그 죄수에게 점자 읽는 법을 가르쳐 주었고, 드디어 몇 년 후 그 죄수는 캐서린의 헌신적인 사랑에 눈물을 흘리게 되었습니다. 나중에 캐서린은 교도소에 벙어리가 있다는 걸 알고는, 수화를 배우러 학교에 다녔습니다. 많은 사람들이 캐서린은 1921년부터 1937년까지 싱싱 교도소에 살아 돌아온 예수님이라고 했지요.

결국 캐서린은 교통 사고로 죽었습니다. 캐서린이 죽은 다음 날, 루이스 라웨스는 교도소에 나가지 않았습니다. 그래서 부소장이 루이스를 대신했지요. 그러자 수감자들은 곧바로 뭔가 좋지 않은 일이 있음을 깨달았습니다. 다음 날, 캐서린은 교도소에서 0.75마일 떨어진 그녀의 집에 안치한 관 속에 잠들어 있었습니다. 부소장이 산책하러 나갔을 때, 그는 험상궂고 고집세게 생긴 죄수들이 떼를 지어 정문에 모여 있는 것을 보고 놀랐지요. 가까이 가서 보니 죄수들은 슬픔에 잠겨 눈물을 흘리고 있었습니다. 그는 죄수들이 얼마나 캐서린을 사랑하는지를 느낄 수 있었습니다. 그는 돌아서서 죄수들을 향해 다음과 같이 말했지요: "좋아요. 여러분, 나가도 좋아요. 단 오늘 밤까진 돌아와야 합니다!" 그리고 나서 문이 열렸고, 감시하는 교도관들도 없이 캐서린 라웨스에게 경의를 표하기 위한 죄수들의 행렬은 교도소에서 캐서린의 집까지 계속되었습니다. 모든 죄수들은 그 날 밤 다시 교도소로 돌아왔지요. 모든 죄수들이!

사랑의 힘은 늘 나를 감동시키곤 합니다. 특히 캐서린 같은 사람을 볼 때면 더욱 그렇지요. 다른 사람들을 믿어 줄 때 그 사람의 인생이 완성될 수 있다니, 얼마나 놀라운 일인가요?

그러나 우리가 아직 죄인으로 있을 때에, 그리스도께서는 우리를 위하여 죽으심으로써,
하나님께서 우리에게 주시는 사랑을 나타내셨습니다. (로마서 5:8)

역대하 **29-30**장 ; 시편 **11**편 ; 잠언 **11**장 ; 마태복음 **14**장

래리와 조안은 그저 평범한 부부였습니다. 그들은 알뜰하게 살면서 자녀들을 위하여 올바른 행동을 하고자 노력하는 부부였지요. 그런데 대화를 할 때는 서로 비아냥거리는 습관이 있었습니다. 그들 대화의 대부분은 서로의 잘못을 꼬집는 것이었지요.

그러던 어느 날 아주 특별한 일이 일어났습니다.

"조안, 나에겐 마술 서랍장이 있어. 서랍들을 열 때마다 양말과 속옷들로 꽉 차 있지 않겠어! 몇 년 동안 그렇게 해준 당신이 고마울 따름이야."라고 래리가 말을 하자, 조안은 안경 너머로 남편을 바라보며 "하고 싶은 말이 뭐에요?"라고 물었습니다. 그러자 "나는 다만 그 마술 서랍장에 대한 나의 고마움을 알려 주고 싶었을 뿐이야."라고 래리는 태연스럽게 대답했지요. 조안은 며칠 뒤 그 일에 대하여 잊어버렸답니다.

"조안, 고마워. 이번 달에 가계부에다 정확한 수표 번호들을 많이 기록해 줬더군. 열여섯 번 가운데서 하나밖에 안 틀렸더군. 기록적인 일이야." 며칠 뒤 남편이 이런 얘기했을 때, 조안은 그 말을 믿을 수가 없어서 하던 바느질을 멈추고 남편을 쳐다보았지요.

"당신은 언제나 제가 수표 번호를 잘못 기입한 것에 대하여 뭐라 그러시는군요! 그만 좀 하실 수 없으세요?"

"왜 그래, 당신? 난 다만 당신의 노력에 내가 고마워한다는 것을 알려 주고 싶었어."

조안은 머리를 흔들고는 다시 바느질을 시작했습니다. 도대체 저 남자가 뭘 원하는 걸까?

그녀는 남편의 행동을 별로 염두에 두려 하지 않았지만, 남편의 이상한 행동은 갈수록 더해 갔습니다.

"조안, 정말 훌륭한 저녁 식사군!" 어느 날 저녁, 남편이 말을 시작했습니다. "아! 지난 15년 동안 나와 자식들을 위하여 당신은 14,000끼의 식사를 만들어 주었어." "조안, 집이 정말 멋지군!" "조안, 당신이 있어서 너무 고마워! 난 정말 당신과 지내는 것이 즐거워!"라는 말까지 하는 것이었습니다.

조안은 점점 걱정이 되었습니다. 비아냥거리던 건 어디로 갔지? 트집잡기는 또 어디로 갔고? 조안의 궁금증은 커졌지만, 발걸음은 조금 가벼워졌지요.

그런데 이게 웬일인가요? 이번에는 조안이 먼저 말을 꺼냈습니다.

"래리, 지금까지 당신이 회사를 다니며 우리 가족의 가장이 되어 준 데 대하여 감사드리고 싶어요. 나는 당신에게 내가 얼마나 감사하고 있는지, 한번도 말로 표현해 보지 않았던 것 같아요."

래리는 자신의 태도를 완전히 뒤바꾼 이유를 한 번도 밝히지 않았지만, 나는 그이와 같이 사는 것에 대하여 감사하고 있답니다.

제가 바로 조안입니다.

경우에 알맞는 말은, 은쟁반에 담긴 금사과이다. (잠언 25:11)

역대하 **31-32**장 ; 시편 **12**편 ; 잠언 **12**장 ; 마태복음 **15**장

노예였던 존 재스퍼는 남북전쟁 뒤 버지니아 주 리치먼드에 있는 제6시온침례교회의 목사가 되었습니다. 그 교회는 큰 교회였지요.

그는 어느 일요일 아침, 저 너머에서 우리를 기다리고 있을 천국과 기쁨에 대하여 설교를 하고 있었습니다. 그는 천국의 아름다움과 기쁨에 대하여 설명하려고 노력하였지요. 그는 상상력과 감정을 모두 동원해 열중했지만, 입을 열었을 때는 한마디도 말할 수가 없었습니다. 많은 신자들이 그가 무슨 말을 할지 궁금해 하며 앉아 있었지요. 그는 다시 말을 하려 했지만, 여전히 아무 말도 하지 못했습니다. 그는 감정이 복 받쳐 올랐습니다.

그 뒤, 그의 뺨에는 눈물이 흐르기 시작했습니다. 그는 여전히 말을 하려고 해봤지만, 아무 말도 할 수 없었습니다. 마침내 그는 고개를 저으며 사람들에게 밖으로 나가라는 손짓을 했으나, 아무도 자리를 뜨지 않았지요. 그는 강단을 지나 목양실로 가서 문에 손을 짚고 다시 한번 사람들에게 돌아가라는 손짓을 했습니다. 그러나 움직이는 사람들은 없었습니다.

그는 다시 강단 쪽으로 돌아와, 애써 마음을 안정시킨 다음 강단에 몸을 의지하고 말을 시작했습니다.

"……형제 자매들이여, 우리 안에 나타날 영광에 대하여 생각할 때면, 늙은 존 재스퍼가 마지막 싸움을 끝내고 고난의 짐을 벗게 될 날을 떠올려 볼 수 있습니다. 이 하나님의 지친 노예가 짐을 벗고 하나님 나라의 흉벽으로 걸어 올라가는 것이 보입니다. 문을 지키고 있는 천사가 이렇게 질문할 겁니다:

'존 재스퍼야! 너는 신발을 원하느냐?'

'그렇습니다. 저는 금으로 만든 슬리퍼를 신고 금으로 포장된 하나님 나라의 길을 걷고 싶지만, 지금은 원하지 않습니다.'

'존 재스퍼야, 너는 가운을 갖고 싶지 않느냐?'

'네 물론 저는 아마포로 된 깨끗하고 하얀, 성자들이 입는 가운을 갖고 싶지만, 지금은 아닙니다.'

'존 재스퍼야, 너는 면류관을 원하느냐?'

'그렇습니다, 천사님. 어린 양을 섬기는 이 불쌍한 깜둥이 노예에게 올 모든 보상을 받고 싶습니다. 하지만 지금은 아닙니다.'

'존 재스퍼야, 너는 엘리야와 요한, 바울을 만나고 싶지 않느냐?'

'그렇습니다, 천사님. 저는 이곳에 있는 이들을 알고 싶고 악수하고 싶습니다. 그렇습니다! 저는 이곳에 있는 이들을 사랑해 왔습니다. 하지만 지금은 아닙니다. 저는 먼저 구주되신 예수 그리스도를 만나고 싶습니다. 그 어떤 것보다도 그를 먼저 만나고 싶습니다!'"

나는 새 하늘과 새 땅을 보았습니다. 이전의 하늘과 이전의 땅이 사라지고, 바다도 없어졌습니다. 나는 또, 거룩한 도시 새 예루살렘을 보았습니다. (요한계시록 21:1-2)

역대하 33-34장 ; 시편 13편 ; 잠언 13장 ; 마태복음 16-17장

　1980년 인도 블루밍톤에서 열린 국제청소년축제에서 맥코믹 신학교의 브루스 리긴스 교수는 3,800명의 젊은이들 앞에서 강연을 하였습니다. 연설 도중 그는 영국 런던에서 사회적 혜택을 거의 받지 못하고 있는 하층민들을 위하여 헌신적으로 섬기고 있는 감동적인 한 여인에 대한 이야기를 하였지요. 그는 그녀의 생활 방식과 섬기는 활동에 아주 깊이 매료되어 무엇이 그녀의 그리스도교적 신념과 그녀의 활동에 영향을 주었는지 물어본 적이 있었습니다.

　그러자 그녀는 그리스도교적 신념을 실천하며 사는 한 여인을 직접 보고 겪었기 때문이라고 말했습니다. 그 이야기는 다음과 같습니다.

　그녀는 제2차 세계대전 가운데 프랑스를 침략한 독일의 게슈타포로부터 도망쳐 나온 유대인이었습니다. 그녀는 자신이 곧 잡힐 거라고 생각했고 게슈타포의 추적을 피해 도망다니는 것에 너무 지쳐 모든 것을 포기하고 싶었지요. 그러던 어느 날 그녀는 우연히 프랑스 위그노 교도의 집에 숨게 되었습니다.

　그녀가 그 곳에 숨어 있을 때 한 미망인이 와서 바로 지금이 좀더 안전한 곳으로 피신할 기회라고 말했습니다. 그 때 그 유대인 여인은 다음과 같이 말했지요. "소용없어요. 결국 그들은 저를 찾아낼 거예요. 그들은 저를 바짝 뒤쫓고 있어요."

　그러자 그 미망인은 이렇게 말했답니다. "그래요, 그들은 여기서 누군가를 찾아낼 겁니다. 하지만 지금은 당신이 떠나야할 때입니다. 이 사람들과 안전한 곳으로 가세요. 제가 당신의 신분증을 갖고 여기 있겠습니다."

　그 유대 여인은 미망인의 계획을 알아차렸습니다. 그곳을 찾아 올 게슈타포는 자신의 신분증을 갖고 있는 이 미망인이 도망다니고 있는 유대인이라고 생각할 것이었습니다.

　그녀는 이야기를 듣고 있는 리긴스 교수를 쳐다보고 이야기를 계속했습니다. "그 미망인에게 저는 왜 그렇게 하려 하는지 물었지요. 그러자 그 미망인은 '이게 제가 할 수 있는 최소한의 것입니다. 예수님께서는 이미 저를 위하여 이와 같은 일을 많이 해주셨어요.'라고 대답했습니다."

　그 미망인은 체포되어 감옥에 갇혔고 그 동안 유대 여인은 피신할 수 있었습니다. 6개월 뒤, 그 미망인은 유태인 수용소에서 죽음을 맞이했지요.

　그 유대 여인은 자신이 직접 겪은 그 사심 없는 우정을 단 한번도 잊은 적이 없었습니다. 그 뒤 머지않아 그 유대 여인 또한 그리스도인이 되었고, 그 순간부터 그녀는 런던의 빈민 지역에서 그들에게 봉사하며 일생을 살았습니다. 그녀는 누구라도 줄 수 있는 우정이라는 가장 위대한 선물, 곧 누군가의 자기 희생을 통해 하나님을 만난 것입니다.

　진정한 그리스도인으로서의 삶은 다른 사람들을 위하여 봉사하는 삶입니다.

그리스도께서 우리를 위하여 죽으신 것은, 우리가 깨어 있든지 자고 있든지,
그리스도와 함께 살게 하시려고 하는 것입니다. 그러므로 여러분은 지금도 그렇게
하는 것과 같이, 서로 격려하고, 서로 덕을 세우십시오. (데살로니가전서 5:10-11)

역대하 **35-36**장 ; 시편 **14**편 ; 잠언 **14**장 ; 마태복음 **18**장

다음의 이야기는 찰스 콜슨이 미시시피 주의 잭슨에 있는 리폼드 신학교 졸업 연설에서 한 이야기입니다.

저는 잭 에커드라는 남자에 대하여 얘기하기를 좋아합니다. 몇 년 전 저는 빌 버클리의 TV 쇼에 나가서 '사회 복지'와 정의에 관해 이야기를 했지요. 그렇게 며칠 뒤, 저는 미국에서 두 번째로 큰 에커드 드러그 체인을 설립한 플로리다 출신의 사업가 잭 에커드라는 사람의 전화를 받았습니다. 그는 저를 TV에서 보았다고 하며 플로리다로 초청하였습니다. 그는 플로리다의 사회 정의도 위기에 놓여 있다는 데 동의하고 있었으며, 저에게 플로리다에 와서 그 위기 상황을 해결할 무엇인가를 해주도록 요청했지요.

저는 그의 요청에 응했습니다. 저희는 플로리다 주를 돌아다니며 정의 개혁의 필요성을 부르짖었습니다. 저희가 가는 곳마다 잭 에커드 씨는 저를 대중들에게 이렇게 소개하였습니다. "이분은 제 친구 척 콜슨 씨입니다. 저는 이분을 빌 버클리 TV 쇼에서 만났습니다. 이분은 거듭나셨지만 저는 아닙니다. 저도 거듭나기를 원합니다."

비행기를 타고 오는 가운데 저는 그에게 예수님에 대하여 이야기를 했습니다. 다음 장소에 내리면 그는 위와 같은 일을 반복했고 저희는 똑같은 일을 했습니다. 그 뒤로부터 약 1년 뒤 그로부터 전화를 받고 우리는 다시 만났지요. 그는 예수님은 하나님이시며 부활하셨음을 믿는다고 말했습니다. 그가 말을 다 마치자, 저는 "당신은 거듭나셨군요!"라고 말했지요.

"아니에요. 저는 아무 것도 느끼질 못했어요."

"아니오, 거듭나신 게 맞습니다. 지금 당장 저와 함께 기도합시다."

이후에 그가 처음으로 한 일은 자신의 체인점 가운데 한 곳에 간 것이었습니다.

그는 거기서 〈플레이보이〉와 〈팬트 하우스〉를 보았습니다. 그는 전에 여러 번 그런 잡지들을 보았지만 그런 것 때문에 괴로워한 적은 없었습니다.

그는 사무실로 돌아가서는 점장을 불렀습니다.

"점포에서 〈플레이보이〉와 〈팬트 하우스〉를 없애시오."

"그럴 수 없습니다. 이 잡지들을 팔아 1년에 300만 달러나 수입을 얻고 있습니다."

"당장 치워 버리시오!"

그리고 미국 전역의 1,700개 점포의 책 진열장에서 그런 잡지들을 치워 버렸습니다. 왜냐하면 그는 자신의 삶을 그리스도에게 바쳤기 때문입니다.

에커드의 친구가 됨으로써 콜슨씨는 그가 예수님을 영접하게 했고 참으로 중요한 것이 무엇인가를 깨닫게 하였습니다.

> *나의 형제 자매 여러분, 사람이, 믿음이 있다고 말하면서도 행함이 없으면,*
> *무슨 소용이 있겠습니까? 그런 믿음이 그를 구원할 수 있겠습니까?* (야고보서 2:14)

～～

아가 1-4장 ; 시편 15편 ; 잠언 15장 ; 마태복음 19-20장

새벽 한시경에 당대 최고의 의사로 인정받던 윈터 박사의 집 전화 벨이 울렸습니다. 그 소리에 윈터 박사는 깜짝 놀라 잠을 깼습니다.

오늘 밤은 어린 소년이었지요. 불행하게도 교통 사고로 죽어 가고 있다고 했습니다. 꼭 자고 있는 윈터를 깨워야만 했을 정도로 다른 의사들이 없었을까요? 적어도 지금은 아무도 없습니다. 소년을 살릴 수 있는 사람은 시카고에서, 아니 아마도 전 세계에서 오직 윈터밖에 없을 것입니다.

병원으로 가는 지름길은 우범 지역을 지나야 하지만 소년의 목숨을 살리는 일이 더욱 급했습니다. 그래서 위험을 무릅쓰고 지름길로 가던 중 빨간불을 보고 차를 멈추는 순간, 회색 모자에 더러운 플란넬 셔츠를 입은 한 남자가 차문을 확 잡아당겨 열었습니다. "나는 차가 필요해." 그 남자는 소리를 지르며 윈터를 운전석에서 밀쳐냈지요. 그 순간 윈터는 자신이 얼마나 위급한지 설명하려 했지만 그 남자는 들으려 하지도 않았습니다.

윈터는 45분이나 헤맨 후에 간신히 공중 전화를 찾았습니다. 그리고 택시를 타고 마침내 병원에 도착했지만 소년은 이미 목숨이 끊어진 상태였지요. 윈터는 문을 확 열어 젖히며 간호사실에 들어갔지만 간호사는 고개를 흔들 뿐이었습니다. 너무 늦었습니다. 소년은 이미 30분 전에 죽었던 것이지요. "소년의 아버지가 소년이 죽기 바로 직전에 왔어요. 지금은 예배실에 있어요. 가 보세요. 그는 선생님이 오지 않은 것을 원망했어요."하고 간호사는 말했습니다. 윈터는 몹시 혼란스러웠지요.

아무 설명도 하지 못한 채 윈터는 재빨리 복도를 가로질러 예배실로 갔습니다. 예배실 앞 쪽에 한 남자가 웅크리고 앉아 흐느끼고 있었지요. 바로 회색 모자를 쓰고 더러운 플란넬 셔츠를 입은 남자가! 그 남자는 자기 아들의 생명을 살릴 수 있는 유일한 사람을 자신의 인생에서 밀어내 버린 비극을 저지르고 만 것이었습니다.*[55]

이 이야기를 읽으며 나는 이야기 속의 아버지와 똑같은 사람을 알고 있는 듯한 이상한 감정이 들었습니다. 이혼을 한 어떤 남자가 시간이 없어서 새 아내를 구할 수도, 교회에 나갈 수도 없었습니다. 더욱이 사업도 점점 어려워지고 있기 때문에 예수님에 대한 생각도 더욱 미루게 될 판이구요.

불행하게도 사람들은 도움이 필요할 때에 도움을 줄 수 있는 유일한 것에 무관심한 경향이 있습니다. 하나님과의 관계를 회복하고 늘 함께 하는 삶을 살면서 부부간의 조화를 잘 이루어 나가고 우리 자신과 아이들과의 관계 속에서 제 본분을 다 하면서 최악의 경우에 대한 준비를 한다면 그보다 더 좋은 것은 없을 텐데요. 결국 우리는 경험을 해 봐야 깨닫곤 합니다. 그러나 문제는 인생은 되돌릴 수 없다는 점이지요. 인생은 앞으로 나아가는 것이며 우리 대부분에게 인생은 쏘아 놓은 화살같이 빠르게 흘러가는 것입니다. 그러니 지금 이 순간 빨리 결정하십시오!

의인은 재난에 빠져도 구원을 받지만, 악인은 오히려 재난 속으로 빠져들어간다. (잠언 11:8)

〰〰

아가 5-8장 ; 시편 16편 ; 잠언 16장 ; 마태복음 21장

글렌은 캔자스의 어느 농장에서 태어나서 교실이 한 칸밖에 없었던 학교에 다녔습니다. 글렌과 형제들이 다닌 이 시골 학교는 배불뚝이 모양의 구식 난로를 땠는데 글렌과 그의 형이 난로를 책임지고 관리했지요. 글렌과 형은 다른 학생들과 선생님이 오시기 전에 교실에 난로를 피워놓아야 했습니다.

어느 날 아침 글렌과 형이 난로 안에 남아 있는 불붙은 석탄에 등유를 붓다가 그만 난로가 폭발하고 말았습니다. 그 가운데 글렌은 빠져나올 수 있었지만 형이 폭발할 때 기절해서 혼자 남겨질 거라는 걸 안 글렌은 빠져나가지 않고 형을 구하려 애쓰다 결국 둘은 끔찍한 불 속에 갇혀 버렸지요. 그래서 그 불로 형은 죽고 글렌은 하반신에 심한 화상을 입고 가까운 병원으로 옮겨졌습니다. 의사는 글렌의 어머니에게 글렌은 살기 힘들다고 말하면서 죽는 게 더 나을 거라는 자신의 의견을 넌지시 건넸지요. 그리고 만일 글렌이 살아나도 다시는 걷지 못하게 될 것이라고 말했습니다.

이 용감한 소년은 죽고 싶지 않았습니다. 놀랍게도 이 소년은 살아났지요. 그러나 의사는 글렌의 상처가 심하기 때문에 일생을 병석에서 살아야 할거라고 글렌의 어머니에게 알려 주었습니다.

이 소년은 한 번 더 결심했습니다. 장애자로 살지는 않을 거라고, 누워서 일생을 보내지는 않겠다고, 걷고 뛰고야 말 거라고! 하지만 그러한 희망은 불가능해 보였습니다. 다리는 쓸모없이 매달려 있었지요. 결국 글렌은 퇴원해서 집으로 돌아갔습니다. 그래서 날마다 글렌의 어머니는 화상 치료가 끝난 글렌의 다리를 마사지해 주었지요. 어쩌다 휠체어를 타고 밖에 나오면 글렌은 휠체어로부터 잔디밭에 몸을 던진 뒤 쓸모 없는 다리를 끌며 잔디밭을 가로질러 기를 쓰고 나아가서 말뚝을 박은 울타리에 다다르면 죽을 힘을 다해 일어섰습니다. 그리고 나서 글렌은 말뚝을 따라 혼신의 힘을 다하여 정원을 걸으려 하였지요. 그러나 글렌은 금방 지쳐 길에 쓰러졌습니다.

그럼에도 불구하고 어머니가 날마다 해주는 마사지와 강철 같은 의지와 단호한 인내심으로 열심히 노력한 결과, 글렌은 혼자 일어설 수 있게 되었고, 처음에는 도움을 받아 걷다가 마침내 혼자서도 걸을 수 있게 되었습니다. 걷게 된 뒤 금방 뛸 수 있게 되었지요. 그래서 글렌은 1마일 달리기 경주에서 1등을 하겠다는 목표를 세웠습니다. 달리는 데서 얻는 순수한 기쁨은 곧 글렌 인생의 전부가 되어 버렸지요. 결국 그는 대학에 가서 육상부를 만들었고, 어느 날 매디슨 스퀘어 가든에서 열린 1마일 달리기 대회에 참가해서 불굴의 힘으로 드디어 1등을 해냈습니다.

불 속에서 살아나 절대 포기하지 않았던 소년은 다름아닌 그 당시의 1마일 경주 최고 기록자 글렌 커닝엄 박사입니다.

*보십시오, 참고 견딘 사람은 복되다고 우리는 생각합니다. 여러분은 욥이 어떻게
참고 견디었는지를 들었고, 또 주께서 나중에 그에게 어떻게 하셨는지를 알고
있습니다. 주께서는 자비가 넘치시고, 긍휼이 많으십니다. (야고보서 5:11)*

전도서 1-2장; 시편 17편; 잠언 17장; 마태복음 22장

'믿거나 말거나'라는 TV 프로그램의 로버트 리플레이는 세계에서 가장 긴, 그러면서도 가장 단순한 연애 편지를 쓴 사람은 낭만적인 프랑스 예술가 마르셀 드 레퀴라고 발표했습니다. 1875년에 그는 막델렌 드 빌라로에게 그녀를 향한 사랑의 마음을 밝힐 이 편지를 보내는 일에 착수했지요. 그 내용은 매우 단순했지만 이 편지가 효력이 있으리라는 것은 누구나 추측할 수 있었습니다.

레퀴의 편지 내용은, 곧 '사랑합니다(Jevous Aime)'라는 말 뿐이었습니다. 사랑한다는 문장만 1,875,000번을 썼지요. 그게 전부였습니다. 1,875,000번의 '사랑합니다!' 레퀴는 해마다 그 해의 연도에 1,000을 곱한 숫자만큼 사랑한다는 말을 써 보내기로 계획을 세웠습니다. 그래서 1,875,000번이라는 숫자는 1875년에 1,000을 곱해서 나온 것입니다.

레퀴는 자신이 직접 편지를 쓰지 않고 편지를 대필할 비서를 고용했습니다. 그러나 사랑에 빠진 이 엄청난 연인은 사랑한다는 말에 넋이 나갔음에 틀림없습니다. 그래서 비서에게 자신이 하는 말을 일일이 받아 적게 했지요. 편지 전체를 말입니다. 그것도 오로지 사랑한다는 말로만.

그는 비서가 하나씩 받아 적을 때마다 다시 읽도록 시켰습니다. 계산을 하자면 이 편지가 부쳐지기 전에 사랑한다는 구절은 말로든 글로든 5,625,000번이나 반복되었다는 계산이 나옵니다. 정말 기념비적인 일이 아닌가요? 이 편지를 다 썼을 때 무게가 얼마나 나갔는지 몇 쪽이나 되었는지 궁금합니다.

막델렌 드 빌라로는 편지를 받고 나서 무슨 말을 했을까요? 편지를 다 읽는 데는 얼마나 걸렸을까요? 그 두 사람은 결혼했을까요?

사랑한다는 말을 한 번도 하지 않고 사는 부부도 있습니다.

리플레이 씨는 이 프랑스인을 특별한 사람으로 평가했으며 그의 노력도 높이 평가받아야만 한다고 했는데 나는 다르게 생각합니다.

레퀴는 사랑한다고 편지를 쓰고 고백하는 일 이외에 무슨 다른 일을 했습니까? 사랑하고 사랑받는 일은 말로만 하는 것이 아닙니다. 수백만 번 사랑한다고 말하고 편지를 보내는 것이 무슨 소용인가요? 사랑은 말보다는 실천이어야 합니다. 물론 실천에 비해 말이 지닌 중요성을 축소하려는 것은 아닙니다. 그러나 말과 실천, 실천과 말, 이 두 가지는 공존해야 합니다. 사랑은 실천되어야 할 뿐만 아니라 말로 표현되어야 하는 것이지요. 여러분은 어떤 사람에게 사랑한다는 말을 너무 자주 할 수는 없습니다. 그러나 사랑한다고 말하는 습관 또한 기르는 게 어떻겠습니까? 표현하지 못하는 사랑만큼 슬픈 일도 없으니까요. 자, 무엇을 기다리십니까? 사랑하는 사람에게 당장 말합시다.

"당신을 사랑해!"

> 지혜를 버리지 말아라. 그것이 너를 지켜 줄 것이다. 지혜를 사랑하여라.
> 그것이 너를 보호하여 줄 것이다. (잠언 4:6)

전도서 3-5장 ; 시편 18편 1-5절 ; 잠언 18장 ; 마태복음 23장

　진과 주디 부부에게는 다섯 살부터 열다섯 살 사이의 아이가 여덟 명이나 있습니다. 그들은 교회를 다니고 가족을 사랑했지요. 몇 년 간 일했던 제재소가 문을 닫자, 먹고 살기 위해 임시로 이일 저일 하며 살던 어느 날, 진은 시내에서 차를 수리하는 일을 하고 있었습니다. 바로 그 날 주디는 빨래를 하고 있었는데 같은 교회에 다니는 아줌마들이 놀러 왔습니다.

　아줌마들과 이야기를 하던 가운데 큰아들이 집으로 들어오며 말했지요. "엄마, 뒷문에 한 흑인 아저씨가 와 있는데 엄마한테 할 말이 있대요."

　교회 아줌마들은 곧바로 경고했습니다. "조심해요. 구걸하러 온 거라면 그냥 내쫓아 버려요. 알겠죠?"

　뒷문에는 백발에 부드럽고 따뜻한 눈을 가진 흑인 노인이 서 있었습니다. "부인, 실례합니다. 트럭이 고장나서 마을까지 걸어가야 하는데 물과 남는 음식이 있으시면 조금만 주시겠습니까?"

　그러나 주디는 멍하니 서 있었습니다. 그녀는 옳은 일을 하기를 망설였던 것이지요. 주디는 아줌마들의 눈치를 보고 물과 음식을 가지러 가는 대신 가만히 서 있었습니다. 그 순간 주디는 그 남자와 눈이 서로 마주쳤습니다. 그렇게 그 남자는 잠시 기다리다 조용히 돌아가 버렸습니다. 주디는 테이블로 돌아왔을 때 부끄러움을 느꼈고, 큰아들이 나무라는 눈으로 쳐다보자 더욱 부끄러운 감정에 사로잡혔지요.

　그래서 재빨리 레모네이드 주전자와 과자를 들고 그 남자를 찾으러 현관문을 열고 달려나가 보았더니 그 남자는 무릎을 꿇고 주위에 모여든 아이들에게 성경 이야기를 들려 주고 있었습니다. 주디는 과자와 레모네이드를 그 남자에게 주고 도시락을 만들어 올 동안 잠시만 기다려 달라고 얘기했지요. 그리고 주디는 곧 사과했습니다. "아깐 죄송했어요."

　"괜찮아요. 많은 사람들이 다른 사람들 눈치를 보죠. 그러나 다른 사람들과 다르게 당신은 그것을 극복했어요. 이것이 그 증거인 셈이죠."

　그 날 밤 진은 좋은 소식을 갖고 집으로 돌아왔습니다. 그가 수리한 차 주인의 형이 카 센타를 하는데 정비공이 필요했고 진을 보자마자 고용한 것이지요.

　조금 있다가 주디는 진에게 오후에 있었던 일을 얘기했습니다. 그러자 진이 물었지요. "그 사람 혹시 흑인 노인 아니었어? 친절한 눈에 백발인?" 진은 침대에서 벌떡 일어나 주머니를 뒤져 꼬깃꼬깃 접어둔 종이 한 장을 꺼내 주디에게 주었습니다. "나도 그 남자를 만났어. 내가 집으로 오고 있을 때 아래로 걸어가고 있었거든. 근데 그가 나에게 오라고 손짓을 하고 이걸 주었어. 그래서 이 쪽지를 다 읽고 나서 고개를 들어봤는데 그는 벌써 사라지고 없더군."

　쪽지를 읽은 주디는 이윽고 눈물을 흘렸지요.

나그네 대접하기를 게을리하지 마십시오. 어떤 이들은 나그네를 대접하다가,
자기도 모르는 사이에 천사들을 대접하였습니다. (히브리서 13:2)

～✽～

전도서 6-7장 ; 시편 18편 16-36절 ; 잠언 19장 ; 마태복음 24장

1924년에 설립된 댈러스 신학대학은 얼마 되지 않아 파산할 위기에 처했습니다. 사실상 대학은 도산 직전까지 몰려 심하게 흔들리고 있었지요. 그 날 채권자들은, 돈을 구하기 위하여 대학측이 모든 인간적인 노력을 다하고 있다는 사실은 알았지만, 정오에 대학측의 저당권 유질 처분 발표를 할 계획이었습니다.

그 운명의 날 아침에 많은 직원들과 이사들이 차퍼 박사와 함께 총장실에 모여 하나님이 기적의 돈을 만들어 주시기를 기대하며 기도를 하러 모였습니다. 침례교에서는 사람들이 원을 만들고 교대로 기도하는 관습이 있습니다.

그들 가운데 해리 아이언사이드 박사도 있었습니다. 그의 차례가 되었을 때 그는 특유의 핵심을 찌르는 말투를 보여 주었습니다. "주님, 넓은 언덕에 있는 소떼들이 모두 주님 것이라는 것을 잘 알고 있습니다. 제발 그 소 떼의 일부라도 팔아 돈을 마련해 주십시오." 기도를 마치자 다음 사람이 기도를 했습니다. 학교를 걱정해서 모인 이 사람들은 돌아가며 기도를 계속했지요.

그들이 기도회를 하고 있을 때 부츠에 청바지를 입고 올이 성긴 칼라가 달린 셔츠를 입은 텍사스 사람이 사무실로 들어와 안내원에게 말했습니다. "저는 포트 워스에서 두 트럭 분량의 소를 막 팔았습니다. 사업 거래가 잘 되도록 노력하고 있는데, 그게 잘 되지 않을 것 같아요. 그런데 지금 이 돈을 이 대학에 기부해야 할 것 같은 기분이 들어서 왔습니다. 이 돈이 필요한지는 잘 모르지만 일단 돈을 두고 가겠습니다."

키가 작은 직원은 손을 뻗어 수표를 들고 액수를 보았습니다. 상황이 중대하다는 것을 알았기 때문에 그녀는 곧바로 일어나서 기도회가 열리고 있는 총장실로 갔지요. 그리고 조심스럽게 노크를 했습니다. 기도를 방해하고 싶지 않았지만 누군가가 노크 소리를 들어야만 했지요. 그래서 그녀는 총장인 차퍼 박사가 문을 열 때까지 문을 두드렸습니다.

그녀는 기쁨에 넘쳐 무슨 일이 있었는지 설명하고 수표를 건넸습니다. 수표를 받아 든 차퍼 총장은 수표의 금액이 자신들이 필요한 액수와 일치한다는 사실을 발견했지요. 차퍼 총장은 수표의 이름을 확인하고 돈을 준 사람이 포트 워스의 목장 주인임을 알았지요. 그래서 뒤로 돌아 자신의 자리로 가서 차퍼는 기도를 중간에 끊고 해리 아이언사이드 박사를 향해 열광적으로 외쳤습니다. "해리, 하나님께서 소를 파셨다네."

오늘 여러분은 재정 문제로 고민하고 있을지도 모릅니다. 또한 여러분은 하나님의 존재와 그분이 여러분을 도와 주실지 의심하고 있을지도 모릅니다. 끊임없이 기도하십시오. 그러면 하나님은 여전히 여러분을 보살피시며 도와 주실 것입니다.

나의 하나님께서 그리스도 예수 안에 있는 영광 가운데서,
그분의 풍성하심을 따라 여러분에게 필요한 것을 모두 채워 주실 것입니다. (빌립보서 4:19)

전도서 8-9장 ; 시편 18편 37-50절 ; 잠언 20장 ; 마태복음 25장

"당신은 왜 편물 기계로 그 고생을 하지요?" 보스턴에 사는 기계 제조업자 아리 데이비스는 물었습니다. "재봉틀을 만들면 되잖아요?" 스무 살 청년 엘리아스 호는 이런 질문을 여러 번 들었지요.

아무도 이 질문을 심각하게 여기지 않았지만 호만은 달랐습니다. 호는 이 질문을 밤낮으로 떠올렸고 재봉틀을 만들기로 결심했지요.

호는 재봉틀을 만들 수 있으리라는 확신에 거의 미쳐 있었습니다. 그는 연구 과정에서 극심한 생활고에 시달렸지만 몇몇 친구들의 도움으로 겨우 생계를 유지할 수 있었지요.

그리고 마침내 1845년에 재봉틀을 완성하고 모직천 두 장을 재봉해 보임으로써 그 실용성을 증명하였습니다. 이 재봉틀은 1분에 300땀이나 박을 수 있었지요.

이 기계는 처음 나왔을 때부터 거의 완벽했고, 오늘까지 그 모양이나 기능 등 모든 것이 처음과 거의 똑같습니다. 해낼 수 있다는 한 사람의 확신으로 가능했던 일이지요.

자동차의 경우도 마찬가지입니다. 오직 한 사람, 헨리 포드는 수백만 대의 자동차가 운송 문제를 해결하리라는 신념을 가지고 있었지요. 그래서 그는 최초로 조립 생산 라인을 개발했고, 그 뒤 자동차의 역사는 바뀌었습니다.

사뮤엘 모르스는 전기선을 통해 메시지를 전달할 수 있다는 신념을 가지고 있었습니다. 그는 실험을 위하여 알도우 의회에 돈을 청구했다 거절당하는 수모도 겪었지만 자신의 신념을 지켜 나갔지요. 그가 볼티모어의 호텔과 워싱턴 디시의 호텔 사이에 선을 가설한 뒤 상원의원 한 사람이 그 첫번째 메시지를 받았습니다. "보라, 하나님의 업적을!"

무엇이 여러분의 인생을 바꿀 수 있을까요? 무엇이 발전을 저해할 장애물인가요? 진리는 신념이 되었을 때라야 그 효력을 발휘할 수 있습니다.

종교적인 신념은 정신적인 성공의 필수 요소입니다. 예수님의 제자, 바울 사도는 강인한 사람이었습니다. "내가 가진 의는……오직 그리스도를 믿는 믿음으로 말미암은 것입니다……."

많은 교회 강단이 약한 이유는 설교자가 진리에 대한 강한 신념이 부족하기 때문입니다. 신념의 방으로 들어오십시오!

그렇지 않으면 여러분의 인생은 약하고 쓸모없는 것으로 남아 있을 것입니다. 바울은 다음과 같이 말했지요: "내가 확신하노니……" 이는 다른 말로 "나는 신념이 있습니다."라는 뜻일 것입니다.

나는 확신합니다. 죽음도, 삶도, 천사들도, 권세자들도,
현재 일도, 장래 일도, 능력도, 높음도, 깊음도, 그밖에 어떤 피조물도,
우리를 우리 주 예수 그리스도 안에 있는 하나님의 사랑에서 끊을 수 없습니다. (로마서 8:38-39)

전도서 10-12장 ; 시편 19편 ; 잠언 21장 ; 마태복음 26장

7월 22일── 제일 큰 햄버거

아마도 여러분은 세계에서 가장 큰 햄버거에 대하여 이미 들어 본 적이 있을 것입니다. 만일 들어 보지 못했다면, 아니 들어 본 적이 있더라도 나는 그에 관한 얘기를 하려고 합니다. 무게가 3,591파운드나 나가는 이 햄버거는 노스 다코타의 루틀랜드 사람들이 1982년 7월의 어느 토요일 야외 파티 때에 만든 것이지요.

이 햄버거 안의 햄의 두께는 2.5인치이고 직경이 16피트나 되는 것이었습니다. 그리고 햄에 들어간 고기는 그 지방의 농부들이 제공했고 엄청나게 커다란 석쇠 위에서 구워졌지요. 또한 이 석쇠는 201평방피트의 강철로 되어 있었고 용량이 150만 BTU나 되는 프로판 가스로 달구어졌습니다. 틀림없이 많은 사람들이 이 작업에 참여했을 것입니다.

햄버거용 패티는 공장에서 만들어져서 냉동 트럭으로 운반되었습니다. 운반 도중에 무게를 달았는데 총 332파운드로 이전에 호수의 퍼스에서 세워진 세계 기록을 깨버렸습니다. 이 신기록은 현재 기네스북에 올라가 있으며 그 책의 '음식' 목록에서 찾아볼 수 있습니다.

루틀랜드의 로날드 내럼 시장은 이번 일이 3년 전 화재 사건 이후로 이 조그만 시를 강타한 가장 큰 사건이었다고 말했습니다. 이 거대한 야외 요리는 노스 다코타의 남부에 쾌적하게 자리잡고 있는 이 조그만 도시의 100주년 축제 행사 가운데 하나로 열린 것이었지요.

그 거대한 햄버거를 먹을 수 있도록 요리하는 데에는 자그마치 두 시간이나 소요되었습니다. 그런 다음 그 햄버거를 6,500개로 잘라서 약 6,000명의 사람에게 대접했지요. 그들 모두는 세계에서 가장 커다란 햄버거 한 조각을 먹은 것에 대하여 자랑스럽게 여길 것입니다.

하지만 내가 확실히 말할 수 있는 것은 그 햄버거를 먹었던 6,000명의 사람들 모두 다음 날에는 다시 배가 고팠을 거라는 사실입니다. 그 거대한 햄버거를 아무리 크게 잘라 먹는다 해도 다시 배가 고프지 않게 할 수는 없지요.

누구라도 배고픔을 느끼지만 그 배고픔은 세계에서 가장 크거나 가장 좋은 것 이상의 그 무언가에 대한 배고픔입니다. 하나님을 안다는 것도 하나의 배고픔이지요. 모든 인간은 안에 '신의 형상을 한 빈 공간'을 지닌 채 창조되었는데, 그 빈 공간은 오직 '하나님'만이 채워 주실 수 있습니다. 우리는 온갖 종류의 거짓 음식으로 하나님에 대한 욕구를 채우려 노력하지만 그 어떤 음식도 그 욕구를 채워 줄 수 없지요. 우리의 배고픔에 대한 해결책은 쾌락·음식·재산·돈·권력·명예 또는 자기 만족에서 찾을 수 있는 것이 아닙니다. 그것은 인간과 하나님의 관계를 통해서만 찾을 수 있는 것입니다.

예수님은 오로지 당신 안에만 있는 양식과 만족에 대하여 말씀하셨습니다. 주님의 사랑을 만끽하십시오!

예수께서 그들에게 말씀하셨다. "나는 생명의 빵이다.
내게로 오는 사람은 결코 주리지 않을 것이요,
나를 믿는 사람은 다시는 목마르지 않을 것이다." (요한복음 6:35)

요엘 ; 시편 **20**편 ; 잠언 **22**장 ; 마태복음 **27**장

중서부 지방 특유의 덥고 습한 여름날이었습니다.

제이미는 날이면 날마다 이른 오후 시간을 친구네 수영장에서 보냈지요. 오랜 친구와 함께 시간을 보내는 것은 아주 신나는 일이었답니다. 수영·다이빙·말놀이 모두 재미있었지만 그는 여름 아르바이트를 하기 위하여 친구와 헤어져야만 했습니다.

그는 그 날 밤 이웃 동네의 제니퍼와 데이트를 하고 집으로 차를 몰고 오다가 문득 밤하늘을 쳐다보았습니다. 별과 달이 사라져 버린 하늘은 무언가 특별했지요. 그 뜨겁던 낮이 밤에 스며드는 것 같았고 빨리 시원한 어둠의 밤이 오라고 주문을 거는 것 같았습니다. 여전히 공기는 뜨겁고 무더워서 수영을 하기에는 더할 나위 없이 좋았지요.

그래서 집으로 오는 길에 그는 친구의 집을 지나치며 밤 수영을 하기로 결심했습니다. 그 때는 늦은 밤이었고 친구 집은 불이 꺼져 어두웠지만 그의 친구는 기꺼이 수영장에서 수영을 하도록 해주었습니다. 다만 식구들의 잠을 깨우지는 말라고 했지요.

그는 조용히 뒤뜰로 발걸음을 옮기며 뜨겁고 무더운 여름 밤에 시원한 물에서 노는 느낌이 얼마나 좋은지는 오로지 중서부 사람들만이 알 수 있을 거라고 생각했습니다.

제이미는 잽싸게 탈의실에서 옷을 갈아입고 다이빙 보드에 올라 잠시 머뭇거리다가 일단 다이빙 자세로 머리를 수영장 쪽으로 두었습니다. 그는 어둠이 덮여 있는 수영장 안을 내려다 본 후……아니! 그는 다시 수영장 안을 내려다보았습니다. 저게 뭐지?

그의 발아래 수영장 안에는 전에 본 적이 없던 뭔가가 있었지요. 그는 어둠 속에서 십자 모양으로 밝게 빛나는 것을 보았습니다! 천사인가?

그 은빛의 은은하지만 선명하게 빛나는 형체에서 눈을 떼지 못하고 그는 좀더 가까이에서 보기 위하여 다이빙 보드 사다리를 천천히 내려와 수영장 가장자리로 발걸음을 옮겼습니다. 그리고 그가 무릎을 꿇고 가까이서 보려고 했는데 갑자기 그 형체가 없어졌습니다! 그냥 사라져 버렸습니다! 가버렸습니다!

그 순간 그는 그것이 천사였을 거라고 확신했지요. 그런 다음 그는 수영장에 물이 채워져 있지 않다는 사실을 알았습니다!

그가 다음 날 친구네 집에 다시 들렀을 때 그는 친구 부모님이 그 전 날 자신들이 수영을 마친 뒤 수영장 청소와 수리를 위하여 수영장의 물을 뺐다는 것을 알게 되었습니다.

바로 천사가 제이미를 구한 것이지요. 그렇지 않았더라면 머리나 등 또는 목에 치명상을 입어 장애인이 되었을 수도 있었을 겁니다.

제이미는 그 특별한 밤을 좋은 추억으로 간직하고 있습니다. 죽었을 지도 모르는 밤인데도 말입니다.

> 내가 비록 죽음의 그늘 골짜기로 다닐지라도, 주께서 나와 함께 계시고,
> 주의 지팡이와 막대기로 나를 위로해 주시니, 내게는 두려움이 없습니다. (시편 23:4)

〜〜〜

오바댜 : 시편 21편 ; 잠언 23장 ; 마태복음 28장

몇 년 전 공립 학교 선생님 한 분은 큰 병원에 입원해 있는 아이들을 방문하는 업무를 맡게 되었습니다. 그 여선생님이 하는 일은 아이들이 퇴원하여 학교로 돌아왔을 때 진도에 너무 뒤쳐지지 않도록 아이들을 개인 지도하는 일이었지요.

어느 날 이 선생님은 한 특별한 아이를 방문하라는 전화를 받았습니다. 그녀는 아이의 이름과 병원 그리고 입원실 번호를 적었고 그 아이의 담임 선생님으로부터 "저희는 현재 명사와 형용사에 대하여 수업을 하고 있고요, 선생님은 그 학생이 다른 아이들보다 뒤쳐지지 않도록 제가 내준 숙제를 지도해 주신다면 고맙겠습니다."라는 말을 전화 말미에 듣게 되었지요.

병원을 방문한 선생님은 아이의 입원실까지 오고 나서야 비로소 아이의 입원실이 화상 병동에 있음을 알게 되었습니다. 그러나 아무도 그녀에게 미리 일러 주지 않았기 때문에 그녀는 아직 마음의 준비가 되어 있지 않았습니다. 또한 감염의 가능성이 있었기 때문에 그녀는 소독한 가운과 모자를 써야만 했고 소년의 몸과 침대에는 절대로 손을 대지 말라는 말을 들었지요. 그녀는 소년 가까이에 갈 수는 있었지만 마스크를 반드시 쓰고 말을 해야 했습니다.

그녀는 예비 세척을 모두 마친 뒤 규정된 복장을 하고 숨을 깊게 몰아 쉰 다음 병실로 들어갔습니다. 심하게 화상을 입은 어린 소년은 심한 고통 속에 있었지요. 그 순간 선생님은 어색해서 어떤 말을 해야 할지 몰랐지만 뒤돌아서 나오기에는 이미 너무 늦어 버린 걸 깨닫고 겨우 더듬거리며 말했습니다. "나는 특별히 병원을 방문하는 선생님이란다. 네 담임 선생님께서 명사와 형용사에 대하여 너와 공부를 하라고 하셨어." 그러나 그 지도를 마친 뒤 그녀는 이 수업에 만족할 수가 없었습니다.

다음 날 아침 그녀가 다시 병원에 왔을 때 화상 병동의 한 간호사가 물었습니다. "그 소년에게 어떻게 한 거죠?"

그녀가 장황하게 사과의 말을 늘어놓자 말을 끊으며 간호사는 말했습니다. "제 말을 이해하지 못하셨군요. 저희는 그 아이에 대하여 걱정을 많이 했었는데 선생님이 어저께 다녀가신 뒤로 아이의 태도가 완전히 바뀌었어요. 아이가 병과 싸워내고 치료에 반응을 나타내고 있어요……. 마치 살려고 결심을 한 것 같아요."

나중에, 그 소년은 선생님을 보기 전까지는 희망을 완전히 버렸었고 자신은 죽을 거라고 느꼈었다고 설명했습니다. 그러나 모든 것은 단순한 깨달음으로 얻은 통찰 때문에 변해 버렸지요. 아주 심하게 화상을 입어서 희망을 포기했었던 이 어린 소년은 두 눈에 기쁨의 눈물을 머금고 이렇게 설명했습니다. "죽어 가고 있는 소년에게 뭐하러 명사와 형용사를 가르칠 선생님을 보내겠어요? 그렇지 않겠습니까?"

> 이는, 앞에 놓인 소망을 붙잡으려고 세상에서 피신한 사람들인 우리가 이 두 가지
> 변할 수 없는 사실, 곧 하나님의 약속과 맹세를 의지하여, 큰 위로를 받게 하려는 것입니다.
> 하나님께서 약속하시고 맹세하실 때에, 거짓말을 하실 수 없습니다. (히브리서 6:18)

열왕기하 1-2장 ; 시편 22편 1-21절 ; 잠언 24장 ; 마가복음 1장

어느 시골 마을 의사가 한 환자에 대하여 말하고 있었습니다.

환자의 남편은 강하고 조용하며 과묵해서 자신의 감정을 곧잘 표현하지 않는 사람이었지요. 매우 마르고 연약한 그 여자 환자는 맹장이 터져 복막염이 되어서야 병원으로 왔습니다. 물론 현재의 의술로 그 병에 대한 치료가 가능한데도 불구하고 그녀는 점점 약해져 갔지요. 그래서 의사는 그녀에게 살려고 하는 의지를 북돋아 주기 위하여 이렇게 말했답니다.

"존처럼 강한 사람이 되도록 노력해 보세요."

"존은 너무 강해서 누구의 도움도 필요없는 사람이에요."

그 날 밤 의사는 존에게 그의 아내가 회복하려는 의지가 없는 것 같다고 말했습니다.

"제 아내는 나아야 해요. 수혈을 받으면 도움이 되지 않을까요?"

존의 혈액형은 아내의 혈액형과 일치했습니다. 그래서 바로 수혈에 들어갔지요. 존은 아내 옆에 누워서 자신의 피가 아내의 정맥 속으로 흘러들어갈 때 말했습니다.

"나는 당신을 꼭 살리고 말 거야."

"왜죠?" 아내는 이렇게 물으며 눈을 감았습니다.

"왜냐고? 나는 당신이 필요해!" 존은 나지막이 대답했지요.

잠시 침묵이 흐른 뒤 아내의 맥박이 조금씩 빨라지며 아내는 눈을 떴습니다. 그리고 천천히 얼굴을 돌려 존을 바라보며 감격에 벅찬 목소리로 말했지요.

"제가 필요하다는 말을 전에는 한 적이 없잖아요."

이 일에 대하여 이야기하던 의사는 말했습니다. "그녀를 죽음의 문턱에서 살려낸 것은 수혈이 아니라, 바로 그 피 속에 녹아 흐르던 사랑이었지요. 물론 그녀는 완전히 회복되었습니다."

사랑의 힘이 발휘되려면 두 가지 방법이 있는데, 바로 사랑을 주는 것과 받는 것이지요. 인생에서 가장 기억하고 싶은 소중한 시간은 누군가가 "난 당신이 필요해요!"라고 여러분에게 속삭이는 순간일 겁니다. 이 아름다운 말을 하고 또 듣는 것이야말로 인생을 다르게 만들 수 있습니다.

신앙의 세계도 마찬가지입니다. 이 말을 생각해 봅시다. **우리가 하나님을 필요로 하듯이 하나님도 우리를 필요로 하신다는 사실을!** 하나님은 항상 인간에게 깨달음을 주십니다. 하나님은 하나님께 응답하고 안하고를 선택할 능력을 인간에게 주셨지요. 이것은 어떤 면으로는 도전이며 기회입니다. 만일에 인간들이 하나님께 응답하지 않는다면 어떻게 될까요? 하나님은 타락한 인간들이 사랑을 이해할 수 있도록 독생자 예수 그리스도를 보내셨습니다.

최근에 "나는 당신이 필요해!"라고 말해 봤습니까? 또 하나님께 하나님이 필요하다고 기도한 적이 있습니까? 사랑이 제 힘을 발휘하려면 서로 주고받아야 하는 것입니다. 나부터 먼저 말합시다. "나는 당신이 필요해!"

> 하나님이 세상을 이처럼 사랑하셔서 독생자를 주셨으니,
> 누구든지 그를 믿으면 멸망하지 않고 영생을 얻을 것이다. (요한복음 3:16)

열왕기하 3-4장 ; 시편 22편 22-31절 ; 잠언 25장 ; 마가복음 2장

지칠 대로 지친 한 부목사가 경험이 풍부한 담임 목사에게 찾아가 목사직을 포기하겠다고, 사임하고 다른 곳으로 이사가서 다른 일을 찾아 보겠다고 말했습니다. 이 베테랑 목사는 참을성을 갖고 이유를 물었지요.

그러자 젊은 부목사는 이렇게 말했습니다. "제가 예배를 진행할 때 아무도 저에게 주목하지 않아요. 떠들거나 주보를 읽지, 저에게는 관심도 없다구요."

담임 목사는 불평을 다 듣고나서 말했습니다. "그러면 이제 이렇게 한 번 해보세요. 우선 씩씩하게 성큼성큼 강단으로 걸어가서 완전히 예배를 장악하고 있는 듯이 행동해 보세요. 그러면 성도들의 주의를 집중시키는 데 훨씬 수월할 거예요."

이윽고 젊은 목사는 고개를 끄덕이며 말했습니다. "많은 도움이 됐어요. 좋아질 때까지 한번 해 볼께요."

담임 목사는 가다가 다시 이런 얘기를 했습니다. "몇 주 있으면 어머니날이 돌아오잖아요. 다음 주일에 이렇게 시작하는 겁니다. '우리는 인생에서 가장 멋진 순간들의 일부를 어떤 사람의 아내 팔에 안겨 보냈습니다.' 그럼 사람들의 관심을 끌 거예요. 잠시 말을 멈추면 사람들이 당신을 쳐다보겠지요. 그 때 이렇게 말하는 거예요. '바로 여러분의 어머니 말입니다!' 그런 다음, 곧장 강단으로 가서 돌아오는 어머니날의 특별 행사에 대하여 광고를 하는 거지요. 멋진 계획이죠? 아마도 틀림없이 사람들을 사로잡을 수 있을 거예요."

어김없이 다음 주일이 찾아왔습니다. 하지만 이번 주일은 뭔가 달랐지요. 젊은 목사는 1주일 내내 연습해서 만족할 정도로 준비를 마쳤습니다. 예배가 시작되는 순간 그는 곧바로 씩씩하게 강단을 향해 걸어간 뒤 듣기 좋은 목소리로 멋있게 말했지요. "우리는 인생에서 가장 멋진 순간들의 일부를 어떤 사람의 아내 팔에 안겨 보냈습니다."

그는 잠시 말을 멈추고 성도들을 쳐다보았습니다. **그들은 그 젊은 목사에게 집중하고 있었습니다……. 안내인도 멈추어섰지요……**. 침묵은 그야말로 의미 심장했지요……. 예상대로 사람들은 서로 쳐다보며 놀라워했습니다. 이 순간만큼은완전히 젊은 목사의 차지였습니다. 이 얼마나 유쾌한 순간인가요?

그러나 젊은 목사는 이 새로운 계획을 자신의 키 작은 빨간 머리 아내에게 미리 말하지 않았던 것입니다! 갑자기 그의 아내가 흥분을 감추지 못하고 찬송가 책을 내동댕이치더니, 자리에 놓여 있던 주보와 지갑을 집어 던지고 회중들을 가로질러 그에게 달려가기 시작했지요.

그러자 너무 놀라고 급한 나머지, 젊은 목사는 재빨리 이렇게 얼버무렸답니다. "내 맹세컨데, 나는 그녀가 누구였는지 통 기억이 안 납니다."

무화과나무에 과일이 없고 포도나무에 열매가 없을지라도, 올리브 나무에서 딸 것이 없고 밭에서 거두어들일 것이 없을지라도, 우리에 양이 없고 외양간에 소가 없을지라도, 나는 주 안에서 즐거워하련다. 나를 구원하신 하나님 안에서 기뻐하련다. (하박국 3:17-18)

열왕기하 5-6장 ; 시편 23편 ; 잠언 26장 ; 마가복음 3장

목표를 성취해냈을 때의 감격을 경험해 본 적이 있습니까? 그런 감격의 드라마는 스포츠 세계에서 흔히 등장하지요.

여덟 살짜리 한 소년이 엄마와 그가 만나는 모든 사람들에게 이렇게 말했답니다. "나는 이 세상에서 제일 위대한 야구 포수가 될 거예요."

사람들은 그 아이를 비웃으며 말했습니다. "웃기지 말고 꿈 깨라, 이 꼬마야."

그의 엄마도 조용히 그에게 말했지요. "너는 이제 여덟 살이란다. 이루지 못할 꿈을 꿀 때가 아니야." 하지만 그 소년은 자신의 꿈을 꺾는 소리들을 들으려 하지 않았습니다.

소년이 고등학교 졸업식에서 졸업장을 받으러 나아갈 때 교장 선생님이 그를 세우고 물었습니다. "자니, 네가 원하는 것이 무엇인지 이 사람들한테 말해 보렴."

그러자 그는 미소를 지은 채 어깨를 쫙 피며 말했습니다. "나는 세상에서 제일 위대한 포수가 될 겁니다." 이윽고 사람들이 낄낄 웃는 소리가 들렸지요.

이로부터 역사의 한 페이지가 만들어졌습니다. 전 뉴욕 양키즈팀 매니저 캐세이 스텐젤에게 이 젊은이에 대하여 물어볼 기회가 있었습니다. 캐세이는 다음과 같이 말했지요. "자니 벤치는 야구가 생긴 이래 가장 위대한 포수입니다!"

이 이야기가 왜 감동적인가요? 이미 여덟 살 때 자니 벤치는 인생의 목표를 세웠습니다. 그는 야구 선수 시절에 최고의 선수로 상을 두 번이나 받았지요. 처음에는 단지 꿈이었지만 꿈을 결국 현실로 이루어낸 것입니다.

사람들에게 꿈이 뭐냐고 묻는다면 확실히 대답할 수 있는 사람은 통계상으로 5%도 되지 않습니다. 나머지는 삶의 조류에 방향없이 흔들리고 있을 뿐이지요.

여러분은 인생의 방향을 어디로 잡고 있습니까? 인생의 목표를 정하는 것이 여러분의 인생에서 가장 중요한 일일 것입니다. 모든 일을 성취하는 출발점은 바로 목표를 세우는 것입니다! 사도 바울이 "나는……푯대를 향하여……좇아가노라."라고 말했을 때 이미 그는 목표를 세우는 것의 중요함을 알았던 것입니다.

목표가 확실한 사람은 어려운 고난을 만나도 헤쳐 나가며 불가능해 보이는 상황에서도 목표를 이루어냅니다.

위대한 업적을 쌓은 사람은 그리 많지 않지요. 여러분은 인생의 목표를 이루고 인생을 변화시키고 인류에게 유익한 일을 하는 사람인가요? 무엇 때문에 주저하십니까? 나아가십시오, 푯대를 향하여!

> 곧 뒤에 있는 것을 잊어버리고, 앞에 있는 것만을 바라보고, 그리스도 예수 안에서,
> 하나님께서 위로부터 부르신 그 부르심의 상을 받으려고,
> 목표를 향하여 달려가고 있습니다. (빌립보서 3:13-14)

열왕기하 7-8장 ; 시편 24편 ; 잠언 27장 ; 마가복음 4장

앤 랜더스에게

저는 어려서부터 거짓말을 하지 않고는 못 배기는 거짓말쟁이였어요. 부모님은 저의 나쁜 버릇을 고치려고 온갖 방법을 다 써 보셨지만 저는 그래도 계속 거짓말을 했죠. 저의 문제는 거짓말을 해서 사람들의 관심을 끌려는 것이었어요. 제 인생이 그다지 매력적으로 보이지 않았거든요. 제 거짓말 얘기 한 번 들어보세요.

저는 학교에 가서 유명해지려고 친구들에게 거짓말을 계속했어요. 결국 제가 졸업할 때에는 친구가 한 명도 없었지요. 그래서 새로운 친구를 찾기 시작했어요. 그 때까지 거짓말은 제가 살아 가는 방식이었답니다. 거짓말을 그럴 듯하게 보이려면 제게 있는 돈보다 더 많은 돈이 필요했습니다. 그래서 지불하지도 못할 수표를 발행했지요. 또 해군 장교로 속이기도 했고 나중에는 성공한 사업가라고 거짓말도 했어요.

제 아내는 저의 모든 것이 거짓말이라는 걸 알고는 떠나 버렸어요. 두 번째 아내도 똑같이 저를 떠났지요. 그러자 저는 제가 변해야겠다고 결심했어요. 그런데 세 번째 결혼 뒤 곧바로 저는 부도 수표 때문에 감옥에 가게 되었습니다. 물론 감옥에 있을 때 또 이혼을 했구요.

이 이야기는 거짓말을 하는 어린이들에게 하는 충고예요. 제발 미래를 생각해 보세요. 거짓말은 단지 자신만을 망치는 것이 아니라 여러분이 아는 모든 사람들에게 해로운 것이에요.

저도 언젠가는 감옥에서 나가겠죠. 제가 감옥에서 나가면 그땐 진실만을 말할 거예요. 처음에는 사람들이 제 말이 거짓말이라고 생각하겠지만 시간이 흐르면 저를 믿어 주리라 믿어요. 저는 아직 겨우 스물 여섯 살이에요. 쉰 살이 될 때까지 저에 대한 좋은 평판을 쌓을 거예요. 어떤 친절한 선생님이 사람의 말은 황금보다 더 가치있는 것이라 말한 적이 있어요. 이 말의 뜻을 깨닫기까지 너무 오랜 시간이 걸렸다는 게 단지 안타까울 뿐입니다.

만일 여러분이 거짓말쟁이라면 아직 친구가 남아 있을 때 거짓말을 그만두세요. 저는 제 편지가 15년 전의 저와 같은 사람에게 도움이 되었으면 해요.

위스콘신 주의 오레건에서
스티브 올림

이 편지처럼 한 사람의 인생을 요약한 슬픈 편지를 보면 정신이 번쩍 들곤 합니다. 여러분이 거짓말쟁이가 아니라면 거짓말쟁이가 되지 마십시오. 그러나 만일 여러분이 거짓말쟁이라면 다시는 거짓말을 하지 마십시오. 거짓말을 했다면…거짓말을 했던 기록을 지울 수 있을까요? 대답은 '그렇다!'입니다. '용서'라는 말을 들어본 적이 있습니까? 궁극적으로 모든 죄는 하나님의 뜻을 거역하는 것이므로 오직 하나님만이 인간의 죄와 거짓말을 용서할 수 있습니다. 하나님께 용서를 구하십시오. 용서는 하나님의 몫입니다. 하나님의 은혜와 자비하심만이 죄를 씻어줄 수 있습니다. 그러나 자신을 낮추고 문제를 인정하고 용서를 구하는 것은 우리의 몫입니다.

너희 이웃에게 불리한 거짓 증언을 하지 못한다. (출애굽기 20:16)

❧

열왕기하 **9-10**장 ; 시편 **25**편 ; 잠언 **28**장 ; 마가복음 **5**장

이집트의 한 의료 선교 봉사 단원은 봉사 지역의 사람들이 계속해서 빈혈 증세가 나타나는 희한한 병으로 고통받는 것을 보고 고민했습니다. 그와 그의 아내는 이 소박하고 인정많은 사람들을 육체적·정신적으로 보살피며 점점 사랑하게 되었지요.

그들은 의학적으로 할 수 있는 노력을 다하고 병을 치료하려 노력했지만 아무 소용이 없었습니다. 그가 연구한 바로는 병의 원인은 사람들이 먹는 마을 샘물 주위의 흙에서 발견되는 간 디스토마 때문이었지요.

그래서 그는 존 홉킨스 의학연구소에 편지를 보내 자신이 디스토마 균을 가지고 미국으로 갈 테니 치료 방법을 개발할 수 있도록 회의 일정을 잡아 달라고 부탁했습니다.

그러나 그가 미국에 돌아왔을 때 공항 이민국에서 그를 제지했습니다. 이민국 직원들이 그의 가방을 검사하고 디스토마가 든 용기에 대하여 설명할 것을 요구했습니다.

그러자 그는 연구에 필요한 것이라고 설명했는데 이민국의 반응은 다음과 같았지요. "입국할 수 없습니다. 어떤 상황에서도 국내로 간 디스토마 균을 들여오지 못합니다."

그는 부탁하고 애원하고 거듭 설명해 보았지만 소용이 없었습니다.

그는 결정을 해야했습니다. 디스토마를 버리느냐 입국을 하지 않느냐.

그는 디스토마를 버리기 위하여 화장실에 가는 것을 허락받았습니다. 그는 병 뚜껑을 열고 디스토마를 하수구에 쏟아버리려다 희귀한 병으로 고통과 슬픔 속에 있는 자신의 친구들과 환자들을 생각해냈지요.

이윽고 그는 병을 들어 입에 대더니 그 디스토마를 삼켜 버렸습니다. 그리고 그는 무사히 세관을 통과할 수 있었습니다.

그 이후 5년 이상 그는 자신과 연구원들이 치료제를 발견하는 순간까지 고통을 받았습니다. 수많은 시행착오를 거쳐 드디어 치료제를 개발했지요.

그래서 5년 후에 그는 이집트로 돌아가 사랑하는 사람들이 앓고 있는 끔직한 병을 치료하는 임무를 완수할 수 있었습니다.

그의 행동 원리는 간단합니다. 그 병으로 고통받는 사람은 자기 혼자가 아니라는 생각이지요. 그는 자신과 친구들을 똑같이 생각했고 하나가 되었습니다.

우정의 중요한 요소들은 공감하고, 동정하고, 배려하고, 사랑하고, 동일시하는 것입니다. 훌륭한 친구는 자신이 하고 싶지 않은 일을 친구에게 부탁하지 않습니다.

예수께서 무리를 보시고, 그들을 불쌍히 여기셨다. 그들은 마치 목자 없는 양과 같이,
고생에 지쳐서 기가 죽어 있었기 때문이다. (마태복음 9:36)

열왕기하 11-12장 ; 시편 26편 ; 잠언 29장 ; 마가복음 6장

20세기초 젊은 클레어런스는 여자 친구와 함께 호수 근처로 소풍을 갔습니다. 그는 높은 칼라에 목이 꽉 죄는 양복을 차려 입었지요. 여자 친구도 열 개가 넘는 속치마를 입어야 하는 긴 드레스를 입고 양산을 들었습니다. 클레어런스가 열심히 노를 젓고 있는 동안, 여자 친구는 사랑스럽고 아리따운 모습으로 양산을 받치고 앉아 있었습니다. 그는 노를 저으며 그녀의 향수 냄새를 즐기고 있었지요.

태양은 뜨겁게 내리쬐고 얼굴이 땀으로 범벅이 되어도 클레어런스는 여자 친구의 미소를 바라보며 그녀의 아름다움에 매혹당하고 있었습니다. 마침내 목적지인 호수 가운데 작은 섬에 도착했지요. 클레어런스는 배를 섬 기슭에 대고 여자 친구가 배에서 내리도록 도와 주었습니다.

나무 그늘 아래에 자리를 잡은 뒤 그녀는 부드럽게 속삭이듯이 그에게 말하기 시작했습니다. 그는 그녀의 사랑스런 목소리에 귀를 기울였지요.

그녀가 속삭였습니다. "자기, 아이스크림을 안 갖고 왔잖아."

"아이스크림?" 클레어런스는 디저트로 아이스크림을 먹기로 했던 계획이 생각나며 중얼거렸습니다. 그는 다시 배를 저어 물가로 나와 가게를 찾아 아이스크림을 사 가지고 다시 섬으로 돌아갔지요. 그는 배에서 나와 나무 그늘로 터벅터벅 걸어갔습니다.

그녀는 아이스크림을 쳐다 보고 짙은 푸른 색 눈동자 위로 긴 속눈썹을 깜빡이며 행복하게 말했습니다. "자기, 초콜릿 시럽도 잊었어."

오, 어리석은 사랑의 힘이여! 클레어런스는 배에 올라 노를 저어 아까 갔던 가게에서 초콜릿 시럽을 사 가지고 배로 돌아와 찌는 듯한 오후에 노를 젓기 시작했습니다. 그러나 그는 노를 저어 반쯤 와서 멈추었습니다. 그는 거기에 서서 노를 젓지 않고 배를 움직일 수 있는 좋은 방법이 없을까에 대하여 오후 내내 생각했습니다. 바로 그 뜨겁던 여름 날 오후가 끝나갈 무렵에 클레어런스 에빈루드는 드디어 선외 모터를 발명해내게 되었지요.

꾸며낸 이야기라고요? 그렇다면 '에빈루드 선외 모터'의 역사를 살펴보십시오. 첫 4개월간에 이 새로운 발명품을 광고하던 중에는 이 이야기가 아이디어의 원천으로 여겨졌습니다. 이건 사실이지요. 클레어런스는 나중에 그 여자 친구와 결혼했습니다.

'필요는 발명의 어머니!'

세상의 대부분의 발견과 발명은 곤경과 필요의 순간에 나옵니다. 왜 그런가요? 사람은 최악의 상황에서 기회를 찾기 때문이지요. 만일 여러분이 역경 속에서 빠져나올 기회를 찾으려는 태도를 기른다면, 여러분 역시 인생에서 성공할 것입니다.

나의 옳음을 변호해 주시는 하나님, 내가 부르짖을 때에 응답하여 주십시오.
내가 곤궁에 빠졌을 때에, 주께서 나를 너그럽게 보아 주십시오.
나에게 은혜를 베푸시고, 나의 기도를 들어 주십시오. (시편 4:1)

열왕기하 13-14장 ; 시편 27편 ; 잠언 30장 ; 마가복음 7장

아서와 월터는 좋은 친구였는데 아서는 인생에 한 번 있을까 말까 하는 대단한 기회를 놓쳤습니다.

어느 날 월터는 아서와 함께 차를 타고 시골로 달렸습니다. 고속 도로를 달려 과수원을 지나 자갈길을 내려와 사람이 살지 않는 드넓은 대지에 다다랐지요.

몇 마리의 소와 말이 여기저기에서 뛰놀고 있었습니다. 그리고 쓰러져 가는 두 채의 오두막이 보였지요. 사방에 엉겅퀴가 흩날리고 먼지는 차 바퀴 뒤로 소용돌이치며 날렸습니다.

월터는 차를 세우고 아서의 뒤를 좇아 밖으로 나와서 자신이 세우려는 엄청난 건설 계획에 관해 열광적으로 일일이 묘사하기 시작했습니다. 그는 장황하고 자세하게 그림을 그리듯이 설명했지요. 그는 매우 흥분했고 열광적이었습니다.

그는 아서를 향해 보며 자신의 사업에 유리한 지위를 차지하려면 지금 땅을 사 두라고 권했지요.

그러나 아서는 혼자서 생각했습니다. ‘누가 도대체 이 말도 안 되는 사업을 위하여 25마일을 달려 온단 말인가? 이러한 모험은 너무 무모해.’

월터는 그의 친구 아서에게 설명을 계속 해나갔습니다. “나는 내 사업을 할 거야. 내 모든 돈을 투자하는 거지. 2년 후면 우리가 서 있는 땅에 울타리가 쳐지고 호텔과 레스토랑, 컨벤션 홀이 가득 들어서고 내가 만든 공원에서 휴가를 보내려는 사람들로 붐비게 될 거야.”

그는 계속 말했습니다. “나는 자네에게 이 땅을 살 첫번째 기회를 주고 싶어. 5년 후면 땅 값이 수백 배 오를 게 분명하니까 말이야.”

“내가 무슨 말을 할 수 있었겠습니까? 나는 그가 착각하고 있다고 생각했지요.”라고 후에 아서는 얘기했습니다. “나는 그의 이상이 상식 밖의 일이라고 생각했기 때문에 지금은 돈이 없고 나중에 모두 검토해 보겠다고 얼버무렸답니다.”

“나중에는 너무 늦을 꺼야, 지금 당장 투자하는 게 좋을걸.” 차로 돌아가며 월터는 아서에게 다시 한번 강조하여 말했습니다.

그렇게 아서 링크레터는 디즈니 랜드 주위의 땅을 살 기회를 놓쳐 버린 것입니다. 아서의 친구 월트 디즈니는 아서를 설득하려 했지만 아서는 월터가 허황되다고 생각했지요.

물론 지금 여러분은 두 사람의 우정에 관한 나머지 이야기를 알고 있을 것입니다.

얼마나 놀라운 일인가요! 놓쳐 버린 기회라는 것은 이런 것을 두고 하는 말입니다.

그러므로 성령이 이와 같이 말씀하셨습니다. “오늘 너희가 그의 음성을 듣거든, 너희 마음을 완고하게 하지 말아라.” (히브리서 3:7-8)

열왕기하 15-16장 ; 시편 28편 ; 잠언 31장 ; 마가복음 8장

8월

AUGUST

오랜 친구와 정든 풍경 속에 깃든
천국의 모습이 더욱 커 보일수록,
친구와 풍경이 더욱 사랑스러워질 것이다.

존 케블

콜로라도 산지에서만 사는 어떤 미지의 새를 빼면 미국의 모든 새를 관찰한 바 있는 세계적으로 유명한 한 조류 연구가가 이 진기한 새를 관찰하기 위하여 여행을 떠났습니다. 드디어 이틀 후에 그 새를 발견하고는 그 새의 크기와 아름다움에 사로잡히고 말았지요. 그래서 그는 자신이 거의 벼랑 끝까지 왔다는 것도 잊어 버리고 그 희귀하고 아름다운 새를 향하여 걷기 시작했습니다. 결국 그는 벼랑에서 떨어졌습니다. 하지만 그는 굴러 떨어지다가 간신히 나무를 잡을 수 있었지요. 벼랑 꼭대기로부터는 100피트 아래 지점이었고 벼랑 아래로부터는 1,000피트 되는 지점에서 그는 매달려 있게 되었습니다. 그는 힘껏 도와 달라고 소리를 질렀지요. 그러자 그 순간 그를 안심시키는 소리가 들려왔습니다. "내가 여기 있다!"

"당신은 누구시죠?" 누군가가 자신의 소리를 들었다는 것에 놀란 그가 물었습니다.

"너의 주님이다!"

"오오, 주님 정말정말 고맙습니다. 더 이상은 오래 버틸 수가 없습니다."

"근데, 내가 너를 돕기 전에 네가 나를 믿고 있는지 알고 싶구나."

"주여, 진심으로 주님을 믿고 있습니다. 저는 일요일마다 교회에 나가고 어떨 때는 수요일에도 교회에 나갑니다. 그리고 잘 이해하지는 못하더라도 적어도 1주일에 한 번은 성경을 읽고 있구요. 또 적어도 이틀에 한 번은 기도를 드리며 매주 몇 천원씩 헌금을 하고 있습니다."

"그런데 네가 정말로 나를 믿고 있느냐?"

그 남자는 점점 더 다급해지고 있었습니다.

"주여, 주님께서는 제가 얼마나 주님을 믿고 있는지 알지 못하실 겁니다. 저는 100퍼센트 주님을 따르고 있으며 주님께서 말씀하신 것들을 완전히 믿고 있습니다. **믿습니다, 주여!**"

"훌륭하구나! 자, 그러면 나뭇가지를 놓거라!"

"예에……?"

"네가 정말 나를 믿는다면, 나뭇가지를 놓거라!"

그 남자는 잠시 침묵하더니 "위에 누구 없어요?"라고 소릴질렀습니다.

믿음이란 행동하기 전까지는 믿음이 아닙니다! 누가 감히 자신의 신념이 시험당할 때 그것을 극복하는 것이 쉬운 일이라고 말했던가요? 머릿속으로 이리저리 굴려 보는 것은 믿음이 아닙니다. 믿음이란 실체이며, 믿음이 행동으로 보여질 때라야 비로소 사실로 나타나는 것입니다.

다른 제자들도 예수를 믿는다고 말은 했지만 오로지 베드로만이 물 위를 걸었지요. 물론 그가 걷다 보니 물에 젖기도 했으리라는 건 알고 있지만, 그는 몸소 행함으로써 그 경이로운 역사를 이뤄낼 수 있었습니다!

믿음이 없이는 하나님을 기쁘게 해드릴 수 없습니다. 하나님께 나아가는 사람은, 하나님께서 계시다는 것과 하나님께서는 자기를 찾는 사람들에게 상을 주시는 분이라는 것을 믿어야 합니다. (히브리서 11:6)

열왕기하 **17**장 ; 시편 **29**편 ; 잠언 **1**장 ; 마가복음 **9**장

다음의 이야기는 선교 순례자인 레버랜드 프랭키 워커에 관한 이야기입니다.

나는 1990년 8월에 버지니아에 있는 성경 학교를 마친 다음, 임무를 띠고 이스라엘로 가게 되었습니다. 걸프 전이 전면전의 양상을 띠던 중이었고, 이때 사담 후세인은 이스라엘에 아주 위협적인 존재였지요.

부시 대통령은 미국인들에게 이스라엘을 떠날 것을 독려했습니다. 관광객들의 차량이 1주일에 두세 대씩 폭파되는 건 흔한 일이었거든요. 특히 파란 눈에 금발인 미국인이거나 또는 그렇게 생긴 사람들에 대해서는 무차별적인 대규모 살인 행각이 벌어지고 있었습니다.

그러나 중요한 것은, 선교사들은 성령에 인도되고 성령의 보호를 받는다는 것입니다.

그 곳에 있었던 석 달 반 동안, 나는 두려움이 없었을 뿐더러 항상 성령님의 인도에 따르고 있었고, 나의 곁에는 항상 천사들이 있다고 느꼈지요.

그 가운데서도 예루살렘에서의 체험은 특별했습니다. 나는 레보트에 거주하고 있었는데, 예루살렘으로 여행을 가게 되었습니다. 레보트에서 예루살렘까지는 약 한 시간 정도 거리였지요. 나는 당시 예루살렘에 여러 번 갔었고, 어떨 때는 며칠씩 그 곳에 머물렀던 적도 있었습니다.

그러나 위험했기 때문에, 나는 그리스도교인이라면 모두 한 번쯤 가보고 싶어하는 어퍼 룸에는 당시 가 본 적이 없었습니다. 하지만 이번에는 그 곳을 꼭 방문해 보기로 결심을 굳혔지요.

어느 주일날, 예배를 마치고 다마스커스 게이트를 향해 갈 때였습니다.

막 길에 들어서는데, 그 곳에 가지 말고 대신 YMCA에 가서 차를 마시라는 강력한 영감을 받았습니다. 나는 그러한 명령에 따르라고 배웠으므로, 즉시 YMCA로 갔지요.

그 곳에서 차를 주문하고 잠시 자리에 앉아 있는데, 옆자리에 유럽 사람들이 와서 앉았습니다. 그들 가운데 한 남자가 크고 또렷하게 말하는 소리가 들려왔지요. “지금 다마스커스 게이트에는 폭동이 일어나고 있다는구만. 우리가 그 곳에 안 간 게 정말 다행이야.” 그런 다음 또 한 사람이 덧붙이기를, “거기 사람들 모두 사제 폭탄과 칼을 갖고 있고, 돌멩이를 던져서 경찰서를 파괴하고, 또 지원 경찰들을 가둬 버렸대!”라고 하는 것이었습니다.

그 순간 내 안으로부터 찬양이 솟구쳤습니다. 내가 만일 성령에 따르지 않았더라면, 나는 다치거나 죽었을 것입니다. 그 날, 많은 사람들이 다치고 여러 명이 죽었지요.

순종이란 위험한 곳으로 여행을 가게 될지도 모를 하나님의 자녀들 모두가 반드시 지켜야 하는 것입니다. 올바로 순종하는 삶에 여러분의 인생이 걸려 있을 수도 있으니까요!

인자가 천사들을 보낼 터인데, 그들은 죄짓게 하는 자들과 불법한 일을 하는 자들을 모조리 그 나라에서 모아다가, 불 아궁이 속에 던질 것이다. (마태복음 13:41)

열왕기하 18-19장 ; 시편 30편 ; 잠언 2장 ; 마가복음 10장

1873년, 조셉 다미엔 드 베스터라는 이름을 가진 벨기에의 천주교 신부는 몰로카이의 하와이 섬에 있는 나병 환자들을 섬기러 사목 활동을 하도록 파견되었습니다. 그 곳에 도착하자마자 그는 친구를 만들고 사목 활동을 벌여 나간다는 희망에, 그 촌에 살고 있는 나환자들 모두를 만나기 시작했지요. 그런데 그가 다가설 때마다 사람들이 그를 피하는 것이었습니다. 마치 사목 활동을 할 수 있는 모든 문이 닫혀 있는 것만 같았지요. 그는 성당을 세우고 미사를 시작했으며, 또한 나병 환자들에게 자신의 온 마음을 쏟아 부으면서 일에 전념을 다했습니다. 하지만 아무 소용이 없었습니다! 아무도 그의 사목 활동에 반응을 보이지 않았습니다. 12년이 지나도 사람들은 여전히 신부를 거부했지요. 마침내 다미엔 신부는 실패의 쓰라림을 안고 떠날 결심을 하게 되었습니다.

낙담한 채로 벨기에로 돌아갈 배를 타기 위하여 부두로 갔습니다. 부두에 서있으면서 나환자들에게는 아무 쓸모도 없었던 자신의 사목 활동을 되씹으며, 신경질적으로 손을 비비꼬았습니다. 그런데 손을 쳐다보니, 문득 이상한 흰 점들을 보게 되었고 약간 마비된 느낌을 받았지요. 즉각적으로 그는 자신의 몸에 어떤 일이 생기고 있는지 알게 되었습니다. 그건 나병의 징후였습니다! 그 자신이 바로 나병 환자가 되어 있었던 거지요!

바로 그 순간, 자신이 해야 할 일을 알게 되었습니다. 그는 다시 나환자 촌으로, 자신의 일터로 돌아갔습니다. 삽시간에 그가 병에 걸렸다는 얘기가 나환자 촌 전체에 퍼졌지요. 수백 명의 사람들이 그의 집 밖에 모여들었습니다. 그들은 바로 신부의 고통과 두려움, 그리고 미래에 대한 불확실성을 동감했던 것입니다.

하지만 정말 놀라운 일은, 다미엔 신부가 아침 미사를 드리기 위하여 성당으로 온 후에 생겼습니다. 이미 수백 명의 사람들이 미사를 드리기 위하여 성당에 와 있었던 거지요. 미사가 시작될 무렵에는 모든 자리가 꽉 차 있었고, 많은 사람들이 성당 밖에까지 모여 있었습니다!

나머지는 말해 무엇하겠습니까? 다미엔 신부의 사목 활동은 아주 성공적이었지요. 최근에 하와이에 가 본 적이 있다면, 누구보다 그 사실을 더 잘 알 것입니다. 이유가 뭘까요? 그것은 바로 사람들과 함께 일했다는 단순한 개념 때문입니다. 신부도 그들과 같은 나병 환자였고, 그렇기 때문에 그들을 이해하고 그들과 함께 아파하며 또한 그들과 같은 공감대를 형성할 수 있었습니다. 그제서야 일체감이 생긴 거지요. 그가 그 일을 좋아했으리라는 건 의심할 여지가 없습니다.

이것이 예수님께서 오신 이유의 본질입니다. 이러한 행동을 표현해 주는 아주 훌륭한 말이 있습니다. 성육신! 하나님이 인간의 모습으로 이 땅에 오셨을 때, 다시 말해서 우리와 똑같은 인간이 되셨던 그 때가 바로 '성육신'이 일어났던 때입니다.

말씀이 육신이 되어 우리 가운데 사셨다. 우리는 그분의 영광을 보았다.
그 영광은 아버지께서 주신 독생자의 영광이며,
그 안에는 은혜와 진리가 충만하였다. (요한복음 1:14)

열왕기하 **20-21**장 ; 시편 **31**편 ; 잠언 **3**장 ; 마가복음 **11**장

존 스미스는 성실하고 부지런한 목수였습니다. 그는 여러 해 동안 줄곧 성공한 사장 밑에서 일을 했지요. 존은 어떤 고용주라도 기꺼이 쓰고 싶어할 만한 사람이었습니다.

어느 날, 사장이 존을 사무실로 불러서는 "존, 다음 번 건축은 자네에게 일임하려고 하네. 그러니 자재 주문에서부터 전체 공정의 감독까지 모두 자네가 맡았으면 하네."라고 했습니다.

그래서 존은 매우 열정을 가지고 그 일을 받아들였지요. 그런데 여기에서 그만 큰 실수를 저지르고 말았습니다!

10년 동안 그는 청사진을 연구해 왔습니다. 그는 모든 측량과 마름질 그리고 모든 규격들을 검토했지요. 그래서 이번 일을 맡고 갑자기 엉뚱한 생각을 하게 되었습니다. "어차피 내가 책임을 맡고 있는데, 좀더 싼 자재를 써서 남는 돈을 내가 챙겨도 되지 않을까? 누가 알겠어? 집을 지어 놓고 색칠까지 하고 나면 다 훌륭해 보일 텐데 뭐."

그래서 그는 조심스레 계략을 써 나갔습니다. 중급 자재를 주문해 놓고, 보고서들에는 최상급 자재인 것으로 기재하였지요. 또 저렴한 콘크리트를 주문하여 토대를 세우고, 아주 급료가 낮은 하청업자들을 고용하여 일을 하게 했습니다.

그러면서도 견적가보다 높게 보고를 했지요. 그는 눈에 띠지 않는 곳에는 제일 싸구려로 배선을 했습니다. 그래서 축조뿐만 아니라 자재에 대해서도 최상의 자재들을 구입했다고 보고하여 부당한 이익을 챙겼지요.

곧 집이 지어지고 조경 작업과 페인트 작업도 끝이 나자, 사장에게 와서 완성품을 보라고 했습니다.

그 사장은 집을 둘러보고 부엌을 잠깐 둘러 본 뒤 그의 충실한 일꾼인 존 스미스에게 말했습니다. "존, 아주 훌륭하게 일을 마쳤군! 자네는 여태껏 아주 훌륭하고 충실히 일해 주었으니까, 이제 내가 자네와 자네 가족에게 고마움의 표시를 해야겠네. 자, 내 선물일세. 이 집을 자네가 가지게나!"

인생에 쉬운 지름길은 없습니다!

특히 여러분의 삶에 진실이라는 기초를 다지는 문제에서는 더욱 그렇지요. 기초를 튼튼히 그리고 가장 좋은 자재로 세운다면, 그 위에 세워진 건축물도 세월이 주는 시험에 능히 견뎌낼 것입니다.

그러나 비용을 줄이고 싸구려 자재를 사용하고 손쉬운 방법만을 찾으려 한다면, 그것은 결국 재앙을 초래할 것입니다. 결국, 인생이란 우리에게 주어진 책임을 다 해야만 하는 거니까요.

'나사렛의 목수'를 믿는 우리는, 순종하며 살아야 합니다. 이러한 인생이 잘 지어진 인생입니다.

> 우리는, 주님 앞에서뿐만 아니라,
> 사람들 앞에서도, 좋은 일을 바르게 하려고 합니다. (고린도후서 8:21)

❧

열왕기하 22-23장 ; 시편 32편 ; 잠언 4장 ; 마가복음 12장

매사추세츠의 뉴 베드포드가 주요 항구 도시였을 때의 이야기입니다.

해마다 수많은 포경선이 그 항구를 떠나 바다로 나아갔지요. 포경선들은 바다 전체를 뒤덮었고, 항구를 떠나 몇 년씩 항해를 계속하곤 했습니다.

훌륭한 선장으로 이름을 날리던 수많은 선장들 가운데, 제일 유명한 선장은 바로 엘리에자 홀이었습니다. 그는 먼바다로 나가서 오랜 항해를 했고, 남들보다 더 많은 고래 기름을 가지고 돌아왔으며, 사상자도 적게 냈습니다.

홀 선장은 정규 교육을 거의 받지 못했기 때문에, 그가 알고 있는 모든 것은 항해를 통해 직접 터득한 것들이었습니다. 신에 가까운 항해 능력과, 배가 어디에 있고 어떻게 목적지에 도달하는가 하는 지식들이 어디에서 나오냐고 물으면, 홀 선장은 이렇게 대답했습니다: "에, 갑판에 올라가서 바람소리를 듣고 바닷물의 흐름을 보고 별을 자세히 관찰하면, 배의 방향을 알 수 있습니다."

세월이 흘렀습니다. 홀 선장을 고용하는 선주들은 해상 보험업자들로부터, 더 이상 제대로 훈련받은 자격증이 있는 선장을 태우지 않는 배는 보험 혜택을 받을 수 없다는 통지를 받았습니다.

그래서 이들은 어떻게 이 나쁜 소식을 홀 선장에게 전해야 할지 걱정하였습니다. 홀 선장 편에서는 나이 어린 선장을 채용하든가, 자신이 이제라도 직접 항해 학교에 다니든가, 양자간에 결정을 내려야 했지요. 회사 중역들은 제비를 뽑아 바다 사나이 홀 선장에게 치명적인 소식을 전할 한 사람을 뽑았습니다.

그러나 놀랍게도 홀 선장은 특별한 감정을 드러내지 않은 채, 이 소식을 반겼습니다. 그는 항상 새로운 과학적 항해법에 관심이 있었고, 공부할 기회가 온 것을 매우 좋아했지요.

홀 선장은 회사 돈으로 학교에 다녔고, 우수한 성적으로 졸업했습니다. 그리고 2년 동안 넓은 바다를 항해했습니다.

홀 선장이 첫항해를 마치고 뉴 베드포드에 돌아온 날, 뉴 베드포드의 뱃사람 가운데 절반 정도가 부두에 나와 그를 반겼습니다. 그에게 첫번째로 한 질문은, 물론 학교에서 배운 과학 지식을 얼마나 활용했는가였지요.

그는 대답했습니다. "과학의 힘은 훌륭했어요. 과학 지식이 없었다면 어떻게 항해를 마쳤을지 모르겠어요. 배의 위치를 알기 위해서는, 일단 선실에 가서 해도와 일람표를 꺼내 방정식을 풀어 과학적으로 정확한 위치를 알아냈지요. 그런 다음, 갑판에 올라가 바람 소리를 듣고 바닷물의 흐름을 살피고 별을 관찰했어요. 그리고는 마지막으로, 다시 선실로 돌아가서 계산상의 오차를 바로 잡았지요."

네가 하는 모든 일에서 주님을 인정하여라.
그러면 주님께서 네가 가는 길을 곧게 하실 것이다. (잠언 3:6)

열왕기하 **24-25장** ; 시편 **33편** ; 잠언 **5장** ; 마가복음 **13장**

한 소년이 할아버지 댁에 놀러 갔습니다. 그 할아버지는 소년이 고무총을 만드는 걸 도와 주었지요. 소년은 고무총을 갖고 놀기를 좋아했습니다. 그런데 고무총으로 무언가를 겨냥하여 돌멩이를 쏘곤 했지만, 한 번도 맞춘 적은 없었습니다.

어느 날 점심을 먹으러 올 때 소년은 뒷마당을 가로질러 왔는데, 거기서 할머니의 애완용 오리들을 보았습니다. 소년은 움직이는 목표물을 겨냥하고 돌멩이를 쐈지요. 그런데 희한한 일이 벌어졌습니다. 돌멩이는 목표물인 오리의 머리에 정확히 맞아 그만 오리가 그 자리에서 죽어 버린 거지요. 백만 번에 한 번 나올까 말까 하는 행운의 한 방이란 이런 걸 두고 하는 말일 것입니다.

소년은 겁에 질렸습니다. 너무나 놀란 나머지 죽은 오리를 들어서 가까이에 있는 장작더미에 숨겼지요. 그 순간 소년의 누나 샐리는 집 밖의 구석에 서서 모든 광경을 지켜보았습니다. 그들이 점심을 먹으러 집에 들어갔지만, 누나는 아무 말도 하지 않았지요.

점심 식사 뒤, 할머니는 샐리에게 말했습니다. “샐리야, 식탁을 치우고 설거지 좀 하렴.”

“할머니, 자니가 할머니 부엌일을 돕고 싶다고 말했어요. 그렇지 않니, 자니야.” 샐리는 말했습니다. 그리고 자니에게 이렇게 속삭였지요. “오리, 알지?”

그래서 자니는 할 수 없이 할머니를 도와 설거지를 했습니다. 오후에 할아버지는 아이들에게 낚시하러 가자고 했습니다. “미안하지만, 샐리는 갈 수 없을 것 같네요. 집에 남아 나를 도와 줄 일이 있거든요.”라고 할머니는 말했습니다.

그러자 샐리는 웃으면서 말했지요. “자니가 오늘은 할머니를 도와 주고 싶어해요, 그렇지 자니야?” 그리고 또 속삭였습니다. “오리, 알지?”

이렇게 자니가 샐리의 몫까지 집안 일을 하며 며칠이 지났습니다. 마침내 자니는 더 이상 참을 수가 없었지요. 그래서 할머니에게 가서 모든 것을 고백했습니다.

할머니는 자니를 안아 주며 이렇게 말했습니다. “알고 있단다, 자니야. 나도 부엌 창문을 통해 다 봤단다. 나는 너를 사랑하기 때문에 벌써 용서했어. 나는 네가 네 잘못으로 샐리의 노예처럼 얼마나 오래 지내는지 두고 보았던 거야. 내가 너를 얼마나 사랑하는지, 그리고 항상 너를 용서할 거라는 걸 몰랐단 말이니?”

그 날 밤, 샐리는 또 자니를 괴롭히려 했습니다. 먼저 속삭이듯이 위협했지요. “오리, 알지?”

이번에는 자니가 큰 소리로 고함치듯이 말했습니다. “더 이상 그 말은 통하지 않아. 할머니도 다 알고 계셔. 이제 나는 자유야!”

예수 그리스도는 죄와 수치심에서 우리를 자유롭게 하셨습니다. 단순히 죄를 고백하기만 하면, 우리는 하나님의 용서를 받을 수 있답니다.

> *그러나 하나님께서 빛 가운데 계신 것과 같이,*
> *우리가 빛 가운데서 살면, 우리는 서로 사귐을 가지게 되고,*
> *하나님의 아들 예수의 피가 우리를 모든 죄에서 깨끗하게 해 주십니다.* (요한1서 1:7)

◦◦◦

요나 ; 시편 **34**편 ; 잠언 **6**장 ; 마가복음 **14**장

인간은 크게 부정적인 사람과 긍정적인 사람 두 종류로 나눌 수 있습니다.

그런데 우리는 비관론자들이 어떤 일이 될 수 없는 이유에 대하여 목소리를 높여 떠드는 것으로 알고 있습니다.

누군가 '할 수 있다'고 말을 하는 것을 듣거나, 그렇게 항상 말하는 사람이 되는 것이 훨씬 더 현명하며 건강에 좋답니다.

아래에 있는 시는 매우 창의적이고 긍정적인 사람의 작품인데, 부정적인 생각이 들거나 부정적인 사람과 만나게 되면 시간을 내서 다음의 시를 읽어 보십시오!

불가능해!

어떤 사람들은 불가능하다고 말했지 / 그는 싱글벙글 웃으며 말했어 / "불가능할지도 모르지." / 하지만 그는 노력해 보기 전에는 불가능하다고 말할 사람이 아니야 / 그는 얼굴 가득 웃음을 머금고 허리띠를 졸라맸지 / 걱정이 들어도 감췄어 / 노래를 부르며 당당히 맞섰네 / 불가능해 보이는 일에 / 그리고 그는 해냈다네.

비웃는 사람들도 있었어 / "결코 할 수 없을 거야. 적어도 지금까지는 없었어." / 그러나 그는 코트를 벗고 모자를 벗었지 / 바로 우리는 알았어, 그가 이미 시작했다는 걸! / 턱을 치켜들고 싱긋 웃으며 / 의심이나 변명을 늘어놓지 않고 / 노래를 부르기 시작하며 당당히 맞섰네, 불가능해 보이는 일에 / 그리고 그는 해냈다네.

불가능한 일은 이 세상에 무수히 많아 / 실패가 예고된 일도 무수히 많지 / 당신을 덮치려고 기다리는 위험들을 / 하나씩하나씩 당신에게 알려주는 것들도 무수히 많아 / 그러나 허리띠 졸라매고 싱긋 웃으며 / 코트를 벗고 그냥 나아가라 / 노래 부르며 과감히 맞서라, '불가능한 일'에 / 그러면 해낼 것이다.

——에드가 게스트

생명을 사랑하고, 좋은 날을 보려고 하는 사람은
혀를 다스려서 악한 말을 하지 못하게 하며, 입술을 다물어서
거짓말을 하지 못하게 하며, 입술을 다물어서 거짓말을 하지 못하게 하여라.
악에서 떠나 선을 행하며, 평화를 추구하여, 그것을 좇아라. (베드로전서 3:10-11)

아모스 1-3장 ; 시편 35편 1-16절 ; 잠언 7장 ; 마가복음 15장

코스타리카의 투우 경기에서는 스페인이나 멕시코의 전통 투우와 구별할 수 있는 중요한 변화가 일어났습니다. 코스타리카 사람들은 전통 투우 경기 도중에 말탄 투우사가 소를 죽이는 것을 더 이상 용인하지 않았지요.

그 결과 투우사들의 자질이 형편없이 떨어지고 말았습니다.

훌륭한 투우사들은 더 이상 투우 경기를 하러 코스타리카로 찾아오지 않았습니다. 게다가 투우사로 배출되는 현지인들도 없어졌습니다. 그래서 사람들은 투우 경기의 규칙을 바꿔야만 했습니다. 18세 이상으로 술만 안 마신 사람이면 누구나 소와 싸울 수 있도록 규칙을 바꿨습니다.

그것은 정말 장관이었고, 심지어 우수꽝스럽기까지 했습니다. 투우 경기는 100명에서 150명의 투우 복장을 한 사람들이 망토를 두르고 링 가운데 자랑스럽게 서서 관중의 시선을 즐기며 손을 흔들면서 시작되지요. 트럼펫 소리가 나면……모두 돌아서고, 소가 비탈진 문을 돌파하고 나오기를 기다립니다.

소가 나와서 콧김을 뿜고 앞발로 땅을 긁으며 습격할 대상을 찾고 있을 때, 대부분의 자칭 투우사들은 안전한 링 바깥쪽의 자리를 서로 차지하려고 싸웁니다. 소는 첫번째 공격 대상을 찾고, 바깥쪽으로 피하려는 자리 다툼은 더욱 심해지지요.

이른바 '기마 투우사'라는 무리들 가운데 소와 싸울 준비가 되어 있는 사람은 몇 안 됩니다. 모든 사람이 '투우사'라는 이름을 듣고 싶어 하지만, 그 이름을 얻을 수 있는 관문을 통과하는 사람은 거의 없답니다. 그들은 단지 흉내만 낼 뿐이지요.

살다 보면, 우리는 말은 거창하게 하면서 실천에 옮길 줄은 모르는 사람들을 많이 만나게 됩니다. 공중에 뜬 자동차의 바퀴는 아무리 열심히 돌아봐야 앞으로 나아갈 수 없는 법이지요. 바퀴가 땅에 닿을 때라야 비로소 자동차는 앞으로 전진하게 됩니다. 어린아이가 제아무리 어른인 척 행동해도 결국은 어린아이일 수밖에 없는 것처럼 일종의 성숙의 문제입니다. 어린아이가 커서 어른이 되듯이 시간이 지나고 끊임없는 노력과 성공을 통해야만 비로소 획득할 수 있는 것입니다.

테디 루즈벨트는 이렇게 말했습니다: "'신뢰'라는 덕목은 실제로 투쟁 현장에 있는 사람들, 곧 당당히 노력하는 사람들의 것입니다. 곧 위대한 열정과 위대한 헌신에 대하여 알고 있으며, 명분을 가지고 스스로 희생하는 사람들의 몫이지요. 또한 잘된 경우에는 높은 목적에 도달한 승리감에 대하여 알고 있으며, 설사 잘못되어 실패를 할지라도 위험을 무릅쓰고 열심히 도전하다가 어쩔 수 없이 실패를 하는 사람들입니다. 그래서 그들의 자리는 승리에 대해서도 패배에 대해서도 알지 못하는 냉담하고 의기 소침한 부류들과는 절대로 함께 할 수 없는 자리입니다."

물러서지 맙시다, 그리고 당당히 맞서 싸웁시다!

> *그러므로 여러분의 확신을 버리지 마십시오. 그 확신에는 큰 상이 달려 있습니다.*
> *여러분이 하나님의 뜻을 행하고 나서, 그 약속해 주신 것을 받으려면,*
> *인내가 필요합니다.* (히브리서 10:35-36).

아모스 4-6장 ; 시편 35편 17-28절 ; 잠언 8장 ; 마가복음 16장 여러분의 자매가 슬퍼하거나 외로움을 느끼거나 고민이나 절망에 빠져 있거나 의기 소침해 있을 때는 어떻게 하겠습니까? 우울함의 일부라도 함께 나누어야 하지 않겠습니까? 다음의 이야기들은 여러분 자매뿐만 아니라 여러분에게도 도움이 될 것입니다:

1) 우울함을 극복하는 것이 그리 복잡한 일은 아닐 것입니다. 그러나 먼저 하나님께 우울함을 극복할 힘을 달라고 기도하는 것으로 시작하세요.

2) 자신에게 다음과 같이 말해 보십시오: "처음이 아니잖아? 이렇게 우울한 감정은 전에도 느꼈어. 이 감정은 계속 머무는 게 아니고 지나가고 마는 거야." 상처나 고통은 영원히 사라지지 않을지 모르지만, 기분이라는 건 좋아지기도 하는 거랍니다.

3) 의도적으로 생각을 바꿔 보세요. 불행한 생각을 하지 말고, 어렸을 때의 행복한 추억을 떠올리거나 즐거운 생각을 하십시오. 이것은 바로 부정적인 생각을 긍정적으로 바꾸는 것이지요.

4) 오랫동안 걷거나 잡초를 뽑아 보세요. 또한 삽으로 길을 만들어 보거나 낙엽 청소를 해보세요. 아니면 강아지 목욕을 시키거나 세차를 해보세요. 하여간 밖에 나가 뭔가를 하십시오. 그럴 수 없다면 집안에서 활동적인 일을 하시든가요.

5) 현재의 소망을 세어 보십시오. 종이를 꺼내 현재의 소망, 과거의 소망, 그리고 미래에 기대하는 소망의 목록을 만들어 보세요.

6) 여러분보다 좋지 않은 상황에 있는 사람을 도와 주세요. 이웃이어도 좋고 친구·자매·친척도 좋습니다. 요양원에 가서 아무에게나 책을 읽어 주세요. 그 가운데 자기 연민의 껍질을 깨고 나와, 다른 사람의 입장이 되어 보십시오.

7) 이 우울한 감정이 육체적인 문제 때문이 아니라는 확신을 가지십시오. 그리고 용감하게 의사에게 가서 도움을 받으세요.

8) 하나님이 보살펴 주신다는 확신을 가지십시오. 누군가가 또는 무엇인가가 여러분이 우울할 때, 시험받을 때, 고난이 있을 때 도와 주러 올 것입니다. 그리고 하나님께서 여러분이 불가능한 일을 감당할 수 있고 참을 수 없는 일도 참을 수 있게 도와 주신다는 것을 믿어 보세요.

9) 여러분이 만나는 사람들도 모두 지치고 상처받고 외롭고 슬픈 인생의 어려운 고비를 극복했다는 사실을 생각하면 도움이 될 것입니다. 그러나 그 사람들이 대처한 방식이라고 모두 여러분에게 쓸모있다는 보장은 없지요. 하지만 절대로 용기를 잃지 마십시오.

10) 내일은 더 좋아질 거라고 믿으십시오! 미래에 대한 확신을 가지십시오! 그리고 하나님에 대한 믿음을 가지십시오! 하나님과의 관계를 믿으십시오! 믿으십시오!

> 주께서는 "내가 너를 떠나지도 않고, 버리지도 않겠다" 하고 말씀하셨습니다.
> 그래서 우리는 담대하게 이렇게 말합니다. "주께서 나를 도우시는 분이시니,
> 내게 두려움이 없다. 누가 감히 내게 손을 대랴?" (히브리서 13:5-6)

아모스 7-9장 ; 시편 36편 ; 잠언 9장 ; 누가복음 1장

세상은 너무나 빨리 돌아가고 우정이 거의 사라져 가고 있는 이러한 때에, 결혼이야말로 한 쌍의 남녀가 나름대로의 바쁜 인생 속에서 서로가 할 수 있는 가장 안정되고 안전한 약속일는지 모릅니다. 만일 오랫동안 휴식을 즐기고자 한다면, 결혼에 좀더 높은 우선권을 부여해야 할 것입니다. 종교 음악가인 존 피셔가 제시하는 확실한 조언을 들어 봅시다.

존은 남들보다 결혼 생활을 오래 한 어느 노부부의 집에 세를 들었던 적이 있었습니다.

세월이 흘러 노부부의 손에는 주름이 지고 허리는 굽어 거동도 힘들어졌지만 서로에게서 느끼는 열정과 사랑은 식지 않았지요. 존은 그 부부의 사랑이 결혼한 지 50년이 넘게 지나도 계속해서 커져만 갔다고 말했습니다.

노부부의 사랑에 호기심을 느끼고 있던 그 음악가는, 마침내 할아버지에게 남편으로서 성공을 거둔 비결이 뭐냐고 물었습니다. 그러자 눈가에 주름이 가득한 그 노신사는 입가에 잔잔한 미소를 지으며 말했지요. "간단해요. 수요일에 아내에게 장미를 갖다 주는 것이었지요. 그 때 아내는 장미를 받을 거라곤 생각도 못했거든요."

다음 노래는 그 대화에서 영감을 얻어 지은 것입니다.

수요일엔 그녀에게 장미를,
모든 것이 푸른 우울에 잠겨있을 때
빨간 장미와 함께 사랑도 새로워질 겁니다.
수요일엔 그녀에게 장미를,
환한 빛이 날 겁니다.
사랑이 하기 힘들어질 때 사랑하십시오.
사랑이란 기다린다고 찾아오는 게 아닙니다.
사랑은 살금살금 뒤에서 다가옵니다.
사랑이란 좀더 많이 주려는 것이지요.
항상 베푸는 것이지요.
수요일엔 그녀에게 장미를.

편안한 날에는 사랑도 쉬워지는 법.
주말을 맞는 금요일의 기분과 같이.
하지만 삶이 바쁠 때 사랑을 한다는 것은
사랑이 항상 당신을 기다리고 있었다는 것.
수요일엔 그녀에게 장미를.*[56]

남편이 되신 여러분, 아내를 사랑하십시오. 아내를 모질게 대하지 마십시오. (골로새서 3:19)

〜〜

호세아 1-4장 ; 시편 37편 1-22절 ; 잠언 10장 ; 누가복음 2장 가장 친한 친구란 무엇을 말하는 것일까요? 정말로 진실한 친구란 어떤 의미가 있고, 우리에게 어떤 일을 해주는 것일까요? 이 짧은 이야기를 읽어 보고, 이러한 질문들에 대답할 수 있는지 알아 봅시다.

마이크와 팀은 이십 년 친구였습니다. 그들은 인생의 전성기에 도달해 있었지요. 그들에게는 아내와 자식이 있었고, 직접 사업체도 운영하고 있었습니다. 그야말로 순조로운 인생이었지요. 그들은 지난 20년간 거의 1주일에 한 번씩은 꼭 서로를 방문했고, 두 가족들은 함께 많은 시간을 보내곤 했습니다. 팀은 마이크와 같은 친구를 사귀게 된 게 얼마나 행운이었는지 많은 이들에게 말하곤 했지요. 그는 진실로 마이크를 아꼈습니다. 왜 그랬을까요? 그는 마이크처럼 남을 배려할 줄 아는 사람을 본 적이 없었기 때문이었지요. 그는 지난 20년간, 실천을 통한 마이크의 헌신적인 생활 습관을 보아 왔던 것입니다.

그러던 어느 날 팀의 인생에 비극이 찾아왔습니다. 그가 잠자는 동안, 그야말로 갑작스레 그의 아버지가 돌아가셨던 것입니다. 아버지가 돌아가신 뒤, 바로 그는 마이크에게 전화를 걸어서 와 줄 수 있는지 물었습니다. 마이크는 말했습니다. "금방 갈께!"

팀은 부모님 댁 잔디밭에서 조문객들을 맞으며 서 있었습니다. 팀은 잘하고 있는 것 같았습니다. 그는 눈물도 거의 흘리지 않고 있었지요. 하지만 부모님의 길다란 농장 길을 따라 마이크를 태운 차가 오고 있는 것을 보자마자, 팀은 눈물을 흘리기 시작했고, 그의 심장은 고동치기 시작했습니다. 마이크가 집 쪽으로 걸어올 때, 팀도 사람들 사이를 빠져 나와 마이크 쪽으로 걷기 시작했지요. 팀이 마이크와 마주 섰을 때, 그는 걷잡을 수 없이 흐느끼고 있었습니다. 그들은 서로 얼싸안고, 마이크는 팀을 위로했습니다. 뜰에 있던 사람들은 서로가 서로를 위하여 존재하는 진정한 우정이란 어떤 건가를 조용히 지켜보며 서있었지요.

왜 팀은 마이크가 다가오자 울었을까요? 무슨 일이 있었기에? 여러분의 존재를 확인해 주며 인생의 모든 벽을 허물어뜨리는 친구라는 끈이 있습니다. 그것은 서로를 위로해 주는 두 개의 영혼이었지요. 그것은 이 세상에서 가장 강력한 결합 가운데 하나입니다. 마이크와 팀의 관계는 아주 단순합니다. 그들은 서로를 먼저 생각하고, 자신의 생각과 꿈과 두려움을 서로 같이 나누며, 서로를 진실되게 사랑하고 있다는 것입니다.

그들에게 서로가 있다는 것은 행운입니다. 우리들 가운데 얼마나 많은 사람들이 이런 친구가 있다고 말할 수 있을까요? 불행히도 그렇게 많지는 않을 것입니다. 오늘과 같이 엎치락뒤치락 바쁘게 살아 가는 우리들은, 친구를 사귀고 사람들과 관계를 맺을 시간이 별로 없는 것 같습니다. 물론 친구에게 충실한 것이 최우선은 아니지만, 그건 분명히 필요한 것이지요. 삶의 여유를 갖고 우리의 손을 내밀어 우정을 쌓기 시작해 봅시다. 그러면 아마도 여러분은 여러분만의 마이크를 만나게 될 것입니다.

그런데 어찌하여 우리는 형제나 자매를 비판합니까?
우리는 모두 다 하나님의 심판대 앞에 서게 될 것입니다. (로마서 14:10)

❧

호세아 5-7장 ; 시편 37편 23-40절 ; 잠언 11장 ; 누가복음 3장

최근에 내 친구가 다른 사업을 하는 자기 친구에게 사업 문제를 가지고 가서 조언을 청했습니다. 그런데 우습게도 그 친구는 자기 친구가 어려운 부탁을 들어 주었으니 나중에 그 친구가 사업에 어려운 문제가 있을 때 자신이 은혜를 갚을 수 있게 되었노라고 매우 기뻐했습니다.

여러분 또한 나처럼 이상한 느낌을 가질 것입니다. 내 친구처럼 상대방에게 부담을 주는 부탁은 좋지 않은 것 같습니다. 친구에게 고민거리 하나 털어놓는 게 어째서 부탁이 된다는 것인가요? 하지만 조금만 더 생각을 깊이 하면 그 말이 논리적이라는 걸 알게 될 것입니다. 어쨌든 친구들과 고민을 함께 나눠야 하는 데는 몇 가지 이유가 있습니다.

1) 진정한 친구라면 여러분의 부탁을 기꺼이 들어 줄 것이고, 여러분을 도와 주게 된 것을 무척 반길 것입니다.

2) 다른 친구에게 문제를 털어놓는다는 건, 그 친구가 완전히 새로운 방식으로 생각하도록 하지요. 창조적 사고는 인간의 고매한 기능 가운데 하나입니다.

3) 친구가 자신의 고민에서 잠깐 벗어나 여러분의 문제를 해결하도록 거들게 함으로써, 그 친구의 고민거리를 해결할 단서를 줄 수도 있습니다.

4) 여러분은 그 친구의 의견과 답변을 여러분이 대단하게 여긴다는 사실을 보여 주어야 합니다. 여러분은 그 친구가 소중하고 가치있는 사람이라고 느낄 수 있게 해야 하지요.

5) 친구는 여러분의 문제를 해결하는 데 도움을 주면서, 자신의 사업이나 생계에 이익이 될 대단하고 창조적인 생각들을 할 수 있는 기회를 가졌을지도 모릅니다.

다음은 벤자민 프랭클린에 관한 이야기입니다. 벤자민은 필라델피아에 매우 싫어하는 사람이 있었습니다. 어떤 이유에선지 그 사람도 프랭클린을 싫어했고, 또 그 사실을 드러내놓고 인정했습니다. 프랭클린은 그 사람과 친하게 지낼 수 있는 창조적인 해결책을 찾다가, 그 사람이 갖고 있는 책을 빌리는 방법을 생각해냈지요. 그래서 프랭클린이 책을 빌려 달라고 부탁을 하자, 그 사람은 책을 빌려 주는 것에 대하여 기뻐했고, 그 일을 계기로 두 사람 사이의 냉전은 종식되었습니다. 그리고 그들은 오래지 않아 친구가 되었지요. 우정이란 계속 쌓아 가야 하는 것입니다.

홀이라는 사람이 다음과 같은 글을 썼습니다: "친구란 사려심과 미덕을 갖추고 있어 믿을 수 있는 사람이어야 하고, 타당하면서 동시에 진실된 의견으로 우리의 존경을 받는 사람이어야 한다. 또한 분별력이 있으면서도 친구의 기쁨과 슬픔을 함께 할 줄 아는 사람은 그의 정신적 풍요를 배가시킨 사람이라는 얘기를 듣게 될 것이다."

횃불을 던지고 화살을 쏘아서 사람을 죽이는 미친 사람이 있다.
이웃을 속이고서도 "농담도 못하냐?"하고 말하는 사람도 그러하다. (잠언 26:18-19)

호세아 8-10장 ; 시편 38편 ; 잠언 12장 ; 누가복음 4장

1936년 올림픽은 히틀러의 지배 아래 있던 독일에서 개최되었습니다. 그때 멀리뛰기에 참가한 미국 선수는 제시 오웬스라는 흑인 선수였지요. 독일을 대표하는 선수는 멀리뛰기 경기만을 위하여 온 생애를 바쳐 훈련한, 금발에 푸른 눈을 가진 루츠 롱이었습니다. 히틀러는 자신의 '일등 민족설'을 증명할 수 있도록 롱의 승리를 열렬히 응원했지요.

예선전에서 제시 오웬스는 도움닫기를 잘못했습니다. 본선에 진출하려면 24피트 6인치를 뛰어야 했는데, 그만 1차 시기에 실패하고 말았지요. 반면에 롱은 무난히 본선 진출 자격을 따냈습니다. 제시 오웬스는 좀더 신중하게 2차 시도를 했지만, 본선 진출 자격에 3인치가 모자랐습니다. 이제 오웬스는 극도로 긴장하였지요. 그래서 자신의 세 번째이자 마지막 시도를 하기 전에, 기도를 하려고 한쪽 무릎을 꿇었습니다.

그 때 누군가가 그의 이름을 부르며 그의 어깨에 잔잔하고 평온하게 손을 얹는 것이었습니다. 루츠 롱이었습니다! "네 문제가 뭔지 알 것 같아! 도약에만 집중을 해봐! 나도 그렇게 하거든. 파울을 걱정하느라, 지금 상태로는 완전하게 실력 발휘를 할 수 없어."라고 말을 하는 것이었습니다. 그러자 "맞는 말이야!"라고 제시가 대답했지요.

"나도 지난번 베른에서 경기를 할 때 너 같은 실수를 계속했는데, 이제는 그 해결책을 알고 있어."라고 말하며, 루츠는 오웬스에게 구름판에 닿기 0.5피트 전에 온 힘을 다하여 도약하라고 했습니다. 그런 식으로 하면 파울을 범할 리가 없었지요. 하지만 오웬스는 아직 자신이 없었습니다. 그러자 루츠는 그 자리에서 자신의 수건을 오웬스가 도약해야 할 정확한 지점에다 놓아 주었습니다. 그 방법은 성공했습니다. 비공인 세계 신기록을 세우며, 제시는 본선에 진출할 수 있게 되었습니다. 루츠 덕에 오웬스는 본선 경기에 참가할 수 있게 된 거지요.

결승전이 열린 날 1차 시기에서 루츠보다 나중에 뛴 제시가 좀더 멀리 뛰었습니다. 2차 시기에서는 루츠가 제시의 첫번째 기록을 능가했습니다. 그러나 이내 제시의 두 번째 기록은 루츠의 기록을 0.5인치 앞질렀지요. 하지만 조금 뒤, 루츠는 3차 시도에서 세계 신기록을 세웠습니다.

이제 제시 오웬스의 마지막 시기가 되었습니다. 도약을 하기 전에 그는 루츠가 자신을 쳐다보고 있음을 알았지요. 제시는 경쟁자인 루츠가 다음과 같이 말하는 것처럼 느꼈다고 나중에 말했습니다: "최선을 다하라고, 내가 여태껏 했던 것보다 더 잘 뛰어 보라고 나를 말없이 독려하고 있었습니다." 그리고 제시는 해냈습니다. 루츠가 세계 신기록을 세웠는데도 불구하고, 다음 순간, 제시가 조금 더 멀리 뛰어 버린 거지요! "해냈구나!"라고 얘기하며, 루츠가 제시의 팔을 위로 들어 주었습니다. "제시 오웬스! 제시 오웬스!" 그는 관중들에게 소리질렀습니다. 그리고 나서 조금 있다가 10만의 독일 사람들도 그와 함께 외치고 있었지요. "제시 오웬스!"

루츠는 히틀러의 '일등 민족설'을 입증하는데는 실패했지만, 최소한 그가 온 시대에 걸쳐 훌륭한 스포츠인인 것만은 분명히 입증한 것입니다.

> 그러므로 나는 목표가 분명하지 않은 달음질을 하는 것이 아닙니다. 나는 허공을
> 치듯이 권투를 하는 것이 아닙니다. 나는 내 몸을 쳐서 굴복시킵니다. (고린도전서 9:26-27)

호세아 11-14장 ; 시편 39편 ; 잠언 13장 ; 누가복음 5장

누이에게

누이여! (이것은 나의 소망이라오.)
지금 아침 식사 준비를 마쳤으니
서둘러야 하오, 할 일은 미루고
어서 가서 햇빛을 즐겨 봅시다.
몇 년에 걸쳐 들일 노력보다
지금 이 순간이 더 값지다오.
우리의 마음 구석구석이 흠뻑 취할 것이오
이 계절의 활기참으로.
정말 바라건대, 자 갑시다, 누이여!
빠르게 숲에서 입을 옷으로 갈아입고.
책도 필요 없소. 오늘만은
함께 여유로움을 즐겨 봅시다.

——윌리엄 워즈워스

자매들은 매우 특별한 종류의 자유를 누립니다. 사실상, 자매간의 관계는 다른 모든 인간 관계 가운데 특별한 부러움의 대상이지요. 자매들은 아무런 걱정 없이 자신의 깊은 속마음까지 나누는 자유를 알고 있는 것 같습니다. 자매에게도 얘기하기 어려운 부탁이 있을 수 있지만, 또한 자매라는 이유 하나만으로 어떤 부탁도 할 수 있답니다. 자매들은 다른 사람들에게는 드러내고 싶지 않는 속마음의 진실한 감정까지 함께 나누곤 합니다. 자매들이 번갈아 가며 서로의 감정을 보호해 줘야 하는 것은, 포트 녹스가 황금을 지키는 것처럼 당연하고 옳은 일 같습니다. 그러나 아마도 자매들 관계에서 가장 특별한 것은 완전히 자기 본래의 모습으로 돌아가는 자유이지요. 곧 겉치레나 가식, 숨김이 없고 창피당할 걱정이 없습니다. 간단하게 자기 자신으로 돌아갈 수 있는 이 호사는 환상적인 혜택이지요.

자매들의 우정은 자매라는 사실 이상의 뜻이 있습니다. 자매가 있다는 사실은 멋진 일이고, 좋은 친구를 갖는 것 이상의 의미가 있답니다. 많은 자매들은 함께 할 자매가 있다는 사실이 얼마나 축복인가에 대하여 자유롭게 말할 테지만, 진정으로 축복해야 할 일은 자매만큼 좋은 친구가 없다는 사실이지요.

그리고 제자들을 손으로 가리키며 "보아라, 내 어머니와 내 형제들이다. 하늘에 계신 내 아버지의 뜻을 행하는 사람이 곧 내 형제요 자매요 어머니다"하고 말씀하셨다. (마태복음 12:49-50)

이사야 1-2장 ; 시편 40편 ; 잠언 14장 ; 누가복음 6장

8월 15일 —— 자유를 위한 희생

'독립선언서'에 서명을 한 용감한 사람들에게 무슨 일이 있었는지에 대하여 관심을 가져 보았습니까? 독립선언서에 서명한 사람들 가운데 다섯 명은, 영국 정부에게 배신자로 몰려 체포되어 고문을 당하다가 결국은 사형당했습니다. 또한 집 수색을 당하고 집이 불태워진 사람이 열두 명이었고, 독립전쟁에서 아들을 잃은 사람이 두 명이었지요. 어떤 사람은 두 아들이 포로가 되었습니다. 56명 가운데 9명이 전쟁터에서 부상이나 고통 속에 죽어 갔습니다.

그들은 어떤 사람들이었을까요? 24명은 법률가였고, 11명은 상인이었습니다. 또한 9명은 농부이거나 농장주였습니다. 대부분의 사람들은 고등교육을 받은 재력가였지요. 그들은 잡혀서 죽게 되거나 아니면 더 심한 고통을 당할 줄 잘 알았면서도, 독립선언서에 서명을 했습니다.

그들은 다음과 같이 맹세했습니다:

"하나님이 지켜 주심을 확신하며, 이 선언서를 위하여 우리는 목숨을 걸고, 재산을 걸고, 신성한 명예를 걸고, 서로에게 맹세합니다."

버지니아 주의 부유한 무역상인 카터 맥키앰은 영국 해군에 의해 자신의 배들이 침몰당하는 것을 보았습니다. 그래서 그는 빚을 갚기 위하여 자신의 집과 재산을 다 팔았고, 결국 빈털터리가 된 채 죽고 말았지요. 토마스 매키앰은 영국군에 쫓기는 몸이었으므로, 그의 가족 또한 영국군을 피해 계속 도망다녀야만 했습니다. 그는 보수도 받지 않으며 국회를 위하여 일했고, 가족들은 숨어 지냈지요. 마침내 토마스는 재산을 다 잃고 가난하게 되었습니다.

파괴자들과 군인들은 엘러리 · 클리머 · 홀 · 월튼 · 귄넷 · 헤이워드 · 루트레지 · 미들리톤의 재산을 다 빼앗아 갔습니다.

토마스 넬슨 주니어의 말에 따르면, 요크타운 전투에서 영국 장군 콘월리스가 넬슨의 집을 영국군 본부로 사용하려고 접수했다고 합니다. 그래서 넬슨은 조지 워싱턴 장군에게 자기 집에 불을 놓으라고 조용히 설득하여 집을 불태웠지요. 결국 집은 파괴되었고, 넬슨도 모든 것을 잃고 죽었습니다.

프랜시스 루이스도 집과 재산을 모두 잃고, 아내마저 감옥에 갇힌 채 숨을 거두었습니다.

존 하트는 죽어 가는 아내를 남겨둔 채 쫓겨 갔고, 아이들도 살기 위하여 도망쳤습니다. 그의 땅과 제분소도 폐허가 되었지요. 하트는 지칠 대로 지친 나머지 심한 가슴앓이를 하다 죽었습니다.

노리스와 리빙스턴도 같은 운명의 고통을 겪었습니다.

이것이 미국 독립의 역사입니다. 이들은 민중을 선동하는 과격한 악한들이 아니라 다만 평범한 사람들이었지요. 그들도 자신의 안전에 대하여 왜 걱정을 안 했겠습니까만, 자유를 쟁취하는 것에 더 가치를 두었던 것입니다. 그들은 목숨과 재산은 잃었을지 모르지만, 신성한 명예는 오늘 온 세계의 자유를 사랑하는 사람들의 마음 속에 모두 남아 있습니다.

주님을 저희들의 하나님으로 모시는 나라,
곧 하나님의 소유로 뽑힌 백성은 복이 있다. (시편 **33:12**)

❧

이사야 3-5장 ; 시편 41편 ; 잠언 15장 ; 누가복음 7장

한 중년 남자가 젊은이들에게 연설을 해달라는 부탁을 받았습니다.

그는 젊은이들이 경험하지 못한 인생을 되돌아보며, 연설 내용을 준비했지요. 다음은 그가 젊은이들에게 준 메시지입니다:

오십 평생을 살면서, 인생이라는 모래시계에 남은 모래보다 빠져나간 모래가 더 많다는 걸 느낄수록, 인생은 더 뚜렷이 보인다는 사실을 깨달았을 때 나는 내가 더욱더 명상과 사색에 빠져들고 있음을 발견합니다.

내 인생은 풍성했으나, 후회되는 일도 있었습니다. 물론 여러분도 후회를 경험할 수 있습니다. 그래서 나는 스물한 살이 되기 전에, 꼭 알아두면 좋을 만한 것들을 대략 묶어 보았습니다.

서른 살 이후의 건강은 스물한 살 이전에 어떤 음식을 먹었느냐에 좌우된다는 걸 알았어야 했습니다.

돈을 어떻게 써야 잘 쓰는 것인지 알았어야 했습니다.

습관은 스물한 살 이후에 바꾸기 어렵다는 걸 알았어야 했습니다.

노력한 만큼만 얻을 수 있다는 걸 알았어야 했습니다.

연세 많은 분들과 현명한 분들의 충고를 무시하지 말았어야 했습니다.

부모님이 자식을 기르는 의미를 알았어야 했습니다.

유익하고 격려가 될 만한 성경 구절을 많이 알아뒀어야 했습니다.

마음의 교양을 쌓기 위하여 다른 사람을 돕는 것보다 더 좋은 일은 없다는 걸 알았어야 했습니다.

정직하게 땀 흘리고 일해서 돈을 벌어야 한다는 걸 알았어야 했습니다.

어떤 분야에서 최고가 되려면 좋은 교육을 받아야 한다는 걸 알았어야 했습니다.

이웃이나 나 자신, 그리고 하나님과의 관계에서 정직은 최선의 방책이라는 걸 알았어야 했습니다.

그리고 오늘 나는 인생이란 인생에 대한 여러분의 생각을 다시 여러분에게 비쳐 줄 거울이라는 것을 여러분과 다른 젊은이들에게 각인시켜 줄 수 있는 공식을 알았어야 했습니다.

나는 세상에서 또 다른 것을 보았다. 빠르다고 해서 달리기에서 이기는 것은 아니며, 용사라고 해서 전쟁에서 이기는 것도 아니더라. 지혜가 있다고 해서 먹을 것이 생기는 것도 아니며, 총명하다고 해서 재물을 모으는 것도 아니며, 배웠다고 해서 늘 잘되는 것도 아니더라. 불행한 때와 재난은 누구에게나 닥친다. (전도서 9:11)

이사야 6-8장 ; 시편 42편 ; 잠언 16장 ; 누가복음 8장

당신은 더 이상 천사는 없다고 생각합니다.
기쁨 또는 슬픔, 사랑 또는 죽음의 밤에
우리에게 다가와서 말을 건네는 천사는 없고,
하나님이 가까이 있다고 얘기하기 위해
날개를 나풀거리거나, 손바닥을 우리에게 대는 천사도 없다고.
요즘 시대엔 하나님의 계시도 전화나 우편을 통해 전해진다고, 당신은 말합니다……
하지만, 죽음이 가까이 온 시간 우리가 들을 수 있도록 해주는 것은
전화나 우편을 통한 목소리가 아닙니다.
그러한 목소리는 죽음의 고통을 뚫고 돌파할 힘도,
흔들리는 인식 깊은 곳을 돌파할 힘도 없습니다.
잠긴 문을 아랑곳하지 않고 바람이 몰아칩니다.
우리는 들을 수 없고, 볼 수 없습니다. 그리고 여전히
열쇠를 더듬는 손가락은 아무 것도 느끼지 못합니다.
천사가 나타날 때까지.
기억하십니까? 나무가 있었다는 것을,
땅에서 싹이 트고 너무나 격정적으로 곧게 뻗은 키 큰 나무가 있었다는 것을,
마침내 거대한 힘이 당신 가슴을
밀고 들어오는 것을 보게 했던 나무가 있었다는 것을.
그리고 그것은 층층나무 꽃의 가지가 아니었던가요?
길을 온통 하얗게 수놓아 버린 가지,
한꺼번에 슬픔을, 지고 가기엔 너무나 커다란 짐을 만들었던 거지요.
더 이상 천사는 없다고, 당신은 말합니다.
높이 치켜든 칼도, 갈라지는 분노의 바다도 없고……천사도 없다고…….
그러나, 모과 꽃봉오리 하나가 제철이 아닌데도
갑자기 도자기가 깨지듯이 한 여인이 눈을 감은 날 피어납니다.

—— 앤 모로우 린드버그

*"이제 내가 너희 앞에 한 천사를 보내어 길에서 너희를 지켜 주며,
내가 예비하여 둔 곳으로 너희를 데려가겠다."*(출애굽기 23:20).

이사야 **9-10**장 ; 시편 **43**편 ; 잠언 **17**장 ; 누가복음 **9**장

통상과 교역이 국경을 넘어 진행되고 있기 때문에, 번역과 문화 차이로 인해 일어나는 실수들이 비즈니스 세계에서는 흔히 일어나고 있습니다.

한때 일대 혼란이 제네럴 모터 사에서 일어났지요.

이 거대한 기업은 시보레라는 소형차를 떠들썩하게 선전하면서 남미에 들여놓았는데, 이 차의 이름은 스페인 말로 '가지 않습니다!'였답니다. 그러나 손을 쓰기에는 이미 때가 늦어 버렸던 거지요.

회사들이 심혈을 기울여 제품이나 설명서를 번역할 때조차도 실수가 있을 수 있습니다. 전국 기업 연합의 실비아 포터 기자는 한 칼럼에서 다음과 같은 몇 가지 예를 들고 있습니다.

어떤 회사에서는 '발로 페달을 밟아 작동시키는 치과용 드릴'에 대한 사용 설명서를 이탈리아 어로 번역을 했었습니다.

그러나 그 번역은 나중에 수정되어야만 했지요. 왜냐하면 "치과 의사는 신발과 양말을 벗고 발가락으로 드릴을 누르게 됩니다."라고 잘못 번역되었기 때문입니다.

대기업도 마찬가지입니다.

1982년에 코카 콜라는 글자가 새겨져 있는 병 뚜껑을 모아서 'Home Run'이라는 글자를 완성시키는 콘테스트를 개최했습니다.

그리고 당첨자가 많이 나오지 않도록 R을 새긴 뚜껑을 아주 적게 만들기로 계획을 짰지요. 그래서 'Home Run'을 만들 수 있는 확률은 100만 분의 1밖에 되지 않았습니다.

하지만 프린터 고장으로 인해 R을 새긴 뚜껑은 계획보다 18,000배나 많이 나오게 된 것입니다! 상당수의 많은 사람들이 당첨자 명단에 올랐지만, 이 음료 회사에는 상금으로 줄 돈으로 100,000달러밖에 모아져 있지 않았습니다.

그래서 실수가 있었을 경우에는 콘테스트를 취소할 수도 있다는 콘테스트 규칙을 열거하며 사과를 구하고 콘테스트의 막을 내렸지요.

콘테스트에 참가했던 많은 사람 가운데 한 명이 너무 화가 나서 불쾌감을 표시했습니다. 〈뉴스 위크〉지에 인용된 실수담 가운데서 바로 그가 하려고 했던 말은 이것이었습니다: "코카 콜라가 돌아가셨다는 것을 모든 사람들에게 알리자!"*[57]

*자기 일에 능숙한 사람을 네가 보았을 것이다. 그런 사람은 왕을 섬길 것이요,
대수롭지 않은 사람을 섬기지는 않을 것이다. (잠언 22:29).*

❧

이사야 11-13장 ; 시편 **44**편 1-8절 ; 잠언 18장 ; 누가복음 10장

그레이스는 동생이 태어나길 학수 고대했습니다. 엄마와 아빠가 너무 기대하지 말라고 얘기했지만, 그레이스는 자매가 생길 거라는 것을 알고 있었지요. 자매가 생기면 함께 차를 마시고, 공주와 왕자가 나오는 옛날 얘기를 읽고, 앞으로 많은 일들을 함께 할 것입니다. 그리고 그들은 결코 떨어져 있지도 않을 것입니다. 몇 달이 더디게 흘러갔고, 드디어 크리스마스가 지난 몇 주 후에 기다리던 날이 왔습니다. 그러나 그레이스의 아빠가 그녀 옆을 바쁘게 지나갈 때, 그레이스는 식구들의 표정이 모두 어둡다는 사실을 알았지요. 엄마에게 절대적인 안정이 필요하다는 것을 식구들은 몰랐단 말인가요? 몇 시간 뒤, 슬픈 표정을 한 의사 선생님이 엄마의 방에서 나왔습니다. 의사 선생님은 아빠에게 나지막한 목소리로 몇 마디 하고는 돌아갔지요. 그레이스는 공포에 휩싸였습니다. 죽은 아기의 장례 예식에서 그레이스는 단지 몇 가지만을 보았을 뿐입니다. 추운 날씨에 조바심 내며 기다리는 말의 콧구멍에서 나는 김, 그리고 마차에 빳빳이 앉아 있을 때 엄마가 지은 쓸쓸한 표정이 그것입니다.

시간이 흘러 그레이스가 자신의 아기를 낳을 때 그녀도 자연스럽게 불안한 감정이 들었습니다. 분만이 끝난 후, 그레이스는 진통이 시작되었을 때 자신의 손을 잡아 주고 안심시켜 주던 간호사를 찾았습니다. 하지만 수간호사는 "그런 간호사는 여기 없어요."라고 대답했지요.

그레이스가 쉰 살이 되었을 때, 자신의 아들이 연합군의 유럽 침공 작전에 참전했다 행방 불명이 되었다는 놀라운 소식을 듣게 되었습니다. 그렇게 괴로운 두 달이 지나, 다행히도 그녀의 아들은 무사하다는 소식을 받았습니다. 그레이스의 아들은 용기있는 한 여인의 도움으로, 적군이 그녀의 농장을 약탈하는 동안 그를 지하실에 숨겨 주어서 무사할 수 있었지요. 그러나 그 뒤에 적십자에서 그 여인을 찾았지만 그런 여인은 없었습니다.

20년이 흘러 그레이스는 남편이 죽던 날 밤에 몇 시간 동안 남편의 손을 잡고 있었습니다. 그때 그레이스는 빈집에 혼자 있는 것처럼 느끼며 마침내 잠에 빠져들었지요. 그러나 이상하게도 상쾌함을 느끼며 잠에서 깨어나 보니, 머리맡에 그녀가 제일 좋아하는 차 향기가 가득했습니다.

그레이스는 여든다섯 번째 생일이 지난 지 2주가 되었을 때 자신의 생명이 다하고 있음을 느꼈습니다. 그레이스가 2층에 누워 있을 때 봄바람에 커튼이 날렸지요. 그레이스는 눈을 감았고, 신기하게도 다정한 손이 그녀의 손을 잡았습니다. 그 후 그레이스의 장례예식에 모인 사람들은 그레이스의 미소가 너무 아름다웠다고 말했지요.

여러분은 우리가 아무것도 알지 못한 채 사망한 가족들은 우리들 마음 속에 들어올 자리가 전혀 없다고 믿습니까? 아니면 우리가 죽어 영원한 나라에 가면 전지 전능하신 창조주만이 베풀어 주실 수 있는 재회를 즐길 수 있으리라고 믿습니까? 여러분의 마음을 결정하십시오. 나는 무엇을 믿어야 할 지 알고 있습니다.

"너희는 이 작은 사람들 가운데서 하나라도 업신여기지 않도록 조심하여라…….
하늘에서 그들의 천사들이 하늘에 계신 내 아버지의 얼굴을 늘 보고 있다. (마태복음 18:10)

이사야 14-15장 ; 시편 44:9-26절 ; 잠언 19장 ; 누가복음 11장

조지 워싱턴 카버는 뚜렷한 삶의 목표를 가지고 중용을 지키고자 노력했던 선량한 사람입니다. 노예의 가정에서 노예 신분으로 태어났기 때문에 카버는 학교 교육을 받기 위하여 기존의 거대한 편견과 싸워야 했습니다.

그렇게 갖은 학대 속에서 카버는 석사 학위를 받았고 아이오아 대학의 교수 자리를 얻었지요. 많은 사람들이 탐내는 자리였고 아이오아 대학에서 그렇게 명망 있는 자리에 오른 흑인은 한 사람도 없었습니다.

자연스럽게 다른 교수들은 그를 아끼게 되었고 학생들은 열정적으로 그의 강의를 들으려 했습니다. 그의 인생에서 처음으로 멋진 시기가 찾아온 것입니다.

그 때 카버는 부커 워싱턴으로부터 남부 흑인 교육 사업에 동참할 것을 제안하는 편지를 받았습니다. 카버는 고민 끝에 아이오아 대학의 교수직을 사임했지요.

명망있는 안락한 자리를 버리고 카버는 남부의 메마른 목화밭에서 굶주림에 지친 사람들을 가르치러 떠났습니다. 남부의 흑인들은 먹을 것에 굶주려 있었을 뿐만 아니라 배움과 더 나은 인생에도 목말라 했지요.

몇 년 동안의 헌신과 희생으로 카버의 위대한 정신은 천천히 결실을 맺기 시작했습니다. 그의 교육은 사람들이 더 이상 노예가 아니라 하나의 인간으로서의 존엄성을 지닌다는 사실을 일깨워 주었습니다.

사람들이 그에게 어떻게 그렇게 천재적인 과학자가 되었냐고 물을 때마다 카버는 언제나 하나님께서 모든 것을 주셨다고 말했습니다. 정말 놀랄 만한 일은 카버 자신이 새로 발견한 것을 돈벌이에 쓴 것이 아니라 필요로 하고 있는 누구에게라도 그 비밀들을 다 가르쳐 주었다는 것이지요.

세 명의 미국 대통령이 그와 친구가 되기를 원했습니다. 산업계에서도 그를 데려가려고 서로 경쟁했지요. 만일 카버가 에디슨 연구소에서 일하기로 승낙했다면 토마스 에디슨이 카버에게 연봉 백만 달러와 새로 지을 멋있는 연구소를 주기로 되어 있었다는 사실을 믿을 수 있습니까?

카버가 이 엄청난 돈과 매력적인 자리를 거절했을 때 어떤 사람들은 그를 이상하게 생각했습니다. 심지어는 의심을 하기까지 했지요. "그만한 돈이 있다면 좋은 일에 쓸 수 있지 않을까요?"라고 묻는 사람도 있었습니다. 그러면 카버는 이렇게 대답했답니다.

"내가 이 많은 돈을 갖는다면 나는 내 도움이 필요한 사람들을 다 잊어 버리게 될 것이오."

그의 비석에는 이렇게 쓰여 있습니다. "그는 명성과 재산을 얻을 수 있었지만 아무 것에도 관심이 없었다. 그는 세상 사람들을 위하여 헌신하며 행복과 명예를 찾았다."

사람이 친구를 위하여 목숨을 버리면 이보다 더 큰 사랑은 없다. (요한복음 15:13)

❧

이사야 16-18장 ; 시편 45편 ; 잠언 20장 ; 누가복음 12장

클리프는 따뜻한 마음을 가진 사람이었습니다. 중요한 모임에 참석하기 위하여 복잡한 거리를 차를 몰고 가다가도 지쳐 있는 사람을 볼 때마다 급한 일을 다 잊어 버리고 차를 세워 그를 도와 주곤 했지요.

요즘 세상은 충심이라는 걸 잊어 버린 것 같습니다. 그러나 클리프야말로 충심이라는 게 뭔지 알고 그걸 보여 줄 줄 아는 사람이었습니다. 사람들에게 도움의 손길을 내밀면서도 도움에 대한 어떤 대가도 요구하지 않았습니다. 때론 충동적일 때도 있었지만 한마디로 그는 인정 많은 사람이었지요.

반면에 로버트는 외로운 사람이었습니다. 아내를 먼저 저 세상으로 보냈고 사업도 실패하고 아이들은 집밖에서 제멋대로 행동했습니다. 이 늙은 가장에게 가장 시급한 건 일자리, 가족 그리고 휴가였습니다.

한때는 많은 사람들에게 중요한 인물이었지만 이제는 자신이 아웃사이더에 불과하다는 걸 알게 되었습니다. 화려했던 자신의 빈 자리를 채워 줄 것이 없었지요. 마치 방안 가득한 사람들 가운데서 누군가의 관심을 얻으려고 헛되이 발버둥치고 있는 듯한 느낌이 들었습니다.

클리프와 로버트는 힘들 때 서로 만났습니다. 클리프가 로버트보다 훨씬 어리기는 했지만 어떤 기업에서 함께 일하게 되면서 두 사람은 아버지와 아들처럼 가까워졌지요. 클리프는 로버트에게 조언을 구하였고 로버트는 자신의 결정에 대하여 클리프의 확인을 얻은 다음에야 행동했습니다. 그들의 우정은 서로에게 유익했지요. 이렇게 두 사람의 인연은 열매를 맺게 되었습니다.

몇 년 동안이나 클리프는 로버트에게 아침에 일어나야 할 이유를 만들어 주었습니다. "이거 해요, 저것도 한 번 해보세요, 내일은 중요한 날이에요, 올 수 있죠?"

어느 이른 봄날 로버트가 아침 식사를 하다 전화를 받았습니다. 클리프의 아내로부터 온 전화였지요. "우리 집으로 좀 와 주실 수 있으시겠어요? 오늘 아침에 그만 클리프가 죽었어요."

수백 명의 조문객들이 관 옆에 줄을 지어 서서 가족들에게 조의를 표하고 있을 때 로버트는 사람들이 다 갈 때까지 참을성있게 구석에 서 있다가 클리프의 아내에게 다가가서 그녀의 손을 잡고 이렇게 말했습니다. "일레인, 내 생애에서 클리프만큼 나를 사랑해 준 사람은 없소." 말을 끝내고 로버트는 걸어나갔습니다.

여러분에게는 로버트와 클리프 같은 친구가 있습니까? 찰떡 궁합인 친구가 있습니까? 여러분이나 내 인생에서 이런 친구가 한 명이라도 있다면 우리는 엄청난 축복을 받은 것입니다. 진실한 우정에는 흔들리지 않는 사랑과 서로에 대한 애정이 있어야 합니다.

여러분은 어떠십니까? 여러분 자신의 인생보다 더 가치있게 느끼는 누군가가 있습니까? 여러분의 장례 예식에서 'ㅇㅇ보다 나를 더 사랑해 준 사람은 없다'고 말해 줄 사람이 있습니까? 만일 그런 친구가 있다면 그 친구는 여러분의 왕관을 빛내 줄 얼마나 멋진 보석인가요!

요나단은 제 목숨을 아끼듯이 다윗을 아끼어,
그와 가까운 친구로 지내기로 굳게 언약을 맺었다. (사무엘상 18:3)

이사야 19-21장 ; 시편 46편 ; 잠언 21장 ; 누가복음 13장

존 허시의 소설 〈벽〉을 보면 자주 등장하는 장면이 있습니다. 이 소설은 폴란드계 유태인과 나치에 관한 이야기이지요. 소설 속에서 존 허시는 극악 무도한 나치가 유태인을 유태인 강제 거주 지구에서 여러 곳의 다른 수용소로 강제 이주시키는 행태에 대하여 말하는 부분도 있습니다. 여자와 남자들이 길게 줄을 지어 나치 장교 앞을 지나고 있습니다.

장교는 건강 상태가 괜찮아 보이는 사람을 데려다 공장에서 일을 시키려고 다른 줄로 보냅니다. 그렇지 않은 사람들은 죽음으로 향하는 줄에 세워지지요. 중년의 한 남자와 아내가 줄에 서 있었습니다. 그들은 서로 싸우고 있었습니다. 인생이 걸린 것처럼 싸움은 점점 심해졌지요. 아마도 자신들이 처한 곤경이 상대방의 탓이라고 비난했을 겁니다. 다른 장소에서 싸웠다면 이해할 수도 있었겠지만, 그들은 죽음을 눈 앞에 둔 상황에서 이성을 잃었던 것입니다.

마침내 두 사람이 나치 장교 앞에 다다랐습니다. 나치 장교가 그들을 잠깐 동안 훑어보고는 남자를 일하러 가는 줄에 가라고 지시했습니다. 그리고 그의 아내는 죽음의 줄로 보내졌지요. 그러자 남자는 잠시 동안 홀로 서 있었습니다. 그리고는 흐느끼며 자신이 있던 자리를 떠나 천천히 아내에게 걸어갔습니다. 그들은 함께 서서……말없이 죽음의 길로 함께 갔습니다.*58

모든 결혼 예식의 핵심은 이 결혼 서약입니다. "기쁠 때나 슬플 때나, 부유하거나 가난하거나, 아플 때나 건강할 때나, 사랑하고 아끼며……죽음이 우리를 갈라놓을 때까지…." 하객들은 그 서약이 영원하기를 바라지요. 이 서약은 결혼할 당시에는 쉬운 일처럼 들립니다. 그러나 수많은 난관을 무릅쓰고 좋은 시절 나쁜 시절 다 같이 살아 간다는 것은 자신의 결혼 생활에 완전히 헌신했을 때만 가능합니다.

여러분은 예수님이 행하신 첫번째 기적에 대하여 생각해 본 적이 있습니까? 결혼과 관련이 있지 않는가요? 그것은 바로 결혼 예식 피로연을 더 오래 할 수 있도록 물을 포도주로 바꾼 기적입니다. 얼마나 즐거운 기적인가요! 이 기적은 예수님이 당시의 결혼과 결혼 생활에 대하여 관심을 갖고 있었다는 사실을 강력히 말해 주는 증거입니다. 이 기적은 신랑·신부 그리고 하객들에게 기쁨을 안겨 주었습니다. 하나님께서는 아들을 보내시어 사람들이 즐길 수 있도록 충분히 돌보시고, 여러분과 여러분의 가정이 또한 환영받는 손님이 될 수 있게 돌보아 주신답니다.

결혼 생활은 우리가 서로에게 지쳤을 때까지가 아니라 '죽음이 우리를 갈라놓을 때까지' 계속되어야 합니다! 그것이 서약이고 선택은 여러분의 몫이지요. 그리고 이 결혼 서약을 잘 지킬 수 있는 은혜는 가장 영광스런 결혼 예식 하객인 하나님으로부터 나온답니다!

나의 계명은 이것이다. 내가 너희를 사랑한 것과 같이, 너희도 서로 사랑하여라.
사람이 친구를 위하여 목숨을 버리면 이보다 더 큰 사랑은 없다. (요한복음 15:12-13)

❦

이사야 22-23장 ; 시편 47편 ; 잠언 22장 ; 누가복음 14장

토머스 모어 경은 아일랜드의 시인입니다. 그는 젊어서 아름다운 아일랜드 처녀와 결혼을 했지요. 그녀의 불타는 듯한 붉은 머리칼와 파란 눈은 그냥 지나칠 수 없을 정도로 아름다웠습니다. 그녀와 토머스 경은 최고의 인생을 누리고 매 순간마다 서로에 대한 깊은 애정을 만끽하며 행복한 나날을 보내고 있었습니다.

어느 날 토머스 경이 얼마간 집을 떠나있게 되었습니다. 그런데 그가 없는 동안 그의 아름다운 아내가 그만 천연두에 걸리게 되었습니다. 이 병마가 어떤 흉터를 남기는지 여러분도 잘 알 것입니다. 그 아름다웠던 얼굴이 상처를 입고 흉측하게 변해 버렸답니다. 그녀는 토머스 경이 자신을 보기 싫어할까봐 너무 걱정한 나머지 환한 낮에는 남편에게 얼굴을 절대로 보여 주지 않겠다고 결심했습니다. 그녀는 방안에 틀어박혀 지냈고 창문에는 빛이 새들어오지 못하도록 두꺼운 커튼을 쳐버렸지요.

어느 날 저녁 늦게 토머스 경이 돌아왔습니다. 그는 일꾼들에게서 사랑스러운 아내의 병에 관한 이야기를 들었습니다. 그는 침실로 문을 열고 들어가서는 침대 쪽으로 걸어가기 시작했지요. 그녀는 그의 발자국 소리라는 것을 알아차리고는 말했습니다. "안 돼요, 토머스, 더 이상은 가까이 오지 마세요! 저는 환한 곳에서는 절대로 제 얼굴을 보여 주지 않겠다고 결심했어요." 토머스 경은 걸음을 멈추고 잠시 망설인 뒤 한마디도 하지 않은 채 돌아서서 방을 나와 버렸습니다.

그리고나서 그는 아래층의 음악실로 가서 피아노 앞에 앉아 시를 지었습니다. 밤을 꼬박 새워 시를 쓴 그는 아침 일찍 시를 적은 종이를 접어 양복 조끼에 넣고 계단을 올라갔습니다. 그는 침실까지 가서 문을 열어 젖히고 복도에 서서 시를 읽기 시작했지요.

> 나를 믿으시오, 만일 내가 오늘 아주 사랑스럽게 바라보고 있는
> 귀엽고 젊고 아름다운 모든 것들이 한 순간에 지나가 버린대도,
> 꿈 속의 요정들이 사라지듯 내 품에서 날아가 버린대도,
> 이 순간 여전히 당신은 나의 사랑을 받으리.
> 시간이 흐르면 아름다움은 시들어 가듯이
> 당신의 아름다움도 사라져 가도록 두시구려.
> 그러나 그 사랑스럽던 얼굴에 어리는 내 심장의 고동은
> 여전히 초록빛으로 얽히리요.

그는 시를 다 읽고는 두꺼운 커튼을 열었습니다. 그러자 이른 아침 햇살들이 방안으로 밀려들어 왔지요. 그 순간 그는 돌아서 그녀를 품에 안았습니다. 그들은 진정한 사랑의 포옹을 맛보았지요.*[59]

바닷물도 그 사랑의 불길 끄지 못하고, 강물도 그 불길 잡지 못합니다. 남자가 자기 집 재산을 다 바친다고 사랑을 얻을 수 있을까요? 오히려 웃음거리만 되고 말겠지요. (아가 8:7)

이사야 24-26장 ; 시편 48편 ; 잠언 23장 ; 누가복음 15장

대학 축구팀에서 뛰고 싶어하는 신입생이 있었습니다.

그러나 문제가 있었지요. 그것은 바로 그 대학 축구팀의 감독이 그 학생을 그리 똑똑하지 못하다고 생각했던 것입니다.

감독은 그 학생이 축구를 할 만큼 영리하지 않다고 솔직히 말해 주었지만 학생은 자신의 능력을 보여 줄 기회를 달라고 간청했습니다.

결국 감독은 너그러이 마음을 먹고 말했지요. "과제를 주도록 하마. 세 가지 문제로 시험을 보겠다. 첫번째 문제는 1년은 몇 초인지 계산하는 것이고, 두 번째 문제는 'ㅇ(이응)'으로 시작하는 날이 1주일에 몇 개인지 말하는 것이고, 세 번째 문제는 '루돌프 사슴코' 노래에는 '루'가 몇 개나 나오는지 말하는 것이다."

그 학생은 집에 가서 생각해 보겠다고 말했지요. 그리고 학생은 다음 날 아침 일찍 감독을 만나러 왔습니다.

감독이 말했습니다. "그래, 시작해 보자꾸나. 첫번째 문제! 1년은 몇 초이지?"

학생은 미소지으며 말했습니다. "제가 계산한 바로는 열두 개입니다." 그 감독은 이상한 표정을 짓고는 어떻게 계산했는지 물었습니다.

희망에 부푼 학생은 말했습니다. "1월 초, 2월 초, 3월 초, 4월 초, 5월 초……."

감독이 말했습니다. "그래, 알겠다! 내가 생각했던 답은 아니지만 네 답을 인정하겠다. 그럼 두 번째 문제의 답은 뭐지?"

"그야 쉽죠. '어제'와 '오늘'입니다."

감독은 자신이 생각했던 의도를 빗나갔지만 차츰 흥미를 느꼈습니다. "그래? 자, 마지막 문제다! '루돌프 사슴코' 노래에는 '루'가 몇 개나 나오지?"하고 감독이 물었지요.

학생은 자신 만만하게 대답했습니다. "정답은, 바로 138개예요!"

감독은 당황하며 물었습니다. "도대체 어떻게 계산한 거니?"

풍부한 사고력과 열정을 가진 이 가능성 있는 친구는 곧바로 손가락으로 세어 가면서 귀에 익은 크리스마스 캐롤을 흥얼거리기 시작했습니다.

"♬♪ 루루 루 루루루루 루루루루 루루루……♬♪"

정말 황당한 대답입니다. 하지만 약간만 방향을 바꾸면 훨씬 신선한 발상을 가질 수 있습니다. 고정 관념을 깨십시오! 이런 걸 '발상의 대전환'이라고 합니다.

보아라, 전에 예언한 일들이 다 이루어졌다. 이제 내가 새로 일어날 일들을 예언한다.
그 일들이 일어나기 전에, 내가 너희에게 일러 준다. (이사야 42:9)

<hr>

이사야 27-28장 ; 시편 49편 ; 잠언 24장 ; 누가복음 16장

대부분의 창조적인 사람들은 풀어야 할 문제들과 씨름할 때 행복해 합니다. 그런 사람들은 사물이나 현상을 바라볼 때 어떻게 개조하고 수정하면 좀더 나아질지에 관해 끊임없이 생각하는 사람들이지요.

찰스 케터링이라는 발명가가 있었습니다. 이 사람은 자동차 산업, 특히 제너럴 모터 사를 위하여 무수한 발명을 한 사람입니다. 바로 오늘 자동차 산업의 기초를 다진 사람이지요. 그는 자신의 사고 방식을 '마음 속에 새장 달기'라 비유하기를 좋아했습니다.

케터링이 직장 동료인 한 친구와 내기를 한 적이 있습니다. 만일 그 친구가 새장을 받아서 집안 어딘가에 걸어 두면, 나중에라도 언젠가는 새장에 들어갈 새를 사야만 할 거라고 내기를 했지요.

그래서 케터링은 그 다음 유럽 방문길에, 그 친구를 위하여 아름답고 화려한 장식의 새장을 구입했습니다. 그리고 케터링은 말했지요. "저는 스위스에서 만든 매혹적인 새장을 하나 친구에게 사 주었고, 제 친구는 식탁 근처에 새장을 걸었어요. 물론 어떤 일이 벌어졌는지 아시겠죠? 사람들이 찾아 와서는 묻기 시작했죠. '조, 언제 새가 죽었지요?' 그러면 조는 '새는 처음부터 없었어요!'라고 말하곤 했지요. 그러면 사람들은 '아니, 그렇다면 왜 새장을 사신 거죠?'하고 물었습니다. 그러다 보니 결국 제 친구 조는 빈 새장을 갖고 있는 이유를 계속해서 설명해 주는 것보다 새를 사서 새장에 넣어두는 게 훨씬 더 편하겠다는 걸 알게 된 거지요."

케터링은 몇 번이고 이 짤막한 이야기를 하기를 즐겼습니다. 그는 싱긋 웃음을 지으며 이렇게 결론을 내리곤 했지요. "당신 마음에 새장을 걸어 두셨다면, 결국 당신은 그 안에 넣을 무언가를 구하게 될 겁니다."

교사는 학생들의 마음에 빈 새장을 걸어 놓아야 합니다! 얼마나 좋은 기회인가요? 다음 번에 "직업이 무엇인가요?"하는 질문을 받게 되면 웃음을 띠며 상냥하게 말할 수 있을 겁니다. "제 직업은 사람들 마음에 빈 새장을 걸어 주는 거지요." 이렇게 대화를 시작하면 얼마나 훌륭한 대화가 되겠습니까? 저는 이런 대화를 좋아합니다.

한 여론 조사에 따르면, 사람들에게 성공의 의미는 건강, 좋아하는 직업, 행복한 가정이라고 합니다. 또 성공한 사람들의 공통적인 특징은 뚜렷한 삶의 목표, 도전 정신, 자기 조절 능력, 불평보다는 문제를 해결하려는 자세, 인생의 질에 좀더 나은 가치를 두려는 마음가짐, 기술과 지식의 조화 등이라고 합니다. 이 모든 삶의 요소가 바로 새장을 걸어 줄 훌륭한 교사들의 몫이 아닐까요!

지금까지는 너희가 아무것도 내 이름으로 구하지 않았다.
구하여라. 그러면 받을 것이다. 이것은 너희에게 기쁨이 넘치게 하려는 것이다. (요한복음 16:24)

~~~

이사야 29-30장 ; 시편 50편 ; 잠언 25장 ; 누가복음 17장
~~~

4세기의 그리스도교 수도사 텔레마커스에 관한 얘기입니다. 그는 이탈리아의 한 외딴 마을에서 정원도 가꾸고 기도도 많이 하며 살고 있었습니다. 어느 날 그는 로마에 가라는 하나님의 목소리를 들었거나 아니면 적어도 그러한 영감을 얻었다고 생각했지요. 그래서 그 즉시 준비를 하고 여정에 올랐답니다. 드디어 몇 주간의 피곤한 여정을 마치고 로마에 도착했을 때는 커다란 축제가 열리고 있었습니다. 축제에 대하여 아무것도 몰랐던 그는 군중들을 따라갔습니다. 군중들은 계속해서 몰려들고 있었고 길을 따라 물밀듯이 내려가서 콜로세움으로 모여들었지요. 그는 검투사들이 황제 앞에 서서 "곧 죽게 될 저희들이 폐하께 경의를 표합니다!"라고 말하는 걸 보았습니다. 그는 **그 때** 그들이 왁자지껄하게 떠들고 있는 군중들 앞에서 그 날 싸우다 죽게 될 운명이라는 걸 알았지요. 텔레마커스는 외쳤습니다. "그리스도의 이름으로 명하노니, **멈추시오!**"

그러나 아무도 그 소리를 듣지 못했고 가까이 있던 사람들조차도 그에게 반응을 보이지 않았습니다. 드디어 시합이 시작되었고 검투사들은 치열한 전투를 벌였습니다. 수도사는 소리를 지르고 있는 군중들 사이를 뚫고 담을 넘어 그 추악한 싸움터로 몸을 던졌습니다. 관중들은 자그마한 사내가 "그리스도의 이름으로 명하노니, **멈추시오!**"라고 외치며 검투사들 쪽으로 뛰어가는 모습을 흥미있게 쳐다보았습니다. 수도사는 계속해서 외치며 뛰어가 결국은 멍하니 보고 있던 검투사들 사이를 막아섰습니다. 그 모습을 지켜보며 웃고 있던 관중들은 이 사건이 시합의 일부가 아니라는 걸 알게 되자 노여움과 고함으로 바뀌어 버렸지요. 텔레마커스는 검투사들에게 시합을 중단하라고 간청하다 여의치 않자 돌아서서 황제에게 이 학살을 끝내 달라고 간청했습니다. 그 가운데 한 검투사가 그를 칼로 찔렀습니다. 수도사는 모래 위로 넘어져 피를 흘리며 죽어 가면서도 마지막으로 외쳤습니다. "그리스도의 이름으로 명하노니, **멈추시오!**" 이제 관중들은 잠잠해졌고 그의 마지막 간청을 모두 듣고 있었습니다.

그 때 이상한 일이 일어났습니다. 검투사들이 모래 위에서 피를 흘리며 쓰러져 있는 조그만 사내를 보고 있을 때 관중들은 그 드라마 같은 광경에 넋을 잃고 말았던 것이지요. 위 쪽의 한 줄에서 한 사람이 일어나서 천천히 출구 쪽으로 가기 시작했습니다. 다른 사람들도 그의 뒤를 따랐습니다. 곧 모든 사람들이 숨죽인 채로 콜로세움을 떠나 버렸지요.

그 때가 서기 391년이었고, 그 이후로 로마의 콜로세움에서 더 이상 죽음의 전투는 벌어지지 않게 되었습니다. 그 사건을 통해 로마 사회의 생각이 바뀌어 버린 거지요. 조그마한 외침, 떠들고 고함치는 소리에 가려 거의 들리지도 않았던 조그만 외침 때문에 사람들의 생각이 바뀐 것입니다. 단지 한 사람의 작은 외침, 얼굴도 모르는 한 사람이 하나님의 이름으로 진실을 외치고자 했던 것입니다. 보잘 것 없던 한 생명이 그렇게 큰 일을 일구어 낸 것입니다!

오직 너는 크게 용기를 내어, 나의 종 모세가 너에게 지시한
모든 율법을 다 지키고, 오른쪽으로나 왼쪽으로 치우치지 않도록 하여라.
그러면 네가 어디를 가든지 성공할 것이다. (여호수아 1:7)

이사야 **31-33장** ; 시편 **51편** ; 잠언 **26장** ; 누가복음 **18장**

8월 27일—— 스카이 사이클의 실패

무더운 여름날 오후였습니다.

1,700피트 깊이의 스네이크 리버 협곡은 또아리를 틀고 위협적으로 꼬리를 흔들어 대는 뱀처럼 거대한 아가리를 벌려 자칭 정복자라는 이상한 캡슐을 집어 삼켰습니다. 이 이상한 캡슐은 '스카이 사이클 엑스-2'를 고안한 로버트 트루액스 박사가 계획하고 만든 것이었지요.

이 쇼의 주인공인 젊은이는 캡틴 마블과 닮은 것 같기도 하고 빌리 배스턴을 약간 더 닮은 것도 같았습니다. 그건 그렇다치고 이야기를 한번 들어 보십시오.

스카이 사이클의 도약은 실패했습니다. 완전한 실패였지요! 이 스카이 사이클이 협곡을 반쯤 건너갔을 무렵, 문제가 생겼습니다. 구경꾼들은 스카이 사이클을 타던 사람이 바닥에 떨어져 낙하산 밑에서 버둥거리는 걸 지켜보았습니다. 하지만 그를 동정할 필요는 없었지요. 그도 부끄러운 감정 따위는 느끼지 않았을 테니까요.

사람들이 실패 상황을 수습하러 구급차와 구조원을 보냈습니다. 구경꾼들이 "어서 탈출하시오!"라고 소리치고 있을 때, 그는 부서진 비행기 생각을 하고 있었습니다! 실패를 부끄러워하지 않고 웃으며 뒷주머니에 손을 꽂고는 여전히 자부심을 가진 채 상황을 극복해낼 수 있는 사람은 도전할 것이 반드시 있어야 합니다.

물론 그건 굉장한 시도이기는 했지만 완전히 실패였습니다. 믿으실지 모르겠지만 이 600만 불의 사나이는 모터 사이클 선수이자 스턴트맨인 이벨 크니에벨즈였습니다.

기나긴 스포츠 역사 속에서 이 사람만큼 비참한 실패를 당한 사람도 아마 없었던 것 같습니다. 비록 스카이 사이클의 잔해는 협곡 전체에 산산히 부서져내렸지만 새처럼 날아오르기를 시도했던 이 사람은 은행가처럼 큰 돈을 벌었습니다!

하지만 다시 한번 생각해 보면 아이다 호에서 일어난 이 사건에도 하나의 진리가 있습니다. 그것에는 돈 이상의 의미가 있습니다. 바로 인생의 철학이 담겨져 있는 거지요.

테디 루즈벨트는 그것을 이렇게 표현하고 있습니다. "실패로 얼룩지더라도 힘든 일에 도전하여 명예로운 승리를 쟁취하는 것은, 승리도 실패도 모르고 회색 빛 황혼 속에서 즐기지도 괴로워하지도 않는 불쌍한 사람들과 어깨를 나란히 하는 것보다 훨씬 나은 일이다!"

그렇다면, 여러분은 무엇을 기다리고 있습니까? 도전하지 않는다면 아무 것도 얻지 못합니다. 바로 오늘을 위하여 지금까지 한 번도 해보지 않았던 일을 해보는 것이 어떻습니까?

하나님을 아는 백성은 용기있게 버티어 나갈 것이다. (다니엘 11:32)

～⌒～

이사야 34-36장 ; 시편 52편 ; 잠언 27장 ; 누가복음 19장

다음은 찰스 스윈돌의 글입니다:

자신의 환경에 얽매이지 않고 초월한 사람은 대개 유머 감각이 뛰어났었다는 것을 알 수 있습니다. 나는 몇 년 전 회의장에서 그런 여인을 만났지요. 내가 발표를 끝내고 우리는 함께 즐거운 시간을 가졌습니다. 나중에 그녀는 매우 심각한 회의장에서 작은 기쁨을 더해 주셔서 감사하다는 편지를 보내 왔지요. 창조적인 유머로 가득한 그녀의 편지는 인생의 어두운 면을 웃음이라는 불꽃으로 조화를 이루고 있어서 무척 재미있었습니다. 그녀의 편지 내용 가운데 일부를 소개하겠습니다.

……유머는 저에게 정신적으로 많은 도움이 되었어요. 서른두 살의 나이에 유머가 없었다면 어떻게 열두 아이들을 기를 수 있었겠어요? 지난 밤에 선생님과 얘기를 나눈 뒤 여기에서 만난 친구들과 편안히 쉬고 있었지요. 친구들에게 저는 서른한 살에 결혼했다고 말했어요. 전 결혼에 대하여 걱정하지 않았어요. 미래는 하나님께 맡겼지요. 그러나 전 선생님께만은 진실을 말해야겠어요. 저는 매일 밤마다 남자 바지를 침대 맡에 걸어 놓고 무릎을 꿇고 기도했어요. "하나님 아버지, 제 기도를 들어 주세요. 가능하다면 제 소원을 들어 주세요. 저는 남자 바지를 걸어 두었어요. 제발 이 바지를 입을 남자 한 명만 구해 주세요."

다음 일요일 모임에서 내가 이 편지를 사람들에게 읽어 주었더니 매우 재미있어 했습니다. 그런데 어떤 아버지와 아들이 좀 남다르게 반응했답니다. 그 아버지는 큰소리를 내며 웃었으나 아들은 넋을 잃고 있었습니다. 그 날 그 집 어머니는 딸이 아파서 집에 있었지요. 물론 아버지와 아들은 어머니에게 이 이야기를 하지 않았음이 분명했습니다. 왜냐하면 2주 후에 그 어머니로부터 편지 한 통을 받았기 때문이지요.

척에게; 저는 제가 이 일을 걱정해야 하는지 모르겠어요. 제 아들에 관한 얘기예요. 지난 2주 동안 제 아들은 불을 끄고 잠자리에 들기 전에 침대 발치에 여자 비키니 수영복을 거는 거예요. 제가 걱정해야 할 일인가요?

나는 그녀에게 걱정하지 않아도 좋다고 안심시켰습니다. 그리고 나는 이 젊은이가 최근에 결혼했다고 말할 수 있게 되어 즐겁습니다. 아마도 수영복을 걸어 놓은 게 효과가 있었나 봅니다.*60

주께 속량받은 사람들이 예루살렘으로 돌아올 것입니다. 그들이 기뻐 노래하며 시온에 이를 것입니다. 기쁨이 그들에게 영원히 머물고, 즐거움과 기쁨이 넘칠 것이니, 슬픔과 탄식이 사라질 것입니다. (이사야 51:11)

이사야 **37-38장** ; 시편 **53장** ; 잠언 **28장** ; 누가복음 **20장**

어느 한 출판사에서는 주문이 들어온 시어도어 루즈벨트의 1912년 전당 대회 연설문 300만 장을 인쇄할 준비를 겨우 완벽하게 마쳤다 싶었는데, 불행하게도 루즈벨트와 러닝 메이트인 캘리포니아 주의 거버너 히람 존슨의 사진을 사용할 수 없다는 사실을 알았습니다.

그 당시 저작권법으로는 법을 어길 경우 한 장 당 1달러의 벌금을 내야 했지요.

출판사는 해결하기 힘든 문제에 봉착한 듯했습니다. 시간을 다투는 일이었지요.

선거운동본부장도 같은 처지에 처해 있었습니다.

그는 사진을 찍은 시카고 사진관에 전보를 쳤습니다.

"지금 저는 루즈벨트와 존슨 사진을 표지에 실은 루즈벨트 연설문 300만 장을 발행하려는 계획을 갖고 있습니다. 사진관 쪽에서 볼 때 대단한 선전 기회이지요. 당신의 사진을 사용해 주는 대가로 얼마를 지불하시겠습니까?"

한 시간 후에 답변이 왔습니다.

"기회를 주셔서 감사합니다. 그러나 250달러밖에 낼 수 없습니다."

선거운동본부장은 생동감 넘치는 리더십을 여러 번 보여 주었습니다. 어떤 급박한 상황에서도 냉정함을 잃지 않았지요.

평범한 사람이라면 주저앉고 말았을 일도 그의 결정에는 영향을 끼치지 못했습니다. 그는 재난이 예고되는 최악의 상황도 좋게 만들어내는 사람이었지요.

사람들은 가끔 일이 어긋나고 실패의 예감이 드는 때에 당황하는 경향이 있습니다. 그 다음에 정신적으로 무기력해지고 아무 것도 못하게 되지요.

우리 지도자들이 어려움에 처했을 때 무기력해진다면 이 나라가 어떻게 될까요?

일이 잘못된 방향으로 흘러갈 때 지혜롭게 생각하십시오. 그러면 난관을 헤쳐나올 길을 찾을 수 있을 것입니다. 또 적어도 어려움의 정도는 줄어들겠지요.

문제에 과잉 반응하지 말고 조용히 위기에 대하여 생각하고 대안을 찾으십시오.

학식이 뛰어나거나 인품이 훌륭한 분들께 조언을 구하십시오. 때로는 소나기같이 차가운 진실이 여러분을 어려움에서 구출해 줄 것입니다.

만일 사정이 더 나빠진다면 덮어 두려고 하지 말고 문제를 있는 그대로 직시하십시오.

불리한 처지나 부정적인 것을 잘 극복해 낼 수만 있다면, 여러분은 바로 인생을 역전시키는 지점을 통과하고 있을지도 모릅니다.

네가 하는 모든 일에서 주님을 인정하여라.
그러면 주님께서 네가 가는 길을 곧게 하실 것이다. (잠언 3:6)

이사야 **39-40**장 ; 시편 **54**편 ; 잠언 **29**장 ; 누가복음 **21**장

나는 **교사입니다.**

나는 아이들의 입에서 질문이 나오는 바로 그 순간에 세상에 태어납니다.

나는 아테네의 젊은이들이 질문법을 통해 새로운 생각을 발견하는 것에 흥분하는 소크라테스입니다.

나는 헬렌 켈러에게 손으로 우주의 비밀을 알게 해준 애니 설리반입니다.

나는 모든 어린이의 교육받을 권리를 위하여 싸운 마르바 콜린스입니다.

나는 사람들에게 훌륭한 대학을 지어 주고 오렌지 상자를 이용해 책상을 만든 메리 맥클라우드 베튠입니다.

나는 기존의 관습에 대한 정면 도전을 위하여 투쟁한 벨 카프만입니다.

내가 현재의 직업을 갖도록 자극을 준 분들은 부커 워싱턴·랠프 왈도 에머슨·레오 버스칼지아, 그리고 모세와 같은 인도주의자들이었습니다.

나는 학생들에게 이름과 얼굴은 생각이 안 나도 가르침과 인품은 언제나 학생들 기억에 남아 있을 그런 사람입니다.

나는 제자들의 결혼 예식에서 기쁨의 눈물을 흘렸고, 제자들의 아이들이 태어날 때 환희의 미소를 지었으며, 젊은 나이에 먼저 간 제자를 묻을 때는 묘지 옆에서 슬픔과 혼란스런 마음으로 고개를 숙였습니다.

평생 동안 나는 배우·친구·간호사·의사·코치 잃어 버린 물건을 찾아 주는 사람, 돈을 빌려 주는 사람, 택시 운전사·심리학자·대리 부모·판매원·정치가, 그리고 명예를 지키는 사람으로서의 역할을 요구받았습니다.

의사는 순간의 신비로움을 통해 생명을 세상으로 인도할 수 있습니다. 그러나 나는 날마다 새로운 질문과 생각과 우정으로 새롭게 태어나는 인생을 볼 수 있습니다.

건축가는 자신이 심혈을 기울여 집을 지으면 수백 년 동안 지탱할 거라는 사실을 알고 있습니다. 그러나 교사는 사랑과 진리로 가르치면 그 가르침이 영원히 지속된다는 것을 알고 있습니다.

나는 일상 생활에서 동료들의 부담·부정·공포·획일성·편견·무지, 무관심과 싸우는 전사입니다. 그런데 나에게는 강력한 동맹군들이 있습니다. 지식·호기심·창조성·사랑·웃음, 이 모든 것이 불굴의 지원을 받으며 나의 기치를 향해 돌진합니다.

나는 교사입니다![61]

그렇다면, 그런 사람이 남은 가르치면서도,
왜 자기 자신은 가르치지 않습니까? (로마서 2:21)

✎

이사야 41-42장 ; 시편 55편 ; 잠언 30장 ; 누가복음 22장

여러분이 콜로라도에 산다면 특히 산 근처에 살거나 겨울에 산을 가로질러 가야 한다면 특별히 주의를 기울여야 합니다. 조심하지 않으면 무슨 일이 일어날까요?

제이 디와 그의 가족은 콜로라도에서 태어나 로키 산맥의 서부 사면에 있는 그랜드 정크션에 살고 있습니다. 그들은 여행을 떠났다가 8월 말인 지금 집으로 돌아오는 길이었지요. 두랑고에서 그랜드 정크션에 오려면 레드 마운틴 패스를 반드시 지나야 합니다.

아직 여름이었고 그들의 차는 겨울 장비를 갖추고 있지 않았지요. 그들은 11,080피트 높이의 패스를 넘어 산꼭대기를 향해 오르고 있었습니다. 이 고속 도로는 '백만 달러 고속 도로'라는 이름이 있었습니다. 이 고속 도로를 건설하기 위하여 1마일씩 늘일 때마다 엄청난 비용이 들었기 때문이었습니다. 날씨가 안 좋을 때, 비가 오거나 눈이 오거나 길이 얼어붙을 때, 길은 완전히 위험 천지가 됩니다.

이 가정에는 세 명의 어린이도 함께 있었습니다. 제이 디의 가족들이 정상 가까이에 왔을 때 갑자기 구름이 짙게 깔리고 폭풍이 몰아쳤지만 별로 신경쓰지 않았지요. 그들이 정상에서 막 내려오는데 갑자기 늦여름의 눈보라를 만나게 되었습니다.

바람이 불고 눈이 내려서 길은 얼어붙기 시작했지요. 차를 돌리거나 세울 공간이 없었고 피신할 곳도 없었습니다. 가능한 한 주의를 기울여 얼어 붙은 길을 교묘하게 돌아나오는 수밖에 없었습니다. 난간까지 공간도 거의 없었습니다. 상황은 점차 급속도로 악화되었지요.

어떻게 해야 하나? 첫번째 할 일은 기도하는 일이었습니다. 제이 디가 운전을 할 동안, 그의 아내 아그네스와 아이들은 계속 기도했지요.

조심스럽게 주의를 기울여 기아 변속을 해야 하는데 차는 미끄러지고 있었습니다. 난간도 없는 길의 가장자리로 미끄러졌습니다. 수천 피트 계곡 아래로 떨어질 수도 있는 상황이었지요.

그런데 **갑자기** 차 옆을 달려가는 두 사람이 나타났습니다. 한 사람은 차 앞쪽의 범퍼 왼쪽을 오른손으로 잡고 있고, 다른 사람은 차 뒤쪽 범퍼를 오른손으로 잡고 있었습니다. 차는 더 이상 미끄러지지 않고 앞으로 나아갔으며, 이 두 사람은 차가 빙판 위에서 180도로 커브를 돌아 쿠레이 마을에 들어갈 때까지 차 옆에서 계속 달렸지요.

제이 디는 자기 가족을 구해 준 사람들이 누구인지 물어 보고 고맙다는 말을 하려고 차를 천천히 세웠습니다. 그러나 아무도 없었습니다! 그들 앞에 펼쳐진 산길 위아래로는 사람들이 갈 만한 곳이 없었지요. 가족들은 하나님의 보호로 안전할 수 있었음을 하나님께 감사했으며, 두 사람이 누구였는지는 상관하지 않기로 했습니다.

주의 천사가 주님을 경외하는 사람을 둘러 진을 치고
*그들을 건져 주신다. (시편 **34:7**)*

이사야 **43-44**장 ; 시편 **56**편 ; 잠언 **31**장 ; 누가복음 **23**장

9월

SEPTEMBER

어머니의 일생은 좌절과 도전으로 가득하다.
하지만 결국 그 모든 어려움은 떠나가리.

어떤 영업소장이 자신의 비서에게 부하 직원의 흉을 보고 있었습니다. "해리는 기억력에 이상이 있는 게 틀림없어. 숨쉬는 건 왜 안 잊어 버리는지 몰라. 내가 해리에게 점심 먹고 오는 길에 신문을 사다 달라고 했는데, 사무실로 돌아오는 길이나 안 잊어 먹으면 다행이지 뭐."

그 때 막 해리가 문을 열고 들어오며 신이 나서 소리쳤습니다. "소장님, 무슨 일이 있었는지 맞춰 보세요. 점심 시간에 7년 동안 우리에게 한 번도 주문하지 않던 존스씨에게 달려갔어요. 그리고 그를 설득해 수백만 달러짜리 계약을 따냈어요!" 영업소장은 한숨을 쉬며 비서를 쳐다 보았습니다. "거봐, 내가 뭐라고 그랬어? 신문 사오는 거 잊어 버렸 잖아!"

여기 중요한 일이 뭔지 잊어 버린 사람에 대한 얘기를 하나 더 해봅시다.

젊은 보험 설계사가 있었습니다. 이 보험 설계사는 어떤 회사의 영업 이사와 약속을 정했지요. 그는 영업 이사의 사무실에 들어가 말했습니다. "이사님은 어떤 생명 보험에도 가입하실 생각이 없으시죠, 그렇지 않습니까?"

"그럴 마음이 없소!" 이사는 짧게 대답했습니다.

"그러실 줄 알았습니다."하고 잔뜩 풀이 죽어서는 가방을 챙겨 사무실을 나가려 했습니다.

그런데 "잠깐만 기다려요. 할 말이 있어요!"하고 이사가 불렀습니다. 갑작스럽게 이사가 불러 세우자 당황한 보험 설계사는 긴장하며 다시 앉았습니다.

"나는 영업을 가르치고 있어요. 그런데 나는 아직까지 당신같이 형편없는 영업 사원은 본 적이 없어요. 당신은 자신감있게 상품의 실용성을 강조해서 말하지 않으면 아무 것도 팔 수 없을 거예요. 당신은 이 분야의 초보자니까 당신을 돕는 뜻에서 오만 달러짜리 보험에 들도록 하지요."라고 영업이사는 말했습니다.

영업 이사가 서류에 서명을 한 후에 그 보험 설계사에게 조언을 해주었습니다. "당신은 몇 가지 기본적인 영업 수단을 좀 개발해야겠군요!"

"이미 다 했습니다. 이 방법은 제가 영업 이사들에게만 써먹는 방법이죠. 언제나 성공이에요." 그 보험 설계사는 씩 웃으며 말했답니다.

예수님께서 이 세상의 사람들은 하나님 나라에 있는 어린이들보다 현명하다고 여러 번 말씀하셨습니다. 혁신·창조성 그리고 새로운 접근, 이런 말들이 그리스도인들에게는 낯설지요. 그러나 이젠 우리가 이 세계를 향해 창조적으로 증거하고 창조적으로 섬겨야 할 때입니다. 새로운 도약을 향해 나아가십시오!

> *"보아라, 내가 너희를 내보내는 것이 마치 양을 이리 떼 가운데로 보내는 것과 같다.*
> *그러므로 너희는 뱀과 같이 슬기롭고, 비둘기와 같이 순진하게 되어라.*
> *사람들을 조심하여라."* (마태복음 10:16-17)

이사야 45-46장 ; 시편 57편 ; 잠언 1장 ; 누가복음 24장

제2차 세계대전이 끝난 직후에 유럽의 나라들은 파괴된 상처들을 복구하기 시작했습니다. 유럽 대륙의 대부분은 폐허나 다름없는 상태였지요. 그러나 무엇보다 가장 슬픈 건 고아가 된 어린아이들이 굶주리고 전쟁으로 피폐해진 거리를 헤매고 다닌다는 사실이었습니다.

어느 쌀쌀한 날 아침 어떤 미국 군인이 런던에 있는 병영으로 돌아가는 중이었습니다. 그가 탄 지프가 코너를 막 돌 때 다 해진 옷을 입고 빵집 창문에 코를 박고 서 있는 꼬마 한 명이 눈에 들어왔지요. 빵집 안에는 도너츠 가루를 반죽하는 사람이 보였습니다. 배고픈 소년은 아무 말 없이 반죽하는 사람의 모든 움직임을 놓치지 않고 쳐다보고 있었습니다.

그 군인은 차를 인도에 바싹 대고 차에서 내려 소년이 서 있는 쪽으로 조용히 걸어갔습니다. 군인은 소년이 눈치채지 못하게 살금살금 다가갔지요.

김이 서린 창문을 통해 그 고아 소년은 반죽한 도너츠를 프라이팬에 넣는 것을 지켜보며 군침을 삼키고 있었습니다. 프라이팬에서 도너츠가 막 꺼내어졌습니다. 어떤 도너츠에는 설탕 가루를 입히고 어떤 도너츠에는 설탕 시럽을 입히기도 했지요. 배고픔으로 군침을 흘리며 도너츠가 유리 진열대에 들어가는 것을 바라보던 소년의 입에선 한숨 소리가 조그맣게 새어나왔습니다.

군인은 옆에 서 있는 소년에게 다가갔지요.

"애야, 저 도너츠 먹고 싶니?" 군인은 침묵을 깨며 말했습니다.

깜짝 놀라서 소년은 군인을 쳐다보고는 감격한 목소리로 말했습니다. "네, 먹고 싶어요!"

그 미국 군인은 안으로 들어가서 맛있게 생긴 도너츠을 여러 개 샀습니다. 도너츠가 든 봉투를 들고 군인은 가게를 나와, 춥고 안개낀 런던의 아침 거리에 서있는 소년에게 다시 다가갔지요. 군인은 미소를 지으며 도너츠가 든 봉투를 건네 주며 짧게 말했습니다. "자, 먹으렴!"

군인이 뒤로 돌아 자신의 차로 가는데 옷자락을 잡아당기는 느낌이 들었습니다. 멈추어 뒤를 돌아보니 소년이 자신을 올려다보고 있었습니다. 소년은 조용하게 물었습니다. "아저씨, 혹시 하나님이세요?"

따뜻한 연민에서 나온 자비야말로 가장 하나님과 비슷할 수 있습니다. 가장 많이 들어 온 성경 구절도 바로 이것 아닙니까? "하나님이 세상을 이처럼 사랑하사 독생자를 주셨으니……." 우리가 할 수 있을 만큼 맘껏 베풉시다. 우리 모두에게는 다른 사람에게 줄 무엇인가가 다 있답니다.

> *"은과 금은 내게 없으나, 내게 있는 것을 그대에게 주니,*
> *나사렛 예수 그리스도의 이름으로 일어나 걸으시오"* (사도행전 3:6).

이사야 47-48장 ; 시편 58편 ; 잠언 2장 ; 요한복음 1장

미국의 어떤 신발 회사가 세계적으로 주목받는 개발 도상국으로 두 명의 판매원을 파견했습니다. 신발 회사 사장은 시장을 넓히고자 했지요.

판매원 가운데 한 사람은 2주 만에 돌아왔습니다. 낙담해서 돌아온 그는 이렇게 불평했지요. "바보 같은 사람들, 나를 신발도 신지 않는 나라에 보내다니!"

다른 판매 사원은 그곳에 남았습니다. 몇 주 동안 아무 연락이 없다가 큰 우편물이 배달되었는데 그 안에는 온갖 종류와 치수가 명시된 신발 주문서가 가득 들어 있었지요. 이 상자 안에는 두툼한 주문서와 함께 급하게 쓴 메모지가 있었습니다. "주문서를 더 보내 주세요. 이곳 사람들은 다 맨발이라 모두가 미래의 고객이에요!"

인식은 미묘한 문제입니다. 사실 인식이란 실체가 없는 거지요. 정확히 반 잔의 물이 있습니다. 여러분은 이것을 보고 물이 반이나 있다고 말할 것인가요? 아니면 반밖에 없다고 할 것인가요? 컵에 들어 있는 물의 양은 변함이 없지만, 어떻게 인식하느냐에 따라 다르게 생각되는 것입니다.

낯선 곳에 가서 어떤 사람들에게 어떤 곳의 위치를 물어 보십시오. 아마 한결같이 이렇게 대답할 겁니다. "세 번째 신호등에서 좌회전하세요." 그러나 "세 번째 신호등에서 왼쪽으로 회전하세요."라고는 아무도 하지 않습니다. 좌회전이나 왼쪽 회전이나 다를 바 없지 않은가요?

라디오나 TV에서 나오는 다음의 일기 예보를 들어 봅시다. 아나운서가 이렇게 말합니다. "오늘은 곳에 따라 흐리고 비가 올 확률은 30%입니다." 그러나 아나운서는 이렇게 말할 수도 있습니다. "오늘은 곳에 따라 맑은 날씨에 비오지 않을 확률이 70%입니다."

너무나 많은 사람들이 인생에 대하여 부정적인 시각을 가지고 있습니다. 우리 사회가 너무 사악한 시각을 가지고 있어서 관심을 두지 않는다고 보고 있습니까? 아니면 사람들이 너무 궁핍해 있기 때문에 예수 그리스도에게 인도되기를 열망하며 기다리는 것으로 보이십니까?

어떻게 인식하느냐에 따라 우리는 발전할 수도 망할 수도 있습니다. 이 이야기는 현실을 이탈하라는 것이 아니라, 정확한 인식과 견해는 인생에 접근하는 방법에 영향을 미칠 것이라는 당연하면서도 매우 간단한 생각입니다.

예수님은 다음과 같이 말씀하시며 제자들의 견해를 환기시켰습니다. "추수하려면 넉 달이나 남았다고 말하지 말라. 밭을 봐라, 추수할 정도로 이미 색이 하얗지 않으냐?" 인생의 다른 면을 보십시오. 그래도 여전히 불가능하게 보이십니까? 아니면 문제의 해결책이 보이십니까?

내 영혼아, 어찌하여 그렇게도 낙심하며, 어찌하여 그렇게도 괴로워하느냐?
하나님을 기다려라. 이제 내가, 나의 구원자, 나의 하나님을, 또다시 찬양하련다. (시편 43:5)

이사야 **49-50**장 ; 시편 **59**편 ; 잠언 **3**장 ; 요한복음 **2**장

크레타 섬에 한 노인이 있었는데 그는 일생 동안 많은 것을 사랑했습니다. 그는 아내와 아이들을 사랑했고 일을 사랑했으며 무엇보다 땅을 사랑했습니다. 그는 자신이 걸어다녔고 일궈내려 애썼던 바로 그 땅을 사랑했지요. 그는 죽을 때가 가까워졌다고 느끼고는, 자신의 아들을 작은 돌집 밖으로 데리고 나가 거친 땅에 앉게 했습니다. 그리고는 몸을 아래로 뻗어 크레타 섬의 흙을 한 줌 잡고 저 세상으로 갔지요.

그가 천국의 문에 이르렀을 때 판사복을 입은 주님께서 나타나 그에게 말했습니다. "이리 오거라!"

그가 천국의 문으로 다가갔을 때 주님께서는 그가 손에 뭔가를 쥐고 있는 것을 보았습니다. "네 손에 쥐고 있는 것이 무엇이냐?"

"크레타의 흙입니다. 저는 이것 없이 아무 데도 갈 수 없습니다."라고 그는 말했습니다. 그러자 주님은 이렇게 말씀하셨지요. "흙을 버리거라. 그렇지 않으면 천국으로 들어갈 수 없느니라."

그는 꽉 쥔 주먹을 들어 보이며 말했습니다. "절대로 안 됩니다!" 그리고 그는 천국의 성벽 밖으로 나가 앉았습니다.

1주일이 지나서 천국의 문이 다시 열리고 주님이 두 번째로 나타나셨습니다. 이번에는 크레타 섬에 있는 노인의 친구처럼 보이게 모자를 쓰고 변장을 하고 나타나셨습니다. 주님은 노인 옆에 앉아 노인의 어깨에 손을 얹고 말했지요. "이보게, 흙은 바람에 날려 버리면 그만이지 않은가? 흙을 버리고 안으로 들어가세."

그러나 노인은 단호했으며 절대로 안 들어간다고 했습니다.

3주째 되던 날 그 노인은 손에 쥐고 있던 흙이 굳어서 부스러지기 시작하는 것을 보았습니다. 흙의 물기가 다 사라져 버렸지요. 게다가 그는 손가락이 저려 더 이상 흙을 손에 쥐고 있을 수가 없었습니다.

주님께서 어린아이의 모습으로 다시 나타나셨습니다. 그 노인에게 다가가 옆에 앉아 말씀하셨지요. "할아버지, 천국의 문은 손에 아무 것도 없어야 들어갈 수 있대요."

그 노인은 한참 생각한 뒤 마침내 일어나서 손을 폈지만 부스러진 크레타 섬의 흙이 공중에 날리는 것을 보지 않으려 했습니다. 그리고 아이는 그 노인의 손을 잡고 영광의 문으로 인도했지요. 그러자 천국의 문이 빙그르르 열리고 노인은 안으로 들어갔습니다. 문 안쪽은 크레타 섬을 그대로 옮겨 놓은 것 같았습니다.

이 이야기에 관해 굳이 신학 이론을 내세울 필요는 없습니다. 그냥 있는 그대로를 보고 받아들이면 되지요. 이 이야기는 우리가 잊어 버리기 쉬운 것을 이따금 생각나게 하는 점을 얘기한 것뿐입니다. 그것은 바로 이 세상에 천국과 바꿀 만한 일은 없다는 거지요.

> 그들의 눈에서 모든 눈물을 닦아 주실 것이니, 다시는 죽음이 없고, 슬픔도 울부짖음도 고통도 없을 것이다. 이전 것들이 다 사라져 버렸기 때문이다. (요한계시록 21:4)

이사야 51-52장 ; 시편 60장 ; 잠언 4장 ; 요한복음 3장

여느 때와 마찬가지로 어느 날 아침 등교길이었습니다. 늘 그렇듯이 루시 호퍼만은 두 아이를 태우고 유진 필드 초등학교로 가고 있었고, 아이들은 언제나처럼 차를 타자마자 시비를 걸고 싸우기 시작했지요. 그러나 이날 아침은 다른 일이 생기고 말았습니다. 이날 루시는 편두통을 꾹 참고 있었고 그 때문에 쉽게 짜증이 나 있는 상태였지요.

뒷좌석에서 고함 소리가 끊이질 않았습니다. "엄마, 오빠가 내 도시락을 가져갔어!" 여덟 살짜리 리사의 고함 소리가 났습니다. "안 그랬어!" 그에 질세라 큰 소리로 아홉 살짜리 로비가 소리를 질렀습니다. "됐어! 그만들 해!" 루시가 뒤를 향해 소리를 질렀지요. "둘 다 그만들 해!" 고함을 어찌나 크게 질렀던지 쌩 하니 바람이 이는 것 같았습니다.

"엄마, 오빠가 또 그랬어!" 리사가 울기 시작했습니다. 너무 화가 치밀어오른 그녀는 손가락 마디가 허옇게 될 정도로 운전대를 꽉 잡고서 기도를 하기 시작했습니다. "주여, 제발 나머지 반 마일을 잘 갈 수 있게 도와 주십시오!" 그러고 있는데 "리사는 고자질쟁이! 리사는 고자질쟁이!"하고 로비가 중얼거리기 시작했습니다. "오빠가 날 놀려! 그만하라고 해, 엄마!"하며 리사가 소리를 질렀습니다.

그 순간 루시는 고개를 돌려 두 아이 모두 심하게 야단을 쳤습니다. 그 때 루시는 멀리서 들려 오는 낯선 목소리를 듣게 되었지요. 그 소리는 "루시야! 멈춰라! 빨리!"라며 루시에게 명령하고 있었습니다. 그 이상한 목소리에 아연 실색하며 루시는 잽싸게 앞으로 돌아 앉아 도로를 내려다 보았습니다. 근데 이럴 수가! 앞의 정지 표시기가 고장 나 있는게 아니겠습니까! 그리고 그곳은 4차선 교차로 정지 구간이었습니다. 그래서 브레이크를 세게 밟았지만 차는 끽 소리와 함께 미끄러지며 심한 요동과 함께 멈춰 섰습니다. 다행히도 안전 벨트 때문에 아이들은 앞좌석이나 앞유리로 튀어 나가지 않았지요.

그녀가 차를 멈춘 직후, 그야말로 눈깜짝할 사이에, 쓰레기차가 전 속력으로 그녀의 좌측에 있던 정지 표시기를 통과해 버렸습니다. 그리고난 뒤 그 트럭은 방향 감각을 상실한 채 오른쪽으로 심하게 돌다가 모퉁이에 부딪힌 뒤 전복이 되었습니다. 차 안에 있던 쓰레기들이 바깥으로 쏟아져 나왔지요.

그 트럭 운전자를 돕기 위하여 다른 운전자들이 그에게 몰려들었습니다. 여전히 차 안에 앉아 하얗게 질린 얼굴로 운전대를 잡고 있던 그녀는 잠시 뒤 몸을 떨기 시작했지요. 한 운전자가 그녀의 차로 다가오는 것을 보고, 그녀는 운전석 차유리를 내리고 물었습니다. "그 사람 많이 다쳤나요?" "아니요, 조금 놀랬을 뿐이에요. 괜찮아질 겁니다. 부인, 차를 아주 잘 멈추셨어요. 부인의 차가 그 때 그 순간 멈추지 않았더라면 트럭이 당신을 밀어 버렸을 거예요. 천사들이 차에 함께 타고 있었던 게 틀림없어요. 정말 불가사의한 일이군요."하고 그가 말했습니다.

네가 오른쪽이나 왼쪽으로 치우치려 하면, 너의 뒤에서 '이것이 바른 길이니,
이 길로 가거라' 하는 소리가 너의 귀에 들릴 것이다. (이사야 30:21)

이사야 53-55장 ; 시편 61장 ; 잠언 5장 ; 요한복음 4장 그는 겨우 18살이었는데 일자리를 애타게 구하고 있던 차에 보스턴 신문에 실린 다음과 같은 광고를 읽게 되었습니다. "주식 중계를 배울 젊은이 구함. 주소: 매사추세츠 주 보스턴 시 사서함 1720호."

그는 자신이 그 직업에 관심이 많음을 강조하며 세심하게 작성한 이력서를 위의 주소로 보냈습니다. 하지만 답장이 오질 않았지요. 편지를 다시 보냈지만 마찬가지로 묵묵 부답이었습니다. 세 번째 편지에도 여전히 소식이 없었습니다.

그의 다음 실행 계획은 위의 주소지가 있는 보스턴의 중앙우체국을 찾아가는 것이었습니다. 그는 사서함 1720호의 주인 이름을 알려 달라고 했지만 우체국 직원은 알려 줄 수 없다고 했습니다. 그러자 그는 우체국장에게 면담을 요청했지요. 그러나 우체국장을 만날 수도 없고 우편함 주인의 이름도 알려 줄 수 없다는 것이었습니다. 그들은 개인 정보를 알려 주는 일에 반대하고 있었기 때문이었지요.

'그러면 이제 어떻게 할까?'하고 생각하고 있을 때 한 가지 묘안이 떠올랐습니다. 그는 자명종을 오전 4시에 맞추고 아침 일찍 도시락을 챙기고는 보스턴으로 가는 새벽 기차에 몸을 실었습니다. 그는 그 우체국에 오전 6시 15분에 도착했고 사서함 근처에 자리를 잡고 우편함을 지켜보았지요.

오래 기다린 끝에 드디어 어떤 남자가 나타나 우편함의 문을 열고 안에 있는 내용물들을 수거했습니다. 이 젊은이는 눈치채지 못하게 이 남자를 따라갔습니다. 드디어 도착한 곳은 그 주식 중계회사였습니다. 그 젊은이는 안으로 들어가서 관리인을 만나게 해달라고 요청했지요.

이 젊은이는 관리인을 만나서 세 번이나 우편으로 구직 신청을 했지만 답을 받지 못했다는 것과, 그래서 우체국까지 와서 사서함 주인의 이름을 알려 했다는 것을 이야기하였습니다.

그가 말을 다 마치기도 전에 그 관리인이 얘기를 가로막으며 "그렇다면 광고만 가지고 어떻게 여기가 그 회사라는 것을 알게 되었지요?"라고 물었습니다.

이 끈기있는 젊은이는 이렇게 대답했지요. "저는 우체국 로비의 사서함 1720호 근처에서 여러 시간 동안 서 있다가 귀사의 직원이 우편물을 수거하러 왔을 때, 그 사람을 뒤쫓아서 여기까지 오게 된 것입니다."

관리인은 웃으면서 말했습니다. "당신이야말로 바로 우리가 찾고 있던 인내력을 갖춘 사람입니다. 게다가 혁신적이기까지 하군요. 우리 회사에 잘 오셨어요. 지금부터 당신은 우리 회사 직원입니다!"

인내심은 상을 받을 만합니다. 인생에서 추구할 만한 가치가 있는 것들은 인내를 요구하지요. 인내란 목표를 세우고 달성할 때까지 계속해서 추구하는 것을 말합니다. 우리 모두 인내심을 갖도록 합시다!

> *그러나 내가 내 달려갈 길을 다 달리고, 주 예수에게 받은 사명, 곧 하나님의 은혜의 복음을 증언하는 일을 다하기만 한다면, 나는 내 목숨이 조금도 아깝지 않습니다. (사도행전 20:24)*

이사야 56-57장 ; 시편 62편 ; 잠언 6장 ; 요한복음 5장

어느 날 오후, 사내아이 둘과 여자아이 하나 이렇게 세 명의 아이들이 꽃가게에 들어섰습니다. 아홉 살에서 열 살 정도 돼 보이는 아이들은 비록 남루한 옷을 입고 있었지만 얼굴은 깨끗하게 씻겨져 있었지요. 그 가운데 한 사내애가 모자를 벗고 꽃가게 주인 앞으로 와서 말했습니다. "노란 꽃을 좀 사고 싶은데요."

그 아이들의 아주 긴장된 모습을 보고 주인은 이 아이들이 아주 특별한 일을 하려고 한다고 생각했습니다. 그래서 주인은 아이들에게 값이 싼 봄에 피는 노란 꽃을 보여 주었습니다. 그러자 꽃을 달라고 했던 아이가 고개를 가로저으며 말했지요. "좀더 좋은 꽃은 없나요?"

"꼭 노란 꽃이어야만 하겠니?"라고 주인이 물었습니다.

"예, 아저씨." 그 아이가 말했습니다. "있잖아요, 미키는 노란 꽃을 특히 더 좋아해요. 노란 스웨터를 입었었죠. 걘 다른 색보다 노란 색을 더 좋아했어요."

"장례 예식에 가져갈 거니?"라고 주인이 물었습니다.

더 이상의 말을 잇지 못한 그 아이가 고개만 끄덕였습니다. 여자애는 가까스로 눈물을 참고 있었지요.

"저 여자애가 미키의 동생이에요." 그 아이가 말했습니다. "미키는 멋진 녀석이었는데, 길거리에서 놀고 있는 미키를 트럭이 와서 치었어요." 그 순간 그 아이의 입술이 떨렸습니다.

다른 사내애가 말을 했지요. "미키랑 함께 놀던 아이들이 18센트를 모았어요. 장미꽃은 비싸지요? 아저씨 저 노란 장미 말인데요……저건 안 될까요?"

"오늘 마침 노란 장미를 가져왔는데 잘됐다. 오늘 특별 세일로 저 꽃을 열두 개에 18센트 받고 팔고 있단다." 주인 아저씨가 얼굴에 미소를 띠며 그 꽃이 들어 있는 상자를 가리키며 말했습니다. 그 순간 아이들이 기쁨에 찬 목소리로 외쳤습니다. "저 꽃은 틀림없이 활짝 필 거야. 미키가 무척 좋아하겠지!"

"리본으로 멋지게 장식해서 보내 줄게. 어디로 보내면 되지?"라고 아저씨가 물었습니다. 그러자 한 아이가 나서서 말했지요. "저, 아저씨, 실은……우리가 가지고 갔으면 하는데요. 그걸 미키가 훨씬 더 좋아 할거예요."

주인 아저씨는 꽃에 장식을 해서 아이들에게 건네 주고는 18센트를 꽃값으로 받았습니다. 그리고는 터벅터벅 밖으로 나가는 아이들을 지켜보았습니다.

그 순간 꽃가게 아저씨는 무엇을 느꼈을까요? 그리고 그와 같이 남을 위하여 아낌없이 나눔을 실천하는 이 아이들은 어떤 느낌일까요? 확신하건대 그것은 하나님 얼굴에서 나오는 빛나는 광채가 주는 따사로움일 것입니다.

풀은 마르고 꽃은 시드나,
우리 하나님의 말씀은 영원히 서 있다. (이사야서 40:8)

❧

이사야 58-59장 ; 시편 63편 ; 잠언 7장 ; 요한복음 6장

일리노이 에번즈턴의 노스웨스턴 대학은 오랫동안 학생회에서 뽑은 자원 봉사 인명 구조대를 운영해 왔습니다. 실제로 이 인명 구조대는 꽤 유명해졌고 미시간 호수에서 그들의 영웅적인 행동은 잘 알려져 있었지요.

1860년 9월 8일에 있었던 일입니다. 승객들로 붐비는 증기선 레이디 엘진 호가 침몰하여 사람들이 이리저리 뛰어다니고 난리가 아니었습니다. 에번즈턴 바로 위에 있는 호수 기슭의 바위에 부딪쳐 배가 부서지기 시작했을 때 인명 구조대는 재빨리 모였지요.

노스웨스턴 한쪽에 위치한 개렛 성서신학교의 에드워드 W. 스펜서는 인명 구조대의 일원이었습니다. 그는 배의 잔해에 매달려 있는 한 여인을 발견하고는 옷을 벗고 물에 뛰어들어 거친 파도를 뚫고 성공적으로 그녀를 구해냈습니다.

이 용감한 어린 스펜서는 이날 15번이나 더 역류를 거슬러 헤엄쳐서 모두 17명의 사람을 구했습니다. 마지막으로 사람을 구한 뒤 그만 그는 해안의 모래더미 위에 쓰러졌지요. 완전히 지쳐 쓰러진 것이었습니다.

혼신의 힘을 다한 구조였기에 그의 몸은 잘 회복되지 않았습니다. 그는 물 속에 너무 오래 있었고 힘을 다 쏟아버려 건강을 해치고 말았지요.

그래서 그는 그만 신학교를 떠나야 했고 목사가 되려는 그의 꿈은 끝나게 되었습니다. 그는 남은 생을 은둔해서 건강을 회복하며 보냈습니다.

예수 그리스도에게 바친 그의 일생은 그리스도인들이 배워야 할 삶의 본보기이지요. 그는 건강상의 이유로 캘리포니아로 옮겨 81살에 죽을 때까지 거기서 살았습니다.

지방 신문에 난 그의 죽음에 관한 글을 보면 그가 구해 준 17명 가운데 아무도 그를 찾아와 감사하다고 말하거나 편지를 부치거나 어떤 식이든 감사를 표현한 사람이 없었다고 합니다.

사뮤엘 리에보위츠는 78명의 사형수를 전기 의자에서 죽어 갈 운명에서 간신히 구해 준 변호사입니다. 그러나 그들 가운데 아무도 크리스마스 카드나 감사 편지를 보내지 않았습니다.

심지어 예수님께서도 자신이 직접 치료해 준 사람들의 배은 망덕을 참고 계시지요. 그러니 우리는 항상 감사하는 삶을 살아야 하겠습니다!

그대는 이것을 알아 두십시오. 말세에 어려운 때가 올 것입니다.
사람들은 자기를 사랑하며, 돈을 사랑하며, 뽐내며, 교만하며,
하나님을 모독하며, 부모에게 순종하지 않으며,
감사할 줄 모르며, 불경스러울 것입니다. (디모데후서 3:1-2)

이사야 60-61장 ; 시편 64편 ; 잠언 8장 ; 요한복음 7장

1862년 9월 남북 전쟁은 결정적으로 남부군에게 유리하게 기울어져 갔습니다. 북부군의 사기는 바닥으로 떨어졌지요. 북부 연합군의 대부분은 버지니아에서 완전히 후퇴해 버렸습니다. 패배하고 지친 군대를 다시 전장으로 돌려보낼 좋은 방법이 없었지요.

그러나 군대를 다시 전장으로 돌려보내는 데에 적격인 한 장군이 있었습니다. 조지 맥클레인 장군은 전쟁이 있기 전에 병사들의 훈련을 맡았고 병사들은 그를 좋아했습니다. 사실 국방부나 각료들은 왜 조지 장군이 그 일을 맡아야 하는지 잘 몰랐지만 링컨 대통령만큼은 그의 지도력이 뛰어난 것을 알고 있었지요.

링컨 대통령은 자문 위원들의 반대에도 불구하고 맥클레인을 사령관으로 복직시켰습니다. 링컨은 맥클레인에게 버지니아로 가서 그만이 줄 수 있는 열정 · 강인함 · 결단력과 희망을 병사들에게 심어 주라고 명령했지요. 맥클레인은 명령을 받아들여 큰 말을 타고 천천히 버지니아의 먼지길을 내려갔습니다.

그 다음에 일어난 일은 설명하기가 힘듭니다. 북부 지도자들은 그것을 설명할 수가 없었습니다. 연합군들도 설명할 수 없었습니다. 심지어 맥클레인도 나중에 설명을 못했지요. 퇴각중인 연합군 행렬을 만났을 때 그는 모자를 벗고 큰소리로 외치며 용기를 북돋았습니다. 오합지졸인 채 지쳐 있는 군인들은 존경하는 지도자인 장군을 보고 용기를 내었습니다!

남북 전쟁에 정통한 역사가 브루스 캐톤은 조지 맥클레인이 복직되었다는 말이 병사들의 입을 통해 퍼져 나갔을 때 생겼던 열광적인 모습을 이렇게 묘사했습니다.

"버지니아 길을 가득 메운 비틀거리는 군대가 점점 활기를 띠었습니다. 군인들은 모자와 배낭을 집어던졌고 있는 힘껏 환호성을 질렀습니다. 화려한 별빛을 받으며 키가 작고 말쑥한 장군이 말을 타고 서서히 나타나는 것을 보았기 때문입니다."

"그리고 이것은 어느 정도 전쟁의 승패를 바꾼 분기점이었습니다. 어떻게 이런 일이 일어났는지 설명할 사람은 아무도 없었습니다. 왠지는 몰라도 이런 변화는 링컨과 북부에게 정말로 필요한 것이었습니다. 그리고 이 변화 때문에 미국의 역사는 바뀌었습니다."

이 이야기는 한 지도자가 사람들에게 줄 수 있는 영향력에 대하여 훌륭하게 보여 주고 있습니다. 조지 맥클레인 장군은 지친 군인들에게 새로운 용기를 불어넣었지요. 그러므로 지도자는 역시 지도자입니다! 지도자인 목사가 해야 할 일은 궁극적인 지도자 예수 그리스도를 향해 나아가는 것입니다.

우리를 어떻게 본받아야 하는지는, 여러분 스스로가 잘 알고 있습니다.
우리는 여러분 가운데서, 무절제한 생활을 한 일이 없습니다……그것은, 우리에게
권리가 없어서가 아니라, 우리 스스로가 여러분에게 본을 보여서,
여러분이 우리를 본받게 하려는 것입니다. (데살로니가후서 3:7, 9)

이사야 62-64장 ; 시편 65편 ; 잠언 9장 ; 요한복음 8장

9월 10일 —— 은퇴란 무엇인가?

65세란 나이는 사람이 자기의 일에서 은퇴할 만한 충분한 경험이 쌓인 나이입니다.

은퇴한 이후의 삶을 어떻게 관리해야 하는지 말해 주는 책들이 많이 나와 있습니다. 대부분의 사람들은 누군가 은퇴 이후에 '이렇게 살아라!' 하고 말해 줄 사람이 있기를 바라지요.

은퇴는 여러분이 돈을 쓰지 않고 시간을 보내는 방법을 잘 알고 있다면 대단히 즐거운 일이 될 수 있습니다.

40년 전에 사람들이 은퇴에 대하여 말할 때면 으레 잠자리에 드는 것에 비유했지요.

오늘은 '은퇴 보험'이 잠자리에 들기 전에 문단속하는 것에 비유됩니다.

어떤 부인이 은퇴에 대하여 정의했지요. "남편과 보내는 시간은 두 배, 수입은 절반!"

은퇴한 뒤에는 가난한 생활이 뒤따르게 마련이라는 뜻입니다.

은퇴한 뒤 남자들은 앓던 궤양이 많이 나아지는 반면, 아내들은 궤양이 생기곤 합니다.

일리노이 칸카키에 사는 칼 존슨에게 있었던 재미난 얘기입니다.

내 아내와 나는 손자 손녀들을 데리고 미조리에 있는 부모님을 찾아 뵈었습니다. 우리가 돌아오던 날 아버지께서 내 옛날 사진을 주셨지요. 그 사진은 내가 제2차 세계대전에 참전했을 때 찍어서 보낸 것이었습니다. 나는 훈장을 단 군복을 입고 있었습니다. 내가 문 밖으로 나와 마당에 막 들어섰을 때 다섯 살 손녀 에이미가 물었습니다. "누구예요? 할아버지예요?"

"그래, 할아버지란다."하고 대답했습니다.

그러자 에이미는 또 물었습니다. "전쟁에 나가서 싸웠어요?"

"그럼, 전쟁에서 싸웠지!" 나는 대답했지요.

우리가 집에 돌아왔을 때 딸과 사위는 아이들을 데리러 와 있었습니다. 에이미는 그 때까지도 흥분해서 자기 엄마, 아빠에게 자신의 전쟁 영웅에 대하여 말하고 싶어 안달이었지요. 에이미는 사진을 들고 엄마에게 달려가 신이 나서 말했습니다. "엄마, 난 엄마가 모르는 걸 알아요. 할아버지가 남북전쟁에서 싸운 거 모르죠?"*[62]

결론이 무엇인가요? 많은 노인들이 하나님의 말씀을 공부하고 깨달아 이를 증거하고 실천하라고 배워 왔습니다. 그러나 여전히 노인들은 자신을 아무 가치 없는 상처투성이의 깨진 골동품 같이 생각하는 경향이 있습니다. 그래서 노인들은 종종 다른 사람들에게 무시당하곤 하지요.

여러분이 노인이라는 이유로 여러분을 무시하는 이를 경계하십시오. 여러분은 매우 가치있는 사람입니다. 특히 손자 손녀들과 자식들한테!

의인은 종려나무처럼 우거지고……늙어서도 여전히 열매를 맺으며, 진액이 넘치고, 항상 푸르를 것이다. 그래서 나는 선포할 것이다. "주님은 올곧으시다. 그분은 나의 반석이시요, 그분에게는 불의가 없으시다." (시편 **92:12-15**)

❧

이사야 65장 ; 시편 66편 ; 잠언 10장 ; 요한복음 9장

조쉬는 장난감을 가지고 놀다가 할머니가 천천히 자리에서 일어나시는 것을 바라보았습니다. 할머니는 아주 조용히 살금살금 걸어가셨기 때문에 아무도 알아채지 못했지요.

그러나 조쉬는 할머니를 보고 있었습니다.

조쉬는 할머니가 마루 중앙에서 조쉬의 신발을 집어들고 뒷문 가까이 신발이 원래 있어야 할 자리에 갖다 놓는 것을 계속 신기하게 바라보았습니다.

"할머니, 왜 그러세요?"하고 아무 생각 없이 물어보았습니다.

"뭐 말이냐?" 할머니는 문 쪽에서 천천히 걸어 나오시며 말했지요.

"시끄럽잖아요. 진 할머니는 앉거나 일어날 때 아무 소리도 나지 않아요. 그리고 정원도 돌보시고 할아버지를 도와 집안 일과 모든 일을 하시는데 할머니는 언제나 시끄러운 소리가 나요, 할머니."

손주에게 핀잔을 듣고도 점잖은 할머니는 자신을 지켜보는 조쉬에게 웃음을 잃지 않는 모습을 보이려 애썼습니다.

"내가 어떤 소리를 내는지 말해 줄 수 있니?"

"네, 그러죠." 개구장이는 할머니의 안락 의자에 앉았습니다. 아이는 손을 양쪽의 팔걸이에 올려놓고 이마에 잔뜩 주름을 잡으며 아카데미상 수상자처럼 거창한 폼으로 할머니 모습을 흉내 내기 시작했지요.

"어어……음음음, 이런……" 꼬마의 연기는 점점 도가 지나치고 있었습니다. 할머니는 억지 흉내를 내는 거라고 확신하고는 그만하게 했습니다. 할머니는 무서운 표정을 하셨지요.

"조슈아, 나는 확실히 그렇게 하지 않아."

아이는 잠시 생각한 후에 말했습니다. "그래요, 할머니. 할머니 소리는 더 심해요."

오 이런! 우리 손주들이 나름대로는 진실을 얘기한다고 하지만 그게 얼마나 견디기 힘든 건지 알까요?

글쎄, 어찌됐건간에 우리는 어떤 방식으로든지 하나님께서 선물로 주신 이 멋진 손주들을 맘껏 사랑하도록 합시다. 하늘에 계신 우리 아버지는 우리에게 손주들을 맡기셨고 우리는 언제 손주들이 우리를 보고 관찰하고 있는지 전혀 모릅니다. 우리 손주들이 우리 안에서 예수님을 볼 수 있도록 합시다.

손주들!

손주들은 정말 특별한 존재입니다.

손자는 노인의 면류관입니다. (잠언 17:6)

～

이사야 66장 ; 시편 67편 ; 잠언 11장 ; 요한복음 10장

네브래스카 오마하에 사는 워렌 뷔페에 관한 얘기가 몇 년 전에 〈포춘〉 지의 머릿기사로 실린 적이 있었습니다. 그 내용은 우리 나라에서 가장 성공한 억만 장자 가운데 한 사람에 관한 것이었지요. 워렌 뷔페는 온갖 종류의 회사에 투자해 어마어마한 성공을 거두어 왔습니다. 그는 '오마하의 마법사'로 불렸습니다. 그는 시장에서 좋은 위치를 차지하고 있는 건실한 회사를 찾아 기존의 경영진을 바꾸지 않고 그대로 유지하면서 인수하는 것으로 유명합니다.

흥미로운 얘기를 해봅시다. 그의 회사 가운데 로즈 블룸킨이 설립한 네브래스카 가구 마트라는 회사가 있습니다. 다음 〈포춘〉 지의 글은 뷔페가 블룸킨을 어떻게 대했는지 보여 줍니다.

뷔페는 네브래스카 가구 마트를 운영하는 블룸킨의 가족들을 '굉장한 블룸킨 가'라고 부르며 이들과 관계를 유지하는 방법으로 오마하 레스토랑에서 몇 주에 한 번씩 저녁 식사를 합니다. 이 모임에는 68세의 루이스와 루이스의 아들 롬(39세), 이브(35세), 스티브(33세)도 함께 했습니다.

블룸킨 가의 여가장이며 가구 마트의 사장인 로즈 블룸킨은 젊은 나이에 러시아에서 이민와서 싼 가격으로 판매하는 조그만 가구점을 시작했습니다. 그녀의 사업 신조는 "저렴하고 정직하게"입니다. 그리고 작년에는 매출액이 1억40만 달러나 되는 가구 마트로 성장하게 되었습니다. 94세의 고령에도 여전히 그녀는 카페트 부서에서 하루도 쉬지 않고 일합니다. 뷔페는 연례 보고서에서 로즈는 확실한 성과를 거둬내고 있으며 5년 내지 10년 안에 그녀의 잠재력을 발휘할 것이라고 밝혔습니다. 그러므로 나는 이사회에 100세 의무 은퇴 제도를 폐기하자고 설득해 왔습니다. 지금이 그 때입니다. 또한 "시간이 지날수록 이 방침은 바보같아 보인다."라고 덧붙였습니다.

사실 그건 농담이었지만 뷔페는 경영자로서의 능력을 평가하는 문제에 나이가 고려되어서는 안 된다고 생각할 뿐입니다. 그는 훌륭한 경영진을 뽑아 끝까지 함께 하는 경향이 있기 때문에 아마도 유난히 나이 많은 간부들이 많고 또한 그들의 능력을 소중히 생각하는 것 같습니다. 그는 이렇게 얘기합니다. "좋은 경영자를 구하기란 하늘의 별따기라서 단지 나이가 많다는 이유만으로 그들을 은퇴시키는 건 전적으로 낭비다."*[63]

지금, 내가 알기로는, 로즈 블룸킨이 은퇴하고는 싶지만 회사에서 이를 받아들이지 않기 때문에 네브래스카 가구 마트와는 별도로 카페트 사업을 시작했고 그녀의 적성에도 맞아서 그 카페트 회사를 잘 꾸려 나가고 있다고 합니다.

나는 젊어서나 늙어서나, 의인이 버림받는 것과
그의 자손이 걸식하는 것을 보지 못하였다. (시편 37:25)

미가 1-4장 ; 시편 68편 1-18절 ; 잠언 12장 ; 요한복음 11장

9월 13일── 무엇을 보는가?

다음 이야기는 영국에 있는 한 병원의 노인 병동에 입원한 할머니가 간병인들에 대하여 쓴 것입니다.

뭐가 보이나요? 나를 볼 때 생각은 하고 있나요?

나같이 괴팍한 노인네가 별로 현명하지도 않고 눈도 흐릿하지요? 맨날 음식을 흘리기만 하고 대답도 않고. 댁이 큰 소리로 "할머니, 힘 내세요!"라고 말할 때 진짜로 그런 생각인가요? 그렇게 보이나요? 자, 눈을 크게 떠요. 날 보고 있지 않구려!

여기 가만히 앉아 있는 내가 누군지, 댁이 명령하는 대로 움직이고 댁이 주는 대로 먹고 있는 내가 누구인지 말하겠소. 나는 날 사랑하는 아버지와 어머니 그리고 오빠들과 언니들이 있는 열 살짜리 꼬마 아이라우. 사랑하는 이를 곧 만나게 될 거라 꿈꾸는 난 발에 날개가 달린 열여섯 살 소녀라우. 난 스무 살 새색시, 굳게 다짐한 맹세를 기억하며 내 마음은 달음박질치고 있구려.

이제 스물 다섯이 된 나에겐 행복한 가정을 바라는 내 아이가 있구려. 난 서른 살의 여인이 되었고 내 아이는 하루가 다르게 자라고 있다오. 끊어지면 안 될 사랑의 끈으로 우린 꽁꽁 묶여 있다오.

마흔이 되니 내 아이는 어른이 되었네, 그려. 남편은 내가 슬퍼하지 않는 것을 보기 위하여 내 곁에 있구려. 오십이 되니 이젠 손주들이 내 무릎에서 놀고 있구려. 다시 우리는 내 사랑하는 아이들과 나를 알게 되었구려.

어둠의 시간들이 찾아오고 남편은 죽었다오. 난 나의 미래를 바라보고는 공포에 떨었지요. 내 아이들은 그들의 아이들을 기르고 있고 난 지나온 날들과 그 옛날의 사랑을 생각하고 있기 때문이라오.

난 이제 늙은이가 되었고 자연의 법칙은 잔인하기도 하구려. 바보처럼 보이는 늙은이로 만든 것은 세월의 장난이지요. 몸은 부서지고 기품과 활력은 떠났다오. 한때는 따뜻한 마음이 있던 자리에 이제는 딱딱한 돌덩이가 있구려.

그러나 이 늙은 몸 안에는 아직도 어린 소녀가 살고 있다오. 또 다시 내 쓰린 가슴이 다시 설레는구려. 난 기쁨도 기억하고 고통도 기억한다오.

난 지금 사랑을 하고 있다오. 그래서 내 인생은 다시 시작되고 있다오.

난 지금 너무도 짧았고 너무도 빨리 지나가 버린 지난날들을 생각하며 영원한 것은 없다는 사실을 받아들인다오. 그러니 이제 눈을 뜨구려. 눈을 크게 뜨고 날 괴팍한 노인으로 보지 말고, 좀 더 가까이 다가와 이젠 진짜로 나를 보구려!

여러분의 걱정을 모두 하나님께 맡기십시오.
하나님께서는 여러분을 돌보고 계십니다. (베드로전서 5:7)

～

미가 5-7장 ; 시편 69편 19-35절 ; 잠언 13장 ; 요한복음 12장하워드 헨드릭스는 시카고에서 있었던 주일학교 교사대회에서 점심 식사를 같이 했던 여든세 살의 할머니에 대하여 말하고 있습니다. 하워드는 함께 대화를 나누다 보니 할머니가, 교인수가 55명인 교회에서 13명의 중학교 사내아이들을 가르치고 있다는 것을 알게 되었습니다. "난 연금을 받아 생활해요. 남편은 몇 년 전에 돌아가셨지요. 그리고, 솔직히 제가 참석할 수 있을 만큼 가까운 곳에서 대회가 열린 것은 이번이 처음이에요. 저는 오늘 아침에 열리는 두 번의 회의에 참석하려고 밤새도록 버스를 타고 왔어요. 저는 제가 좀더 나은 교사가 될 수 있게 무언가를 배웠으면 해요."라고 할머니가 말씀하셨습니다.

그 짧은 만남이 있은 뒤 세 명의 연사들이 운동장을 가로질러 대회장으로 들어갔습니다. 나는 교인수가 55명인 교회의 주일학교에서 13명의 아이들을 가르치고 있는 교사라면 괜히 잘난 척 하다가 봉변을 당하던 위선자들을 생각하지 않을 수 없었습니다. "누가, 날더러 이 대회에 가라고 했느냐고요? 이것 보세요, 나도 아이들을 멋지게 가르칠 수 있다고요!" 하지만 이 할머니에게는 할 수 있는 말이 없었습니다.

그녀의 진짜 관심은 다른 데 있었습니다. 그녀는 우리에게 자신은 얘기 나누기를 무지무지 좋아한다고 말했지요. 나중에 어떤 의사가 내게 말하길, 이 할머니의 영향을 받고 목사가 되겠다는 젊은이가 여든네 명이나 생겼다는 것입니다. 나는 그 젊은이들 가운데 두 명에게 "할머니에 대하여 가장 기억나는 것이 뭐지요?"하고 물었습니다. 그러자 "선생님은 저희가 만났던 사람들 가운데서 가장 잊을 수 없는 사람입니다. 선생님은 아직도 열심히 아이들을 차에 가득 태워서 교회에 데려가고 계시죠."하고 그들은 말했습니다.[64]

굉장하지 않은가요? 그렇습니다, 우리도 도전해 볼 만합니다. 너무도 많은 교인들은 자기네들이 빨간 불이 파란 불로 바뀌기를 기다리고 있는 중이라고 생각하고 있습니다. 하지만 반대로 우리가 파란 불에서 빨간 불로 바뀌길 기다리고 있는 거라 생각해 봅시다! 그것은 인식의 문제이며 우리가 얼마나 진지한 태도를 가지고 남은 인생을 중요하게 만드느냐 하는 문제입니다.

이런 것도 함께 생각해 봅시다. 하나님(God)이라는 이름을 다시 살펴보면, 앞으로부터의 두 자는 "**가라**"(GO)이며 뒤로부터의 두 자는 "**행하라**"(Do)로 이루어져 있음을 알 수 있습니다. 그러므로 '복음'(gospel)이라는 것은 가서 행하라(go and do it)는 말이 되지요. 우리 삶에도 가서 행하는 것을 실천합시다. 말만으로는 충분하지 않습니다. 또한 기도만으로도 충분하지 않습니다. 그것은 바로 메시지와 생활 스타일과의 균형을 이루어야 하지요. 사람들은 어쨌든 우리가 말하는 것에는 관심을 두지 않습니다. 사람들은 일단 이 복음의 메시지를 알고 싶어합니다. 그리고 만일 복음의 메시지가 좋다면, 실생활에서 그대로 적용되도록 행동에 옮기려 합니다. 가서 행하십시오, **바로 지금 당장**!

> 또 예수께서 그들에게 말씀하셨다. "너희는 온 세상에 나가서,
> 만민에게 복음을 전파하여라." (마가복음 16:15)

〰

하박국 ; 시편 69편 1-15절 ; 잠언 14장 ; 요한복음 13장

유명한 금융 분석가인 실비아 포터는 전업 주부들의 노동이 국민 총생산에 포함되지는 않지만 그들이 해마다 국가 경제에 **수십억** 달러의 기여를 한다고 주장합니다.

포터는 어머니가 가족들을 위하여 사랑으로 봉사하는 것을 값으로 따져서 돈을 지불하자면 제일 부유한 가정들에서만 가능할 일일 거라고 말하지요.

포터는 전업 주부가 가정의 경제에 기여하는 정도를 수치로 나타내기 위하여 아이 봐주는 사람·파출부·요리사·설거지하는 사람·세탁부·영양사 그리고 간호 조무사에게 지불되는 시간당 수당을 계산해 보았습니다.

포터는 어머니의 가사 노동은 그린스버로에서는 한 가족 당 23,580달러, 사우스 캐롤라이나에서는 26,962달러, 시카고에서는 28,735달러의 가치가 있다는 것을 알아냈습니다.

어떤 면에서는 이 분석이 가정 주부의 위신을 떨어뜨리고 있습니다. 비교적 낮은 차원의 노동에만 초점을 맞추었기 때문이지요.

포터는 코치·선생님·실내 장식가·종교 교육가·아동 심리학자같이 **모든** 어머니들이 가정에서 행하고 있는 역할 가운데서 높은 위치를 차지하는 역할들에 대해서는 고려하지 않았던 것입니다.

포터는 가정 주부들에게 이렇게 얘기합니다. "정부는 생산성 향상에 대하여 여러분에게 훈장을 주어야 하고, 가족들은 감사하고 소중히 여기는 마음을 가져야 합니다."*[65]

진실로 그렇습니다! 집에 있는 어머니야말로 오늘 찬양받지 못하고 있는 여걸들 가운데 하나인 것입니다! 어머니는 아이들을 양육해 가면서 가족에게 그 어느 누구도 대신할 수 없는 값비싼 용역을 제공해 줄 뿐만 아니라 사회적으로도 충분히 중요한 존재입니다.

가정에 있는 어머니가 자기 역할을 잘 수행함으로써 우리 경제에 창출해 내는 엄청난 액수의 부가가치를 생각해 보십시오! 튼튼하고 안정적인 가정은 세계에서도 중요한 역할을 해내는 튼튼하고 안정적이며 생산적인 시민들을 만들어 낸답니다.

어머니, 어머니는 누군가가 어머니에게 경의를 표하지 않는다면 당신 스스로라도 자신에게 경의를 표할 수 있는 권리가 있습니다! 어머니, **당신**은 가치 있는 분이십니다!

어머니, **당신**은 당신에게 주어진 의무보다도 훨씬 많은 것을 우리에게 주시고 계십니다!

어머니, **당신**은 꼭 필요한 존재입니다! **당신**은 중요한 존재입니다! 고맙습니다!

그 여인이 자기 남편에게 말하였다. "여보, 우리 앞을 늘 지나다니는 그가 거룩한 하나님의 사람인 것을 내가 압니다. 이제 옥상에 벽으로 둘러친 작은 다락방을 하나 만들어서⋯⋯그가 우리 집에 들르실 때마다, 그 곳에 들어가서 쉬시도록 합시다." (열왕기하 4:9-10)

스바냐 ; 시편 **69**편 16-36절 ; 잠언 **15**장 ; 요한복음 **14**-15장

개강 첫날 이 대학 교수는 늘 해왔듯이 101명의 학생에게 자기 소개를 하라고 시켰습니다. 이름과 얼굴을 같이 기억할 수 있도록 자기 자신에 대하여 제일 좋아하는 것과 제일 싫어하는 것을 이야기하라고 했지요. 학생들은 차례로 일어나서 자신의 이름을 말하고 제일 좋아하는 것과 싫어하는 것을 이야기했습니다. 조금 서먹서먹한 분위기였지만 가끔은 강의실이 웃음바다가 되었고 훌륭한 첫수업이 되었습니다.

그 때 도로시 차례가 돌아왔습니다. 그러나 그녀는 일어서지 않고 머리를 숙인 채 아무 말도 없이 책상만 쳐다보고 있었지요. 교수는 그녀가 듣지를 못했거나, 너무 수줍음을 타거나, 용기가 조금 모자란 것이 아닐까 하고 생각했습니다.

"도로시, 도로시, 말할 차례예요!" 여전히 아무 반응이 없었습니다. 그래서 교수는 다시 한번 말했지요. "자, 도로시, 자기 소개를 해봐요!"

다소 오랜 침묵을 깨고 그녀는 일어났지만 학생들이 볼 수 있게 얼굴을 돌리지는 않았습니다. 그녀는 말했지요. "저는 도로시 잭슨이에요." 그리고 그녀는 학생들을 향해 돌아서서 자신의 얼굴을 가리고 있던 긴 머리카락을 손으로 쓸어 올렸습니다. 그런데 그녀의 왼쪽 얼굴 전체가 거의 대부분 붉은 점으로 덮여 있었습니다. 도로시는 불쑥 이렇게 내뱉었습니다. "여러분은 이제 제가 가장 싫어하는 것이 뭔지 알겠지요?"

도로시의 말이 끝나자마자 사려깊은 교수는 그녀 쪽을 향해 걸어갔습니다. 그는 부드럽게 몸을 숙여 그녀의 점에 입맞춤을 하고 힘껏 안아 주었습니다. 그리고는 똑바로 서서 이렇게 말했지요. "괜찮아요. 하나님과 나는 도로시가 아름답다고 생각해요!"

그녀는 흐느끼기 시작하더니 몇 분 동안 울기 시작했습니다. 다른 학생들도 교수를 따라 그녀 주위로 모여 그녀를 안아 주었지요. 그녀는 자세를 가다듬으며 말했습니다. "고마워요. 저는 평생을 누군가가 안아 주고 아름답다고 해주길 기다려 왔어요." 도로시는 잠시 말을 멈춘 뒤 마음을 가라앉힌 다음 조용히 거의 속삭이듯이 말했습니다. "우리 부모님은 왜 저에게 그렇게 해주지 않았을까요? 엄마조차 한 번도 제 얼굴을 만져본 적이 없어요."*[66]

사랑의 손길 따위는 힘이 없다고 말하는 사람은 잘못입니다. 사랑의 손길은 믿을 수 없이 강하지요. 나는 그 다음의 이야기를 알고 싶지만, 도로시는 틀림없이 새로운 인생을 경험하게 되었을 것입니다. 이것은 바로 해방의 손길이었습니다. 예수님은 우리가 아무리 보기 흉해도 우리를 안아 주시고 입맞춰 주시고, 하나님이 우리를 얼마나 사랑하시는지를 보여 주시러 오셨습니다. 그리고 이것이 우리가 또한 해야 할 것이 아닐까요?

*아버지께서 우리에게 얼마나 큰 사랑을 주셨는지를 생각하여 보십시오. 하나님께서
우리를 당신의 자녀라고 일컬어 주셨으니, 우리는 하나님의 자녀입니다.* (요한1서 3:1)

~~~

예레미야 1-2장 ; 시편 70편 ; 잠언 16장 ; 요한복음 16-17장
~~~

제임스 돕슨 박사는 자신의 어머니께서 고등학교에 다녔을 때 있었던 이야기를 했습니다.

그의 어머니는 오클라호마에 있는 작은 마을의 학교에 다녔습니다. 이 학교에는 미식 축구 팀이 있었는데 이 팀은 실력이 형편없었던 나머지 거의 이기는 적이 없었습니다. 특히 중요한 경기에서는 언제나 지곤 했지요. 이번 금요일 경기에서도 역시 대패하자 학생들뿐만 아니라 지역 주민들까지 모두 지치고 우울해졌습니다.

마침내 더 이상 축구팀이 계속 지는 것을 지켜볼 수가 없었던 어떤 부유한 석유상은, 축구팀이 또 다시 몇 경기에서 연패하자, 코치에게 라커룸에서 팀에게 제안을 하나 할 수 있도록 해줄 수 있는지 물었습니다. 이 제안은 축구팀이 가장 바라던 일이었지요. 이 축구팀은 확실히 이런 얘기를 들어 본 적이 없었습니다. 이건 하나의 거래였지요. 만일 다음 경기에서 이기면 축구팀의 모든 선수와 코치는 새 포드 자동차를 한 대씩 주겠다는 것이었습니다! 축구팀이 해야 할 일은 다음 경기, 곧 라이벌과의 경기에서 이기는 일이었습니다. 이것은 격려에 그치는 것이 아니라 어려운 제안이었지요. 생각해 보십시오. 새 포드 자동차라니!

축구팀은 물론 서로의 등을 두드려 주고 격려하며 열심히 노력했습니다. 1주일 동안 축구팀은 오로지 축구만 했지요. 그리고 잠들었을 때는 터치다운과 자동차 꿈만 꾸었습니다. 이 제안에 대한 소문이 퍼져나가 학교는 축제 같은 열기로 가득 찼습니다. 그리고 축구부원들은 저마다 멋진 자동차에 앞뒤로 여자들을 태우고 드라이브하는 자신의 모습을 상상했구요.

드디어 결전의 날이 왔습니다. 선수들은 라커룸에 모였습니다. 완전히 긴장된 분위기였지요. 그러나 코치의 말은 점점 힘이 빠져드는 것 같았습니다. 하여간 축구팀은 경기를 하기 위하여 서둘러 경기장으로 나갔습니다. 그들은 말없이 원을 만들고 손을 맞잡고 "아자!"하고 소리쳤습니다. 그리고 경기는 시작되었지만, 결과는 38대 0이라는 완패였습니다!

있는 힘과 기력을 다해서 최후의 발악을 하듯이 싸웠지만 1점도 내지 못했습니다. 1주일간의 연습과 꿈만으로는 훈련 · 작전술 · 재능 · 기질의 부족을 메울 수가 없었지요.

투지 그 자체만으로는 인생의 싸움에서 이기기에 충분하지 않습니다. 우리가 인생을 감정에만 의존해서 산다면 실패할 게 뻔하고 아주 어리석게 보일 것입니다. 그러나 인생의 대가를 치르고 나중의 만족을 위하여 훈련하고 실천하며 지식과 지혜, 인품과 의지를 쌓고 거기에 투지가 더해지면 그야말로 금상첨화이지요.

열정은 위대한 것입니다. 그러나 인생의 싸움에서 이기기 위해서는 열정 이상의 그 무엇이 필요하답니다.

모두 다 자기의 일에만 관심이 있고,
그리스도 예수의 일에는 관심이 없습니다. (빌립보서 2:21)

❧

예레미야 3장 ; 시편 71편 1-16절 ; 잠언 17장 ; 요한복음 18장두 명의 산모가 함께 첫아기를 낳기 위하여 분만실에 누워 있었습니다.

이윽고 분만 후에는 병실에서 서로 마주 보고 있게 되었지요.

두 여인 가운데 하나는 아기가 태어나기를 간절히 바랬었고 아기를 위한 모든 준비를 끝냈습니다. 그녀와 남편은 유모를 구하고 아기 옷과 이불, 기저귀 등 모든 아기용품을 준비했지요.

그러나 이런 생각과 기대에도 불구하고 아기는 사산되었습니다. 부모의 슬픔과 상처는 말할 수 없이 컸답니다. 비록 의사는 유감을 표시했지만 그녀는 희망이 무너져 버려 몹시 낙담하고 괴로워했지요. "왜? 나에게 이런 비극이 일어날 수가!" 그녀는 울부짖었습니다.

근데 건너편의 여인은 아기를 원하지 않았습니다. 비록 자신이 아기를 낳더라도 아기를 버릴 생각으로 아무런 준비도 하지 않았지요. 아기를 잃은 여인은 이 사실을 알고 더욱 괴로움에 빠졌습니다. 그녀는 퇴원 뒤 우울증에 빠졌고, 세상에 대해, 의사에게, 하나님에게 분노했습니다. "왜, 하필 내 아기가 죽어야만 했나요?" 그녀는 매일 밤마다 눈물로 울부짖었지요.

그러던 어느 일요일, 우연히 들린 주일학교에서 그녀는 동화책을 집어들고, 목동과 양이 냇물을 건너려고 애쓴 이야기를 읽었습니다.

양들이 냇물을 건너지 않으려고 하자 낙심한 목동은 필사적으로 애를 썼지만 아무 소용이 없었습니다. 양들은 물을 건너는 것을 두려워했지요.

마침내 목동은 먼저 어린양을 팔에 꼭 안고 냇물을 건너갔습니다. 그러자 엄마양은 물을 건너는 어린양의 울음 소리를 들으며 물 속으로 걸어 들어와서 반대편으로 갔고, 다른 양들도 다 따라왔지요.

아기를 잃고 절망에 빠진 젊은 엄마는 이 이야기를 다 읽고나서 순간적으로 그녀가 아기를 잃어 버린 이유를 알게 되었습니다. 그녀는 목동이신 하나님이 자신의 어린양을 물 건너편으로 데리고 가셨다는 사실을 이해하기 시작했지요.

그녀가 하나님을 따라야 할 이유와 결심은 전보다 더 커졌습니다. 그녀는 자신의 어린양이 천국에 있음을 알았습니다. 그러자 그 순간부터 천국은 더 이상 낯설고 어렴풋한 존재가 아니었지요.

그녀의 아기가 천국에 있었습니다! 천국은 먼 곳에 있지 않았습니다. 천국은 그 순간 의미있는 실체가 되었고, 또한 그녀의 사랑하는 아기가 있는 곳이기도 했지요.

천국은 이제 그 아기의 얼굴을 지니고 있습니다.

양 떼가 흩어졌을 때에 목자가 자기의 양들을 찾는 것처럼, 나도 내 양 떼를 찾겠다.
캄캄하게 구름낀 날에, 흩어진 그 모든 곳에서, 내 양 떼를 구하여 내겠다. (에스겔 34:12)

예레미야 4-5장 ; 시편 71편 17-24절 ; 잠언 18장 ; 요한복음 19장

요즘은 청소년들이 데이트하는 게 별로 낯선 일도 아닙니다. 더군다나 둘이 사귀다 이런저런 이유로 헤어지는 일도 전혀 놀랄 만한 일이 아니지요. 청소년들이 실연의 상처를 딛고 일어나 아직도 세상에 사람은 많다는 사실을 깨닫는 것이야말로 정상적인 성장의 과정입니다.

다른 청소년들처럼 펠리페 가르자르 주니어는 도나 애시락과 데이트를 시작했지요. 그때 펠리페는 열다섯 살, 도나는 열네 살이었습니다. 그러나 두 사람 사이는 도나가 다른 남자를 만나기 시작하며 끝이 났지요.

그러던 어느 날, 도나는 가슴에 심한 통증을 느꼈습니다. 그래서 병원에 가서 진찰을 받아본 결과 퇴행성 심장병이었고 심장 이식을 받아야만 했지요. 그 소식을 들은 펠리페는 엄마에게 말했습니다. "내가 죽으면 내 심장을 도나에게 줄 거에요." 펠리페의 말은 다소 엉뚱한 것 같았습니다. 펠리페의 엄마가 보기에 아들은 건강해 보였으니까요.

그러부터 3주 후에 펠리페는 아침에 일어나서 왼쪽 머리가 아프다고 했습니다. 그러더니 점점 숨을 쉬지 못하고 걷기도 어려워졌지요. 그렇게 점점 병세는 악화되어 진찰을 해보니 뇌의 혈관이 터져 있었고, 결국은 뇌사 상태에 빠지고 말았습니다. 펠리페의 갑작스런 죽음은 의사들도 그 이유를 몰랐습니다. 하여간 펠리페가 산소 마스크를 쓰고 있을 때 그의 말대로 부모는 그의 심장을 도나에게 기증하고 눈과 다른 장기들을 필요한 사람에게 기증하기로 결정했지요.

도나는 펠리페의 심장을 이식받았습니다! 이식 수술이 끝난 뒤에 도나의 아버지는 펠리페가 3개월 동안 아프다 죽었다고 도나에게 말했지요. "펠리페는 신장과 눈도 기증했단다!" 잠시 침묵이 흐른 뒤 도나가 말했답니다. "내가 펠리페의 심장을 가졌구나!"

"그래. 펠리페와 그 아이의 부모님이 원하신 일이야."하고 도나의 아버지는 말했습니다. 그녀의 표정이 약간 바뀌었습니다. 도나는 아버지에게 이 사실을 아는 사람이 누가 있는지 물었지요. 그러자 아버지는 말했습니다. "모두들 안단다." 그리고 아무 말도 없었지요.

며칠 뒤 캘리포니아 주 패터슨의 과수원과 들판을 가로질러 장례 예식 행렬이 이어졌습니다. 이 행렬은 너무 길어서 마치 왕자의 장례 예식이나 되는 것처럼 보였지만, 다름 아닌 펠리페의 장례 예식이었지요.

자신의 생명을 포기하고 사랑하는 사람을 살렸다는 건 그 누구의 기억에서도 잊혀질 수 없는 일입니다. 만일 여러분이 생각하는 것보다도 더 여러분을 사랑하는 사람에게서 심장을 받는다면 영원히 그 고마움을 잊을 수 없을 테지요. 여러분이 살아 있는 모든 순간은 여러분을 위하여 희생한 사람들에게 주는 선물이며 바로 사랑의 증거랍니다.[67]

잠시 생각해 보십시오……그리고 최선을 다해 인생을 살아 가십시오.

마음이 깨끗한 사람은 복이 있다. 그들이 하나님을 볼 것이다. (마태복음 5:8)

❧

예레미야 6-7장 ; 시편 72편 ; 잠언 19장 ; 요한복음 20-21장

〈로스앤젤레스 타임즈〉의 종교부 기자 러스 챈들러는 인생의 중요한 문제에 잘 대처한 열두 명의 위대한 그리스도인들에 관한 명저를 남겼습니다.

그 책은 엘리자베스 엘리엇의 이야기로부터 시작되지요. 그녀는 남편인 짐 엘리엇을 포함하여 다섯 명의 선교사들과 함께 1956년에 아우카 인디언에게 살해되어 순교한 이야기로 처음 이름이 알려지게 되었습니다. 그녀는 아래의 쓰라린 사건을 통해 인생의 중요한 교훈을 배우게 되었다고 합니다.

엘리자베스는 1952년에 번역 작업을 하려고 난생 처음 남아메리카로 갔습니다. 그 곳에서 지낸 첫해에 콜로라도스라 불리는 작은 부족의 원주민들과 함께 일하면서 세 번의 불행을 경험했지요.

첫번째 불행은 그녀에게 콜로라도스 부족의 언어와 문화에 관한 정보를 제공해 주던 사람이 살해된 일이었습니다.

그리고 두 번째 재난은 엘리자베스가 그 해에 한 모든 작업 기록들을 잃어 버린 것입니다. 파일·테이프·공책·편집한 단어 등을 모두 도난당했지요. 불행하게도 사본은 만들어 두지 않은 상태에서요.

같은 해에, 짐은 퀴추아 원주민들이 사는 정글에 조그만 예배당을 재건축하고 있었습니다. 그러나 어느 날 밤 갑작스런 비로 짐이 재건축하던 건물과 새로 지은 건물 세 채가 그만 아마존 강으로 떠내려가 버렸습니다.

세 번이나 소중한 걸 잃어버리는 이런 경험을 하면서 엘리자베스와 짐은 예수님께서 제자들에게 가르쳐 주신 다음과 같은 큰 교훈을 얻었습니다. "내가 진실로 진실로 너희에게 이르노니 한 알의 밀이 땅에 떨어져 죽지 아니하면 한 알 그대로 있고 죽으면 많은 열매를 맺을 것이다(요한복음 12:24)." 이 가르침을 엘리자베스는 자신의 경험을 통해 이렇게 해석했습니다. "나는 이 놀라운 사건들을 통해 하나님은 나의 왕이시며, 나의 주인이시며, 스승이시며, 내 인생을 주관하시고 내가 경배하고 모실 유일한 분이심을 인정해야만 했습니다. 영원한 이익을 얻으려면 세상 것의 손실이 불가피하지요. 진실한 믿음은 오직 어둠 속에서만 빛을 발합니다. 진실한 믿음이 있다면 인생에서 설명할 수 없는 고난에도 대처할 수 있습니다. 모든 현상이 눈에 빤히 보이는 선명하고 단순한 세상에 산다면 믿음은 별로 필요가 없을 것입니다. 세 번의 고난을 겪으면서 우리는 예수님을 더욱 깊이 알 수 있었고 바울의 가르침도 이해하게 되었습니다." *68

인생은 공평치 않습니다. 그러나 고통 없이는 아무 것도 얻을 수 없고 또한 잃지 않고는 얻을 수가 없는 법이지요.

그러나 나는 그리스도 때문에, 나에게 이로웠던 것은 무엇이든지 해로운 것으로 여기게 되었습니다. 그뿐만 아니라, 나의 주 예수 그리스도를 아는 지식이 가장 고귀하므로, 나는 그 밖의 모든 것은 해로 여깁니다. 나는 그리스도 때문에 모든 것을 잃었습니다 (빌립보서 3:7-8)

〜〜

예레미야 8-9장 ; 시편 73편 1-14절 ; 잠언 20장 ; 사도행전 1장

이 시는 소박함이 배어 나오는 오래된 시입니다. 난 늘 이 시를 좋아했지요. 비록 안타깝게도 작가는 알려지지 않았지만 이 시는 사랑하면서 사는 사람이면 누구나 경험할 수 있는 인생의 행복에 관한 시랍니다.

어깨 위에 놓인 사랑

어떤 사람이 한 푼도 벌지 못해 우울하고,
먹구름이 짙고 어둡게 깔려 햇빛이 지나가지 못할 때,
오 형제여, 멋지지 않겠습니까?
그 사람이 다정하게 당신의 어깨에 손을 얹는다면.

기분이 이상해지고
눈물이 흐르기 시작합니다.
그리고 마음이 안절부절 못하고
고개를 들어 그의 눈을 마주볼 수 없습니다.
뭐라고 말해야 할지 모르겠습니다.
다정하게 그의 손이 당신의 어깨 위에 놓여 있을 때는.

달콤하기도 하고 쓰기도 한
보호와 시련이 공존하는,
오, 이 세상은 신비한 합성물입니다.
그러나 결국 좋은 세상입니다.
세상은 좋으신 하나님이 만드신 게 틀림없습니다.
적어도 나는 말할 수 있습니다.
다정하게 그의 손이 당신의 어깨 위에 놓여 있을 때만은
세상은 좋은 거라고.

이 시는 다른 사람들에게 다정한 마음을 베풀 때 그들 자신이 소중한 존재이며 인생도 의미있는 것으로 천천히 느끼게 된다고 이야기합니다.

내 멍에는 편하고, 내 짐은 가볍다. (마태복음 11:30)

～✦～

예레미야 10-11장 ; 시편 73편 15-28절 ; 잠언 21장 ; 사도행전 2장

우리의 기억 속에 자리하고 있는 한나와 아그네스는 늘 늙은 모습이었습니다.

아무도 그들의 젊었을 때 모습을 기억하는 사람이 없지요. 돌이켜보면 이 두 자매는 언제나 어딘가 모르게 슬픔에 잠겨 있었던 듯합니다.

이건 아직까지도 풀리지 않는 수수께끼이지요. 아무래도 이 두 자매는 중간 단계가 없이 소녀에서 바로 노인으로 건너뛴 것 같았습니다. 그들은 우리들에게 항상 똑같이 나이든 모습이었고 조그마한 우리 마을의 한 부분인 '스웬슨 자매'가 되어 있었지요.

또 자매가 떨어져서 다니는 걸 거의 본 적이 없다는 것도 놀라운 일이랍니다.

그들이 일생을 통틀어 떨어졌던 적은 한나가 거스와 결혼했을 때 잠깐뿐인 것 같습니다. 한나가 결혼한 뒤 아그네스도 제임스와 결혼했지요. 그러나 결혼한 지 얼마 안 되어 거스가 알 수 없는 병으로 죽고 나서 한나는 고향으로 다시 돌아왔습니다.

그리고 나서 조금 있다 아그네스와 제임스는 한나의 집으로 이사했지요. 그들에게는 아이들도 있었던 것 같습니다. 내가 기억하기로는 한나와 거스 사이에 딸이 둘 있었던 것 같은데 정확히 기억이 나지는 않는군요.

얼마 뒤 제임스가 암으로 죽었고 한나와 아그네스는 같은 집에서 함께 살았습니다.

그 집에는 가정부가 있었는데 그 가정부가 그 집안에 들어가 본 유일한 사람이었습니다. 그야말로 미스테리의 집이었지요. 외판원을 제외하고는 그 집을 찾아오는 사람이 없었던 듯합니다. 두 명 정도는 더 찾아 왔던 것 같은데 잘 아는 사람은 아니고 그저 외판원과 별다를 바 없는 사람이었지요.

그러나 세월이 흘러서 내가 소문에 듣자하니 그 집이 퀼트 동호회의 모임 장소가 되었다고 들었습니다. 하지만 2층에는 아무도 못 올라가게 한다고 하더군요.

이 스웬슨 자매가 요양원에 보내진다는 소문이 있었지만 그런 일은 일어나지 않았습니다. 한나가 먼저 죽고 바로 다음 날 아그네스도 역시 죽었으니까요. 두 자매의 자식들은 아무도 장례 예식에 참석하러 고향을 찾아 오지 않았습니다. 심지어 유언에도 관심이 없었지요.

그래서 마을 장의사와 목사님이 모든 것을 결정하게 되었습니다. 자매가 남긴 거라곤 금방이라도 쓰러질 것 같은 미스테리 가득한 낡은 집 한 채뿐이었습니다. 그리고 이 집도 경매로 곧 팔렸지요.

우리는 그 자매의 삶을 단지 추측해 볼 수 있을 뿐입니다. 자매들은 이 마을의 발전을 위하여 무엇을 했습니까? 그들의 인생이 뭔가에 기여한 적이 있었던가요? 우리는 아무 것도 생각할 수 없었습니다. 서로에게 친구가 되어 주었다는 것 말고는 아무 것도요!

보아라, 내가 곧 가겠다. 나는 너희 각 사람에게 그 행위대로 갚아 주려고
상을 가지고 가겠다. (요한계시록 22:12)

～～～

예레미야 12-13장 ; 시편 74편 1-11절 ; 잠언 22장 ; 사도행전 3장

시인 알프레드 로드 테니슨이 80세 때의 일입니다. 그는 영국의 앨드워스에 있는 자신의 여름 별장에서 화이트 섬에 있는 겨울 별장으로 자신의 거처를 옮기고 있었지요. 배가 대륙을 떠나 직진해서 지나갈 때 테니슨은 모래톱을 거슬러 사납게 파도가 치며 내는 신음 같은 소리를 들었습니다. 그는 이 소리가 폭풍의 전주곡이라는 것을 알았지요.

며칠 뒤 그는 건강이 나빠져 간호사 한 명을 집에 두었습니다. 그와 대화를 나누던 간호사는 조용히 말했지요. "선생님, 선생님은 훌륭한 시는 많이 지었는데 성가 가사는 하나도 안 지으셨어요. 저는 선생님께서 지금 병상에 계실 때 성가를 하나 쓰시길 바래요. 저는 선생님의 성가가 다른 불쌍하고 고통받는 사람들에게 위안이 될 거라고 믿어요!"

다음날 테니슨은 종이 한 장을 간호사에게 건네며 이렇게 말했습니다. "당신의 제안을 듣고 어젯밤에 이 시를 썼소."

이 걸작시는 바다에 관한 상상으로 가득한 성가였습니다. 시 전반에 걸쳐 바다의 이미지와 모래톱의 신음 소리를 죽음과 관련시킨 이미지, 인생의 긴긴 항해가 끝나면 예수님을 볼 수 있으리라는 영광스러운 희망의 이미지로 가득 차 있었습니다. 다음은 그 시에서 발췌한 것입니다.

저녁놀과 저녁별, 그리고 나를 부르는 뚜렷한 목소리!
내가 바다로 나아가면 모래톱의 신음 소리는 없겠지.
땅거미와 저녁 종소리, 그리고 어둠!
내가 항구를 떠나도 이별의 손수건을 흔들어줄 사람은 없겠지.
시간과 공간의 한계 저 너머라 할지라도 바다는 나를 멀리까지 데려다 주리라.
모래톱을 다 건넌 뒤, 내 뱃길을 인도한 나의 길잡이를 만나보리!

우리도 언젠가는 죽습니다. 오늘에는 과거 어느 때보다 죽음이 빨리 찾아오지요. 여러분이 할아버지나 할머니가 되면 여러분은 어떻게 인생을 마칠지 생각할 것입니다. 우리는 삶과 죽음, 젊음과 늙음이라는 인생의 쳇바퀴을 목격해 왔고, 그 속에서 살아 왔습니다.

집으로 다시 돌아가기 위하여 마지막 한 바퀴만 더 달려 마침내 경주를 끝마치고 인생의 마지막 '아멘'에 대하여 생각해 봐야할 시간입니다.

죽음이 여러분의 적이 될까요, 아니면 친구가 될까요? 대답은 여러분이 이 순간까지 어떻게 살아 왔느냐에 달려 있답니다. 만일 나의 친구 여러분이 예수 그리스도를 우리의 구세주로 영접하지 못했다면 지금이 결정의 시간입니다. 고백을 하면 여러분은 길잡이 하나님을 여러분 인생의 인도자로 모실 수 있습니다. 이것은 여러분만이 내릴 수 있는 결정입니다!

죄의 삯은 죽음이요, 하나님의 선물은 우리 주 예수 그리스도 안에서 누리는
영원한 생명입니다. (로마서 6:23)

예레미야 14-15장 ; 시편 74편 12-23절 ; 잠언 23장 ; 사도행전 4장

캐럴의 남편은 지난해 사고로 죽었습니다. 당시 겨우 쉰두 살이었던 남편 짐은 직장에서 집으로 차를 몰아 돌아오는 중이었지요. 사고를 낸 차의 운전자는 만취 상태의 십대 아이였습니다. 짐은 사고가 나자마자 죽었고 그 십대 아이도 응급실로 옮겨져 두 시간도 채 지나지 않아 죽었습니다. 공교롭게도 그 날은 캐럴의 쉰 번째 생일날이었고 짐의 주머니에는 하와이행 티켓이 두 장 들어 있었습니다. 그는 아내를 깜짝 놀라게 해줄 계획이었지만 술 취한 운전자에게 죽임을 당한 것이지요. "어떻게 그런 악몽을 극복하셨나요?" 나는 지난해 캐럴에게 물었습니다.

그녀의 눈에 눈물이 가득 고였고 나는 괜히 말을 꺼냈다는 생각을 하였지만 그녀는 부드럽게 내 손을 잡고 말했지요. "괜찮아요, 말해 드릴께요. 내가 짐과 결혼한 날 나는 그에게 아침에 집을 나갈 때는 반드시 사랑한다는 말을 해주겠다고 약속했지요. 그도 저에게 같은 약속을 했고요. 그 약속은 우리끼리의 농담과 같은 거였는데 아기가 태어나자 그 약속을 지키기가 어렵더군요. 저는 제가 화가 날 때는 이를 악물고 '사랑해요!'하고 말하며 찻길까지 뛰어가든지 아니면 그이의 사무실까지 차를 몰고 가 그이 차에다 편지를 남기곤 했던 게 기억이 나요. 그건 일종의 재미있는 도전과 같은 것이었지요. 결혼한 뒤로 우리는 날마다 오전까지는 '사랑해요!'라고 말하려고 애썼던 추억도 많이 있었어요. 짐이 죽던 날 아침에 짐은 생일 카드를 부엌에다 놓고는 차로 몰래 갔답니다. 차의 엔진 소리를 듣고 저는 생각했어요. '오! 서두르지 마세요!' 그런 다음 저는 차 있는 데까지 달려가서는 그가 창문을 내릴 때까지 차창을 두드렸지요. '오늘 저의 쉰 번째 생일을 맞이하여, 제임스 가렛과 나 캐럴 가렛은 공식적으로 말하고 싶습니다, 사랑한다고!' 그러한 추억 때문에 저는 그이가 죽고 난 뒤 견뎌낼 수 있었던 거예요. 제가 짐에게 한 마지막 말이 바로 **'사랑해요!'**였다는 걸 알고 있기 때문이죠."*[69]

여러분이 누군가를 사랑하고 있다면……말하세요, **바로 지금**! 사랑하는 이에게 전화를 할 수도 있고, 사무실로 찾아갈 수도 있고, 연애 편지를 써도 되고, 빌보드 잡지를 빌려 오든지, 문자 광고 비행선을 전세 내든지, 한 다발의 장미를 사준다든지, 사탕 한 상자를 가져온다든지, 책을 사준다든지, 서로 등을 비빈다든지, 나무를 심는다든지, 제일 좋아하는 음식을 만들어 준다든지, 특별한 옷을 사준다든지, 설거지를 해준다든지, 귀에다 속삭이든지, 도시락에 편지를 끼워 넣든지, 아주 귀한 CD를 구해다 주든지 하십시오. 어떤 상상력을 동원하든, 어떤 창조력을 발휘하든, **바로 지금** 사랑한다는 말을 하세요! 여러분이 누군가를 사랑하고 있다면 그쪽이 여러분이 하고 있는 사랑의 표현을 이해할 수 있는 방법으로 그 사람에게 말하세요!

다함께 이런 기도문을 만들어 보는 게 어떨까요? "주님, 저를 오늘 그리고 날마다 저와 함께 살고 있는 사람들과 제가 사랑하는 사람들에게 **'사랑해요!'** 라고 큰소리로 말할 수 있도록 인도하여 주십시오! 그리고 주님, 제가 이러한 사랑을 실천할 때 저의 사랑하는 사람들이 또한 저에게도 사랑의 표현을 할 수 있도록 도와 주십시오!"

사랑은 없어지지 않습니다. (고린도전서 13:8)

〜⚮〜

예레미야 **16-17**장 ; 시편 **75**편 ; 잠언 **24**장 ; 사도행전 **5**장

아이다호의 언덕에 살고 있던 어떤 양치기는 매주 일요일 밤마다 멋진 음악을 틀어 주는 로스엔젤레스의 라디오 방송국 음악 프로를 열심히 듣는 애청자였습니다. 어느 날 저녁 그는 고전 음악 콘서트를 청취하고 나서 그 방송국에 편지를 띄워 아주 특이한 신청을 했지요.

그 편지 내용 가운데 일부는 이렇습니다. "저는 당신 프로를 매주 듣는 애청자인데 부탁 하나를 드리고 싶어 이렇게 편지를 쓰게 되었습니다. 이곳 언덕의 생활은 고적하여 라디오를 듣는 것 말고는 이렇다할 놀이가 없지요. 저에게는 오래된 바이올린이 하나 있답니다. 제가 한때 연주했던 거지만 지금은 줄이 엉망으로 맞춰져 있습니다. 제가 바이올린의 줄을 다시 맞출 수 있도록 다음 주 방송 가운데 피아노로 'A' 코드를 쳐주실 수 있는지요?"

처음에 그 편지를 받고 방송국 사람들은 웃음이 나왔지만 이윽고 그 요청을 받아들이기로 결정했습니다. 그 다음 일요일 방송이 진행되고 있을 때 진행자들은 그 양치기가 정확한 음을 맞출 수 있도록 몇 번이나 방송을 중단하고 스튜디오에 있는 피아노로 'A'음을 쳐주었습니다.

이 이야기는 짧지만 중요한 이야기입니다. 왜냐구요? 우리가 살고 있는 이 세상은 줄이 엉망으로 맞춰져 있어서 우리에게 정확한 음, 곧 기본음을 짚어 줄 절대적인 힘이 필요하니까요. 곧 우리의 삶과 생활을 위한 정확한 음을 우리에게 들려 줄 수 있는 강력한 힘이 필요한 것입니다.

거의 2,000년 전에 팔레스타인이라고 하는 이름없는 세상의 구석진 곳에서 하나님은 "때가 차서" 천국의 악기로 절대음을 들려 주셨습니다.

사람의 아들이자 하나님의 아들인 나사렛 예수 그리스도가 바로 그 절대음이었지요. 그리스도께서는 인간의 삶을 자신에게 맞춰 조율하고 행동함으로써 인생에 대한 해답과 인생의 의미를 발견할 수 있도록 해주신 'A' 음이셨습니다.

여러분은 그리스도께서 여러분 인생에서 'A'를 치시게 했습니까? 여러분의 인생이 얼마나 불협화음이었고 얼마나 불일치되고 있었든지간에 주님께서는 여러분의 인생을 하나님이 의도하시는 음을 내는 교향곡으로 돌려놓으실 것입니다.

인생은 거칠고 힘든 것인지도 모릅니다. 인생은 아마 여러분의 꿈들을 부정할지도 모르며 여러분의 귀중한 희망들을 없애 버릴 수도 있습니다. 또한 인생은 여러분에게서 가장 중요한 것이라 여겨지는 것을 가져가 버렸는지도 모르지요. 동시에 인생은 변덕스럽고 예측 불가능한 것인지도 모릅니다.

하지만 예수 그리스도 안에 대답이 있습니다! 그분이야말로 여러분이 여러분의 인생을 새로 짓거나 다시 지을 수 있는 기본 토대이지요.

예수님께서 여러분의 인생에서 'A' 음을 치시게 합시다!

> "은과 금은 내게 없으나, 내게 있는 것을 그대에게 주니,
> 나사렛 예수 그리스도의 이름으로 일어나 걸으시오." (사도행전 3:6)

예레미야 18-20장 ; 시편 76편 ; 잠언 25장 ; 사도행전 6장

끝간 데 없는 방황과 불안정감에 인간은 당황할 때가 있습니다. 무엇인가 놓이지 않을 곳에 놓인 물건처럼 자신에 대하여 부조화를 느끼고 왠지 불안할 때가 있습니다. 세계는 점차 평화를 잃어 가고, 인간의 안식은 점차 고갈되어 가고, 인간은 한 모금 물을 찾듯 안식을 목말라 하고 있습니다.

여러분의 참다운 안식은 어디에 있습니까? 비발디의 '사계'에 취해도, 드보르작의 '꿈 속의 고향'을 들어도, 제임스 골웨이의 황홀한 플룻 연주 속에서도, 밀레의 '양치는 소녀'를 보아도, 레오나르도 다 빈치의 '모나리자의 미소'를 보아도 그 안식은 영원한 것일 수 없습니다.

완전주의의 노예가 되어 도무지 만족과 감사와 감동이 없는 인생. 작은 것에도 아름다움을 느낄 수 없는 인생. 그것은 곧 쉼표가 없는 인생입니다. 쉼표가 없는 인생은 온전한 마침표를 찍을 수가 없습니다.

벤은 완전주의자였습니다. 그의 차고는 언제나 깨끗하게 정리되어 있었지요. 차고의 벽에는 그림들이 마치 집안에 걸려 있는 것처럼 가지런히 걸려 있었습니다.

벤의 아내는 그에게 끈이 없는 조깅화를 사다 주었습니다. 벤이 운동화를 신발장에 놓을 때마다 운동화 끈을 가지런히 하는 데 너무나 많은 시간을 낭비하기 때문이었습니다.

밤에 집에 들어오면, 벤은 주머니 속의 모든 물건들을 화장대 위에 꺼내놓고 그것들을 기하학적인 형태로 가지런히 정리해 놓곤 하였습니다. 벤은 전형적인 완전주의자였지요.

그의 아내는 벤이 같이 살기 어려운 사람이라는 것을 발견하였습니다. 그녀는 화장대 위에 기하학적인 형태로 가지런히 정렬되어 있는 물건들을 흩어 버리는 일을 즐기게 되었습니다.

팀 슬레지의 〈가족 치유〉에 나와 있는 대목입니다. 그렇습니다. 좀더! 실수가 없어야 해! 단점을 극복하기 위해 열심히 노력해야 해! 놀지 마! 최고가 되어야 해! 이 모든 것들이 완전주의의 뿌리이지요.

여러분을 지치게 하고, 다른 사람들과의 관계를 더 어렵게 하며, 생산성을 저하시키는 완전주의에 대하여 오늘 이 시간부터 "아니오!"라고 외치십시오. 혼자만의 힘으로는 완전주의를 포기할 수 없습니다. 그것을 인정하는 것이 치유의 시작입니다.

하나님께서 여러분이 완전주의를 극복할 수 있도록 도우실 수 있다는 것을 깨달으십시오. 그리고 하나님 앞에서 여러분의 완전주의를 포기하겠노라고 결정하십시오. 어서 그 외로운 완전주의의 그늘에서 빠져 나오십시오.

> 하나님께서 허락하신 안식에 들어가는 사람은, 하나님께서 자기 일을 마치고
> 쉬신 것과 같이, 그도 자기 일을 마치고 쉬는 것입니다. (히브리서 4:10)

예레미야 21-22장 ; 시편 77편 ; 잠언 26장 ; 사도행전 7장

몇 년 전 테네시의 스모키 산에서 집에서 키우던 돼지들이 우리를 벗어나 도망을 갔습니다. 이 돼지들이 새끼를 낳고 새끼들이 또 새끼를 낳는 동안, 이 돼지들은 점점 난폭해져 오솔길을 건너는 사람들을 위협하였지요. 그래서 실력있는 많은 사냥꾼들이 돼지들을 찾아 죽이려 했지만, 돼지들은 재빨리 달아나 버리곤 했습니다.

어느 날 어떤 노인이 당나귀가 끄는 작은 수레를 타고 이 야생 돼지들이 사는 곳과 가까운 마을로 가고 있었습니다. 수레에는 목재와 곡식들을 싣고 있었지요. 마을 사람들은 그가 무엇을 할지 궁금하였습니다. 그러자 그 노인은 사람들에게 '야생 돼지를 잡으러 왔다'고 했지요. 사람들은 마을의 사냥꾼들도 못한 일을 그 노인이 해낼 것이라고 믿을 수가 없어 그를 비웃었습니다.

두 달 뒤에 노인이 돌아와서 마을 사람들에게 돼지들이 산꼭대기 근처에 있는 우리에 갇혀 있다고 말했습니다. 마을 사람들은 어떻게 그가 그렇게 엄청난 일을 해냈는지 물어 보았지요.

"먼저 나는 돼지들이 먹이를 구하러 어디에서 나오는지를 찾은 다음, 돼지들이 지나다니는 길목에 곡식을 조금 놓아 두었지. 돼지들이 처음엔 겁을 좀 먹었지만 금방 호기심을 갖더라구. 늙은 멧돼지 한 마리가 냄새를 맡기 시작하고 조금 있다 곡식을 먹으니까 다른 돼지들도 다 따라서 곡식을 먹었지. 그 때 나는 돼지들이 잡혔구나 하고 생각했어.

다음 날 나는 곡식을 더 많이 갖다 놓고 몇 발짝 떨어진 곳에 널빤지 하나를 세웠지. 돼지들은 잠시 겁을 내더니만 이내 돌아와서 공짜 식사를 즐겼어. 그 다음에 내가 한 일은 함정을 다 만들 때까지 날마다 조금씩 판자를 더 쌓는 일뿐이었지. 그리고나서 구멍을 파고 첫번째 푯말을 붙였어. 돼지들은 내가 새로운 일을 할 때마다 잠깐 동안 도망갔지만 언제나 먹을 것을 위하여 돌아왔어.

마침내 우리를 다 짓고 함정으로 쓰일 문을 완성했지. 그 다음에 돼지들이 먹이를 먹으러 우리 안으로 걸어 들어왔을 때 돼지들을 잡고 만 거지."*[70]

이 이야기의 요지는 분명합니다. 사람이든 동물이든 여러분이 그들을 뭔가에 의존하게 만든다면, 그 사람이나 동물은 더 이상 혼자서는 해낼 필요나 의지를 갖지 못하게 됩니다. 그래서 더욱 의존적으로 되기 마련이지요. 이것은 젊은이들에게도 똑같이 적용될 수 있습니다. 쾌락을 좇는 죄악은 습성으로 굳어지기 쉽고, 그러면 우리는 거기에서 헤어나오지 못합니다! 정부의 지원도 마찬가지지요. 정부가 제공하는 생계 보조금을 받는 사람은 돈을 벌어야 할 동기를 찾지 못합니다. 일을 하지 않아도 정부가 생활비를 대어 주니까요. 정부의 지원은 우리를 속박하고 의존시키며 게으르게 만들어, 결국에는 우리가 벗어나지 못할 덫이 되어 버립니다. 그러면 이미 때는 늦은 것입니다.

도둑은 다만 훔치고 죽이고 파괴하려고 오는 것뿐이다.
나는 양들이 생명을 얻고 더 얻어서 풍성함을 얻게 하려고 왔다. (요한복음 10:10)

예레미야 23-24장 ; 시편 78편 1-20절 ; 잠언 27장 ; 사도행전 8장

이본느는 열일곱의 어린 나이에 임신을 한데다가 돈도 한 푼 없었기 때문에, 잔뜩 겁을 먹고 있었습니다. 그녀는 어떻게 해야할지 몰랐지요.

그녀는 소노그래프로 뱃 속에 든 자기 아이를 쳐다보다가, 살아서 움직이는 새 생명에 감동을 받아, 이 의지할 데 없는 생명을 위하여 낙태를 생각해서는 안 된다고 결심했습니다. 밤마다 그녀는 울다가 잠이 들었습니다.

어느 날 밤, 그녀의 꿈속에 천사가 나타나서 이렇게 말했습니다: "걱정 말아요. 당신과 아기는 잘 보살핌을 받을 거예요. 다 잘될 거예요."

천사는 커튼을 걷어 그녀에게 미래를 보여 주었습니다. 이본느는 천사가 건강하고 아름다운 그녀의 아기를 훌륭하고 착하고 사랑스러운 부부에게 안겨 주는 모습을 보았습니다. 다음 장면은 아기가 아름답고 행복한 여인으로 성숙한 모습이었지요.

천사는 하나님께서 아기를 걱정하고 계시므로, 아직 태어나지 않은 아기는 행복할 것이라고 말했습니다. 그리고 천사가 이본느를 향해 돌아섰을 때, 천사의 빛이 이본느를 감쌌지요. 그 빛은 마치 이본느의 가슴에 있던 따뜻한 불빛이 밖으로 새어나와 생긴 빛 같았습니다.

다음 날 아침에 잠에서 깨어났을 때, 이본느는 아늑하고 행복한 기분이 들었고 모든 일이 최고로 잘될 것 같은 느낌이 들었습니다. 그 날 그녀는 미혼모 보호 시설에 관한 얘기를 한 여인에게 들었지요.

그래서 다음 날 이본느는 이 보호 시설에 찾아 갔고, 그 곳에서 상처받은 마음을 치료하고 아이의 미래를 위해 자신이 내려야 할 선택에 대하여 생각할 수 있었습니다. 그녀는 아기를 낳아 그리스도교 입양 기관에 아기를 맡기기로 했지요. 그리고 이본느는 마지막으로 아기를 안고 있는 동안에 아기를 위한 혼자만의 의식을 치렀습니다.

이본느의 이야기에서 천사는 메시지를 갖고 꿈에 나타났습니다.

성경에도 같은 이야기가 있습니다. 약 2,000년 전에 요셉이라는 사람의 꿈에 천사가 나타나, 아직 태어나지 않은 아기에 대하여 말하고 아기의 이름까지 지어 주었습니다. 나중에 요셉은 또 천사가 나타나, 헤롯 왕이 예수를 죽이려 하니 아기 예수를 데리고 이집트로 피하라고 말해 주는 꿈을 꾸었지요.

그리스어의 '천사'라는 말은 원래 '메신저'를 뜻하는 말이었습니다.

> 요셉이 이렇게 생각하고 있는데, 주의 천사가 꿈에 그에게 나타나서 말하였다.
> "다윗의 자손 요셉아, 두려워하지 말고, 마리아를 네 아내로 맞아들여라.
> 그 몸에 잉태된 아기는 성령으로 말미암은 것이다.
> 마리아가 아들을 낳을 것이니, 너는 그 이름을 예수라고 하여라.
> 그가 자기 백성을 그들의 죄에서 구원하실 것이다." (마태복음 1:20-21)

예레미야 25장 ; 시편 78편 21-33절 ; 잠언 28장 ; 사도행전 9장올드 웨스트의 한 남자가 말을 훔쳤다는 이유로 재판을 받게 되었습니다.

그 당시에는 말을 훔치는 것이 중죄에 해당되었지요. 유죄가 인정되면 총살을 당할 수도 있고 아니면 교수형을 당할 수도 있었습니다.

이 신사가 말을 훔쳤다고 고소한 사람이 있었습니다. 그러나 마을 사람들은 그 남자를 모두 다 싫어했지요. 그 말 주인은 자기 이외의 다른 사람들을 위하여 어떤 좋은 일도 한 적이 없었고, 마을에 친구가 단 한 명도 없었습니다. 반면에 고소당한 남자는 마을 사람들이 다 좋아했답니다.

이 사건은 결국 배심원들에게 맡겨졌습니다. 비록 유죄라는 증거는 강했지만 완벽하지는 않았지요. 30분간의 토의 후에 배심원들이 법정에 돌아왔습니다. "배심원 여러분, 결정을 내리셨습니까?"

"네, 존경하는 재판장님, 결정을 내렸습니다." 극적인 긴 침묵이 흐르고 배심원장이 계속해서 말했습니다. "만일 피고가 말을 돌려준다면 무죄입니다."

법정은 웃음바다가 되었습니다. 판사는 웃고 소란을 떠는 방청객들을 조용히 시키고 단호하게 배심원들에게 말했습니다. "나는 그 평결을 받아들일 수 없습니다. 다시 돌아가서 새로운 결정을 내려 주십시오." 배심원들은 새로운 평결을 내리기 위하여 의무적으로 배심원실로 돌아가야 했지요.

약 한 시간쯤 흘렀습니다. 배심원들 가운데 한 사람도 말을 도난당한 사람을 좋아하지 않았습니다. 그들은 법정에 다시 들어왔고 법정은 조용해졌지요.

"배심원 여러분, 평결을 내리셨습니까?" 판사는 물었습니다.

"네, 내렸습니다. 재판장님!" 배심원장이 말했습니다. 순간 법정 안은 쥐 죽은 듯이 조용해졌지요. 사람들은 의자를 당겨 앉으며 평결을 애타게 기다렸습니다.

"에, 말씀하십시오." 판사가 말했습니다.

배심원장은 종이를 빼서 똑바로 들고는 12명의 배심원들이 내린 평결을 읽었습니다. "우리 배심원이 내린 평결은 이렇습니다. 피고는 무죄이고 말을 가져도 좋습니다." 그러자 법정은 다시 한번 웃음과 환호성으로 떠들썩해졌습니다.

베풀면서 살면 반드시 보상을 받습니다. 만일 여러분이 살면서 다른 사람들을 이용하려고만 하고 다른 사람들에게 베풀지 않는다면, 여러분은 결국 말을 잃어 버린 그 남자처럼 인생의 실패자가 될 것입니다.

자기를 속이지 마십시오. 하나님은 조롱을 받으실 분이 아니십니다.
사람은 무엇을 심든지, 심은 대로 거둘 것입니다. (갈라디아서 6:7)

〰

예레미야 26-27장 ; 시편 78편 34-52절 ; 잠언 29장 ; 사도행전 10장

덴버 브론코스와 워싱턴 레드스킨스와의 1988년 수퍼볼 경기가 벌어지고 있었습니다. 그런데 경기 도중 워싱턴 레드스킨스의 쿼터백인 도우 윌리엄스가 고통스러워하며 그만 잔디밭에 쓰러졌습니다. 그러한 상황에서는 누구라도 게임을 포기할 수밖에 없어 보였습니다. 또한 도우의 팀이 0대 10으로 지고 있었지요. 어떤 팀도 그러한 점수차를 뒤집고 수퍼볼의 우승을 한 적은 없었습니다.

도우 윌리엄스는 임시 교사로 있다가 시즌에 발탁된 흑인 쿼터백입니다. 시즌 초반에는 윌리엄스의 전망이 그리 밝은 편은 아니었지요. 10년 전 윌리엄스는 탐파 베이 부카니어스를 이끌어 처음으로 전미미식축구연합(NFL)에 첫 선을 보였습니다. 그가 새 리그인 USFL로 옮기면서 그에게는 불운이 겹쳤고 불행하게도 리그를 다 마치지 못했답니다. 그후 그의 아내가 딸을 낳고 몇 달이 지나 뇌종양으로 숨을 거두었지요. 거기에다 다음 불행이 그에게 닥쳤는데 바로 USFL이 망해 버렸던 것입니다. NFL의 어떤 팀도 그에게 운동을 할 기회를 주지 않았고 아무도 그에게 연락을 주지 않았습니다.

그러던 가운데 1987년 가을 시즌이 시작될 즈음, 워싱턴 레드스킨스는 팀의 젊은 스타 쿼터백이 부상당할 경우에 대비하여 싼 값의 대리 선수가 필요했습니다. 그런데 그 젊은 쿼터백이 부상을 당해 그 선수 대신에 윌리엄스가 경기를 하게 되었지요. 하지만 윌리엄스는 자기보다 훨씬 나이가 어린 선수가 부상에서 회복되면 또 다시 경기에 나가지 못하는 신세임을 잘 알고 있었습니다.

그 시즌에 결국 레드스킨스 팀이 결승전에 진출하게 되어 윌리엄스에게 마침내 1988년 수퍼볼 게임에서 뛸 기회가 찾아왔습니다. 그는 수퍼볼 게임에 처음 출전하는 흑인 쿼터백이 되었던 거지요.

다시 처음 이야기로 돌아가서, 윌리엄스는 게임에서 불려나왔다가, 다시 용감하게 동료들이 뛰고 있는 운동장으로 절뚝거리며 들어가서는, 어떤 팀의 그 어떤 쿼터백도 지금껏 이루지 못했던 일을 해냈습니다. 한 쿼터 동안 그는 4개의 터치다운을 해내면서 뒤진 점수를 따라 잡고 42대 10으로 이전에 볼 수 없었던 통쾌한 역전승을 이루어 냈습니다. 그리고 도우 윌리엄스는 그 게임에서 '가장 위대한 선수'로 뽑혔지요.

누군가가 잊혀져 있던 시간과 패배의 시간을 딛고 재기하는 모습을 지켜보는 것은 언제나 굉장한 일입니다! 게다가 윌리엄스와 같은 엄청난 재기를 지켜보는 것은 감동적인 일이 아닐 수 없지요. 이 이야기는 인생의 충격에서 헤어나오지 못하고 있는 모든 사람들에게 하나의 가능성을 줍니다. 어쩌면 인생은 불공평하다고 말할 수 있을는지 모릅니다. 그러나 고난을 통해 재기할 수 있는 정신적 자세를 배울 수 있습니다. 사람은 고난을 겪으며 고난을 극복할 수 있다는 믿음이 있을 때 재기할 수 있는 것입니다.

주께서 베푸시는 구원의 기쁨을 내게 돌려주시고,
너그러운 영을 보내셔서 나를 붙들어 주십시오. (시편 51:12)

〜〜

예레미야 **28-29**장 ; 시편 **78**편 **54-72**절 ; 사도행전 **11**장

10월

OCTOBER

한집에서 같이 산 자매와 형제들은
어린 시절의 기억과 조카들과의 관계에 대한 기억들을 함께 할 뿐 아니라,
같은 집에서 살았던 기억도 함께 하고,
집안 일을 해내는 솜씨도 같고,
어머니의 목소리가 배어 있는 조그마한 편견들 또한 서로 나누게 된다.

마가렛 미드

남북전쟁 가운데 있었던 일입니다.

한 젊은 병사가 전장을 걷다가 총상을 입은 전우를 발견했지요. 그는 심한 출혈로 생명이 위태로운 상태였습니다. 병사는 전우의 다친 손발을 바로 펴주고 얼굴에서 흐르는 피도 닦아 주었으며, 그 힘든 상황을 견대내도록 될 수 있으면 편하게 배려해 주었지요. 그리고 마지막 순간까지 곁에 있겠노라고 말해 주었습니다.

"이봐, 더 필요한 거 없어?"

"있어." 죽어 가는 병사가 말했습니다. "종이가 있으면 아버지께 전하는 메모 좀 받아 써 줘. 아직 서명할 힘은 있으니까. 아버진 북부에서 유명한 판사시니까 그 종이를 보여 드리면 널 도와 주실 거야."

그 내용은 이러했습니다. "사랑하는 아버지께, 저는 전장에서 죽어 갑니다. 제 친한 친구 한 명이 마지막까지 최선을 다해 도와 주었어요. 만일 그 친구가 아버지를 찾아오면 아버지의 아들 저 찰리를 대신해 잘 해주세요." 그리고 굳어 가는 손가락으로 힘겹게 서명을 했습니다.

전쟁이 끝난 후에 너덜너덜한 군복을 입은 병사는 유명한 판사를 찾아갔지만, 하인들은 그 차림새가 부랑자 같아서 그를 들여 보내 주지 않았지요.

그가 계속 판사를 만나야 한다고 고집하자 소동이 일어났고, 마침내 그 소리를 들은 판사가 밖으로 나와 병사가 내미는 종이 쪽지를 읽게 되었답니다. 처음에는 그를 거지라고 여겼던 판사가 맨끝의 서명을 보고서야 휘갈겨 쓴 필체이긴 하나 아들의 글씨임을 깨닫게 되었지요.

그래서 그는 병사를 집으로 데려와 눈물을 흘리며 말했습니다. "돈이 얼마가 들든지간에 내 있는 힘을 다해 자네가 무엇이든 할 수 있도록 도와 주겠네."

왜 갑자기 판사의 태도가 바뀌었을까요? 그건 다름 아니라 메모 끝에 있던 아들 찰리의 서명이었습니다. 그것은 아버지와 아들의 관계를 나타내며 그를 변화시킨 것이었지요.

옛격언 가운데 이런 것이 있습니다. '네가 무엇을 아는가는 사실 중요치 않다. 중요한 것은 네가 누구를 알고 있는가이다!'

영적인 세계에서도 마찬가지랍니다. 이 세상의 모든 지식으로도 하나님께 다가가는 데는 사실 도움이 되지 않습니다. 단지 구세주인 예수 그리스도를 영접하여 그분과 맺게 될 새로운 관계만이 여러분 앞에 가능성을 줄 것입니다.

여러분을 천국의 보좌로 인도하실 하나님의 아들과 바른 관계를 맺는 일은 지금도 늦지 않았습니다!

그 날에는 너희가 내게 아무 것도 묻지 않을 것이다.
내가 진정으로 진정으로 너희에게 말한다. 너희가 아버지께 구하는 것은,
무엇이든지 아버지께서 내 이름으로 주실 것이다. (요한복음 16:23)

예레미야 30-31장 ; 시편 79편 ; 잠언 1장 ; 야고보서 1-2장

오래 전, 뉴욕 콘월의 한 시골 중학교로 3학년을 담당할 새 선생님이 오셨습니다. 프랜스 아이랜 헝거포드 양은 작은 체구였으나 자애롭고 상냥한 숙녀였지요. 그 작은 마을 사람들은 곧 그녀가 헌신적이며 신앙심이 깊다는 것도 알게 되었습니다.

첫수업 시간에 헝거포드 선생님은 칠판에 다음과 같은 성경 구절을 썼습니다. "자기 일에 능숙한 사람을 네가 보았을 것이다. 그런 사람은 왕을 섬길 것이요, 대수롭지 않은 사람을 섬기지는 않을 것이다"(잠언 22:29). 선생님이 쓴 글을 읽는 아이들의 눈에는 모두 장난기가 서려 있었습니다. 어느 누가 왕을 섬기게 될 것이라고 생각하겠습니까?

그러나 키가 크고 여윈 스티븐 피곳이라는 학생만이 웃지 않았습니다. 그는 공부를 잘했고 다방면에 뛰어난 학생이었지요. 아일랜드에서 이민온 그의 아버지 팻은 글을 읽을 줄 몰랐기 때문에 스티븐이 왜 그렇게 책을 좋아하는가 이해할 수 없었습니다.

스티븐의 담임이 된 헝거포드 선생님이 장차 어떤 인물이 되고 싶은지를 묻자, 스티븐은 주저 없이 대답했습니다. "선박 기술자가 되고 싶어요!" 그녀는 스티븐이 꼭 해낼 수 있으리라 확신했으며 대학에 가도록 격려해 주었습니다.

그렇게 시간이 흘러 결국 콜롬비아 대학에 진학한 스티븐은 열심히 공부하였으며, 1903년 드디어 명예로운 졸업식을 갖게 되었습니다. 그가 콘월 중학교를 다니던 시절의 스승이었던 헝거포드 선생님은 짧은 축전을 보냈지요. "거봐라. 넌 해낼 거라고 내가 말했었잖니?"

그 후 5년 뒤 그는 스코틀랜드로 갔다가 그 곳에 계속 머물러 있게 되었습니다. 그 뒤 몇 년 동안 그는 모리타니아 호나 루시타니아 호와 같은 초대형 선박을 설계하는 일에 중책을 맡아 활동했지요.

훗날 영국 전함·순양함·잠수함의 기계 장치를 설계했으며, 그는 곧 능력을 인정받아 영국 왕실로부터 작위를 수여받았습니다. 그래서 스티븐 피곳 경은 훌륭한 선박 설계사로 이내 유명해졌지요. 그는 전 테네시 주 상원의원의 아내인 에스테스 케보버의 아버지이기도 합니다.

그러나 이 모든 영예를 누리게 되었음에도 불구하고, 그는 옛날에 시골 중학교에서 만난 작은 몸집의 수수한 여선생님을 한시도 잊지 못했습니다. 그녀가 여든다섯 번째 생일을 맞이했을 때 사람들은 학생들을 지도하는 신념 같은 것이 있는지 물었지요. 그러자 그녀가 조용히 대답했지요. "그건 다름아닌 사랑이었어요. 내가 아이들에게 주고자 했던 것은 바로 사랑이었답니다!"

아마 지금쯤이 다시 한번 앞서의 사랑에 관한 교훈을 되새겨 볼 수 있는 시간이 아닐까요? 여러분 자신이 아닌 다른 이에게 과연 무엇을 주어야 하겠습니까? **사랑**, 이것은 우리가 세상에서 줄 수 있는 가장 값진 선물입니다. 헝거포드 선생님의 사랑이 여러분에게도 도전을 주었기를 바랍니다.

베드로가 말하기를 "은과 금은 내게 없으나, 내게 있는 것을
그대에게 주니, 나사렛 예수 그리스도의 이름으로 일어나 걸으시오." (사도행전 3:6)

～∽～

예레미야 **32**장 ; 시편 **80**편 ; 잠언 **2**장 ; 야고보서 **3-5**장

1930년대 미국엔 대공황이 있었고, 그 시대를 살았던 가난에 찌든 한 노파의 이야기가 있습니다. 생활고는 더해 가기만 했지 떨어질 줄 몰랐지요. 더욱이 1차 대전으로 남편을 잃은 많은 미망인들은 단지 한 끼 식사를 마련하기 위하여 온갖 고초를 겪어야 했습니다.

어느날인가 한 노파는 초라하지만 깨끗이 빤 옷을 단정히 입고 미네소타 주의 미니애폴리스에 있는 보험사로 들어서더니 안내 창구로 조심스럽게 다가갔습니다. 그녀는 거친 농사일을 하느라 못이 박힌 손으로 누렇게 변색된 보험 증서를 내밀었지요. 그리고 노파는 보험을 해약하고 납입을 중지하고 싶다고 애원했습니다. 그러자 완고한 직원은 마지못해 받아들고 건성으로 훑어보더니 깜짝 놀란 눈으로 말했지요. "이건 아주 비싼 거네요. 그럼요, 올해부터는 보험료를 내지 않으셔도 됩니다. 그런데 혹시 남편과 상의해 보셨습니까?"

"아니오." 노파는 고개를 떨구며 말했지요. "제 남편은 3년 전에 죽었답니다."

"뭐라구요?" 직원은 놀라 소리쳤습니다. "이건 남편의 생명보험 증서란 말입니다."

노파는 어리둥절한 표정으로 직원을 쳐다보았습니다. "실례지만 무슨 말씀인지 모르겠군요."

직원은 노파에게 아까와는 달리 정중하게 대답했습니다. "부인, 이건 30만 달러나 되는 생명보험 증서입니다. 남편께서 돌아가셨을 때 이미 지급이 되었어야 했습니다. 여기 앉아 계십시오, 금방 돌아오겠습니다." 보험 증서를 들고 상사를 만나러 간 그는 잠시 뒤 상사와 함께 나타났습니다. "저희와 함께 가시겠습니까?"

그들은 노파를 방으로 안내하여 다시 설명해 주었고, 곧 30만 달러짜리 수표와 함께 지난 3년 동안 초과 불입된 보험료와 이자까지 계산해서 노파에게 지급했습니다.

그녀는 어마어마한 금액의 수표를 들고 보험사를 나섰지요. 자기 몫인 줄도 모르고 있었던 재산이 굴러들어온 것입니다.

여러분은 이런 급작스런 상황의 반전을 상상이나 할 수 있겠습니까?

그녀의 인생을 바꾸어 놓은 30만 달러는 만일 노파가 보험사에 들르지 않았더라면 모르고 지나쳐 버릴 수도 있을 것입니다. 그러니 그녀는 얼마나 행복하겠습니까!

여러분 삶에도 이와 비견할 만한 일이 있었습니까? 하나님 나라에 들어가기로 결정한 순간, 하나님의 축복과 은총을 받게 되리라는 걸 깨달았었습니까? 여러분은 하나님이 주신 특권을 누리며 살고 있습니까?

우리는 언제나 인생의 안정성을 추구하지만 우리의 삶 자체가 이미 하나님의 주권 아래 놓인 것임을 생각해 볼 때, 진정한 안정성의 추구는 각종 위험의 요소를 제거하는 것이나 은행에 막대한 예금을 넣어 두는 것 따위가 아니라, 바로 하나님을 향해 나아가는 우리의 믿음 안에 있다는 것을 깨닫게 됩니다.

> 할 말은 다 하였다. 결론은 이것이다.
> "하나님을 두려워하여라. 그분이 주신 계명을 지켜라." (전도서 12:13)

예레미야 **33-34**장 ; 시편 **81**편 ; 잠언 **3**장 ; 사도행전 **12**장

어느 날, 한 노인과 손자가 함께 시간을 보내고 있었습니다.

늘 그랬듯 어린 소년은 할아버지에게 질문을 하고 있었지요. 그러다 갑자기 매우 진지한 목소리로 손자가 물었습니다.

"할아버지가 돌아가시면 어떻게 되나요?"

"이 세상을 떠나 하늘나라로 가게 되지."

노인은 자상하게 답해 주었지만 소년은 여전히 호기심 가득한 눈으로 바라보았습니다.

"그 말씀은 더 이상 저와 함께 계실 수 없다는 건가요?"

노인이 고개를 끄덕였습니다. "그래. 사실이란다."

"그럼, 더 이상 저와 술래잡기를 할 수 없겠네요?"

"그래, 그렇단다."

"그럼, 저와 연날리기도 할 수 없어요?"

"그래, 그렇지."

"그럼, 저와 낚시도 못하시구요?"

"그래, 그렇겠구나."

"그렇다면, 할아버지가 안 계시면 누가 저와 놀아 주죠?"

"얘야, 그 때가 되면 분명히 너와 함께 놀아 줄 다른 사람이 있을 거니 염려 마라."*71

그렇습니다. 이 세대는 다음 세대가 물려받을 자리를 마련해 주어야 하며, 그 때는 반드시 오기 마련입니다. 그럼, 우리가 다음 세대에 물려줄 것이 무엇이 있을까요?

옛날부터 전해 오는 거미 이야기가 하나 있습니다. 거미는 죽을 때가 되어 헛간 서까래에다 기다란 줄을 쳤습니다. 그런 다음 밑으로 줄을 내려 쳐서 커다란 거미줄을 엮어 나갔지요. 시간이 지나서 거미는 죽었고, 이 재산은 자식이 물려 받았습니다. 그리고 물려받은 거미가 죽고 나서 다시 그 자식에게 물려졌고, 또다시 그 거미가 죽은 뒤에는 그 자식에게 물려졌습니다.

조심스레 지어진 이 구조물은 이 때쯤 되니까 약간 구식이 되어 버려 증손자 거미가 어느 날 이 위를 걷다가 옛날에 쳐둔 거미줄에 걸려 넘어졌습니다. 그래서 그 거미는 일어나 다음과 같이 생각했지요. "이건 너무 구식이야!" 그래서 거미가 긴 줄을 하나 잘라 버렸더니 거미줄 전체가 무너져 내려 거미는 헛간 바닥에 떨어져 죽고 말았답니다.

우리 삶에는 여러 가지 도전과 그러한 성향이 잠재되어 있습니다. 그러나 우리의 생활 원칙 가운데서 너무나 중요해서 다음 세대가 버리면 안 되는 게 있지 않나요? 그렇다면 포기하지 말고 지키도록 하십시오!

마땅히 걸어야 할 그 길을 아이에게 가르쳐라.
그러면 늙어서도 그 길을 떠나지 않는다. (잠언 22:6)

예레미야 35-36장 ; 시편 82편 ; 잠언 4장 ; 사도행전 13-14장복음주의자인 프랭키 워커가 이 이야기를 나에게 직접 해주었습니다.

　한 번은 내가 전도 사역을 마치고 돌아와 성경학교에서 가르치며 상담도 하고, 스무 명 가량의 여자 기숙생들의 어머니 역할도 한 적이 있습니다.

　어느 날 저녁, 우리 교회의 요청으로 다른 주에서 올 자매를 데리러 가느라 한 시간 반 정도 기숙사 소녀들 곁을 떠나야만 했지요. 주차장에서 차를 몰고 나왔을 때 밤은 깊었고 기숙사에서 조금 떨어진 도로에 빠져나오자 갑자기 밀려드는 불안함으로 가슴이 답답했습니다. 소녀들을 두고 떠나는 것이 몹시 마음에 걸렸던 거지요.

　나는 기도했습니다. "하나님, 제가 어떻게 해야 합니까? 다시 돌아갈 수는 없습니다. 공항으로 누군가는 마중을 가야 합니다."

　나는 하나님의 음성을 들었습니다. "기숙사를 보호할 천사들을 두마!"

　나는 나중에 기숙사에 돌아오자마자 서둘러 올라와 함께 잠들어 있을 소녀들이 잘 있는지 살피러 갔습니다. 그런데 소녀들은 마루에 앉아서 다같이 노래를 부르고 있었지요. 그리고 계단 꼭대기에는 잠깐 감독을 부탁했던 소녀가 있었답니다.

　"선생님, 저희가 자고 있지 않아서 놀라셨죠? 어떻게 된 일인지 말씀드릴께요. 선생님이 떠나신 뒤에 일을 마친 한 학생이 찾아 왔어요. '왜 워커 선생님은 창가에 서서 커튼을 연 채 주차장만 계속 바라보고 계시지? 그런 적이 없었는데……선생님은 언제나 밤엔 커튼을 닫으시잖아.' 그 말을 듣고 우리들은 웃으며 말했어요. 선생님은 공항에 가셨으니까 너는 헛것을 보았다고 말예요."

　그 소녀는 계속 이야기를 이어나갔습니다. "우리가 얘기를 계속하고 있는데 두 번째 트럭이 도착했고 세 명의 학생이 더 돌아왔어요. 그 가운데 한 명이 묻더군요. '워커 선생님이 커튼을 연 채 주차장을 보면서 뭘 하시는 거지?' 하는 순간, 아이들은 겁에 질렸고 몇몇은 울기 시작했어요."

　그래서 그들은 내 방을 둘러보기로 결정했는데, 보통 때처럼 불은 꺼져 있고 커튼은 닫혀 있었다고 합니다. 모든 것이 정상인 것을 확인했으나 그들은 영문 모를 학생들의 얘기를 기억하며 여전히 불안해했지요. 그래서 노래를 부르기 시작했고 함께 기도하고 있던 중이라 했습니다.

　나는 자초지종을 다 듣고 놀라움에 눈물을 흘렸습니다. 나는 학생들에게 내가 기숙사를 떠나며 느꼈던 불안함으로 기도를 했고, 하나님께서 기도에 응답해 주셔서 내 빈 자리를 천사들이 대신하게 하셨다고 설명해 주었지요. 하나님이 보내신 천사들이 그들을 보호했음을 얘기하며 나는 혼잣말을 했습니다. '그 천사가 내 모습을 하고, 내가 없을 때 너희들을 지켜 주었구나!'

> 　이렇게 되어서, 베드로는 감옥에 갇히고, 교회는 그를 위하여 하나님께 간절히
> 기도하였다……사람들이 여종에게 "네가 미쳤구나!"하고 말하자, 여종은 참말이라고
> 주장하였다. 그러자 그들은 "베드로의 천사일 거야!"하고 말하였다. (사도행전 12:5-15)

～∽～

예레미야 37-38장 ; 시편 83편 ; 잠언 5장 ; 사도행전 15장

어느 아름다운 가을의 주일 아침이었습니다.

뉴욕시 5번가에 위치한 성 바돌로매 교회는 낮예배를 막 시작하려던 참이었지요.

그런데 맨 앞줄에 아주 큰 모자를 쓴 한 사내가 턱하니 앉아 있는 것입니다.

그래서 뒤에 있던 교회 안내 위원은 황급히 앞으로 나가 그에게 모자를 벗어 줄 것을 정중히 부탁했답니다.

그러나 웬걸, 그는 "아니, 싫소이다!"하며 거절하는 것이었습니다.

그 말을 들은 안내 위원은 뒤에 있는 안내석으로 허둥지둥 달려가 수석안내위원에게 알렸고, 이를 전해 들은 수석 안내위원이 다시 다가가 똑같은 요청을 했지만 사내는 역시 같은 대답을 할 뿐 모자를 벗지 않았습니다.

그 때쯤 그 교회의 여전도회장이 본당 입구에 도착해 맨 앞줄에서 큰 모자를 쓰고 있는 이 무례한 사내와 안내위원이 나누는 얘기를 듣게 되었습니다.

그래서 여전도회장이 도와 주기 위하여 앞좌석으로 다가가 가능한 한 상냥한 어조로 모자를 벗어 줄 것을 부탁했으나 대답은 마찬가지였지요. "싫소."

결국 예배 시작 시간이 2분밖에 남질 않아서 당회의 장로를 불러왔습니다.

그에게는 묘책이 있었습니다!

그는 조심스럽게 뒤꿈치를 들고 다가가서 모자 위로 손을 내밀어 모자를 잡으려 했지만 그 사내에게 들키는 바람에 모자를 벗기지도 못하고 재빨리 그 곳을 피하는 수밖에 없었지요. 이제는 다른 시도를 해볼 시간도 없었습니다.

개회 찬송을 부르며 성가대가 교회 안으로 들어왔습니다.

그런데 그제서야 사내는 모자를 벗더니 다른 성도들과 함께 일어났고 예배가 끝날 때까지 다시는 모자를 쓰지 않았지요.

예배가 끝나자 그 동안 맘을 졸였던 네 명이 교회 뒤쪽에서 그 사내를 기다리고 있었습니다.

당회의 장로가 다가가 물었습니다. "선생님, 모자 말인데요, 모르셨나 본데, 성도들은 교회에서 예배드릴 때 모자를 쓸 수 없습니다."

"아, 그거라면 알고 있습니다. 저는 평생을 교회에서 보냈으니까요. 사실은 지난 2년 동안 이 교회에 꼬박꼬박 나왔는데, 한 번도 사람다운 사람과 만나보지 못했거든요. 그런데 오늘 아침엔 수석안내위원, 여전도회장님, 당회 장로님까지 만났지요. 여러분 모두에게 감사드립니다!"

이런! 우리가 교회에서 진정 무엇을 해야만 하는지를 일깨워 주는 일화였습니다!

내가 믿는 흉허물 없는 친구, 나와 한 상에서 밥을 먹던 친구조차도,
내게 발길질을 하려고 뒤꿈치를 들었습니다 (시편 41:9).

예레미야 **39-40**장 ; 시편 **84**편 ; 잠언 **6**장 ; 갈라디아서 **1-2**장

1942년 미 해군은 각계 기술 인력을 예비로 양성해 두어야 할 필요를 절실히 느꼈습니다. 그래서 그 인력을 선발하는데, 그 선발장에서 반바지 차림의 젊은이 네 명이 추위에 떨며 대기하고 있었습니다. 무표정한 심사관은 첫번째 지원자에게 질문했습니다. "당신이 할 수 있는 게 무엇입니까?"

"저는 메이시 백화점에서 판촉을 맡고 있습니다. 시장·가격·유행을 빠르게 판단하는 교육을 받았지요."

"좀더 실용적인 건 없나 보죠?"하고는 심사관은 그를 다른 옆에다 세워 두었습니다.

심사위원단은 다음 지원자인 변호사에게 실무적인 일을 할 수 있는지 물었습니다. "저는 증거들을 두고 서로 비교하여 평가하며 정보를 판단하여 처리할 수 있습니다." 두 번째도 마찬가지로 불합격이었습니다.

세 번째 남자도 같은 질문을 받았습니다. "저는 언어학과 역사 공부를 많이 했습니다." 심사위원들은 하나같이 못마땅한 듯 한숨을 내쉬고는 잠시 의논하더니 그를 나머지와 다른 한쪽으로 구분하여 세웠습니다.

그런데 네 번째 남자는 대답하게 말했지요. "저는 대학에서 기술 교육을 받았습니다. 저는 디젤 엔진을 분해하여 검사할 수 있습니다." 그러자 위원단은 곧바로 그를 장교로 임명했습니다.

전쟁이 끝나자, 메이시 백화점 판촉 사원이던 이는 그의 말대로 시급을 다투는 일에 빠르고 정확한 판단력으로 해군 참모총장을 보좌했습니다. 그래서 그는 해군 관리자 과정과 정부 각료 단계를 거쳐 그 분야의 전문가가 되었지요.

변호사는 핼시 해군 제독을 도와 실력을 발휘했는데, 중요한 전쟁에서 정보를 입수, 분석하여 적군의 위치를 추적해 내기도 했습니다. 그래서 퇴역할 때는 훈장도 받았지요.

세 번째 남자는 몇 명으로 구성된 집행 위원회 해군 서기관으로 일하며, 남태평양 지역에서 차지하는 미국의 위치를 전망하며 결정짓는 데 큰 역할을 했습니다.

그렇다면 대학에서 기술 교육을 받았던 네 번째 남자는 어떻게 되었을까요? 그는 계속 디젤 엔진을 분해하여 검사하는 일을 했습니다.*[72]

재능과 능력, 교육 수준에 따라 사람의 운명이 뒤바뀔 수 있다는 것은 매우 재미있습니다. 누가 감히 함부로 어떤 사람의 미래를 예측할 수 있겠습니까? 물론 이 말은 우리의 교육 자체를 부인하는 발언은 아닙니다. 그렇지만 일단의 교육 과정이 종결된 뒤 그 성과를 유지하는 것 역시 중요하지요. 교육이 한 인간의 내면을 구성하는 한 부분으로써 크나큰 영향력을 가진다면, 한 인간 행로가 학교 교육 가운데 밝히 드러날지도 모릅니다. 미래에 일어날 일을 누가 장담할 수 있습니까? 그러니 지금부터 준비하고 노력하고 배우십시오. 그러면 여러분 앞에 기회가 찾아왔을 때 확실한 대답을 할 수 있을 것입니다.

*그대는 진리의 말씀을 올바르게 가르치는 부끄러울 것 없는 일꾼으로,
하나님께 인정을 받는 사람이 되기를 힘쓰십시오. (디모데후서 2:15)*

～

예레미야 **41-42장**; 시편 **85편**; 잠언 **7장**; 갈라디아서 **3-4장**

다음은, 사실 여부는 확인할 수 없지만, 태평양 연안의 미국 북서부 지방에 전해져 오는 이야기입니다. 이 이야기는 태평양을 끼고 있는 워싱턴 주의 쌀쌀한 해안에서 모닥불을 지핀 채 웅크리고 앉은 가여운 십대 소년으로부터 시작되지요. 자, 그를 주목해 봅시다. 숲 근처에서 이 근방 사냥터 관리인이 나타나 모닥불이 있는 곳으로 오더니 소년에게 무엇을 하고 있는지 물었답니다. 그러자 소년이 대답했지요

"저녁으로 바다 갈매기를 굽고 있어요. 며칠 동안 아무 것도 먹지 못했거든요."

그러자 관리인이 깜짝 놀라며 말했습니다. "뭐라구? 바다 갈매기? 바다 갈매기를 죽이는 건 법으로 금지되어 있다는 걸 모르니? 갈매기는 이곳 생태계에서 아주 중요한 역할을 하고 있단 말이야. 너를 조사해야겠다! 너는 벌금을 물게 될거야!"

소년은 잔뜩 겁을 먹었습니다. "아저씨, 제발요, 딱 한 마리인걸요. 전 너무 배가 고파요. 일자리도 잃었거든요. 갈매기가 아무리 소중하다고 해도 정말로 배고픈 사람 한 명에 비길 수가 있을까요? 저는 가족을 떠나 일자리를 찾아야 했지만 아무 일도 찾지 못했어요. 제발 저를 경찰에 넘기지 마세요. 저는 돈이 한푼도 없어서 영락없이 감옥에 가야 한단 말이에요."

이 말을 듣고 나자 관리인은 마음이 약해져 결심이 흔들렸습니다. "좋아. 이번 한 번만 봐 주기로 하지. 하지만 두 번 다시 이런 일을 해서는 안 된다, 알았지?" 그는 돌아서 가려다가 갑자기 획 돌아보며 물었습니다. "그런데, 갈매기 고기는 어떤 맛인지 궁금하구나. 맛이 어떠니? 늘 그게 궁금했단다."

소년은 새의 몸통을 물어뜯으며 관리인을 올려다 보았습니다. "아, 이거요? 정말 독특한 맛이예요. 흰 부엉이와 대머리 독수리를 섞어 놓은 것 같은 맛이예요."

세상에……무슨 말이 더 필요했겠습니까? 이 이야기를 통해 우리는 도덕이라는 것이 형태를 드러내며 우리 앞에 나타남을 주목하게 됩니다.

이는 성경에도 분명히 나와 있습니다. "네 죄가 네 행위를 판별할 것이다." 이 말씀은 어떤 성경 말씀보다 두려운 것이 아닐 수 없습니다.

게다가 사람들이 왜 도망다니고 숨고 신분을 감추겠습니까? 이유는 하나, 바로 죄를 감추기 위해서이지요. 그렇지만 죄를 감출 방법은 없습니다. 허나 죄는 용서받아 없앨 수 있으며 우리 기억에서 지워질 수 있습니다! 누가 그렇게 할 수 있습니까? 어떻게 그것이 가능할까요?

그것은 바로 여러분이 과거에 잘못을 했다면, 그 죄를 용서해 주시도록 잠시나마 하나님께 도움을 비는 기도를 드리는 것으로만 가능하지요. 기도를 들어 주시고 용서하시며 여러분의 인생에서 죄를 사하여 주시는 분은 오직 하나님뿐이십니다.

자기의 죄를 숨기는 사람은 잘 되지 못하지만,
죄를 자백하고 그것을 끊어 버리는 사람은 불쌍히 여김을 받는다. (잠언 **28:13**)

예레미야 **43-44**장 ; 시편 **86**편 ; 잠언 **8**장 ; 갈라디아서 **5-6**장

이 이야기는 〈작은 아씨들〉이라는 책에 나오는 것입니다.

열여섯 살의 마가렛은 넷 가운데서 가장 나이가 많고 큰 눈을 가진 예쁜 소녀입니다.

마가렛은 정의감이 있고, 윤기있는 갈색 머리에 귀여운 입매를 지녔으며, 희고 고운 손을 자랑하며 다소 허영심도 있었지요.

둘째인 조는 키가 크고 마른 체형으로 갈색 피부에 긴 팔과 긴 다리를 지닌 열다섯 살 소녀로 갑자기 무슨 일을 벌일지 알 수 없는 것이 꼭 유난스러운 사내아이 같았습니다.

조는 굳은 의지가 보이는 입매와는 달리 우스꽝스러운 코를 가졌으며 매사를 꿰뚫어 볼 듯한 날카로운 회색눈이 인상적이었지요.

때로는 거칠어 보이기도 하고 그것이 남을 즐겁게 하는 익살스러움이기도 했지만, 한편으로는 매우 신중하고 사려깊어 보이기도 했습니다.

탐스럽고 긴 갈색 머리는 조의 유일한 자랑거리이기도 했지만 늘 아무렇게나 망사로 감싸 남들에겐 드러내지를 않았답니다.

조가 당시 유행하던 젊은 여성들의 정장으로 차려 입으면 둥그스럼한 어깨가 돋보이지만, 손과 발이 지나치게 큰 데다가 이런 옷차림 따위엔 아주 질렸다는 표정을 지었으므로, 보는 이들로 하여금 웃음을 참지 못하게 만들었습니다.

조는 이제 커감에 따라 날마다 그런 옷차림을 해야 하는 것을 생각하면 한숨만 나왔지요.

엘리자베스 또는 베스라 불리는 장미빛 부드러운 머릿결을 지닌 맑은 눈빛의 열세 살 소녀는 몹시 수줍음을 타는 얌전한 소녀로 늘 작은 목소리로 차분하게 말하며 좀처럼 남에게 폐를 끼치지 않았습니다.

아버지는 그녀를 집안의 '귀여운 고요함'이라 불렀고 그 호칭은 그녀에게 잘 어울렸지요.

그녀는 자신의 작고 행복한 삶 속에서 만난 사람들을 믿고 따르며 사랑하는 데 만족하며 사는 듯이 보였습니다.

막내인 에이미는 네 자매 가운데 나이는 어려도 가장 중요한 인물이었습니다.

적어도 스스로는 그렇게 생각했지요.

흔히 말하듯 우유빛 살결의 아가씨로 푸른 눈동자에 어깨 위로는 금빛 곱슬머리가 물결쳤습니다.

날씬한 몸매에 가냘퍼 보이지만 겉모습일 뿐 여자다움은 찾아보기 어려웠습니다.*73

라헬은 "내가 언니와 크게 겨루어서, 마침내 이겼다"하였다. (창세기 30:8)

❧

예레미야 45-47장 ; 시편 87편 ; 잠언 9장 ; 사도행전 16장

어떤 주부가 공중위생관리국에 전화를 걸어 그녀의 집 앞에 있는 노새의 시체를 치워 줄 것을 부탁했습니다. 그래서 관리국은 죽은 노새를 치울 일꾼 몇 명과 트럭 한 대를 보내 주었지요. 그런데 그녀가 갑자기 마음을 바꿔 먹었습니다. 그녀는 일꾼들에게 달려가 죽은 노새를 이층 욕조로 옮겨 줄 것을 요청했지요. "그렇게 해주시면 대가로 1인당 20달러를 드리지요."

일꾼들은 얼른 이해가 되지 않았으나 20달러를 준다기에 서둘러 일을 시작했습니다. 끙끙대며 노새를 이층으로 끌고 올라가 욕조에 내려놓았습니다. 숙련된 솜씨로 금방 해치운 셈이었지요. 그들은 약속된 20달러를 받고 집을 나서며 물었습니다. "20달러는 감사합니다만, 왜 죽은 노새를 욕조에 들여놓으신 거지요?"

"저기, 제 남편은 35년 동안 똑같이 매일 밤 집에 돌아와서 코트와 신발을 벗은 다음, 신문을 들고 안락의자에 앉아서는 늘 묻곤 했죠. '뭐 별일 없었지?' 35년 동안 별일이란 아무 것도 없었어요. 그런데 이제 됐어요. 나는 오늘 밤 흥미로운 이야기거리를 가진 게 되는 거예요."

과연 그 남편은 어떤 반응을 보일까요? 가엾기도 하여라! 그러나 어쨌건 인생은 사실 흥미롭지 않은가요? 물론 어떤 사람들에겐 인생이 하품만 나는 고리타분한 것일 수 있습니다. 그들이 예순이 지났건 일흔이 지났건간에 그들의 인생엔 어떤 색다른 일로 그들을 놀라게 할 만한 여지도, 어떤 새로운 것으로 신선함을 안겨 줄 거리도 없지요. 참으로 슬픈 일이지요.

뉴 잉글랜드 주 어느 묘지 비석에 이런 비문이 새겨져 있습니다. "스물한 살에 이미 죽었으나, 일흔셋에야 묻히다."

인생에 새롭고 흥미로운 일들은 나이와는 아무 상관이 없습니다. 몇 년 전 나는 어떤 나이드신 분과 함께 지낼 기회가 있었지요. 나는 그에게 다음과 같이 물었습니다. "이제는 무얼 하실 생각이세요?" 그 때 당시 일흔여덟이나 잡수신 그 노인은 조금도 주저함없이 다음과 같이 대답하셨습니다. "음……내년에 조각을 배울 거라우."

'늙은 개에게는 새로운 묘기를 가르쳐 봐야 소용이 없다!'라는 말을 들어 봤을 것입니다. 그러나 사실 여러분은 그런 일을 시도해 본 적도 없을 것입니다. 늙은 개에게도 새로운 묘기를 가르칠 수 있는 방법이 있습니다. 그것은 바로 지금까지의 모든 행동이나 습관을 여태 시도해 보지 않았던 식으로 전혀 새롭게 과감히 바꾸는 것입니다.

이제까지와는 다른 일을 계획하십시오. 여러분의 인생에 변화와 새로움을 소망한다면 무엇을 하시겠습니까?……그렇습니다, 직장을 바꾸어 보십시오, 아니면 마음먹고 있던 결심들을 단행하고 좋은 습관을 들임으로 생활을 바꾸어 보십시오. **바로 오늘!**

도둑은 다만 훔치고 죽이고 파괴하려고 오는 것뿐이다.
나는 양들이 생명을 얻고 더 얻어서 풍성함을 얻게 하려고 왔다. (요한복음 10:10)

〜〜〜

예레미야 **48**장 ; 시편 **88**편 ; 잠언 **10**장 ; 빌립보서 **1-2**장

아서 레이 에버솔이 그만 물에 빠졌지요. 그것은 남 캘리포니아의 아름다운 해변에서 일어난 사고였습니다. 다행히 누군가 긴급 구조대에 신고했고, 응급 처치 요원은 꺼져 가는 생명에 긴급히 여러 가지 소생술을 시도했지요. 그러나 이를 지켜보던 아서의 아버지는 제정신을 잃고 흥분하여 심폐 소생술을 해달라고 거듭 애원했습니다.

인근 마을의 제스 무디 목사가 연락을 받고 그곳에 도착했습니다. 목사는 둘러서 있는 사람들 틈을 비집고 지나 아서의 아버지에게 다가갔습니다. 그리고는 조용히 그의 손을 꼭 잡았지요. 주위에 들리는 소리라곤 응급처치 장비가 작동되는 소리와 의료진들의 짤막하고 빠른 대화뿐이 었습니다. 이에 간간이 아서 아버지의 탄식이 섞여 들려 왔습니다.

그 때였습니다. 뒤편 어느 곳에선가 울려나오는 목소리가 있었습니다. 수정처럼 맑은 목소리로 희망을 노래하는 소프라노의 음성이 들렸습니다. 모두들 노래 소리가 나는 곳으로 눈을 돌렸습니다. 그 목소리의 주인공은 아서의 엄마였지요. 그녀는 구급차 안에 앉아 있었습니다. 그녀는 하늘을 향해 자신의 믿음을 찬송으로 증거하고 있었습니다.

> 영광의 빛이 비추네, 천둥 소리가 들려오네.
> 우리를 죄에서 구속하신 주께서 다가오심을 느끼네.
> 내 속의 악한들과 싸우며 나는 예수의 음성을 듣네.
> 나에게 말씀하시네, 싸워 이기라, 승리하라.
> 주께서 나를 떠나지 않겠다 약속하시네.
> 결코 나를 버려 두시지 않겠다고.

> 믿으라, 넌 혼자가 아님을, 믿으라, 넌 혼자가 아님을.
> 주께서 나를 떠나지 않겠다 약속하시네.
> 결코 나를 버려 두시지 않겠다고.

세상에서 가장 소중한 친구라……살아 계시는 하나님의 아들 예수 그리스도께서 분명히 약속하셨습니다. 어떠한 삶의 고통 가운데서도 함께 하시겠다고요. 예수님께서는 언제나 우리와 함께 하십니다! 주께서 주신 약속은 어김없이 실현되며 참으로 진실합니다. 하나님의 자녀된 우리 모두에게 그 모습을 나타내시겠다고 하심을 기억하십시오. 무엇을 망설이십니까? 스스로에게 이렇게 물어 보십시오. '나는 예수님을 나의 구주로 모셨던가?'

이것은 예수 그리스도께서 여러분의 가장 귀한 친구가 되시는 놀라운 관계의 시작입니다.

> 주께서는 "내가 너를 떠나지도 않고, 버리지도 않겠다"하고 말씀하셨습니다.
> 그래서 우리는 담대하게 이렇게 말합니다. "주께서 나를 도우시는 분이시니,
> 내게 두려움이 없다. 누가 감히 내게 손을 대랴?" (히브리서 13:5-6)

예레미야 49장 ; 시편 89편 1-18절 ; 잠언 11장 ; 빌립보서 3-4장

이탈리아인 탐험가 크리스토퍼 콜럼버스는 숨을 거두는 날까지도 자신이 서방 항해의 결과 얻어낸 것이 신대륙이 아니라, 당시 유럽의 중요한 교역 대상이었던 아시아로 가는 최단 항로였다고 끝까지 믿고 있었습니다. 그 당시 여느 탐험가나 지리학자와 다를 바 없이 콜럼버스 역시 지구의 크기를 과소 평가했고, 그 결과 아시아로 가는 동서간 거리도 과소 평가하고 말았습니다. 그가 항해를 시작했던 1492년만 해도 서부 아조레스 제도에서 일본까지 가는 거리가 지중해 길이보다도 짧다고 보는 게 일반적이었지요. 그런 까닭에, 콜럼버스가 바하마 제도에 도달했을 때 그곳을 인도 제국이라 생각하게 된 것입니다. 그래서 카리브 해의 여러 섬들이 지금도 서인도 제도라 불리고 있습니다.

항해는 그리 순탄치 못했습니다. 항해 도중에 계속해서 괴혈병이 만연했으며, 온갖 질병으로 사람들이 고통을 받았습니다. 이따금 바다 한가운데서 폭동이 일어나기도 했지요. 그렇게 형편없는 수준의 선박으로 서쪽으로 항해하려고 했으니 얼마나 무모한 일이었겠습니까? 게다가 위생 상태까지도 열악했습니다. 콜럼버스가 두 번째 항해를 하던 1494년에는 선원들이 쿠바 해안에 도착하자 그 곳이 '중국 대륙의 시작점'이라고 맹세를 강요당하기도 했습니다. 이 맹세를 어겼을 때는, 선원의 직급에 따라 달랐지만, 벌금을 내거나 혀를 잘리기도 했고 돛대에 묶여 채찍을 백 대나 맞기도 했지요. 콜럼버스는 북미 대륙뿐만 아니라 바하마 제도 · 쿠바 · 히스파니올라 · 트리니다드 · 파나마, 그리고 오리노코 강 어귀까지도 갔었습니다.

우리 인간이 갈 수 있는 한계는 어디까지일까요? 간단한 나룻배에서 시작해 마침내 1981년 4월 12일에 최초의 우주 탐사선인 콜럼비아 호가 발사되기에 이르렀지요. 이 탐사선은 수차례 탐험을 하고 매번 무사히 귀환해 우주의 모습을 알려 주었습니다.

이와 비슷하게 우리는 살아 가는 동안 기회에 따라 또는 의지로 우리 인간 관계의 지평을 넓히곤 합니다. 이러한 만남 가운데 천지를 지으신 하나님을 알아 가고 그분을 믿고 그분과 사랑하는 관계까지 확장되어야 합니다. 사도 바울의 다음과 같은 고백이 오늘 우리의 가슴을 울리는 이유가 바로 거기에 있습니다. 그는 오직 예수를 알기만 원했습니다. 지금도 변함없이, 앞으로도 변함없이. 그러나 그는 예전에도 그러했기를 바랐습니다. 그것은 바로 지난날 예수를 몰랐던, 정확히는 믿지 않았던 모습을 가슴깊이 후회하고 있었던 것이지요.

바울은 날마다, 아니 순간순간 예수 그리스도를 온전히 알기 위하여 노력하고, 이러한 모든 노력을 부단히 기울여 갔으며 찾고 또 찾았습니다. 그는 복음을 실천하기 위하여 그 남은 인생을 아낌없이 바쳤으며, 날마다 하나님의 진리에 확실히 거하는 삶이 어떤 것인가를 탐구하고 모색하는, 진정 가치있는 탐험의 길에 서 있었던 사람이지요.

> *여러분이 사랑 속에 뿌리를 박고 터를 잡아서, 모든 성도와 함께, 그리스도의*
> *사랑의 넓이와 길이와 높이와 깊이가 어떠함을 깨달을 수 있게 되고, 지식을*
> *초월하는 그리스도의 사랑을 알게 되기를 빕니다. 그리하여 하나님의 모든*
> *충만함으로 여러분이 충만해지기를 바랍니다.* (에베소서 3:17-19).

예레미야 **50**장 ; 시편 **89**편 19-37절 ; 잠언 **12**장 ; 사도행전 **17**장

어떤 미 해군 장교는 자신이 직접 전함에서 지휘하는 꿈을 늘 갖고 있었습니다. 그래서 그는 해군사관학교를 졸업한 뒤, 열심히 노력하여 곧 높은 계급에 이르게 되었지요. 비록 오만함과 함께 자만심이 많은 그였지만, 승진에 방해가 되지는 않았습니다. 그러던 그가 마침내 소원대로 전장 지휘를 맡아, 사기가 충천한 최신형 전함을 타고 출격하게 되었습니다. 얼마나 그가 기뻐했을지 상상해 보십시오. 그가 오래도록 그리던 순간이 이제 곧 펼쳐질 것입니다.

그 때는 전쟁이 계속되고 있었습니다. 출격한 전함의 함장인 이 사나이가 어느 폭풍우가 몰아치고 파도가 거센 날 선상에 나와 진두 지휘하고 있었지요. 그의 마음 속에는 그 자신에 대한 자랑스러움이 솟구치고 있었습니다. 바로 그 때였지요. 항구 바깥쪽에서 이상한 불빛이 전함이 있는 방향으로 다가오는 것을 발견하자마자, 그는 곧바로 근처의 관측병에게 말했습니다. "저 정체 불명의 선박에게 다음과 같이 메시지를 보내라. '전진 방향을 남쪽으로 10도 바꿀 것!'"

1, 2분 정도 지나자 다음과 같은 회신이 왔습니다. "당신의 함대가 북쪽으로 10도 방향을 전환해야겠소!" 그러자 함장은 다른 군함에게 주도권을 넘길 수 없다고 판단하고 곧바로 다음과 같이 송신할 것을 명했습니다. "당신이 남쪽으로 10도 전환하시오. 나는 이 배의 **함장**이요."

금새 회신이 왔습니다. "당신들이 남으로 10도 변경하시오. 나는 3등 수병 존스요." 이 메시지를 받자 함장은 격분하여 직접 명령했지요. "남쪽으로 10도 변경하라. 여기는 **전함**이다!" 곧 이어 마지막 회신이 왔습니다. "북으로 10도 변경하십시오. 여기는 **등대**입니다!"

어떤가요? 우리는 형태는 다르지만 성향이 이것과 비슷한 일을 종종 겪을 수 있습니다. 그럴 때 여러분은 어떤 편인가요? 이야기 속의 남자처럼 자신의 성취한 바는 절대적으로 지켜져야 한다고 고집하는 이기적인 속성 때문에, 좀더 긴급하고 중요한 상위 가치들을 볼 수 없는 어리석은 모습이 아니었기를 바랍니다. 무엇보다 앞서는 최상위 명령이 우리가 사는 세상에서 분명히 존재한답니다. 우리 인간은 당연히 우리보다 우월한 존재에게 순복할 수밖에 없지요. 이것은 어떤 사람들에게는 인정하기 힘든 것임을 알고 있습니다. 그러나 위의 이야기를 통해 우리는 이미 교훈 한 가지를 깨달을 수 있습니다.

오직 자신밖에 모르는 교만한 인간 세계에서 의지하고 바라볼 만한 횃불은 단 한 가지밖에 없습니다. 하나님의 말씀이라고 불려지고 있는 것! 바로 성경입니다! 하나님의 말씀을 읽다보면, 우리가 사는 이 세상의 진행 과정이 성경에 밝히 보이듯 오늘에도 어김없이 적용됨을 볼 수 있습니다. 성경은 오늘 읽든 열흘 후에 읽든, 변함없이 한결같은 진리를 말해 줍니다.

모든 인생은 그 근원점을 밝혀 볼 필요가 있습니다. 나는 성경이 여러분 삶의 등대가 되기를 간절히 소망합니다.

내가 주님께 범죄하지 않으려고,
주의 말씀을 내 마음 속에 깊이 간직합니다. (시편 119:11)

예레미야 51장 ; 시편 **89**편 **38-52**절 ; 잠언 **13**장 ; 데살로니가전서 **1-3**장

우리 주위에는 그 근원을 알 수 없는 이야기들이 종종 있습니다. 다음의 이야기도 그런 것 가운데 하나로 댈러스에 있는 비벌리 힐스 침례 교회의 창설자인 하워드 코네스터에 따라 전국의 TV 시청자들에게까지 알려졌지요.

오래 전 일이라 이름을 잊었기 때문에 앞으로 이야기할 두 십대 소녀들을 케리와 수잔이라고 부르기로 합시다. 둘은 시내 상점에서 시간이 늦은 줄도 모르고 쇼핑하다가 집에 돌아가려고 보니 이미 날이 어두워져 있었지요. 출구에서 살펴보니 주차장에는 그들의 차밖에 없었습니다.

두 소녀는 무서워졌습니다. 다른 누구라도 함께 있어 차 타는 곳까지 가주었으면 좋으련만 하고 막연히 바랄 뿐이었습니다. 쇼핑 타운 근처는 우범 지역이므로 절대 늦지 말라고 당부하셨던 아버지의 말씀이 떠올랐기 때문입니다.

"일단 여기를 빨리 빠져나가자!" 수잔은 짐을 들고 케리는 뒤따라오며 사방을 두리번거리면서도 최대한 빨리 걸었습니다.

거의 성공한 것 같았습니다! 케리가 차 문을 열쇠로 열고 들어가서 수잔에게 문을 열어 주기 위하여 손을 뻗었을 때였습니다. 그들 바로 뒤에서 황급히 뛰어오는 발자국 소리가 들렸습니다. 겁에 질린 둘은 험악하게 생긴 두 남자를 보았지요.

그들 가운데 하나가 소리를 질렀습니다. "너희들, 도망가기는 틀렸어! 우리한테 잡혔어!"

그 순간 수잔은 급하게 차 안으로 뛰어들면서 거의 동시에 차문을 잠궜습니다.

그리고는 케리가 떨리는 손으로 시동을 켰습니다. 그러나 켜지지 않았습니다! 몇 번을 시도했건만……허사였습니다! 딸깍 소리만 나고 고요했습니다. 아무런 변화가 없었지요! 전혀! 남자가 창문을 부수려던 찰나였습니다.

그러자 소녀들은 모든 것을 체념하고 마지막으로 자신들의 안전을 구하는 기도를 올렸습니다. "하나님, 전능하신 손으로 기적을 일으켜 저희를 구해 주십시오!"

케리가 다시 한번 열쇠를 돌렸습니다. 그러자 마침내 시동이 걸려 무사히 주차장을 빠져나올 수 있었습니다!

소녀들은 놀라움과 동시에 안도감으로 집으로 돌아오면서 내내 눈물을 흘렸습니다. 차를 세우고 집으로 뛰어들어가서 부모님께 모든 이야기를 털어놓았습니다.

"하나님, 감사합니다! 무사하니 정말 다행이다. 하지만 두 번 다시는 이런 일이 없도록 해라!" 아버지가 말씀하셨지요. "정말 이상하구나. 그 차는 단 한번도 시동이 안 걸린 적이 없었는데, 당장 나가서 살펴봐야겠구나."

차고에 가서 후드를 연 순간……**누가** 딸들을 무사히 집으로 인도했나를 첫눈에 알 수 있었습니다! 그 차는 충전된 전력이 조금도 남아 있지 않아 엔진을 가동시킬 수 없는 상태였던 것입니다.

사람들이 놀라서 말하였다. "이분이 누구이기에,
바람과 바다까지도 이분에게 복종하는가?" (마태복음 8:27)

～∞～

예레미야 52장 ; 시편 90편 ; 잠언 14장 ; 데살로니가전서 4-5장

제인 스미스는 어느 주일 아침 교회에 갔습니다. 그녀는 예배 도중에 오르간 연주자가 전주를 하면서 음을 빠뜨린다거나 엉성한 연주를 하는 것을 알 수 있었지요. 경건해야 할 기도 시간에는 뒷좌석에 앉은 십대들이 소란스레 떠들었고, 헌금 바구니가 돌아가는 동안에는 헌금 위원이 제인이 얼마를 넣는가 지켜보는 것 같아 기분이 언짢았습니다. 설교를 들으며 제인은 목사가 무려 일곱 번씩이나 말 실수를 하는 것을 내내 세고 있었고, 성가대는 불협화음을 쏟아낸다고 느꼈습니다. 폐회 찬송을 할 때 옆문으로 몰래 빠져나오면서 그녀는 혼자 중얼거렸지요. '다시는 안 와야지, 위선자들!' 린다 존스 역시 그 일요일 아침에 같은 교회에 나갔습니다. 그녀는 오르간 연주자가 "견고한 요새"의 편곡을 연주하는 것을 들으며 그 웅장함에 감동받았지요. 예배를 드리면서 그녀의 삶의 요구와는 다른 어린 소녀들의 단순하지만 순수한 신앙 고백에 가슴이 뭉클했습니다. 헌금 시간에는 이 교회가 계획하고 있는 중앙 아프리카의 기아들을 위한 특별 기부금이 인상적이었습니다. 린다는 이날 설교를 듣고 특별한 은혜를 받았습니다. 오랜 기간 그녀를 괴롭혔던 문제에 대한 답을 얻었기 때문이지요. 그녀는 교회 문을 걸어나가면서 생각했습니다. '이 교회를 다녀간 사람마다 어찌 하나님의 살아 계심을 인정하지 않을 수 있을까!'

상황을 어떻게 인식하느냐의 문제는 사실 상당히 개인적일 수밖에 없으며 접근이 어려울 수 있습니다. 그러나 정확하고 올바른 인식이 삶의 방식에 미치는 영향은 절대적으로 중요하지요.

2차 대전말에 독일의 전세가 약화될 무렵, 연합군은 어떤 지역을 수색하고 있었습니다. 그들은 온 마을의 가구와 전답을 다 뒤지며 마을 사람들이 모든 것을 버리고 떠났거나 몰살되었다고 결론을 내리고 있었지요. 그런데 전등을 들고 지하실을 수색하던 한 병사가 갑자기 소리쳤습니다. 이리저리 갈라지고 파열된 벽에는 당시 한 희생자가 긁어 새긴 다윗의 별자리가 있었고, 그 아래에는 희미하게 다음과 같은 메시지가 적혀 있었지요.

나는 태양을 믿는다……비록 빛나지 않는다 해도.
나는 사랑을 믿는다……비록 보이지 않는다 해도.
나는 하나님을 믿는다……비록 응답하시지 않아도.

인생을 어떻게 바라보는가에 따라 여러분의 삶을 성공으로도 실패로도 이끌 수 있습니다. 반쯤 물이 담긴 컵을 보고 반밖에 남지 않았다고 생각하십니까, 아니면 반이나 남았다고 생각하십니까? 이런 간단한 질문으로도 여러분이 가진 평소의 인식 태도를 알 수 있습니다. 여러분의 삶은 어떻습니까? 반쯤 차 있습니까 아니면 반쯤 비어 있습니까? 모든 것은 여러분이 어떻게 생각하느냐에 달려 있습니다!

*내가 진정으로 너희에게 말한다. 누구든지 이 산더러 '벌떡 일어나서 바다에 빠져라'
하고 말하고, 마음에 의심하지 않고 말한 대로 될 것을 믿으면,
그대로 이루어질 것이다. (마가복음 11:23).*

다니엘 1장 ; 시편 91편 ; 잠언 15장 ; 데살로니가후서 1-3장

그 놀라운 시합은 1950년 월드 시리즈의 네 번째 게임이었습니다. 관중석은 열기로 가득했습니다. 첫번째 이닝을 제외하고 연속해서 뉴욕 자이언츠가 클리블랜드 인디언즈에게 4점차로 이기고 있었기 때문입니다.

9회말 투아웃, 클리블랜드의 타자가 친 공이 3루 파울 라인을 훨씬 넘어서 길게 포물선을 그리며 날아가고 있었습니다. 빌 베일리(가명)는 공이 넘어가는 쪽으로 전력 질주하여 가까스로 공을 잡아냈지요. 그러자 자이언츠 선수와 팬들은 경기장 안으로 몰려들어 그를 둘러싸고 헹가래를 치며 승리를 기뻐하였습니다. 빌은 클리블랜드의 마지막 선수를 아웃시켰을 뿐만 아니라, 3할 6푼 4리의 타율을 기록하였습니다. 월드 시리즈에서 네 경기를 치르는 동안 일곱 번이나 사사구를 얻어내는 신기록도 수립했구요.

빌은 결승전에서 잡아냈던 공을 그 해 월드 시리즈 기념으로 간직하고 있었는데, 지금은 가지고 있질 않습니다. 그가 무장 강도 행각 뒤 십년 형을 언도받고 복역하고 있는 동안, 텍사스 주 법률에 따라 복역수가 개인적인 소유물을 갖는 데 엄격한 규제를 받았기 때문입니다.

사실 빌은 주점 강도로 겨우 90달러를 훔쳤을 뿐입니다. 1954년 월드 시리즈 우승 뒤 그가 받은 상금은 자그마치 11,000달러였지요. 그 당시로서는 상당히 많은 돈이었습니다.

어떻게 월드 시리즈 영웅이 10년도 안 되어 죄수로 전락했을까요? "술과 나쁜 친구들 때문이었어요." 빌은 기자에게 이렇게 말했지요. 빌은 야구 선수였을 때 빚을 많이 졌는데, 그 이유가 친구가 많았기 때문입니다. 그 친구들은 식당이나 나이트 클럽 같은 데서 빌이 수표를 끄집어내 보일 때마다 빌을 영웅으로 부르며 추켜 세웠지요. 동료 선수들은 빌을 다음과 같이 기억하고 있었습니다. "빌은 매력있는 남자였지요, 술만 좀 덜 마신다면 말이에요."

그 후 빌은 야구장을 떠난 뒤 바텐더로 일했습니다. 그러나 돈을 다 쓰고 나자, 이전 팀 동료들을 찾아가 돈을 꾸며 다음과 같이 얘기했다고 합니다. "난 곧 히트치고 말거야." 또 이렇게도 얘기했답니다. "두고보라구. 삼진아웃당한 빚을 꼭 갚아 줄테니."

그러나 빌 베일리의 삶엔 조용한 순간이 없었습니다. 끝없는 음주와 나쁜 친구들이 그를 파국으로 몰고 갔으며, 결국 형편없는 마지막 피칭을 끝낸 어느 날 복역 선고를 받고 말았지요. 하지만 그 날 법정에 모습을 드러낸 친구는 단 한 명도 없었답니다. 오늘 우리가 빌 베일리에 대하여 아는 건 하나도 없습니다. 유일하게 남은 것은 역대 선수 명단에 오른 그의 이름뿐이지요.

인생은 하나의 경기보다 더 심오하고 복잡한 것입니다. 마치 시합에 나선 선수처럼 공정히 경기를 하느냐는 전적으로 우리에게 달렸습니다. 성경 말씀에 보면 하나님께서는 성공적인 인생을 꾸려나가기 위한 지침을 조심스레 세워 두셨지요. 만일 홈런을 치고 싶다면, 여러분이 바른 위치에 있는지 우선 살펴 보십시오.

그렇다. 너는 권세가 있는 자다. 그러나 주께서 너를 단단히 묶어서 너를 세차게 내던지신다. 너를 공처럼 둥글게 말아서 넓고 아득한 땅으로 굴려 버리신다. (이사야 22:17-18)

다니엘 2장 ; 시편 92편 ; 잠언 16장 ; 사도행전 18장

어린 시절, 나는 언니 대릴과 함께 주말에 가족끼리 피크닉을 갈 때면, 당시 아버지가 모시던 흰색 시보레의 뒷좌석을 언제나 차지할 수 있었습니다. 나는 언니더러 넘어오지 말라며 손가락으로 좌석 중앙에다 선을 그려놓곤 했지요. 만일 이를 어기고 언니의 팔이나 다리가 넘어오면 나는 고함을 지르며 소란을 피워 순식간에 차 안을 전쟁터로 만들곤 했습니다. 이 규칙은 언니와 게임을 하고 있을 때도 어김없이 지켜져야 했는데, 나는 언제고 내 영역을 침범해 올 경우 소리를 지를 준비가 되어 있었지요.

그런 다툼 외에도 물론 이날의 피크닉은 그 뒤 대릴과의 즐거운 모험이 있었기 때문에 생생히 기억하고 있습니다. 우리가 크게 싸우고 몇 시간 정도 지난 어느 늦은 밤이었는데, 이모 댁에서 집으로 오는 길에, 눈꺼풀이 무거워 나는 대릴언니 옆에 붙어서 그녀의 무릎 위에 머리를 놓고 잠이 들었지요. 아까 전에 내가 그어둔 선을 내 스스로 넘어가 자상하게 내 머리를 쓰다듬어 주는 언니의 손길을 느끼며 나는 내내 편안히 잘 수 있었습니다. 나는 종종 이런 푸근함이나 친밀함을 느끼려고 일부러 이렇게 싸운 후에 모른 척 다가가 언니에게 기대어 잠을 자곤 했답니다. 그 때마다 언니는 아무 말 없이 나를 돌봐 주곤 했습니다. 이런 것들이 나의 유년 시절의 가장 따뜻한 추억들이지요.

그 뒤로 30년이 지난 지금도 이런 기억이 나와 대릴 언니와의 관계를 지속시켜 주고 있습니다. 물론 항상 완벽했던 것은 아니지요. 과거엔 다툼도 있었고, 지금도 때때로 의견이 불일치하거나 이때문에 논쟁이 있기도 합니다. 그럼에도 불구하고 우리 관계는 더욱 끈끈해졌답니다. 인간 대 인간으로, 또한 가족간으로도요. 내 유년 시절의 기억들이 이러한 관계를 이루는 중추적인 역할을 해냈다고 나는 확신합니다.*74

여성들에게 귀를 기울이십시오……마음에 들든 들지 않든간에, 자매가 있다면 이런 관계에 관해 자매와 이야기를 하고 싶을 것입니다. 어떤 이들은 좋은 관계를 재확인할 것이며, 어떤 이들은 좋은 관계를 가질 수 있는 방법을 찾게 될 것이고, 또 어떤 이들은 혼란스러운 관계를 해결할 답을 얻게 될지도 모르지요.

자매들은 삶을 살아 가는 방법에 관해 다른 누구보다 더 잘 가르쳐 줍니다. 자매들은 좋은 인생의 지표가 되어 주고, 문제를 해결해 줄 수도 있으며, 여러분에게 도전을 주고 여러분을 지켜 주기까지 하지요. 그러나 이렇게 서로 교감하는 애정에 대하여 기억해야 할 점이 한 가지 있습니다. 오래 살 경우 이런 관계가 배우자나 부모님보다도 사실상 더 오랜 기간이 될 거라는 거지요. 80년이 될지, 90년이 될지, 또는 더 많은 세월이 될지 모르지만, 이 세상에서 맺는 어떤 관계보다 실제로 더 오래 함께 합니다. 그런 까닭에 우리가 어릴 때부터 다른 누구보다 형제나 자매들로부터 무조건적인 인정을 받아야 한다고 생각하며 사는 모양입니다.

그러므로 기회가 있는 동안에, 모든 사람에게 선한 일을 합시다.
특히 믿음의 식구들에게는 더욱 그렇게 합시다. (갈라디아서 6:10)

다니엘 3장 ; 시편 93편 ; 잠언 17장 ; 고린도전서 1-2장

10월 18일 —— 골인이 목표다

조지아 테크는 종료 1분을 남긴 채 7대 6으로 이기고 있었습니다.

바비 다드 코치는 쿼터백에게 어떤 상황에서도 결코 볼을 패스하지 말라고 지시했지요. "어떤 일이 일어나도, 공을 잡고 있어야 해. **절대로 볼을 패스하지 말란말이야!**"

그러나 불과 몇 초 지나 선수들은 상대편 골 라인에서 약 10미터 안쪽으로 볼을 이동시켰습니다. 쿼터백이 다음 행동을 실행하려 했을 때는 몇 초밖에 시간이 남지 않았었기 때문에 참지 못하고 패스를 해버렸던 거지요!

순식간에 볼은 상대팀으로 넘겨졌고, 조지아 테크 측 골 라인을 향해 80미터를 달리기 시작했습니다. 선수 전원은 공을 쫓아가기를 포기했습니다. 단지 쿼터백만이 그 뒤를 쫓아가고 있었지요.

결국 그가 상대 선수를 계속 추적하여 태클을 걸었고, 가까스로 골 라인 바로 앞에서 펌블을 했습니다! 그 순간 경기는 끝났지요.

조지아 테크는 그 게임에서 7대 6으로 이겼습니다. 게임이 끝난 뒤에 진 팀의 코치가 다드 코치에게 물었습니다. "그쪽 팀의 쿼터백이 어떻게 그런 플레이를 할 수 있었는지 도대체 이해할 수가 없소."

그러자 다드가 설명했지요. "그건 말이오, 사실 아주 간단해요. 그쪽 팀 선수는 터치다운을 하려고 뛰었지만, 우리 쿼터백은 목숨을 걸고 달렸기 때문이지요!"*75

이런 말을 하는 미식 축구 코치의 이야기를 들어본 적이 있습니까? "명심하라, 미식 축구는 개성·창의성·인간성, 그리고 지도력으로 하는 것이다. 자 그럼, 이제 저기로 가서 내가 가르친 대로만 해라!"

이런 이야기는 어떤가요? 어떤 코치가 자기 팀이 42대 0으로 지고 있자 자포 자기했습니다. 그는 낙심한 표정으로 벤치의 후보들을 보다가 마침내 핸더슨을 선택했지요. "핸더슨, 만일 너를 뛰게 해준다면 '최대한' 잘 잡을 수 있겠니?"

"물론이지요, 코치님!" 그가 말했습니다. "그런데, '최대한'이란 선수의 등번호가 뭐지요?"

오, 저런……축구 경기장에서 선수들이 전력 투구하는 모습에서도 인생의 교훈을 배울 수 있을까요? 나는 그렇다고 생각합니다. 자, 그 교훈을 위하여 우리 한번 뛰어 봅시다!

> 그리고 우리가 여러분에게 명령한 대로, 조용하게 살기를 힘쓰고, 자기 일에 전념하고,
> 자기 손으로 일을 하십시오. 그래서 여러분은 바깥 사람들을 대하여, 품위가 있게 살아 가야
> 하고, 또 아무에게도 신세를 지는 일이 없게 해야 할 것입니다. (데살로니가전서 4:11-12)

다니엘 4장 ; 시편 94편 ; 잠언 18장 ; 고린도전서 3-4장

의사인 뎀프시 박사가 〈죽음의 길〉이라는 책에서, 사람들이 자신의 죽음을 목전에 두고 어떤 말을 남기는지를 목격한 대로 저술했습니다.

68세에 암에 걸린 한 할머니는 발레에 대한 저서를 남기겠다고, 죽는 순간까지 자료들을 방에 가득 쌓아 두고 있었습니다. 이 환자는 결국 한 장의 원고도 쓰지 못했지만, 의욕과 포부를 안고 죽어 갔다고 합니다. 미국의 야구 선수였고 명코치로 명성이 높았던 커크는 병원에 누워 있을 때, 자기의 생명이 열흘 정도 남았다고 속삭이는 의사와 가족의 대화를 엿듣게 되었습니다. 그래서 이런 짧막한 시를 남겼다나요? "열흘이나 남았다고? 한번 더 시원한 홈런을 볼 수 있겠군! 흘러간 그 많은 경기들, 좋은 경기, 서툰 경기, 엉뚱한 경기……. 그래도 하나님께 감사하는 것은 내가 열심히 뛰었다는 것, 나의 야구장은 성실한 경기장이었다는 것!"

유명 인사들이 임종 직전에 한 말은 살아 있는 우리들에게 무엇인가를 생각하게 합니다. 화가인 르누아르는 "나는 아직도 발전하고 있다!"고 했습니다. 참 의욕적인 말이지요. 문인 웰스는 "저리들 가! 난 괜찮아!"라고 하였습니다. 최후의 순간까지 신경질이었습니다. 탐정 소설의 대가 에드거 앨런 포는 "주님, 이 불쌍한 영혼을 도와 주십시오!"라고 하였습니다. 무척 겸손한 신앙입니다. 문호 톨스토이는 "어떻게 해야 할지 모르겠구나!"라고 하였습니다. 그의 무게있는 작품답지 않게 방황하는 최후입니다. 노벨 문학상을 받은 희곡 작가 버나드 쇼는 끝까지 유머를 잃지 않고, 오히려 임종을 지켜보는 의사에게 "의사 선생, 아직 당신을 칠 만한 기운이 남아 있소!"라고 하였습니다.

나폴레옹은 죽는 순간에 "프랑스……군대……조세핀……" 하고 중얼거렸습니다. 조세핀은 이혼한 아내였지요. 그는 자기가 평소에 가장 중요하다고 생각했던 세 개의 낱말을 열거한 것입니다. 시인 괴테는 죽을 때 "창문을 열어다오. 빛을, 빛을……" 하고 말했습니다. 시인다운 최후의 말입니다. 베토벤은 죽을 때 "친구여, 박수를……희극은 끝났소!"라고 말했습니다.

1945년 4월 8일 주일 아침이었습니다. 본회퍼 목사가 아침 기도를 마치기도 전에, 험악하게 생긴 두 사나이가 감방을 향하여 소리쳤습니다. "죄수 본회퍼, 우리를 따라오시오!" 그 말은 언제나 죽음에 이르는 최후의 명령이었지요. 그 때 같은 감방에 있던 한 영국군 장교가 "목사님, 마지막이군요. 안녕히 가십시오!" 하고 말씀드렸습니다. 그러나 본회퍼 목사는 미소를 머금은 평화스러운 낯으로 "마지막이 아닙니다. 지금부터 시작입니다!"하고 말하면서 그들을 따라 사라졌습니다. 마틴 루터 킹 목사는 암살을 당하기 몇 시간 전에, 이런 말을 감격적으로 친구들 앞에서 외쳤습니다. "결국, 나는 자유를 얻었네!" 이것은 마치 자기의 죽음을 예견한 것 같은 발언이었지요. 그는 최후의 순간까지 신념과 기쁨이 가득 찬 삶을 살았던 것입니다.

예수님은 돌아가실 때 "다 이루었다!"고 말씀하셨습니다. 십자가 위에 자신의 몸을 제물로 바칠 때까지 짧은 생애를 유감없이 하나님께 드렸다는 신앙 고백이었던 것입니다. 인생은 끝나봐야 압니다. 여러분의 최후의 말은 무엇이 될 것 같습니까?

우리에게 우리의 날 계수함을 가르쳐 주셔서 지혜의 마음을 얻게 해주십시오. (시편 **90:12**)

〰〰

다니엘 **5**장 ; 시편 **95**편 ; 잠언 **19**장 ; 고린도전서 **5-6**장

내 언니는 로스앤젤레스의 경찰입니다.

언니는 경찰로 임명받기 전에 진정한 경찰이 되기 위하여 필요한 모든 종류의 훈련을 받아야 했습니다. 나아가, 경찰로서 어떻게 행동하고 대처해야 하는가에 관해서도 교육받았습니다.

그러나 과정을 수료하는 동안, 직무 수행 가운데 부딪히는 모든 상황에 대처하는 방법에 대한 훈련 가운데서 한 과정이 언니를 놀라게 했지요. 그것은 바로 뱀에 물린 사람을 어떻게 다룰 것인가에 관한 훈련이었습니다.

교관이 경찰 자신들이 독사에 물려 당장 치료를 받을 수 없는 상황일 때 스스로 대처하는 방법에 대하여 설명하자 더욱 혼란스러워졌습니다. 뛰지 말고 가만히 있을 것, 준비를 갖추고 있을 것 등에 대하여 말했지요. 계속해서 극단적인 상황에서는 직접 날카로운 칼로 피부를 자르고 입으로 독을 빨아내야 한다고 상세히 설명했습니다.

바로 이 때 언니가 질문했다고 합니다. "만일에 뒤쪽을 물렸을 땐 어떻게 합니까?"

긴 침묵이 흐르고 난 뒤, 교관이 대답했습니다. "그 때에는 주위에 친구가 없는지 찾아보도록 하십시오."

그녀에게 용기를 주어라

붙들어라! 매달리라! 그들이 뭐라 해도.
나아가라! 찬송하라! 어떤 일이 닥치더라도.
주저앉아 흐느끼며 도움을 청하지 마라;
그 곳에 가는 최선의 길은 용기를 잃지 않는 것이다.

배가 가라앉더라도 희망을 버리지 마라.
손닿는 대로 잡아라……죽지는 마라.
맞아서 죽어 가고 있다고 생각하지 마라.
위험 속에서도 얼굴에 미소를 띄우고 용기에 매달려라.

사람들은 너무 쉽게 생을……그들은 물거품처럼 사라진다.
작은 실수에도 낙심하고 포기해 버린다.
우리에겐 유머를 가진 여성이 필요하다.
극한 상황 속에서도 웃을 수 있도록 그녀에게 용기를 주어라.

즐거운 마음은 병을 낫게 하지만,
근심하는 마음은 뼈를 마르게 한다. (잠언 17:22)

다니엘 6-7장 ; 시편 96편 ; 잠언 20장 ; 고린도전서 7-8장

사람들이 인생에서 5년이란 세월을 차례를 기다리며 줄을 서서 보낸다는 사실을 알고 있습니까? 식료품 계산대에서, 자동차 면허 갱신을 위해, 카페에서, 식당·매표구·지하철역 등에서. 그뿐만이 아닙니다. 대부분의 사람들은 6개월이란 시간을 신호등의 불이 바뀌기를 기다리는 데 보내지요!

"대부분은 자신의 시간이 얼마나 낭비되고 있는지 잘 모릅니다." 피츠버그의 한 컨설팅 회사의 대표 마이클 포티노 씨는 이렇게 말합니다. 이 회사 조사자들은 사람들이 어디서, 어떻게 시간을 보내는가를 알아 보기 위하여 종종 스톱워치와 클립보드를 들고 1년이 넘게 전국의 수백 명을 대상으로 연구해 왔습니다.

이 연구는 1년 뒤인 1988년에 발표되었지요. 시간 이용에 관한 이 연구는 사람들이 평균적으로 신호등에서 6개월, 잡동사니 우편물을 열어보는 데 8개월, 잘못 놓여진 물건을 찾는 데 1년, 전혀 유용하지 않는 사람들에게 회답 전화를 하는 데 2년, 집안 일을 하는 데 4년, 줄서기에 5년, 먹는 데 6년을 소비하는 것으로 밝혀냈습니다.

"중요한 점은 사람들이 좋아서 하는 일보다 싫어하는 일을 하며 더 많은 시간을 보낸다는 거지요." 포티노 씨의 말입니다.

시간 이용에 대한 연구는 세상 모든 사람들이 정확히 같은 시간을 할당받고 있기 때문에 더 흥미로운 주제입니다. 내가 말하고자 하는 것은 인생의 길이가 아니라 저마다 하루에 24시간과 한 주에 168시간을 할당받았음을 뜻하지요.

시간도 역시 재생 불가능한 생활용품과 같습니다. 지금 지나가는 1분은 우리 인생에서 두 번 다시 돌아오지 않는답니다.

어린 시절에는 성장하는 데 걸리는 시간이 더디게 느껴집니다. 불과 몇 분이 영원하기라도 한 것처럼요. 그러나 지금은 몇 분이 순간처럼 빨리 지나가고, 이젠 1년이 길어 보입니다.

주어진 시간에 어떻게 몰두하는가에 대하여 한 번이라도 심각하게 생각해 본 적이 있습니까? 아마도 위의 연구가 도움이 될 것입니다.

이 주제에 대하여 논의하는 동안, 돈과 마찬가지로 시간의 십일조를 생각해 보았습니까?

한 주의 168시간 가운데 십분의 일은 16.8시간입니다. 만일 주일에 교회를 두 번 간다면 대략 5시간 정도 소요될 것이며, 주중의 교회 활동에 세 번 더 참석해도 9.3시간이 남습니다!

여러분 삶에 이렇게 좋은 투자를 할 수 있는 다른 것이 또 어떤 게 있을까요? 이웃을 돕는다든지 아픈 친구를 돕는 것은 어떨까요?

그러므로 여러분은 어떻게 살아 가야 할지를 조심하여,
지혜롭지 못한 사람처럼 하지 말고, 지혜로운 사람처럼 하십시오.
세월을 아끼십시오. 때가 악합니다. (에베소서 5:15-16)

✺

다니엘 8장 ; 시편 97편 ; 잠언 21장 ; 고린도전서 9-10장

조세프 드빈은 최고의 미술품만을 거래하는 상인으로 세계적으로 유명합니다.

미술품상으로 일하는 동안에 그는 사교계의 명단과 특히 미술품 수집에 관심있는 인사들의 명단을 작성했습니다. 그러나 그의 단골 고객 명단에 오르지 못한 한 사람이 있었는데, 가장 예리한 작품 수집광인 앤드류 맬론을 자신의 명단에 적기 전까지 드빈은 만족할 수 없었지요. 그래서 조세프 드빈은 맬론 씨를 섭외하기 위하여 조심스럽게 계획을 짰습니다.

이 저명한 수집가를 고객으로 만들기 위하여 꾸준히 몇 년에 걸쳐서 오래된 최상의 미술 작품들을 모았습니다. 마침내 자신의 계획을 실행에 옮길 때가 왔지요.

드빈은 워싱턴 시에 있는 맬론 씨의 아파트 바로 아래 집을 임대하기 위하여 자신의 이름을 대기자 명단에 올렸습니다. 그리고는 끈질기게 연락을 기다리다가 마침내 아파트가 비었다는 전화를 받았지요. 그래서 공들여 액자에 맞춘 작품들을 들고는 아파트로 가서 조심스럽게 연대순으로 선별하여 벽에 걸어서 장식했습니다.

그리고 나서 드빈은 뉴욕에 돌아오기 전에 자신의 아파트 열쇠를 앤드류 맬론에게 주며, "맬론 씨, 당신을 초대합니다. 언제든 시간이 나시면 저희 집에 들르셔서 미술 작품들을 관람하셔도 됩니다."라고 말했습니다. 그는 맬론 씨가 언제든 원하면 편안하게 보러올 수 있도록 격려해 주었지요.

맬론 씨는 작품에 관한 호기심에 아파트에 들르게 되었습니다. 그러나 이 자본가는 처음 찾아가던 날부터 그 곳을 쉽게 떠날 수가 없었습니다. 그는 밤마다 아파트를 찾게 되었고, 몇 시간 동안이나 그 고전 작품들을 감상했지요. 그렇게 몇 주가 흘렀습니다.

마침내 뉴욕에 있는 드빈에게 워싱턴으로 돌아와 줄 수 없겠느냐는 전화가 왔습니다. 두 사람의 만남은 아파트에서 이뤄졌고, 앤드류 맬론은 모든 작품의 구입을 원했지요. 작품 가격으로 2백만 달러를 받은 것과 무엇보다도 맬론 씨를 새로운 고객으로 맞이하게 된 것은 놀랄 만한 거래였습니다!

여러분은 말을 물가로 데려갈 수는 있지만 물을 먹게 할 수는 없다는 속담을 들어 본 적이 있을 것입니다. 그렇지만 소금에 절인 건초를 먹여서 스스로 물을 먹게 할 수는 있을 것입니다!

예수님께서 "나를 보내신 아버지께서 이끌어 주지 않으시면, 아무도 내게 올 수 없다"(요한복음 6:44)라고 말씀하셨습니다.

하나님은 그의 아들 구세주에게 인도하실 만큼 우리를 사랑하신답니다. 무엇을 망설이십니까? 영생의 선물은 이 세상 그 어떤 보물보다도 훨씬 더 가치있는 것이지요.

또 하늘 나라는 좋은 진주를 구하는 상인과 같다. 그가 값진 진주 하나를 발견하면,
가서, 가진 것을 다 팔아서 그것을 산다. (마태복음 13:45-46)

다니엘 9-10장 ; 시편 98편 ; 잠언 22장 ; 고린도전서 11-12장

다음은 런던에 위치한 웨스트민스터 대성당의 지하실에 있는 영국성공회 주교(A.D. 1,100 년)의 무덤에 새겨진 글입니다.

내가 젊고 자유로워서 상상력에 한계가 없을 때,
나는 세상을 변화시키겠다는 꿈을 가졌었다.
좀더 나이가 들고 지혜를 얻었을 때,
나는 세상이 변하지 않으리라는 걸 알았다.
그래서 내 시야를 약간 좁혀
내가 살고 있는 나라를 변화시키겠다고 결심했다.
그러나 그것도 역시 불가능한 일이었다.

황혼의 나이가 되었을 때,
나는 마지막 시도로,
나와 가장 가까운 내 가족을 변화시키겠다고 정했다.
그러나 불행히도 그들은 전혀 달라지지 않았다.
이제 죽음을 맞이하기 위해 누운 자리에서 나는 문득 깨닫는다.
만일 내가 내 자신을 먼저 변화시켰더라면,
그것을 보고 내 가족이 변화되었을 것을.

또한 그것에 영감과 용기를 얻어,
내 나라를 더 좋은 곳으로 바꿀 수 있었을 것을.
그리고 누가 아는가.
세상까지도 변화되었을지!

(작자 미상)

여기에 인생을 변화시킬 수 있는 비밀이 있습니다. 인생을 살아 가는 것, 우정·인간 관계· 개념·생활 원칙·또는 직장. 이 모든 것이 한결같이 '나'로부터 시작됩니다. 나 자신, 바로 나 로부터!

그러므로 내 말을 듣고 그대로 하는 사람은, 반석 위에다 자기 집을 지은,
슬기로운 사람과 같다고 할 것이다. (마태복음 7:24).

다니엘 11-12장 ; 시편 99편 ; 잠언 23장 ; 고린도전서 13-14장

한 농부의 아들이 결혼을 하기로 결심했습니다. 그러자 그의 아버지는 이 소식을 듣고, "존, 만일 결혼을 한다면 자유는 이제 끝이란다!"라고 말했지요. 아들은 이것에 의문을 품고 믿지 않으려고 했습니다. 그러자 다시 아버지가 말했답니다. "내가 증명해 보이마. 열두 마리의 닭을 잡아서 묶고 수레에 실어 마을로 내려가거라. 집집마다 들러서 남편이 주인인 집을 발견하거든 말을 한 마리 주어라. 그리고 아내가 주인인 집을 찾거든 닭을 주거라. 분명히 닭은 다 주고 말들만 고스란히 데리고 오게 될 거야."

존은 이 제안을 받아들여서 마을로 향했습니다. 그는 집집마다 들렀는데, 아버지의 말 대로 말은 고스란히 남고 단지 열 마리의 닭만 주었지요. 그렇게 그는 계속 가다가 어느 멋지고 아담한 집에 도착했습니다. 그 집의 뜰 앞에는 늙은 남자와 그의 아내가 서 있었지요. 그래서 그가 부부를 불러서 물었습니다. "이 집의 주인은 누구입니까?"

남자가 대답했습니다. "나요!"

아내에게도 묻자 그녀 역시, "맞아요. 남편이 진짜 주인이에요."라고 말했습니다.

존은 남편이 주인이라는 말에 너무 흥분하여 그들을 길가로 안내했습니다. 자초지종을 설명한 후에 말을 한 마리 고르라고 했지요. 말들을 찬찬히 살펴본 후에 남편이 말했습니다. "검은 말이 가장 좋아 보이는데, 이걸로 하겠소."

그러자 아내가 말했습니다. "내가 보기엔 갈색 말이 가장 좋아 보이는데, 이걸로 하겠어요."

남편이 갈색 말을 한참 보더니, "갈색 말이 더 좋겠소."라고 말했습니다.

존은 미소를 지으며 말했습니다. "아니오. 당신은 말을 가질 수 없어요. 닭을 가지세요!"

이기심은 끊임없는 전쟁이며 다른 이의 도움 없이는 이를 성공적으로 극복할 수 없습니다! 내가 알고 있는 사람 가운데 이기적이지 않은 사람이 몇 명 있습니다. 그들은 긴 세월 동안 이기심에 대항하여 싸워 온 이들이지요.

사자와 양을 한 우리에 넣는 서커스도 마찬가지입니다. 조련사는 관중들에게 저들이 잘 지낼 수 있을 것인지를 묻곤 하지요. 관중이 답하기를, "대부분, 사자 먹이만 잘 준다면……허나 때때로 새 양을 넣어 주어야 할 때도 있을 거요."

인생에서 빚어지는 갈등은 여러분이 승리의 오직 한 길을 걸어갈 때 해결할 수 있습니다! 그 길은 바로 예수 그리스도 안에 있습니다. 승리란 하나님이 원하시는 대로 행하고, 말하고, 노력할 때 얻어집니다. 그렇게 되면 우리도 갈등을 해결하고 승리 가운데 살 수 있게 되지요.

그러나 그건 우리의 힘으로가 아니라 바로 하나님의 권능으로 가능한 것입니다. 하지만 그 밑바탕에는 여러분이 이런 갈등을 어떻게 잘 다루어 낼 것인가 하는 확고한 태도가 있어야 합니다.

나에게 능력을 주시는 분 안에서, 나는 모든 것을 할 수 있습니다. (빌립보서 4:13)

욥기 1-3장 ; 시편 100편 ; 잠언 24장 ; 고린도전서 15장

풋내기 소설가였던 에이미 탄은 〈조이 럭 클럽〉*[76]이 성공을 거둔 뒤 혹시나 자신의 글쓰기가 고정된 이미지에 사로잡히게 될까봐 겁이 났습니다. "엄마나 딸 이야기만 전문으로 쓰는 사람이 되고 싶지는 않았어요. 다른 걸 해보려고 무진 노력했었죠. 하지만 그렇게 해봐야 글쓰기에는 별로 좋지 않다는 걸 깨달았죠."

그런데 갑자기 그녀의 어머니가 그녀의 다음 작품에 영감을 넣어 주었습니다. "난 어머니께서 중국에 계실 때 억압 속에서 힘들게 살아 왔다는 것을 알았죠. 제가 제2차 세계대전에 대하여 물었을 때, 이렇게 말씀하셨어요. '나는 전쟁의 영향을 받지 않았단다.' 그리고는 폭탄이 떨어졌을 때, '그게 우리를 덮칠까봐 늘 겁이 났었다'라고 말씀하셨어요. 나는 어머니가 영향받지 않았다는 말이 떠올랐어요. '나는 아니었어. 나는 죽지 않았다구.'"

이 말 때문에 여태 감춰져 왔던 것이 확연히 드러나게 되었습니다. 탄의 목표는 삶을 바라보는 자신의 관점과 어머니의 관점 사이에서 생기는 이런 갈등 사이의 차이점을 이해하는 것이 되어 갔지요.

후에 천안문 사태가 일어났을 때, 에이미는 어머니의 삶을 토대로 한 〈부엌 신(神)의 아내〉*[77]라는 책을 썼습니다. 에이미 탄이 말했지요. "나는 생활이 주는 억압, 두려움, 그리고 그 두려움을 없애기 위하여 무엇을 해야 하는 것인가에 관해 알고 싶었어요."*[78]

여러분은 그녀의 마지막 말을 이해하겠습니까? 여러분은 두려움을 없애기 위하여 무엇을 하십니까? 두려움은 우리를 젤리처럼 움츠리게 하는 적이지요. 그러나 이러한 두려움을 극복하는 비밀은 과연 무엇일까요? 그것은 바로 하나님의 말씀, 곧 성경에서 그 실마리를 찾을 수 있답니다.

모든 두려움은 다른 모습과 다른 크기로 다가옵니다. 요즘은 어느 정도의 두려움은 인생을 살아 가는 데 필요하기도 합니다. 건강한 두려움이 없다면 뜨거운 난로에 손을 데거나 전 속력을 내어 커브를 틀지도 모릅니다. 인간 존재에 관해 연구하는 사람들은 고양이 공포증·대인 공포증·고소 공포증·폐쇄 공포증 등 적어도 서른 가지 종류의 공포가 있다고 말합니다.

세계의 절반을 정복한 조셉 스탈린이 두려움으로 고통받은 가장 불행한 사람 가운데 하나였다는 사실을 알고 있습니까? 그는 두려움으로 거의 사지가 마비될 정도였지요. 그는 크레믈린 궁전 안에 마치 은행 금고실처럼 꼭꼭 걸어 잠글 수 있는 여덟 개의 방을 짓게 했습니다. 아무도 그가 여덟 개의 방 가운데서 어디서 밤을 보내는가를 알 수 없었지요. 너무 심한 두려움은 수많은 문제의 원인이 될 수 있습니다.

하나님께서 말씀하셨습니다. "두려워 말라!"

*내가 너와 함께 있으니, 두려워하지 말아라.
내가 너의 하나님이니, 떨지 말아라. 내가 너를 강하게 하겠다.
내가 너를 도와 주고, 내 승리의 오른팔로 너를 붙들어 주겠다.* (이사야 41:10)

욥기 4-5장; 시편 101편; 잠언 25장; 고린도전서 16장

웨인 웨스턴은 곧잘 아름다운 글에 가락을 붙이곤 하였습니다. 아마 최근에 복음 가수나 웨인이 직접 그 노래를 부르는 걸 들어본 적이 있을지도 모릅니다. 이 아름다운 가사의 저자는 잘 알려져 있지 않아서 그 유래를 확실히 알 수 없답니다. 그럼에도 불구하고, 여러분이 오늘도 무심코 노래를 듣고 있노라면, '아, 저 노래!' 하고 금방 알아챌 수 있을 정도로 영원한 메시지를 전달하고 있습니다. 제목은 '모래 위의 발자국'입니다.

어느 날 나는 꿈을 꾸었네. 나는 하나님과 해변을 걷고 있었고, 하늘에서는 나의 지난 삶이 마치 주마등처럼 한 장면씩 지나가고 있었네. 각 장면마다 모래 위에 두 쌍의 발자국이 있음을 알 수 있었네. 하나는 나의 것, 다른 하나는 하나님의 것이었네.

내 인생의 마지막 장면이 우리 앞을 비추고 있을 때, 나는 뒤를 돌아 우리의 발자국을 바라보았네. 나는 기나긴 나의 인생에서 많은 나날이 한 쌍의 발자국밖에 있지 않음을 알게 되었네. 그것도 내 인생의 가장 침울하고 슬픈 순간에 나는 혼자였다는 걸 알게 되었네.

이것이 나를 심하게 괴롭혔고, 하나님께 이에 관해 여쭤 보았네.

"하나님, 제가 당신을 따라가겠다고 했을 때, 항상 나와 함께 걷겠다고 말씀하시지 않았나요. 그러나 정작 제가 가장 힘들었던 순간에는 언제나 발자국은 한 쌍밖에 없었음을 알았어요. 제가 하나님을 필요로 했을 때 왜 하나님은 저를 떠나셨는지 모르겠네요."

하나님이 말씀하셨네. "나의 소중하고 사랑스러운 아들아, 나는 너를 사랑하고 네가 시련과 고통 속에 있을 때 결코, 결코 너를 떠난 적이 없단다. 네가 단 한 쌍의 발자국만을 본 것은 ……내가 너를 업고 걸었기 때문이란다!"

이 얼마나 하나님의 사랑과 보살핌에 관한 아름다운 표현인가요? 그러나 이런 의문이 마음 속에 생깁니다. 이것은 성경에 있는 문구인가요, 아니면 단순히 아름답게 들리도록 저자가 쓴 글인가요?

예수님은 절대로 우리를 떠나거나 저버리지 않으신다고 말씀하셨습니다. 시련이 닥칠 때면 위의 말씀을 떠올리는 게 어떨까요? 여러분이 그분을 여러분의 하나님과 주인으로 모신다면 기쁘거나 슬플 때, 괴롭거나 즐거울 때, 항상 그분의 권세 안에 안전함을 약속받을 수 있답니다! 그것은 형제보다 더 가까운 벗을 얻게 되는 것이지요. 다음에 혼자라는 것을 느끼거나 외로운 날이 오면 '모래 위의 발자국'이라는 이 이야기를 기억해 봅시다.

*주께서는, 그들이 고난을 받을 때에 사자나 천사를 보내셔서 그들을 구하게 하시지 않고
주께서 친히 사랑과 긍휼로 그들을 구하여 주시고, 옛적 오랜 세월 동안 그들을
치켜들고 안아 주셨습니다. (이사야 63:9)*

❧

욥기 6-8장 ; 시편 102편 1-10절 ; 잠언 26장 ; 고린도후서 1-2장

교회에 다니지 않거나 축구 경기는 자주 보러 가지만 예배는 잘 참석하지 않는 축구 팬의 관심을 끌어 보기 위하여, 그리고 교회 밖 생활의 즐거움에 대해서도 이해를 하고 있다는 걸 증명하기 위하여 미식 축구 용어에 비유해서 몇 가지를 생각해 보았습니다. 이따금 유머가 조금 섞인다면 더 좋을지도 모르지요. 특히 끊임없이 계속되는 축구 시즌에는 더 좋을 수도 있습니다.

드레프트 초이스: 겨울엔 난로, 여름엔 에어컨 가까운 곳에 앉겠다고 결정하는 것.
패스 방해: 지미가 교회에서 친구와 쪽지를 주고받을 때 엄마의 눈에 발각되는 것.
2분 경고: 맨 앞자리에 앉은 수석장로님이 목사님이 설교하는 동안 계속 시계를 보는 것.
펌블: 시끄러운 설교.

쿼터백: 헌금 상자에 50센트를 넣은 후에 종교는 자유로운 믿음이라고 믿는 교인.
패싱 게임: 매주 일요일 아침과 저녁마다 헌금 상자를 들고 있는 안내 위원.
코너백: 늘 뒷자리에 앉는 사람들.
부당한 행위: 마지막 축복 기도가 끝나기 전에 나가는 사람들.

반칙: 예배에 참석하지 않고 집에 있는 교인에게 교회가 내리는 것.
허들: 교회 성가대의 매주 모임.
홀딩 패널티: 예배 가운데 몇 번씩 예배당 뒤쪽이나 밖으로 달려 나가는 것.
국가(國歌): ‘나 같은 죄인 살리신’ 같이 성가대와 회중이 가장 잘 부르는 찬송가.

엔드 런: 예배 가운데 모든 안내위원들과 부모 사이를 성공적으로 피해 도망가는 것.
패어 캐치: 돈이 완전히 들어갈 때까지 헌금 상자를 들고 있는 것.
클리핑: 교회 역사가가 늘 하는 것.
하프백: 성가대가 예배 가운데 목사님 뒤 또는 옆에 앉아서 보는 것.

노즈 가드: 감기와 유행성 독감이 한창일 때 일하는 간병인.
수퍼볼 챔프스: 하나님의 뜻에 따라 실천하는 교회들.
파이널 건: 축도! *[79]

너를 공처럼 둥글게 말아서, 넓고 아득한 땅으로 굴려 버리신다. (이사야 22:18)

✑

욥기 9-11장 ; 시편 102편 11-17절 ; 잠언 27장 ; 고린도후서 3-5장

나의 성장기는 그야말로 아름답고 전원적이었습니다.

돌이켜보면 참으로 행복한 유년기였지요. 그 시절엔 삶이 힘하고 어렵다는 것을 전혀 몰랐지요. 그 당시 부모님은 미네소타 주의 에반스빌이라는 마을에 교회를 세우시느라 고생하셨습니다. 그 교회는 교인수가 850명이나 되었답니다.

그 일은 쉬운 일이 아니었지요. 아버지는 가족을 부양할 수 있는 일이라면 어떤 직업도 마다않으셨습니다. 우리 가족은 아버지와 어머니, 그리고 18개월 된 남동생과 나였습니다. 또한 우리 집에는 작은 정원도 있었습니다. 그래서 교회 농장 식구들이 가져온 과자를 그 작은 정원에서 온 가족이 함께 둘러앉아 먹기도 했지요.

나는 모든 사람들이 우리처럼 살 거라고 생각했었습니다. 그 시절의 추억은 참으로 좋았답니다. 세월이 추억을 만들어내는 것이 놀랍기만 하지요.

그러나 어떤 특별한 밤은 아직도 선명하게 기억납니다. 어머니는 자신과 두 아들을 위하여 저녁 준비를 하고 계셨는데 우리 가운데 누군가가 물었습니다. "오늘은 뭘 먹어요?"

주위를 둘러보니 스토브는 차가웠고, 식탁 위에는 물 한 컵만 딱 있었으며, 냉장고는 텅 비었고, 선반에도 무엇 하나 놓여진 것이 없었습니다. 묽은 수프와 감자도, 심지어 비스킷을 만들 단 한 컵의 밀가루도 없었지요. 집은 빈털터리였고 두 소년은 그저 굶어야만 했습니다!

그때 어머니가 말씀하셨습니다. "자, 앉아서 음식을 주신 하나님께 기도하자!" 우리는 단지 의무적으로 고개를 숙이고 기도를 드렸지요. "은혜로우신 하나님, 우리들을 이렇게 잘 보살펴 주시니 감사합니다. 남편이 오늘 밤에 일하는 동안 안전하게 지켜 주세요. 그리고 하나님, 저희들이 나눠 먹을 수 있는 음식을 주셔서 감사합니다. 예수님의 이름으로 기도드립니다."

어머니가 마지막으로 "아멘!"이라고 말하기 바로 직전에 현관 뒤에서 무슨 소리가 들렸습니다. 그래서 우리는 의자를 뒤로 밀고는 동시에 식탁에서 여섯 걸음 떨어진 현관으로 달려가서 문을 열어 젖혔지요. 짧은 순간이었습니다. 그런데 현관에는 식료품 상자들이 놓여 있는 게 아닙니까!

우리는 현관 밖으로 달려나가 인적을 찾기 위하여 길가까지 사방을 다 뒤졌습니다. 너무 작은 마을이라 누가 누구인지 서로 다 알고 누가 무슨 일을 하는지도 다 아는데 주위에는 아무도 없었지요. 차도 없었고 아무 것도 없었습니다!

흥분을 감추지 못한 채 식료품을 안으로 옮겼고, 그것을 선반과 냉장고가 넘칠 때까지 채웠지요. 그리고나서 우리는 만찬을 베풀었습니다!

우리가 어머니께 물었지요. "엄마, 누가 식료품을 갖다 놓았을까요?" 어머니는 미소를 지으시며 짧게 말씀하셨습니다. "음식을 주신 하나님께 감사 기도 드리자!"

나는 젊어서나 늙어서나, 의인이 버림받는 것과
그의 자손이 걸식하는 것을 보지 못하였다. (시편 37:25)

〰

욥기 12-14장 ; 시편 102편 18-28절 ; 잠언 28장 ; 고린도후서 6-7장

서른네 살의 테리와 서른일곱 살의 언니 캐더린, 이 두 자매의 관계에 대하여 생각을 해봅시다. 최근에 그들은 캐더린이 두 번째 유산을 겪은 후에 함께 조용한 주말을 보내게 되었습니다. 캐더린은 지금 자신이 당면한 관심사에 대하여 말했지요. 그녀는 임신을 하기도 어려운데다가 일단 임신을 했다 하더라도 유산될 가능성이 높았습니다. 그래서 그런지 그녀는 아기를 몹시도 갖고 싶었습니다. 또한 자신의 생체 리듬에 대해서도 무척이나 걱정하였습니다. 그녀는 친구를 통해서 안심을 받고 싶어했지요. 테리는 그래서 캐더린이 유일하게 선택할 수 있는 대상이었습니다. 테리도 임신 5개월 만에 첫아이를 유산했던 경험이 있었기 때문입니다.

처음에 테리는 캐더린에게 임신을 할 것을 권유하질 않았습니다. 캐더린이 임신을 하기에는 너무 병약하였기 때문이지요. 그리고 이미 수년 전에 테리는 캐더린에게 젊어서 아이를 갖는 것이 어떻겠냐고 권유를 하였습니다. 그러나 그 때 그녀는 테리의 권유를 거절했지요. 물론 지금에 와서 그때 그 결정에 대하여 후회는 하질 않습니다. 그러나 그녀는 남편 이외에 신뢰할 수 있는 사람과 함께 자신의 결정에 대한 결과에 대하여 논의하고 싶어했지요.

운좋게도 그녀가 테리를 잘 선택했다고 결론을 내리게 되었습니다. 테리는 아주 적극적이고 마음을 잘 헤아려 주면서 캐더린의 말을 들어 주었지요. 그녀는 캐더린의 모든 것을 잘 받아 주었습니다. 죄책감, 복받쳐 오는 슬픔, 그리고 질문까지도요. 그렇게 시간이 흐를수록 캐더린은 동생이 또 다른 친구임을 알게 되었지요. 자신이 결정을 내리는 데 도움을 주는 충실한 사람으로요.*[80]

의사소통은 자매들 사이에서 생명의 피와도 같은 것입니다. 이것은 우리가 누구이며 어떠한 사람이냐는 맥락 안에서 우리들이 전하는 메시지이지요. 자매들이 메시지를 전할 때는 종종 어린 시절의 추억이라는 여과지를 통해 한 번 걸러져서 나옵니다. 그래서 그 메시지는 과거의 경험에 비추어 마음대로 이리저리 뜯어져서 고쳐진 반응이 나올 수도 있습니다. 그리고 성년이 된 자매와 이야기를 할 때 그녀가 더 이상 어린아이가 아니라는 사실을 기억하는 것이 도움이 될 것입니다. 이와같이 그 메시지의 이면을 잘 살펴 본다면 왜 지금 이러한 대화를 나누고 있는지 그 동기를 발견할 수 있을 겁니다. 주의깊게 듣고 도움을 줄 수 있는 사람이 되기 위해서는 약간의 시간이 필요합니다. 대화의 어려움을 풀어 나가기 위하여 꼭 배워야 할 것이 있다면, 공감어린 반영을 해주기, 문제의 본질을 파악하기, 적극적인 자세로 들어 주기, 편견을 갖지 않기 등이지요.

아마도 여러분의 자매가 이런 비난을 펴부은 적도 있을 겁니다. "너는 내가 해야할 말을 하는데도 전혀 듣지를 않아!" 이 말은 모든 것이 꼭 그 부분에서 그렇게 되어야 한다는 것은 아니라는 하나의 제스처이지요. 여러분은 자매와의 관계를 의식적으로 개선하도록 노력하십시오. 곧 '그런 척'하려 하지 말고 이제 대화를 통해서 과거라는 걸리적거리는 돌멩이들은 모두 치워 버리고 좀더 실질적이고, 긍정적인 기대를 갖고 문제에 임하시기를 바랍니다.

훈계를 너의 마음에 간직하고, 지식이 담긴 말씀에 너의 귀를 기울여라. (잠언 **23:12**)

⌒⌒⌒

욥기 15-17장 ; 시편 103편 ; 잠언 29장 ; 고린도후서 8-9장

목사들은 상당한 시간을 묘지에서 보냈습니다. 여기 전국에 걸쳐 수집된 비문이 몇 개 있습니다.

어떤 치과 의사의 묘비: 낯선 이여, 이 곳은 엄숙하게 다가가야 합니다. 존 브라운은 그의 마지막 충치 구멍을 막고 있습니다.

어떤 기자의 묘비: 여기 기자가 누워 있습니다. 어디, 비꼴테면 비꼬아 보아라. 자비로운 하나님이여, 그가 여기 조용히 쉬게 하소서! 그는 살기 위하여 거짓말을 하였다. 그래서 거짓말 하는 동안 그는 살아 있었다. 그가 더 이상 거짓말을 할 수 없게 되었을 때 그는 누워서 죽음을 맞이했다.

뉴멕시코의 루이도에서 발견됨: 존 이스트가 누워 있다. 일어나질 못하는 것에 대하여 용서하시라.

월 스트리트 트리니티 교회 묘지에서: 당신이 죽을 때 친구들에게 명심시키라. 당신이 지금 살아 있듯, 나 또한 한 때는 살아 있었다고. 당신도 언제가는 나처럼 될 터이니 죽음을 준비하고 이제 나를 따라 오시라고.

메릴랜드 묘지 한 곳에서: 여기 대리석 석공인 토머스 스미스의 아내 제인 스미스가 잠들다. 이 기념비는 그녀를 기억하기 위하여 세워진 것으로, 250달러만 주시면 똑같이 위로해 드릴 수도 있다.

캔자스의 월레스: 그는 잭 두 개로 에이스 두 개를 이기려고 애썼다.

메릴랜드 주의 미드타운: 난 최선을 다해서 싸웠으나, 패배하였다.

코네티컷: 여기 아모스 슈트 집사의 아내가 덜 익은 과일처럼 누워 있다. 그녀는 커피를 너무 많이 마셔서 죽었다. 서기 1840년(그런데 그녀의 이름이 뭐지?).

미시간 주에 있는 홀리 공동 묘지: 그는 60세처럼 살며, 70세에 이르질 못하고 죽었다.

우울증 환자의 묘비에서: 내가 말했잖아요, 나는 아프다고.

아담 안에서 모든 사람이 죽는 것과 같이, 그리스도 안에서 모든 사람이 삶을 얻을 것입니다. 그러나 각각 제 차례대로 그렇게 될 것입니다. 첫째는 첫열매이신 그리스도요, 그 다음은 그리스도께서 재림하실 때에, 그리스도께 속한 사람들입니다. (고린도전서 15:22-23)

욥기 18-20장 ; 시편 104편 1-17절 ; 잠언 30장 ; 고린도후서 10-11장

여러분은 아마도 이런 말을 들어 보셨을 것입니다.

"당신은 결코 할로윈 데이의 즐거움을 아이들에게서 빼앗아 버릴 수 없다!" 위 말에 우리는 동의를 합니다. 그러나 우리가 공포·사악·죽음에만 주목할 필요가 있을까요?

대부분의 사람들은 할로윈 데이의 역사에 관한 좋지 않은 이야기들은 잘 알지 못합니다. 대부분은 할로윈 데이를 만성절의 전날로만 알고 있습니다.

그러나 만성절은 원래 5월이었는데 서기 834년에 이 날이 11월 1일로 옮겨졌습니다. 당시 과일과 나무의 여신인 포모나를 숭배하는 로마인들을 위로하기 위하여 그 날로 옮겨졌지요. 그래서 만성절을 할로윈과 함께 죽은 자들에 대한 경의의 표로 기념하게 되었습니다.

할로윈은 마법 의식의 가장 중요한 행사로 생각되고, 이날에 대한 역사적 기록은 이교도들의 행사에서 찾아볼 수 있습니다. 이 행사를 하는 사람은 영국의 솔즈베리 평원에 있는 거대한 암석 조각인 스톤헨지를 세운 사람들이었지요. 그러나 수많은 사람이 이 돌 안에 산 채로 매장당해 죽었답니다.

몇몇 고고학자들은 이 스톤헨지가 해의 움직임을 계산해 인간을 제물로 바쳐 대지의 여신께 경배를 드리기에 가장 좋은 신성한 날을 결정하기 위하여 세워졌다고 합니다. 그렇게 선택된 날이 바로 10월 31일이지요.

이 날은 죽은 이들의 왕인 샘하인의 날 전날이고, 켈트 족들은 이 날을 새해 첫날로 여깁니다. 그리고 귀신들과 악령들이 지옥에서 나온다고 믿고 있기도 하지요. 이전에는 동식물의 풍년을 보장받기 위해서, 그리고 이들 악의 힘을 달래기 위하여 첫아이를 희생 제물로 드렸습니다.

이것과 맥을 같이하여 이 시기의 제사 의식에서 할로윈과 연관된 관습을 받아들인 것이지요. 예를 들면 "과자를 주지 않으면 장난칠 테야!"는 "제물을 바치지 않으면 복수를 내리겠노라!"의 형태를 모방한 것입니다. 먹는 것을 드려 제사를 지내는 것으로 이 악령들이 현세의 사람들을 괴롭히지 않을 것이라고 믿었던 거지요.

난 이런 이야기에 지나치게 감동하고 싶은 생각이 없습니다.

그러나 한 번쯤 이 할로윈 데이의 발단에 대하여 생각해 보십시오. 이교도들의 영향으로 오늘 만성절이 그리스도인들에 따라 지켜지고 있는 현상을요. 도대체 어떻게 이런 발상을 갖는 날이 하나님께 영광이 되겠습니까?

물론 할로윈은 아이들에게 즐거운 날일 수 있습니다. 그러나 만일 여러분의 아이들의 행동이 주님의 말씀으로 보호를 받지 못한다면 이 날은 위험의 근원이 될 수 있습니다.

> 우리의 싸움은 피와 살을 가진 사람들을 상대로 하는 것이 아니라, 통치자와 권세자들과
> 이 어두운 세계의 지배자들과 하늘에 있는 악한 영들을 상대로 하는 것입니다. 그러므로
> 여러분은 악한 날에 능히 대항할 수 있고 모든 일을 한 뒤에 서 있을 수 있도록,
> 하나님께서 주시는 장비로 완전 무장을 하십시오. (에베소서 6:12-13)

욥기 21-23장 ; 시편 104편 18-35절 ; 잠언 31장 ; 고린도후서 12-13장

11월

NOVEMBER

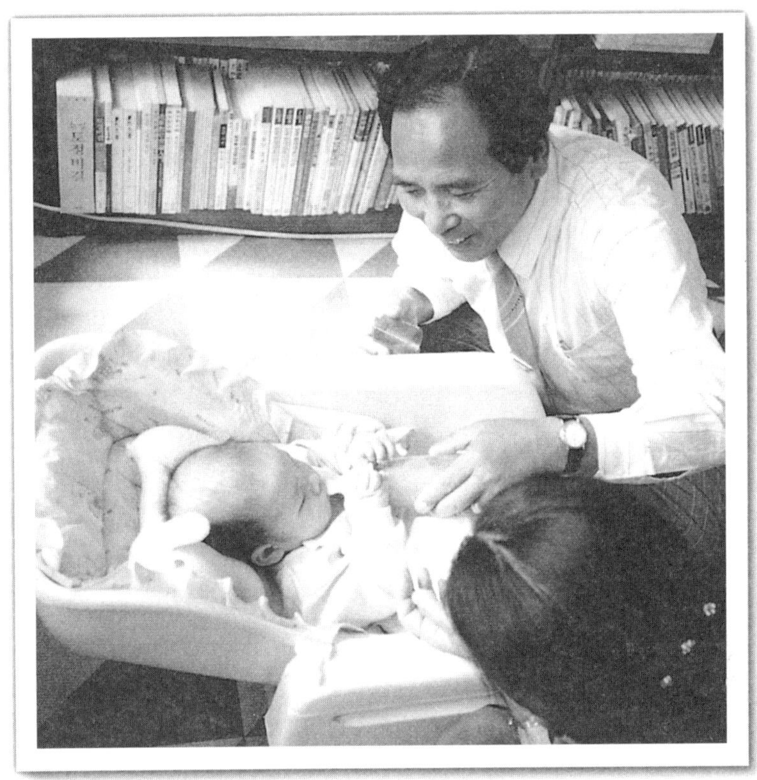

"보라, 저들이 어떻게 달리는지를! 보라, 저들이 어떻게 상대방을 쫓아가는지를, 모두 서로를 쫓아가고 있구나……." 일 · 업무 · 약속 · 요구 · 마감시간 · 계획 · 프로그램, 그리고 사람들. 그러기에 우리는 계속 달려야 합니다. 달려, 달려! 따스한 커피를 앞에 두고 한 번쯤 짬을 내어 조용히 앉아 좀 쉬는 건 어떨까요? 여러분의 페이스를 생각해 보십시오. 혹시 일벌레처럼 매일같이 경주를 하고 있는 건 아닌가요? 어떻게 이런 덫에 걸린 거지요? 과연 잘 해내고 있습니까?

제임스 설리반은 여러분이 어떻게 느끼고 있는지 정확히 알고 있습니다. 그는 과거 1960년대쯤에 오클라호마 시를 발칵 뒤집었던 적이 있습니다. 그는 세계 최대의 '청소년 라이프 클럽'을 만들었는데, 이 클럽은 젊은이들을 위한 그리스도교 단체였습니다. 그는 이 사역을 하는 동안 가족과 자신의 건강을 희생하였지요. 그와 같이 사는 건 말할 것도 없고, 그와 잘 지낸다는 것도 상당히 어려웠습니다. 아내와 가족은 지쳤고, 모든 것이 충만한 듯하던 그의 삶이 사실은 도피술에 불과했습니다. 그는 〈왕자가 될 수 없었던 개구리〉라는 책을 저술하였는데, 그 가운데 한 구절을 보면 "나는 껍질 속에 존재하는 인간입니다. 죄책감 · 후회, 그리고 내 안에 맴도는 미움 등과 같이, 결국 내가 갖게 된 느낌은 거의 극복하기 어려울 정도가 돼버렸습니다."

제임스 설리반은 주 예수 그리스도와 그의 나라를 위하여 일을 하는 것이 아닌가요? 그래요, 그 말은 맞는 이야기이지요. 그러나 그는 일로 삶을 대신해 버렸습니다.

추수감사절 청년 모임에서 연설을 하기 위하여 마치 경주라도 하는 듯 문밖을 나가고 있을 때, 그의 아내 캐롤린은 "당신은 9월 중순부터 오늘까지 단 하루도 집에 있지 않았다는 걸 아세요? 아니면 집안 걱정이나 해보셨는지요?"라고 물어 보았습니다. 그런 일이 있은 뒤 얼마 되지 않아서 그의 아내는 정신과 치료를 요하게 되었고, 그도 자살을 생각하게 되었지요.

이게 남의 이야기가 아닌 것 같다구요? "밤마다 모든 이들을 위하여 뭔가를 하고 있습니다!"라며 자랑을 해대는 교회가 많이 있습니다. 참으로 창피스러운 일이 아닐 수 없지요. 교회 선전을 하고 돌아다니는 것보다도 더 창피스러운 일입니다. 하나님의 말씀에는 조용하고 평화로운 내면 세계를 가꾸라고 되어 있습니다. 하지만 우리 인간은 하나님께 일과 소음으로 가득하고 갈수록 바빠지는 삶을 보여드리고 있지요! 우리가 그렇게 바삐 뛰어다니는 이유가 공허한 삶 속에서 얻어지는 고통을 없애 버리려는 데 있는 건 아닙니까?

이러한 활동에 변화를 주기 위해서는 너무 바삐 살고 있다는 사실을 스스로 인정하는 것으로 시작하십시오. 그리고 "아니오!"라는 짧은 한마디를 말하는 기술을 배우십시오. 그리고 그 의미를 알도록 하십시오. 이건 약간의 연습이 필요할 것입니다. 지금 다 함께 외쳐 봅시다. "아니오!" 이렇게 말하는 걸 그만두지 마십시오. 우리 주위에는 할 수만 있다면 얼마든지 그만 둘 수도 있는 일에 중독되어 사는 사람들이 수없이 많이 있습니다. 여러분의 아내, 여러분의 아이들, 그리고 하나님과의 관계를 위하여 너무 늦기 전에 이렇게 하십시오.

너희는 잠깐 손을 멈추고, 내가 하나님인 줄 알아라.
내가 뭇 나라로부터 높임을 받는다. 내가 이땅에서 높임을 받는다. (시편 46:10)

❧

욥기 24-27장 ; 시편 105편 1-15절 ; 잠언 1장 ; 사도행전 19장

11월 2일 —— 소유한다는 것

보스턴 동쪽에 위치한 어느 거리의 누추한 아파트에 한 남자가 살고 있었습니다. 재단사인 그는 매일같이 열심히 일을 하지만 날마다 입에 풀칠하기도 어려웠지요. 그러나 그는 한 가지 사치를 부렸는데, 그건 아일랜드 스위프 복권을 해마다 한 장씩 사는 것입니다. 그리고 해마다 그는 이 한 장의 복권으로 큰 재산을 얻게 해달라고 열정적으로 기도하곤 했지요.

14년 동안, 그의 삶은 온통 가난으로 가득했습니다. 그러던 어느 날, 그는 노크 소리를 들었습니다. 정장을 한 두 남자가 그의 가게에 들어와 그가 복권으로 큰 돈을 얻게 되었다고 알렸지요. 상금은 자그마치 오십만 달러나 되었습니다.

그는 자신의 귀를 의심했습니다. 그는 부자가 된 거지요. 그는 더 이상 바지 밑단을 만들고, 드레스의 옷단을 내고, 소매를 줄이는 일을 하며 죽도록 노동을 할 필요가 없어졌습니다. 이제 그는 진짜 삶을 시작할 수 있게 된 것입니다.

곧바로 그는 가게문을 닫고, 찰스 강에 가게 열쇠를 던져 버렸습니다. 그리고는 왕들이나 입는 예복을 입고 신형 롤스로이스를 타고, 리츠 호텔의 스위트룸을 얻었습니다. 또한 금방 수많은 매력적인 여자를 거느리게 되었지요.

그는 날마다 새벽까지 파티를 열었으며, 하루하루가 그의 마지막인 양 돈을 써 대곤 하였습니다. 그래서 결국 피할 수 없는 일이 생겼지요. 어느 날 돈이 하나도 남지 않게 되었고, 게다가 건강마저 엉망이 되어 버린 것입니다.

고열에 시달리며 지친 몸으로 쓰디쓴 환멸을 가득 맛본 채, 그는 자신의 작은 가게로 돌아왔고, 다시 영업을 하였습니다. 그리고 습관에서인지 구차한 생활 속에서도 또다시 해마다 아일랜드 스위프 복권을 사기 시작했습니다.

2년이 지난 뒤, 또 다시 노크 소리가 문을 통해 들려 왔습니다. 지난번에 정장을 입고 왔던 그 두 남자가 아일랜드 스위프 복권 사상 믿을 수 없는 일이라며 또다시 당첨되었다고 이야기했습니다. 그리고 상금 역시 지난번과 마찬가지로 오십만 달러였지요.

그러자 그는 가게 밖에 있던 사람들도 들을 수 있을 정도로 신음 소리를 내며 망설였습니다. 그는 "아니, 싫소! 당신은 날더러 그 고생을 또 하라는 말이오?"라고 항변하며 그 상금을 받기를 거절하였습니다.

원하는 걸 갖는다는 건 처음에 아무 것도 없을 때만큼이나 다루기 힘듭니다. 수많은 사람들이 실패의 삶보다는 성공적인 삶을 살아 가는 것이 더욱 시험을 당하는 것이라는 사실을 늦게서야 깨닫곤 하지요. 그리스도인이 간과하기 쉬운 원칙이 하나 있습니다. 그것은 바로 우리가 지금 가진 것과 우리의 현재 위치에 만족하는 법을 배우는 거지요. 만족하지 못하는 삶 때문에 진짜 혼란이 무엇인지 톡톡히 알게 될 때가 있을 것입니다.

내가 궁핍해서 이렇게 말하는 것이 아닙니다.
나는 어떤 처지에서도, 스스로 만족하는 법을 배웠습니다. (빌립보서 4:11)

$\backsim\!\!\sim$

욥기 28-30장 ; 시편 105편 16-45절 ; 잠언 2장 ; 사도행전 20장

11월 3일 —— 가장 오래 살아 있는 것들

캘리포니아에 있는 4,000년 묵은 브리슬콘 소나무들의 나무테를 주의깊게 연구해 본 결과, 1949년부터 많은 과학자들이 문화재 감별에 사용해 온 방사선 연대 추측법에 수정을 가할 수밖에 없게 되었습니다. 그 소나무들은 이 지구상에 살아 있는 것들 가운데 가장 오래된 것들이라고 알려져 있습니다.

또한 이 발견 때문에, 유럽이 야만주의에서 문명으로 발돋움하게 된 근원 가운데 하나가 중동 지역이라고 믿게 한 역사를 재기술하게 되었습니다. 이렇게 과학적으로 수정된 시간표에 따르면 유럽 최초의 무덤·기념물·사원·도구들이 실은 중동의 것보다 더 오래된 것임을 밝혀 주고 있답니다.

예를 들면, 프랑스의 브르타뉴에 있는 돌방 무덤들은 피라미드보다 1,500년 더 오래되었습니다. 그리고 메소포타미아의 사원이 아니라 지중해에 있는 몰타의 사원이 버팀목 없이 서 있는 석조 기념물 가운데 세계에서 가장 오래된 것으로 드러났지요.

우리가 유럽 지역의 고대인들을 잘못 판단하였을 가능성이 있습니다. 과거에는 석기 시대로부터 문명의 진보를 이루어 내게 된 뿌리가 중동에서 전파되어 유럽 대륙의 사람들에게 영향을 주었다고 생각하였습니다.

그러나 현재의 발견으로 이를 다시 한번 생각해 보게 되었지요. 분명 다른 방식으로 유럽이 진보했으리라는 생각을 가지게 되는 것이 당연합니다.

어떻습니까? 조금 정신 없지 않습니까? 나는 내 안에서 우리의 과거를 배우고 미래를 조명하고 싶어하는 만족할 수 없는 욕망이 있음을 발견하곤 합니다.

우리는 실제로 시간에 대하여 그리고 어떻게 시간을 측정할 수 있는지에 대하여 이야기를 하는 중입니다. 혹시 할머니와 할아버지가 오셔서 평소 잠드는 시간보다 훨씬 늦게까지 자지 않아도 된다고 허락을 받은 꼬마에 대하여 들어 본 적이 있습니까? 11시를 알리는 시계 소리가 한 번씩 울릴 때마다 황홀하게 듣고 있습니다. 할아버지의 시계 소리가 멈추자 꼬마는 일어나, "전보다 좀 늦네!"하고 말하였습니다.

요즘 같은 때에 이런 이야기의 의미를 이해하는 것은 그리 어려운 일도 아닙니다. 시간은 변하고, 사건은 몹시도 빠르게 일종의 절정을 향해 움직이고 있어 우리에게 긴박감을 줍니다.

또 한 인간으로서 여러분은 이전보다 늙어 가고 있습니다. 동시에 이 세계도 이전보다 늙어 가고 있습니다. 우리는 늙어 가고 있고 종국을 향해서 달려가고 있습니다.

여러분은 인생의 끝에 대하여 한 번쯤 생각해 보셨습니까? 여러분이 죽는 날은 생각해 보았습니까? 여러분은 영원한 생명을 얻기 위하여 대비하였습니까?

나는 젊어서나 늙어서나, 의인이 버림받는 것과 그의 자손이
걸식하는 것을 보지 못하였다. (시편 37:25)

욥기 31-32장 ; 시편 106편 1-16절 ; 잠언 3장 ; 에베소서 1-2장

　별난 절약 정신 때문에, 실제로 친구 하나 없는 늙은 구두쇠가 있었습니다. 그는 자신이 불치병에 걸려서 곧 죽을 것이라는 걸 알고 자신의 의사, 자신의 변호사, 그리고 자신의 회계사를 침대 주위로 불러모았습니다. "나는 여러분만은 절대 안 그럴 거라고 늘 들어 왔소. 하지만 나는 여러분도 그럴 수 있다는 것을 증명해 보이겠소. 내가 봉투 세 개에 3만 달러씩 나눠 넣어 총 9만 달러를 매트리스 밑에 넣어 두었소. 내가 죽으면 저마다 봉투 하나씩 들고 내 무덤에 흙을 뿌리기 직전에 봉투를 무덤 안으로 던져 주시오." 구두쇠는 그들에게 그렇게 지시했습니다.

　그렇게 얼마 지나지 않아 그는 죽었습니다. 그래서 장례 예식에 참석한 세 사람은 의무적으로 봉투를 각각 관에 집어넣었지요. 돌아오는 길에 회계사가 말했습니다. "나는 옳은 일을 했다고 생각하지 않습니다. 내 양심에 상처를 입었어요. 내가 여러분에게 고백할 것이 있어요. 나는 내가 짓고 있는 새로운 빌딩을 위하여 1만 달러가 절실히 필요했어요. 그래서 1만 달러는 내가 갖고 2만 달러만 넣었어요."

　의사가 말했습니다. "나 역시 고백해야만 하겠군요. 나는 새로 병원을 짓고 있어요. 그래서 나도 2만 달러를 빼고 봉투에는 1만 달러만 넣었어요."

　그들 둘은 변호사를 쳐다보았습니다. 그러자 그는 말하였습니다. "신사 여러분, 나는 놀랐습니다. 제 자신이 부끄럽군요. 나는 여러분이 어떻게 이렇게 고백할 수 있는지 이해할 수가 없습니다. 나는 3만 달러 모두를 내 주머니 속에 집어넣었답니다."

　뭔가를 가진다는 것은 언제나 사람들에게 골칫거리입니다. 우리는 이 세상에서 물질적인 것을 즐기기 위하여 일을 하며 자기 자신을 희생하곤 합니다. 이렇듯 물질적인 것은 우리에게 중요하고 우리는 그걸 지니고 싶어하지요.

　어떤 목사는 대공황기에 특별한 경험을 하였습니다. 그는 양복 한 벌이 몹시도 필요하였으나 옷을 살 만한 돈이 없었지요. 그러다 그는 신문 광고란에서 장례 예식을 치르는 집에서 양복 한 벌을 단돈 5달러에 판다는 걸 알게 되었습니다. 그래서 그는 그 길로 그 집에 가서 양복을 샀습니다. 너무도 기뻐서 집에 오는 길에 그 양복을 입어 보았지요. 그 양복은 그에게 아주 잘 어울렸으나 한 가지 문제점이 있었습니다. 그것은 바로 양복 주머니가 없다는 것이었지요.

　여러분은 무엇을 가지고 이 세상을 떠나시렵니까? 여러분은 재산을 가지고 갈 수도 있습니다. 단, 하나님의 나라에 그 재산을 투자한다면 말이지요. 여러분은 또한 가족을 데려갈 수도 있을 것입니다. 단, 그들이 다시 태어날 수 있다면 말이지요. 사랑하는 사람도 데려갈 수 있습니다. 단, 그 사람이 주 예수 그리스도와 관계를 맺고 있다면 말이지요. 여러분은 세상의 물건이나 사람을 가지고 갈 수도 있습니다. 단, 그것이 하나님의 말씀 안에 놓여져 있다는 조건이 있어야 합니다.

> 너희는 스스로를 위하여 재물을 땅에다가 쌓아 두지 말아라.
> 땅에서는 좀이 먹고 녹이 슬어서 망가지며, 도둑들이 뚫고 들어와서 훔쳐 간다.
> 그러므로 너희 재물을 하늘에 쌓아 두어라. (마태복음 6:19-20)

욥기 33-34장 ; 시편 106편 17-33절 ; 잠언 4장 ; 에베소서 3-4장

백 년도 훨씬 전에 로버트 루이스 스티븐슨이라는 사람이 있었습니다. 스티븐슨은 〈보물섬〉 등 유명한 책을 여러 권 저술한 작가라고 우리가 알고 있습니다.

그의 작품들을 살펴 보면, 삶을 좀 더 행복하고 생산적으로 살아 갈 수 있도록 도움을 주는 여러 규범들을 찾아볼 수 있습니다. 적어도 백 년 이상은 족히 들어 보이는 이 규범들은 그 때와는 또다른 모습을 하고 있습니다.

사실 그 규범들은 오늘의 어머니들에게도 아주 훌륭한 지침으로 쓰이고 있습니다. 아마도 어머니에게만 해당되는 것이 아니라 아이들을 가르치는 훌륭한 지침으로 자리를 잡은 듯합니다. 여기 그 가운데 몇 개가 있습니다.

1. 행복해지겠다고 다짐하십시오. 아주 단순한 것에서 기쁨을 찾는 법을 배우십시오.
2. 상황을 최대한 이용하십시오. 어느 누구도 모든 걸 가질 수는 없으며, 모든 사람은 나름대로의 슬픔을 지니고 있답니다.
3. 자신에 대하여 너무 심각하게 생각하지 마십시오.
4. 다른 이의 비판으로 너무 마음을 졸이지 마십시오. 모든 사람을 기쁘게 할 수는 없지요.
5. 이웃들이 당신의 삶의 기준을 정하게 하지 마십시오. 스스로 삶의 기준을 정하도록 하십시오.
6. 하고 싶은 일은 계속 하십시오. 그러나 빚을 져서는 안 됩니다.
7. 쓸데없이 걱정하지 마십시오. 상상이 실제보다 견디기가 더 힘들답니다.
8. 미움이 영혼을 죽입니다. 그러니 증오와 불만을 사랑하지 마십시오.
9. 흥미거리를 많이 지니십시오. 또 여행을 할 수 없다면, 그 곳에 대하여 쓴 책을 읽으십시오.
10. 과거에 얽매인다든가, 과거의 슬픔과 실수를 골똘히 생각하느라 시간을 낭비하지 마십시오.
11. 아무 것도 이겨내지 못하는 사람이 되지 마십시오.
12. 늘 바삐 움직이십시오. 바쁜 사람은 슬퍼할 겨를마저 없지요.

백 년이든 더 오래든간에 과거로부터 지혜가 묻어 나옵니다. 그 지혜는 실질적이고, 현실적이며, 기본적이고, 말을 행동으로 옮기는 것과 관계된 조언이지요. 그러나 문제는 아는 것이 아니라 그것을 삶에 실천하는 것입니다.

내가 오늘 너희에게 명하는 이 말씀을 마음에 새기고,
자녀에게 부지런히 가르쳐라. (신명기 6:6-7)

욥기 35-37장 ; 시편 106편 34-48절 ; 잠언 5장 ; 에베소서 5-6장

11월 6일 —— 얼빠진 사람들

교수들과 학식있는 사람들도 인간적인 결점으로 비난을 당하곤 합니다. 그들은 무엇을, 어디에, 언제, 어디로 등을 잊어버리곤 하지요. 어느 날 한 학생이 질문을 하려고 지나가는 교수를 붙잡았습니다. 그런데 답변을 끝낸 뒤에 교수는 그 학생에게 자신이 질문을 받기 전에 어디로 가고 있었느냐고 물어 보았지요. 그러자 학생이 가리켰습니다. "저쪽입니다, 교수님!" 교수가 대답하기를, "좋아, 그러면 난 방금 점심을 먹었단 말이군." 교수들만이 얼이 빠진 사람은 아닐 것입니다. 계속해서 읽어 보도록 합시다.

1936년부터 1941년까지 그리스를 쥐고 흔들었던 요아네스 메탁사스 장군은 건망증이 매우 심했던 것으로 알려져 있습니다. 한번은 군용 비행정을 타고 가다가 그 비행정을 몰아보고 싶은 마음이 생겼습니다. 그래서 비행사와 자리를 바꾸었는데, 조금 있다가 메탁사스는 다음 공항에서 착륙하려고 준비하였지요.

"장군님!" 조종사가 언짢아하면서 말했습니다. "이것은 군용 비행정이란 말입니다."

"물론이지, 물론이고 말고!" 메탁사스는 그렇게 말하고 나서 비행정을 돌려 근처의 만으로 가서 안전하게 비행정을 착륙시켰습니다. 그리고는 조종사에게 고마움을 표하며, 선실 문을 열고 발을 내디딘 순간, 그는 바다에 빠지고 말았습니다!

이런 얘기도 있습니다. "저에게 무슨 병이 생긴 겁니까, 선생님? 전 아무 것도 기억이 안 나는 것 같거든요."라며 불평하는 한 환자가 있었습니다. 그래서 의사가 "언제부터 증세가 시작되었습니까?"라고 물어 봤지요. 그러자 환자는 이렇게 말하는 겁니다. "언제 시작되다니, 뭐가 말인가요?"

빌 코스비는 〈세월은 쏜살같이〉라는 자신의 자서전에서 자신의 건망증에 대하여 불평을 하였습니다. "나는 최근에 쉰 번째 생일을 맞이하였습니다. 그러나 나는 새로운 나를 받아들이는 법을 배워야 할 것 같습니다. 전화 번호를 돌리고 나서 신호음이 가는 동안, 곧잘 나는 내가 누구에게 전화를 하는지를 잊어버리곤 하지요."

영국 해군은 명예롭게 죽은 유명한 부제독의 이야기를 자주 떠올려 보곤 합니다. 그가 죽은 뒤에 유언 집행관이 그의 돈궤짝을 열었을 때 그 속에 있는 카드가 눈에 들어 왔지요. 그 카드에는 이렇게 쓰여 있었습니다. "우현은 오른쪽이란 뜻……좌현은 왼쪽……"

버지니아 주의 루이사 법원의 유명한 프랭크 윈스턴 법원장이 어느 날 집에서 철도역 쪽으로 걸어가고 있을 때, 주머니를 뒤져 보더니 외쳤습니다. "아이쿠, 분명히 집에 시계를 놔두고 왔다! 도로 가서 가져올 시간이 있을까?" 그렇게 말하고는 바지 주머니에서 시계를 꺼내서 "15분이나 남았네. 그래, 시간은 충분하군."하고는 집으로 돌아갔답니다.

어어……내가 지금 어느 쪽으로 가고 있었지? 오, 이런…….

젊을 때에 너는 너의 창조주를 기억하여라. 고생스러운 날들이 오고,
사는 것이 즐겁지 않다고 할 나이가 되기 전에 (전도서 12:1)

❧

욥기 38-39장 ; 시편 107편 1-22절 ; 잠언 6장 ; 로마서 1장

비록 60년 전의 일이지만, 조나단은 천사와 만났던 일을 아주 잘 기억하고 있습니다. 그가 열 살이었을 때가 대공황이 최고로 기승을 떨던 무렵입니다. 그에게는 어린 형제 자매가 여럿 있었지요. 그래서 가족들을 위하여 먹을 것을 마련한다는 것 자체가 마치 전쟁과도 같았습니다.

조나단에게 부여된 일 가운데 하나는 토요일마다 어머니를 위하여 장을 봐 오는 일이었습니다. 그가 점원에게 사야 할 목록을 주면 점원은 목록에 있는 대로 물품을 집어 주었지요. 이 방법은 적은 돈으로도 어린아이가 장을 보기에 안심할 수 있는 방법이었으며, 그는 이 일을 하는 데 강한 책임감과 자신감을 갖고 있었습니다.

하루는 어머니가 사야 할 목록과 10달러를 그의 주머니에 넣어 주시자, 그 길로 그는 장을 보러 갔습니다. 그녀는 항상 그에게 목록에 없는 물품은 절대 사지 말라고 주의를 주었지요.

그래서 아이와 가게 주인이 함께 돌아다니며 목록에 있는 물품을 수레에 올려놓고 카운터에 가서 계산을 하였습니다. 카운터 점원이 9달러 74센트라고 말했지요.

그래서 그는 그 돈을 지불하기 위해 주머니를 뒤졌습니다. 그런데 10달러를 찾을 수가 없었지요. 미친 듯이 온몸을 뒤졌지만 10달러는 그 어느 곳에도 있지 않았습니다.

그는 양말과 신발을 벗어 보기도 했습니다. 모자 속을 뒤져 보기도 했구요. 그리곤 혹시 바닥에 떨어지지 않았나 해서 달려가 보았습니다. 그러나 어디에도 돈은 없었습니다.

겁에 질린 아이는 울기 시작했지요. 그냥 가게를 나와 어머니에게 말씀드리는 수밖에 없었답니다. 물론 어머니는 화를 내셨겠지요. 그들에게 10달러를 잃어버린다는 것은 재앙과도 같았습니다. 찬장에 남아 있는 것을 제외하곤 앞으로 1주일은 먹을 것이 없었습니다. 정말 처절했지요.

조나단은 지하실에 가서 울기 시작했습니다. 그는 이 모든 것이 무엇을 의미하는지 알았지요. 그러나 그가 그렇게 흐느껴 울고 있을 때, 친절하지만 힘있는 목소리가 등뒤에서 들려 오는 것을 느꼈습니다. 그 목소리가 그의 이름을 불렀습니다. "조나단, 너의 주머니를 보아라!"

이상했습니다. 조나단은 이미 주머니를 뒤져 보았고, 가게 점원도 그러하였고, 어머니도 아이의 주머니를 여러 번 뒤져 본 뒤였습니다. 바보 같은 짓이었지요. 하지만 그는 다시 한번 주머니에 손을 넣었습니다. 그러자 작은 지폐 뭉치를 느낄 수가 있었습니다!

그리고 60년이 지난 오늘까지도 용기를 잃을 때마다 조나단은 하나님이 작은 꼬마의 울음 소리를 듣고 천사를 보내 10달러를 주머니에 넣어 주신 사건을 되새겨 보곤 합니다.

그러나 성경에 기록한 바 "눈으로 보지 못하고, 귀로 듣지 못하고,
사람의 마음에 떠오르지 않은 것들을 하나님께서는 자기를 사랑하는 사람들에게
마련해 주셨다" 함과 같습니다. (고린도전서 2:9)

욥기 **40-42**장 ; 시편 **107**편 23-43절 ; 잠언 **7**장 ; 로마서 **2-3**장

이 이야기는 교사를 하고 있는 내 친구가 들려 준 것입니다. 매일같이 학생들 앞에 서는 자신의 경험담을 소박하게 보여 주고 있습니다.

어느 날 지각을 한 베스는 평소보다 더 부끄러워하며 나타났습니다. 그리 외향적인 성격의 아이는 아니지만 자신의 일은 항상 제 시간 안에 끝내 놓곤 하였지요. 그리고 가능한 한 눈에 띄지 않으려고 무척 노력을 하였는데, 거의 강박 관념에 사로잡힌 듯하였습니다. 베스는 협동심이 뛰어나고 쾌활하였으나, 교사들이 바삐 생활하다 보면 놓쳐 버리기 쉬운 타입의 학생이었습니다.

그러나 베스에게 잘못된 일이 일어나고 있는 것이 분명했지요. 이런 혹한의 날씨에는 분명히 맞지 않는 일이었습니다. 멍한 표정에 양말은 짝짝이로 신고 있었지요. 평소에 생각이 깊던 베스에게 이런 일은 처음이었습니다.

수학 수업을 대충 진행하며 내 친구는 갑작스레 자신의 호기심을 자극하는 그 학생을 계속 주시하고 있었습니다. 그러나 그 학생이 어찌할 바 모르고 계속 불안해 하는 모습을 보자, 내 친구는 학생들에게 양해를 구하고는 베스를 교실 밖으로 나오게 하였지요. 그리고는 복도에서 베스에게 무슨 일이 있냐고 물어 보았습니다.

그러자 별안간 베스는 눈물을 터뜨렸고, 교사는 갑작스러운 사태에 어찌할 바를 몰랐습니다. 베스를 데리고 둘만 있을 수 있도록 교무실로 들어갔습니다. 그리고 그녀의 끔찍한 이야기가 시작되었지요.

그녀의 어머니는 모르는 사실이지만, 베스의 양아버지가 그녀를 성적으로 학대를 한 것입니다. 그녀는 나이어린 동생을 위하여 희생한다고 생각하며 2년간의 악몽 같은 생활을 참아야만 했습니다.

그 날 베스는 내 친구와 친구 남편과 함께 지냈습니다. 내 친구는 집에 전화를 걸어서 회의 때문에 늦을 것 같으니 경찰관이 베스를 데리고 갈 거라고 말했지요. 집에 들어서자마자 베스는 반사적으로 움츠러들어서는 내 친구 남편에게 집에 혼자 있냐고 물어 보았습니다.

보다시피 정신나간 양아버지 때문에 베스는 남자와 단 둘이 있는 것을 두려워하게 되었지요. 얼마나 끔찍한 일입니까?

교사들은 매일매일 이 나라에서 일어나는 가장 끔찍한 이야기들을 보고 듣습니다. 그리고 만일 아이들이 우리에게 괴물이 무섭다고 말한다면, 우리는 그 말을 귀담아 들어야만 한다는 사실을 교사들은 알아야 하지요.

그리고 어둠 속에서 우리는 아이들에게 어떤 남자가 그들을 너무도 사랑해서 우리를 위하여 자신을 희생한 이야기를 할 기회를 가져야 합니다. 그분의 이름은 바로 예수 그리스도이지요.*[81]

> 주님은 말씀하신다. "가련한 사람이 짓밟히고, 가난한 사람이 부르짖으니,
> 이제 내가 일어나겠다. 그들이 갈망하는 구원을 베풀겠다." (시편 12:5)

에스겔 1-2장 ; 시편 108편 ; 잠언 8장 ; 로마서 4-5장

메리 더글러스가 인도에서 선교사로 있을 때, 그녀의 주된 관심사는 대부분이 힌두교도인 이웃 사람들이었습니다.

어느 날 아침, 그녀는 이웃의 한 여인에게 말을 걸었습니다. 그녀에게는 두 아이가 있었는데, 한 아이는 맑은 눈에 영특하고 사랑스러웠으며 마치 건강한 아이의 화신을 보는 듯하였지요. 그러나 다른 아이는 매우 볼품이 없었고 아무 표정도 없이 멍한 눈을 하고 마차에 앉아 있었습니다. 힌두교 여인이 말했습니다. "나는 우리의 죄를 위하여 신들에게 제물을 바치기 위하여 강 근처에 있는 사원에 가는 길이에요."

더글러스 부인은 재빨리 모든 인류를 위하여 심지어 힌두 여인을 위하여 십자가에 달려 돌아가신 예수님과 그의 희생에 대하여 이야기를 하였으나, 그녀는 들으려고도 하지 않았으며 단지 더욱 수레를 재촉해서 사원으로 빨리 가버렸습니다.

어느 날 그녀는 또 다시 그 힌두 여인을 보게 되었습니다. 메리는 그녀가 다가오자 인사를 하였지요. 이번에는 수레에 볼품없이 생긴 아이 하나만 있었습니다. 말을 걸어 보려고 메리는, "다른 아이는 어디 있나요?"하고 물었지요.

그녀가 대답하기를, "기억 안 나세요? 내가 말했지요, 제물을 드리러 간다구요. 나는 그 아이를 강에 던져 제물로 바쳤어요."

순간 더글라스 부인은 공포에 휩싸여, "어떻게 그런 일을 할 수가 있어요? 게다가 아이를 하나 포기해야 한다면 왜 이 불구의 아이를 제물로 바치질 않고 그 건강한 아이를 바쳤나요?"라고 말했습니다.

그러자 힌두 여인은 밝은 햇빛을 바라보고 나서 그녀를 쳐다보며 이야기했지요. "당신네 종교에서는 어떤지 모르겠지만 우리 종교에서는 자신에게서 가장 좋은 것을 바쳐요."

사실 좀 찜찜하지만 옳은 이야기입니다. 우리는 이런 일에 대하여 생각하는 걸 그리 좋아하지 않습니다. 인간이 어떻게 그런 짓을 할 수가 있습니까? 그러나 아마도 이 부분은 한 번쯤 짚고 넘어가야 할 부분입니다. 여러분 삶의 실질적인 우선 순위는 어디에 있습니까? 여러분 자신에 대한 관계입니까, 아니면 하나님에 대한 우리의 관계에 있습니까?

매 삶에 있어서 어딘가에는 결말이 있기 마련이지요. 여러분은 우선 순위를 세울 때 이런 생각을 할 것입니다. "누구와 또는 무엇을 위하여 오랜 시간을 투자할 것인가?" 당연히 가장 오랜 관계는 창조주 하나님과의 관계일 것입니다. 그 다음이 여러분 자신일 것이며, 그 다음이 가족 등 여러분에게 소중한 것들일 것입니다. 이제 진지하게 한 번 생각해 봅시다. 여러분은 무엇을 위하여 가장 좋은 것을 드릴 것인가요?

> *많이 받은 사람에게서는 많은 것을 요구하고,*
> *많이 맡긴 사람에게서는 많은 것을 요청한다. (누가복음 12:48)*

✦

에스겔 3-5장 ; 시편 109편 1-13절 ; 잠언 9장 ; 로마서 6-7장

영국의 특급 열차가 헤드라이트 불빛을 앞으로 길게 내밀며 밤을 가로지르고 있었습니다. 이 기차는 빅토리아 여왕과 수행원들이 타고 있었기 때문에 조금 특별했지요.

그런데 갑자기 기관사는 놀라운 장면을 보았습니다!

불빛 앞에 삭풍에 나부끼는 검은 코트를 입은 이상한 차림새의 사람이 나타났는데, 그는 기차를 세우기 위하여 팔을 흔들고 있었지요.

그래서 기관사는 곧바로 브레이크를 잡았고 기차는 끽끽 소리를 내고 불꽃을 튀며 멈췄습니다.

그리고는 기관장, 기관조수 · 석탄부, 그리고 몇 명의 차장들이 기차를 멈추게 한 것이 무엇인지를 보기 위하여 기차에서 내렸습니다.

그들은 이리저리 찾아보았으나 별다른 이상한 건 찾아볼 수가 없었습니다.

하지만 웅크린 자세로 기관장은 철로를 따라 수 야드를 걸어가다가 곧바로 발을 멈추고 공포에 떨었지요. 초저녁에 이 지역을 쓸고 지나간 비바람으로 인해 다리 중간 부분이 유실되었고 강은 폭풍우로 잔뜩 불어나 있었습니다.

만일 그가 그 이상한 차림새의 사람에 관심을 갖지 않았다면 아마 기차는 급류에 휘말려 들어갔을 것이고, 몇 명이나 살아남을지 아무도 알 수가 없었지요.

기관사는 완전히 넋을 잃고 몇 분간은 철로에 앉아 있었습니다.

이후에 구조 요청이 전해졌고, 다리와 레일은 복구되었으며, 승무원들은 그 이상한 차림새의 사람을 찾으려고 샅샅이 뒤졌으나 찾지를 못했습니다. 그러나 런던에 도착하였을 때 그 신비는 풀렸지요.

기관사가 증기 기관차의 전조등 바닥에 큰 나방이 죽어 있는 것을 발견하였습니다. 그는 잠시 나방을 쳐다보다가 순간 그 날개를 물에 적셔서 기관차 전조등의 유리에 붙였지요.

그리고는 선실로 돌아가서 전조등을 켜자 불빛 속에 신호 기수를 보았습니다. 그는 답을 알았습니다. 기차가 유실된 레일에 다가가기 몇 초 전에 나방이 불빛을 보고 날아든 거지요.

안개 속에서 그 나방은 유령의 모습으로 비치어 마치 기차를 세우려는 신호 기수처럼 보이게 되었던 것입니다.

나중에 빅토리아 여왕이 이 이상한 일에 대하여 전해 들었을 때, "이것은 사고가 아니라 하나님이 우리를 보호하시려고 쓰신 방법입니다."라고 말했답니다.

천사들아, 주의 말씀을 듣고, 실행할 능력이 있는 용사들아,
주를 찬양하여라. (시편 103:20)

에스겔 6-7장 ; 시편 109편 14-31절 ; 잠언 10장 ; 로마서 8장 그 아이는 단지 조그마한 여자아이였습니다. 아주 가난한 집에서 태어났으며 별다른 특징 같은 것도 없었지요. 그런데 그 아이가 죽던 그 날 아이 베개 밑에서 57센트가 나왔으며, 이 별 것 아닌 꼬마의 행동이 펜실바니아 주 필라델피아에 영원히 지워지지 않는 하나의 표식을 남겼습니다.

그 소녀는 수년 전에 필라델피아에 있는 한 주일 학교 학생이 되고자 했습니다. 하지만 소녀는 거기에 들어갈 수가 없었는데 왜냐하면 공간이 너무 작아 소녀를 받아 줄 수가 없었기 때문이었지요. 그래서 소녀는 돈을 모으기 시작했습니다. 돈을 모아 '주일 학교가 더 넓은 공간을 가질 수 있는 데' 보태기 위해서였지요.

그렇게 2년이 지나고 소녀는 병이 들어 며칠 못 가서 죽고 말았습니다. 사람들은 소녀의 베개 밑에서 너덜너덜해진 노트 한 권과 함께 57센트를 발견했답니다. 그 노트에는 깔끔한 글씨로 이렇게 쓰여 있었지요.

"조그마한 교회를 좀더 크게 지어 더 많은 아이들이 주일 학교에 다닐 수 있도록 하고자 이 돈을 모았습니다."

이 꼬마의 이야기는 57센트가 들어 있는 지갑과 함께 그 교회의 목사님에게로 전달되었습니다. 목사님은 설교 시간에 이 이야기를 교회 성도들에게 말했고, 신문들은 전국에 이 이야기를 보도하였지요. 그러자 이 보도를 본 전국의 사람들이 선물과 성금을 밀물같이 보내 왔습니다. 이렇게 소녀의 57센트에 점점 많은 돈이 모아져 오늘 필라델피아에서 누구나 그 57센트 헌금의 결과를 쉽게 볼 수 있게 되었답니다.

이 교회가 바로 '리틀 템플'이라는 교회로, 그 일이 있은 뒤 3,300개의 좌석을 가진 예배당과 주일 학교를 위한 많은 방들을 가진 교회가 되었으며, 템플 대학교를 세워 수천 명의 학생들에게 숙식과 교육을 제공하고, 또한 템플 병원을 세워 인류에게 헌신하고 있답니다. 인류에게 중요한 것이 시작되는 그 첫지점에는 늘 그 중요한 것에 관심을 갖고 헌신이라는 행동을 취한 사람들이 있었듯이, 이름 없는 한 아이의 아름답고 고귀한 헌신이 원대한 계획의 시발점이 된 것입니다. 거기에 중요한 한 가지를 더하자면, 그것은 사랑이라는 것을 더할 수 있을 것입니다.

사실 하나님의 나라를 세우는 데는 아주 작은 일도 무척 소중한 것입니다. 우리의 헌신이 작다고 기죽지 맙시다. 하나님은 그런 여러분의 작은 행동을 취하시고 하나님 나라의 사업에 크게 삼으십니다. 밀병과 물고기 몇 마리를 바친 소녀의 이야기를 되새겨 봅시다. 그 작은 정성이 주님의 손에서는 수천 명을 먹이고도 남기신 큰 역사를 이루어내지 않았던가요? 그대의 작은 헌신이 하나님께는 커다란 아주 커다란 재목이 될 수 있음을 확신하기 바랍니다. 이 땅에 또다시 하나님의 역사하심이 있기를!

> 그러자 예수께서 아기들을 가까이에 부르시고, 말씀하셨다. "어린이들이 내게로 오는 것을 허락하고, 막지 말아라. 하나님의 나라는 이런 사람의 것이다." (누가복음 18:16)

에스겔 8-10장 ; 시편 110편 ; 잠언 11장 ; 로마서 9-10장

젊은 변호사는 짧은 기간에 많은 업적을 이루어냈고 예리한 눈을 가진 변호사로 명성을 쌓아 나갔습니다. 그와 맞서는 검사들도 그를 두려워하였지요. 물론 반대로 의뢰인들은 그를 좋아하였습니다. 그가 매 사건마다 승소하는 건 당연한 일이었지요. 이후에 그는 법조계 잡지에 글을 쓰기 시작하였고, 자신의 변호 기법에 대하여 이야기해 달라는 초청이 들어오기 시작하였습니다. 그렇게 몇 번의 초청을 받은 뒤 그는 이들 청중들에게 유용한 모범적인 강의 방식을 개발해 내었답니다.

그는 자신의 운전사와 함께 다녔는데, 이 운전사는 자신이 유명한 변호사와 함께 다닌다는 사실에 자랑스러워하였습니다. 그렇게 똑같은 강좌를 여러 달 듣자 이 경솔한 운전사는 이제 자신이 직접 강의할 수도 있다고 말하였지요.

그래서 그들은 다음 번에는 서로의 역할을 바꾸자고 합의했습니다. 변호사는 운전사 복장을 하고 운전사는 변호사 복장을 한 채로 수많은 변호사들이 기다리고 있는 연설회장으로 들어갔지요.

운전사는 능수 능란하게 그의 기법을 설명하였고 자세한 사항을 구체적으로 연설하였습니다. 연설의 끝머리에 운전사는 관중들로부터 열렬한 환호를 받았지요. 그것은 대단한 좌담이었습니다. 그러나 중재자가 나와서 아직 시간이 남았으니 질문이 있는 분은 질문을 해달라고 요청하였지요.

그러자 어떤 사람이 좌담 가운데 언급한 여러 기법 중 하나를 대변하는 법적 선례와 관련하여 질문을 하였습니다. 그 순간 운전사 복장을 하고 있던 변호사는 방 뒤에서 가슴이 철렁 내려앉음을 느꼈습니다. 그는 쉽게 질문을 받아 대답해 줄 수가 있었습니다. 그러나 그 답을 이 운전사에게 전할 도리가 없었지요. 모든 게 들통나게 생겼습니다.

변호사 복장을 한 운전사는 질문을 한 번 더 해달라고 요청하였습니다. 질문을 두 번째 들은 후에 운전사는 웃음을 지었지요. 그리고는 약간의 모방 끼로 그는 다음과 같이 대답하였습니다. "왜 있지 않습니까, 그건 아주 간단하고 잘 알려진 선례이며 여러분 모두 잘 아실 겁니다! 아마 추어라도 그 정도 대답은 알 겁니다. 그럼 제 말을 증명하기 위하여 내 운전사가 대신 그 답을 하게 하겠습니다."

어떻게 그런 재치있는 생각을 하였을까요? 유비무환에 대한 좋은 교훈 하나를 얻은 셈입니다. 어떤 것은 표면적으로는 쉬워 보여서 쉽게 모방할 수 있습니다. 그러나 실질적인 문제가 생길 때가 바로 학교 교육과 경험을 발휘할 때입니다. 그것은 바로 실질적인 문제이지요. 그런데 이 것은 얼마 지나지 않아 발각될 거니까 너무 지름길만 찾지는 맙시다.

다만 여러분의 마음 속에 그리스도를 주님으로 거룩하게 높이며,
여러분이 가진 소망을 설명하여 주기를 바라는 사람에게는,
언제나 누구에게나 답변할 수 있도록 준비하십시오. (베드로전서 3:15)

에스겔 11-12장 ; 시편 111편 ; 잠언 12장 ; 로마서 11-12장

콜럼비아 대학의 전 미식축구 코치였던 루 리틀과 관련된 이야기입니다.

이번 시즌에는 특이하게 팀이 한번도 패하지 않았습니다. 지금 그들은 올해 마지막 경기를 맞이하고 있었지요. 그리고 아이비 리그 대회 챔피언 타이틀이 눈앞에 보이고 있었습니다. 그건 승자만의 것이지요. 상대팀은 라이벌인 하버드 대학으로, 역시 한 번도 이번 시즌에 패배를 한 적이 없었지요.

준비가 한창이던 어느 주 화요일에 리틀 코치는 어떤 선수에게 선수의 아버지가 돌아가셨으며 금요일에 장례 예식을 치를 것이라고 알려 달라는 부탁을 받게 되었습니다. 그 선수는 팀에서 고참급에 속했고 특별한 선수였지요. 비록 그가 4년 동안 한 번도 주전 선수로 뛰진 않았지만 그 선수는 계속 팀에 있었습니다. 왜냐하면 남들에게 영향을 주기 쉬운 성향을 지니고 있었기 때문이지요. 그는 그 자체로 동료들에게 힘이 되는 선수였습니다.

코치가 그를 한쪽으로 부른 뒤 그 사실을 알렸습니다. 그러자 그 젊은이는 곧바로 떠나며 코치에게 이렇게 말했습니다. "토요일 시합에 시간 맞춰 오도록 하겠습니다."

코치가 대답했습니다. "아니야, 원하는 만큼 마음껏 가족들과 있거라. 우리는 여태 잘 해왔으니 이번에도 승리할 거야. 너무 걱정하지 말거라."

결전의 날이 이르렀습니다. 그러나 그 선수는 약속한 대로 나머지 팀 동료들과 합류하였지요. 그리고는 그는 코치에게 갔습니다. "코치님, 이번 경기에서 주전으로 뛸 수 있게 해주세요. 단 한 번만이라도요!" 코치는 그를 무시하였으나 애처롭게도 젊은이는 끈덕지게 매달려 다시 한번 청했지요. "제발, 코치님, 한 번만요!" 그래서 루는 그를 출전시키기로 결정하였습니다.

콜럼비아가 먼저 킥오프를 하였습니다. 이 선수는 다운 필드의 첫 태클러였는데 상대 선수는 7야드 부근에서 태클하였지요. 정말 대단한 경기였습니다.

첫 게임은 난투 끝에 하버드의 쿼터백이 슬롯을 성공시키기 위하여 하프백을 요구했습니다. 그러나 이 선수는 2야드 줄이기 위하여 5야드 부근에서 태클을 하였습니다.

다음 게임은 하버드의 쿼터백이 패스를 하기 위하여 엔트 존에 들어갔는데 이 선수가 태클을 하여 세이프티를 얻었지요. 그는 올 라운드 플레이어였다고 할 수 있습니다.

경기가 끝난 뒤 리틀 코치가 물었습니다. "너 도대체 어떻게 된 거냐?"

젊은이가 말하길, "코치님, 제 아버지께서 앞이 보이지 않았던 거 기억하세요? 오늘 아버지가 저를 볼 수 있는 첫날이었거든요!"

형제 자매 여러분, 나는 아직 그것을 붙들었다고 생각하지 않습니다. 내가 하는 일은 단 한 가지입니다. 곧 뒤에 있는 것을 잊어버리고, 앞에 있는 것만을 바라보고, 그 부르심의 상을 받으려고, 목표를 향하여 달려가고 있습니다. (빌립보서 3:13-14)

에스겔 13-15장 ; 시편 112편 ; 잠언 13장 ; 로마서 13-14장

성경은 친구는 항상 사랑해야 할 존재라고 이야기하고 있습니다. 또한 형제는 고난을 위하여 태어났으며 형제들이 있는 자매들은 저 형제들이 분명히 수많은 고난을 잘 분배할 것이라고 말한 것이지요. 그러나 여러분은 한번이라도 그러한 사실이 성경이 의도한 것 같지 않을 수도 있다는 사실을 생각해 보았습니까?

그러나 자매들은 또 어떻습니까? 성경은 자매들에 대해서는 그리 많은 내용을 언급하고 있질 않습니다. 무엇 때문에 자매들이 태어났습니까? 왜 자매들이 태어났을까요? 캐롤린 번은 "내 언니는 우리 가정의 바위가 되기 위하여 태어났습니다. 심지어 어머니가 죽기 전에 그리고 아버지가 늙기 전에, 언니는 우리가 의존할 수 있는 유일한 사람이었지요." 라고 말하고 있습니다.

자매들은 모든 사람의 생일과, 결혼 기념일, 그리고 수많은 축하일에 특별한 안부를 묻거나 카드를 보내는 것을 항상 기억하는 이들입니다. 자매들은 카드와 친근한 메모, 그리고 오랜 전화 통화, 휴일 가족 모임을 사랑하고 누군가가 혹시 낙오자가 되지는 않았는지를 확인해 보는 이들입니다. 자매들은 가족을 결합하는 아교와 같은 역할을 하며 항상 가족이 함께 모일 것을 주장하는 이들입니다.

자매들은 나이 어린 동생들이 항상 참여하고 있는지 확인해 보는 이들입니다. 자매들은 나머지 형제 자매들에게 신앙심 깊은 여인이 어떻게 행동하며 어떠한 모습을 하는지 등을 보여 주는 이들입니다. 자매들은 실생활을 우리가 성경에 나오는 여인들에 대하여 읽은 오랜 이야기들 속에 적용시켜 넣는 이들입니다. 라헬·레아·룻·마리아·살로메·데보라·사라, 그리고 이브 등.

자매들은 이 옛 여인들에게 생명력을 부여합니다. 그래서 우리들이 다른 가족들과 다른 여인들은 어떠한지에 대하여 통찰할 수 있는 능력을 심어 줍니다. 자매들은 나이어린 동생들에게는 자연히 리더이자 선생님입니다. 그들은 동생에게 인생을 어떻게 살아 갈 것인가에 대하여 가르쳐 주곤 하는 이들입니다.

자매들은 우리에게 수많은 것들을 생각나게 하고 인간이 되는 것, 보살피는 것, 사랑하는 것, 연민의 감정을 지니는 것, 그리고 실용적인 모습이 되는 것에 대하여 가르쳐 줍니다. 그 때문에 우리가 가족의 구성원임을 자랑스럽게 여기게 해주는 것이 바로 이들입니다.

셜리 애보트는 우리에게 이 모든 것을 상기시켜 주었는데, 그녀는 다음과 같이 기술하였지요. "우리 가족에서 중요하지 않는 이는 없습니다. 아무리 먼 친척이라 해도 우리에겐 소중하지요. 우리는 모든 가족들의 중간 이름을 알고 있었고 그 이름을 최대한 아껴서 사용했습니다. 우리는 누가 어디에 묻혔는지도 알고 있습니다. 우리 모두는 소중한 존재였고, 죽은 이들도 대부분 그러하답니다."*[82]

이와 같이, 나이 많은 여자들도 행실을 거룩하게 하며, 헐뜯지 말며, 술의 노예가 되지 않도록 하여, 좋은 것을 가르치는 사람이 되게 하십시오. 그리하여 그들이 젊은 여자들을 깨우쳐서, 남편과 자녀를 사랑하는 사람이 되게 해야 합니다. (디도서 2:3-4)

에스겔 16장 ; 시편 113편 ; 잠언 14장 ; 로마서 15장

인생은 불확실로 가득하지 않습니까? 이 점에 대하여 어느 누가 이견이 있을까요?

인간인 우리는 아마도 우리에게 일어날 수 있는 일 가운데서 가장 불확실한 것이 죽음이라는 걸 알고 있습니다. 그러나 우리는 죽음을 두려워하면서도 그 신비를 탐험해 보고 싶어합니다. 결국 우리는 죽음이 다가올 때 지혜와 기민함을 갖기를 희망하지요.

내 친구 가운데 하나가 죽음을 받아들일 필요가 있다고 이야기한 적이 있습니다.

하루는 갑작스럽게 할아버지께서 돌아가신 직후였습니다. 새벽 3시가 지난 지 얼마 되지 않았을 무렵, 그는 할머니의 차에 타고 차창 밖을 바라보고 있었습니다. 그때 가족들은 할머니 댁으로 향하고 있었지요.

"할머니," 그는 조용히 말했습니다. 그러면서도 창문에서 눈을 떼지는 않았지요.

"저, 할아버지에 대하여 생각했어요."

"그래, 무엇을 생각했는데?"

"엄마가 그러는데, 할아버지는 돌아가셨지만 예수님과 함께 천국에서 살고 계신대요."

"맞다, 얘야. 할아버지는 예수님과 함께 천국에서 살고 계시단다."

아이가 창문에서 눈을 떼고는 한참을 생각한 끝에 결론을 내렸습니다. "우리 모두 함께 갈 수 없다는 것이 얼마나 큰 불행인 줄 모르겠어요."

할머니는 눈물을 머금으며 아무 말도 할 수가 없었습니다. 오랜 침묵 끝에 조단이 또 이야기했지요. "하지만 그렇게 되면 우린 다시 돌아올 수 없어요."

여러분은 어떨지 모르지만 나는 이 이야기를 들으면 눈물을 참을 수가 없습니다. 하지만 난 조금도 부끄럽지 않습니다. 그리고 내가 얻은 가장 소중한 교훈은, 하나님은 우리들 저마다를 위하여 영원한 안식처를 마련하고 싶어하시나, 그 길을 알고 우리가 선택한 결과를 확실시해야 할 책임은 우리에게 있다는 것입니다.

예수님은 세상에 오셔서 모든 인간을 위하여 완전한 희생을 하셨습니다. 그분은 우리가 받을 수밖에 없는 죽음의 권세로부터 우리를 끌어올려 준 구원의 창을 내신 분입니다. 죽음은 우리 모두에게 닥쳐올 것입니다. 그러므로 우리는 잠시 멈추고 우리가 어디로 향하고 있는가를 생각해 볼 필요가 있습니다. 내 친구가 말했듯이, 우리는 다시 돌아올 수가 없기 때문입니다. 조단이 원했듯이, 우리 모두가 함께 갈 수 있는 그 날, 곧 예수 그리스도께서 자신의 양들을 위하여 돌아오실 그 날이 올 것이기에.

하늘 가는 그날까지 인생의 영원한 순례를 함께 할 동반자들이여, 여러분은 어떻습니까? 우리 모두가 가게 될 길에 대한 최고의 교훈을 배울 준비가 되어 있습니까?

그 다음에, 살아 남아 있는 우리가 그들과 함께 구름 속으로 이끌려 올라가서, 공중에서 주님을 영접할 것입니다. 그리하여 우리가 항상 주와 함께 있을 것입니다. (데살로니가전서 4:17)

에스겔 17장 ; 시편 114편 ; 잠언 15장 ; 로마서 16장

리사 러브는 고등학교 2학년 때 치어리더 팀에서 한 자리 얻기 위하여 열심히 노력했습니다. 그러나 그로부터 약 한 달 뒤에 암으로 다리를 무릎 관절 위까지 절단해야 했지요. 그래서 여름 내내 인공 보철물로 대신하고 지냈는데, 다행히도 물리 치료를 열심히 받은 결과 혼자서 잘 걸어다닐 수 있게 되었습니다. 그리곤 치어리더 후원자에게 자신이 치어리더로서 계속 설 수 있게 해달라고 설득하였습니다. 스폰서는 몇 가지 미심쩍은 점이 있었지만 마지못해 허락을 했습니다.

학기가 시작되어 첫 연습에서 다른 치어리더들과 함께 하기 전에 정기적으로 열심히 연습을 하였습니다. 그들은 가을 미식 축구 기간에 있을 첫 단합 대회를 위하여 준비를 하고 있었지요. 모든 일이 잘 되어 갔습니다. 또한 리사도 문제없이 잘 소화해 냈습니다.

그리고 첫 목요일 단합 대회가 다가왔습니다. 체육관은 고등학생들과 교직원들로 꽉 채워졌지요. 치어리더 팀은 예정된 프로그램을 진행하기 시작했습니다. 리사는 4스텝 런을 시작으로 미끄러운 체육관 바닥을 넘는 공중 제비를 하게 되었습니다. 하지만 공중 제비를 하는 도중에 그만 그녀의 다리 보철이 빠져서 미끄러운 체육관 바닥에 미끄러져서 바닥에 쓰러지고 말았지요. 사람들은 그녀가 손으로 얼굴을 가리고 울면서 당장 그만둘 것이라 생각했습니다.

하지만 그만두는 대신에 그녀는 빠진 다리를 다시 끼울 수 있게 도와 달라고 친구에게 손짓을 하였습니다. 그래서 그녀는 다시 인공 보철을 착용하였습니다. 관람석 앞의 대부분은 아이들로 가득하였습니다. 그들이 보는 앞에서 그녀는 다시 꼿꼿이 일어서서 준비되었다고 신호를 하였습니다. 다시 프로그램을 진행하였고 리사는 열렬한 환호를 받으며 자신의 역할을 마쳤지요![83]

인생의 성공은 여러분이 넘어졌을 때 다시 한번 일어날 수 있느냐의 능력에 달려 있습니다. 모든 사람은 여러 형태의 실패를 경험하지요. 그러나 문제는 여러분이 넘어졌을 때 어떻게 하느냐입니다. 그 곳에 그냥 주저앉아 울며 왜 이런 일이 나에게 생겼는가 하고 개인적인 연민에 빠질 것인가요? 아니면 다시 한번 일어날 것인가요?

인생의 약 10%는 여러분에게 일어난 일로 가득 차 있습니다. 그리고 약 90%는 이에 대한 여러분의 반응들이지요. 만일 너무 어려워 보인다고 생각될 때, 여러분은 여러분의 문제를 가지고 다른 사람을 비난할 수 있습니다. 그러나 성숙은 자기 자신과 인생의 반응에 대하여 책임을 지는 것입니다. 우리가 넘어질 때 예수 그리스도는 잃어버린 것을 다시 붙이시는데, 우리를 돕기 위하여 늘 옆에 서 계십니다. 천국의 모든 것이 여러분을 열렬히 환영하기 위해서 준비되어 있습니다.

그러므로 이렇게 구름떼와 같이 수많은 증인이 우리를 둘러싸고 있으니,
우리도 갖가지 짐과 얽매는 죄를 벗어 버리고,
우리 앞에 놓인 달음질을 참으면서, 달려갑시다. (히브리서 12:1)

창세기 1-2장 ; 시편 1편 ; 잠언 1장 ; 마태복음 1-2장

한 여인이 멀리 출장을 떠나게 되었습니다.

그래서 그녀는 동생에게 자신의 샴고양이를 맡겼지요.

그 고양이는 여인이 몹시 아끼던 애완 동물이자 가장 소중한 친구였습니다.

그녀는 떠나기 전에 고양이에게 음식을 잘 주고, 최대한으로 잘 보살펴 주고, 운동도 꼬박꼬박 시켜 주라고 단단히 주의를 주었습니다.

문제는 동생이 고양이를 전혀 좋아하지 않는다는 것이었습니다.

그녀가 출장에서 돌아올 무렵, 일단 동생 집에 먼저 전화를 걸어서 고양이의 안부부터 물었지요. 그러자 동생은 무뚝뚝하게, "고양이? 죽었어!"라고 내뱉고는 전화를 끊었습니다.

그 소식을 전해 들은 여인은 다음 날까지 고양이를 잃은 슬픔에 괴로워하다가 동생에게 전화를 해서, "우리 얘기 좀 해야겠어. 내가 그리로 갈께."라고 말했습니다.

언니는 동생 집에 도착하자마자 따졌습니다. "넌 어떻게 고양이가 죽었다는 말을 아무렇지도 않다는 듯이 할 수 있니? 내가 얼마나 충격을 받았는지 알아?"

그러자 동생은 "그럼 내가 어떻게 했으면 좋겠어?"하고 말했습니다.

언니가 대답하기를, "적어도 좋지 않은 소식은 나에게 천천히 이야기를 해야지. 먼저, 너는 내 고양이가 지붕에서 놀다가 그 고양이가 떨어졌다고 이야기를 할 수도 있었지 않았니? 그리고 다음날 아침에 나에게 전화를 해서 고양이 다리가 하나 부러졌다고 이야기할 수도 있잖아. 그리고 그런 다음에 내가 고양이를 데리러 오면 고양이가 저녁 때 그만 죽고 말았다고 이야기할 수 있었잖아?"

이윽고 동생은 이해한다는 듯이 고개를 끄덕이며 이렇게 말했습니다. "좋아, 무슨 말인지 잘 알았어."

그러자 언니는 계속 말했습니다. "너도 이제 어른인데 언니인 나를 대하는 태도가 공손하지 못한 것 같아. 내가 고양이 없이 어떻게 지낼지는 나도 잘 모르겠지만 이번 딱 한번만 너를 용서하마."

바로 동생은 미안한 듯 대답하였습니다. "내가 잘못했어. 다음에는 언니 말을 꼭 명심할께. 용서해 줘."

"괜찮아, 이미 다 용서했으니까. 그런데 엄마는 어떻게 지내시니?"

동생은 곰곰이 생각을 하고 나서 이렇게 말했습니다. "엄마는 지금 지붕에서 놀고 계셔!"

사라는, 아브라함이 등지고 서 있는 장막 어귀에서 이 말을 들었다.
아브라함과 사라는 이미 나이가 많은 노인들이고,
사라는 월경마저 그쳐서, 아이를 낳을 나이가 지난 사람이다.
그러므로 사라는……속으로 웃으면서 중얼거렸다. (창세기 18:10-12)

에스겔 20장 ; 시편 116편 ; 잠언 17장 ; 사도행전 22장

리차드 2세는 10년 동안이나 영국의 왕이었으나 실제로 영국에서 보낸 기간은 6개월밖에 안 됩니다. 왜일까요? 그건 그가 성지 팔레스타인을 구하기 위하여 십자군 운동을 하느라 너무 바빴기 때문입니다.

소년 시절에, 나는 13세기 로맨스에 근거한 리차드의 전설을 좋아하였습니다. 그래서 여기서 그 이야기의 일부를 들려 드릴까 합니다.

성지에서 돌아오던 가운데 리차드는 그만 독일의 모드레드 왕에게 붙잡혀 투옥되었습니다. 모드레드에게는 마르게리라는 딸이 있었지요. 마르게리는 곧 그와 사랑에 빠졌고, 간수에게 뇌물을 줘 그와 밤마다 자신의 침실에서 함께 보낼 수 있게 하였습니다. 그런데 7일째 되던 날 그들은 그만 발각되고 말았습니다.

모드레드 왕은 리차드를 죽이고 싶은 때가 한두 번이 아니었지만, 그의 조언자들은 왕을 처단하는 것보다는 사고로 위장을 하는 것이 더 좋다고 말했습니다. 그래서 왕실 동물원에 있는 사자를 며칠 동안 굶겨서 사자가 포로들의 방에 우연히 들어간 것처럼 보이게 조치가 취해졌지요. 그러자 마르게리가 이 사실을 알고 리차드에게 피하라고 권유하였으나, 그는 듣지를 않았습니다.

대신에 그녀에게 실크 손수건 마흔 개를 구해다 달라고 한 다음 그 손수건으로 자신의 오른쪽 팔을 감쌌습니다. 이윽고 사자가 그의 방에 들어와 그에게 달려들었지요. 그 순간 리차드는 사자의 목구멍에 오른팔을 쑥 집어넣어 사자의 심장을 힘껏 잡아 당겨 꺼냈습니다.

그리고는 하나님께 감사를 드리고 사자의 심장을 손에 쥔 채 왕궁의 복도를 걸어서 모드레드의 집무실로 갔습니다. 모드레드와 신하들의 놀란 모습 앞에서, 리차드는 사자의 심장을 연회상 위에 던져 놓고는 그 위에 소금을 치고 맛있게 먹기 시작했지요. 그렇게 이야기는 흘러갔습니다.

어떤 이들은 자연스레 십자군이 됩니다. 그런 사람들은 인생보다 더욱 큰 대의 명분을 지니고 있습니다. 가끔씩은 그들도 자질구레한 집안 일을 도와 주긴 하지만, 얼마 지나지 않아 곧 명분 때문에 그들은 평범한 생활을 견디지 못하고 뛰쳐나가 버립니다.

헨리 와드 비처와 같이 노예 제도 반대 운동을 한 사람들의 이야기가 있습니다. 또한 그들 가운데는 인권 운동에 동참한 마틴 루터 킹 목사도 있습니다. 오늘에도 십자군을 필요로 하는 곳이 많기 때문에, 명분에 미쳐 그런 십자군이 되는 일은 그리 어려운 일이 아닙니다. 때때로, 우리가 온 세계를 정복하고 사자의 심장을 떼어낼 수 있다는 환상에 사로잡히기가 쉽지요. 그러나 우리들 대부분은 피묻은 팔만 갖고 있다든가, 아니면 심장을 먹는 대신에 까마귀를 먹는 데 그치고 있습니다. 그래서 이렇게 결론을 내봅니다. 그대는 스스로 십자군이 되지 않게 주의하십시오. 그리고 인생의 균형을 잘 유지하십시오.

> 내가 이것을 이미 얻은 것도 아니요, 또 이미 목표점에 이른 것도 아닙니다. 그리스도 예수께서 나를 사로잡으셨으므로, 나는 그것을 붙들려고 좇아가고 있습니다. (빌립보서 3:12)

에스겔 21장 ; 시편 117편 ; 잠언 18장 ; 사도행전 23장 그 여인은 유명한 영화 배우였습니다. 어느 날 그녀가 딸을 만나기 위하여 여학생 하계 수련 회장으로 찾아왔습니다. 그런데 캘리포니아의 프레스노 근처에 있는 그 캠프장에서 나와 내 남편은 조깅을 하고 있었지요. 연습 경기 시간이 되었을 때 그 여배우는 사이드라인에서 딸을 지켜보고 있었습니다. 그 여자아이는 잘했지만 선수권에 도전할 만큼의 실력은 되지 못하였습니다. 그러자 엄마는 짜증이 났지요.

딸아이의 경기가 끝나자 엄마는 외쳤습니다. "어쩜 그렇게 못하니? 넌 마치 언덕을 굴러 내려 가는 감자 포대같이 보이더라!" 그러자 여자아이는 그만 울음을 터트리고 말았습니다. 내 마음 도 아팠지요.

나도 어느 체육 대회에서 울음을 터트릴 뻔했던 사건을 기억하고 있습니다. 난 그 때 일을 모 두 잊어버렸지만, 그 당시 어머니가 나에게 건넨 말은 아직도 내 기억 속에 생생하답니다.

어머니는 첫아이를 낳다가 그만 소아마비에 걸렸습니다. 그래서 그 이후로 평생을 휠체어와 목발에 의지해야만 했지요. 하지만 아무리 힘들어도 결코 낙담하지 않으셨습니다. 어머니는 아 이를 다섯이나 키우셨고, 직업도 가지고 계셨습니다.

그때 나는 체조 프로그램에 참여하였습니다. 1972년까지 나는 뮌헨 올림픽에 참가하기 위한 여자 국가 대표 체조팀에 소속되어 있었지요. 나는 오로지 금메달만을 목표로 했습니다.

그 당시 나는 습관이 하나 있었는데, 그것은 경기를 시작하기 전에 짜여진 프로그램을 모두 잘 마칠 수 있도록 하나님께 힘과 제어력을 달라고 기도하는 것이었습니다. 그 날 뮌헨에서 나 는 조국과 나 자신에게 불명예를 안겨 주고 싶지 않았습니다. 그러나 나의 능력을 다하여 경기 를 치렀지만 금메달을 따지는 못했지요. 나는 관람석에 있는 부모님에게로 가서 간신히 말했습 니다. "죄송해요, 하지만 저는 최선을 다 했어요."

"그래, 너도 그걸 알고 있고 나도 알고 있단다. 그리고 엄마는 하나님도 그 사실을 알고 계시 리라 믿는다."라고 어머니는 말씀하셨습니다. 어머니는 웃으면서 나에게 평생 잊혀지지 않을 말 씀을 해주셨답니다. "최선을 다하는 것이 최고가 되는 것보다 더 중요하단다!"

그때 갑자기 전보다 어머니를 더 잘 이해할 수 있을 것 같았습니다. 어머니는 한번도 자신이 장애인이라는 것이 최선을 다하는 데 걸림돌이 된다고 생각하지 않으셨지요.

나는 울고 있는 소녀에게 가서 팔로 감싸 안아 주었습니다. "얘야, 나는 네가 여름 내내 연습 하는 걸 보았단다. 그리고 네가 최선을 다했다는 것도 알고 있지. 최선을 다하는 것이 최고가 되는 것보다 더 중요한 것이란다. 나는 네가 멋지게 보이는구나."

그러자 아이의 눈물 사이로 자그마한 웃음이 전해져 왔습니다. 아마도 언젠가, 어디에선가, 이 아이도 그 말을 하겠지요.[*84]

> 그러나 우리는 이 모든 일에서 우리를
> 사랑하여 주신 그분을 힘입어서, 이기고도 남습니다. (로마서 8:37)

에스겔 22장 ; 시편 118편 1-14절 ; 잠언 19장 ; 사도행전 24장

캘리포니아 주의 휘티어에 있는 퍼스트 패밀리 교회의 유명한 론 프린징 목사는 서두르다가 말 실수를 하는 바람에 곤혹을 치렀던 일이 있었습니다. 다음은 그가 캘리포니아의 사우스 게이트에서 열리는 성서 연구 모임의 협동 목사로 있는 동안 실수를 범해 폭소를 자아냈던 일입니다.

그날, 주일 밤 예배는 벌써 시간이 꽤 오래 지났습니다. 교회 성가대는 예상 밖으로 한 곡 대신에 두 곡을 찬양하였으며, 교회 중창단도 세 곡이나 찬양을 하였지요. 한 곡씩 할 때마다 성가대와 중창단 단원 가운데 한 사람이 나와, 하나님의 은혜에 대하여 감사하는 간증을 하였습니다. 모든 것이 너무나 은혜롭고 좋은 시간이지만, 단지 시간이 너무 많이 걸린다는 게 문제였지요. 마지막 찬양이 끝나자, 목사는 자신의 시계를 보고 너무 늦었다는 사실을 알고는 좀 언짢은 표정을 지었습니다.

그런데 강단 입구 쪽에 있는 문이 또 움직이자, 그는 더욱 초조해졌습니다. 거기에는 아내 로셸린과 프랭크 버넬 수석 집사가 바이올린을 손에 쥐고 있었지요. 두 사람이 특별 찬양을 준비하고 있었던 것입니다. 그는 아내 쪽을 바라보며 안 된다는 뜻으로 고개를 저었습니다. 그러자 그녀는 한참 쳐다보더니 알았다는 뜻으로 고개를 끄덕였지요. 그리고는 중창단의 찬양이 끝나자, 그는 재빨리 강단으로 올라갔습니다. "교우 여러분, 아주 은혜로운 주일 밤이군요. 이젠 제가 말씀을 전할 시간이 되었습니다. 하지만 걱정하지 마십시오. 너무 오래 하지는 않을테니까요."

그는 설교가 끝나자, 안내 위원에게 가서 헌금을 거두라고 했습니다. 바이올린 연주를 봉헌송으로 대신해서 시간을 줄여 보려는 의도였지요. "여러분의 믿음에 감사드리며, 헌금을 하는 동안 프랭크 버넬 집사가 제 아내와 '만지작거리게'*ª 하겠습니다." 그는 자기가 어떤 실수를 하였는지 전혀 눈치를 채지 못하였습니다. 연주가 끝나자, 아내가 와서 방금 전에 무슨 이야기를 하였는지 그에게 말해 주었지요. 교인들은 차마 큰 소리는 내지 못하고 숨죽여 웃기 시작했습니다. 어떤 사람들은 손으로 얼굴을 가리고 웃는 사람도 있었지요. 그래서 목사는 설교단으로 돌아가 이렇게 해명했습니다. "여러분, 아시다시피 제가 하려고 했던 말은 프랭크 버넬이 제 아내와 '놀아날'*ᵇ 것이라는 뜻이었습니다." 그러자 사람들은 더욱 길길이 날뛰며 배꼽을 잡고 웃어 댔지요. 웃음소리는 그칠 줄을 몰랐습니다. 그냥 조용히 예배당을 떠났으면 좋았으련만!*85

이것은 우리가 인간이라는 것이 얼마나 기뻐할 일인가를 보여 주는 예입니다. 맞습니다, 우리는 하나님을 사랑합니다. 다만 말이 헛나온 것일 뿐이지요. "성결한 이에겐 모든 것이 성결하게 보입니다." 그러나 그렇다고 해서 인간적인 즐거움마저 빼앗을 수는 없는 일이지요. 여러분은 지금 무엇을 말하고 있습니까? 간단하게 축복 기도를 "아멘, 여러분, 끝!"이라고 할지도 모르겠군요.

＊a. 목사는 "내 아내와 바이올린 연주를 하게 하다"라를 의미로 "fiddle with my wife"라 했는데, 이 말은 "내 아내를 만지작거리다"라는 뜻으로 들린다.
＊b. 목사는 아까와 마찬가지로 바이올린을 연주하다라는 의미로 "play with my wife"라고 했지만, 그 말도 역시 "내 아내와 놀아날 것이다"라는 뜻으로 들릴 수밖에……

너는 네가 한 말로, 무죄 선고를 받기도 하고, 유죄 선고를 받기도 할 것이다. (마태복음 12:37)

～

에스겔 23장 ; 시편 118편 15-29절 ; 잠언 20장 ; 사도행전 25장

11월 21일 —— 그것은······

　1873년에, 시카고에 사는 크리스천 변호사 호라치오 스파포드는, 아내와 네 명의 딸을 위하여 빌 드 하버라는 호화 여객선을 예약하였습니다. 이 여객선은 뉴욕 항을 출발해 프랑스로 가는 것이었지요. 스파포드는 몇 가지 일을 더 끝낸 뒤, 가족들과 합류해서 3, 4주 정도 휴가를 즐기고 싶었습니다. 그러나 아내를 제외한 나머지 딸들을 그 뒤로 다시는 볼 수 없게 되었지요.

　11월 21일 저녁에, 빌 드 하버 호는 대서양 한가운데에서 다른 여객선인 록컨 호와 충돌을 하여, 30분도 안 되어 가라앉아 버렸습니다. 이 사고로 대부분의 승객들이 목숨을 잃었지요.

　배가 가라앉는다는 경고 방송이 있은 후, 스파포드 부인과 딸들은 하나님 앞에 무릎을 꿇고 기도를 드렸습니다. 만일 하나님의 뜻이거든 죽음을 두려워하지 않게 해주시고, 그렇지 않으면 살려 달라고 기도를 하였지요. 결국 부인이 막내를 끌어안고 있는 동안, 나머지 아이들은 파도에 휩쓸려가 버렸습니다. 그리고 막내마저도 파도에 휩쓸려 갔고, 아내는 어떤 조각 같은 데 부딪혀 정신을 잃고 말았습니다. 그녀가 나중에 의식을 찾았을 때는, 록컨 호의 승무원에 의해 구조를 받은 상태였지요. 그러나 네 명의 딸아이는 어디에서도 찾아볼 수가 없었습니다.

　미국에 혼자 남아 있던 호라치오 스파포드는 전전긍긍하며 가족들의 소식만 기다리고 있었습니다. 이윽고 구조선이 웨일즈의 카디프에 도착했을 때, 한 가지 소식이 전해졌습니다. 그것은 바로 자기의 아내만이 살아 남았다는 것이었지요. 그 날 저녁, 그는 비통한 심정으로 집안 여기저기를 걸어다녔습니다. 그가 유일하게 의지할 곳은, 하나님께 자신의 고통을 나누는 기도뿐이었지요. 나중에 친구인 휘틀 소령에게 이렇게 전하였습니다. "내가 뭔가를 손해본 듯할 때, 하나님을 의지했던 것이 참으로 현명한 일이었다네."

　후에 그는 자신의 슬픈 과거를 회상하며 이런 찬송을 하였습니다:

　　강 같은 평화가 나의 기로를 찾아올 때 / 바다와 같은 슬픔이 나에게 휘몰아쳐 올 때,
　　주님이 나에게 가르쳐 주신 그 어떠한 운명도 / 나의 영혼에 도움이 되노라.
　　비록 사탄이 나를 눕히려 하여도 / 비록 시험이 닥쳐온다 하여도,
　　하나님이 주신 도움의 축복이 우리의 영혼을 지배하게 하소서.
　　예수 그리스도는 나의 연락할 길 없는 도움의 때를 생각하시며,
　　나의 영혼을 위하여 보혈을 흘리시나니
　　주님, 장차 믿음이 장성한 분량에 이르도록 나를 재촉하소서.
　　구름은 두루말이처럼 감기우고 / 나팔소리 울릴 때에 주님이 강림하시리라.
　　비록 그렇다 할지라도 / 비록 그렇다 할지라도 / 이 모든 것이 나의 영혼을 살찌우노라.

하나님께서는 우리를 진노하심에 이르도록 정하여 놓으신 것이 아니라,
스스로 말미암아 구원을 얻도록 정하여 놓으셨습니다. (데살로니가전서 5:9)

〰

에스겔 **24-25장** ; 시편 **119편 1-16절** ; 잠언 **21장** ; 사도행전 **26장**

미국은 1961년 1월 20일 금요일에 있었던 새 대통령 존 피츠제럴드 케네디의 취임 연설문 가운데서, 지금까지도 기억되고 있는 유명한 말 때문에 흥분의 도가니에 빠졌습니다.

우리의 선조들이 목숨을 걸고 사수했던 혁명적 신앙이 아직도 지구에서 쟁점이 되고 있습니다. 인권은 국가의 관대함에서 오는 것이 아니라 하나님의 손에서 오는 것입니다……그리고 국민 여러분, 국가가 여러분을 위하여 무엇을 해줄 수 있는지를 묻지 말고, 여러분이 국가를 위하여 무엇을 할 수 있는지를 먼저 물어 보십시오. 우리가 사랑하는 이 땅을 하나님의 축복하심과 도우심을 구하며 이끌어 나갑시다. 그러나 하나 알아 두어야 할 것은, 이 지구상에서 하나님은 우리를 통해 역사하실 것이라는 사실입니다.

이 말에 힘을 입어 미국은 그 옛날 아서 왕의 통치기인 '카멜롯 시대'에 들어서게 됩니다. 마흔세 살의 역대 최연소 대통령이 이끄는 순수와 흥분의 시대였습니다.

케네디는 날카로운 위트와 투철한 역사관으로 잘 알려져 있으며, 1962년에 백악관에서 식사를 하면서 자신이 노벨상 수상자가 된 것을 과시하기도 하였습니다. 게다가 미국의 세 번째 대통령에게 찬사를 보내기도 하였습니다. 그는 자기를 찾아온 저명한 방문객들에게 이렇게 말했지요: "그는 가장 우수한 능력과 지식을 한데 모아 놓은 사람이며, 혼자 식사하는 것을 제외하고는 백악관에 있었던 사람 가운데서 가장 특별한 사람이었습니다."

이런 케네디의 위트와 온 국민을 휘어잡는 지도력은 1963년 텍사스 주의 댈러스에서 암살자의 총알 한 방으로 종지부를 찍고 말았습니다. 대통령의 갑작스러운 죽음으로 미국 전체는 큰 충격에서 헤어나질 못했고, 국민들은 절망에 빠졌습니다. 그 당시에 살았던 어느 미국인에게라도 물어 보십시오. 그들은 아마도 그 소식을 들었을 때 정확하게 무엇을 하고 있었는지 생생하게 기억하고 있을 것입니다.

사건 당일, 댈러스 무역 시장에서 하기로 되어 있었던 연설문의 일부를 봅시다: "고대의 비전, 곧 지구상에서 인간을 향한 호의와 평화가 이루어지는 그 곳, 이 시대에 미국을 그러한 곳으로 만들 것입니다. 그건 항상 우리의 목표였으며, 우리의 정당성은 우리가 가진 힘의 밑바닥에 항상 흐르고 있습니다. 아주 오래 전에 기록된 말처럼, 하나님이 지키시지 않는다면 파수꾼의 경성함이 허사이기 때문입니다."

그러므로 나는, 무엇보다도 먼저, 모든 사람을 위해서 하나님께 간구와 기도와 중보의 기도와 감사를 드리라고 그대에게 권합니다. 왕들과 높은 지위에 있는 모든 사람을 위해서도 기도하십시오. 그래야 우리가, 아주 경건하고 품위 있는 삶과, 조용하고 평화로운 삶을 살아갈 수 있을 것입니다. (디모데전서 2:1-2)

❧

에스겔 26장 ; 시편 119편 17-32절 ; 잠언 22장 ; 사도행전 27장

12월 8일: 첫눈이 왔습니다. 아내와 나는 뜨거운 코코아를 마시며 사진이 걸려 있는 창가에 앉아, 눈발이 나무와 땅에 내리는 모습을 보았지요. 아주 아름다웠습니다.

12월 9일: 우리가 자고 일어났을 때, 하얀 크리스탈 양탄자가 깔린 세상을 보았습니다. 환상적이었습니다. 모든 나무와 관목들은 아름다운 하얀 망토를 두르고 있었지요. 몇 년만에 처음으로 눈을 치워냈고, 또 즐거웠습니다. 나중에 제설차가 지나가면서 내가 닦아놓은 길을 도로에서 치운 눈으로 다시 덮어 버렸지요. 그러자 운전사는 미안하다는 듯이 미소지으며 나에게 손을 흔들었습니다. 나는 괜찮다는 인사를 하며 다시 삽질로 깨끗이 정리하였습니다.

12월 10일: 전날 밤에는 눈이 8인치나 더 왔고, 기온은 영상 2도로 뚝 떨어졌습니다. 나는 다시 삽으로 도로의 눈을 치웠는데, 대부분의 눈 빛깔은 갈색 빛이 나는 회색이었습니다.

12월 11일: 눈이 낮 동안에 녹아서 진흙탕이 되었다가, 기온이 떨어지자 다시 얼음으로 변했습니다. 차 두 대를 위하여 스노우 타이어를 구입해 뒷좌석에 실었지요. 그런데 그만 그 타이어가 내 등에 떨어졌습니다. 그래서 지압사에게 175달러를 주고 진찰을 받았는데 아무 데도 부러지진 않았습니다. 더 많은 눈이 올 것 같습니다.

12월 12일: 아내는 자가용을 팔고 출퇴근용으로 4륜 구동차를 구입했는데 그만 가드레일을 들이받고 말았습니다. 지난밤에 눈이 10인치가 왔습니다. 냄새나는 제설차가 오늘만 해도 두 번이나 다녀갔습니다.

12월 13일: 영하 10도입니다. 쓸데없이 눈이 많이 옵니다. 우리 집 마당에 있는 나무와 관목 가운데 상하지 않은 것이 하나도 없습니다. 더욱이 밤사이에 전기가 나가서 양초와 기름 난로로 추위를 쫓아야만 했지요. 그러다 난로가 쓰러지면서 불이 났습니다. 다행히도 겨우 불을 끄긴 했지만 손에 2도 화상을 입었고 눈썹이란 눈썹은 몽땅 다 태워 버렸지요. 더군다나 차가 응급실로 가는 도중에 빙판에 미끄러져 엉망이 되었습니다.

12월 14일: 지겨운 눈이 계속 왔습니다. 그 멍청한 우편함을 뒤적여 보기 위하여 있는 대로 옷을 껴입어야 했습니다. 만일 바보 같은 제설차 운전사를 잡기만 한다면, 가슴을 칼로 쭉 째서 심장을 끄집어낼 것입니다. 그는 마치 나와 숨바꼭질을 하며 내가 눈을 치워 놓으면 어딘가 숨었다가 다시 나와 길을 덮어 버리는 것 같습니다. 전기는 여전히 들어오지 않고 있습니다. 화장실은 얼었고 지붕이 내려앉기 시작했습니다.

12월 15일: 8인치도 더 되는 지독한 눈과 진눈깨비에 얼음이 밤새 생겼습니다. 얼음을 깨는 도끼로 제설차 운전사를 때리고 싶었지만 그는 곧 사라져 버렸지요. 아내는 떠났고, 차는 시동이 걸리질 않습니다. 눈을 하도 많이 봐서 눈이 아플 지경입니다. 발가락은 동상에 걸렸고, 몇 주 동안 햇빛을 보질 못했지요. 기상 관계자는 앞으로 더 많은 눈이 올 것이라고 보도했습니다. 매서운 겨울 바람에 체감 온도는 영하 38도입니다. 다시 남부로 가야겠습니다!

눈을 쌓아 둔 창고에 들어간 일이 있느냐? (욥기 38:22)

〰

에스겔 27장 ; 시편 119편 33-48절 ; 잠언 23장 ; 사도행전 28장

11월 24일 —— 기러기들이 주는 교훈

이번 가을에도 기러기들이 어김없이 겨울을 나기 위하여 남쪽으로 날아가는 모습을 볼 수 있습니다. 기러기는 V자 형태로 날아가는데 그 모습은 가히 장관이라고 할 수 있습니다. 그 모습을 보고 한 번쯤 기러기들이 왜 저쪽으로 날아가는 걸까라는 의문에 흥미를 느낄 때가 있었을 것입니다.

과학적 연구를 통하여 덩치 큰 새들이 저마다 날개짓을 할 때 뒤따라오는 새들은 곧바로 상승 기류를 타고 상승 또는 수직 상승한다는 사실을 알게 되었습니다. V자 형태를 취하며 비행을 하는 것은 혼자서 비행할 때보다 무려 71퍼센트나 더 먼 거리를 여행할 수 있게 해줍니다. 이 연구는 오랜 시간에 걸쳐 들판이나 아니면 잘 통제된 조건하의 풍동(風洞)에서 이루어졌지요.

한 가지 놀라운 사실은, 만일 이 형태가 무너진다 해도 새들은 혼자서 비행하는 걸 싫어해서 금방 다시 V자 형태를 만든다는 것인데, 이는 앞에 날아가는 새의 상승 능력을 이용하기 위해서라는 것입니다. 만일 어떤 새가 지치면 그 새는 뒤로 가고, 뒤의 새가 앞으로 와서 계속 비행을 하지요. 협동이 무엇인지를 너무나 잘 보여 주는 예라고 할 수 있습니다.

이 기러기떼가 날아갈 때 앞의 리더를 북돋아 주는 여러 가지 울음 소리를 들을 수 있을 것입니다. 이 울음 소리는 속도를 맞추기 위한 신호이지요.

마지막으로 어떤 기러기가 아프거나 엽총에 맞아 무리에서 이탈할 경우, 다른 기러기가 끝까지 따라가서 도와 준다는 것입니다. 따라간 기러기는 아픈 기러기가 죽거나 또는 다시 날아갈 수 있을 때까지 옆에서 함께 있어 줍니다. 그리고는 나름대로 형태를 이루고 가든지 아니면 다른 무리에 합세하든지 해서 원래 대열을 찾아가지요.

위 이야기를 통해 우리가 배운 교훈은 다음과 같습니다.

1) 같은 방향으로 나아가는 그리스도인들은 다른 이의 힘을 빌어야 그들이 가고 있는 곳에 도착할 수 있습니다.

2) 만일 우리가 기러기만큼의 지각이 있다면 우리가 가는 방향과 같은 곳으로 가는 이들과 한 형태를 이루어 지낼 수 있습니다.

3) 남쪽으로 날아가는 기러기들과 같이 우리도 교회에서 서로 힘든 일을 맡았을 때 교대로 할 수 있습니다.

4) 기러기와 같이 만일 사람들이 교회 안에서 우리가 그들을 든든히 지켜 주고 있다는 사실을 안다면 스스로 교회 문을 열고 들어올 것입니다.

이처럼 우리가 사람들을 교회로 모이게 할 수 있는 최선의 방법은 교회에 기러기와 같은 그런 협동 정신이 있다는 것을 세상에 알리는 일입니다.

한 지체가 고통을 당하면, 모든 지체가 같이 고통을 당합니다.
한 지체가 영광을 받으면, 모든 지체가 함께 기뻐합니다.
여러분은 그리스도의 몸이요, 한 사람 한 사람은 그 지체입니다. (고린도전서 12:26-27)

에스겔 28장 ; 시편 119편 49-64절 ; 잠언 24장 ; 골로새서 1-2장관대하십시오! 사랑하는 이에게, 불행한 사람들에게, 특히 그렇게 하고 싶지 않은 사람들에게도 관대하십시오.

여러분이 가진 가장 귀하고, 가장 가치있고, 가장 강력한 힘은 눈에 보이지 않으며 만져 볼 수도 없습니다. 그 누구도 잡아낼 수 없는 거지요. 오직 여러분만이 그것들을 줄 수 있습니다. 그러면 그 보답을 풍성하게 받을 테니까요. 더 많이 줄수록 더욱 풍부해질 것입니다!

만나는 모든 이에게 미소를 지어 보이십시오. 눈가에 미소를 머금고. 그러면 여러분도 웃게 되고 다른 사람의 미소도 받을 것입니다.

친절한 말을 해보십시오. 한마디한마디에 친절한 생각을 심어. 그러면 여러분도 친절한 사람이 되고, 또한 친절한 말을 듣게 될 것입니다.

감사의 말을 하십시오. 마음에서 우러나오는 따뜻함으로. 곧 여러분도 감사하게 되고 더불어 감사를 받게 될 것입니다.

상대방에게 명예·신뢰 그리고 찬사를 주십시오. 승리의 화관을 씌우며. 여러분도 명예로워지고 신뢰받을 것이며 찬사를 받게 될 것입니다.

가치있는 목적에 시간을 투자하십시오. 열성적으로. 결국 여러분도 가치있는 사람이 될 것이고 큰 보상을 받을 것입니다.

희망을 주십시오. 성공을 위한 신비의 요소를. 그러면 여러분도 희망을 가지게 될 것이며 희망으로 가득 찰 것입니다.

행복을 주십시오. 보화로 가득 찬 마음의 상태를. 그리하면 여러분도 행복을 받게 될 것이며 행복으로 가득 찰 것입니다.

격려를 해주십시오. 행동에 옮길 의욕을 북돋우며. 여러분도 격려를 받을 것입니다.

갈채를 보내십시오. 쾌활하게 하는 말로써 동시에 여러분도 갈채를 받을 것입니다.

흔쾌히 반응하십시오. 자극적인 것을 중화시키며. 곧 여러분도 즐거울 것이며 흔쾌한 반응을 얻게 될 것입니다.

좋은 생각을 하십시오. 자연의 순리를 따르며. 결국 여러분도 좋은 사람이 될 것이며, 세상도 여러분에 대하여 좋은 생각을 품을 것입니다.

불신자와 신자 모두를 위하여 기도하십시오. 기적의 도구를 가지고. 동시에 여러분도 경건해지고 주어진 것보다 더 많은 축복을 받을 것입니다.

관대하십시오! 그리고 주십시오![86]

그러면 여러분에게 비록 물질적인 부가 없을지라도 관대해질 수 있습니다.

마음에 가득 찬 것을 입으로 말하는 법이다.
선한 사람은 선한 것을 쌓아 두었다가 선한 것을 내고,
악한 사람은 악한 것을 쌓아 두었다가 악한 것을 낸다. (마태복음 12:34-35)

〜

에스겔 29-30 ; 시편 119편 65-80절 ; 잠언 25장 ; 골로새서 3-4장

추수감사절은 독특한 휴일입니다.

부활절이나 크리스마스와 같은 종교적인 휴일이 아니지요. 하지만 만일 우리가 추수감사절을 제대로 지키지 못한다면, 이 날이 우리에게는 아무런 의미도 없습니다. 또한 독립기념일과 같이 국가의 수립을 기념하는 휴일도 아닙니다.

이 날은 바로 우리의 삶에서 특별한 영혼의 건설을 기념하는 날이지요. 그것은 바로 감사의 삶입니다.

미국에 식민지 개척자들이 정착하였을 때 그들은 수많은 약탈과 고난을 견디어냈습니다. 헌신적인 신앙인이었던 그들은 기도와 금식의 날을 정해 이 문제를 하나님께 맡겼지요. 한번은 참회와 굴욕의 날을 정하자는 제안이 나왔습니다. 그러자 정착민 가운데서 나이가 많고 지각이 있는 사람이 많은 시간을 들여 기도한 끝에 하나님이 그들에게 베풀어 주신 자비하심을 기억해야 할 때라는 것을 느꼈다고 말하였습니다. 그래서 그는 금식의 날을 새로 정하는 대신에 축제를 열자고 제안하였고, 이 날 이후로 미국에서는 추수감사절을 해마다 지키게 되었습니다.

1795년에 당시 대통령이었던 워싱턴은 추수감사절을 지킬 것을 온 나라에 요청하였습니다. 그는 국민들에게 교회에 가서 하나님께 우리에게 주신 축복을 더욱 오래 지속시켜 달라고, 그리고 우리의 심령 속에 하나님의 축복에 감사하는 거룩한 의무감을 갖게 해달라고 기도할 것을 청했지요. 그리고는 그는 이런 유명한 말로 끝맺음을 했습니다. "마지막으로, 우리가 누리고 있는 이 모든 축복을 온 세계 가족들과 함께 하도록 우리 자신을 채찍질합시다."

우리가 하나님께 우리의 아버지 되심을 감사하지 않는 것은 이상한 일입니다. 우리는 하나님이 인격을 지니신 분이라고 생각하지 못하지요. 우리는 우리가 가지고 있는 것이나 우리의 현 위치에 대하여 감사를 하지만 결코 하나님이 존재하신다는 것에 대해서는 감사를 하지 않습니다. 대부분의 감사 기도는 이렇지요. "아버지시여, 무엇 무엇을 해주셔서 감사를 드립니다 ……." 얼마나 무엇을 받는 데에만 집착한 기도꾼들인가요?

우리들 대부분은 직접 체험한 은혜에 대해서만 감사를 드리곤 합니다. 그러나 예수 그리스도에 대하여 그렇게 해서는 안 되지요. 예수님에 대한 감사는 물질에 중심을 둘 게 아니라, 바로 하나님 그 자체에 중심을 두어야 합니다.

감사함은 삶을 바라보는 시각입니다.

그래서 감사를 드릴 때는 교회에서, 가정에서, 또 풍성한 식탁에서, 또 다른 풍성한 해의 축복을 위하여 잠시 멈추는 것이 타당하지요. 우리는 자유, 인간의 존엄성을 보장받은 것에 대해서 감사해야 합니다.

그리고 **추수감사절**이 단지 한 해 가운데 하루만 감사함으로 보내는 것이 아니라는 사실을 알려 주고 있다는 것도 잊어서는 안 됩니다.

감사의 노래를 드리며, 그 성문으로 들어가거라. 찬양의 노래를 부르며, 그 뜰 안으로 들어가거라. 감사의 노래를 드리며, 그 이름을 송축하여라. (시편 100:4)

에스겔 31-32장 ; 시편 119편 81-96절 ; 잠언 26장 ; 히브리서 1-2장

＊두 시간 전에 여동생은 점심으로 젤리 도넛을 먹어 버렸고, 당신은 그것을 안 먹고 남겨 두었습니다. 지금 동생 옆에 앉으십시오. 그리고 냅킨으로 무릎을 덮고 그 위에 젤리 도넛을 두십시오. 그리고 동생이 안 먹을 거냐고 물어 볼 때까지 건드리지 말고 도넛을 그냥 두십시오. 일단 동생이 묻고 나면 도넛을 먹기 시작하십시오. "음음, 아──주 맛이 좋은데." 보란 듯이 입을 크게 벌리고 한입 베어 무십시오. 도넛을 삼키고는 입맛을 다져 보십시오. "음음……" 혀에다 젤리를 올려 놓고 삼키기 전에 한 번 흔들어 보십시오. "너 이거 먹고 싶지 않니?" 조금씩 조금씩 먹으십시오. 이따금 손가락도 빨면서. "오후에 젤리 도넛을 먹는 일만한 게 없는 걸!" 그리고 마지막 조각을 입에 털어 넣고는 배를 두들기십시오.

＊누나가 친구와 전화를 하고 있을 때 방에 들어가십시오. 책 한 권을 들고 소파에 가서 앉으십시오. 읽는 척하면서 누나가 전화할 때 옆에서 흉내를 내십시오.

"안녕, 어떻게 지내니?" "안녕, 어떻게 지내니?"

"너 오늘 뭐하니?" "너 오늘 뭐하니?"

"뭐? 잠깐만. 내 동생이 날 열받게 하고 있어. 너 좀 그만둘 수 없니?"

"너 좀 그만둘 수 없니?" "이 못된 것!" "이 못된 것!"

"날 따라 하지마!" "날 따라 하지마!"

"멈추지 않으면 가만 안 놔둘거야!" "멈추지 않으면 가만 안 놔둘거야!"

"분명히 그만하라고 했어!" "분명히 그만하라고 했어!"

"그만 해!!" "그만 해!!" 그리곤 책을 놔두고 도망가십시오.

＊여동생이 땅콩을 먹고 있습니다. 그러면 그 옆에 가서 그녀의 귀에 대고 속삭여 보십시오. "너 계속 땅콩 먹으면 코끼리가 돼. 책에서 봤는 걸."

＊누나가 가는 곳마다 따라 다니십시오.

＊여동생이 친한 친구와 얘기하는 걸 흉내내십시오. 그리고 그 친구가 뚱보라고 해보십시오.

＊여동생이 듣는 데서 어머니에게 이렇게 말하십시오. "엄마, 내가 세 살 되던 해 크리스마스 선물로 저 박제 인형을 주셨잖아요, 기억나세요? 그 때 아주 재미있었어요." 그리고는 동생을 바라보며 이렇게 말하십시오. "넌 그 때 태어나지도 않았어."

＊당신은 감기에 걸려서 침대에서 TV를 보며 지냅니다. 여동생은 감기 옮지 않으려고 방에서 나가려고 합니다. 그녀가 나가려고 방문 쪽으로 향할 때 눈을 똥그랗게 뜨고 TV를 보십시오. "이런 세상에! 믿을 수 없어! 세상에 이런 건 처음이야! 믿을 수가 없어! 학교 친구들한테 이야기할 때까지 어떻게 기다리지?" 그리고는 TV에서 눈을 떼지 말고 계속 보십시오. 마치 놀랍다는 듯한 표정을 지으며. "야, 이거 꼭 봐야겠는 걸. 정말 믿을 수가 없어!" 그러면 동생이 "뭔데 그래?"라고 합니다. 그러면 침대 옆에 자리를 좀 내주십시오. "응, 여기 앉아서 봐."*[87]

사실은 동생이 언니보다 더 예쁘니, 부디, 그 애를 아내로 삼아 주게. (사사기 15:2)

～✺～

에스겔 33장 ; 시편 119편 97-112절 ; 잠언 27장 ; 히브리서 3-5장두 가지가 부족합니다. 만일 여러분이 대학생이었다면 이보다는 훨씬 많이 있었을지도 모르지요. 그 두 가지란 바로 충분한 수면과 집에 갈 돈입니다. 마가레트는 먼 곳에 있는 대학을 다녔지만 항상 부지런하고 열심히 공부하는 대학 2년생이었습니다. 그녀는 기숙사에서 지냈지요. 기숙사 생활이라는 게 늘 그렇듯이 항상 잠이 부족했습니다. 여학생들이라서 밤이면 공부하거나 남학생들과 얘기를 하느라 밤은 늘 짧았지요.

크리스마스 휴가가 다가오고 있었습니다. 그것은 곧 그녀가 집에 갈 수 있는 날이 얼마 남지 않았다는 뜻이지요. 그러나 항상 그렇듯 대학 교수들은 인자함이 없는지 방학이 시작하기 꼭 이틀이나 사흘 전에 시험 일정을 잡아 놓는 것입니다. 그래서 또 다시 극복하기 힘든 잠과 싸움을 해야만 했습니다.

금요일 수업이 끝나자마자 마가레트는 방에 가서 직접 산 선물 몇 가지와 짐을 챙겨서 집으로 향했습니다. 그녀는 버스 뒤쪽의 끝자리로 티켓을 샀지요. 그 자리는 뒷문 옆에 있는 좌석이라서 미네소타 주의 만카토까지 아무런 방해도 받지 않고 한 잠 늘어지게 잘 수 있는 자리였습니다.

행복했습니다. 그냥 몸을 쭉 펴고 자는 것뿐이었는데 말입니다. 버스 안에서 들리는 유일한 소리라고는 사람들이 속삭이는 소리뿐이었고, 고속 도로를 달리는 바퀴 소리는 자장가처럼 그녀를 쉽게 잠으로 빠지게 하였습니다. 한참 단잠을 자는데 버스가 흔들리는 바람에 그녀의 어깨가 뒷문에 닿았지요. 그러다가 점점 더 문에 기대게 되었습니다.

갑자기 경고도 없이 그녀가 기대고 있는 문이 열렸습니다. 순간 그녀는 문밖으로 떨어질 지경이었고 머리와 어깨는 이미 문밖으로 나왔습니다. 그래서 그녀는 본능적으로 자신이 검은 콘크리트 바닥으로 떨어지고 있구나라는 걸 느꼈지요. 이제 죽는구나! 그녀는 난간을 잡으려고 했지만 놓치고 말았습니다. 그래서 그녀는 그 순간에 짤막하지만 간절하게 기도했습니다. "하나님, 저를 살려 주세요!"

그 순간, 어떤 커다란 손이 그녀를 잡아 올려 다시 버스 안으로 인도하는 느낌을 받았습니다.

버스 운전사가 뒤쪽 통로로 뛰어왔습니다. 그는 마가레트에게 물었지요. "괜찮습니까? 문이 왜 열린 건지 모르겠네요. 뭐 잃어버린 건 없소?" 여전히 충격에서 헤어나지 못하면서도 그녀는 "괜찮아요. 아무 문제도 없어요."라고 대답했답니다.

"어떻게 버스에서 떨어지지 않고 버틸 수 있었지요?"

"제 생각엔 하나님이 도와 주신 것 같아요."

네가 물 가운데로 건너갈 때에, 내가 너와 함께 하고,
네가 강을 건널 때에도 물이 너를 침몰시키지 못할 것이다. 네가 불 속을 걸어가도,
그을리지 않을 것이며, 불꽃이 너를 태우지 못할 것이다. 나는 주, 너의 하나님이다.
이스라엘의 거룩한 하나님이다. 너의 구원자다. (이사야 43:2-3)

এ

에스겔 34-35장 ; 시편 119편 113-128절 ; 잠언 28장 ; 히브리서 6-7장

몇 년 전에 크리스마스를 몇 주 앞두고 캘리포니아 남부에서 있었던 일입니다.

내 친구 가운데 한 명이 그 당시 어느 지방 교회에서 부목사를 하고 있을 때 있었던 일을 나에게 들려 주었습니다.

그는 아내와 함께 크리스마스 준비를 위하여 쇼핑을 하고난 다음, 차의 앞좌석에 앉아서 부지런히 이야기를 하며 고속 도로를 달리고 있었지요. 그때 딸은 혼자서 뒷좌석에 앉아 있었습니다.

그런데 갑자기 뒷문이 열리더니 처음 들어보는 이상한 소리가 들려왔습니다. 바람 소리가 횡하니 나더니, '악' 하는 외마디 비명 소리가 났지요. 그래서 재빨리 뒤를 돌아보니 아이가 차에서 떨어져 고속 도로 위에 쓰러져 있는 것이었습니다.

순간 공포가 엄습해 왔습니다. 그래서 아내는 브레이크를 잡고 차에서 내려 얼른 아이를 찾아 뒤쪽으로 뛰어갔습니다. 아이는 움직이지 않고 있었지요. 그런데 이상한 일이었습니다. 뒤따라 오던 차들이 모두 딸이 쓰러진 곳 앞에서 마치 주차장인양 서 있는 것이 아니겠습니까! 아이는 차에 치이지 않았던 것입니다. 놀라운 일이 아닐 수 없었지요! 하지만 그게 끝이 아니었습니다.

그들이 다가가 보니 트럭 운전사가 뛰어내려와 딸아이를 굽어보고 있었습니다. 그가 말했지요. "아이가 아직 살아 있어요. 가까운 곳에 병원이 있으니 아이를 옮기도록 합시다." 그는 부모들과 함께 아이를 데리고 자신의 트럭으로 가까운 병원까지 갔습니다. 비록 아이는 의식을 잃었지만 아직 숨은 쉬고 있었지요. 바로 두 번째 놀라운 일이었습니다.

그들이 병원에 도착하여 응급실에 왔을 때 의사가 재빠르게 와서 아이를 체크해 보았습니다. 마침내 의사가 말했지요. "의식이 없고 상처가 난 것만 제외하면 아주 좋은 상태에 있습니다. 뼈도 전혀 부러진 곳이 없습니다. 혈압도 정상이고 심장도 괜찮습니다. 아주 좋군요." 상처라 할 만한 건 한 군데도 없었습니다. 단지 멍이 들었고 고속 도로 위에서 나뒹구느라 피부가 좀 벗겨졌을 뿐이었지요. 세 번째 놀라움이었습니다.

어머니는 아이를 굽어보았습니다. 그녀의 눈은 눈물로, 그녀의 가슴은 놀라움에 대한 감사로 가득하였습니다. 갑자기 아이가 눈을 뜨고 어머니를 바라보며 말했지요. "엄마, 나 하나도 무섭지 않았어요." 놀라서 어머니가 물었습니다. "그게 무슨 말이니?"

"제가 고속 도로 위에서 엄마, 아빠가 오실 때까지 기다리는 동안 하나도 무섭지 않았어요. 왜냐하면 예수님이 뒤에 오는 차를 손으로 막고 계신 걸 봤거든요." 바로 네 번째 놀라운 일이 그것입니다![88]

*하나님이 너를 위하여 자기 천사들에게 명해서, 너를 지키게 하실 것이다.
그들이 손으로 너를 떠받쳐서, 너의 발이 돌에 부딪히지 않게 할 것이다. (누가복음 4:10-11)*

에스겔 36장 ; 시편 119편 129-144절 ; 잠언 29장 ; 히브리서 8-9장

어린 벤자민은 책상에 앉아 예수님께 작은 여동생을 보내 달라는 편지를 쓰고 있었습니다. 그는 다음과 같이 편지를 시작했지요.

"사랑하는 예수님께, 저는 부모님 말씀을 잘 듣는 착한 아이입니다……."

그는 잠시 멈추고 생각을 했습니다. '예수님이 아마도 이 사실을 믿지 않으실 거야.' 그는 그 편지지를 구겨서 던져 버리고 다시 새롭게 쓰기 시작하였습니다.

"사랑하는 예수님께, 저는 대체로 착한 아이였습니다……."

그는 쓰다 말고 다시 잠시 생각에 잠겼습니다. '이걸로는 예수님의 마음을 감동시킬 수 없을 거야.' 그래서 다시 종이를 구겨서 휴지통에 집어넣었습니다.

그리곤 목욕탕에 가서 수건걸이에서 큰 수건을 잡아 뺐습니다. 그는 이 수건을 가지고 거실에 가서 소파 위에 조심스럽게 펼쳐 놓았지요. 주름을 정성 들여 깨끗이 폈습니다.

그리곤 벽난로의 외벽으로 가서 손을 펴 조심스럽게 성모 마리아 상을 집었지요. 그는 종종 어머니가 이 상의 먼지를 털어놓으시는 모습을 보았습니다.

그러나 어머니가 절대로 만지지 말라고 하셨기 때문에 여태 보기만 했던 동상이었지요. 그러나 이제 마리아 상은 그의 손에 있었습니다.

벤자민은 그 상을 수건 가운데다 두고 둘둘 말기 시작했습니다. 그리곤 고무 밴드로 칭칭 감았지요. 그걸 가지고 책상에 가서 다시 예수님께 편지를 쓰기 시작하는데, 편지의 내용은 다음과 같았습니다.

"사랑하는 예수님께, 만일 당신의 어머니를 다시 보고 싶으시다면……."

이 이야기는 우리가 예수님을 어떻게든 잘 조종해 보려고 시도하는 모습을 아주 잘 드러낸 예화입니다.

우리는 물질적인 욕망 때문에 예수님을 설득하려고 시도할 때가 있습니다. 그러나 만일에 그에 대한 응답을 얻지 못한다면 우리는 더욱더 열심히 나아가 간구하며 울다가 끝내는 화를 내기까지 합니다. 더군다나 이러한 방법이 통하질 않을 때 우리는 거래를 하길 원합니다.

예수님은 자신을 이기는 것을 원하지 않으시며, 또한 그러한 행동으로 결코 예수님의 관심을 살 수는 없는 노릇입니다. 우리를 사랑하시는 예수님은 항상 응답할 준비가 되어 있으시며, 그 분과의 정직하며 신뢰할 수 있는 관계 아래에서만 우리들 저마다에게 그 응답을 허락하십니다.

예수님은 우리의 심장만큼이나 가까이에서 우리를 지켜보고 계시지요. 성경에 따르면, 그분께서는 우리가 구하기 전이라도 우리의 필요를 아시는 분입니다.

> 네가 나를 부르면, 내가 너에게 응답하겠고,
> 네가 모르는 크고 놀라운 비밀을 너에게 알려 주겠다. (예레미야 33:3)

〜〜〜

에스겔 37장 ; 시편 119편 145-160절 ; 잠언 30-31장 ; 히브리서 10장

12월

DECEMBER

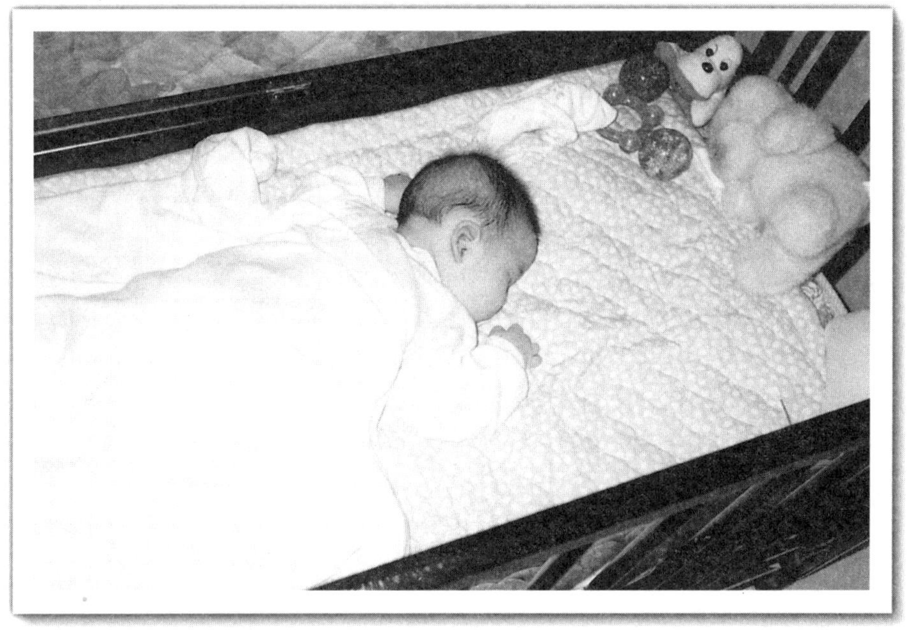

비록 예수 그리스도가 베들레헴에서
수천 번을 태어나셨다 해도,
만일 그분이 당신 안에 거하지 않는다면,
그대의 영혼은
아직도 버림받고 있는 것이다.

안젤루스 실레시우스

아이다호에 있는 어떤 작은 루터교 교회에는 흥미로운 역사가 있습니다. 처음에 회중들은 작고 오래된 교사(校舍)를 사고 그 밑에는 지하실을 팔 준비를 하였지요. 간단해 보이십니까? 적어도 그들은 그렇게 생각했지요. 사람들은 땅을 파기 시작했습니다. 그러나 약 5인치 가량 팠을 때 단단한 화산 암반에 부딪쳤습니다. 그래서 있는 힘을 다해 암반을 폭파시켜 버리려고 했지요. 그런데 황당하게도 화산 암반에 구멍이 너무 많아 다이너마이트의 폭발을 대부분 흡수하고 있다는 사실을 알게 되었답니다. 다이너마이트 한 개를 터트려 봤자 겨우 한 조각 정도 깨뜨릴 수 있을 뿐이었지요.

그때 함께 일을 하고 있던 농부가 소리를 쳤습니다. "아이고, 주여! 이거 평생 걸리겠구먼. 다이너마이트 세 개를 한꺼번에 터트려 봅시다." 하지만 그 결과 근처 병원의 서쪽 창문이 모조리 박살났고, 폭파로 생긴 돌덩이는 병원 지붕에 떨어졌습니다.

그렇게 일단 폭발로 구멍이 생기자 지하의 벽쪽에서 물이 쏟아져 나왔습니다. 그 때 사람들은 벽에다 상하수도관을 설치하기 위한 구멍을 내는 걸 깜빡 잊고 있었다는 걸 깨달았지요. 그래서 아까 그 농부가 이번에는 남은 다이너마이트로 벽에 구멍을 내자고 제안을 했습니다. 지금까지도 왜 그가 그런 의견을 내놓기까지 가만 내버려두었는지, 그리고 그가 다이너마이트를 얼마나 썼는지 아무도 모릅니다. 어쨌든 결국 지하실의 동쪽 벽에는 구멍을 냈지만 북쪽 벽 전체는 흔적도 없이 날라가 버렸답니다!

몇 달 뒤 교회는 완성되었고 지하실 공사를 마무리짓는 일과 관련하여 긴 토론이 있었습니다. 회의 내용은 지하실 벽에 회반죽을 사용할 건지, 판넬벽을 사용할 건지, 아니면 페인트를 사용할 건지였지요. 그러나 토론이 몇 시간이나 계속 되자 모두들 화가 나 있었습니다. 마침내 그 다이너마이트 농부가 일어나서 말했지요. "내일 아침에 내가 아이들을 읍내로 보내겠소. 만일 그 때까지도 지하실 공사가 끝나지 않는다면 아이들이 벽이고 바닥이고 천장이고 할 거 없이 교회를 온통 붉은 색으로 칠하도록 해버리겠소." 다른 사람들은 커피를 마저 마시고 집에 가서 옷을 갈아입고 돌아왔습니다. 놀랍게도 다음 날 아침 7시 무렵에 지하실 공사는 모두 끝나 있었지요.

하나님은 때때로 기이한 방법으로 역사하십니다. 어쨌건간에 항상 변하지 않는 것은 하나님은 역사하신다는 사실이지요.

그 곳에 함께 계셨으면 하지는 않으셨습니까? 이 이야기를 읽으면 내가 처음 목사직을 수행하는 데 도움을 주었던 모든 사람들이 생각납니다. 우리 주변에는 다이너마이트를 사용하진 않지만 돕기를 원한다고 강력히 주장하는 다이너마이트 타입의 성도들이 있습니다. 그런 성도들은 새로 모래를 깔아 놓은 바닥에 페인트를 엎지르기도 하고, 스테인드 글라스로 된 교회 창문을 깨뜨려 버리기도 하고, 강단의 치수를 잘못 측정해 놓기도 했습니다. 차라리 목사가 직접 소매를 걷어붙이고 일을 하는 편이 낫습니다. 아니면 아주 성격이 너그럽든지.

즐거운 마음은 병을 낫게 하지만, 근심하는 마음은 뼈를 마르게 한다. (잠언 17:22)

꽃

에스겔 38-39장 ; 시편 119편 161-176절 ; 잠언 1장 ; 히브리서 11장

크리스마스에, 우리가 예수 그리스도께서 태어나신 구유 앞에 나아간다면, 예수님께서는 아마도 이런 말씀을 하실 것입니다. **"네가 나의 종 니콜라스같이 될 수 있는지 생각해 보아라."**

성 니콜라스는 서기 280년에 소아시아에 있는 파타라라고 불리는 조그마한 읍의 부유한 가정에서 태어났습니다. 그러나 그는 그만 어릴 때 전염병으로 부모를 잃었지요. 다행히도 부모님은 돌아가시기 전에 니콜라스에게 믿음이라는 선물을 주고 가셨지만요. 그 뒤 어린 니콜라스는 마이라로 가서 사람들이 '베들레헴'이라 부르는 삶을 살았습니다. 그 곳은 자기 헌신 · 희생 · 사랑, 그리고 예수 그리스도의 정신으로 가득한 곳이었지요.

그 뒤 니콜라스는 예수님의 마음으로 살았기 때문에 그 마을에 주교가 필요하게 되자 쉽사리 그가 선출되었습니다. 그는 신앙 때문에 황제 디오클레치온에 따라 투옥되는 고초를 겪기도 했고 다시 콘스탄티누스 황제에 따라 풀려나기도 했지요.

그의 인자함에 대한 수많은 이야기들이 곳곳에서 들려왔고, 또 여기저기로 퍼져 나갔습니다. 그가 가난한 사람들을 위하여 음식을 어떻게 구걸하였는지, 그가 아가씨를 시집보내기 위하여 지참금을 어떻게 마련해 주었는지. 사람들이 입에 가장 많이 오르내리는 이야기는 그가 변장을 하고 밖에 나가서 구걸한 돈을 가난한 아이들에게 나누어 준 이야기입니다. 그는 자신이 가진 전부를 주었지요. 또한 그는 다른 사람들에게서 얻을 수 있는 전부를 주었습니다.

그는 서기 314년에 죽었고 그의 시신은 이탈리아로 후송되었습니다. 그의 유물은 아직도 그 곳에 남아 있습니다.

그러나 니콜라스에 대한 이야기는 온 세계로 퍼져 나갔습니다.

오오, 사람들은 그에게 이상한 행동을 했습니다. 시인인 클레멘트 무어는 그에게 빨간 코를 가진 여덟 마리의 작은 순록을 주었고, 삽화가인 토머스 내스트는 그를 크고 뚱뚱한 사람으로 만들어 가장자리에 털을 단 빨간 옷을 그에게 입혔지요. 다른 사람들은 그에게 벨스니클, 크리스 크링글, 산타 클로스 등의 이름을 붙여 주었습니다.

그러나 무엇보다도 중요한 것은 그가 예수님의 마음으로 살았다는 사실입니다. 그는 따뜻하게 헌신하는 사랑을 갖고 살았기 때문에 온 세계를 감동시켰습니다!

그는 그리스도의 가르침에 따라 살았고, 그리스도를 닮아 가는 삶을 살았습니다. 그는 인생의 목적을 이해했지요. 그는 그리스도 예수의 마음으로 특별한 사람이 되었습니다. 그러나 무엇보다도 신나는 일은 예수 그리스도의 마음이 우리 안에도 거할 수 있고 또 그래야 한다는 사실입니다. 성 니콜라스는 이렇게 썼지요. "여러분 안에 예수 그리스도의 이 마음을 품으십시오."

이 겨울에 멋진 목표가 하나 생겼습니다. 나의 마음과 심령을 열어 예수 그리스도의 마음이 내 안에 거하게 하고, 그것에 힘입어 그분의 사랑을 다른 사람에게도 전하는 것입니다![89]

유대인의 왕으로 나신 이가 어디에 계십니까? 우리가
동방에서 그분의 별을 보고, 그분에게 경배하러 왔습니다. (마태복음 2:2)

에스겔 40장 ; 시편 120편 ; 잠언 2장 ; 히브리서 12-13장대공황의 기세가 꺾일 줄 모르던 1935년 크리스마스 이브였습니다.

한 젊은 과부와 여섯 살된 아들은 크리스마스 파티 준비를 하고 있었지요. 그 날 저녁 식사는 아주 간단했습니다. 그리고 선물은……음, 선물도 마찬가지로 소박했지요. 어머니는 자신과 아들을 위하여 털장갑을 짰습니다.

그녀가 막 아들에게 식사를 하자고 했을 때, 아들은 자기 방 침대에 갔다가 아주 자랑스러운 듯이 선물을 내밀며 돌아왔습니다. 그것은 신문지로 포장된 작은 선물이었지요. "엄마, 열어 보세요!" 아이는 흥분한 눈을 반짝이며 엄마를 재촉했습니다.

그래서 엄마가 조심스럽게 신문지를 펴보니 조그마한 담배 상자 하나가 보였습니다. 상자를 열어 보니 그 안에는 반짝이는 구리 동전 한 닢과 크레용으로 비뚤비뚤 적어놓은 종이 한 장이 있었지요. '엄-아-사-라-해-요!'

그 글씨를 읽으면 읽을수록 눈물이 어머니의 얼굴을 적셨습니다. 엄마는 아들을 꼭 끌어안고, "고맙다, 얘야, 고마워! 엄마가 여태껏 받은 선물 가운데서 최고란다."라고 말해 주었지요.[*90]

이렇게 해서……썰렁했던 크리스마스 이브는 사랑이 가득한 즐거운 축제의 날로 바뀌어 갔습니다. 이 모든 것이 선물 때문에 생긴 일이었지요.

아주 볼품없는 선물이긴 했지만 그것은 사랑으로 준비한 선물이었습니다. 그 선물은 아들이 줄 수 있는 모든 것이었지요. 그리고 그것은 심혈을 기울여 준비한 선물이었고 희생의 선물이었습니다.

이런 일은 놓치고 지나쳐 버리기 십상입니다.

어느 크리스마스날 밤에 캘리포니아 주의 힐스버로에 있는 호화 주택가에 사는 한 주민이 이웃에게 새벽송을 불러 주기 위하여 아내와 아이들과 함께 집을 나섰습니다.

그래서 그들이 처음 방문한 집 앞에서 캐롤을 막 부르기 시작하였을 때, 여주인이 나와서, "이보시오, 난 지금 바쁘단 말이에요. 수도관이 고장났거든요. 아무도 고쳐 줄 사람이 없는 데다 좀 있으면 저녁먹으러 사람들이 몰려올 거예요. 만일 크리스마스 캐롤을 부르고 싶다면 다른 데 가서 부르세요."라고 매몰차게 말했지요.

"음, 잘 알겠습니다." 빙 크로스비는 정중하게 대답하고는 다른 곳으로 갔습니다.[*91]

올 크리스마스에는 우리 가운데 어느 누구도 바쁘다는 이유로 주고받을 기회를 놓치지 않도록 합시다. 크리스마스는 우리 주님의 날이니까요!

그들은 그 집에 들어가서, 아기가 그의 어머니 마리아와 함께 있는 것을 보고, 엎드려서 그에게 경배하였다. 그리고 그들의 보물 상자를 열어서, 그에게 황금과 유향과 몰약을 예물로 드렸다. (마태복음 2:11)

∽✽∽

에스겔 41-42장 ; 시편 121편 ; 잠언 3장 ; 디도서

혹시 이 겨울에 특별한 사람들에게 어떤 선물을 주어야 할지 몰라서 고민하고 있지는 않은가요? 특히 뭔가 특별하고 필요하며 의미있는 선물을 주고 싶은데 좋은 생각이 잘 떠오르지 않을 때는 그야말로 커다란 고민거리가 아닐 수 없습니다. 여기 선물 목록을 몇 가지 적어 두었습니다. 실은 이 선물들은 사러 갈 필요도 없지요.

1. **경청**: 왜 이런 선물을 혼자서 외롭게 살아 가는 이들에게 주지 않는 거지요? 여러분은 진짜로 꼭 들어 주어야 합니다! 중간에 말을 잘라서도 안 되고, 딴 생각을 해서도 안 되고, 대답을 준비할 필요도 없어요. 그냥 앉아서 들어 주기만 하세요!

2. **애정 표현**: 포옹할 때, 키스할 때, 그리고 손만 살짝 잡아 줄 때도 넓은 아량을 가지세요. 이런 작은 행동으로 여러분 마음 속에 있는 사랑을 표현하세요.

3. **메모**: 간단히 '사랑해요!'라고만 써도 되고, 독특하게 시 한 구절을 써도 좋아요. 그런 다음, 이 메모를 깜짝 놀랄 만한 곳에 두세요.

4. **웃음**: 만화를 잘라 두거나 잡지 기사를 오려 두었다가 줘 보세요. 여러분이 준 선물은 이런 의미를 줄 거예요. "난 당신과 함께 웃고 싶소!"

5. **찬사**: 그냥 간단히 이렇게 얘기해 보세요. "파란 옷을 입으니까 멋있는데!" 또는 "머리 스타일이 마음에 들어!" 또는 "자기야, 저녁 맛있었어!" 이런 말은 자신이 별다를 거 없다고 생각하는 사람에게는 아주 가치있는 선물이 될 거예요.

6. **호의**: 설거지를 도와 주고, 지하실을 청소해 주고, 잔디를 정리해 주고, 삽질을 해서 길을 만들어 주고, 차고를 청소해 주고, 전등을 고쳐 주는 등.

7. **혼자 있게 놔두기**: 살다 보면 가끔은 혼자만 있고 싶어할 때가 있거든요. 이러한 시기에는 좀더 예민하게 살펴보고 방해하지 말고 혼자 놔두어야 해요.

8. **유쾌함**: 사랑하는 사람들에게 유쾌함을 주려고 노력하세요. 그에게는 그 날 하루 짊어진 짐이면 충분해요. 또다시 어깨에 짐을 지우지는 마세요.

9. **게임**: 사랑하는 사람이 가장 좋아하는 게임을 하세요. 비록 여러분이 진다고 해도 결국은 여러분이 승리자가 될 테니까요.

10. **기도**: 크리스마스 목록에 있는 사람들을 위하여 기도하세요. 그리고 여러분이 그들을 위하여 기도를 하였다고 전해 주세요. 이 말은 '당신이 나에게 너무나도 소중하기 때문에 하나님께 당신 이야기를 했다'는 사실을 알려 주는 거지요.[92]

여기 쉽게 돈을 들이지 않고도 줄 수 있는 열 가지 가치 있는 선물이 있습니다. 이 목록에 나오는 선물은 아무리 써도 줄어들지 않지요. 물론 여기에 더 많은 선물들을 추가할 수도 있습니다. 사실 이 목록은 1년 내내 지니고 다니는 것이 좋답니다. 우리 모두는 날마다 무언가를 주고 있습니다. 그렇다면 뭔가 색다른 걸 생각해 보는 게 좋지 않을까요?

*베드로가 말하기를 "은과 금은 내게 없으나,
내게 있는 것을 그대에게 주겠다……." (사도행전 3:6)*

에스겔 **43-44**장 ; 시편 **122**편 ; 잠언 **4**장 ; 빌레몬서

12월 5일──무엇을 보셨나요?

대공황이 있던 초창기에는 중서부 지방의 가정들이 가계부의 적자를 피하려고 하루하루를 근 근히 살아 가고 있었습니다. 그들은 이른바 좀 사치스러운 것이라면 어느 것 하나도 구입할 수 가 없었지요. 아버지가 벌어 오는 돈은 겨우 식비와 집세를 낼 수 있을 뿐이었습니다.

어느 날 흥미로운 소식이 들려왔습니다.

그것은 바로 서커스단이 마을로 들어온다는 것이었지요. 입장료는 1,000원이었습니다. 그래 서 어떤 꼬마가 아버지에게 1,000원을 얻으려고 학교에서 한참 흥분하여 부리나케 집으로 돌아 왔습니다.

그러나 1,000원조차 마련할 길이 없었던 그 아버지는 비통한 심정으로 아이에게 서커스를 보 러 갈 수 없다고 이야기했지요. 그는 아이에게 밖에 나가 일을 해서 돈을 벌면 관람표를 살 수 있다고 말하였습니다. 그리고는 아이가 50원을 벌어올 때마다 자신이 50원을 보태 주겠다고 약 속했습니다.

그래서 그 아이는 표를 사기 위하여 열심히 일했습니다.

서커스단이 마을에 도착하기 며칠 전에 아이는 자신이 벌어 모아 둔 상자를 열어 보았습니다. 그 상자에는 500원이 들어 있었지요. 그래서 아이는 아버지에게 500원을 더 받아 난생 처음 서 커스를 볼 수 있는 관람표를 샀습니다.

그 아이는 흥분에 싸여 서커스단이 오기를 손꼽아 기다렸답니다.

마침내 퍼레이드를 한다는 사실을 알고 거리로 나가 모퉁이에 서서 퍼레이드 구경을 했지요. 광대와 코끼리와 각종 묘기꾼들이 지나갔습니다.

그런데 이 아이는 그만 자신의 티켓을 광대의 손에 쥐여 주고 말았습니다. 그리고는 퍼레이드 가 서커스장까지 가는 모습을 그저 뒤에서 지켜보아야 했답니다.

이 퍼레이드가 끝나자 아이는 쏜살같이 집으로 와서 아버지에게 서커스에 갔다 왔는데 너무 재미있었다고 말했습니다. 아버지는 아이가 너무 일찍 온 것에 놀라 서커스가 어땠냐고 물었지 요. 그러자 아이는 읍내 큰길을 지나 행진했던 퍼레이드 얘기를 해주었습니다.

아버지는 너무도 측은하고 애틋한 마음에 아들을 훌쩍 들어올리고는 이렇게 말해 주었습니다. "애야, 넌 서커스를 본 게 아니란다. 네가 본 건 서커스 공연 전에 하는 퍼레이드란다."

많은 사람들이 이 아이와 똑같은 경험을 하지 않나 생각됩니다. 우리는 삶의 실제 의미를 잃 어버리기가 쉽답니다. 크리스마스 첫카탈로그가 도착하면 우리들 대부분은 연말 연시가 다가오 기 전의 퍼레이드만 보지 그 축하의 진짜 의미를 모르고 지나가곤 하지요……

주께서는 목마른 사람에게 물을 실컷 마시게 하시고,
배고픈 사람에게 좋은 음식을 마음껏 먹게 해주셨다. (시편 107:9)

❧

에스겔 **45-46장** ; 시편 **123편** ; 잠언 **5장** ; 디모데전서 **1-2장**

1917년 크리스마스 몇 주 전이었습니다.
그러나 유럽의 눈덮인 아름다운 전경은 제1차 세계대전으로 얼룩져 있었지요.

그 때 한 쪽 참호에는 독일군이, 또 다른 참호에는 미군이 있었습니다.
교전은 극심하였고, 양측은 좁고 긴 무인 지대로 나뉘어져 있었지요.
그러던 중 한 젊은 독일 병사가 이 선을 넘으려다, 철조망에 엉켜 그만 탄환에 맞고 말았습니다. 그러자 그는 고통으로 울부짖으며 계속 흐느꼈습니다.
귀청을 때리는 포격 속에서도 그 부근에 있던 미군들은 하나같이 그의 울부짖음을 들을 수 있었습니다. 그래서 참다 못한 한 미군이 참호를 빠져 나와 그 독일군을 데리러 포복해갔지요.
미군은 그 모습을 보고 사격을 중지하였으나 독일군은 계속해서 총알을 퍼부어댔습니다.
그런데 독일 장교가 이 광경을 이해하고 독일군에게 사격을 중지시켰습니다. 갑자기 어색한 침묵이 전선을 휘감았습니다.
그 미군 병사는 독일 병사에게 가서 철조망을 풀고 독일군 참호로 그를 인도해 주었습니다. 그렇게 하고는 돌아서서 미군이 있는 쪽으로 다시 걸어갔지요.
그런데 미군 병사는 갑자기 누군가가 자신의 어깨에 손을 올리는 걸 느끼고는 몸을 돌렸습니다. 그 손의 임자는 철십자 훈장을 달고 있는 독일 장교였지요.
그 장교는 자신의 훈장을 떼어 미군 병사의 어깨에 걸어 주었답니다. 그리고 무자비한 전쟁은 다시 시작되었지요.

용기는 여러 가지 모습을 지니고 있습니다.
용기는 인간의 특성 가운데 행동을 통해서 보여질 때라야 비로소 깨달을 수 있는 거지요.
마리아와 요셉의 이야기는 용기를 보여 준 역사상 가장 중요한 순간입니다.
폭군 헤롯왕 시대에 이 젊은 연인은 임신을 알아채고 왕의 왕이신 예수 그리스도를 이 세상에 나오시게 하였습니다. 얼마나 위대한 용기와 사랑인가요!

그 때에 예수께서는 성경을 깨닫게 하시려고 그들의 마음을 열어 주시고, 그들에게 말씀하셨다. "이렇게 기록되어 있다. 곧 '그리스도는 고난을 겪으시고, 사흘째 되는 날에 죽은 사람들 가운데서 살아나실 것이며, 그의 이름으로 죄를 사함받게 하는 회개가 모든 민족에게 전파될 것이다' 하였다." (누가복음 24:46-47)

~~~

에스겔 47-48장 ; 시편 124편 ; 잠언 6장 ; 디모데전서 3-4장
~~~

플로리다의 작은 마을에 부족함을 모르는 어린 소년들이 사는 평범한 가정이 있었습니다.

친절한 부인은 사치라고는 모르고 살았으며, 아이들을 남부럽지 않게 잘 키웠지요.

그녀는 아이들을 사랑하였고, 다정하면서도 때로는 엄한 엄마가 되어 주었으며, 하나님을 사랑하는 법과 성경 읽는 법과 기도하는 법을 가르쳐 주었습니다. 또한 좋은 시민이 되는 법도 가르쳐 주었지요.

하루는 유복한 집 부인이 이 아이들 가운데 하나를 입양하려고 왔습니다.

모두들 누가 운좋은 녀석이 될지 관심이 가득해서는 즐거워하였지요. 성공한 아버지에, 아름다운 옷에 모자로 차려입은 부인을 어머니로 모실 생각에 모두들 환상에 들떠 있었답니다.

여러 아이들을 둘러본 뒤에 부인은 한 아이를 선택하였습니다. 그리고 부인이 아이에게 물었지요.

"너 자전거 있니?"

"아니오."

"그럼 라디오는 있니?"

"아니오."

그녀는 계속해서 뭘 가졌는지에 대해서만 물어 보았고, 아이는 진력이 나 마침내 이렇게 대답하였습니다. "당신이 저에게 주실 수 있는 것이 모두 그런 것들뿐이라면 저는 그냥 여기서 지낼래요."

맞습니다. 요즘은 크리스마스 시즌입니다.

몇 주 동안 또는 그보다 오래 우리는 이 날을 어떻게 보낼까를 생각하며 쇼핑을 하고 보내곤 했지요. 결전의 날을 맞이하기 전에 이 조그마한 아이의 질문을 귀담아 들어봅시다. "그게 당신이 저에게 줄 수 있는 **다인가요?**"

물질적인 것이 여러분에게는 거룩한 선물보다 더 가치가 있습니까?

올 겨울, 이 기쁨과 감사의 축제 기간 가운데 여러분은 예수 그리스도를 어디로 맞아들일 건가요? 예수님이 처음 세상에 오셨을 때 유대인이 그분을 버렸던 것처럼 우리도 그분을 버리는 일이 있어서는 안됩니다.

하나님은 자신의 백성을 위하여 메시아를 약속하셨습니다. 그러나 비극적이게도 하나님의 백성들은 그분을 맞을 준비가 되어 있지 않았지요.

올 크리스마스에 여러분은 어떤가요?

주린 사람들을 좋은 것으로 배부르게 하시고,
부한 사람들을 빈손으로 떠나보내셨습니다. (누가복음 1:53)

에레미야애가 1-2장 ; 시편 125편 ; 잠언 7장 ; 디모데전서 5-6장

부유한 어떤 이웃 사람이 자신이 경험했던 가장 즐거운 크리스마스에 대하여 나에게 이야기를 한 적이 있습니다: "어느 크리스마스 이브 날, 나는 사무실을 잠그고 집으로 향하였습니다. 그 해 크리스마스는 나와는 전혀 상관도 없는 듯한 기분이었지요. 몸서리치게 추웠던 그 날 내가 빌딩을 나서는데, 여느 때처럼 그 날 신문의 주요 기사를 큰 소리로 외치면서 신문을 파는 어린 아이를 보게 되었습니다. 무심결에 내가 코트에 손을 막 집어넣으려는 순간, 그 아이는 코트조차 없다는 걸 깨닫게 되었지요. 아이가 입고 있는 거라곤 더러운 재킷뿐이었는데 그나마 너무 커서 아이의 작은 어깨에는 맞지가 않았고, 천은 너무 얇아서 차가운 겨울 바람이 살을 후비고 들어와 아이는 떨고 있었습니다. 그래서 난 충동적으로 아이를 데리고 가까운 백화점에 가서 털을 두른 가죽 코트 한 벌을 사주었지요. 그러자 아이는 좋아서 어쩔 줄을 몰라하며 함박 웃음을 지으며 눈을 반짝이고 있었습니다. 그래서 나는 아이에게 자전거를 가져 본 적이 있냐고 물었습니다. 그러자 자전거가 없었다는 말에 나는 그 아이를 자전거 코너로 데리고 가 마음에 드는 걸로 하나 고르게 했지요. 그러자 아이는 너무 기쁜 나머지 어떤 걸 골라야 될 지 결정을 내리지 못하고 있었습니다. 마침내 제일 멋진 걸로 결정을 내렸지요. 아이는 내가 값을 치르는 걸 보자 뛸 듯이 좋아하며 이렇게 외쳤습니다. '제가 정말 갖고 싶었던 거예요! 정말 제가 갖고 싶었던 거라구요!' 아이는 신문은 까맣게 잊은 채 크리스마스를 축하하고 있는 군중들 속으로 자전거를 내몰아 달려가며 어깨너머로 외쳤습니다. '고맙습니다! 정말 고맙습니다! 정말 정말 고맙습니다, 선생님!' 그 소년의 얼굴 가득히 피어나는 환한 미소가 내 마음 속을 크리스마스의 진정한 의미로 가득 채웠습니다. 내가 믿기에 이번 크리스마스는 그에게 생애 최대의 크리스마스가 아닌가 합니다. 또한 나에게도 최고의 크리스마스이구말구요."

나는 그 소년의 이름을 물었습니다. 그러자 겸손한 변호사는 대답했지요. "생각해 보시오, 내가 아이의 이름을 묻기나 했겠소?"*[93]

이런 이야기는 확실히 마음을 따뜻하게 합니다. 만일 여러분이 행복을 잡으려고 애쓴다면, 그건 여간 어려운 일이 아닐 수 없습니다. 그러나 순수하게 사랑하는 마음으로 베풀 때 행복은 갑자기 여러분을 찾아온 것처럼 나타날 것입니다. 그렇습니다, 소년은 선물을 받아서 행복해 했습니다. 그러나 변호사는 행복의 더 좋은 부분을 얻게 되었지요.

크리스마스 이야기를 무엇인가 베푼다는 의미에서 보십시오. 마리아는 자신의 몸을 주었고, 요셉은 자신의 이름과 믿음의 조상 아브라함의 자손이라는 관계를 주었고, 목자들은 예수의 탄생을 다른 사람들에게 알려 주려고 왔으며, 현자들은 선물을 가지고 왔습니다. 그러나 무엇보다도 하늘에 계신 아버지는 우리에게 그 특별한 아들이 줄 수 있는 사랑과 존귀, 자비와 행복의 필요성을 너무도 절실히 느끼셨기 때문에 아들을 이 세상에 직접 주셨답니다.

네게 달라는 사람에게는 주고, 네게 꾸려고 하는 사람을 물리치지 말아라. (마태복음 5:42)

❦

예레미야애가 3장 ; 시편 126편 ; 잠언 8장 ; 디모데후서 1-2장

지금까지도 미국 중서부 지방의 한 작은 마을에서 열렸던 크리스마스 성탄극에 대하여 이야기를 하면, 월리스 펄링이라는 이름을 떠올리는 사람이 틀림없이 몇 명은 있을 것입니다. 해마다 있는 성탄극에서 어느 핸가 월리가 공연을 했던 일은 이제 전설이 되다시피 했지요.

아홉 살인 월리는 4학년 나이였지만, 그 때 그는 2학년밖에 안 됐습니다. 대부분의 마을 사람들은 그가 학교 공부를 따라가기가 힘들다는 걸 알고 있었지요. 그는 몸집은 크나 어리숙하고 행동과 생각이 항상 느렸습니다. 그러나 월리는 학급에서 인기가 좋았습니다.

월리는 그 해 성탄극에서 플룻을 든 목동 역을 하고 싶었으나, 연출을 맡은 럼바드 선생님은 그에게 여관 주인이라는 중요한 역을 주었습니다.

그리고 마을 사람들이 연극을 보기 위하여 모여들었지요. 월리스는 그 날 밤 무언가에 흘딱 빠져 있는 아이처럼 보였습니다. 나중에 사람들이 한 말이지만, 그는 무대 옆쪽에 서 있었고, 극에 푹 빠져서 지켜보고 있었기 때문에, 자기 차례가 아닌데도 무대에서 돌아다닐 위험이 있었습니다. 그래서 럼바드 선생님은 그에게 분명한 주의를 주어야만 했지요.

그리고 연극을 시작할 시간이 되었습니다. 요셉이 천천히 등장했습니다. 요셉은 마리아를 다정하게 이끌고 여관 문으로 다가가서 배경에 그려진 문을 두들겼습니다. 월리는 그 뒤에서 기다리고 있었습니다.

"무슨 일이슈?"하고 여관 주인이 퉁명스럽게 물었지요.

"우리가 하룻밤을 묵을 수 있을까요?"

"딴 데 가서 알아 보슈." 월리는 앞만 똑바로 보고 있었습니다. 하지만 목소리는 우렁찼습니다. "방이 꽉 찼수다."

"제발 부탁입니다, 맘씨 좋은 주인장. 이 사람은 내 아내 마리아인데, 아내가 몸이 무거워 쉴 곳이 좀 필요합니다."

그제서야 여관 주인은 몸을 편한 자세로 바꾸며 마리아를 바라보았습니다. 그리고는 긴 침묵이 있었지요.

'안돼, 썩 물러가시오!'라고 대사를 불러 주는 사람이 옆에서 속삭여 주었습니다.

그래서 월리는 자동적으로 대답했습니다. "안돼, 썩 물러가시오!"

요셉은 슬픈 모습으로 마리아를 안으며 아내의 머리를 자신의 어깨에 두게 하고는 떠나기 시작하였습니다. 여관 주인은 가만히 서서 의지할 곳 없는 이 부부를 바라보고 있었지요. 그런데 월리가 입을 열었습니다. 얼굴은 애처로움으로 주름지고 눈에는 가득 눈물이 고여 있었지요. 갑자기 성탄극은 뜻하지 않던 방향으로 치닫게 되었습니다. "잠깐만 기다리시오, 요셉!" 월리가 소리쳤습니다. "마리아를 데리고 오시오!" 월리는 활짝 웃으며 말했습니다. "내 방을 쓰시오!"*94

> 마리아가 첫 아들을 낳아, 포대기에 싸서, 구유에 눕혀 두었다.
> 여관에는 그들이 들어갈 방이 없었기 때문이다. (누가복음 2:7)

예레미야애가 4-5장 ; 시편 127편 ; 잠언 9장 ; 디모데후서 3-4장

조지 메이슨의 삶에서 그 중심은 언제나 일이었습니다. 그는 독신이었고, 이번 크리스마스에도 역시 모든 초대를 거절하였지요. 심지어 동생 집에 초대받은 것조차 거절하였답니다. 크리스마스 이브에 모든 직원들이 회사를 떠나고 난 뒤, 그는 약간의 현금을 가지러 회사 금고에 들어갔습니다. 그런데 커다란 금고 문이 소리도 없이 닫히고 말았습니다.

그는 필사적으로 문을 두들겼습니다. 하지만 아무도 그 소리를 들을 수 없었지요. 모든 직원들이 이미 퇴근했고, 심지어 청소부 아주머니도 회사를 떠나고 없었으니까요. 그래서 그는 이 안에서 밤을 지샐 수 있다고 자신하며 마음을 달랬습니다. 그러나 언뜻 어떤 생각이 들었습니다. 바로 내일은 크리스마스 휴일이라는 거지요. 그러자 그의 가슴은 두려움으로 떨리기 시작하였고, 이 금고 안에 충분히 숨을 쉴 공기가 있나 하는 걱정이 들기 시작하였습니다. 그는 이 금고에 환풍기 같은 게 있다는 소리를 도무지 들어보지 못하였습니다. 그래서 어둠 속에서 이리저리 헤매다, 마침내 벽이 바닥과 닿은 부분에 조그마한 구멍이 하나 있다는 걸 알아냈습니다. 그 구멍으로 바람이 불어 들어오고 있었지요.

크리스마스 이브와 크리스마스가 차례로 지나갔습니다. 그는 자신이 생각한 대로 그 안에서 혼자서 연휴를 보냈지요. 그러나 그는 자리가 불편하였고, 배도 고팠으며, 갈증도 느꼈답니다. 금고 안의 어둠이 너무 짙어서 마치 어둠이 그의 얼굴을 쓰다듬고 있는 것처럼 느꼈지요. 그는 잠을 청하려고도 노력했습니다. 아니, 온갖 수단을 다해 시간을 보내려고 하였습니다. 친구와 가족들 생각이 났지요. 그들은 어떻게 크리스마스를 보내고 있을까? 그들이 날 보고 싶어할까?

크리스마스 다음날, 지점장이 와서 금고의 자물쇠를 열었지만 문을 열지는 않았습니다. 그를 보는 사람이 아무도 없을 때, 그는 비틀거리며 금고에서 나와 택시를 타고 자신의 아파트에 가서 잠시 쉬었지요. 그리고나서 다시 회사로 돌아왔을 때 그가 금고에 갇혔었다는 사실을 아는 사람은 없었습니다.

사실 그는 크리스마스를 잃어버리고 있었습니다. 그러나 그런 고독한 경험이 있은 후, 그는 나중에 작은 카드에 다음과 같은 말을 썼지요. "사람들을 사랑한다는 것, 서로에게 없어서는 안 될 존재가 된다는 것, 그것이 바로 인생의 목적이다! 그것이 바로 행복의 비밀이다!" 그리고는 그 카드를 금고 위 높은 곳에 테이프로 붙여놓고 항상 잃어버렸던 것을 생각나게 해두었지요.*[95]

제 생각에, 정말로 우리가 크리스마스를 놓쳐 버리는 경우가 수도 없이 많은 듯합니다. 우리가 이 크리스마스 시즌이 주는 감회를 잊지 않기 위해서는 수많은 노력이 필요하지요. 우리 가운데 한 사람인 나 역시도 다가올 크리스마스 시즌에 기억하고 싶고, 또한 기억되고 싶답니다. 우리 모두 이번 크리스마스를 잃지 않기로 다짐합시다.

그러므로 그 모든 대수는, 아브라함으로부터 다윗까지 열네 대요,
다윗으로부터 바빌론으로 잡혀 갈 때까지 열네 대요,
바빌론으로 잡혀 간 때로부터 그리스도까지 열네 대이다. (마태복음 1:17)

∽∾

나훔 ; 시편 128편 ; 잠언 10장 ; 베드로전서 1-2장

필립 브룩스가 1865년에 성지를 방문했을 때, 그는 나이 서른의 젊은 목사였습니다. 그와 친구 몇몇이서 예루살렘에서 베들레헴으로 말을 타고 간 날은 크리스마스 전날이었습니다. 베들레헴 거리를 걸으며 예수님이 태어나셨을 때 일어났던 수많은 일들을 생각해 보는 것은 목사들에게 흥분되는 순간이 아닐 수 없었지요.

해가 지기 전에 브룩스와 친구들은 목자들이 양을 지킨 곳으로 추정되는 장소인 동쪽 베들레헴으로 말을 타고 갔습니다. 그리고 크리스마스날 그들은 콘스탄티누스 황제에 따라 예수님이 태어나신 곳에 세워진 성탄 교회에서 예배를 드렸습니다.

베들레헴에서 크리스마스를 보낸 뒤에, 그는 자신의 교회 성경 학교에 다니는 아이들을 위하여 다음과 같은 성탄 캐롤을 썼습니다.

> 오 베들레헴 작은 골 너 잠들었느냐,
> 별들만 높이 빛나고 잠잠히 있으니,
> 저 놀라운 빛 지금 캄캄한 이 밤에,
> 온 하늘 두루 비춘 줄 너 어찌 모르나.

크리스마스 때 수없이 부른 친숙한 가사와 음입니다. 그러나 여러분은 이 가사들을 읽어 보고 정말로 그 의미를 이해했습니까? 나를 따라 이 노래의 4절을 읽어 봅시다.

> 오 거룩한 베들레헴의 아이여,
> 우리에게 오소서, 우리는 기도합니다.
> 우리의 죄를 씻으사 천국 들어가게 하소서.
> 오늘 우리 가운데 태어나소서.
> 우리는 크리스마스 천사의 소리를 듣습니다.
> 거룩한 복음의 노래를.
> 오 우리에게 오셔서, 우리와 함께 거하소서.
> 우리 주 임마누엘이시어.*[96]

이 시는 아름다울 뿐만 아니라, 그 안에 어떤 위대한 신학 체계가 있습니다. 그러나 마지막 절은 진정으로 기도의 말입니다. 시가 쓰여졌을 때나 지금이나 한결같이 다가오는 기도입니다.

하나님의 아들 예수 그리스도의 복음의 시작은 이러하다. 예언자 이사야의 글에 기록하기를 "보아라, 내가 내 심부름꾼을 너보다 먼저 보낸다." (마가복음 1:1-2)

에스라 1-2장 ; 시편 129편 ; 잠언 11장 ; 베드로전서 3-5장

해마다 크리스마스 칸타타를 여는 조그마한 시골 교회가 있었습니다.

이 칸타타의 일부 가운데는 "오 신실한 이여, 오소서!"를 외치며 행진하는 것이 항상 있는가 하면, 마지막 부분에는 "들어라, 전령 천사가 찬양하는 것을!"을 부르며 나아가기도 했지요.

이 작은 교회에는 건물 전체를 데워 주는 큰 난로가 있었습니다. 이 난로의 뚜껑은 통로 중앙에 있었지요.

합창단이 칸타타를 연주하기 시작했을 때, 그들은 통로를 따라 각각 세 좌석 정도의 간격으로 떨어져서 행진하였습니다. 마지막 알토 파트가 통로 중앙을 막 지나갈 무렵, 한 여자가 발을 난로 뚜껑 위에 두었지요.

불행하게도 뾰족한 구두굽이 뚜껑에 껴서 움직일 수가 없었습니다. 그러나 열을 흐트러뜨릴 수는 없었으므로, 발을 빼려고 여러 번 시도를 하였지만 실패하고 말았습니다. 그녀의 뒤에 있는 남자가 점점 가까워지고 있었지요. 그래서 그녀는 구두를 벗고 한 쪽 구두만 신고 통로를 따라 걷기 시작하였습니다.

뒤에 오던 남자가 무슨 일인가 보기 위하여 재빨리 뚜껑을 쳐다보니 그 곳에 그녀의 구두가 끼어져 있는 것을 보게 되었습니다. 그는 그 구두를 빼내기 위하여 세게 힘을 주었는데, 놀랍게 도 그때 구두와 함께 뚜껑까지 함께 빠져 버렸지요. 그래서 그는 약간 놀랐으나 음악에 맞추어 손에 뚜껑과 구두를 들고 통로를 행진해 갔습니다.

충분히 짐작이 갈 것입니다! 그 뒤에 서있던 사람이 이 구멍에 푹 빠졌으리라는 것을![*97]

내가 확언하건대, 그 곳에 참석한 사람이나 이를 지켜본 사람은 그 때의 크리스마스를 결코 잊을 수가 없을 것입니다.

크리스마스 이야기에는 두려움이 목동의 마음을 가득 메우곤 합니다. 때로는 크리스마스가 여러 가지 두려움을 가져다 주기도 하지요. 1991년 12월 23일 영국의 뉴비긴 중학교에서 열린 성탄극에 참석한 대부분의 사람들은 공연에 완전히 빠져서는 자녀들의 연기를 보고 즐거워하였 습니다. 그런데 공연 중간에 갑자기 어디선가 쥐 한 마리가 나와서 앞다리를 들고 몸단장을 하고 있는 게 아니겠습니까!

당시 교장 앨런 시몬즈의 말에 따르면, "무대에 있었던 130명의 아이들은 아주 괜찮아 했습니다. 그들은 간단히 웃고 말았지요. 그러나 이를 보고 있던 사람들은 좌석에서 일어나 소리를 지르기 시작했습니다."[*98]

우리가 이런 것을 생각할 때……뛰고 소리지르는 것이 하품하는 것보다 훨씬 더 낫다고 말할 것입니다!

주의 천사가 그들에게 나타나고, 주의 영광이 그들에게 두루 비치었다. 그들은 몹시 두려워하였다. 천사가 그들에게 말하였다. "두려워하지 말아라" (누가복음 2:9-10)

에스라 3-4장 ; 시편 130편 ; 잠언 12장 ; 베드로후서 어느 가을날, 린다는 앨버타에서 유콘까지 혼자서 울퉁불퉁한 고속 도로를 여행하였습니다. 그녀는 폐차 직전인 혼다 시빅을 몰고 혼자서 화이트호스까지 여행해서는 안 된다는 사실을 몰랐고, 그래서 그녀는 4륜 구동차 정도라야 갈 수 있는 길을 떠났지요.

첫날 저녁에 산에서 방을 하나 구했습니다. 그녀는 새벽 5시에 깨워 달라고 직원에게 부탁했는데, 그는 꽤 놀란 표정을 지었습니다. 나중에 일어나 보니 산이 온통 안개로 덮여 있어서 그렇다는 사실을 이해하게 되었지요.

바보같이 보이고 싶지 않아서, 그녀는 일어나 식사를 하러 갔습니다. 2명의 트럭 운전사가 린다와 합석하기를 청하였는데, 식당이 좁은 것을 보고 그래야 할 것 같다는 생각이 들었습니다.

그 가운데 한 운전사가 물었습니다. "어디로 가십니까?"

"화이트호스로 가요."

"저런 작은 시빅으로? 말도 안됩니다! 이런 날씨에는 이 길이 꽤 위험해요." 다른 운전사가 대답하였습니다.

"그래도, 한 번 해보죠, 뭐." 그녀는 배짱있게 대답했습니다.

"그렇다면 우리가 당신을 안아 줘야 할 것 같군요." 트럭 운전사가 제안을 하였습니다.

그러자 린다는 불같이 화를 내며 대꾸했지요. "말도 안돼요. 그 어느 누구도 내 몸에 손을 대지는 못해요."

운전사는 싱긋이 웃으며 말했습니다. "그런 게 아니고, 트럭 하나는 당신 차 앞에서, 또 다른 하나는 뒤에서 안아 준다는 것이오. 그런 식으로 해야 이 험한 산악 지역을 빠져나갈 수 있을 거요."

그렇게 운전사가 제안한 대로 트럭 한 대는 뒤에서 또 다른 한 대는 앞에서 줄을 지어 산악 지대를 무사히 빠져나갔습니다.*[99]

여러분도 혹시 인생의 안개에 싸여 본 적이 있습니까? 볼 수 있는 게 거의 없습니다. 안개와 싸워야 할 뿐 아니라, 산길도 헤쳐 가야 하지요. 이는 죽을 수도 있다는 것을 뜻합니다. 여러분은 그럴 때 어떻게 하시겠습니까? 여러분은 도움이 필요하시겠지요. 다행히 이러한 때 여러분 곁에는 여러분을 안아 줄 사람이 있어서 여러분을 인도할 뿐만 아니라 뒤에서 편안하게 격려도 해줄 수 있는 그런 사람 말입니다.

그러나 이런 도움을 받는 데 그치지 마십시오. 여러분은 어떤가요? 여러분 또한 도움을 줄 준비가 되어 있습니까? 우리는 저마다 서로에게 필요한 부분을 줄 수 있습니다. 다른 사람에게 관심의 포옹을 해주십시오.

> 혼자보다는 둘이 더 낫다. 그 가운데 하나가 넘어지면,
> 다른 한 사람이 자기의 동무를 일으켜 줄 수 있다.
> 그러나 혼자 가다가 넘어지면, 딱하게도, 일으켜 줄 사람이 없다. (전도서 4:9-10)

에스라 5-6장 ; 시편 131편 ; 잠언 13장 ; 요한 1서 1-2장

유대인들이 지키는 하누카 축제가 무엇인지 의문을 가져 본 적이 있습니까? 아마도 이 글이 좀 도움이 되지 않을까 합니다.

가장 잘 알려진 유대인의 상징 가운데 히브리어로 '미노라'로 알려진 일곱 개의 가지가 달린 촛대가 있습니다. 이 촛대는 솔로몬의 성전에 있는 일곱 개의 등불을 기념한 거지요.

이 금빛 촛대는 처음에는 광야에 있는 성전의 비품이었답니다. 이 촛대는 성소 왼편에 서있었고 순금을 얇게 펴서 만들었지요. 이것은 출애굽기 25장 31절~40절과 37장 17절~24절에 잘 나타나 있습니다.

왜 촛불을 성전 안에 두었을까요? 그 이유는 자연의 빛은 그 어느것도 성전에 들어올 수 없기 때문이지요. 이는 세상의 빛이 되시며 우리에게 성스러운 삶의 광채를 주신 예수 그리스도를 뜻합니다.

그러나 일년에 단 한번 유대인은 아홉 개의 가지가 달린 촛대를 사용하여 유대 역사에서 중요했던 어떤 승리의 순간을 기념합니다.

기원전 164년에 유대인의 지도자 유다 마카베우스가 시리아의 왕 안티오쿠스 에피파네스를 물리쳐 예루살렘을 탈환하였습니다. 그러나 유대인들이 성전에 들어갔을 때 그들에게는 단 하루 분의 기름밖에 없다는 사실을 알게 되지요. 그런데 이상하게도 그 기름은 여드레 동안이나 지속되었습니다.

이 일화는 지금도 해마다 12월 14일부터 히브리어로 하누카라 불리는 8일간의 '빛의 축제'로 기념됩니다.

축제의 첫날 저녁에는 미노라의 가지 하나에만 불이 켜지고, 그 다음 날에는 두 번째 가지에 불을 붙입니다. 그렇게 해서 마지막 날에는 아홉 개의 미노라에 모두 불이 켜지지요. 미노라의 아홉 번째 가지는 기준 불빛이어서 축제 기간 내내 불이 켜져 있답니다.

팬케이크 같이 생긴 라트케스라 불리는 케이크를 먹고, 아이들은 "이곳에 기적이 일어났다!"라는 의미의 히브리어 글자가 새겨진 셔츠를 입고 놀지요. 이 축제는 히브리 달력으로 키슬레프 달 25일 전날에 시작합니다. 이를 우리식 달력으로 표현하면 12월 14일이 됩니다.

이 축제는 전형적으로 유대인들의 축제이고 세계 어느 곳에서도 유대인들 말고는 지켜지지 않습니다. 그러나 축제나 축전과 같은 특별한 날을 생각해 보면 우리는 얼마나 많은 것이 유대인에 따라 우리에게 주어졌는지를 알 수 있습니다.

크리스마스는 유대의 아기 예수를 축하하는 날입니다. 부활절은 이 유대인의 탄생과 죽음 그리고 부활을 축하하는 날이구요. 우리가 읽고 순종하는 성경은 유대인이 전해 준 것입니다. 그래서 우리는 계속해서 감사를 해야 하지요.

> 그는 순금을 두들겨서 등잔대를 만들었으며,
> 등잔대의 밑받침과 줄기와 등잔과 꽃받침과 꽃을 하나로 잇게 하였다……
> 등잔대와 이 모든 기구를 순금 한 달란트를 들여서 만들었다. (출애굽기 37:17-24)

에스라 7-8장, 시편 132편 ; 잠언 14장 ; 요한1서 3-5장 마지는 수년간 우리 교회 성경 공부 그룹의 한 일원이었는데, 지금은 암으로 고통을 당하고 있습니다.

어느 해 크리스마스 이브날, 나머지 성도들은 새벽송을 부르러 다니기 위해서 모였습니다. 눈발이 날리고 추운 날이었지요. 우리는 집에서 꼼짝도 않고 있는 사람들을 방문해서 각 집마다 두 곡 내지 세 곡의 캐럴을 들려 주었습니다.

우리 모두는 마지의 집에 가고 싶어했지요. 그녀는 그 날 저녁에는 건강이 꽤 좋은 상태여서 문밖에 나와 우리의 캐럴을 들을 수가 있었습니다. 우리가 두세 곡을 부르고 나서 막 떠나려는 참에 나는 그녀에게 충동적으로 물어 보았지요. 그녀가 듣고 싶은 캐럴이 있냐고.

그러자 그녀는 대답했습니다. "있어요. 하지만 제가 너무 큰 부담을 드리는 것 같아요. 제가 제2차 세계대전 때 독일군 포로 수용소에서 간호원으로 근무하고 있었지요. 그 때 어느 크리스마스 전날이 기억나요. 제 생애에서 가장 감동적인 순간이었거든요. 그들은 '거룩한 밤 고요한 밤'을 불렀는데, 제게 다시 한번 그 감동을 기억할 수 있게 그 캐럴을 독일어로 불러 주실래요?"

순간 내 마음은 무거워졌습니다. 우리는 그 캐럴을 독일어로 불러 줄 수가 없었기 때문이지요. 그러나 다행히도 에드 형제가 자기가 할 수 있다고 해서 혼자서 그 캐럴을 부르기 시작하였습니다. 나머지 우리들은 콧노래로 따라 불렀지요.

난 마지가 왜 우리에게 그 캐럴을 불러 달라고 요청했는지 모르겠습니다. 아마도 그녀는 죽기 전에 자신의 삶을 이해하려고 노력하는 듯 살아 온 일생을 회고하고 있었을 것입니다. 우리 가운데 아무도 에드가 전에 독일어 선생님이었다는 사실을 몰랐지요. 하나님이 주신 능력을 발견하는 이 짧은 순간에 우리는 크리스마스가 왔다는 사실을 알게 되었습니다![100]

우연하게 발견한 능력은 우연히 일어나는 바람직한 발견을 이루기에 적당합니다. 그리고 하나님은 이 순간들에 능하시지요. 그것도 아주 많은 경우에. 우연의 일치는 하나님이 자신임을 밝히려고 하시지 않는 경우에 일어나는 일이랍니다. 여러분은 우리가 저마다 이러한 순간을 만드는 데 하나의 역할을 할 수 있다고 생각하십니까?

이런 이야기도 있습니다. 교회에서 공연된 성탄극에서 새롭게 태어나신 구세주의 광채를 보이기 위하여 전구가 구유에 숨겨져 있었습니다. 무대 조명은 모두 끄고 구유의 전구만 켜기로 하였으나 조명을 맡은 아이가 헷갈려서 그만 조명을 다 꺼버렸습니다.

꽤 긴장된 순간이 흘렀습니다. 그러나 한 어린 목동의 속삭임이 침묵을 깨뜨리고 새어 나왔습니다. "야, 네가 방금 예수님을 꺼버렸단 말이야!"[101]

준비하십시오, 일어나는 일을 그대로 내버려 두십시오, 그리고 그 순간을 함께 나눕시다!

마리아가 말하기를 "보십시오, 나는 주의 여종입니다. 천사님의 말씀대로 나에게서 이루어지기를 바랍니다"하였다. 천사는 마리아에게서 떠나갔다. (누가복음 1:38)

에스라 9-10장 ; 시편 133-134편 ; 잠언 15장 ; 요한2, 3서

제2차 세계대전 당시, 캐드린 드러몬드 양은 미네소타의 한 작은 마을을 지나가고 있었습니다. 그녀는 학교 앞에 적십자 헌혈 차량을 보고 헌혈을 하였지요.

그곳에서 일하는 사람 가운데 중년의 잡역부가 있었는데, 그는 물품을 날라다 주고 기구를 씻어 주기도 하며 간호사들을 도와 주고 있었습니다. 캐드린은 복도에서 이 남자를 만났을 때 그를 관리인으로 생각하고 새로 지은 건물이 훌륭하다고 그에게 말을 건넸지요. "이 건물이 전에 비해서 많이 개선되었네요, 그렇죠?"

그러자 그는 마치 초년생처럼 얼굴을 붉히며 웃음을 지었습니다. "저는 이곳에 처음 왔는데요. 저는 미니애폴리스에 사는데 이 사람들과 함께 돌아다니는 중입니다. 보시다시피 전 너무 늙어서 힘든 일을 하지도 못하고, 가진 기술도 없어서 이렇게 의사와 간호원의 잔심부름을 하는 것 외에는 아무 것도 할 수가 없습니다. 저는 유럽 사람들을 위하여 혈액을 수급하는 데 대단한 흥미를 느끼고 있답니다. 그들은 모두 생명이 위태롭거든요."

그의 밝은 피부색과 예민한 성격을 보고 그가 북유럽 사람이라는 걸 알았습니다. "혹시 덴마크 출신이세요?"라고 물었지요.

"아니오, 그리스 사람입니다. 아시다시피 그리스인들 중에는 피부색이 아주 좋은 사람들이 종종 있거든요."라고 그가 대답하였습니다.

다음 해 겨울 그녀는 미니애폴리스에 있게 되었습니다. 그래서 친구들이 그녀를 데리고 유명한 미니애폴리스 교향악단에 데리고 갔는데, 그 곳에서 그 사람을 다시 보게 된 것 아니겠어요! 그는 바로 세계적으로 유명한 음악가이자 지휘자인 디미트리 미트로폴로스였답니다!

이 이야기를 읽고 다음 질문에 대답해 봅시다.

여러분은 올해 무엇을 줄 것입니까? 세상에는 우리가 줄 수 없는 것들이 수없이 많이 있습니다. 그러나 어떤 의미에서는 우리가 줄 수 있는 것들도 많이 있습니다.

맹인이 된 아이에게 시력을 돌려 줄 수는 없습니다. 그러나 우리는 그와 함께 몇 분간 친구가 되어 줄 수는 있습니다. 또한 부모를 잃어버린 고아에게 우리가 어머니와 아버지를 줄 수는 없습니다. 그러나 우리는 그런 아이에게 따뜻한 관심을 보여 주고 많은 시간을 함께 보낼 수는 있지요! 건강을 잃어버린 사람에게 건강을 줄 수는 없지만, 그에게 삶의 의미와 목적을 줄 수는 있습니다.

이해가 되십니까? 여러분을 예수 그리스도의 탄생의 정신으로 가득하게 한다면, 여러분은 참된 가치있는 어떤 것, 그의 이름으로 영원한 가치를 지니는 어떤 것을 줄 수 있을 것입니다.

내 이름으로 일컫는 나의 백성이 스스로 겸손해져서, 기도하며 나를 찾고, 악한 길에서 떠나면, 내가 하늘에서 듣고 그 죄를 용서하여 주며, 그 땅을 다시 번영시켜 주겠다. (역대하 7:14)

스가랴 1-3장 ; 시편 135편 ; 잠언 16장 ; 유다서 작은 시골 교회에서 크리스마스 철을 맞이하여 교회 앞 잔디밭에 아기예수의 탄생 장면을 꾸며 놓았습니다. 그때 목사는 서재 창문을 통해 우연히 이 장면을 보러 온 한 가족의 모습을 내다보고 있었지요. 그 가족은 어머니, 아버지와 세 명의 아이들이었습니다. 그들은 그 장면을 보기 위하여 서둘러 잔디밭을 뛰어다녔습니다.

목사가 그들을 만나러 코트를 걸치고 나갔습니다. 그렇게 목사가 가족들에게 갔을 때 한 여자아이를 보았는데, 그 아이는 유심히 구유의 장면을 바라보고 있었지요. 그녀는 목동들의 모습을 보고 나서 마리아와 요셉을 보았습니다. 그러나 그 아이는 특별히 아기예수 인형에 관심이 있는 듯하였습니다.

목사가 부모와 다른 아이들에게 다가가 인사를 나누고 있는 동안, 그 여자아이는 계속해서 구유 장면에 시선을 고정시키고는 뗄 줄을 몰랐습니다.

다른 가족들은 모두 구경이 끝났는데, 그 아이는 아직도 그 곳에 서서 바라보고 있었습니다. 그러자 어머니가 말했지요. "애야, 이제 가자."

아이는 돌아서더니 하얀 눈 속에 있던 다른 이들에게 큰 목소리로 이렇게 말했습니다. **"예수님께서는 진짜 살아 계신다구요!"**

정말 똑똑한 아입니다. 아이는 내 맘을 대신하는 듯했지요. 그녀는 이 세상 모든 이들이 위대한 크리스마스 이야기에서 볼 수 있기를 바라는 것을 보았습니다. 베들레헴은 지금도 있고, 아기 예수는 그 날 저녁 여관 마굿간에서와 같이 여기에 계십니다. 우리가 오기를 기다리시면서, 우리가 마음을 열고 주를 인정하고 영접할 것을 고대하고 계십니다.

천사들은 언덕에 있는 목동들에게 아기 예수의 탄생 소식을 전합니다. "하늘엔 평화, 땅엔 기쁨……." 그러나 올해 평화를 바라보는 온 세계와 우리의 전망은 약간 멀리 있는 것 같습니다. 그러나 그것이 아직 주가 오신 목적에서 벗어나진 않은 것 같습니다. 모든 살아 있는 이에게, 그리고 모든 민족과 국가의 삶의 방식에 평화가 있기를…….

내년엔 남북을 겨누는 총칼이 줄어들까요? 사람들은 서로 조화를 이루며 살기 시작할까요? 우리는 이러한 평화를 크리스마스에 맞이하고 싶습니다.

그렇다면 왜 그분의 탄생을 축하한 지 이틀이 멀다하고 그 의미가 퇴색되어 버리는 걸까요? 올해는 뭐가 좀 다를까요?

크리스마스는 인간애에 대한 깊은 동경과 보조를 같이 합니다. 크리스마스는 우리가 변할 수 있다고 말합니다! 올 크리스마스 시즌의 은혜를 1년 내내 우리의 것이 되게 합시다!

갑자기 그 천사와 더불어 많은 하늘 군대가 나타나서,
하나님을 찬양하여 말하였다. "가장 높은 곳에서는 하나님께 영광이요,
땅에서는 주께서 기뻐하시는 사람들에게 평화로다." (누가복음 2:13-14)

스가랴 4-7장 ; 시편 136편 ; 잠언 17장 ; 요한계시록 1장

크리스마스가 다가오자 학생들은 크리스마스 깃발을 만들어야 했습니다. 가장 잘 만든 깃발은 크리스마스 전날에 '어린이 예배'용으로 선발될 것이라고 하였지요. 그러나 심사가 있던 날, 비비안은 울면서 집에 왔습니다. 그 아이는 마음이 몹시 아팠지요. 왜냐하면 선생님은 비비안이 만든 깃발을 거절하였을 뿐 아니라, 태도가 옳지 못하다고 말씀하셨던 것입니다. 그리고 확실히 비비안은 크리스마스의 의미를 잘 몰랐지요. 거기다가 설상가상으로 교실에 있던 다른 아이들이 그 아이를 비웃기까지 했답니다.

"얘야, 네 깃발에 뭐라고 썼니?" 이렇게 엄마가 묻자, 그 아이는 울면서 이렇게 말했습니다. "내 깃발에 '마리아에게는 한 마리의 양이 있었는데, 그의 이름은 예수이다'라고 썼어요."

엄마는 잠시 후, 눈물을 글썽이며 딸을 끌어안고 이렇게 말했습니다. "아주 잘했다, 아가. 네가 그린 깃발을 집에 가져와라. 우리 함께 가족 탁아소 위에다 걸어 놓자꾸나."

그렇게 해서 그 아이의 깃발은 그 이후로 탁아소의 자랑이 되었고, 어머니는 자신의 집을 방문하는 사람들에게 예수님에 대한 우리의 사랑을 잘 표현하고 있다고 설명을 하곤 하였습니다.*[102]

조세프는 다음과 같은 말을 하였습니다. 1986년 크리스마스 이브에 우리가 세들어 사는 집의 문에 꾸러미 하나가 끼워져 있는 것을 알게 되었습니다. 아내가 그 속에 무엇이 있는지 확인해 보라고 했지요. 그러나 나는 잠깐 망설였습니다. 왜냐하면 그 때 마닐라에서 그와 비슷한 폭탄 테러가 있었기 때문입니다. 그러나 내가 용기내어 그 꾸러미를 막 펼쳐 보았을 때, 그 안에는 어린이용 장난감 두 개가 있었지요. 생각을 해보니 나의 두 아이를 위한 것 같았습니다. 그 후 우리 집 가정부의 말을 들어 보니까, 그녀의 딸이 장난감을 살 돈이 없어서 크리스마스 캐롤을 부르러 돌아다녔다고 했습니다. 마닐라에서는 노래를 부르는 이런 아이들에게 약간의 돈을 주곤 합니다. 그래서 아이가 그 돈을 모아서 이 장난감 선물을 산 거지요.

드디어 사랑으로 가득한 아름다운 이야기가 끝이 났습니다. 이와 같이 우리가 놓치기 쉬운 수많은 크리스마스 이야기들이 있답니다. 올해 내가 여러분을 위하여 드리는 기도는 우리를 향한 하나님의 사랑에 대한 색다른 통찰력을 갖게 합니다. 사랑하는 사람이 표현한 것이든 새로운 사고 방식으로부터 나온 것이든 하나님의 말씀으로부터 아이를 통해 그러한 통찰력이 우리 안에 생기게 되는 데는 별반 차이가 없지요. 아마도 가장 좋은 접근 방법은 우리가 전에는 성경을 한 번도 안 읽었다고 하여도 성경과 관련한 예화를 읽고, 읽고, 또 읽는 것입니다. 새로운 시각을 지니십시오. 아마 읽을 때마다 받아들이는 생각도 다를 것입니다. 볼 때마다 새로운 시각으로 다가가십시오.

> 예수 그리스도의 태어나심은 이러하다. 그의 어머니 마리아가 요셉과 약혼하고 나서,
> 같이 살기 전에, 마리아가 성령으로 잉태한 사실이 드러났다. (마태복음 1:18)

스가랴 8-9장 ; 시편 137편 ; 잠언 18장 ; 요한계시록 2장

아르타반이라 하는 네 번째 동방박사에 대한 이야기입니다. 그도 별을 따라가기로 마음을 먹고 새로 태어나신 왕을 위한 선물로 값비싼 사파이어·루비·진주를 가지고, 친구인 야스퍼·멜키오르·발타사르를 만나기 위하여 약속된 장소로 낙타를 힘껏 몰았습니다. 그러나 그는 도중에 고열로 앓고 있는 여행객을 만났는데 시간이 없어서 도와 줄 수가 없었습니다.

만일 그가 이 사람을 도와 주기 위하여 여기 머문다면 친구들을 놓칠 것입니다. 그는 이 사람을 도와 그가 건강을 회복할 때까지 간호를 하였습니다. 그러나 이제 그는 혼자였습니다. 그는 낙타와 짐꾼, 사막을 안내해 줄 안내인이 필요하였습니다. 왜냐하면 그를 도와 주느라 친구들의 여행 행렬을 놓쳐 버리고 말았기 때문이지요. 또 필요한 물품을 사기 위하여 갖고 있던 사파이어도 팔아야 했답니다. 그는 왕의 탄생을 축하하기 위하여 준비한 이 보석을 팔아야 한다는 사실에 서글퍼했지요.

그가 마침내 베들레헴에 도착하였을 때, 요셉과 마리아와 아기 예수는 없었습니다. 베들레헴에 머무르는 동안, 헤롯 왕으로부터 유대인의 사내아기를 모두 죽이라는 명령을 받은 군사가 집에 왔습니다. 그래서 그 군사가 아르타반이 머물고 있던 집의 문간에 서 있을 때, 그 집의 어머니는 아르타반의 뒤에서 울고만 있었습니다. 결국 그 아기를 죽음에서 건져내기 위하여 아르타반은 갖고 있던 루비를 뇌물로 주었지요. 그렇게 해서 아기는 살게 되었지만 루비는 없어졌습니다. 이제 아기예수를 위해서는 단 한 가지 선물밖에 안 남게 되었지요.

수년 동안 그는 왕을 찾아 헤맸습니다. 그리고 30년 뒤, 결국 예루살렘의 십자가 처형식에서 그를 찾게 되었지요. 그는 자신이 가지고 있는 마지막 선물로 왕의 자유를 살 수 있으리라고 생각을 하였습니다. 그런데 병사들로부터 쫓기는 한 여자아이를 보게 됩니다. 그녀가 외치길, "우리 아버지가 빚을 졌는데 갚지를 못하자 저를 팔아서 빚을 갚으려고 해요. 살려 주세요!"라고 하는 것이었습니다. 아르타반은 잠시 주저하였으나, 곧 자신이 가지고 있던 진주를 병사들에게 주어 아이의 자유를 샀고 빚을 갚았습니다. 드디어 하늘은 어두워졌고, 왕은 죽었습니다.

자, 이제 생각해 봅시다. 동방박사는 자신의 선물이 필요한 사람들을 돌보았기 때문에, 그 선물을 왕에게 주지 못한 걸까요?

이제 곧 있으면 크리스마스입니다. 올해 여러분이 줄 선물에 대하여 생각을 해보았습니까? 보답을 받을 수 있을 만한 사람에게 선물을 하겠습니까, 아니면 진짜 참 의미의 선물을 하겠습니까? 진정 선물이 필요한 사람들에게 주는 것이 어떨까요? 내가 아는 가족 가운데, 2년에 한 번씩 돈을 모아서 크리스마스 때면 어려운 가정을 도와 주는 가족이 있습니다. 어떤가요? 단지 생각만이라도 해봄이 어떨지…….

*"내가 진정으로 너희에게 말한다. 너희가 여기 내 형제자매 가운데,
지극히 보잘것없는 사람 하나에게 한 것이 곧 내게 한 것이다."* (마태복음 25:40)

스가랴 10-12장 ; 시편 138편 ; 잠언 19장 ; 요한계시록 3장

12월 20일 —— 대본에도 없었다

12월초는 각종 크리스마스 성극이 준비되는 시기입니다. 어린 꼬마들에게는 한 해 가운데 가장 신나는 때이지요.

그런데 겨울 성경 학교에서 한 아이가 주연인 요셉 역을 맡지 못해 꽤 실망을 한 것 같았습니다. 그는 여관집 주인 역을 맡았지요. 그러나 그는 대신에 좀더 좋은 배역을 맡은 자신의 라이벌에게 어떻게 보복을 할 것인가에 대하여 곰곰이 생각을 하였답니다. 마침내 연극을 공연하는 날이 되었습니다. 극은 아주 잘 진행이 되고 있었지요.

드디어 요셉과 마리아가 처음으로 출연하게 되는 때가 되었습니다. 그들은 무대 장치를 넘어 여관집으로 갔습니다. 그리고 여관 문을 두드렸지요. 주인은 문을 반쯤 열었습니다. 그리고는 그들을 냉소적으로 쳐다보았지요. 왜냐하면 이 장면이 자기가 나오는 가장 중요한 장면이기 때문입니다.

요셉이 물었습니다. "하루 밤 묵어갈 방이 있을까요?"

그는 잠시 물러나서 거절의 대답을 기다리고 있었습니다.

그러나 이 여관 주인 역을 맡은 아이는 수주일 동안 이유도 없이 연습을 하질 않았습니다. 그는 문을 활짝 열더니 다음과 같이 말했지요. "어서 들어오세요! 여러분은 최고급 음식을 즐길 수 있으며, 최고급 방에서 머물 수 있습니다. 이 여관은 여러분의 것입니다. 여러분을 우리 여관에 맞이하게 되어서 영광입니다. 이것은 저의 특권입니다. 부디 들어오셔서 편안히 머무십시오!"

그러자 잠시 침묵이 흘렀습니다……관객들은 모두 숨을 멈추고 지켜보았습니다. 이것은 분명히 의도한 것과 달랐으며, 대본에도 없는 내용이었습니다.

그런데 임기 응변으로 젊은 요셉은 돌아서서 마리아에게 이렇게 말했습니다. "잠시 여기 있어요! 내가 들어가서 안을 좀 볼게요." 그리고는 여관 쪽으로 고개를 돌려 안을 이리저리 살펴보고 나와서는, 다시 여관 주인에게 이렇게 말했습니다. "아니오, 됐어요! 이렇게 정신없이 너저분한 곳에서 내 아내를 재우고 싶지 않소. 차라리 저기 마굿간에 가서 자겠소!"

그래서 다시 극은 정상으로 돌아왔습니다. 크리스마스를 어떻게 축하하며 보낼까를 생각하기에는 아직도 늦지 않았습니다. 때때로 너무 상업적인 방향으로 흘러서, 제자리를 벗어나는 때가 많지요. 함께 잠시 생각해 보고, 우리의 크리스마스는 대본대로 흘러가고 있는지 알아 봅시다. 주님께서 이 땅에 오신 의미를 생각하면서…….

너희는 갓난아기가 포대기에 싸여, 구유에 뉘어 있는 것을 볼 터인데,
이것이 너희에게 주는 표적이다. (누가복음 2:12)

스가랴 13-14장 ; 시편 139편 ; 잠언 20장 ; 요한계시록 4-5장

12월 21일 —— 크리스마스 때 받은 축복을 세어 보자

우리는 최근들어 장애자에 대한 이야기를 많이 듣습니다. 하나뿐인 폐, 하나뿐인 신장, 모양이 흉측한 코와 귀, 말을 거의 할 수 없을 정도의 심한 언청이, 귀머거리, 장님…….

다른 아이들로부터 잔인하게 놀림을 당하고 부모로부터 버림을 받은 헬렌은 자신의 상황에 대하여 너무도 낙심해 있었습니다. 그래서 한 친구가 그녀를 교회로 데리고 갔지요. 헬렌은 교회에서 기도를 배웠고, 또한 그 어떤 상황 속에서도 사랑의 팔로 보호해 주시는 하나님에 대한 믿음을 배웠답니다.

그녀의 교회 친구가 소개해 준 의사를 통해 헬렌은 눈과 귀 수술을 받게 되었지만, 그만 수술은 실패로 끝나고 말았습니다. 그래서 그녀는 맹인 학교에 가게 되었지요.

수년이 지났지만 대화를 나눈다는 것은 여전히 헬렌에게 무척이나 힘든 일이었습니다. 그러던 어느날, 헬렌이 다니는 교회에서 어느 크리스마스 이브 예배 때, 성만찬 예식이 있었습니다. 그래서 젊은 목사가 그녀에게 테이블을 들이밀었지요. 그런데 그녀는 빵과 포도주를 권하는 소리를 듣지를 못해서 잠깐의 침묵이 흐르게 되었습니다.

놀라움에 목사는 헬렌의 막대기를 보게 되었고, 왜 크리스마스 선물을 받지 못하고 있는지를 알게 되었습니다. 그래서 그가 너무나도 감동을 받아, 그녀의 볼에 키스를 하기 위하여 그의 얼굴을 수그렸을 때 그녀의 볼에는 이미 눈물이 흘러내리고 있었지요. 그러나 이 눈물은 그녀의 눈물이 아니었습니다. 그녀는 태어날 때부터 눈물샘이라는 것이 없었지요. 충분히 울 수 있는 기쁨마저 그녀에게는 허락이 되질 않았습니다.

나중에 목사님 사무실에서 그녀는 자신의 감정을 언청이 입술로 말하려 하였으나, 그녀의 말은 떨리기만 하였습니다. 그래서 그녀는 목사에게 자신이 갖고 있던 조그마한 소망마저 잃어버렸지만, 그녀의 신앙이 전보다 훨씬 강해졌다고 말했습니다. 자신은 아주 운이 좋은 사람이라고 말했지요. 떠듬떠듬한 말로 이렇게 말했답니다: "나는 우리 반에서 '본다'는 것이 어떤 것인지를 '기억하고' 있는 유일한 사람입니다. 그러니 축복을 받은 사람이 아닙니까?"*[103]

난 이 이야기가 여러분에게 어떻게 들릴지 모르겠습니다. 나는 이 이야기를 통해 그 동안 하나님이 나에게 주신 축복들에 대하여 곰곰이 생각해 보게 되었지요. 수많은 것들이 있습니다. 또한 심지어 우리가 잘 모르고 지내는 축복들도 있습니다. 그러나 만일 다른 어떤 행동을 통해서 축복을 말해야 할 때가 있다면, 그건 바로 감사의 자세입니다. 하나님이 이 세상에 가장 필요한 존재인 예수 그리스도를 허락하신 사실에 대하여 우리 모두 감사를 드려야 합니다. 이런 감사의 마음을 이번 크리스마스에 한번 표현해 봅시다.

태초에 말씀이 계셨다. 그 말씀은 하나님과 함께 계셨다.
그 말씀은 하나님이셨다. (요한복음 1:1).

☙

학개 ; 시편 140편 ; 잠언 21장 ; 요한계시록 6-7장

크리스마스 이브의 늦은 오후, 아마도 그 때 내가 일곱 살이었던 것 같고 어머니는 특별한 음식을 준비하고 계셨지요. 어머니는 높이 솟은 파이를 만들고 계셨습니다. 여느 아이들처럼 나도 엄마의 팔꿈치 옆에 서서 조금 열린 오븐의 문을 통해서 파이를 뒤척이는 것을 보았습니다.

"아주 좋아, 아주 좋아. 머랭이 딱 맞게 되었는걸!"

드디어 색깔과 농도가 적당해졌습니다. 그래서 신중하고 조심스럽게 그녀는 파이를 꺼냈는데, 그 순간 그만 손에서 미끄러져 바닥에 내팽개쳐지고 말았습니다. 그래서 파이는 형체를 알아볼 수 없을 만큼 망가져 먹을 수도 없게 되었지요. 그 순간 어머니는 앞치마를 뒤집어쓰고 그만 울음을 터트리셨습니다.

어머니는 그 일로 하나님에게 실망했습니다. 아무도 크리스마스 전날에는 울지 않습니다. 어머니는 왜 그러셨을까요? 이 배고픈 꼬마녀석을 위해서라면 젤리만으로도 충분한데……. 하지만 저는 알고 있습니다. 어머니는 이런 식으로 우리가 특별한 존재라는 것을 인식시켜 주시고 싶으셨던 거지요.

60년도 더 흘러, 예순 번도 넘는 크리스마스가 지나갔지만, 그 가운데서 가장 값진 크리스마스는 바로 이 눈물의 선물이었습니다.[104]

우리들 대부분은 이 시기의 가족에 대한 기억들로 가득합니다. 나는 별로 힘들이지 않고도 어렸을 때 크리스마스 기억들을 떠올릴 수 있습니다. 지금은 크리스마스의 의미와 효과를 잃어버리는 경우가 흔합니다.

어떤 군사 전문가가 미조리 주의 세인트루이스에서 연설을 해달라는 부탁을 받았습니다. 때는 제2차 세계대전 중이었고 비행기 좌석을 구하는 데도 상당한 힘이 들었지요. 그러나 그는 간신히 좌석 하나를 얻어 고향인 보스턴 마을을 떠났습니다. 도중에 그는 워싱턴에서 자기보다 계급이 높은 육군 대장에게 자리를 떠밀리게 되었습니다. 불만과 좌절감 속에서 자신이 탔던 비행기가 미조리로 향해 날아가는 동안 발꿈치가 아릴 정도로 오래 기다려야만 했지요.

그러나 그가 느낀 실망감은 별거 아니었습니다. 자리를 빼앗은 대장이 세인트루이스에 도착했을 때 강연이 취소되었다는 소식을 듣고 느꼈을 당황함에 비하면 아무 것도 아니었지요. 게다가 자신이 참석하고자 했던 강연의 연사가 바로 워싱턴에서 자신이 자리를 빼앗았던 그 좌석 주인이라는 말을 들었을 때는 기절할 뻔했답니다.

우리는 이 책에서 전에 이러한 주제로 이야기를 해본 적이 있습니다. 그러나 여기에서 다시 하게 되었습니다. 다른 사람에게 우리의 선물을 주느라 하나님의 존재를 밀어내고 있지는 않은가요? 최고의 우선 순위는 어디에 있습니까? 올 한 해만이라도 바로 잡읍시다! 맞죠? 맞을 것입니다!

그 빛이 어둠 속에서 비치니, 어둠이 그 빛을 이기지 못하였다. (요한복음 1:5).

❧

느헤미아 1-2장 ; 시편 141편 ; 잠언 22장 ; 요한계시록 8-9장

1915년의 크리스마스 이브는 몹시 추웠고, 제1차 세계대전은 그 맹위를 떨치고 있었습니다. 유럽의 서부 전선으로 저를 따라 오십시오.

한 쪽은 독일군, 그리고 다른 한 쪽은 영국군이 대치하고 있었습니다.

이들은 혹독한 추위를 피하기 위하여 참호를 파고, 그 안에서 쉬고 있었습니다.

땅은 눈으로 뒤덮여 있었고, 하늘에는 달과 별이 밤하늘을 수놓고 있었지요.

순간 기관총이 전선을 따라 맹렬히 불꽃을 토해 냈으며, 예광탄이 참호들 사이를 넘나들었습니다. 분명 기억해야 할 것은, 이번 교전은 참호 속에서 벌어지고 있었다는 거지요.

크리스마스가 다가와도 전쟁은 그칠 줄 몰랐습니다.

그런데 크리스마스 하루 전날, 아주 특별한 일이 벌어지고 말았습니다. 점차적으로 전선을 따라 총성이 잦아드는 것이었습니다. 깊은 침묵이 서부 전선에 깔렸습니다.

거의 믿기 어려운 일이었지요. 전쟁의 포효가 평화 앞에 무릎을 꿇은 것입니다.

침묵 속에서 참호로부터 찬양 소리가 들려 왔습니다. 독일어로 말입니다.

이 소리는 점점 커져서, 드디어는 전선 전체에 울려퍼지기 시작하였습니다. "고요한 밤 거룩한 밤……" 그리고는 곧 사라졌습니다.

그리고 곧이어 영어로 불리는 찬양 소리가 들렸습니다. "고요한 밤 거룩한 밤……"

이번에는 독일군 차례였습니다. "오 베들레헴 작은 골 너 잠들었느냐……"

그러자 이번에는 스코틀랜드군과 영국군이 되받아 불렀지요.

마침내 몇몇 독일군 병사들이 너무도 흥분한 나머지, 참호를 빠져 나와 넘어서는 안 되는 선을 넘어, 영국군에게 가서 인사를 했습니다.

연합군 또한 이를 받아 주었고, 이렇게 인사를 나눈 지 두세 시간이 흘렀습니다.

그들은 더 이상 싸우는 군인들이 아니었지요. 단지 각 지방에서 온 서로 다른 국적을 지닌 사람들에 불과하였습니다.

그들은 외쳤습니다. "싸움을 그만두자! 오늘은 크리스마스 이브다!"

그렇게 그들은 크리스마스를 축하하였으며, 식량을 나누고, 함께 축구를 하였고, 함께 춤을 추며 즐기기도 했습니다.

26일이 되었을 때, 아무도 다시 싸우고 싶지 않았습니다.

새로운 부대가 이곳에 도착하고 나서야, 전쟁은 다시 시작될 수 있었지요.

마리아가 아들을 낳을 것이니, 너는 그 이름을 예수라고 하여라.
그가 자기 백성을 그들의 죄에서 구원하실 것이다. (마태복음 1:21)

느헤미아 3-4장 ; 시편 142편 ; 잠언 23장 ; 요한계시록 10-11장

한 외과 잡지는 숨돌릴 틈도 없이 바삐 움직여야 하는 뉴욕 시립병원에 근무하는 한 과로한 외과 의사에 대한 기사를 썼습니다. 그는 응급 환자를 수술하기 위하여 만반의 준비를 했습니다. 그러나 그는 무척이나 바빴지요. 그 날은 12월 24일, 크리스마스 이브였지만 예전과 다름 없이 외과 병동에서는 바쁜 날을 보내고 있었습니다.

그 때 한 환자가 외과 병동으로 왔습니다. 열일곱 살인 그 여자환자는 교통사고로 심하게 다친 상태였지요. 간호원이 마취제를 놓으면서 말했습니다. "편히 쉬세요. 고통은 곧 사라질 거예요."

그러자 여자환자는 말했습니다. "혹시 수술을 받기 전에 시편 23편을 읽어도 될까요?"

간호원은 의사를 바라보았고 의사는 허락하였습니다. 그러자 그 여자환자는 읽기 시작하였습니다. "여호와는 나의 목자시니 내가 부족함이 없으리로다……."

의사는 계속 수술 준비를 했지만 다른 사람들은 서서 듣고 있었습니다. 그들은 이 구절을 교회에서 수없이 들었으나 이보다 더 감동적이지는 않았습니다. 이곳 외과 병동에서 그들에게 새로운 의미로 다가온 것입니다. 좀더 깊은 의미로…….

낭독은 계속되었지요. "내가 사망의 음침한 골짜기를 다닐지라도 해를 두려워하지 않을 것은 주께서 나와 함께……."

간호원은 마취를 하기 위하여 콘을 그녀의 위에 얹으려고 하자 의사가 멈추라고 말했습니다. "끝까지 들어봅시다." 그리고 그는 아이에게 자신을 위하여 끝까지 읽어 줄 수 있겠냐고 물었습니다.

그래서 그들 모두는 서서 조용히 그녀의 낭독을 들었고, 그 목소리는 크리스마스 이브의 수술실을 가득 채웠습니다. 그들은 지금 가장 감동적인 구절을 듣고 있었지요.

"주의 지팡이와 막대기가 나를 안위하시나이다." 그리곤 잠시 멈추었다가 계속 이어졌습니다. "내가 여호와의 집에 영원히 거하리로다."

의사는 그녀를 바라보았습니다. 그의 얼굴에는 안도감과 함께 편안함이 가득했지요. 그 어떠한 중압감도 느낄 수가 없었습니다. 그래서 드디어 의사와 환자 그리고 간호사들은 평화롭게 수술을 준비할 수 있었답니다.

수술실에 있던 모든 사람들은 그녀의 신앙으로 고양되었습니다. 이제 곧 있으면 크리스마스입니다. 여러분은 올해 무엇을 드리시겠습니까? 이번 크리스마스는 다른 사람에게 좀더 영적인 그리고 특별한 가치를 주는 일을 해 보는 것은 어떨까요?

> *그리하여 마리아가 노래하였다. "내 마음이 주님을 찬양하며 내 영혼이 내 구주 하나님을 높임은 주께서 이 여종의 비천함을 돌보셨기 때문입니다. 이제부터는 모든 세대가 나를 행복하다 할 것입니다."* (누가복음 1:46-48)

느헤미아 5-6장 ; 시편 143편 ; 잠언 24장 ; 요한계시록 12-13장

1775년 12월 25일, 운명은 다가오고 있었습니다.

미국은 영국으로부터 자유를 얻기 위하여 전쟁을 하고 있는 중이었지요. 그러나 도시들은 영국의 손에 있었고, 미국이 가진 건 숲과 눈과 추위뿐이었습니다.

이 날 저녁 트렌턴과 뉴저지 시는 불빛으로 가득하였습니다. 그리고 또한 그 불빛마다 독일군으로 가득하였지요. 그 누가 배고픔과 헐벗음으로 고통스러워하는 노무자들로 구성된 워싱턴의 군대에게 패배할 수 있었겠습니까? 이 베테랑 군인들에게 워싱턴 군대는 그저 한낱 오합지졸에 불과했지요.

이 베테랑들의 마음을 변화시킬 만한 것은 별로 없었습니다. 독일 군인들이 안개에서 벗어나자 롱아일랜드에서 뛰어 다니는 양키들을 볼 수 있었지요. 그래서 설리반 장군과 그 부하들은 추격을 당하다가 마침내 잡히고 말았습니다. 그들은 폭도 워싱턴을 잡아서 그의 머리를 영국으로 돌려보낼 것이라고 떠들며 술과 허풍에 빠졌습니다.

크리스마스 날에 롤 대령은 독일군 3개 연대, 사격수 50명, 영국 기병 20명, 그리고 포병 부대와 함께 트렌턴에 있었습니다. 저녁에 롤은 장교들을 모아 놓고 이렇게 외쳤지요. "다시 한번 하나님께, 그리고 저 강변 너머 추위에 떨고 있는 여우 사냥꾼들에게 영광을!" 그들은 이날 환락 속에서 흥청망청 떠들고 놀았습니다.

그러나 여우 사냥꾼들은 움직이고 있었습니다. 코트를 단단히 여미며 워싱턴은 저쪽 어둠 속을 바라보았습니다. 그는 그 곳에 앉아 골똘히 생각에 빠졌지요. 그에겐 절호의 기회가 다가왔습니다. "때가 찬" 거지요. 남아 있는 2,400명의 병사들은 새롭게 펼쳐질 새해 첫날을 고대하며 기세등등했지요. 지금이 바로 결판을 낼 때였습니다. 더 이상의 기회는 없을 듯했지요.

12월 25일 오후 6시, 그는 병력을 강변에 집결시켰고 모든 무기를 배에 실었습니다. 그리고 한밤중이 되자 약간의 수프로 끼니를 때우고 천천히 강을 건넜지요. 이는 몸과 마음을 모두 바친 병사들이 이루어 낸 완벽한 계획이었습니다.

그 순간 갑자기 워싱턴 군대가 치고 나아갔습니다. 이보다 더 좋은 시간은 없었습니다. 그들은 과거의 치욕을 모두 쓸어 버렸지요. 워싱턴은 롤과 1,400명 병력을 추위 속으로 몰아 넣었습니다. 이것은 큰 전환점이 되었고, 델라웨어 강을 따라 배치돼 있던 병력을 전멸시켰습니다.

크리스마스는 전쟁을 뜻합니다. 악함을 무찌르는 선함의 전쟁. 아주 옛날에 첫번째 크리스마스 날 일어났던 것처럼……

> 시므온은 그들을 축복한 뒤에, 아기의 어머니 마리아에게 말하였다.
> "보십시오, 이 아기는 이스라엘 가운데 많은 사람을 넘어지게도 하고 일어나게도 하도록
> 세우심을 받았으며, 비방을 받는 표징으로 세우심을 받았습니다." (누가복음 2:34)

느헤미아 7-8장 ; 시편 144편 ; 잠언 25장 ; 요한계시록 14-15장

여관 주인님께,

나는 몇 주 전에 댁의 여관에 묶었던 사람입니다.
그 도시를 방문했던 일은 아주 후회스럽고 불쾌했습니다.
로마인들은 나에게 아주 파렴치하게도 부당한 세금을 내야 한다고 등록을 시켰습니다.
또한 당신네 여관도 아직 별로 나아진 것이 없더군요.
나는 환자였습니다. 불편했던 점이 한두 가지가 아니었지만 용서하겠습니다. 난 형편 없었던 빵과 포도주를 그냥 넘길 수도 있습니다.
그러나 주인장, 나는 몇 가지에 대해서는 결코 용서를 할 수 없습니다.
내 방값이 너무 터무니없는 가격이었습니다. 그 방은 별로 특별한 것이 없었는 걸로 기억됩니다. 그리고 마굿간에서 나오는 냄새도 견딜 수가 없었지요.
내가 막 잠이 들려고 했을 때, "할렐루야, 왕이 나셨네!"라고 외치는 소리에 그만 깨어나고 말았지요. 그때 마굿간 앞에 목동들이 여럿 있는 것을 보았습니다. 그래서 난 그들에게 조용히 해달라고 부탁했지만, 그들은 나에게 전혀 관심을 보이지 않았고, 조금 뒤 마굿간에 들어가더니 다시 조용해졌습니다.
5분 뒤에 다시 나는 아기의 울음 소리에 깨어났습니다. 이상하게도 그 울음소리는 마굿간에서 들려왔지요. 다시 내다보니 마굿간의 열린 문을 통해서 분명히 아기와 엄마가 보였습니다. 나는 조용히 해달라고 소리쳤으나 그들은 분명 내 말을 듣지 못한 것 같았습니다.
나는 그 날 밤 한 숨도 잘 수가 없었습니다.
마굿간에 있던 사람들 때문에 아주 괴로웠지요.
만일 나와 같이 돈 많은 고객이 저 마굿간의 거렁뱅이들 때문에 괴로움을 당해야 했다면 당신은 금전적인 손실을 대비해야 할 것입니다. 당신이 그 거렁뱅이들로부터 얻을 수 있는 것은 아무 것도 없을 것입니다.

아직도 대단히 불쾌한 마음 금할 길 없음을 말씀드리며,
예루살렘의 실리아스가*[105]

이는 분명 어느 날 밤의 이야기일 것입니다. 황공하게도! 잠시 생각을 해봅시다. 하나님의 아들은 인간의 몸을 취하고 가장 비천한 모습으로 태어나셨습니다. 내가 한 가지 바라는 것은 하늘에서 이 모든 모습을 비디오로 찍어 놓았으면 좋겠다는 것입니다.

오늘 다윗의 동네에서 너희에게 구주가 나셨으니,
그는 곧 그리스도 주님이시다. (누가복음 2:11).

느헤미아 9-10장 ; 시편 145편 ; 잠언 26장 ; 요한계시록 16-17장

와든 스쿠더가 한 친구 이야기를 하였습니다.

어느 날 그는 기차를 탔는데, 옆자리에 수심과 괴로움으로 가득 찬 남자가 앉아 있었습니다. 이윽고 같이 이야기를 나누게 된 그는 자신이 감옥에서 돌아오는 죄수라고 밝혔지요.

그는 자신의 죄 때문에 가난하긴 하지만 자랑스러운 가문에 수치를 남겼으며, 가족들은 자신이 감옥에 있는 동안 단 한 번도 면회를 오질 않았고 편지 또한 단 한 줄도 없었다고 했습니다.

그는 이것이 단지 너무 멀리 떨어져 있어서, 그리고 편지를 능숙하게 쓸 만큼 교육을 충분히 받지를 못해서 그랬기를 바랐지요. 그러나 그는 가족들이 자신을 진정으로 용서했는지 확신할 수가 없었습니다.

그 젊은이는 가족들이 자신을 용서했는지 편하게 알아볼 수 있기를 바란다고 말했습니다. 그래서 그는 가족들에게 편지를 써서 열차가 마을 외곽을 지나갈 때 알아볼 수 있도록 신호를 해 달라고 부탁했답니다.

만일 가족들이 자기를 용서하면 하얀 리본으로 나무를 장식하고, 그렇지 않으면 아무 것도 장식을 하지 말고 그가 마음 편히 서쪽으로 끝임없이 갈 수 있게 해달라고 말이지요.

마을이 점점 가까워지자 젊은이의 긴장과 불안은 극에 달했습니다. 그래서 내 친구가 대신 알려 주겠다며 그와 자리를 바꿔 앉았지요. 몇 분 뒤에 친구는 젊은이의 어깨에 대고 속삭였습니다. "저기 나무를 보시오, 하얀 리본으로 가득한 나무를……."

나중에 친구가 와든 스쿠더에게 이런 말을 했습니다. "난 마치 기적을 경험한 것 같았다네!"

다른 이의 잘못을 용서해 주는 사랑의 마음은 놀랍고 즐거운 일입니다. 이것은 힘들었을 때 옛시절이라는 강물 위로 놓여진 도움의 다리가 되어 주는 것과 같지요. 이런 일은 항상 놀라움을 자아냅니다.

내가 기억하기로 이 이야기는 나중에 유명한 유행가의 소재가 되었습니다. 아마 기억하실 겁니다. "늙은 참나무에 노란 손수건을 달아 주세요!"

용서에는 인간을 사랑하는 데에서 나오는 믿기 어려운 외침이 담겨 있습니다. 여러분은 곳곳에서 들려오는 이 동경의 외침들을 것입니다. 명확한 질문이 아닐 수도 있지만, 무언의 반복구가 이렇게 계속됩니다. "당신은 나를 사랑하되 조건 없이 사랑할 수도 있나요? 내가 용서를 받을 수 있나요?" 그때 난 여러분에게 아주 기쁘게 이렇게 말할 수 있습니다. 그러한 사랑은 예수 그리스도께서 주신 것이기에 또한 여러분의 것이기도 하다고! 오로지 주님께 구하십시오. 그리고 이번 기회에 여러분이 용서할 수 없었던 사람을 용서해 보십시오!

그러므로 믿음, 소망, 사랑, 이 세 가지는 항상 있을 것인데,
그 가운데서 으뜸은 사랑입니다. (고린도전서 13:13)

느헤미야 11-13장 ; 시편 46편 ; 잠언 27장 ; 요한계시록 18장 우리가 해마다 12월 25일을 생일로 축하하는 이, 바로 예수 그리스도의 위대함에 대하여 어떻게 설명할 수 있을지……. 그럼 약간의 시도를 해볼까요?

그분은 농부의 아내에게서 태어나셨습니다. 바로 구린내가 풀풀 나는 마굿간에서요. 그분은 미천한 마을에서 자라나셨고, 나이 서른이 될 때까지 목수로 일하셨습니다. 그리고 3년 동안 여기저기를 돌아다니면서 설교자로 활동하셨지요.

그분은 결코 대학에 가지 않으셨습니다.

그분은 결코 책을 쓰지 않으셨습니다.

그분은 결코 사무실을 열지 않으셨습니다.

그분은 결코 집을 사지 않으셨습니다.

그분은 결코 가정을 이루지 않으셨습니다.

그분은 결코 많은 돈을 갖고 있지 않으셨습니다.

그분은 결코 태어난 곳에서 200마일 이상 여행하지 않으셨습니다.

그분은 결코 위대함을 드러내기 위하여 어떤 것을 가지고 다니지 않으셨습니다.

그분은 자격증이 없으셨으며 단지 자기 자신뿐이셨습니다.

그분이 큰 위엄을 가지고 말을 하시고 남다른 지혜로 가르치시며, 수많은 사람들이 그분을 받아들였지만, 그 시대의 종교 지도자들은 그분에 대해서 반감을 가지고 있었습니다. 그분이 아직 젊으셨을 때 그에 대한 견해들이 비관적으로 돌아섰으며, 그분은 친구에게 배반당하고서 동료에게도 버림을 받으셨습니다. 그리고 적에게 넘겨지셨으며, 거짓 기소와 우롱의 심판을 견디셔야 했지요. 더군다나 그분은 부당하게 사형을 언도받으셨습니다.

그분은 두 명의 강도와 함께 십자가에서 처형을 당하셨고, 그분이 죽음을 맞는 동안 그분의 옷은 로마 병정의 장난감이 되었습니다. 그분이 돌아가셨을 때 그분을 불쌍히 여기던 친구가 빌린 무덤에 묻히셨습니다.

그 뒤로 19세기가 흘러, 오늘 그분은 인간들의 중심이 되셨고, 세계 발전의 초석이 되셨습니다.

모든 군대와,

모든 정부와,

모든 왕…….

이 세상에서 예수 그리스도보다 더 큰 영향력을 미친 것은 없었습니다. 바로 예수 그리스도의 **홀로서기**였지요.*106

그러므로 모두들……확실히 알아 두십시오. 하나님께서는, 여러분이 십자가에 못박은 이 예수를 주와 그리스도가 되게 하셨습니다. (사도행전 2:36).

에스더 1-3장 ; 시편 147장 ; 잠언 28장 ; 요한계시록 19장맥아더 장군은 일흔다섯 번째 생일을 맞이하며 자신이 살아 온 생애를 회고하였습니다. "그 어떤 사람도 단지 나이를 먹는 것만으로 늙지는 않습니다. 사람들이 자신의 이상을 버릴 때 비로소 늙어 가는 거지요. 세월은 주름살을 선사해 주지만 흥미를 포기하는 것은 영혼의 주름살을 생기게 한답니다. 사람마다 그 중심에 기록하는 방이 하나 있는데, 이곳에 아름다움 · 희망 · 열정, 그리고 용기가 가득하다면 그는 아직 젊음을 소유하고 있는 것이며, 그렇지 않고 염세주의와 냉소주의로 가득하다면 그는 이제 늙기 시작하는 것입니다."

전 수상이었던 벤자민 디스라엘리는 브래드포드 부인에게 보내는 편지에서 이것을 다음과 같이 표현하였습니다: "내가 확신하기로 늙지 않는 것처럼 비극은 없습니다. 마음의 지혜는 경험을 통해서 쌓아 가는 것이며, 고요한 가운데 재수집되는 것이고, 영예와 인간다움과 사랑 속에서 소화되는 것입니다. 다른 어떤 지혜가 과연 볼 만하며 가질 만한 가치가 있습니까? 만일 사람들이 올바르게 늙는다면, 그들의 지혜가 성장하게 될 것입니다."

체스터톤이 우리에게 말하길, 빅토리아 시대를 사셨던 연세 많으신 그의 할아버지가 점점 더 나이가 드실수록 말수가 줄어드시는 것 같다고 하였습니다. 어느 날 성인이 된 아들들이 성공회 기도서에서 '감사 기도'라는 부분에 대하여 불평을 하였지요. 그들이 말하길, 이 세상에서 처참한 생활을 하는 이들 가운데 과연 자신이 태어난 것에 대하여 몇 명이나 하나님께 감사를 드릴 수 있겠느냐는 것입니다. 그러자 그 할아버지가 말씀하셨습니다: "만일 내가 잃어버린 영혼임을 알았을지라도, 나는 하나님께서 나를 이 세상에 나게 해주신 것을 감사할 거야."

심콕스는 다음과 같이 기술한 적이 있습니다. "나는 사람들을 더욱 사랑합니다. 지금 나는 내가 그들에게서 얻을 수 있는 무엇인가 때문에 사랑하는 것이 아니라 그들의 존재 자체에 대하여 사랑을 하기 시작했기 때문입니다. 이러한 초점의 변화와 내 사랑의 본질적인 변화는 곧 에로스적인 사랑에서 아가페적인 사랑으로, 이기적인 사랑에서 이타적인 사랑으로의 변화를 말하는 것입니다."

윌리엄 사로얀은 칠십대의 나이에 암으로 죽으면서 다음과 같은 이야기를 하였습니다. "나는 늙어 갑니다. 또한 나는 산산조각이 나고 있습니다. 그리고 가장 고통스럽게 조각이 날 때, 난 그것이 **매우 흥미롭다는** 것을 발견합니다."

그렌펠 경은 자신의 이십대 시절을 다음과 같이 표현하였습니다. "인생이 다가온다는 것에 대하여 나는 아무 것도 아는 것이 없었습니다. 그러나 지금도 그것이 무엇이든간에 나는 그것을 원합니다."

사도 바울은 고린도후서에서 자연은 태엽을 풀고 무너져 가는 반면 내면의 자기는 더욱 새로워져 간다고 우리에게 말합니다. 이것은 늙은 영혼 안에 남아 있는 새로운 그 무엇이지요. 아름답게 늙는다는 것, 그것은 또 다른 결단입니다!

> 그러므로 우리는 낙심하지 않습니다. 우리의 겉사람은
> 낡아 가나, 우리의 속사람은 나날이 새로워져 갑니다. (고린도후서 4:16)

에스더 4-7장 ; 시편 148편 ; 잠언 29장 ; 요한계시록 20장

한 선교사가 아프리카에서 활동하고 있는 목사님과 동역하기 위하여 아프리카로 가게 되었습니다. 그는 미국의 태평양 연안에서 자라났으며 자연히 바다를 사랑하게 되었지요. 그는 가기 전에 자신이 사역하게 될 곳이 바다와 인접했으면 하는 바람이 있었습니다. 그러나 그가 그 곳에 도착하였을 때 그 사역지가 바다와 85마일이나 떨어져 있음을 알게 되었답니다.

그는 자신에게 맡겨진 일에 최선을 다할 것이라고 다짐하였습니다. 그의 책임 가운데 일부는 성경을 가르치는 것인데, 이 일은 원주민에게 체계적인 신앙 교육을 시켜 그들 나라의 영혼들을 위하여 그들이 직접 전도자가 되게 하는 데 그 목적이 있었지요.

그는 가르치는 동안에 여러 번 바다를 예로 들었습니다. 때때로 그는 자신이 그렇게도 그리워하는 바다에 대한 동경을 말하곤 하였지요. 그러자 한 학생이 이러한 선생님의 태도를 주목하게 되었습니다.

그는 그리스도인의 삶이란 주는 것과 같다는 사실을 가르치기 시작하였습니다. 그는 또한 예수 그리스도가 구유에서 태어나셨을 때 이는 세상을 향한 하나님의 선물을 의미한다고 가르쳤지요. 그는 원주민 학생들과 크리스마스에 대하여 이야기를 나누었습니다. 그러나 그는 자신이 개념을 정확하게 잡았는지 확신할 수가 없었습니다. 그러나 준다는 의미에 대하여 그가 알고 있는 것을 최선을 다해서 설명하였습니다.

그리고 약 2주간의 방학이 있었습니다.

하루는 누군가가 이 선교사의 집 문을 두드렸습니다. 선교사는 문을 열었고, 그 곳에 한 학생이 얼굴에 미소를 머금고 서있는 것을 발견하였지요. 선교사가 학생을 자세히 들여다보자, 그 학생의 얼굴·팔·다리에 온통 상처가 나 있었습니다. 그의 옷은 마치 정글을 돌아다닌 것처럼 지저분했지요. 또한 그의 얼굴에서 쉽게 피곤함을 읽을 수 있었습니다.

그러나 그 학생의 손에는 조개를 담은 바구니가 있었는데, 분명 그 조개는 이 지역에서 찾아볼 수 없는 것이었습니다. 그 순간 그 학생이 자신에게 이 조개를 주기 위하여 그 먼 길을 다녀왔구나 하는 생각이 선교사의 머리를 스쳐 지나갔습니다.

그는 밝게 웃으며, "이건 바다에서 온 선물입니다."라고 말했습니다.

선교사는 감격하여 이렇게 대답하였지요. "그렇지만, 너는 이것 때문에 170마일을 걸었는데!"

그 학생의 검은 얼굴에 놀라움과 함께 기쁨이 넘쳤습니다. 그리고 가슴을 활짝 펴고는 말했지요. "오래 걸을 수 있다는 것도 일종의 선물이지요."

여러분은 모든 일에 뛰어납니다. 곧 믿음에서, 말솜씨에서,
지식에서, 열성에서, 우리와 여러분 사이의 사랑에서 그러합니다.
그것은 여러분이 이 은혜로운 활동에서도 뛰어나게 하려는 것입니다. (고린도후서 8:7)

에스더 8-10장 ; 시편 149편 ; 잠언 30장 ; 요한계시록 21장

만일 여러분이 인생에서 정말 의지하고 싶거나, 또는 열정을 갖고 살고 싶을 때, 또는 친구를 갖고 싶을 때, 한 가지 절대적인 원칙이 있습니다. **'찾아서, 채워라.'**

단 두 마디이지만 아주 강력한 의미가 있습니다. 내가 자신있게 말할 수 있는 것이 하나 있는데, 바로 성공한 기업의 대부분이 이 원칙에 근거해서 만들어졌다는 거지요. 진정한 우정 또한 이 원리에 근거하고 있답니다. 사람들이 필요로 하는 것을 찾아 그것을 채우십시오. 사람들을 사랑하십시오! 이 기이한 세계를 사랑하십시오! 그리고 무엇보다도 하나님을 사랑하십시오!

실제로 어떻게 삶에서 적용되는지 보기 위해서, '에드네 식당'에 들러 보십시오. 이 식당은 큰 도시의 작은 식당차이지요. 매끈한 스푼, 간편함과 간결함, 카운터 앞에 놓인 의자들. 자, 이제 앉읍시다. 카운터에 있는 에드를 생각해 봅시다. "자, 뭘로 드시겠습니까?"

"당신이 에드입니까?"

"네."

"여기 햄버거가 맛있다고 들었는데요."

"여러분, 아마도 평생에 그런 햄버거는 먹어 보지 못했을 것입니다."

"좋습니다. 제가 한 번 먹어 보고 싶군요. 푸짐하고 맛있게 만들어 주세요."

조금 있다가 우리는 옆 좌석에 초라해 보이는 한 노인이 카운터에 앉아 있는 걸 볼 것입니다. 그는 몸이 구부정하고 손을 떨고 있습니다. 그래서 에드는 우리에게 햄버거를 준 뒤 그 노인의 어깨를 주무릅니다. 그리고는 이렇게 말하지요. "괜찮아요, 빌, 다 괜찮을 거예요! 내가 뜨거운 수프 한 그릇을 갖다 줄께요."

다른 노인이 계산을 하려고 왔습니다. 그러자 에드가 말합니다. "랜드 씨, 저기 밖에 있는 차를 보세요. 이 밤에 너무 빨리 달리지 않나요? 강가에 있는 달빛을 보세요. 참 좋은 밤이지요."

계산을 할 때 우리 가운데 한 사람이 이렇게 말합니다. "노인을 대하는 댁의 태도가 참 마음에 드네요. 당신은 그분들에게 인생은 좋은 것이라는 확신을 주고 있답니다."

"왜 아니겠어요?" 그 순간 에드가 반문하지요. "인생은 좋은 거고 난 사는 게 즐거워요. 이곳은 그분들에게 집과도 같은 곳이에요. 하여간, 난 그분들을 좋아해요."

여러분 자신을 믿고, 인생을 믿고, 사람들을 믿고, 하나님을 믿으십시오! 우리가 알려 준 삶의 원리를 실천해 보십시오. 그러면 그 열정이 여러분 삶의 일부가 되어 있음을 알게 될 겁니다. 여러분의 삶이 나아질 거라고 믿어 보십시오. 여러분의 일이 나아질 거라고 믿으십시오. 여러분이 더 좋은 사람이 될 거라고 믿으십시오. 그리고 여러분이 다른 사람이 필요로 하는 것을 알고 채워 줌으로써 그를 도와 줄 수 있다는 사실을 믿으십시오. 이것이야말로 또 다른 삶의 방식이 아니겠습니까? 바로 지금 시작하십시오!

즐거운 마음은 병을 낫게 하지만, 근심하는 마음은 뼈를 마르게 한다. (잠언 **17:22**)

〰

말라기 ; 시편 **150**편 ; 잠언 **31**장 ; 요한계시록 **22**장

〔주〕

＊1. James S. Huett, *Illustrations Unlimited* (Wheaton, IL:Tyndale House Publishers, 1988).

2. Billy Graham, *Angels:God's Secret Agents*(Irving, TX : Word, Inc., 1991).

3. AP, *News Leader*, Springfield, Missouri, 1994. 3. 19.

4. *Newsweek*, 1992. 2. 10.

5. Kelli Anderson, *Sports Illustrated*, 1993. 2. 21.

6. Leslie R. Smith.

7. Jan Winebrenner, *Steel in His Soul:The Dick Hills Story* (Milpitas, CA:Overseas Crusades, 1985).

8. Don Shelby의 설교, "Where God Can Be Seen," Jeff Meaney가 개작.

9. 저자 미상, *Parables, Etc.*, 1993. 10.

10. Corrie ten Boom, Not I, But Christ (Nashville, TN : Thomas Nelson Publishers, 1983), 61쪽.

11. E. Paul Hovey, *Treasury for Special Days* (Westwood, NJ:Fleming H. Revell).

12. Yvonne S. Thornton, *The Ditchdigger's Daughters* (New York, NY:Birch Lane Press, Carol Publishing Group, 1995), Reader's Digest, 1995. 9월호에 나와 있음.

13. Abigail Van Buren, "Dear Abby" 컬럼, 1992. 2. 14. 개작.

14. Robert Fulghum, *All I Really Need to Know I Learned in Kindergarten* (New York, NY:Ivy Books, 1989), 4-5쪽.

15. *Newsweek*, 1992. 8. 3.

16. Alice Kalso, "World," *Parables, Etc.*, 1988. 9월호에서.

17. Amy Hill Hearth, *The Delany Sisters' Book of Everyday Wisdom* (New York, NY:Kodansha International, 1994).

18. Rose Hodgin, *Parables, Etc.*, 1992. 5.

19. Hope MacDonald, *When Angels Appear* (Grand Rapids, MI:Zondervan Publishing House, 1995), 41-42쪽.

20. Jeff Letofsky, *Daily Sentinel*, Grand Junction, Colorado, 1988. 7. 17.

21. Wliiam Goodin (Lima, OH:CSS Publishing Co., 1990).

22. J. Allan Petersen, *The Myth of the Greener Grass* (Sherman, TX:Bible Believers Evangelical Assn., 1983).

23. Robert J. Strand, *Love 101* (Green Forest, AR:New Leaf Press, 1993).

24. Elmer Bendiner, *The Fall of Fortresses*.

25. Chuck Mylander, *Parables, Etc.*, 1989. 11. 개작.

26. *News Leader*, Springfield, Missouri, 1994. 4. 2.

27. Kenneth Nordvall;James S. Hewett, editor, *Illustrations Unlimited* (Wheaton, IL:Tyndale House Publishers, 1988).

28. Steve Wulf, *Sports Illustrated*, 1994. 2. 21. 요약.

29. Barry & Joyce Vissell, *Chicken Soup for the Soul* (Deerfield Beach, FL:Health Communications, Inc., 1993).

30. Paul Brand and Philp Yancey, *Fearfully and Wonderfully Made* (Grand Rapids, MI:Zondervan, 1980), 201-203쪽, 요약 및 개작.

31. Walter Lord, *A Night to Remember* (New York, NY:Henry Holt and Company).

* 32. Charles R. Hembree, *Pocket of Pebbles* (Grand Rapids, MI:Baker Book House, 1969), 65쪽.

33. Raymond Coffey, *Pasadena Star News*, 1985, 11. 3.

34. Charles Treptow, *Parables, Etc.*, 1995. 12.

35. Helice Bridges, The Board for Difference Makers, Inc.의 회장, Del Mar, CA, 요약.

36. Richard Selzer, *Mortal Lessons*, 45-46쪽.

37. Russell Conwell.

38. Eric W. Johnson, *Humorous Stories about the Human Condition* (Del Mar, CA:Prometheus Books).

39. Rev. Billy D. Strayhorn, *The Pastor's Study File*, 1993. 개작.

40. Erma Bombeck, 개작 및 요약.

41. Jack Canfield and Mark Hansen, Art Buchwald의 *Chicken Soup for the Soul*, 32-34.

42. Joan Webster Anderson, *Where Miracles Happen* (New York, NY:Ballantine Books, Random House, Inc., 1994), 104-106쪽.

43. Norman Vincent Peale, *Treasury of Joy and Enthusiasm* (Old Tappan, NJ:Fleming H. Revell, 1981), 61쪽.

44. George H. Reavis.

45. Dear Abby, *The News Leader*, Springfield, Missouri, 1993. 9.

46. John B. Wilder, *Stories for Platform* (Grand Rapids, MI:Zondervan Publishing House, 1963), 48쪽.

47. Norman Schwarzkopf, *Ministry Advantage*, 1992. 11/12, Fuller Institute.

48. "News Digest," *Pentecostal Evangel*, 1987. 8. 23.

49. Gary Smalley, *If Only He Knew*(Grand Rapids, MI:Zondervan Publishing House, 1988).

50. Josh McDowell and Norm Wakefield, *The Dad Difference* (Nashvill, TN:Here's Life Publishers, 1992), 61쪽.

51. Ernest Campbell, *Campbell's Notebook*, 1988. 10. 개작.

52. Jack Canfield and Mark Hansen, *A 2nd Helping of Chicken Soup for the Soul* (Deerfield Beach, FL:Health Communications, Inc., 1995).

53. Brian Cavanaugh, *The Sower's Seed* (New York, NY:Paulist Press, 1990).

54. Margaret Atwood, *Family Portraits:Remembrances of Twenty Celebrated Writers* (New York, NY:Bantam, Doubleday, Dell Pub. Group, Inc., 1989).

55. *Moody Monthly.*

56. Tim Kimmel, *Little House on the Freeway* (Sisters, OR:Multnomah Books, 1987).

57. M. Hirsh Goldberg, *The Blunder Book* (New York, NY:Quill/Wm. Morrow, 1984).

58. John Hersey, *The Wall.*

59. Norma Copley, *The Pastor's Story File*, 1986. 7월호.

60. Charles R. Swindoll, *Laugh Again* (Dallas, TX:Word Publishing, 1992), 20-21쪽.

61. John Schlatter, 동기 유발에 관한 대중 연설가, Cypress, California.

62. Carl Johnson, *Parables, Etc.*, 1991. 7월호.

63. *Fortune*, 1988. 11. 4. 88쪽.

64. Howard Hendricks, *Say It with Love* (Wheaton, IL:Victor Books, 1989).

65. Sylvia Porter, Focus on the Family, 1992. 1월호. 7쪽.

66. Gary Smally and John Trent, *The Blessing* (Colorado Springs, CO:NavPress, 1988).

67. Chad Miller, *The Pastor's Story File*, 1986. 7월호.

68. Russell Chandler, *The Overcomers* (Old Tappan, NJ:Revell, 1978).

＊69. Debby Smoot, *The Pastor's Story File*, 1992. 2월호.

70. Zig Ziglar, 어떤 흥미있는 대화에서.

71. John D. Gondol, *Responding in Gratitude.*

72. Brian Cavanaugh, *More Sower's Seeds* (Mahway, NJ：Paulist Press, 1992), 31-32쪽.

73. Louisa May Alcott, *Little Women.*

74. Dale V. Atkins, *Sisters* (New York, NY：Arbor House Publishing Co., 1984), 13-14쪽.

75. George Maronge Jr., *Parables, Etc.*, 1993. 2월호.

76. Amy Tan, *The Joy Luck Club* (New York, NY：Ivy Books, 1989).

77. Amy Tan, *The Kitchen God's Wife* (New York, NY：G.P. Putmans Sons, 1991).

78. Mervyn Rothstein, *New York Times*, 개작.

79. William Ellis and Earl Banning, Religious Broadcasting, 1993. 1월호. 발췌 및 요약.

80. Atkins, *Sisters*, 67쪽.

81. Camille Shirah, *Teachers in Focus*, 1995. 1월호. 13쪽.

82. Shirley Abbott.

83. Larry Pillow, *Parables, Etc.*, 1990. 12월호. 개작.

84. Cathy Rigby, *The Guideposts Tresury of Love* (New York, NY：Guideposts, 1978), 24-25쪽.

85. Sam Sasser, *Let Us Continue to Hold Sister Smith's Leg Up in Prayer!* (Shippensburg, PA： Treasure House, 1993), 39쪽.

86. W. Clement Stone, *A Treasury of Success Unlimited* (New York, NY：Hawthorne Books, 1966), 9 -10쪽.

87. Delia Ephron, *How to Eat Like a Child* (New York, NY：Penguin USA, 1988).

88. James S. Huett, ed., *Illustrations Unlimited* (Wheaton, IL：Tyndale House Publishers, 1988), 101쪽.

89. Bruce Thieleman, 군목, Grove City College.

90. Vernal Anderson, St. Matthews-Bethaney Lutheran Church, Evan, Minnesota.

91. Herb Caen, *Personal Glimpses.*

92. Impression Printing.

93. Perry Tanksley, *I Call You Friend* (Jackson, MS：Allgood Books).

94. Dina Donohue, *The Guideposts Christmas Treasury* (Carmel, NY：Guideposts Magazine, 1972), 개 작 및 요약.

95. *Moody Monthly*, 개작.

96. Phillip Brooks, *Hymns of Glorious Praise* (Springfield, MO：Gospel Publishing House, 1969).

97. Billy D. Strayhorn, *The Pastor's Story File,* 1992. 12월호.

98. *LaGrange Daily News*, Lagrange, Georgia, 1991. 12. 24.

99. Don Graham, Moose Jaw, Saskatchewan.

100. J. Stuart Wells, *The Pastor's Story File*, 1992. 12월호.

101. Donald O. Maddox, *The Pastor's Story File*, 1992. 12월호.

102. Myles Colgan.

103. Guideposts, 기금모금 편지, 대략 1980년.

104. Gerhardt Frost, *Blessed Is the Ordinary, Reflections of Gerhardt Frost*, 찰스 스윈돌의 설교에 서, 1984. 12. 9.

105. Michael Daves, "Letter to an Innkeeper," *Together.*

106. Phillip Brooks, George Clarke Peck이 개작한 것.

●지은이
로버트 스트랜드
그가 현재 미국에서 가장 많이 팔리고 있는 이 책의 감동적인 이야기들을 모으는 데는 30년이 넘게
걸렸다. 40년에 걸친 그의 교역에서, 그는 마음을 고양시키는 참된 이야기들의 힘, 곧 그것이 어떻게
그리스도와 함께 걷는 매일의 삶 속에서 우리를 격려하고 강하게 이끌어 주는지에 대하여 증언해
왔다. 그와 그의 아내 도나에게는 네 명의 아이들이 있고, 어린 손자손녀들도 여섯이나 있다.
그는 노스 센트럴 바이블 칼리지에서 신학박사 학위를 받았다.

●옮긴이
박근원
한국신학대학 · 한국신학대학대학원 · 미국 듀북대학교신학대학 (S.T.M.) · 아퀴나스학원대학신학부(Ph.D)
를 졸업. 독일 하이델베르크대학 연구교수 · 미국 샌프란시스코신학대학 객원교수 · 한신대학 학장을
거쳐, 한신대학 실천신학 교수 · 한국전문화목회연구원 원장으로 있다. 지은책으로 〈오늘의 교역론〉
〈오늘의 예배론〉 〈오늘의 설교론〉 〈새로운 예배자료〉(전5권) 〈예배자료 21〉(전5권) 등이 있고,
옮긴책으로 〈목회학원론〉(E.Thumeysen) 〈목회상담신론〉(H.Clinebell) 등이 있다.

신현복
목사. 한국교회와 가정을 연구하는 모임 대표. 한신대 · 한신대대학원을 졸업하고 한국실천신학박사원
박사과정을 밟고 있다. 한국전문화목회연구원 · 한국심리치료연구소김영애가족치료연구소 등에서
연구활동을 했으며, 특히 박근원 박사의 지도로 〈새로운 예배자료〉(전5권, 진흥)와
〈예배자료 21〉(전5권, 대한기독교서회)을 비롯한 여러 가지 연구프로젝트에 함께 했다. 지은책으로
〈건빵〉 〈목마른 사슴의 노래〉 〈내 마음의 그림자〉 등이 있고, 옮긴책으로 〈희망의 목회상담〉 (레스터)
〈삶의 의미를 찾아서〉(토마스H.네일러 외) 등이 있다.

세상에서 가장 소중한 이야기
365가지를 통한 매일묵상자료

영혼의 친구**365**

초판1쇄인쇄 1999년 4월 25일
초판1쇄발행 1999년 5월 1일

지은이 로버트 스트랜드
옮긴이 박근원 · 신현복
펴낸이 길청자
펴낸곳 도서출판 아침
등록 제7호(1999.1.7)

기획 열린마당
제작 삼덕미디어

주문처(총판) 생명의 샘
　　　　서울 · 송파구삼전동65
　　　　전화 419-1451
　　　　팩스 419-1452

＊ 정가는 뒷표지에 표시되어 있습니다.
＊ 잘못만들어진 책은 책방에서 바꾸어 드립니다.

ⓒ New Leaf Press, 1997

＊ 가까운 책방에 책이 없을 때에는 080-365-7878(수신자 부담 전화)로 전화주시면
　송료 본사부담으로 책을 보내드립니다.

ISBN 89-88764-04-8　　33230